昌江黎族自治县地图

儋州市
白沙黎族自治县
东方市
乐东黎族自治县
五指山市
海尾镇
十月田镇
石碌镇
乌烈镇
昌化镇
叉河镇
七叉镇
王下乡
昌江黎族自治县
白沙黎族自治县
东方市
海头镇
红岭农场
大成镇
雅星镇
八一总场
西培农场
荣邦乡
邦溪镇
邦溪农场
珠碧江农场
七坊镇
阜龙乡
打安镇
金波乡
牙叉镇
青松乡
南开乡
番阳镇
红田农场
三家镇
四更镇
大田镇
红泉农场
东方市
八所镇
岛西林场
广坝农场
东河镇
天安乡
东方华侨农场
新龙镇
江边乡
北部湾
四更沙角
鱼鳞角
昌化港
霸王岭国家级自然保护区
霸王岭省级森林公园
霸王岭黑冠长臂猿自然保护区
大广坝水库
图例
县级政府驻地
乡、镇级政府驻地
国营农、林场
国营农场分场
居委会
村委会
自然村、连队
旅游景点
山峰
港口
在建高速公路及互通
国道
省道
县道
乡道
小路
地级市界
市、县级界
乡、镇级界
水库、河流
比例尺 1:270 000
编　制：国家测绘地理信息局海南测绘资料信息中心
审图号：琼S（2017）112号

昌江县城区图

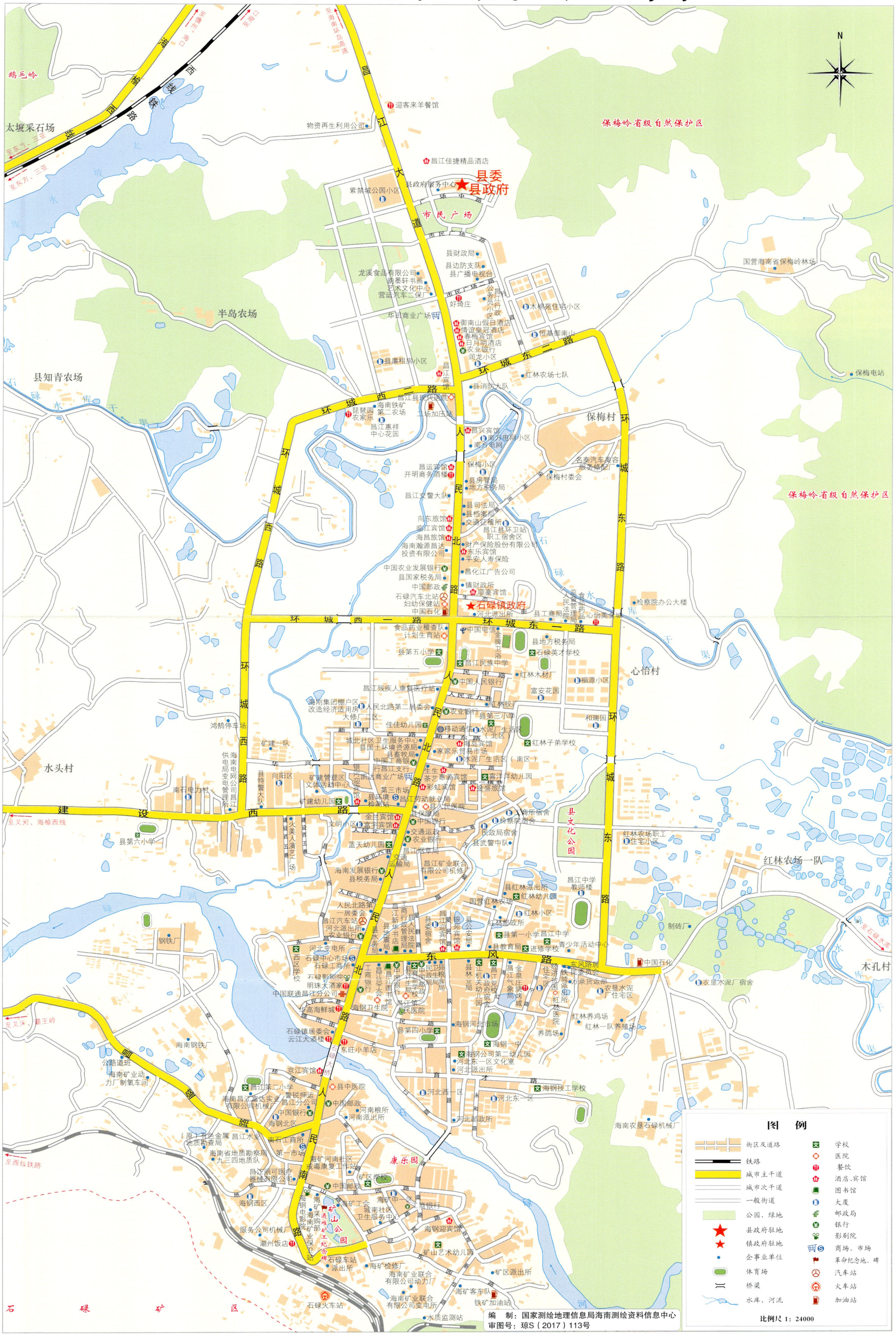

编 制：国家测绘地理信息局海南测绘资料信息中心
审图号：琼S（2017）113号

昌江年鉴

2021

昌江黎族自治县地方志编纂中心　编

方志出版社
Publishing House of Local Records

图书在版编目（CIP）数据

昌江年鉴. 2021 / 昌江黎族自治县地方志编纂中心编.—北京：方志出版社，2021.12

ISBN 978-7-5144-5135-1

Ⅰ. ①昌… Ⅱ. ①昌… Ⅲ. ①昌江黎族自治县-2021-年鉴 Ⅳ. ①Z526.64

中国版本图书馆 CIP 数据核字（2021）第 275613 号

责任编辑：罗滔
责任校对：刘玉霞
责任印制：梅中英
出 版 者：方志出版社
地　　址：北京市朝阳区潘家园东里 9 号（国家方志馆 4 层）
邮　　编：100021
网　　址：http://www.zgfzcb.cn
发　　行：方志出版社图书营销中心（010-67110500）
印　　刷：河南匠心印刷有限公司
开　　本：889 毫米×1194 毫米　1/16
印　　张：21.75
字　　数：646 千字
版　　次：2021 年 12 月第 1 版
印　　次：2021 年 12 月第 1 次印刷
定　　价：185.00 元

编辑说明

一、《昌江年鉴》以马克思列宁主义、毛泽东思想、邓小平理论、“三个代表”重要思想、科学发展观、习近平新时代中国特色社会主义思想为指导，坚持辩证唯物主义和历史唯物主义的立场、观点和方法，全面、系统、客观地记载昌江黎族自治县现状，反映新成果、新经验与新问题，为各级领导机关提供决策依据，为国内外了解昌江提供丰富、权威、新鲜的信息。

二、《昌江年鉴（2021）》（以下简称本年鉴）记述2020年度区域内发生的事情，个别资料为保持其完整性，适当上溯或下延。

三、本年鉴正文内容采用分类编辑法，由类目、分目、条目三个层次构成，内容以综合反映为主，形式以条目为主。

四、本年鉴设特载、特辑、大事记、昌江概况、昌江黎族自治县领导机关、纪检·监察、组织·人事、宣传·统战、党建·党校·党史、行政审批·机关事务、民主党派、群众团体、法治、军事、农业农村、工业、城乡建设、交通运输、邮政·通信、商业、金融、财政·税务、经济管理与监督、旅游文体·融媒体、档案·地方志、教育、卫生与健康、社保·就业·扶贫、民政·退役军人事务、乡镇、人物、附录等。

五、本年鉴中有关全县的经济与社会发展统计资料数字，由县统计局提供。

昌江黎族自治县地方志编纂委员会

《昌江年鉴（2021）》编辑部

图片集锦

2020 年 5 月 8 日，省政协主席毛万春（前排右一）在昌江调研

（县融媒体中心 供图）

2020 年 12 月 10 日，最高人民检察院党组成员、副检察长陈国庆（左三）在昌江调研

（县融媒体中心 供图）

2020 年 9 月 9 日，省委常委、宣传部部长肖莺子（左二）在昌江调研

（县融媒体中心 供图）

2020 年 6 月 23 日，省委常委、统战部部长肖杰（右二）在昌江调研

（县融媒体中心 供图）

2020 年 9 月 16 日，省人大常委会副主任许俊（左六）在昌江调研

（县融媒体中心 供图）

2020 年 12 月 10 日，省人大常委会副主任胡光辉（前排左三）在昌江调研

（县融媒体中心 供图）

2020 年 8 月 5 日，省人民政府副省长苻彩香（前排左二）在昌江督查工作

（县融媒体中心 供图）

2020 年 9 月 10 日，首都师范大学昌江木棉实验学校和芒果幼儿园举行揭牌仪式

（县融媒体中心 供图）

2020 年 2 月 15 日，昌江县第一批援鄂应急医疗队驰援湖北抗疫前线

（县卫健委 供图）

2020 年 4 月 13 日，海南自由贸易港建设项目集中开工和签约仪式在昌江分会场举行

（县发改委 供图）

2020 年 12 月 22 日，昌江县人民政府与安徽海螺水泥股份有限公司战略合作协议签约暨海南昌江海螺水泥有限公司揭牌仪式举行（县融媒体中心 供图）

2020 年 10 月 31 日，昌江县举办黄鸿发黑社会性质组织案件涉案车辆网络拍卖展览会（县公安局 供图）

2020 年 8 月 9 日，海南热带雨林穿越挑战赛（海南昌江站）在霸王岭举行

（霸王岭分局 供图）

2020 年 10 月 10 日，昌江县在上海举办海南（昌江）清洁能源产业园招商推介会

（县招商中心 供图）

2020 年 11 月 28 日，棋子湾地学旅游发展高峰论坛暨首届全国地球科学旅游大会召开

（陈帅 摄）

2020 年 4 月 30 日，“中国第一黎乡”——王下乡·黎花里揭牌

（王下乡 供图）

2020 年 8 月 21 日，昌江县举办第十六届科技活动月开幕式暨企业上云启动仪式

（赵金品 摄）

2020 年 10 月 17 日，昌江县举办 2020 年全国扶贫日“爱心扶贫大集市”专场活动暨“就业扶贫”专场招聘会

（县融媒体中心 供图）

2020 年 4 月 11 日，昌江县消费扶贫“春风大行动”首场活动启动仪式现场

（陈家漠 摄）

2020 年 6 月 20 日，叉河镇政府举办“我们的节日·粽情粽意”暨扶贫消费集市活动

（罗薇 摄）

目 录

昌江黎族自治县领导机关

纪检·监察

组织·人事

宣传·统战

党建·党校·党史

行政审批·机关事务

民主党派

群众团体

法治

军 事

农业农村

工　业

城乡建设

交通运输

邮政·通信

商　业

金　融

财政·税务

经济管理与监督

旅游文体·融媒体

档案·地方志

教　育

卫生与健康

社保·就业·扶贫

民政·退役军人事务

乡 镇

人　物

附　录

索　引

特　载

奋勇搏击海南自贸港建设新征程
高质量续写“山海黎乡大花园”时代新章

——在县委十二届十二次全会上的工作报告

县委书记 黄金城

（2020年12月29日）

这次全会，是在全面小康胜利在望、“十三五”与“十四五”过渡交接的关键时刻召开的重要大会。全会的目的是：坚持以习近平新时代中国特色社会主义思想为引领，深入贯彻落实党的十九届五中全会、省委七届九次全会精神，深刻总结“十三五”以来昌江经济社会发展成就，全面剖析“十四五”发展形势，找准发展定位，明确发展方向，奋勇推动新时代“山海黎乡大花园”打开新局面，努力在高质量高标准建设海南自由贸易港的新征程中扛起新担当、展现新作为、作出新贡献。

一、逐梦奔跑、五载奋进，勠力齐心夺取全面建成小康社会决定性胜利

2020年，是昌江改革发展史上极不平凡的一年。面对各种大战大考，十二届县委团结带领全县党员干部群众笃行实干、闯关破阵，朝着决胜全面小康和海南自贸港建设坚定进军，成功交出了一张不负期待、经得起检验的“成绩单”。这一年，面对突如其来的新冠肺炎疫情，党政军民学同舟共济、力保家园无恙，51条疫后重振政策直接纾困惠企，促使各行各业强劲复苏，从3月开始，农业增加值等经济指标陆续转正，预计全年地方一般公共预算收入增长10.2%、城乡居民人均收入分别增长3.8%与6.2%，昌江经济恢复了元气、站稳了脚跟。这一年，面对自贸港建设的重大良机，常委会带头践行“我为加快推进海南自由贸易港建设作贡献”活动，制定21条措施保障自贸港《海南自由贸易港建设总体方案》在昌江落地生根，引领营商环境建设、纪检监察系统案件质量提升、公共服务质量建设等重点工作在全省拔得头筹。这一年，面对高质量发展的战略要求，各级各部门以只争朝夕的姿态跑出“五地”发展建设“加速度”，清洁能源产业园、智慧渔业产业园、万亩花卉产业基地等先导项目谋定而动，核电二期等82个重大项目完成投资53.2亿元，霸王岭创成首个国家AAA级旅游景区，三次产业比重优化为26∶9.2∶34.8。这一年，面对社会文明大行动的攻坚号令，全县协同“会战”137个创文项目，投身环境整治、交通劝导、网格联勤等活动，促使社会文明大行动在全省始终一马当先，“全国未成年人思想道德建设工作先进城市”、县委办“全国文明单位”、王下乡“全国文明村镇”等文明硕果满昌江。这一年，面对乡村全面振兴的殷切期盼，县委派出200多名乡村振兴工作队员和80名大学生村务专员奔赴一线，精心定制乡村产业振兴峰会、“黎花里”文旅小镇等产品，全县最偏远的王下乡华丽蜕变为“中国第一黎乡”，带动国庆黄金周游客激增52.3%，“绿水青山就是金山银山”在昌江大地得到生动实践。

回顾2020年，千淘万漉虽辛苦、吹尽狂沙始到金，这也是“十三五”经济社会发展的缩影。过去五年，在习近平总书记的领航掌舵下，在习近平新时代中国特色社会主义思想的科学指引下，在省委的坚强领导下，全县上下同心同行，一路风雨兼程，以永不懈怠的精神状态、赶超跨越的奋斗姿态，朝着新时代“山海黎乡大花园”宏伟蓝图逐梦奔跑，铸就了各项辉煌业绩，为开启全面建设社会主义现代化新征程奠定了坚实基础。

一是真学笃行、激浊扬清，山清水秀的政治生态巩固发展。五年里，我们接续开展“两学一做”学习教育、“不忘初心、牢记使命”主题教育活动，开设99个习近平新时代中国特色社会主义思想讲堂，组织全体干部学习习近平总书记“4·13”（习近平在庆祝海南建省办特区30周年纪念大会上的讲话）重要讲话，确保学深学实、入心入脑；大力倡树“三下沉三提升、争创五个一流”风气，整治310个“五不为”问题，从根源涤荡形式主义、官僚主义等不正之风；紧盯扫黑除恶专项斗争、公共工程和土地出让项目等领域挥出执纪铁拳，将巡察“利剑”牢牢插在每一个党组织，督促整改976个管党治党不力问题，639名干部受到党纪政务处分、比“十二五”增长274%，从严治党生威见效，纪检监察工作连续3年居全省前列。同时，我们创新思路践行新时代党的组织路线，打造83个7星以上村“两委”、13个“五星”机关党支部和11个机关党建示范点，转化提升106个软弱涣散党组织，基层战斗堡垒更加坚强有力、党员干部更加担当作为。

二是总揽全局、广汇群力，同心共进的强大力量凝聚释放。五年里，我们将聚民心作为最大的政治，始终牢牢掌握意识形态工作主导权，打造“方言宣讲队”“理论轻骑兵”，让党的创新理论“飞入寻常百姓家”，结合“70周年国庆”“30周年县庆”等重大节点反映党的辉煌成就，使群众增强信心、紧跟步伐，在脱贫攻坚、生态文明建设等重大行动中展现民心力量。同时，我们坚持强化党的领导核心作用，将人大、政协、群团、军警和统一战线各界人士的智慧力量聚集到“山海黎乡大花园”建设上来，促使各民族像石榴籽一样紧紧拥抱在一起，棋子湾景观石保护等善言良策为昌江发展注入强大能量，全省少数民族运动会等盛会圆满举办，全省民族团结进步示范区、双拥模范县等殊荣陆续落定昌江，26万群众合力奏响了团结奋斗的最强音。

三是决战贫困、攻克堡垒，一个不少的庄严承诺如期兑现。五年里，我们投入21.29亿元打响气吞山河的脱贫攻坚战，2443名党员干部下村入户和5158个贫困家庭结成“亲戚”携手谋脱贫，16家龙头企业带领贫困群众发展产业增收近5000万元，全省首个务工服务站、1627个公益岗位、2488万元产业就业补贴等“组合拳”清零全部“零就业家庭”。同时，我们坚持“输血”与“造血”并重，提升1.8万名贫困劳动力生产技能，推出扶贫电影、道德红黑榜、扶贫超市，让80户“脱贫之星”燃起斗志走上致富路。奋斗经年，2万多名贫困群众脱贫退出、36个贫困村全部出列，绝对贫困问题在我们这一代人的手里历史性得到解决，全县农村实现无一个家庭住危房、无一人因病掉队、无一个学生失学辍学，脱贫攻坚大获全胜。

四是起势布局、调优结构，高质高效的产业体系初显雏形。五年里，我们全力“突围”资源枯竭型城市，拿出百倍干劲推进昌江产业重塑、优势再创。五年来，传统产业绽放新姿，水泥产业全线技改升级，尾矿等大宗固废综合利用率达100%；新兴产业加速崛起，“十大特色种养业”累计产值62亿元，“昌江芒果”等国家地标产品、“中国毛豆之乡”等美誉花落昌江，“春赏木棉红、夏品芒果香、秋游棋子湾、冬登霸王岭”全域全季旅游“圈粉”无数，过夜游客比上一个五年增长65.8%、旅游收入实现翻番。特别是，我们把握大势，与上海建立战略联盟，重拳引进2家头部机构和8个新能源新材料项目，推动核电产值达145亿元，清洁能源产业集群阔步壮大，为昌江在新一轮发展竞跑中赢得了主动、占据了制高点。

五是勇涉险滩、敢闯敢试，创新发展的动力活力持续迸发。五年里，我们秉承特区精神、椰树精神，努力为海南深化改革开放破题探路。五年来，我们创新实践，在全国率先利用“卫星遥感+裸眼3D”技术实施生态保护红线立桩定界，建立可复制、可推广的生态监管机制，得到生态环境部肯定推广；我们大胆先行，成为全省首批通过“多规合一”改革成果审批的市县，盘活近4万亩土地，为高质量发展奠定根基；我们敢闯敢试，建立全省首个县域紧密型医共体，让群众实现“小病不出村、常见病不出镇、大病不出县”；我们大刀阔斧重组35个行政机构，在全省率先建立“一办五组”巡察机构体系，在公安、重点企业和园区设立派驻检察室，为各项工作高效推进集聚了强劲动能。

六是守牢红线、逐绿前行，宜居宜业的优美环境魅力彰显。五年里，我们将守护绿水青山作为永续发展的基业，实行最严格的责任追究、污染防治等制度，铁腕整改中央环保和国家海洋督察反馈问题，强力清退全部近海养殖、拆除海岸带全部违建、修复近2000亩损毁矿山，问责69名落实环保责任不力的党员干部，倒逼各级守牢守好生态底线。同时，我们全县域弘扬“不畏艰难、勇于创新”的绿色娘子军精神，实施“六大专项整治”、城乡“绿化美化亮化净化彩化”、61条背街小巷改造等环境提升工程，使全县森林覆盖率提高到64.02%，生活垃圾处理实现无害化，内河湖水质提升到Ⅴ类以上，摘获“国家卫生县城”“国家卫生乡镇”“全国‘绿水青山就是金山银山’实践创新基地”“全国绿色村庄”等“国”字号荣誉，真正做到了让生态环境变得更好。

七是对标一流、健全机制，优质高效的发展环境逐步形成。五年里，我们坚持把营造一流环境作为发展的“金钥匙”。为了吸引企业与人才扎根昌江，我们相继推出创一流营商环境“五年行动计划”、优化营商环境“17条”、招才引才育才“20条”等重磅政策，每年投入2000万元为民营经济加薪助燃，推出“县级顾问制”与“招硕引博”工程，促使“十三五”市场主体年均增长近10%，吉利集团等大型企业、众多高层次人才接踵而至。同时，我们倡行“尊商重商亲商爱商扶商”理念，每年表彰“十佳企业”，设立政企联席会、企业联络员和政商交往正负面清单，行政审批效率成倍提速，昌江成为企业获得感最强的地区之一。

八是普惠民生、增进福祉，广大群众的幸福指数节节攀升。五年里，我们始终做到民之所愿、施政所向，每年投入近80%财力为群众办好事、增福祉。其间，我们对困难群体给予“非常守护”，通过“全民健康”等行动救助1960名困难群众，将城乡低保提高50%以上，社会兜底网络更加牢密；我们聚焦基础短板，投入近10亿元建设“大水网”，成功创建“‘四好农村路’全国示范县”“全光网县”，完成5553户危房改造、5411户厕改、49个生活污水设施建设，让民生“底盘”更加稳固；我们重点筑牢群众健康屏障，与武汉大学人民医院共建医疗集团，推动78个基层医疗卫生机构标准化，相继打造“全国健康促进县”“国家慢性病联合示范区”，县域医疗服务水平驶入“快车道”；我们向优质教育发力，投入14亿元建成“全国义务教育发展基本均衡县”“国家学前教育改革发展实验区”，引进一流资源合作办好木棉学校等优质学校，把昌江教育推向更高水平。

九是铁拳重锤、创新治理，和谐稳定的平安高地牢牢筑起。五年里，我们坚持推进社会治理现代化，以刮骨疗毒的勇气连根拔除黄某发黑恶毒瘤，依法处置其21.44亿元涉案资产和84个“保护伞”，乘胜追击端掉颜广标等7个黑恶团伙，雷霆侦破跨市县系列盗油案、特大贩卖假币团伙案等大案要案，重击黄赌毒、盗抢骗、砂霸等违法犯罪问题，全面夯实社管平台、镇村综治中心、铁警队、军警民联防等安全堡垒。五年来，全县刑事案件比上一个五年下降24%，群众安全感更加充实、更有保障，扫黑除恶专项斗争工作得到群众最高好评，社会综治等多项工作多次受到中央、省表扬，在禁毒大会战中连续2年获评先进，荣获“全国法治县创建活动先进单位”“全国公共法律服务先进集体”等称号。

五载役役，硕果满盈，这是党中央、省委坚强领导的结果，是历届县委班子、县委委员和候补委员接续奋斗的结果，是驻县单位和部队、各大企业以及社会各界鼎力相助的结果，更是所有新时代昌江儿女不畏艰难、勇于创新、担当实干的结果。在此，我代表县委，向大家表示衷心的感谢和崇高的敬意！

律回春晖渐，忆往昔峥嵘，我们充分相信，有习近平总书记作为党中央的核心、全党的核心举旗定向，有中国特色社会主义制度的显著优势，有省委的坚强领导，有26万群众紧密追随、快马加鞭，我们一定能够顽强战胜前进道路上的各种艰难险阻，在全面建设社会主义现代化、高质量高标准建设海南自贸港的新征程上，不断续写“山海黎乡大花园”新的时代荣光。

二、胸怀全局、锚定方位，出新出彩绘就“山海黎乡大花园”美好新愿景

即将到来的“十四五”，是全国上下向社会主义现代化建设迈进的开局五年，是高质量高标准建设海南自贸港的奋进五年，更是深入推进“五地两县”建设、打造新时代“山海黎乡大花园”的重要五年。未来五年，舵稳风劲，昌江必能于新机中开新局。党的十九届五中全会勾勒了“十四五”经济社会发展的路径图，省委七届九次全会也发出了到2035年“海南在社会主义现代化建设上走在全国前列”的号令，为新一轮发展指向定标。海南自贸港作为习近平总书记亲自谋划、亲自部署、亲自推动的重大国家战略，承担着打造我国对外开放鲜明旗帜和重要门户的使命担当，必将迎来更广阔的市场空间和发展机遇；随着自贸港全岛封关运行等政策深入推进，一大波改革开放红利将密集释放。我们只要抓紧机遇，必定能够在服务新发展格局中迈出更大步伐。未来五年，奋蹄疾进，昌江必能在竞跑中抢先机。虽然世界正经历百年未有之大变局，我们仍存在经济总量小、基础设施薄弱、改革创新和人才支撑能力不足等问题。但立足新形势，昌江具有位于北部湾中心点、毗邻“中国洋浦港”船籍港的绝佳优势，具备三产资源兼具、三产齐头并进的独特潜力，核电二期等产业项目正转化为新动能，清洁能源时代加速到来，生态环境、营商环境、社会环境、政治环境日渐上升到全省上游，全县争先进位的干事氛围浓厚。我们只要奋起直追，必定能够在自贸港建设新征程中实现赶超跨越。未来五年，咬定目标，昌江必能乘胜前进展宏图。十二届县委谋划提出的“五地两县”发展格局，充分体现了在时代大势中找准定位、担当作为、加快发展的要求，完全契合中央、省委确立的远景目标和“十四五”发展目标，符合海南“三区一中心”战略定位和产业主导方向。我们只要共识共为，到2035年必定能够全面建成产业兴盛、生态宜居、人民幸福、社会和谐的新时代“山海黎乡大花园”，筑成海南自由贸易港新高地。

立足新方向、新要求、新定位，2021年全县工作的总体要求是：高举中国特色社会主义伟大旗帜，坚持以习近平新时代中国特色社会主义思想为指导，深入贯彻党的十九届五中全会、中央经济工作会议以及省委七届九次全会、省委经济工作会议精神，全面落实习近平总书记对海南自由贸易港建设的重要指示批示精神，统筹推进“五位一体”总体布局，协调推进“四个全面”战略布局，坚定不移贯彻新发展理念，坚持稳中求进工作总基调，以推动高质量发展为主题，以深化供给侧结构性改革为主线，以改革创新为根本动力，以满足群众日益增长的美好生活需要为根本目的，以构筑海南自由贸易港新高地为定位，全力以赴固根基、扬优势、补短板、强弱项，建设现代化的经济体系和社会治理体系，着力提升生态文明和基本公共服务水平，全面推进城乡融合发展，大力营造风清气正的政治生态，加快推动“五地两县”发展格局迈上新台阶、新时代“山海黎乡大花园”建设打开新局面，为社会主义现代化建设、高质量高标准建设海南自由贸易港、“十四五”经济社会发展开好局、起好步。

2021年经济社会发展的主要预期目标是：地区生产总值增长10%，地方一般公共预算收入增长8%，固定资产投资增长10%，社会消费品零售总额增长10%，城镇居民人均可支配收入增长7.5%，农村居民人均可支配收入增长8.5%。

三、紧扣目标、接续奋斗，乘势而上全力打造良好开局引领高质量发展

（一）推进全面从严治党，营造更加清朗的政治生态

要全方位加强党的建设，打造风清气正、政通人和、干事创业的廉洁昌江，构建与高质量发展相适应的良好政治生态。

一要全面提升政治领导力。坚持强化政治建设统领，推动全县上下增强“四个意识”、坚定“四个自信”、做到“两个维护”，朝着共同目标苦干实干。要引领党员干部当好先锋。深化“不忘初心、牢记使命”教育成果，高质量办好建党100周年纪念活动，使各级党员干部初心如磐、使命在肩，以新功业献礼党的百年华诞。要汇集各界人士献智献力。支持人大对“一府一委两院”及生态、营商环境等方面开展监督，建设基层协商民主试点，打造统一战线“同心品牌”，引导军民共创全国双拥模范县，凝聚最强发展合力。要团结各族群众休戚与共。大力创建全国民族团结进步示范县，全力将“三月三”主会场活动办圆满、办精彩，全面提升宗教事务治理水平，确保各民族同呼吸、共命运、心连心。

二要全面提升思想引领力。坚持思想建党，牢牢掌握意识形态工作领导权，广泛凝聚奋进力量。要着重抓好理论武装。推动“习近平新时代中国特色社会主义思想讲堂”覆盖全部党组织和重点企业，使新思想成为高质量发展的领航引向。要全面推动思想大解放。以“解放思想、敢闯敢试、大胆创新”为主题开展大研讨，高水平建好绿色娘子军纪念馆，进一步弘扬特区精神、椰树精神和绿色娘子军精神，引导党员干部勇于抓机遇、善于抓落实。要坚决筑牢政治安全防线。构建高效融合的融媒体矩阵，加强网络生态治理，规范化建设“扫黄打非”基层站点，加快打造与自由贸易港相适应的强边固防体系。

三要全面提升组织战斗力。坚持建设坚强有力的基层党组织，锻造助力发展的“推进器”。要全力抓好基层换届。将思想政治素质好、带动发展能力强的优秀干部选到村镇、派到一线，从退役军人、返乡大学生、致富带头人中选拔一批后备干部，切实解决基层队伍老龄化、低学历化等问题。要整体优化基层队伍。健全村干部报酬正常增长机制，建强村务专员队伍，强化干部专业化教育培训，推动双向挂职常态化，着力增强干部“八种本领”“七种能力”。要大力树好党建品牌。坚持整顿软弱涣散党组织，深化十星农村“两委”、“五星”机关和“两新”组织党组织创建，持续打造党建示范点，引导各级党组织创先争优、晋位升级。

四要全面提升纪律执行力。坚持推动监督执纪问责更加科学精准，为新一轮发展提供坚强的纪律保障。要牢牢将纪律和规矩挺在前面。坚定不移深化政治巡察，对各级党组织落实习近平总书记“4·13”重要讲话、《海南自由贸易港建设总体方案》等中央、省委重大决策部署态度不坚决、工作不扎实、敷衍应付问题加强监督，确保昌江政令畅通。要坚持正风反腐寸步不让。持续将“三下沉三提升、争创五个一流”活动和“五不为”整治引向深入，严查严惩营商环境、工程建设、土地开发等重点领域的腐败作风问题，启动乡村振兴战略推进大监督、脱贫攻坚成果大巩固、扫黑除恶打伞破网成效大提升等行动，放大震慑效应。要严管厚爱相结合。按照“三个区分开来”，建立激励和容错纠错机制，旗帜鲜明地为敢于担当、踏实做事、不谋私利的干部撑腰鼓劲，最大限度帮助受处分党员干部改错纠错、重整行装再出发。

（二）加快创新转型步伐，建设更具竞争力的经济体系

要积极服务新发展格局，坚持制度集成创新，加快供给侧结构性改革，最大程度释放进位赶超的动力源泉。

一要以改革创新为动力，增强转型发展后劲。坚持主动谋变，在重点领域、关键环节实现突破，争创特色改革经验。要加快完善国土空间规划，合理划定“三区三线”，形成开发保护“一张图”。要着力推进知识产权强县工程，加快培育知识产权示范企业与高新技术企业。要大力实施农村土地制度改革，创新土地征收办法，探索农村宅基地产权登记制度，形成集体经营性建设用地入市试点成果。

要全面深化“放管服”改革，推进“一枚印章管审批”“一个窗口管受理”，推行园区“极简审批”，加快实现“最多跑一次”。

二要以国际一流为标准，打造营商环境高地。强化“领跑”意识，围绕法治化、国际化、便利化目标，全面优化营商环境。要完善政策体系。全力推动优化营商环境五年行动计划等政策落实见效，着力完善配套政策，表彰“十佳民营企业”，建立营商环境综合考评机制，压紧压实各级责任。要强化精准服务。进一步规范政商交往行为，完善“书记县长服务企业接待日”“企业联络员”等制度，推行项目建设和招商引资“专班”服务，开辟重大项目审批“绿色通道”，为各类市场主体当好“店小二”。要优化人才环境。继续实施“招硕引博”工程，创新人才引进、培养、使用机制，支持企业引才、项目引才、产业引才，搭建人才干事创业平台，让优秀人才发展有空间、奋斗有土壤。

三要以五地格局为目标，推动产业优化升级。紧扣自贸港主导产业，打造多元支撑的产业体系，加快资源枯竭型城市转型。要聚力将清洁能源培育为全新支柱。高标准编制清洁能源产业园发展规划，创新推行专业化园区运营管理体制，聚焦新能源、新材料、高新技术等产业加大招商引资力度，培育壮大产业集群。要加速将全域旅游壮大为重要支撑。高标准建设“黎花里”文旅小镇二期、棋子湾旅游度假区、昌化大岭森林公园等景区景点，推动海尾国家湿地公园创成国家AAA级旅游景区，持续办好“黎花三里寻”等旅游活动，完善旅游服务配套，扩大“春赏木棉红、夏品芒果香、秋游棋子湾、冬登霸王岭”影响力。要着力将特色农业发展为关键基石。加快低效产业调整，推动冬季瓜菜、热带花卉等特色种养业规模化、标准化，打造海尾智慧渔业产业园、昌化国际渔港，建成新希望生猪基地等生产示范园，构建“山海黎乡·纯美昌江”特色农产品体系。

（三）促进社会全面进步，构建共建共治共享治理格局

要坚持加强和创新社会治理，全面推动县域治理现代化，让群众获得感、幸福感、安全感更可持续。

一要打造更高品质的基本公共服务均等化示范县。坚持问题导向和需求导向，健全基本公共服务体系。要大力提升教育质量。持续引进优质教育资源办好矿区中学，着力推动木棉实验学校等重点学校发展，确保昌江中学创成省一级学校，加快建设特殊教育学校，实施特岗教师计划，促进优质资源更加均衡。要全面建设“健康昌江”。常态化抓好疫情防控，加快完善医疗集团配套，推进国家基本药物配备使用、基本医疗保险按人头总额付费试点改革，推动医疗卫生信息化平台建设，深化“全民健康关爱行动”，争创健康示范城市。要健全社会保障体系。实施稳企稳岗稳就业政策，确保城镇登记失业率控制在4%以内，进一步完善社会救助政策体系，建好管好养老、托育机构，切实解决群众诉求、满足群众期盼。

二要建设更高水平的“平安昌江”。提高治理法治化、智能化、专业化水平，确保社会和谐运行。要强力打击违法犯罪。常态化推进扫黑除恶专项斗争，开展禁毒大会战，严打严防黄赌、涉枪涉爆、走私等违法犯罪，建立涉黑涉恶犯罪防范打击长效机制，全力创建全省最安全地区。要构建立体化治安防控网络。加快综治中心、社管平台、网格化服务管理、矛盾纠纷多元化解“四位一体”建设，建立大数据合成作战指挥中心、执法办案管理中心，创建“枫桥式派出所”，确保重复信访、信访积案“清零”。要深化“法治昌江”建设。用好用足民族自治立法权，推进重点领域、新兴领域立法探索和制定实施，深化智慧村（居）法律服务，建好智慧村（居）法律服务平台，畅通司法便民“最后一公里”。

三要创建更高水准的“文明昌江”。启动“创文巩卫”行动，竭尽全力创建“全国文明城市”、巩固“国家卫生县城”。要提高基础配套标准。改造升级20条背街小巷，建成市政排水管网等配套工程，高水平打造木棉公园、鹅毛岭公园、石碌河水上公园等城市公园，提升城市品位。要推进城市管理精细化。打造特色志愿服务品牌，推行“执法队伍＋志愿者＋社区＋居民”治理模式，全面根治交通乱象、马路市场等城市“顽疾”。要推动精神文明建设走出新路。全力推动核心价值观融入社会发展各方面，打造道隆村等新时代文明实践示范点，广泛弘扬全国劳模陶凤交等典范，创建“文明村镇”“文明家庭”，全面树立文明风尚。

（四）擦亮绿色发展底色，树立生态文明示范标杆

要深入贯彻落实习近平生态文明思想，坚持“绿水青山就是金山银山”理念，推进全国生态文明示范县创建，努力让美丽昌江天更蓝、山更绿、水更清。

一要强力治理生态环境突出问题。加速深化六大专项整治，以更高站位完成中央环保督察、国家海洋督察反馈问题整改，筑牢生态屏障。要突出水污染治理。启动近海养殖生态修复，持续打击非法采砂等破坏环境行为，加快推动4个污水处理厂建设与“四河一渠”综合整治，破解河湖治理沉疴，确保城镇内河水质保持V类以上。要突出土壤污染防治。加快建成建筑垃圾消纳场，推进铅锌矿二期治理，完成鹅毛岭、三狮岭矿山生态修复，加强农业面源污染防治，做到控增量、减存量。要突出大气污染防治。严治“散乱污”企业，从源头防治道路运输和建筑施工扬尘问题，强化污染源动态监管，确保城区空气质量优良率保持99%以上。

二要全面提升生态环境整体质量。坚决突出重点，提亮生态底色，全力创成全域“绿水青山就是金山银山”实践创新基地。要加快推进热带雨林国家公园体制试点。着力开展生态综合补偿试点，探索多元化生态补偿方式，大力建设生态廊道，修复保护热带雨林，广种木棉、沉香、黄花梨、三角梅等特色树种，推动森林覆盖率达64.2%。要全力创成省级森林城市。掀起全县绿化造林、全民护树造园热潮，持续推动城乡“绿化美化亮化净化彩化”，确保沿岸、沿线绿化率达80%以上，全民义务植树尽责率达80%以上。要积极培育绿色发展体系。坚决把影响生态环境的项目挡在门外，全面实施农业“三减”、垃圾分类、“禁塑”、节水等绿色行动，倡导绿色生产、绿色生活。

三要健全生态文明建设长效机制。坚持标本兼治，用最严格制度、最严密法治保护生态环境。要严明生态保护责任。严格落实领导干部任期生态文明建设责任制，探索行政、民事、刑事“三位一体”责任追究机制，倒逼“一岗双责”落实到位。要加强生态领域创新。建立健全自然资源资产产权、有偿使用、统一调查评价监测制度，实行自然资源确权登记试点，强化生态资源保护管理支撑。要健全生态环境监管机制。全面推行林长制、河长制、湖长制、湾长制，深化生态环境监测监察执法改革，建立“智慧环保”监管体系，推行远程执法、联动执法，提高环境执法效能。

（五）统筹城乡融合发展，持续增进广大群众福祉

要坚持以人民为中心，坚持城乡一体化，全方位提升群众生活品质，使改革发展红利更多更公平惠及群众。

一要全面加快乡村振兴步伐。以“百镇千村”建设为抓手，大力推进乡村建设行动。要改善农村人居环境。实行29个村庄规划编制，启动村庄现代化、产业化、旅游化改造提升计划，加快打造15个生活污水处理设施、10个美丽乡村。要大力发展集体经济。完善集体经营性资产股份合作制，继续扶持15个村入股企业，通过村企共建打造集体经济样板。要加强农村服务管理。推动巩固拓展脱贫攻坚成果同乡村振兴有效衔接，健全返贫监测预警和动态帮扶机制，完善“一核两委一会”治理模式，实施新型职业农民、万名中专生培育计划，为乡村振兴提供强劲支撑。

二要构建现代化基础设施体系。谋划实施一批重大工程，打造系统完备、高效实用、智能绿色、安全可靠的设施网络。要大力补齐“五网”短板。启动村镇集中供水工程，加快推动农田水利渠系联通，着力推动昌化江旅游公路建成通车、“霸王—王下”旅游公路改造提升、滨海旅游公路开工建设。要优化升级民生配套。启动6个棚户区和7个老旧小区改造，加快建设安居型商品住房，推动城乡电网智能化升级，加快实现城乡公交一体化。要加快建设“智慧昌江”。全力推进国家数字乡村试点，加快布局5G网络、物联网，谋划建设智慧型

农产品仓储物流设施，为昌江步入“云时代”奠定基础。

三要打造全民共享的“文化昌江”。统筹文化事业和文化产业发展，加快打造特色文化产业聚集基地。要保护传承特色文化。全力保护发掘皇帝洞、钱铁洞等遗址，继续办好东坡峻灵王文化论坛等活动，开展“文物＋旅游”三年行动，培育文化旅游新业态。要发展壮大文化产业。加快建设木棉花博览园、昌江玉石馆、国际围棋学院等项目，筹办昌江玉石博览会，着力推动昌江玉产业迈向市场化、企业化。要打造优质公共文化服务。全力建设“多馆合一”，大力培养非遗传承人，办好“昌化江讲堂”“百姓学堂”等文化惠民活动，厚积“山海黎乡大花园”文化底蕴。

同志们，功崇惟志、业广惟勤，现代化建设的新使命需要奋斗才能实现，自贸港建设的新目标需要实干才能到达，“山海黎乡大花园”的新篇章需要拼搏才能续写。让我们更加紧密地团结在以习近平同志为核心的党中央周围，在省委坚强领导下，解放思想、敢闯敢试、大胆创新，永葆“闯”的精神、“创”的劲头、“干”的作风，推动新时代“山海黎乡大花园”迈向新征程，为高质量高标准建设海南自由贸易港、全面建设社会主义现代化国家做出新的更大贡献！

政府工作报告

——在昌江黎族自治县第十五届人民代表大会第七次会议上

县长　林谟谐

（2021 年 2 月 3 日）

一、2020 年回顾及十三五发展主要成就

2020 年是昌江发展史上极不平凡的一年。面对新冠肺炎疫情等不利因素影响，我们坚持以习近平新时代中国特色社会主义思想为指导，在省委省政府和县委的坚强领导下，积极应对“三个大考”、答好“三张答卷”，全力推进新时代“山海黎乡大花园”建设。全国未成年人思想道德建设工作先进城市等 6 个国字号荣誉加身；“四好农村路”等 33 项工作获得省级以上通报表扬；生态环境、政务服务等 13 项公共服务质量满意度综合测评指标位居全省第一。

（一）坚持“超常规”应对疫情影响，经济发展总体平稳

坚决落实“四早” 要求，群防群控、联防联控，仅用 15 天就控制住疫情。坚决贯彻“一抗三保”“扩种增养”等要求，出台超常规举措 32 条、支持中小企业共渡难关 12 条等措施，强力推进各行各业复苏，在全省较早实现复工复产和经济企稳回升。固定资产投资同比增长 1.1%，地方一般公共预算收入同比增长 12.4%，城乡居民人均可支配收入分别同比增长 3%和 7.5%；地区生产总值、社会消费品零售总额等指标逐季向好，呈“V”字形反转态势。77 个省县重点项目超额完成年度投资计划，20 个投资达 39.4 亿元的自贸港项目集中开工或签约，为“十四五”经济结构持续优化打下坚实基础。

（二）坚持“兴产业”加快转型升级，发展动能不断增强

积极探索资源枯竭型城市转型发展之路，立足昌江优势，着力培育重点产业。清洁能源高新技术产业发展势头良好，产业发展规划编制、产业联盟组建等工作顺利完成，上海核电海南服务基地等头部机构成功落户，预期产值达 300 多亿元的 8 个先导性项目成功签约，清洁能源高新技术产业被写进省委、省政府“十四五”规划建议和纲要，并列入省政府 2021 年工作计划。全域旅游发展提质增效，率先在全省编制完成县域文旅融合发展总体策划及概念性空间规划，霸王岭国家森林公园创成全县首个国家 AAA 级旅游景区，“夏品芒果香·黎花三里游”一举打响“中国第一黎乡”品牌，全国围棋业余公开赛等旅文活动成功举办，全国围棋之乡、“中国西海岸·海南棋子湾”等美誉花落昌江。热带特色高效农业发展迅猛，国家级扶贫产业专家服务基地挂牌成立，2 个南繁产业项目开工建设，6 个省级现代农业产业园成功创建，6 个绿色无公害、2 个地理标志农产品成功注册。花卉产业、深海养殖、智慧渔业等发展思路得到省领导肯定。资源枯竭型城市转型发展经验被《人民日报》深度报道。

（三）坚持“严要求”加强生态建设，生态环境质量明显提升

投入 3.6 亿元推进中央环保督察、国家海洋督察反馈问题整改，开工建设 7 个乡镇（园区）污水处理项目，全部清退 1205 亩禁养区养殖塘，实现内河水质稳定达标、海岸带违建“零增长”，全部办结两轮中央环保督察和国家海洋督察交办信访件，有序推进省委百日大督察整改。空气、地表水等环境质量保持总体优良，“两违”处置年度任务全面完成。禁塑、清洁能源汽车等标志性项目推进

顺利，清洁能源汽车购置量超额完成年度任务。

（四）坚持“惠民生”增进百姓福祉，群众幸福指数不断攀升

城镇登记失业率1.84%，远低于省要求4%目标。企业产业带动帮扶实现全覆盖，1.1万名贫困劳动力外出务工、同比增长114%，扶贫农产品销售近1000万元，贫困户年人均纯收入达1.3万元。180户城镇困难职工解困。以我县教育移民为题材的电影《穿过雨林》完成拍摄。全省首届乡村振兴产业峰会成功举办，王下乡“蝶变”的发展经验为脱贫攻坚同乡村振兴有效衔接提供昌江样板。引进首都师范大学合作创办木棉学校、芒果幼儿园，学前教育“两个比例” 走在全省前列。职业教育创新发展，赴浙江青田学习深造的3名学生获评浙江省玉石雕刻师称号，昌江玉多件作品荣获全国金奖。全省首家紧密型县域医共体改革稳步推进，81所基层医疗卫生机构标准化建设全部完工，“7+3”能力建设项目顺利实施，“2020年每万居民拥有2名全科医生”任务提前实现。发放弱势群体生活补贴近2000万元。发放物价联动补贴455万元，受益群众9万人次。

（五）坚持“重长效”推进社会治理，群众安全感不断提升

深入推进扫黑除恶清零攻坚战，成功打掉套路贷犯罪涉恶团伙16个，处置涉黑资产21.4亿元，全省扫黑除恶专项斗争群众感受调查多项指标位居全省前列。新一轮禁毒大会战获评全省先进。平安建设考核获评全省优秀，县“扫黄打非”办获评全国“扫黄打非”先进集体，县司法局荣获全国公共法律服务工作先进集体、全省村（居）法律顾问工作先进单位。县退役军人服务中心等5家单位荣获全国示范型退役军人服务中心（站）称号。中央信访联席办交办信访积案化解工作经验，被省信访局通报表扬并号召全省学习。边海防工作走在全省前列。第七次全国人口普查工作任务顺利完成。

（六）坚持“创一流”突破重点改革，营商环境持续优化

深入推进“放管服”改革，工程建设项目全部实现线上审批，市政服务事项实现一窗通办，1808项政务服务事项实现统一规范，“一枚印章管审批”改革持续推进，便利化程度进一步提高。出台优化营商环境工作措施、规范政商交往正负面清单及企业联络员等制度，减免税费1.4亿元，安排促进民营经济和科技创新发展资金2000万元，表彰优秀民营企业。营商环境多项指标在省委财经委、省工商联开展的第三方评估中均位居前列，县工商联荣获全国“五好”县级工商联称号。海南核电、昌江城投作为我省仅入围的2家单位，入选全国经济科技档案创新工作案例企业。

过去一年，我们以开展“我为加快推进海南自由贸易港建设作贡献”活动为抓手，持续争创“五个一流”，政务信息、政务公开和政府网站等工作继续保持全省优秀。持续深化政府系统党风廉政建设，深入开展扫黑除恶打伞“五大”专题活动，组织县政府系统领导干部参加扫黑除恶巡回展等纪律教育活动，全力肃清黑恶瘤毒影响。邀请法律顾问列席县政府常务会，聘请专家担任政府顾问，不断提升决策规范化、科学化水平。

各位代表，2020年是“十三五”和全面建设小康社会收官之年。回首过去五年，昌江经济社会发生一系列深刻变化。

经济转型发展进一步加快。全县地区生产总值年均增长5.5%、一般公共预算收入年均增长12.7%、社会消费品零售总额年均增长5.5%。二产从“黑灰”产业迈向绿色化发展，采矿业、水泥业占规模以上工业分别从2015年的20.8%、63.9%减少到16.6%、48.4%，清洁能源产业占比从2015年的8.7%提高到29.4%，三产产值从2015年的29.3亿元提高到40.9亿元、对GDP贡献率提高了10.9个百分点。清洁能源、全域旅游等新兴产业发展迅猛，清洁能源发电占到全省发电量的三分之一，核电产值达145亿元，高新技术企业认定实现从“0”到“6”的跨越，过夜游客较“十二五”增长65.8%、旅游收入实现翻番。

重点领域改革进一步深化。率先在全省通过“多规合一”改革成果审批，实现“一张蓝图”管控。县级党政机构改革顺利完成。“放管服”改革持续深化，82%的政务服务实现“不见面审批”，村（居）委会实现“一张审批网”全覆盖，工程建设项目审批时限缩短一半以上，新增市场主体9886户、增长73.3%。循环经济工业园区管理体制改革成效明显，农村土地承包经营权确权登记颁证、综合行政执法体制、殡葬等改革取得预期成果。

生态环境质量进一步提高。深入推进六大专项整治和“六个严禁两个推进”，$PM_{2.5}$平均值从2015年的24微克/立方米下降到16微克/立方米，城区环境空气质量优良率从2015年的97.2%提高至98.5%，全县森林覆盖率从2015年的60.22%提高至64.02%，主要污染物排放总量、能源消耗总量、碳排放强度连续五年超额完成省下达控制目标。生态环境长效管护机制不断健全，生态环境保护“一岗双责”责任制考核办法制定出台，河长制湖长制工作持续深化，县生态环境委员会成功组建。生态保护红线定桩立界工作被生态环境部作为典型推介。全省首个国家“两山”实践创新基地——王下乡，成功探索热带雨林国家公园建设人与自然和谐共生的昌江模式。七叉镇大章村获评全国首批绿色村庄称号。海防林建设事迹被列为国家林草局践行习近平生态文明思想先进事迹。

基础设施进一步完善。投入近10亿元建设“大水网”。叉霸旅游公路顺利通车，昌化江旅游公路、昌江汽车站等项目开工建设。新建和改建农村道路近430公里，获评全国首批“四好农村路示范县”，连续两年“四好农村路”评比全省排名第一。自然村光纤、4G网络以及县城区5G基站实现全覆盖，信息基础设施建设连续5年考核优秀，获评“全省首批全光网县”。电网供电可靠率99.8%，达到国内一流水平。燃气入户、“气代柴薪”惠及群众2万多户。

民生保障力度进一步加大。年均投入80%以上的财力用于民生。全县36个贫困村及2.3万名贫困人口全部脱贫退出，脱贫攻坚取得决定性胜利。城乡低保标准提高50%以上。完成危房改造5553户、厕所改造5411户、生活污水设施建设52套，建成保障性住房1.2万套。投入14亿元发展教育，引进首都师范大学合作办学，获评全国义务教育发展基本均衡县、国家学前教育改革发展实验区。引进武汉大学人民医院在全省率先成立县级医疗集团，积极推进紧密型县域医共体改革，获评全国健康促进县、国家慢性病防控示范区、全国基层中医药工作先进单位，初步实现“小病不出村、常见病不出镇、大病不出县”。

社会治理能力进一步提升。深入开展“双创双修”，61条背街小巷改造等环境提升工程顺利完成，2个镇村通过国家卫生乡镇、44个镇村通过省级卫生镇村评审，10个省级文明村镇（单位、家庭）成功创建，6人荣获全国、省级道德模范，摘获国家卫生县城、全省文明城市等桂冠，破格获得全国文明城市提名。一举打掉盘踞昌江长达30余年的黄某发黑恶团伙及其“保护伞”，刑事案件发案量、新增吸毒人员、现有吸毒人员实现五连降，禁毒会战连续两年获评全省先进，“扫黄打非”工作连续两年排名全省前列。获评全国法治县创建活动先进单位、全国民族团结进步模范集体、全省双拥模范县等多项荣誉。办理人大建议441件，办结率100%，满意率99.5%；办理政协提案368件，办结率和满意率均达100%。

五年来，我们大力支持工会、共青团、妇女儿童、老龄、残联、红十字会、气象、粮食、县志等事业蓬勃发展。

各位代表，“十三五”成绩来之不易。这是省委省政府和县委坚强领导的结果，是县人大、县政协鼎力支持的结果，也是全县26万各族群众奋力拼搏的结果。在此，我谨代表县人民政府，向全县各族人民，向人大代表、政协委员，向各民主党派、工商联和社会各界人士，向驻县部队官兵和公安干警，表示衷心的感谢和崇高的敬意！

“十三五”发展成就令人鼓舞，但我们也应清醒地看到，当前我县经济社会发展中还存在不少短板：部分指标没有达到预期，资源枯竭型城市转型发展缓慢，教育、饮水、住房等民生工作离人民群众期盼仍有差距，安全生产、环境保护问题仍较突出，干部“四风”问题仍然存在，等等。对此，我们要切实加以解决。

二、“十四五”主要目标任务

“十四五”是开启全面建设社会主义现代化国家新征程的第一个五年，是高质量高标准建设海南自由贸易港的关键五年，是深入推进“五地两县”建设、打造新时代“山海黎乡大花园”的重要五年，根据习近平总书记“4·13”(习近平在庆祝海南建省办特区30周年纪念大会上的讲话)重要讲话、党的十九届五中全会、中央12号文件、《总体方案》和省委《规划建议》、省政府《规划纲要》及县委《规划建议》精神，县政府制定了《昌江黎族自治县国民经济和社会发展第十四个五年规划纲要（草案）》，提请大会审议。

《规划纲要（草案）》围绕“十四五”主要目标，明确了今后五年经济社会发展的主要任务。为了实现“十四五”各项目标，我们重点抓好八个方面工作。

（一）全面深化改革创新，持续优化营商环境

全面落实好“零关税、低税率”和封关运作的各项决策部署。推动优化营商环境五年行动计划，进一步健全优化营商环境政策体系，构建新型政商环境。以市场主体获得感为导向，完善营商环境评价考核及成果运用机制，构建稳定、公平、透明、可预期的企业发展环境。着力推动流程再造、数据共享，建成“一体化”在线政务服务平台，推行“掌上办”“一证办”“一件事一次办”等机制，打造一流的政务服务环境。重点推行“六个试行”，探索引进专业化园区运营机构，全面实行“园区事园区办”。加强社会信用体系建设，对新产业新业态实行包容审慎监管。稳步推进国家知识产权强县建设，实施新型研发机构倍增计划，培育一批高新技术和科技型中小企业。

（二）加快产业转型发展，聚集强大发展动能

加快推进清洁能源高新技术产业园建设，实现清洁能源产业总产值达300亿元以上，全力打造海南高新技术产业新高地。推动产业生态化，依托国家大宗固体废弃物综合利用基地，培育一批资源循环利用高新技术企业。围绕“中国西岸·小众天堂”定位，以创建全域旅游示范县为抓手，大力推进旅游与农业、工业、康养、文化、体育等产业深度融合发展，打造一批特色旅游小镇、椰级乡村旅游[20]点，推动“行行搞旅游、处处有旅游”，不断提升“四季旅游”品牌影响力。大力发展热带特色高效农业，打造一批高标准农田、农业标准化示范基地，培育壮大花卉等“十大特色种养产业”，大力推广种植沉香、黄花梨等乡土树种。高标准打造现代智慧渔业综合示范区，以海尾渔港、昌化渔港、新港渔港为着力点，加快发展深水网箱、休闲渔业等新业态，引导沿海农民“往岸上走、往深海走、往休闲渔业走”，不断增加海洋经济占全县生产总值比重。

（三）实施城市有机更新，完善城乡基础设施体系

推动新型城镇化，有序推进旧城区、棚户区等改造工作，加快农业转移人口市民化。持续推进“大水网”建设，高质量完成村镇集中供水等工程，推动“引大济石”及昌江水系连通等重大水利项目。继续推进县域骨干路网、“四好农村路”等道路提升工程，全面落实智能配电网规划，继续推进燃气下乡“气代柴薪”，加快推进5G网络规模部署和商业应用，打造系统完备、高效实用、智能绿色、安全可靠的现代化基础设施体系。

（四）系统推进生态治理，争创国家生态文明示范县

全力创建“国家园林城市”“国家森林城市”，坚决打赢蓝天碧水净土保卫战。持续推进中央环保督察、国家海洋督察反馈问题整改。严格落实河长制、湖长制、湾长制、林长制和路长制，加强河流、近岸污染和矿山修复治理，增强海域岸线和昌化江岸线自然生态和风貌保护，完善山水林田湖草一体化生态保护和修复监管体制机制。落实长臂猿、苏铁等珍稀濒危动植物保护计划。全力倡导绿色生产生活方式，推动垃圾无害化处理率达100%，推进海南热带雨林国家公园、“禁塑”、清洁能源汽车、装配式建筑、垃圾分类等标志性工程。

（五）坚持“三农”优先战略，全面推进乡村振兴

完善产业和就业发展利益联结机制，保持过渡期内现有主要帮扶政策总体稳定，扎实推进巩固拓

展脱贫攻坚成果同乡村振兴有效衔接。高标准编制新一轮乡村规划。有序推动农村“三块地”改革。深化农村集体产权制度改革，发展新型农村集体经济，加快培育农村合作社、家庭农场等新型农业经营主体。健全农业专业化社会化服务体系和农业保险、风险防控保障机制，实现小农户和现代农业有机衔接。推进法治乡村建设，为实现乡村振兴提供良好法治环境。

（六）全力保障社会民生，创造百姓美好新生活

加大教育布局调整力度，尽快完善寄宿制乡镇中心校功能。建立健全以教育教学为中心的评价督导体系，推动义务教育达到全省中上水平。加快改革创新，优化师资力量配置，尊重学校用人自主权。加强校长教师队伍建设，引培并举，着力培育本土优秀骨干教师。围绕产业发展和社会需求，突出职业教育办学方向，加强校企联动，增强办学针对性。把玉雕专业打造成省级特色专业品牌。深化“三医联动”改革，深入推进紧密型县域医共体改革试点工作，扎实提升县域整体医疗服务能力，促进优质医疗资源下沉，持续加强基层医疗卫生机构标准化建设，努力创成1所三级医院，打造县域医共体改革先行范例。力争农村教育卫生等基本公共服务走在全省前列。加大对黎族文化等特色文化的保护与传承，培育昌江学生“特色文化印记”。加快推动棋子湾国际围棋学院、玉石产业特色街等项目。加强文化体育基础设施建设，加快“多馆合一”等公益性场馆建设，持续开展全民健身和文化惠民活动。健全工资正常增长机制，着力提高低收入群体收入，扩大中等收入群体。落实“菜篮子”“米袋子”县长负责制，全力以赴做好保供稳价工作。全面完善智能化就业、养老托幼、救助体系等建设。

（七）巩固提升“双创”成果，争创全国文明城市

紧盯创文目标要求，严格对标测评体系，持续开展创文巩卫和社会文明大行动，深化城乡“五化”成果和“五大文明创建活动”，着力提升城市管理水平，全力争创“全国文明城市”。大力弘扬社会主义核心价值观，加强公民道德建设和诚信建设，持续弘扬文明道德典范，创新发展乡贤文化，持续开展精神文明创建活动。健全志愿服务体系，广泛开展志愿服务关爱行动。

（八）统筹发展和安全，大步提升治理水平

加强法治政府建设，严格执行行政执法“三项制度”。实施“八五”普法规划，建立健全公共服务法律体系，深化智慧村（居）法律服务。深化平安昌江建设，常态化推进扫黑除恶工作，扎实开展禁毒大会战，推进“四位一体”专项斗争新机制建设。建立健全多元化商事纠纷解决机制和信访制度，畅通群众和企业权益损害信访接访机制。加强重大风险研判，建立健全各行业风险防控、监督监管等长效机制，防范化解重大风险。完善消防基础设施建设，提高防灭火救援能力。完善退役军人服务保障体系，争创全国双拥模范城市。推动社会治理重心向基层下移，向基层放权赋能，加强城乡社区治理和服务体系建设，发挥群团和社会组织在社会治理中的作用，构建网格化管理、精细化服务、信息化支撑、开放共享的基层管理服务平台。

三、2021年主要工作

2021年是“十四五”规划开局之年，是海南自贸港建设关键之年，也是昌江奋力推进新时代“山海黎乡大花园”建设的黄金机遇期，做好政府工作意义重大。今年政府工作的总体要求是：坚持以习近平新时代中国特色社会主义思想为指导，深入贯彻党的十九届五中全会、省委七届九次全会、县委十二届十二次全会精神，坚持稳中求进总基调，立足新发展阶段，贯彻新发展理念，融入新发展格局，以全面深化改革开放为引领，以推动高质量发展为主题，以深化供给侧结构性改革为主线，以满足人民日益增长的美好生活需要为根本目的，以构筑海南自由贸易港新高地为定位，着力提升生态文明和公共基本服务水平，全面推进城乡融合发展，加快推动“五地两县”发展格局迈上新台阶、新时代“山海黎乡大花园”建设打开新局面，为社会主义现代化建设、高质量高标准建设海南自由贸易港、“十四五”经济社会发展开好局、起好步。

2021年经济社会发展主要预期目标是：地区生产总值增长10%，地方一般公共预算收入增长

8%，固定资产投资增长 10%，社会消费品零售总额增长 10%，城镇居民人均可支配收入增长 7.5%，农村居民人均可支配收入增长 8.5%。

为确保完成全年目标任务，要全力以赴抓好以下工作。

（一）高标准优化营商环境

深化“放管服”改革，全力推动“一网通办”“全省通办”，继续推进“一枚印章管审批”“一窗办多事”改革，落实证明事项和涉企经营许可证事项告知承诺制，完善推进“12345”热线标准体系建设。坚决落实工程建设项目审批制度改革年度量化目标任务。全力推进园区“模拟预审＋极简审批”，最大限度缩短项目落地及开工周期，真正实现“园区事园区办”。建立守信联合激励和失信联合惩戒分级分类机制以及信用信息平台。建立营商环境工作推进每月汇报通报、“书记县长服务企业接待日”、项目建设和招商引资服务“专班”等制度，构建“市场主体说了算”、企业和服务对象全面参与的营商环境评价机制，推动优化营商环境工作措施等政策落地见效。

（二）高质量推动产业升级

发展清洁能源高新技术产业。助推核电二期、核电小堆等在建项目加快建设。加强规划、用地等要素保障，力争清洁能源高新技术产业先导项目年内开工。继续加大新能源、新材料等高新技术企业招引力度，延伸核电关联产业链。加强与国内科研院所及大型央企、知名民企的战略合作，着力引进打造支撑产业发展的科创孵化和成果转化平台，吸引高层次人才集聚。加快搭建园区组织机构，同步启动“智慧园区”建设，探索数字化、专业化园区运营管理新体制。扎实做好尾矿等大宗固体废弃物资源循环利用，全力推进国家大宗固体废弃物综合利用基地建设。

发展全域全季旅游。充分发挥县域文旅融合发展总体策划及概念性空间规划的引领作用，确保旅游项目规划设计建设品质，打造一流旅游产品。高质量建设“黎花里”文旅小镇二期、棋子湾旅游度假区、叉河镇排岸村特色民族村寨、昌化大岭森林公园等景区景点，加快推动海尾国家湿地公园创建国家 AAA 级旅游景区，打造 1 个椰级乡村旅游点和一批精品民宿。继续办好全国业余围棋公开赛、“黎花三里寻”等旅文活动，努力将“四季旅游”打造成自贸港极具影响力的旅游品牌。推动环岛旅游公路昌江段、旅游外语标识标牌规范化等基础配套建设。

发展热带特色高效农业。发展壮大“十大特色种养业”，冬季瓜菜面积稳定在 15 万亩以上。加快农产品“三品一标”认证、“一村一品”示范村镇和生态循环农业技术示范基地建设，创建昌江芒果、火龙果等一批特色种养殖示范基地，引进龙头企业带动传统农业迈向农产品加工业发展。加快构建“山海黎乡·纯美昌江”特色农产品品牌体系。新建高标准农田 2 万亩。高标准打造海尾智慧渔业产业园，推动昌化渔港升级改造。全力办好全省城市绿化和花卉产业现场会。

（三）抓投资促消费

坚持项目为王。优化投资结构，推进产业投资比重有所提高。开展项目谋划专项行动，做深做细储备项目前期工作，全力做好自贸港建设项目集中开工签约活动。分类分级建立项目全流程、全要素统筹保障体系，重点抓好总投资 500 万元以上项目清单化管理。加大项目督查力度，坚决摆脱年底冲刺“依赖症”。探索“专业园区＋基金”招商模式，构建多层次、多渠道的项目招商网络。

大力抓好促消费。研究制定出台和落实促进消费的具体措施，对症施策补齐工作短板弱项。充分利用春节、“五一”等节庆节点，举办形式多样的促消费活动。办好黎苗传统“三月三”主会场、冬登春赏黄金旅游季等系列文旅活动，深入挖掘旅游市场潜力，带动餐饮、住宿等行业消费市场复苏。

（四）稳步推进乡村振兴

巩固拓展脱贫攻坚成果。建立健全防返贫动态监测和帮扶机制，逐项分类优化调整现有帮扶政策，集中资源支持脱贫攻坚向乡村振兴过渡，实现对 2.3 万脱贫人口、90 户边缘人口常态化管理帮扶。

统筹城乡规划。深化“多规合一”改革成果，合理划定“三区三线”，全面完成国土空间规划编制、城镇开发边界内详细规划编制，启动县域内海岸带等专项规划。加快推进实用性村庄规划编制，利用好10个试点村庄规划编制成果，启动30个村庄规划编制。

改善农村人居环境。实施“乡村建设行动”，深入推进城乡“五化”，启动村庄现代化、产业化、旅游化改造提升计划，创成15个生活垃圾资源利用示范村、10个美丽乡村。加快农村基础设施建设，建成17套生活污水处理设施，继续推进农村危改、农村厕改等工程，户用厕所普及率达100%。大力推广生态循环农业生产技术，加强农业废弃物回收和农作物秸秆综合利用，强化农业面源污染治理。

促进农民增收。加强职业技能培训，拓宽农民工就业渠道，继续开展“点对点”输送农民工赴粤务工，引导县域内重点企业、重点项目优先招录本地农民工。健全集体经营性资产股份合作制，加大产业扶持力度。继续实施扩种养奖励机制，激发群众发展产业动力。强力推进电子商务进农村示范县建设工作，多渠道促销农产品。全力抓好各类惠农补贴发放工作。

（五）加强生态文明建设

全力创建全县域“两山”实践创新基地和省级森林城市。坚决抓好中央环保督察、国家海洋督察和省委百日大督察问题整改，持续深化六大专项整治和“六个严禁两个推进”。坚决打赢蓝天碧水净土保卫战，确保环境空气质量持续向好，水环境质量总体达Ⅱ类、城镇内河水质稳定达标，土壤环境质量保持优良。全面落实河长制、湖长制、湾长制、林长制和路长制，加大执法问责力度，严厉整治“两违”、农村乱占耕地建房、非法采砂、“散乱污”企业等破坏环境行为。持续推进海南热带雨林国家公园建设，推行生态补偿试点工作。大力实施“禁塑”、新能源汽车、装配式建筑等工作。提前谋划垃圾分类工作。

（六）大力发展社会事业

优化教育布局，整合教育资源，合理撤并一批“小、散、弱”学校。引进优质资源办强高中教育。创成1所省一级学校和2所以上省级规范化学校。创新教研模式，活跃教研氛围。建立教育办学评价和督导机制，发挥教育督导结果激励和导向作用。加快推进特殊教育学校建设。深化“全民健康关爱行动”，争创健康示范城市。深化医药卫生体制改革，强化“三医联动”，推动优质医疗资源下沉，推进国家基本药物配备使用、城乡居民基本医疗保险按人头总额付费试点改革。广泛开展足球、篮球等全民健身活动，继续办好送戏下乡、“百姓学堂”“昌化江讲堂”等文化活动。加强特色文化的保护和传承，深入挖掘皇帝洞、钱铁洞等遗址文化，全力办好昌江玉石博览会等活动。

（七）尽力保障重点民生

持续抓好常态化疫情防控。坚持关口前移，强化人物联防，完善溯源系统和防疫物资储备联动机制。设置22家传染病监测哨点，加快推进感染科大楼、发热门诊等“7+3”能力建设项目，实现重点人群应检尽检，有序推进疫苗接种。突出抓好冬春季、两会等重要节点防控工作。

全力改善民生。高质量办好2021年民生实事。加大援企稳岗促就业力度，实施职业技能提升计划，依托创业孵化基地孵化一批自主创业实体和创业人才，抓好转业军人、返乡大学生等重点人群就业服务。严格落实“菜篮子”“米袋子”市县长负责制，蔬菜自给率、常年蔬菜种植率分别提高至70%、60%，生猪复养存栏达10万头以上，粮食生产完成8.1万亩，保障市场供给、价格总体稳定。加强农产品质量安全监管，建立从田间地头到百姓餐桌的溯源管理体系。实现社会保障卡“多卡合一、一卡通用”，完善基本社会服务养老机制。进一步完善社会救助体系，保障好城乡低保对象、特困供养人员、优抚对象、受灾群众、失业人群的基本生活。建好管好养老、托育、殡葬等机构。完善残疾儿童康复机构建设。开工建设500套安居型商品房，建成1000套基层教师医务人员安居型商品房，启动6个棚户区和7个老旧小区改造工作。探索解决原垦区和归难侨队居民住房问题。

完善基础设施建设。启动全国“四好农村路”养护试点工作，推动农村硬化道路“户户通”、昌化江旅游公路建成通车、“霸王—王下”旅游公路改造提升、滨海旅游公路开工建设，实现城乡公交一体化。加快新一代信息基础设施建设，推动5G网络和千兆网络向乡镇延伸。加快“智慧昌江”建设，全力推进国家数字乡村试点，谋划建设智慧型农产品仓储物流设施，推动5G、物联网、云计算、大数据等多领域运用。推动城乡电网智能化升级、农村电网扩容改造，继续推进充电基础设施建设。积极推动燃气下乡“气代柴薪”工作。加快村镇集中供水、石碌水库除险加固等工程建设。

（八）持续推进社会文明

聚力“全国文明城市”目标，推动“创文巩卫”各项任务落地，切实抓好农贸市场管理、背街小巷升级改造、市政排水管网建设等重点工作，推动城市面貌焕然一新。打造特色志愿服务品牌，推行“执法队伍+志愿者+社区+居民”治理模式，全面根治交通乱象、马路市场等城市“顽疾”。持续巩固拓展精神文明建设成果，建成植树娘子军纪念馆，广泛弘扬全国劳模陶凤交等典范，深入贯彻实施省文明行为促进条例，继续开展制止餐饮浪费、文明村镇和文明家庭创建等多种主题新时代文明实践活动，切实提升居民文明素养和全社会文明程度。

（九）深化平安昌江建设成果

加快推进“四位一体”新机制建设。深入开展违法犯罪突出问题专项整治，常态化开展扫黑除恶专项斗争，继续推进新一轮禁毒大会战。持续推进“枫桥式派出所”建设，建成大数据合成作战指挥中心、执法办案管理中心。强化反走私工作，继续推进“三无”船舶清理整治，加快推进反走私综合执法点建设。推动重复信访、信访积案动态“清零”。完善应急管理能力体系，重点加强森林防火救援体系建设。全力做好第一次全国自然灾害综合风险普查。强化食品药品安全监管。启动“八五”普法，推进法治乡村建设，继续推广使用智慧村（居）法律服务平台。高质量完成村（社区）“两委”换届。加快构建与海南自贸港相适应的现代边海防体系。稳步推进知识产权强县工程。全力争创全国民族团结进步示范县。

各位代表！圆满完成“十四五”和今年的各项目标任务，需要全面加强政府自身建设。强化政治建设，坚持把党的领导贯穿于政府工作各领域、全过程，以高度自觉的政治执行力增强“四个意识”、坚定“四个自信”、做到“两个维护”。强化依法行政，深入贯彻习近平法治思想，加强法治政府建设。自觉接受人大法律监督和政协民主监督，主动接受社会舆论监督，加强审计监督。强化人民至上，坚持把为民造福作为最重要的政绩，用心用情用力解决群众关心的难点、堵点和痛点问题，今年将一般性财政支出再压减5%，以政府过紧日子换来百姓过好日子。强化制度建设，把制度集成创新摆在突出位置，解放思想、敢闯敢试、大胆创新。健全按季抓、月跟踪及跨部门联动协作机制，打通工作落实“最后一公里”。充分利用容错纠错机制，积极营造鼓励创新、宽容失误的干事创业氛围，为担当者撑腰，让实干者无忧。强化廉政建设，持续深化“三下沉三提升、争创五个一流”和“五不为”整治活动，坚决与不良现象、腐败行为做斗争，努力营造风清气正的政务环境。

各位代表，迈好第一步、开创新气象。让我们更加紧密地团结在以习近平总书记为核心的党中央周围，在省委省政府和县委的坚强领导下，以思想破冰引领改革突围，以“闯”的精神、“创”的劲头、“干”的作风，蹄疾步稳推进海南自贸港和新时代“山海黎乡大花园”建设，以优异成绩为建党100周年献礼。

名词解释：

“三个大考、三张答卷”：统筹常态化疫情防控和经济社会发展、全面建成小康社会、海南自由贸易港。

“四早”：早发现、早报告、早隔离、早治疗。

“一抗三保”：抗疫情、保畅销、保生产、保增收。

“两违”：违法建筑、违法用地。

“两个比例”：普惠性幼儿园覆盖率、公办园在园幼儿率。

“7+3”能力建设：提升发热门诊、可转换病区、可转换ICU、生物安全实验室、传染病检测、医疗废物处理、急诊急救等“7大能力”和完善应急物资保障、应急医疗资源预案保障、重大疫情救治保障等“3大保障”建设。

“放管服”改革：简政放权、放管结合、优化服务改革。

“五个一流”：树一流意识、强一流能力、比一流作风、争一流服务、展一流作为。

“五大”专题活动：大警示大研讨大反思大整治大提升专题活动。

“黑灰”产业：黑色金属采选业、水泥业。

“六大专项整治”：整治违法建筑专项行动、城乡环境综合整治专项行动、城镇内河（湖）水污染治理专项行动、大气污染防治专项行动、土壤环境综合治理专项行动、林区生态修复和湿地保护专项行动。

“六个严禁两个推进”：严禁秸秆、垃圾露天焚烧，严禁槟榔土法熏烤，严禁在禁燃区内燃放烟花爆竹，严禁在允许区外露天烧烤，严禁寺庙道观燃烧高香，严禁在城区公共场所祭祀烧纸焚香；推进气代柴薪工作，推进秸秆综合利用。

“两山”：绿水青山就是金山银山。

“四好农村路”：把农村公路建好、管好、护好、运营好。

“双创双修”：创建全国文明城市、创建国家卫生城市，生态修复、城市修补。

“四风”：形式主义、官僚主义、享乐主义和奢靡之风。

“五地两县”：五地，即海南西部一流旅游目的地、海南新能源创新产业基地、海南热带高效农业产业基地、特色文化产业聚集基地、现代海洋渔业综合基地。两县，即全省生态文明示范县、全省基本公共服务均等化示范县。

《总体方案》、省委《规划建议》、省政府《规划纲要》、县委《规划建议》：海南自由贸易港建设总体方案、中共海南省委《关于制定国民经济和社会发展第十四个五年规划和二〇三五远景目标的建议》《海南省国民经济和社会发展第十四个五年规划和二〇三五远景目标的纲要》、中共昌江黎族自治县委《关于制定国民经济和社会发展第十四个五年规划和二〇三五远景目标的建议》。

“六个试行”：试行园区区域评估审批取代单个项目评估审批、试行“准入清单”和“项目技术评估”制度、试行“承诺公示制”、试行“联合验收”机制、加强事中事后监管试行“项目退出”机制。

椰级乡村旅游：海南省将乡村旅游点划分为一椰级、二椰级、三椰级、四椰级、五椰级五个等级。

“四季旅游”：春赏木棉红、夏品芒果香、秋游棋子湾、冬登霸王岭全域全季旅游。

“十大特色种养产业”：冬季瓜菜、热带花卉、芒果、毛豆、圣女果、火龙果、香蕉、香水菠萝、霸王岭山鸡、乌烈乳羊等“十大特色种养产业”。

农村“三块地”改革：农村土地征收、集体经营性建设用地入市、宅基地制度改革。

“三医联动”：医疗、医保、医药改革联动。

“多馆合一”：集文化馆、展览馆、博物馆、体育馆、图书馆等为一体。

“创文巩卫”：创建全国文明城市，巩固全国卫生县城成果。

城乡“五化”：净化绿化彩化亮化美化。

“五大文明”：文明礼仪、文明环境、文明交通、文明旅游、文明经营。

行政执法“三项制度”：行政执法公示制度、执法全过程记录制度、重大执法决定法制审核制度。

“八五”普法规划：在公民中开展法治宣传教育的第八个五年规划（2021—2025年）。

“四位一体”：综治中心、社会管理信息化平台、网格化服务管理、矛盾纠纷多元化解“四位一体”新机制建设。

“三品一标”：无公害农产品、绿色食品、有机食品（农产品）、农产品地理标志。

“一村一品”：以村为基本单位，通过大力推进规模化、标准化、品牌化和市场化建设，使一个村（或几个村）拥有一个（或几个）市场潜力大、区域特色明显、附加值高的主导产品和产业。

“三区三线”：根据城镇空间、农业空间、生态空间三种类型的空间，分别对应划定城镇开发边界、永久基本农田保护红线、生态保护红线三条控制线。

6个棚户区：红林车队（含七队）片区棚改、海钢大修厂片区棚改、海钢朝阳片区棚改、红林医院片区棚改、民政局片区棚改、第三市场片区棚改。

7个老旧小区：昌中宿舍、县公安局宿舍、邮政河北宿舍、公路局宿舍、二轻局宿舍、老边防宿舍、五小宿舍。

“三无”船舶：是指无船名船号、无船舶证书（无有效渔业船舶检验证书、船舶登记证书、捕捞许可证）、无船籍港的“三无”渔业船舶。

“三下沉三提升、争创五个一流”：重心下沉，效率提升；干部下沉，能力提升；服务下沉，质量提升。树一流意识、强一流能力、比一流作风、争一流服务、展一流作为。

“五不为”：不会为、不能为、不想为、不敢为、不真为。

特 辑

围绕重点行业，开展各类扫黑除恶专项整治工作，严厉查处违法行为
昌江亮剑斩黑恶

（《海南日报》 1月6日 记者：林书喜）

1月2日上午，在昌江黎族自治县石碌镇第二农贸市场，猪肉7号摊位摊主刘启美热情地跟过往的市民打招呼，对于卖了十几年猪肉的她来说，最高兴的不是猪肉价格上涨了，而是摊位费下降了。

2007年昌江鸿发实业有限公司接手管理第二市场后，摊位费一直居高不下，第一年的摊位费要18000元，第二年直接涨到23000元。2018年政府接管以来，摊位费仅收7900元，比原来的下降了65%。“摊位费一下子降了两倍，我们经营的压力也小了。”刘启美笑容满面地说。

2019年以来，昌江围绕重点行业，开展各类扫黑除恶专项整治工作，严厉查处违法行为，进一步优化了营商环境，2019年新增市场主体2159家、注册资本31亿元；治安案件、刑事案件下降12.67%、28.92%，全县社会风气不断转好，群众安全感、满意度不断提升。

一、深挖彻查 坚决肃清黑恶势力

在扫黑除恶治乱工作中，昌江除了强化宣传外，着重围绕10类重点打击对象，紧盯容易滋生黑恶势力的重点行业，深入开展线索摸排。

昌江鸿发实业发展有限公司是由黄某发犯罪集团掌控的一家经济实体。2019年1月6日晚，我省警方对黄某发黑恶犯罪团伙开展收网行动，一举抓获涉黑犯罪组织团伙头目黄某发、黄某明及其家族成员、团伙骨干等277人。此后，批捕231名，其中被检察机关提起公诉212人，查封、扣押、冻结涉案资产价值估算25亿元。同年11月22日，该案在省一中院依法公开开庭审理。

在协助上级部门成功打掉以黄某发为首的黑社会犯罪团伙后，昌江扫黑除恶专项斗争领导小组以落实整改中央督导为契机，紧盯容易滋生黑恶势力的重点地区、重点领域，持续深挖彻查，坚决肃清黑恶势力毒瘤，做到扫黑除恶“思想不松、温度不降、力度不减”。2019年10月28日晚，在省公安厅指导下，昌江警方在海口和昌江两地进行集中收网，先后抓获颜广标涉黑恶犯罪团伙成员45人，扣押涉案车辆4辆，查封房产9套，冻结银行账户512个、涉案资金300余万元，取得扫黑除恶专项斗争新突破。

昌江扫黑办有关负责人介绍，截至目前，昌江公安机关打掉涉黑恶势力犯罪团伙5个（不含黄某发团伙），抓获犯罪嫌疑人107人。其中，昌江法院已判决4件16人，处3年以上有期徒刑5人，重刑率31.26%，全部不适用缓刑。

二、瞄准“三霸” 强化重点领域整治

2019年以来，昌江开展598次联合打击行动，严打“砂霸”。捣毁囤砂点45个、采砂点27个，现场捣毁30台抽砂机、11艘采砂船及一批非法采砂设备，抓获违法犯罪嫌疑人153人，行政罚款近158.4万元。

昌江还成立联合“治超”领导小组，严打“运霸”。出台重点货运源头企业整治工作方案，查处

货车超载505起、超限259起、非法改装218起，卸载货物1793吨，交警罚款14.25万元。

此外，昌江发改委、公安、市场监管等单位联合开展“菜霸”线索排查工作，严厉打击欺行霸市、强买强卖、哄抬物价等扰乱市场经营秩序的违法违规行为，并对原黄某发黑恶势力团伙垄断经营的石碌第二农贸市场进行集中整改和调整，使摊位租金平均下调了60%。

据了解，2019年以来，昌江通过整治重点领域，侦破、查处寻衅滋事、开设赌场、故意毁坏财物等9类涉恶类案件68起，抓获涉恶类案件违法犯罪嫌疑人135名；破获涉毒刑事案件109宗，抓获嫌疑人180名，缴获各类毒品18436.29克、毒资160余万元；查获各类吸毒人员236人，强制隔离戒毒202人；破获42起电信诈骗案件，打掉2个电信诈骗团伙，收缴赃款赃物折算价值100余万元；侦办涉嫌套路贷违法犯罪案件1起，涉案金额600余万元。

三、“打伞破网” 查处一批典型案件

黄某发犯罪集团盘踞昌江将近30年，其间通过各种手段将当地个别领导干部“拉下水”，为其充当“保护伞”，如县人大常委会原主任郭某理、原副县长周某东以及曾在昌江任职的万宁市委原常委、公安局局长麦某章等。因此，通过“打财断血”“打伞破网”，重构昌江风清气正的政治生态，迫在眉睫。

为此，昌江围绕黄某发犯罪团伙“10·26”专案，共对74名党员干部、公职人员涉黑涉恶腐败和“保护伞”的问题线索进行立案审查，其中涉及公安机关24人，有关职能部门及地方党委政府30人，村（社区）“两委”干部及其他人员20人。成功查处了原县水务局局长柯某坚、棋子湾管委会原主任符某浪等人与涉黑涉恶人员沆瀣一气，收受黑社会组织成员贿赂并为他们谋取利益等一批严重违纪违法、社会影响较大的典型案件。

同时发挥巡察“利剑”作用，派出4个巡察组对96个村级基层党组织开展扫黑除恶巡察，对现任796名2016年换届选举的村（社区）“两委”班子成员的任职资格进行拉网式、全覆盖的集中梳理和排查，有12名不符合任职条件的村“两委”干部被清理。

昌江纪委有关负责人介绍，目前共受理涉黑涉恶腐败和“保护伞”问题线索153条，立案审查70件74人，结案36件，给予党纪政务处分36人，移送司法机关24人，诫勉谈话5人，没收、追缴和责令退赔资金147余万元。“打伞破网”取得明显成效。

昌江县委书记黄金城表示，昌江将把扫黑除恶同“不忘初心、牢记使命”主题教育结合起来，紧紧围绕中央“一年治标、两年治本、三年治根”的总蓝图，准确把握好专项斗争的“时度效”，继续保持和发扬斗争精神，推动扫黑除恶专项斗争向纵深发展，深入推进“打伞破网”“打财断血”，坚持把开展扫黑除恶专项斗争作为增强“四个意识”、坚定“四个自信”、做到“两个维护”的检验。

整治乱搭乱建　完善基础设施　全力共创共建

昌江：山海黎乡盛开文明花

（《海南日报》1月12日　记者：林书喜）

走在昌江黎族自治县文化公园里，花团锦簇之中，能感受到浓郁的文化氛围扑面而来——这里既有社会主义核心价值观宣传标语，又有道德模范、感动昌江十大人物及新时代少年等先进人物事迹展示。到了晚上，公园里更是热闹非凡，跳广场舞的、跑步的……而每天到公园文化宣传中心参观、学习书画和乐器、打球的群众从不间断。这里，俨然成了昌江的“城市会客厅”。

道路街区变整洁了、车辆行驶更有序了、背街小巷美起来了……昌江县城的变化让游客和返乡人员赞不绝口。

《海南日报》记者近日从昌江有关部门了解到，为了让山海相依的昌江靓丽起来，昌江县委、县政府把创建文明城市作为“一把手工程”来抓，以“绿色娘子军”精神为引领，激励昌江人民发奋图强，勠力同心打造“山海黎乡大花园”，为加快推进海南自贸港建设扛起昌江担当。

一、啃下“硬骨头”　拓开文明路

近年来，我省提出要创建一批全国文明城市，作为海南自贸港建设的重要措施和载体加以推进。我省各市县坚持对标创建、整体创建，推动城乡面貌焕然一新，公民精神风貌向善向好，老百姓的获得感、幸福感、安全感不断提升。

时针拨回2016年底，在全省文明城市测评中，昌江倒数第一。

这虽然有因漏报材料被扣分等客观原因，但也暴露出当地“创文”工作不扎实不到位等问题。

痛定思痛。2017年10月，在我省宣布启动社会文明大行动之际，昌江成立了由县四套班子主要领导和海钢海矿党委书记共同担任组长的“创文”工作领导小组，并抽调36名精锐干部组成“创文”工作指挥部，推动“创文”工作有序开展。

乱搭乱建、占道经营等问题，是昌江“创文”工作中的“硬骨头”。“创文”工作指挥部决定从啃“硬骨头”下手，拓出一条全县人民同心共创文明城市的路子来。

石碌镇人民北路和东风路交界处的亚西亚商业广场前的人行道上，两间销售奶茶和鸡排的铁皮铺面显得格外扎眼，群众对这两处违建也曾多次投诉，问题却一直没有得到有效解决。2018年7月17日，“创文”工作指挥部联合综合执法、公安等部门，对上述两处违建予以强拆，当地群众对此纷纷点赞。

为解决流动商贩占道经营的问题，给流动商贩找个“家”，昌江将石碌第三农贸市场二楼改造成便民疏导点，把大红鹰马路市场、西苑小区南门自发市场等流动商贩们引导到这里来摆摊。

“有了这个疏导点，再也不用挑着菜走街串巷到处摆卖了。”2019年12月26日，石碌镇水头新村的符白海笑着这样告诉《海南日报》记者。

“创文”工作指挥部办公室主任官献有说，啃下“硬骨头”后，当地老百姓都拍手叫好。从此，政府开展整治乱搭乱建的行动，得到了老百姓的大力配合，不少居民主动自拆，积极参与“创文”工作，大街小巷乱搭乱建、占道经营等现象基本消失。

二、打通一条路　活了半座城

“创文”工作就是要回应老百姓的呼声，解决老百姓的痛点难点问题。

沿石碌镇东风路经人民北路、环城东一路、环城东路，再回到东风路的范围，属于昌江县城的主城区，是县城人口最密集的区域。区域内的两栋老办公楼的存在，让内环路成了“断头路”，也成为这片居民区的“肠梗阻”，里面道路窄小，一到雨天路面坑洼泥泞，连送煤气罐的师傅都不愿意来。打通内环路，成为住在这片区域的居民最大的愿望。

“创文”工作启动后，该县主要负责人多次沟通协调，亲自与相关部门协调。2018 年 5 月，这两栋办公楼顺利被拆除。同年 12 月，县政府投入 7000 万元改造的内环路（含内一和内二路）终于竣工。内环路的竣工，犹如打通了这座城市的“任督二脉”，将十几条周边路网接连在一起，整个区域变得四通八达，群众笑逐颜开。“这才是真正为民办实事的党和政府！”住在新村东路华润生活区的居民林娟为此竖起了大拇指。

“‘创文’工作就是要从细节着手，推动环境面貌、基础设施、人文素质、社会风气的不断提升，让市民群众的获得感与幸福感不断增加。”昌江县委书记黄金城说。

据了解，2018 年以来，昌江投入 9700 万元实施主城区立面改造 15.3 万平方米，启动 14 个片区棚户区改造；投入近 1000 万元对城区内沙土路、污水横流、卫生环境差等 40 条、总长 3.5 公里的背街小巷进行了升级改造，建设雨污管道，硬化路面，安装路灯，让居民回家的路更好走了。

三、同心聚合力　文明新风劲

文明交通是一座城市文明程度最直观的体现。畅通、文明、和谐、有序的道路交通环境，是展示城市形象，提升城市文明程度的重要标志。

启动“创文”工作后，昌江实施“县级领导包片＋机关单位包点”责任制，县领导做表率，每周六都深入背街小巷打扫卫生，走上街头路口，当起文明交通劝导员。

上行下效，全县近万名党员领导干部走出办公室，利用周末时间开展卫生保洁、交通劝导等活动；120 家民营企业和民间团体主动认领“创文”任务；各学校开展“小手拉大手·文明一起走”主题活动……截至目前，昌江已建成志愿服务站 27 家、注册志愿服务队 227 支、有志愿者近 2 万人，在有效凝聚群众合力的同时，也让“创文”工作深入人心。

同时，昌江利用“创文”工作大力培育和践行社会主义核心价值观，将县文化公园、青少年活动中心、城北社区等打造成社会主义核心价值观实践基地，使社会主义核心价值观深入人心。同时，广泛弘扬“不畏艰难，勇于创新”的“绿色娘子军”精神，通过评选表彰道德模范、感动昌江十大人物和新时代好少年，树立榜样，引导群众见贤思齐，争做文明昌江人。

2017 年，在创建省级文明城市测评中，昌江排名跃至全省第六，2018 年更上一层楼，位列全省第一。在 2019 年全省社会文明大行动前三季度测评中，昌江名列前茅。

2019 年 12 月 17 日，中央文明办下发通知，决定将昌江列为 2018—2020 年创建周期全国文明城市县级提名城市。

“创文”工作只有起点没有终点。1 月 6 日，昌江举行创建全国文明城市誓师大会，举全县之力，力争拿下全国文明城市这块金字招牌，助力海南自贸港建设。

壮大志愿队伍覆盖各级平台开展丰富活动

打造新时代文明实践“昌江样本”

(《海南日报》 3月25日 记者：林书喜)

在昌江黎族自治县乌烈镇道隆村文化室，两排靠墙而立的书柜装着数千册各种课外图书。每到周末，村里的孩子们就跑来看看书，练毛笔字，学画画，这里俨然成了孩子们的乐园。“疫情期间文化室没开放，不然可热闹了！”乌烈镇党委宣传委员郭洧说。

2018年11月，昌江被列为海南省级新时代文明实践中心建设试点县。该县把满足群众需求、团结凝聚群众作为建设新时代文明实践中心的出发点、落脚点，结合当地实际，以建设文明实践中心、所、站三级机构为载体，创新工作模式，整合各种资源，深入开展丰富多彩、形式多样的文明实践活动，成效显著，全力打造新时代文明实践中心“昌江样本”。

广泛吸纳 壮大文明实践队伍

2月2日上午，昌江石碌镇组织80多名志愿者深入该县首例新冠肺炎确诊病例居住的福源小区开展拉网式排查，防止疫情进一步扩散，以确保人民群众生命安全和身体健康。

在疫情防控一线，新时代文明实践志愿者发挥了重要作用，无论是深入疫点排查，还是在检查卡口值守，处处可见他们的身影。

新时代文明实践中心的主力是志愿者。昌江积极引导全县干部职工群众，特别是广大党员、道德模范、“五老”同志、科技能人、产业大户、本土乡贤、返乡创业者等社会力量参与其中，壮大志愿者队伍。

同时，根据志愿者的专业、技术等，建立了专家学者、党员干部、道德模范、法律援助、文体宣传、木棉青年等12支专业志愿服务大队，开展210项志愿服务类型工作。截至目前，志愿者注册人数达2.13万多。

在环境卫生整治、教育培训、救灾抢险等工作领域，也有新时代文明实践志愿者的辛苦付出。

比如，乌烈镇新时代文明实践所成立后，积极组建新时代文明实践志愿服务队，成员包括全镇干部职工、村（居）“两委”党员干部和本地的乡土文化人才、“五老”等人员，以及乌烈村乡村特色文化协会的146名大学生。每年暑假大学生们返乡开展支教活动，开设语文、数学、英语、礼仪、音乐、普通话训练等课程，让当地学生受益匪浅。

今年3月7日，昌江开展以“全民动手、清洁家园，预防疾病、共享健康”为主题的爱国卫生集中清理大行动时，数十名志愿者清理县城子中路长寿园内的杂草和垃圾死角。“能当一名新时代文明实践志愿者，为社会的发展出一份力，我很乐意。”志愿者郭江英说。

整合资源 完善文明实践平台

开展文明实践活动，平台的搭建很重要。昌江遵循“综合利用、连通共享”原则，将现有的党员服务中心、农家书屋、文化广场、乡村学校少年宫等文化设施资源进行盘活再利用，配套完善活动设施，突出文明实践功能，搭建了理论宣讲、社会宣传、教育服务、文体服务、科技与科普服务、法律服务、卫生健康服务、乡风文明等“八大”平台，构建了“布局合理、群众便利、出户可及”的文明实践阵地网络。

昌江县委书记黄金城表示，积极开展各类文明实践活动，建立常态化制度化活动机制，创新志愿服务活动方式，让市民乐于参与、便于参与，真正打通宣传群众、关心群众、服务群众的“最后一公里”。

在石碌镇山竹沟村村委会办公楼二楼的青少儿课外学堂里，除了摆放有4000多册各类图书外，还安装有20部电脑。自从2019年6月开放后，这里成了村里孩子的学习乐园。

这里原本是村里的“农家书屋”，该村驻村第一书记肖修宏发现，整个村289户近1300人，上大学的很少，村里小孩也不爱看书。“关键在于没有学习的地方，缺少学习氛围。”肖修宏由此萌生了将农家书屋改造成青少儿课外学堂的想法。于是，在帮扶单位海口海关，以及昌江县委宣传部、石碌镇政府的支持下，2019年6月，“山竹沟村青少儿课外学堂”建成开放，提供美术、书法、绘画、课业辅导等公益课程。为激发村里的青少儿们学习兴趣，培养学习习惯，肖修宏还制订奖励办法。此外，聘请了专职辅导员，到寒暑假，村里返乡大学生还会来这里当志愿者。

“村里有这么好的学习场所，我很乐意给小弟弟妹妹们辅导功课。”大学生志愿者陆玉莹说。

除了课外学堂，山竹沟村还设置了妇女儿童之家、黎韵传习馆、志愿服务站、乡村大舞台、实践大讲堂等，成为昌江全力打造乡村新时代文明实践站的样板。

而在乌烈镇道隆村，昌江依托道隆村革命烈士陵园红色教育基地，设立道隆村史馆、红色故事长廊，传承红色精神、红色文化，打造具有红色基因的新时代文明实践站。

2019年8月27日，白石书社在乌烈镇白石村揭牌成立，标志着昌化江书画院服务直达村一级，真正打通了服务乡村文化建设的“最后一公里”。

一年多来，昌江精心打造了新时代文明实践主题文化公园、非遗文化教育基地、黎之韵主题实践基地、绿色娘子军生态文明教育基地、农村未成年人教育基地、廉政警示教育基地、文化馆百姓学堂、青少年活动中心、保瑞藏书馆、王子悦读馆等一批新时代文明实践示范点，在推进基层学习实践科学理论、宣传宣讲党的政策、培育践行核心价值观、丰富活跃文化生活、持续推进移风易俗等方面发挥了重要作用。

因势利导　拓展文明实践活动

1月22日晚，道隆村2020年春节晚会在该村新时代文明实践大舞台上演。

本届“春晚”以助推新时代文明实践工作和乡村振兴工作为主题，结合“我为加快推进海南自由贸易港建设作贡献”活动举行。

结合当地文化特色拓展文明实践活动，是昌江打造新时代文明实践工作的亮点之一。

2019年11月30日晚，由昌江文化馆、非遗保护中心主办，乌烈镇新时代文明实践所协办的昌江军话民歌传承人擂台赛在乌烈镇乌烈村举行。该项活动旨在保护和传承海南军话民歌这一文化遗产，丰富乡镇人民群众的文化娱乐生活。

位于该县文化公园的昌江新时代文明实践中心，每个周末都会开设书画、民族器乐及篆刻等公益培训班，每期都有200多人前来学习，既有年仅几岁的幼儿，也有年逾七旬的老人，至今已举办15期，培训学员2000余人次。

除了新时代文明实践中心外，在昌江县委宣传部和昌江文明办的支持下，从2019年3月开始，昌化江书画院在全县8个乡镇的乡村少年宫（设在中心校）设立12个教学点，并在教学点开设书画培训班，每周安排一节课。教学内容包括国画基本知识与技法训练，书法基本笔画的运笔、汉字的基本结构和临帖指导等，培养学生的书画兴趣，提高学生的个人修养与文化素质，营造浓厚的书香校园氛围。

昌化江书画院负责人、新时代文明实践志愿者符江陆说，书画院还不定期举办“书画进校园”活动，以激发学生对中华优秀传统文化的兴趣爱好。

一年多以来，昌江共挂牌设立1个新时代文明实践中心、8个新时代文明实践所和91个新时代文明实践站，实现阵地全覆盖。利用这些阵地，昌江围绕各项惠民政策大力推行“板凳讲堂”，截至目前已在全县各自然村开展宣讲246场次；组织“文艺宣讲轻骑兵”到农村开展文艺宣讲75场次。

此外，昌江还精心组织开展文明交通、环境治理、文明旅游、文化惠民、志愿服务等多种主题实践活动，在全县掀起了一波波社会文明大行动的热潮。

昌江6个村庄上榜国家森林乡村名单

（人民网–海南频道　4月16日　记者：赵虹）

从昌江县获悉，近日国家林草局正式发布第一批、第二批国家森林乡村名单，昌江县6个村庄上榜国家森林乡村名单。这6个村庄分别是王下乡三派村、王下乡大炎村、王下乡洪水村、七叉镇大章村、海尾镇沙鱼塘村、叉河镇排岸村。

据了解，国家森林乡村是指自然生态风貌保存完好、乡土田园特色突出、森林氛围浓郁、森林功能效益显著、涉林产业发展良好、人居环境整洁、保护管理有效的生态宜居乡村。开展国家森林乡村建设是示范带动乡村绿化美化，推进落实乡村振兴战略和农村人居环境整治的重要措施。其评价标准包括乡村自然生态风貌保护、山水林田湖草系统治理、森林绿地建设、森林质量效益、乡村绿化管护、乡村生态文化六大方面。

人们闻讯走进王下乡，映入眼帘的便是“王下人民欢迎您”的牌楼，这座牌楼建成于20世纪90年代末期，从外表看有点破旧，但是却见证了王下乡快速发展的历程。走过牌楼，便进入王下乡三派村，再往前走将近一公里便可以欣赏到风景秀丽的田园色彩。用“阡陌交通、鸡犬相闻”来形容三派村的情景一点不为过，在这里你可以见到城市绝没有的景象，远离喧嚣和嘈杂，没有高大耸立的钢筋混凝土筑成的围城，在这里你可以见到五脚猪、鸡、狗在马路上奔走，青山绿水，空气清新，好一幅大自然和谐相处的美丽景象。

昌江推动“两就两化”和“三护五变”，让王下乡老百姓吃上“旅游饭”奔上致富路

乡村振兴且看黎乡蝶变

（《海南日报》 7月25日 记者：林书喜）

“好久不见，请你留下来……”7月22日晚的昌江黎族自治县王下乡浪论村文化广场，黎歌悠扬，酒香四溢。20多位身着黎族服饰的村民端着酒杯，一边唱歌，一边向远道而来的宾朋敬酒，传递着黎族人民的深情厚谊。

近年来，由于整村改造和“黎花里”文旅小镇项目建设的推进，浪论村建起一排排崭新漂亮的红瓦白墙小别墅，村道干净而整洁，房前屋后都种满郁郁葱葱的黄花梨树，加上新建的“浪悦黎奢”民宿、滨河长廊，让人犹如置身世外桃源。

浪论村的变化，是王下乡“蝶变”的缩影。从“吃了上顿没下顿”到成为全县脱贫攻坚及民族团结进步的典型；从获评全国“绿水青山就是金山银山”实践创新基地，到今年“五一”以“黎花里”之名惊艳亮相……王下乡翻天覆地的变化，源自昌江践行“绿水青山就是金山银山”的发展理念，精心谋划，大胆创新，通过“两就两化”和“三护五变”点石成金，让王下乡的老百姓吃上了“旅游饭”，让绿水青山真正变成老百姓的“金山银山”。

一、多措并举助百姓“挖根摘帽”

王下乡是一个黎族聚居的少数民族乡，地处霸王岭腹地的生态核心区。过去，这里交通不便、信息闭塞，基础设施薄弱、经济文化发展较为滞后。王下乡下辖4个村委会、13个自然村，共790户3248人，其中建档立卡贫困户262户1129人。

王下乡很穷，穷到年轻人以前在外不敢说自己是王下乡人。王下乡又很“富”，境内山清水秀，拥有皇帝洞、钱铁洞、地下仙宫、船形屋村落、仙女瀑布、南尧河十里画廊等丰富的自然资源和人文景观。这里是全县生态环境保护最好的地区，曾于2018年获评全国第二批、海南唯一的“绿水青山就是金山银山”实践创新基地。

为帮助当地农民挖“穷根”，摘下“贫困帽”，近三年来，昌江县委县政府加大对王下乡“五网”基础设施建设的投入，新建、改造饮水工程10个、水利渠道工程4个，铺设饮水管道15.6公里，全面解决全乡农户生活饮水和农业生产用水问题，实现农村生活污水治理设施、通信光缆全覆盖。同时该乡大力发展和壮大农村集体经济，推行“企业＋贫困户”“合作社＋贫困户”等脱贫模式，2019年实现全乡脱贫。

二、为生态游插上“文化翅膀”

环境就是民生。习近平总书记一直十分重视生态环境保护工作，自党的十八大以来多次对生态文明建设作出重要批示指示，在不同场合反复强调“绿水青山就是金山银山”。

如何让王下乡的绿水青山真正变成老百姓手中的“金山银山”，成为昌江县委思考的问题。

2019年初，根据省委“百镇千村”工作部署要求，昌江高位谋划，以建设“中国第一黎乡”为目标，创新发展生态旅游产业，将王下乡打造成“黎花里”文旅小镇。同时以文化为魂，结合黎族传统文化和考古文化的内涵，让生态旅游插上文化的翅膀，助力当地生态旅游产业提档升级，让当地老百姓吃上“旅游饭”。

“没有文化的旅游项目是空有其表，吸引不了

游客。”王下乡·黎花里项目总策划、省影视家协会副主席林青说。为此，她以“深山藏王下，黎花三里寻，一步一里一风情”作为“黎花里”文旅小镇的主线，策划了“诗里画里”三派村、“时光里”洪水村及“酒里歌里”浪论村的美丽乡村建设方案。

“我的目标是将王下乡打造成大家心灵的故乡，一个能望得见山、看得见水，记得住乡愁的地方。”林青说。

为节省资金，同时避免大拆大建，破坏原有的自然资源和生态环境，实现“花小钱办大事”的目标，在“黎花里”项目建设当中，昌江县委提出了“两就两化”和“三护五变”工作思路，即就地取景、就地取材，不乱拆迁也不乱造景，实现村民生活旅游化和村民生活场景景区化。通过保护好当地的原生态文化、保护好原生态环境和保护好原真的民风民俗，实现乡村变舞台、村民变服务员、百姓变演员、田园变市集、特产变文创产品。

王下乡党委书记刘永辉告诉记者，县里通过整合美丽乡村、特色村寨、扶贫资金共3000万元投入基础设施建设，带动企业投入社会资金2000万元建设“浪悦黎奢”民宿。此外，“黎山麓”驿站、山兰酒作坊、黎家生态餐厅、浪悦酒吧、浪悦咖啡驿站等消费类项目纷纷落户王下乡。

三、“黎花里”项目点石成金

今年“五一”小长假，“黎花里”文旅小镇吸引了众多游客前来体验，日接待游客超万人。借助旅游推介活动，村民纷纷出售手工艺品和农产品，创造营收超过30万元。两个多月来，“浪悦黎奢”民宿前台接到的预订电话是其接待能力的十几倍。“黎花里”项目通过旅游配套服务的“软开发”、特色黎族村落的“巧开发”和文化内涵传承的“精开发”，点石成金。

“游客来王下游玩，我们就多了增加收入的路子。”王下乡三派村二队村民张海淋说。

“‘黎花里’项目不但改变了我们老百姓的生活，更重要的是改变了我们内心的想法，为自己的家乡变得这么美丽而感到自豪!”浪论村村民刘桂芳说，以前小孩别说到海口，就是到了昌江县城石碌都不敢说自己是王下乡人，现在村民总是通过微信向外界“晒”家乡变化，甚至“广发英雄帖”，邀请外地人前来做客。在这一点上，王下的老百姓对党和政府有说不完的感谢。

除了在硬件上的投入外，昌江县委统战部将王下乡作为民族团结进步创建示范点来抓，与昌江县旅文局一道邀请舞蹈老师和音乐老师到三派村和浪论村，对当地黎族同胞的礼仪、歌舞和文创产品包装工作进行常态化指导培训，不断提升村民服务、演艺及将特产转变为文创产品的能力。在浪论村举行诗会，邀请省内知名的诗人前来体验“诗和远方”。昌江县委常委、统战部部长王小荣表示，将在省相关部门的支持下，择机举办一场“浪论琼台两岸诗会”，促进中华民族一家亲。

昌江县委书记黄金城表示，在加快完善“黎花里”项目一期工程的同时，扎实做好二期项目规划建设，确保项目可持续发展，努力将王下乡·黎花里文旅项目打造成为海南脱贫攻坚、乡村旅游和民族团结进步事业的示范点，使其成为海南自由贸易港建设一个可复制、可借鉴、可推广的乡村振兴样板。

昌江全面实施乡村振兴战略，打造新时代“山海黎乡大花园”

擘画乡村振兴　添美山海黎乡

（《海南日报》 9月19日　记者：林书喜）

近年来，昌江黎族自治县认真践行“绿水青山就是金山银山”发展理念，坚持树牢“全省一盘棋、全岛同城化”的大局观，对照目标全面实施乡村振兴战略，以“百镇千村”建设为抓手，推动“五地两县”建设，打造了11个星级美丽乡村，完成2301户农村改厕，将4G、光网覆盖率提高到90%以上，让更多农民搭上网络致富的快车，保平毛豆、五大哈密瓜、杨柳火龙果等“一村一品”农产品广受市场青睐，有力带动全县农村居民人均可支配收入增长8.6%。

更加值得骄傲的是，昌江投入1.2亿元治理农村生活污水，为全省治理工作提供了昌江经验，得到省委高度肯定；投入4.5亿元打通乡村振兴的交通动脉，在“四好农村公路”评比中创下全省第一的佳绩。

昌江县委书记黄金城表示，昌江将围绕海南“三区一中心”战略定位拼搏竞发，持续深入实施乡村振兴战略，朝着新时代“山海黎乡大花园”目标阔步前行，着力书写昌江“三农”新篇章。

一、产业兴旺　铺就乡村振兴之路

近年来，昌江立足产业基础和资源禀赋，大力发展热带特色高效农业。通过发展冬季瓜菜、芒果、圣女果等热带特色高效作物，全县特色产业渐成规模，效益明显提升。累计发展冬季瓜菜14.5万亩、热带水果20万亩。

昌江积极开展农业标准化示范场、示范基地创建工作，海尾镇五大哈密瓜基地、乌烈镇海南和丰世纪农业产业园、乌烈镇美滋泉公司火龙果生产示范基地等已获评省级现代农业产业园。建设一批标准化示范场、示范基地，利用其示范带动作用，引导农户由传统的粗放式种植模式向标准化、规模化种植转变。

多年来，昌江立足资源和区位优势，实施“科技兴芒、芒果强农”发展战略，出台了一系列优惠政策，鼓励发展芒果种植，芒果产业不断发展壮大，成为当地农民持续稳定增收的重要来源。目前，已建立了天和、海创、海昌等30多个芒果生产基地，芒果种植面积5.7万亩，年产量约7.1万吨，主要品种有台农1号、红玉、金煌等20多个。

今年，昌江还加大对花卉产业的扶持力度，安排不少于1500万元支持花卉等农业产业发展，着力解决水、电、路等基础配套设施，加快推进黎乡花海建设。目前，全县从事花卉种植的企业和合作社共17家，建设了昌江聚源、和丰世纪、江越共享农庄、花溪谷等四大花卉种植基地，全县发展花卉种植面积超万亩，花卉主要品种有三角梅、兰花、沙漠玫瑰等。

十月田镇香水菠萝产业已形成了自己的品牌优势和区域特色，产品远销东北三省和华北华中大型批发农贸市场。

目前，已建成高标准香水菠萝基地1.6万亩，超过全县种植面积的80%，年产值近2亿元。

海尾镇高钙地瓜产业，以五联村、沙地村、长山村等村庄的富硒沙土地为依托，引导当地农户和贫困户大力发展高钙地瓜产业，走出产业发展新路。目前海尾镇高钙地瓜种植产业已经扩散到南罗、五联等村庄，创建了“海尾镇高钙地瓜”和“大洋基牌”高钙地瓜品牌，推广种植面积约2万亩，预计年总收入2亿元。

火龙果是昌江近年来大力推广和投入生产的

新、特、优高效农业项目。目前，全县种植火龙果基地10个，其中1000亩以上规模5个，托管帮扶贫困户的3个，吸纳贫困户务工的2个。今年上半年，昌江火龙果种植面积约1.5万亩，收获面积和产量实现大幅增长，分别增长598.1%、310.6%，成为农业经济新的增长点，成为企业增效、农民增收的“摇钱树”。

二、王下蝶变　尽享惠民政策之福

从2006年至今，昌江积极探索“扶贫先扶智”工作思路，投入9600多万元集中建设职业教育中心、民族中学、思源实验学校和王下乡中心学校4所教育移民学校，通过整合教育资源，提高当地教育水平，激活内生动力。教育扶贫移民工程结束了王下乡连续15年没有人考取高中的历史。截至2019年，全乡已有123人圆了大学梦。

自2007年起，昌江开始对王下乡村民实施森林生态效益补偿，在全省率先启动生态补偿机制。一方面及时兑现生态补偿金和购买橡胶保险，另一方面，教育引导群众转变观念，利用王下山多林多的生态资源，大力发展林下经济，实现生态保护和经济发展双赢。

王下乡生态资源丰富多样，风光旖旎，环境优越，拥有皇帝洞、地下仙宫、仙女瀑布、十里画廊等最原始的纯美生态山水资源。森林绿化率98%，每立方米负氧离子达5万个，被称为“昌江之肺”。

作为纯黎族乡，王下乡传承了黎族酿酒手艺织锦、藤编、牛皮凳等非遗文化技艺，以及黎族歌舞的魅力，黎族风情浓郁。

2019年初，昌江认真践行“绿水青山就是金山银山”发展理念，高位谋划，创新发展生态旅游产业，通过打造“黎花里”文旅项目。同时以文化为魂，结合黎族传统文化的内涵，重塑三派村、洪水村、浪论村三个原生地村落文化定位，并通过旅游配套服务的“软开发”、特色黎族村落的“巧开发”和文化内涵传承的“精开发”，点石成金，让乡村变舞台、村民变服务员、百姓变演员、田园变市集、特产变文创，王下乡农民实现了吃旅游饭的愿景。

“黎花里”文旅项目自今年“五一”假期推出后，得到省领导的肯定，同时也得到了中央和省级各大主流媒体的广泛关注。目前，“黎花里”二期和三期项目也在有序推进中。

“黎花里”文旅项目在不破坏原有生态环境的基础上，进行保护性开发，大力推进美丽乡村建设，深入贯彻落实全域旅游，着力打造“望得见山、看得见水、记得住乡愁”的新时代昌江美丽乡村，成为践行“绿水青山就是金山银山”理念的生动范例，同时也是全县经济发展的一个亮点和新的增长点，为美丽乡村建设、乡村旅游、乡村振兴等工作提供了经验，成为一个可复制、可借鉴、可推广的乡村振兴的样板工程。

三、乡村旅游　感受山海黎乡之美

昌江旅游资源天赋异禀，山、海、林、江、湿地、洞穴、喀斯特地貌等自然资源，集碧海蓝天、阳光沙滩、热带雨林、黎族风情等资源于一身。拥有霸王岭国家森林公园、棋子湾国家海洋公园、海尾国家湿地公园、石碌铁矿国家矿山公园等四大公园，王下乡·黎花里、峻灵王庙、皇帝洞、梯田木棉、十里画廊多个景点。

“昌化江畔木棉红”是昌江精心打造的一张旅游名片，每年2—3月，昌江的木棉花陆续绽放，不仅路边，行道，园内，角落，都被橙红的花树占据，行游山间、田埂、铁路边、江畔，举目皆是绚烂如虹。形成了“群山＋梯田＋木棉＋村庄”的木棉美景。

王下乡黎花里文旅项目在今年“五一”正式开放后，黎花里系列精彩体验活动也随之展开。来王下乡·黎花里，看最原始的纯美生态山水，游皇帝洞、仙女瀑布、十里画廊等景观。正值芒果成熟的季节，游客还可以亲手体验芒果采摘，在芒果的香甜中，感受山海黎乡之美。

棋子湾不仅景奇景美，而且流传着许多美丽传说。历代慕名而至的名人都被它美丽神奇的景色所吸引，留下了脍炙人口的诗篇。其沙滩雪白，与天连成一片，是光浴和沙浴的理想之地。在栈道慢行，欣赏海天一色，壮美落日，感受西线旅游的别样美景。

霸王岭国家森林公园拥有海南五大林区中保存

最完好的热带原始森林，重点生态公益林面积74.2万亩，森林覆盖率达96.7%，号称“热带雨林展览馆”，这里有国家一级保护植物2种、国家二级保护植物19种、国家一级保护动物6种，如海南长臂猿、云豹、孔雀雉等，国家二级保护动物46种。此外，还分布有鸟类130余种、兰花110种。因为拥有丰富的动植物资源，霸王岭也被称为“物种基因库”。

冬末春初，是昌江一年中最美好的时节。2018年底，昌江推出首届霸王岭热带雨林生态文化旅游活动，开始打响“冬登霸王岭”品牌，并与“春赏木棉红”主题旅游品牌活动一起，形成了昌江“冬登春赏”黄金旅游季。

除上述4个旅游品牌活动外，昌江还依托丰富的旅游资源优势，全力打造海南西部一流旅游目的地，精心打造了王下乡黎花里、石碌镇保突村、叉河镇排岸村、七叉镇宝山村等各具特色的村庄，备受游客青睐，有效促进了当地经济发展。

四、特色农业 开启脱贫致富之钥

昌江8个乡镇，个个都有自己的特色农产品，种类丰富。石碌镇有黎锦、黎陶、藤编、牛皮凳等黎族传统手工艺品；昌化镇有花生油、红鱼干、马鲛鱼干、鱼胶；海尾镇有哈密瓜、冬瓜、地瓜、咸水鸭蛋、海鲜干货；七叉镇有芒果、竹稻米、蜂蜜、芒果鸡蛋、山兰糯米酒；十月田镇有红肉菠萝蜜、红心橙、香水菠萝、圣女果等；乌烈镇有黑米、花卉、野生刺竹笋、乌烈乳羊等；叉河镇有火龙果、手扒鸡、鹅蛋等；王下乡有山兰稻、黄碳寄生茶、蜂蜜、槟榔、山兰糯米酒等。无论是鲜甜美味的火龙果、芒果、哈密瓜和菠萝蜜，还是甘甜软糯的高钙地瓜和营养丰富的海鲜干货，都能让人垂涎三尺。

目前昌江生产的芒果、香蕉、莲雾、香水菠萝、红肉菠萝蜜、火龙果等特色品种，市场销路和销售价格看好，热带特色高效产业已成为当地促进农民增收的主要增长点和重要来源。

近年来，积极推进特色农业品牌和“一村一品”建设，全县注册涉农商标累计108个，创建无公害农产品生产基地21个，无公害农产品认证6个，国家地理标志农产品认证2个，创建霸王岭土鸡、昌江芒果、姜园圣女果、保平毛豆、木棉红蜂蜜、乌烈羊等特色农业品牌。霸王岭土鸡、昌江芒果荣获国家地理标志保护产品，王品冰糖蜜瓜被列入海南知名特色农业品牌，姜园村、五大村、好清村被农业农村部认定为全国“一村一品”示范村镇，特色农产品的市场影响力不断扩大，成为拉动农业经济增长的主动力，不断推动农业向规模化、产业化、专业化、品牌化发展，促进农业增效农民增收，农民从而脱贫致富。

昌江持续做优热带特色高效农业，积极推动农业向产业化、现代化发展，加快农产品“三品一标”认证和“一村一品”示范村镇建设，推动昌江农业产业发展质量向好，热带高效农业向品牌化、规模化发展。好清香水菠萝、姜园圣女果、五大哈密瓜等“一村一品”农产品广受市场青睐。

目前，昌江积极发展休闲观光农业，利用开展“春赏木棉红”“夏品芒果香”“秋游棋子湾”“冬登霸王岭”四季旅游活动的契机，建立一批圣女果、芒果、草莓、龙眼、莲雾等观光采摘示范基地，推动当地热带观光果园与旅游相融合，为乡村旅游聚拢人气，为农民打造一把开启脱贫致富的钥匙。

大事记

1月

1日，由县旅文局主办，县文化馆承办，以“百姓大舞台”为主题的2020年昌江县迎新年文艺会演在县新时代文明实践中心广场举行。

3日，全县安全生产和消防工作电视电话会议召开，对全县安全生产集中整治、森林防灭火和今冬明春火灾工作进行再动员、再部署。县委常委、副县长王春天参加会议。

同日，副省长苻彩香率队深入昌江鑫龙海塑料制品有限公司、昌江枝叶传奇园艺有限公司等退役军人、残疾人就业创业基地，调研残疾人和退役军人就业创业工作，并看望慰问烈士家属和残疾人家属。县委书记黄金城陪同。

同日，县委书记黄金城会见东莞共和电子有限公司董事长刘思志，听取关于超级电容项目的相关情况介绍。海南核电有限公司副总工程师陈建新，副县长束庆年，县工管委主任吴增荣参加会议。

同日，县政府在县新时代文明实践中心广场举办以“退役不退志　新岗建新功”为主题的退役军人、随军家属就业服务专场招聘会。

4日，县委组织部举办公务员职务与职级并行制度业务培训班。县委常委、组织部部长郭祖梅参加培训班开班仪式。

同日，昌江县在县新时代文明实践中心3楼举办公益书法讲座，邀请省社科院原院长张作荣授课。县人大常委会主任何顺劲，县委常委、宣传部部长文艳到场聆听讲座。

6日，昌江县在县工人文化宫举行创建全国文明城市誓师大会。县委书记黄金城，县人大常委会主任何顺劲，县委副书记、县长林谟谐，县政协主席陈家江到场参加活动。

8日，副省长刘平治率领调研组在县委书记黄金城和县委副书记、县长林谟谐的陪同下，先后深入昌化镇新城村、昌化镇渔港码头等地调研。

9日，县委经济工作会议召开。会议总结县2019年经济工作、研究部署2020年目标任务，并表彰2019年度“十佳民营企业”。县委书记黄金城，县人大常委会主任何顺劲，县委副书记、县长林谟谐，县政协主席陈家江等县领导出席会议。

10日，海南省农村“厕所革命”工作现场推进会在昌江召开。为总结推广海南省农村改厕的好经验好做法，研究解决改厕的问题及困难，省农村“厕所革命”推进工作小组办公室成员、全省各市县及洋浦主管部门主要负责人和业务骨干等参会代表前往昌江七叉镇大章村、只尊村，实地观摩农村厕所改建、污水管网安装等情况。省住建厅副厅长许毅，县委常委、副县长王春天到场参加现场会。

同日，县人大常委会组织昌江选举的省六届人大代表和部分县人大代表，对县2019年为民办实事项目实施、创建全国文明城市及花卉产业发展情况进行集中视察。省人大代表、县人大常委会主任何顺劲带队视察。县人大常委会副主任陈玉、叶华杰、黎吉维、林炽明参加。

12日，昌江县“不忘初心、牢记使命”主题教育总结大会召开，对主题教育工作进行全面总结，就下一步巩固拓展教育成果进行部署。省委第二批“不忘初心、牢记使命”主题教育第三巡回指导组副组长冯锦华及指导组成员到会指导。县委书记黄金城，县人大常委会主任何顺劲，县委副书记、县长林谟谐等县领导出席会议。

同日，县委书记黄金城主持召开县委编委会

2020年第一次会议，传达学习《中国共产党机构编制工作条例》，审议设立“首都师范大学昌江木棉实验学校”和“首都师范大学昌江芒果幼儿园”等机构编制事项。县委副书记、县长林谟谐，县委副书记、政法委书记卢义，县委常委、副县长王春天，县委常委、组织部部长郭祖梅出席会议。

13日，中国共产党昌江黎族自治县第十二届委员会第十一次全体会议召开。全会报告2019年县委常委会工作、干部选拔任用工作，全面部署2020年工作，审议并通过《中国共产党昌江黎族自治县第十二届委员会第十一次全体会议决议》等。县委书记黄金城，县人大常委会主任何顺劲，县委副书记、县长林谟谐，县政协主席陈家江，县委副书记、政法委书记卢义，县委常委林琳、林雄、王春天、王小荣、郭祖梅、文艳出席会议。

同日，十二届县委常委会第163次会议召开，传达学习中央和省“不忘初心、牢记使命”主题教育总结大会精神。县委书记黄金城，县委副书记、政法委书记卢义，县委常委林琳、林雄、王春天、王小荣、郭祖梅、文艳出席会议。县人大常委会主任何顺劲，县政协主席陈家江列席会议。

14日，昌江县召开2020年见义勇为新春慰问座谈会。县委副书记、政法委书记卢义参加座谈会，并为见义勇为人员发放慰问金。

15日，省总工会副主席王裕明率队到昌江看望慰问部分困难职工、劳动模范和一线环卫工人，为他们送去慰问品和慰问金。县人大常委会副主任、县总工会主席叶华杰陪同。

16日，昌江县召开创建全国文明城市座谈会，进一步把全县干部群众的思想和行动统一到创建全国工作上来，凝聚一切力量向全国文明城市目标发起冲刺，争取2020年底摘取全国文明城市的“金字招牌”。县委副书记、政法委书记卢义，县委常委、公安局局长林雄，县委常委、宣传部部长文艳，县人大常委会副主任黎吉维参加会议。

17日，叉河镇排岸村被国家民委授予“中国少数民族特色村寨”称号。

20日，昌江县在叉河镇红阳村红阳国安种养专业合作社举行昌江椰子育苗基地揭牌仪式暨叉河镇椰子产业推进会。县政协主席陈家江，中国热带农业科学院椰子研究所所长王富有参加推进会。

21日，十二届县委常委会第164次（扩大）会议召开，传达学习省两会精神和省纪委七届四次全会精神。县委书记黄金城，县委副书记、县长林谟谐，县委常委林雄、王春天、王小荣、郭祖梅、文艳出席会议。县人大常委会主任何顺劲，县政协主席陈家江列席会议。

同日，昌江宝瑞藏书馆在县宝瑞公园举行揭牌仪式。县委常委、宣传部部长文艳，海南凤凰新华出版发行有限责任公司工会主席王清雅参加揭牌仪式。

同日，县委召开2020年老干部暨优秀人才代表迎新春座谈会。县委书记黄金城，县委常委、副县长王春天，县委常委、组织部部长郭祖梅，老干部代表林芝栋、钟文秋、王文平、庄芝和、杨先乙、谭由仔、林关民、李裕华，优秀人才代表李超荣、丁文茂、张兴虎、麦贻钦参加座谈会。

22日，中共昌江黎族自治县第十二届纪律检查委员会第五次全体会议召开，会议全面贯彻中共十九届四中全会、十九届中央纪委四次全会精神，深入落实省委七届七次全会、省纪委七届四次全会精神，扎实推进党风廉政建设和反腐败工作。县委书记黄金城，县人大常委会主任何顺劲，县委副书记、县长林谟谐，县政协主席陈家江等县领导出席会议。

23日，昌江县召开2019年度市县高质量发展综合考核工作布置会。县领导黄金城、林谟谐、王春天、文艳、黄胜卫、陈光华、陈国斌、吴艺芬、吴增荣参加会议。

同日，昌江县召开新冠肺炎疫情防控部署会，传达国务院和省政府关于新冠肺炎疫情防控相关会议精神，并就做好县疫情防控工作进行安排部署。县委书记黄金城，县委副书记、县长林谟谐出席会议。

26日，省委书记、省委应对新冠肺炎疫情工作领导小组组长刘赐贵主持召开省委常委会扩大会议，传达学习习近平总书记在中央政治局常委会会议上的重要讲话精神，以及中央应对新冠肺炎疫情工作领导小组会议精神，并对海南省疫情防控工作进行再研究、再部署、再落实。昌江县在县机关办公楼9楼电视电话会议室设立分会场，组织收看收听省委常委会扩大会议，并在会后及时召开十二届县委常委会第165次会议，进一步研究部署县疫情防控工作。县委书记黄金城，县人大常委会主任何顺劲，县委副书记、县长林谟谐，县政协主席陈家江等县领导在县分会场收看收听会议。

27日，海南省召开新冠肺炎疫情防控工作电视电话会议，研究部署进一步扎实做好疫情防控工作，并对省新冠肺炎疫情防控工作指挥部成员进行调整。昌江县在县机关办公楼9楼电视电话会议室设分会场收听收看会议后，并召开县新冠肺炎疫情防控工作指挥部会议，研究部署县新冠肺炎疫情防控工作。县委副书记、县长林模谐，县人大常委会副主任、县中西医结合医院院长林炽明，副县长陈光华在昌江分会场收听收看会议。

28日，县新冠肺炎疫情防控工作指挥部在县机关办公楼9楼电视电话会议室召开新冠肺炎疫情防控工作调度会，审议相关工作事项。县委副书记、县长林谟谐，副县长陈光华参加会议。

30日，省委常委、组织部部长彭金辉一行在县领导黄金城、林谟谐、卢义的陪同下，先后深入十月田镇好清村、石碌镇山竹沟交通设卡点、石碌镇城北社区及县疫情防控指挥部办公室等地，实地调研部署新冠肺炎疫情防控工作。

31日，县委书记、县应对新冠肺炎疫情防控工作领导小组组长黄金城，县委副书记、县长、县应对新冠肺炎疫情防控工作领导小组副组长林谟谐在县机关办公楼5楼会客室会见省疾控中心派出的指导专家组何昌华一行，就县疫情防控工作听取指导专家组意见和建议。

2月

1日，省委书记、省应对新冠肺炎疫情工作领导小组组长刘赐贵主持召开省委应对疫情工作领导小组第三次会议，研究部署下一阶段防控工作。昌江县在县机关办公楼9楼电视电话会议室设立分会场组织收看收听会议，并在会后及时召开会议，安排部署全县下一步疫情防控工作。县委书记黄金城，县委副书记、县长林谟谐等县领导出席会议。

2日，昌江恒科房地产开发有限公司董事长单建国以个人名义向县红十字会捐赠20万元，以公司名义捐赠价值1万元的口罩、方便面、矿泉水等爱心物资，助力昌江县应对新冠肺炎疫情防控工作。

同日，石碌镇组织80多名党员干部在镇政府广场召开“福源小区拉网式排查”动员大会，随后认真开展排查工作。副县长黄胜卫到场指导。

4日，县委常委、统战部部长王小荣，县人大常委会副主任、县总工会主席叶华杰率领县总工会领导班子成员组成慰问组，先后深入县应对新冠肺炎疫情防控工作指挥部、县中西医结合医院、县疾控中心、石碌镇、昌化镇、乌烈镇，看望慰问疫情防控一线的工作人员和医护人员，给他们送上慰问金和慰问品。

5日，省新冠肺炎疫情防控工作指挥部调度会议召开。昌江县在县机关办公楼9楼电视电话会议室设立分会场，组织收听收看调度会议。县委副书记、县长、县应对新冠肺炎疫情防控工作指挥部总指挥林谟谐，县应对新冠肺炎疫情防控工作指挥部各专项组林雄、王春天、文艳、林炽明、陈光华参加会议。

同日，全省农业农村“一抗三保”工作视频会议在海口召开，部署全省农业农村“抗疫情、保畅销、保生产、保增收”工作。昌江县在县机关办公楼9楼电视电话会议室设立分会场，组织收听收看会议，并在会后迅速召开会议，研究部署县农业农村相关工作。县委副书记、政法委书记卢义，副县长陈国斌在县分会场收听收看会议。

8日，省委书记、省委应对疫情工作领导小组组长刘赐贵在海口主持召开省委应对疫情工作领导小组第五次会议，研究部署下一步疫情防控工作。昌江县在机关办公楼9楼电视电话会议室组织收看收听会议，并在会后及时召开县委应对新冠肺炎疫情工作领导小组第六次会议，再次研究部署县下一步疫情防控工作。县委书记、县委应对新冠肺炎疫情工作领导小组组长黄金城，县人大常委会主任何顺劲，县委副书记、县长、县委应对新冠肺炎疫情工作领导小组副组长林谟谐等县领导在县分会场收看收听会议。

9日，海尾镇组织采摘100箱共计750多公斤的优质哈密瓜捐赠给在一线抗击疫情的医护人员和公安民警。

11日，省委书记、省委应对新冠肺炎疫情工作领导小组组长刘赐贵主持召开领导小组第六次会议，部署下一步疫情防控重点工作。昌江县在机关办公楼9楼电视电话会议室组织收看收听会议，并在会后及时召开十二届县委常委会第167次（扩大）会议暨县委应对新冠肺炎疫情工作领导小组第7次会议，研究县新冠肺炎疫情防控工作。

12日，昌江县2020年重点项目投资计划和预备项目计划征求意见座谈会在县行政机关办公大楼9楼电视电话会议室召开。林谟谐、王春天、黄胜卫、陈光华、陈国斌、吴艺芬、吴增荣等县领导参加会议。

14日，县委在县机关办公楼9楼电视电话会议室召开十二届县委常委会第168次会议，传达学习2月12日习近平总书记在中共中央政治局常务委员会上的重要讲话精神和省委书记刘赐贵的重要讲话，审议有关事项，听取县人大常委会党组、县政府党组、县政协党组、县法院党组、县检察院党组2019年工作情况汇报。县委书记黄金城，县委副书记、县长林谟谐，县委副书记、政法委书记卢义，县委常委林琳、林雄、王春天、王小荣、郭祖梅、文艳出席会议。县人大常委会主任何顺劲，县政协主席陈家江列席会议。

15日，昌江县支援湖北的第一批援鄂应急医疗队正式启程。县委书记、县委应对新冠肺炎疫情防控工作领导小组组长黄金城到场为医疗队壮行。县人大常委会副主任、县中西医结合医院院长林炽明，副县长陈光华陪同送行。

同日，省委书记、省委应对新冠肺炎疫情工作领导小组组长刘赐贵主持召开领导小组第七次会议，研究部署下一步重点工作和经济社会发展任务。昌江县在县机关办公楼9楼电视电话会议室组织收看收听会议，并在会后及时召开县委应对新冠肺炎疫情工作领导小组第八次会议，部署全县下阶段防控工作。县委书记、县委应对新冠肺炎疫情工作领导小组组长黄金城，县人大常委会主任何顺劲，县委副书记、县长、县委应对新冠肺炎疫情工作领导小组副组长林谟谐等县领导在县分会场收看收听会议。

19日，昌江县支援湖北的第二批援鄂应急医疗队正式启程。县委副书记、县长、县委应对新冠肺炎疫情工作领导小组副组长林谟谐到场为医疗队壮行。县人大常委会副主任叶华杰，县人大常委会副主任、县中西医结合医院院长林炽明，副县长陈光华陪同送行。

20日，省委书记、省委应对新冠肺炎疫情工作领导小组组长刘赐贵主持召开领导小组第八次会议，研究部署下一步工作。昌江县在县机关办公楼9楼电视电话会议室组织收看收听会议，并在会后及时召开县委应对新冠肺炎疫情工作领导小组会议暨县委财经委员会第二次会议，研究部署下一步工作具体措施。县委书记、县委应对新冠肺炎疫情工作领导小组组长黄金城，县人大常委会主任何顺劲，县委副书记、县长、县委应对新冠肺炎疫情工作领导小组副组长林谟谐等县领导在县分会场收看收听会议。

同日，红林农场集团有限公司在红林场部举办“凝聚爱心 共抗疫情”募捐活动，干部职工向武汉等重点疫情地区捐献41万多元爱心款项。

21日，由国务院应对新冠肺炎疫情联防联控机制第二十工作指导组组长、国家卫生健康委医院管理研究所副所长张旭东率领的指导组一行，在县委书记、县委应对新冠肺炎疫情工作领导小组组长黄金城，县委副书记、县长、县委应对新冠肺炎疫情工作领导小组副组长林谟谐的陪同下，先后到石碌镇山竹沟村的交通卡点、石碌镇山竹沟村委会、县人民医院、县疾控中心以及县城和瑞园小区等地指导工作。

同日，省新冠肺炎疫情防控工作指挥部调度会议召开。昌江县在县机关办公楼9楼电视电话会议室设立分会场，组织收听收看调度会议。同时召开县指挥部调度会，研究提出本行业本领域复工复产复业工作计划措施。县委副书记、县长、县新冠肺炎疫情防控工作指挥部总指挥林谟谐，县新冠肺炎疫情防控工作指挥部各专项组组长林雄、王春天、文艳、林炽明、陈光华参加会议。

25日，县委在县机关办公楼9楼电视电话会议室召开十二届县委常委会第169次会议，传达学习习近平总书记在统筹推进新冠肺炎疫情防控和经济社会发展工作部署会议上的讲话精神，研究县贯彻落实意见。县委书记黄金城，县委副书记、县长林谟谐，县委副书记、政法委书记卢义，县委常委林琳、林雄、王春天、王小荣、郭祖梅、文艳、肖春奇出席会议，县人大常委会主任何顺劲，县政协主席陈家江列席会议。

29日，县委书记、县扶贫开发领导小组组长黄金城在县机关办公楼9楼电视电话会议室主持县扶贫开发领导小组2020年第1次会议，传达中央及省委有关会议精神，研究部署全县2020年脱贫攻坚重点工作目标任务。县领导王春天、王小荣、郭祖梅、文艳、黄胜卫、陈国斌、李路生参加会议。

3月

3日，县委副书记、县长、县总河湖长林谟谐在县机关办公楼6楼会议室主持召开2020年河湖长专题会议，安排部署下一阶段工作。副县长、副总河湖长陈国斌参加会议。

同日，叉河镇在镇政府广场组织召开2020年第一季度文明之家及先进保洁员评选表彰大会，对24户获得“文明之家”荣誉称号的家庭和5名先进保洁员进行表彰。县政协主席陈家江出席表彰大会。

同日，昌江县在县市民广场举行年内第一次农民工赴粤务工欢送仪式。来自全县8个乡镇的400名农民工集中乘坐20辆免费大巴车赴粤创造新生活。县委书记黄金城参加欢送仪式。

4日，省商务厅电商处处长林海云携苏宁易购等电商平台负责人到昌江，通过实地走访和召开座谈会等方式，调研电子商务发展情况，并参加电商扶贫爱心捐赠仪式。在十月田互联网小镇，苏宁易购向昌江县捐赠价值约4万元的爱心物资。副县长吴艺芬陪同调研。

同日，县委副书记、县长林谟谐在县机关办公楼6楼会议室主持召开县政府领导班子成员务虚会。会上，王春天、黄胜卫、陈光华、陈国斌、吴增荣、陈卫能等县政府领导班子成员结合分管领域工作，围绕县政府系统在制度、机制上存在的问题进行探讨。

5日，县委书记、县委农村工作领导小组组长黄金城在县机关办公楼9楼电视电话会议室主持召开2020年县委农村工作领导小组会议。县委副书记、县长林谟谐，县委副书记、政法委书记卢义，副县长陈国斌参加会议。

同日，县委书记、县“双创双修”工作领导小组组长黄金城在县机关办公楼9楼电视电话会议室，主持召开县“双创双修”工作领导小组第四次会议，安排部署全县创建全国文明城市相关工作。县人大常委会主任、县“双创双修”工作领导小组组长何顺劲，县委副书记、县长、县“双创双修”工作领导小组组长林谟谐，县政协主席、县“双创双修”工作领导小组组长陈家江，县委副书记、县“双创双修”工作领导小组副组长卢义出席会议。

同日，省委“我为加快推进海南自由贸易港建设作贡献”活动领导小组第3次调度会以电视电话会议的形式在海口召开。昌江县在县机关办公楼9楼电视电话会议室设立分会场，组织收看收听会议。县委书记黄金城，县委副书记、政法委书记卢义，县委常委、宣传部部长文艳在县分会场收看收听会议。

6日，决战决胜脱贫攻坚座谈会海南分会场在海口举行，县直机关主要领导集中收听收看中央座谈会情况。县委书记、县扶贫开发领导小组组长黄金城，县委副书记、县长、县扶贫开发领导小组组长林谟谐，县委副书记、政法委书记、县扶贫开发领导小组常务副组长卢义在县分会场收看收听会议。

同日，全省全力推动旅游业现代服务业和高新技术产业电视电话会议在海口召开。昌江县在县机关办公楼9楼电视电话会议室设立分会场组织收看收听会议，并在会后及时召开会议，进一步贯彻落实会议精神。县委书记黄金城、县人大常委会主任何顺劲，县委副书记、县长林谟谐，县政协主席陈家江等县领导在县分会场收听收看电视电话会议。

7日，昌江县开展主题为“全民动手、清洁家园，预防疾病、共享健康”的爱国卫生集中清理大行动，全县城乡137个机关、企事业单位和86个村社区的领导干部参与这次行动。县委书记黄金城，县人大常委会主任何顺劲，县委副书记、县长林谟谐，县政协主席陈家江等县领导参与清理行动。

9日，省决战决胜脱贫攻坚电视电话会议在海口召开。县委书记、县扶贫开发领导小组组长黄金城，省委脱贫攻坚战第八督导组组长陈屿，县委副书记、县长、县扶贫开发领导小组组长林谟谐，县委副书记、政法委书记、县扶贫开发领导小组常务副组长卢义在县分会场收看收听会议。

同日，2020年县委农村工作会议在县机关办公楼9楼电视电话会议室召开，总结全县2019年农业农村工作，全面部署2020年工作任务。县委书记黄金城，县委副书记、县长林谟谐，副县长陈国斌参加会议。

10日，全国森林草原防灭火工作电视电话会议海南分会场在海口举行，县直机关主要领导集中收听收看全国森林草原防灭火工作电视电话会议情况。副县长陈国斌出席县分会场会议。

同日，十二届县委常委会第170次会议召开，传达学习第十九届中央纪律检查委员会第4次全体会议精神，以及全国、全省统战部部长和组织部部长会议精神，研究部署相关工作。县委书记黄金城，县委副书记、县长林谟谐，县委副书记、政法委书记卢义，县委常委林琳、林雄、王春天、王小荣、郭祖梅、文艳、肖春奇出席会议。县人大常委会主任何顺劲，县政协主席陈家江列席会议。

11日，县委副书记、县长林谟谐在县机关办公大楼6楼会议室主持召开十五届县政府第60次常务会议，传达学习中央和省委有关会议精神，部署落实《海南省抗疫情保增收防返贫十五条措施》。副县长王春天、陈光华、陈国斌、吴艺芬参加会议。

12日，县政府在县机关办公楼六楼会议室召开会议，传达学习省委副书记、省长沈晓明有关批示精神，专题研究部署全县复工复产工作。县委副书记、县长林谟谐，副县长黄胜卫参加会议。

同日，县委书记黄金城率领县四套班子领导以及全县各部门、各单位主要负责人到县木棉公园开展义务植树活动。

同日，县委在县机关办公大楼9楼电视电话会议室召开2019年度乡镇、县直各党（工）委书记抓基层党建述职评议会议。县委书记黄金城，县人大常委会主任何顺劲，县政协主席陈家江，县委副书记、政法委书记卢义，县委常委林琳、林雄、王春天、王小荣、文艳出席会议。

13日，昌江县决战决胜脱贫攻坚大会在县机关办公楼9楼电视电话会议室召开，总结全县2019年脱贫攻坚工作，安排部署2020年脱贫攻坚工作。县委书记黄金城，省委第八督查组组长陈屿，县人大常委会主任何顺劲，县政协主席陈家江等县领导出席会议。

17日，载着第一批援鄂医疗队员返琼的专机降落在海口美兰机场。昌江10名医疗队员随大部队，一起住进指定留观点。

19日，县委副书记、政法委书记卢义在县机关办公楼5楼会议室主持召开县打赢脱贫攻坚战指挥部会议，研究部署相关工作。会议研究昌江县产业扶贫资金共管账户内部管理控制制度及财政扶贫项目资金主动披露制度，研究开展 16 家扶贫企业财政扶贫专项资金使用审计，研究清理历年公益性岗位，研究通过启动海南石通农业有限公司昌江分公司和海南玉绿宝生态农业有限公司退出扶贫合作企业。副县长陈国斌参加会议。

同日，中央复工复产第 20 调研组组长、文化和旅游部副部长李群一行在省委常委、常务副省长毛超峰，县委书记黄金城，县委副书记、县长林漠谐的陪同下，先后到昌江小型堆示范工程、昌江核电二期工程进行实地走访，详细了解企业疫情防控和重点项目复工复产等情况。

同日，县委副书记、县长林漠谐在县机关办公楼 9 楼电视电话会议室主持召开县重点项目调度会议，研究解决存在的问题和困难，推进县重点项目建设。

20 日，昌江县在县机关办公楼 9 楼电视电话会议室召开县委“我为加快推进海南自由贸易港建设作贡献”活动领导小组第一次会议，总结县前期活动开展工作，对下阶段活动开展进行全面动员部署。县委书记黄金城，县委副书记、县长林漠谐，县委副书记、政法委书记卢义，县委常委林琳、林雄、王春天、王小荣、郭祖梅、文艳、肖春奇参加会议。

同日，2020 年全县森林防火工作部署会议在县机关办公楼十月田厅召开，会议通报全县 2020 年第一季度火情情况，安排部署森林防火工作。副县长黄胜卫参加会议。

22 日，昌江县在县机关办公楼开展创建全国文明城市工作专题培训，邀请上海华夏社会发展研究院院长鲍宗豪教授进行授课。县委副书记、政法委书记卢义，县委常委、宣传部部长文艳出席。

23 日，省委书记刘赐贵主持召开第一场全面恢复加快推动经济建设座谈会，进一步研究部署统筹抓好疫情防控和经济建设各项工作。县委书记黄金城，县委副书记、县长林漠谐在县分会场收看收听会议。

24 日，省委书记刘赐贵主持召开第二场全面恢复加快推动经济建设座谈会，研究部署下一步工作举措。昌江县在县机关办公楼 9 楼电视电话会议室设立分会场，组织收看收听会议。县委书记黄金城，县委副书记、县长林漠谐等县领导在县分会场收看收听会议。

同日，县委在县机关办公楼 9 楼电视电话会议室召开十二届县委常委会第 171 次会议，传达学习习近平总书记系列重要讲话精神，研究部署县政法、公安、宣传工作。县委书记黄金城，县委副书记、县长林漠谐，县委副书记、政法委书记卢义，县委常委林琳、林雄、王春天、王小荣、郭祖梅、文艳、肖春奇出席会议。县人大常委会主任何顺劲，县政协主席陈家江列席会议。

25 日，县委书记黄金城在县机关办公楼 9 楼电视电话会议室主持召开县委全面恢复加快推动经济建设座谈会，进一步贯彻落实中央和省委关于统筹推进疫情防控和经济社会发展的工作要求，研究部署相关工作。县人大常委会主任何顺劲，县委副书记、县长林漠谐，县政协主席陈家江等县领导出席会议。

同日，县委副书记、县长林漠谐在县机关办公楼 6 楼会议室主持召开县工程建设项目审批改革推进工作专题会，研究部署加快推进工程项目审批改革工作。县委常委、副县长王春天参加会议。

26 日，新希望六和昌江县十月田镇白山马生猪繁育基地项目的开工仪式在十月田镇白山马举行。县委书记黄金城，县人大常委会主任何顺劲，县委副书记、县长林漠谐，县政协主席陈家江等县领导出席开工仪式。

同日，县委书记黄金城在县机关办公楼 538 会议室会见吉利科技集团文旅产业总经理白华一行，听取飞行测飞、田园综合体等项目汇报，双方就项目选址和规划等相关工作进行洽谈。县委副书记、县长林漠谐出席会议。

28 日，全省 2020 年春季学期学校开学疫情防控工作部署会暨培训电视电话会议在海口召开。昌江县在县机关办公楼 9 楼电视电话会议室设分会场收听收看会议。副县长陈光华参加会议。

30 日，省委书记、省应对疫情工作领导小组组长刘赐贵主持召开省委应对疫情工作领导小组第12次会议，传达学习中央政治局会议精神，研究海南贯彻落实意见，听取海南当前疫情防控工作总体情况汇报，部署下一步工作。会议以电视电话会议的形式开到各市县。县委书记、县委应对疫情工作领导小组组长黄金城，县人大常委会主任何顺劲，县委副书记、县长、县委应对疫情工作领导小组副组长林谟谐等县领导在县分会场收看收听会议。

同日，县委书记、县委全面依法治县委员会主任黄金城在县机关办公楼5楼县委常委会议室主持召开县委全面依法治县委员会第3次会议，深入贯彻落实中央全面依法治国委员会第3次会议和省委全面依法治省委员会第3次会议精神，研究推进全面依法治县重点工作。县委副书记、县长林谟谐，县委副书记、政法委书记卢义，县委常委林琳、林雄、郭祖梅、文艳出席会议。

同日，县委书记、县委应对新冠肺炎疫情工作领导小组组长黄金城在县机关办公楼9楼电视电话会议室主持召开县委应对新冠肺炎疫情工作领导小组第12次会议，传达学习中央、省委有关会议精神，研究部署相关工作。县人大常委会主任何顺劲，县政协主席陈家江，县委副书记、政法委书记、县委应对新冠肺炎疫情工作领导小组副组长卢义出席会议。

31日，县委在县机关办公楼9楼电视电话会议室召开2020年县委政法工作暨全县组织宣传思想工作会议，回顾总结上年县政法、组织、宣传思想工作成绩，部署下一阶段工作。县委书记黄金城，县委副书记、县长林谟谐主持会议，县委副书记、政法委书记卢义，县委常委、公安局局长林雄，县委常委、组织部部长郭祖梅，县委常委、宣传部部长文艳出席会议。

同日，昌江县第一批10名援鄂医疗队员圆满完成任务平安归来。昌江警车开道，以最高规格迎接他们回家。县委书记黄金城，县委副书记、县长林谟谐，县委副书记、政法委书记卢义出席在县机关办公楼前举行的欢迎仪式。

4月

1日，省知识产权局主要负责人向昌江县授牌"国家知识产权强县工程试点县"。县委副书记、县长林谟谐，副县长陈光华出席授牌仪式。

同日，新华社海南分社社长凌广志到县新时代文明实践中心参观"创建国家生态文明示范县——'绿色娘子军'奋斗足迹展"等精品展览。县委书记黄金城，县人大常委会主任何顺劲，县委常委、宣传部部长文艳陪同。

同日，由省教育厅副厅长李燕仪率领的省教育厅开学疫情防控督导检查组在县委副书记、县长林谟谐，副县长陈光华的陪同下，先后到县教育局，县矿区中学以及石碌英才学校了解教育系统疫情防控工作。

同日，全国禁毒工作电视电话会议在北京召开。县委副书记、县长、县禁毒委主任林谟谐，县委副书记、政法委书记卢义，县委常委、公安局局长林雄，县法院院长熊大胜，县检察院党组书记、代理检察长陈雄在县分会场收看收听会议。

2日，昌江黎族自治县融媒体中心正式揭牌启用，标志着昌江新闻宣传工作从传统媒体和新媒体"简单相加、单兵作战"迈向"融合发展、多元传播"的全新阶段。县委书记黄金城，新华社海南分社社长凌广志，省委宣传部二级巡视员任小东，县人大常委会主任何顺劲，县委常委、宣传部部长文艳出席揭牌仪式。

同日，县委书记、县委统一战线工作领导小组组长黄金城在县机关办公大楼5楼县委常委会议室主持召开县委统一战线工作领导小组2020年第一次全体（扩大）会议，总结2019年全县统一战线工作，研究部署2020年工作任务。县委常委、统战部部长、县委统一战线工作领导小组副组长王小荣参加会议。

同日，县委书记、县委审计委员会主任黄金城在县机关办公楼5楼县委常委会议室，主持召开县委审计委员会第3次会议，传达学习习近平总书记对审计工作的重要指示及全省审计工作会议精神，研究部署县下一阶段的审计工作。县委常委林琳、王春天、王小荣，县人大常委会副主任叶华杰参加会议。

同日，县委副书记、县长林谟谐在县机关办公楼 6 楼政府常务会议室主持召开十五届县政府第 61 次常务会议，传达学习《党委（党组）落实全面从严治党主体责任规定》，研究部署有关工作。县委常委、副县长王春天，副县长黄胜卫、陈光华、陈国斌、吴艺芬，县工管委主任吴增荣出席会议。县人大常委会副主任叶华杰，县政协副主席李路生列席会议。

3 日，昌江县在县机关办公大楼 9 楼电视电话会议室召开县委第十轮巡察工作动员部署会议，学习贯彻中央、省委关于巡视巡察工作会议精神，安排部署县第十轮巡察工作。县委书记、县委巡察工作领导小组组长黄金城，县委常委、县纪委书记、县监委主任、县委巡察工作领导小组常务副组长林琳，县委常委、组织部部长、县委巡察工作领导小组副组长郭祖梅出席会议。

4 日，县委常委、统战部部长王小荣，县人大常委会副主任、县总工会主席叶华杰率领县总工会领导班子成员组成慰问组，先后深入县应对新冠肺炎疫情防控工作指挥部、县中西医结合医院、县疾控中心、石碌镇等单位，看望慰问疫情防控一线的工作人员和医护人员，给他们送上慰问金和慰问品。

5 日，县委副书记、县长、县应对新冠肺炎疫情防控工作指挥部总指挥林谟谐在县机关办公楼 9 楼电视电话会议室主持召开指挥部调度会议，听取指挥部各专项组工作情况汇报，并就下一步疫情防控工作进行研究部署。县应对新冠肺炎疫情防控工作指挥部各专项组组长林雄、王春天、文艳、林炽明、陈光华参加会议。

6 日，由省教育厅副厅长李燕仪率领的省教育厅开学疫情防控督导检查组在县委副书记、县长林谟谐的陪同下，先后到石碌英才学校、霸王岭学校、叉河中学，认真检查线上教学开展和开学复课准备。

7 日，省扫黑除恶清零攻坚战役誓师动员大会在海口召开。会议以电视电话会议的形式开到各市县（区）、洋浦经济开发区。县委书记、县扫黑除恶专项斗争领导小组组长黄金城，县委副书记、县长、县扫黑除恶专项斗争领导小组第一副组长林谟谐在县分会场收听收看会议。

8 日，昌江县 308 名外出务工人员在尖岭服务站搭乘“点对点”返岗务工免费直通车前往深圳、广州、东莞、惠州等地务工，其中贫困户 71 人。这是全县当年集中输送的第二批返岗务工农民工。

同日，县委书记黄金城在县机关办公楼 5 楼县委常委会议室主持召开会议，听取中国城市发展研究会、文化和旅游工作委员会会长孙继伟，以及上海山水土创意咨询有限公司、上海天华建筑设计有限公司相关负责人关于昌江文旅融合策划及概念规划的汇报。县人大常委会主任何顺劲，县委副书记、县长林谟谐，县政协主席陈家江出席会议。

同日，省委依法治省办副主任、省司法厅厅长郑学海率队到昌江开展全省法治建设专项调研。县委书记、县委全面依法治县委员会主任黄金城，县委副书记、政法委书记、县委依法治县办主任卢义参加座谈会。

9 日，省委书记刘赐贵主持召开省委常委会电视电话会议，分析海南第一季度经济形势，研究部署下一阶段经济工作。县委书记黄金城，县委副书记、县长林谟谐等县领导在县分会场收看收听会议。

同日，省委书记、省委应对疫情工作领导小组组长刘赐贵主持召开领导小组电视电话会议，听取海南当前疫情防控工作情况汇报，部署下一步工作。县委书记、县委应对新冠肺炎疫情工作领导小组组长黄金城，县人大常委会主任何顺劲，县委副书记、县长、县委应对新冠肺炎疫情工作领导小组副组长林谟谐，县政协主席陈家江在县分会场收看收听会议。

同日，县委书记、县委应对新冠肺炎疫情工作领导小组组长黄金城主持召开县委应对疫情工作领导小组第 13 次会议，第一时间传达学习中共中央政治局常务委员会会议精神和省委应对疫情工作领导小组第13次会议精神。县人大常委会主任何顺劲，县委副书记、县长、县委应对新冠肺炎疫情工作领导小组副组长林谟谐等县领导参加会议。

同日，县委在县机关办公楼9楼电视电话会议室召开县委常委会第172次会议，传达学习中央、省委近期重要会议精神，研究部署县关于扫黑除恶专项斗争、船舶管理、脱贫攻坚以及经济运行情况等工作。县委书记黄金城，县委副书记、县长林谟谐，县委副书记、政法委书记卢义，县委常委林琳、林雄、王春天、王小荣、郭祖梅、文艳、肖春奇出席会议。县人大常委会主任何顺劲，县政协主席陈家江列席会议。

同日，海南甘薯产业园GGAP全球良好农业示范种植基地开垦仪式在海尾镇北方村举行。基地占地5000亩，预计总投资1.2亿元。省绿色食品发展中心主任周秋平参加开垦仪式。

10日，全国安全生产电视电话会议召开，省委副书记、省长沈晓明等省政府领导在省分会场参加会议。县领导林谟谐、王春天、陈光华、陈国斌、吴增荣在县分会场收听收看会议。

同日，县委书记黄金城在县机关办公楼5楼县委常委会议室会见赛博文旅集团相关负责人和海南西岸乡村庄园俱乐部有限公司相关负责人，听取棋子湾小角公园规划方案的情况汇报。县人大常委会副主任、棋子湾工委书记黎吉维参加会议。

11日，昌江县首场消费扶贫“春风大行动”在县新时代文明实践中心正式启动，活动倡导社会各界积极“以购代捐”“以买代帮”，通过线上线下渠道让特色农产品“俏”起来，最大限度化解疫情对扶贫产品销售以及消费市场带来的不利影响，帮助贫困户实现增收。县委书记黄金城，省供销合作联社工委书记罗艳霞，县人大常委会主任何顺劲，县委副书记、县长林谟谐等领导出席启动仪式。

同日，经过39个日夜的奋战，县第二批援鄂医疗队18名队员全部安全返回昌江，县公安局交通管理大队派出多辆警车组成车队开道护送。县委书记黄金城，县委副书记、县长林谟谐到场欢迎队员回家。

13日，海南自由贸易港建设项目集中开工和签约仪式主会场活动在海口举行，昌江县在县建筑垃圾消纳场项目现场设分会场同步举行签约和开工活动，昌江县集中开工的新项目共5个，总投资7.3亿元，年度计划投资5.2亿元，签约项目共4个，总投资6.1亿元。县委书记黄金城，县人大常委会主任何顺劲，县委副书记、县长林谟谐，以及华润水泥有限公司、海南核电有限公司等企业负责人出席签约仪式。

同日，县政府在县机关办公楼9楼电视电话会议室召开2019年根治拖欠农民工工资考核暨2020年工作部署会。

14日，县委副书记、县长林谟谐在县机关办公楼623会议室主持召开“菜篮子”专题工作会议，研究市县长负责制考核自评表中失分项，部署下一阶段迎检工作。县委常委、副县长王春天，副县长陈国斌参加会议。

同日，全国“创文”专家鲍宗豪到石碌华田农贸市场、县图书馆、县城文明小区和老公安局宿舍等地进行实地检查，为昌江扎实推进对标创建全国文明城市工作提出整改意见和建议。县委常委、宣传部部长文艳陪同。

15日，县法院一审公开开庭审理县印刷厂原负责人符某光涉嫌贪污、受贿罪一案。县纪委监委组织新提拔重用领导干部、晋升职级人员等90多人旁听庭审。

同日，副省长刘平治率队到昌江，通过实地调研、召开座谈会的方式，了解县产业扶贫工作和农民务工、河道管护、海钢集团经营发展和昌化江河道疏浚工程推进情况，研究部署相关工作。县委书记黄金城，县委副书记、县长林谟谐陪同。

16日，县委书记、县扶贫开发领导小组组长黄金城在县机关办公楼9楼电视电话会议室主持召开县扶贫开发领导小组2020年第2次会议，研究全县脱贫攻坚问题整改。县人大常委会主任何顺劲，县委副书记、县长、县扶贫开发领导小组组长林谟谐，县政协主席陈家江等县领导出席会议。

同日，省政协副主席侯茂丰率督导检查组到昌江，先后到叉河镇政府、叉河镇排岸村委会和石碌镇城北社区居委会等地，通过现场检查和召开座谈会等方式，督导检查县基层协商民主建设试点工作。县委书记黄金城，县政协主席陈家江，县政协副主席郭勇、李世明陪同。

同日，全省禁毒三年大会战第 2 次调度例会电视电话会议在海口召开。县委副书记、政法委书记、县禁毒委副主任卢义，县委常委、公安局局长、县禁毒委副主任林雄在县分会场收听收看会议。

同日，县委在县行政机关办公大楼 538 会议室召开十二届县委常委会第 173 次会议，传达学习中央和省委领导关于安全生产工作的重要批示精神，安排部署下一步工作。县委书记黄金城，县委副书记、政法委书记卢义，县委常委林琳、林雄、王春天、王小荣、郭祖梅、文艳、肖春奇出席会议。县人大常委会主任何顺劲，县政协主席陈家江列席会议。

同日，县委在县机关办公楼 5 楼县委常委会议室召开县委理论学习中心组扫黑除恶打伞“五大专题活动”集体学习会。县委书记黄金城，县委副书记、政法委书记卢义，县委常委林琳、林雄、王春天、王小荣、郭祖梅、文艳、肖春奇出席会议，县人大常委会主任何顺劲，县政协主席陈家江列席会议。

17 日，省检察院党组书记、检察长路志强率队到昌江，在县委书记黄金城，县委副书记、政法委书记卢义，县委常委、公安局局长林雄，县检察院党组书记、代检察长陈雄的陪同下，深入县检察院调研指导工作。

同日，省委常委、省军区政委何清风到昌江调研并召开座谈会，详细了解昌江县人武部思想政治建设、党管武装、民兵调整改革等工作。县委书记黄金城出席座谈会。县委常委、宣传部部长文艳，县委常委、人武部部长肖春奇陪同。

18 日，县委书记黄金城率领县四套领导班子成员到叉河镇红阳村椰子产业示范基地，参加以“发扬椰树精神 扛起自贸港建设的昌江担当”为主题的植树活动。

20 日，省委书记刘赐贵主持召开省委常委会扩大电视电话会议，传达学习中央政治局会议精神，分析研究海南当前疫情防控和经济形势，安排部署统筹推进常态化疫情防控和经济社会发展工作。县委书记黄金城，县人大常委会主任何顺劲，县委副书记、县长林谟谐，县政协主席陈家江，县委副书记、政法委书记卢义等县领导在县分会场收看收听会议。

同日，县委在县机关办公楼 9 楼电视电话会议召开十二届县委常委会第 174 次（扩大）会议，传达中央及省委相关会议精神，研究部署下一阶段疫情防控和经济工作。县委书记黄金城，县委副书记、县长林谟谐，县委副书记、政法委书记卢义，县委常委林琳、林雄、王春天、王小荣、郭祖梅、文艳出席会议。县人大常委会主任何顺劲、县政协主席陈家江列席会议。

同日，县扶贫办、县劳动就业局及县人武部在人武部民兵综合训练基地联合举办 2020 年第三期全县贫困户扶志扶智励志培训班，邀请相关专家对七叉镇和王下乡的建档立卡贫困户进行培训。副县长陈国斌到场指导。

同日，县委在县机关办公楼 9 楼电视电话会议室召开扫黑除恶清零攻坚战役动员部署会。县委书记、县扫黑除恶专项斗争领导小组组长黄金城，县委副书记、政法委书记、县扫黑除恶专项斗争领导小组副组长卢义，县扫黑除恶专项斗争领导小组副组长林雄、陈雄、陈海波参加会议。

同日，县委副书记、县长林谟谐在县机关办公楼 623 会议室主持召开 2020 年六大专项整治联合指挥部第 1 次工作会议，审议相关工作方案及办法。县委常委、副县长王春天，副县长黄胜卫、陈国斌，县政协副主席李路生参加会议。

21 日，县委常委领导班子在县政府 5 楼会议室召开县委常委班子扫黑除恶打伞“大警示、大研讨、大反思、大整治、大提升”专题民主生活会。县委书记黄金城，县委副书记、县长林谟谐，县委副书记、政法委书记卢义，县委常委林琳、林雄、王春天、王小荣、郭祖梅、文艳、肖春奇出席会议。县人大常委会主任何顺劲，县政协主席陈家江列席会议。

22 日，以省农业农村厅总农艺师黄正恩为组长的省“菜篮子”市县长负责制考核组到昌江，通过查阅资料及召开座谈会的方式，对县 2019 年度“菜篮子”市县长负责制工作开展考核。县委副书记、县长林谟谐，县委常委、副县长王春天，副县长陈国斌出席会议。

同日，昌江县在县机关办公楼 8 楼电视电话会议室召开 2020 年安全生产委员会第二次（扩大）会议，安排部署下一步安全生产工作。县委常委、副县长王春天，县工管委主任吴增荣参加会议。

23 日，叉河镇排岸村“中国少数民族特色村寨”揭牌仪式在排岸村举行。省民宗委主任邹其国，县委书记黄金城，县委常委、统战部部长王小荣主持出席揭牌仪式。

23—24 日，省民宗委主任邹其国率队到昌江，深入叉河镇排岸村、昌江思源实验学校、石碌镇保突村制陶馆、王下乡“黎花里”文旅项目现场等地进行实地调研。 县委常委、统战部部长王小荣陪同。

24 日，由省司法厅副厅长陈文彬率领的省村（居）法律顾问工作调研组到昌江，通过实地调研和召开座谈会的方式，详细了解县村（居）法律顾问工作开展情况。

24—25 日，政协昌江黎族自治县第十届委员会第五次会议在县机关办公楼 2 楼多功能厅举行。县领导黄金城、陈家江、郭勇、李世明、杨昌志、李路生出席。会议审议并通过政协昌江黎族自治县第十届委员会第五次会议关于常务委员会工作报告的决议、政协昌江黎族自治县第十届委员会第五次会议提案审查情况报告以及政协昌江黎族自治县第十届委员会第五次会议政治决议。

25—26 日，昌江黎族自治县第十五届人民代表大会第六次会议在县机关办公楼 2 楼多功能厅隆重开幕。大会主席团常务主席黄金城、何顺劲、卢义、郭祖梅、陈玉、叶华杰、黎吉维、林炽明、符德龙出席会议。大会补选县人民检察院检察长和县十五届人大常委会委员，陈雄当选为县人民检察院检察长，麦惠等 9 人当选为县第十五届人大常委会委员。会议审议并通过昌江黎族自治县第十五届人民代表大会第 6 次会议关于县政府工作报告和其他报告。

26 日，县委在县机关办公楼 5 楼县委常委会议室召开清洁能源产业园发展规划汇报会，研究下一步推进措施。县委书记黄金城，海南核电有限公司党委书记、董事长魏国良，县委副书记、县长林谟谐出席会议。

27 日，省委书记、省委应对新冠肺炎疫情工作领导小组组长刘赐贵主持召开省委应对疫情工作领导小组第 14 次会议，研究部署下一阶段相关工作。 县委书记、县委应对新冠肺炎疫情工作领导小组组长黄金城，县人大常委会主任何顺劲，县委副书记、县长、县委应对新冠肺炎疫情工作领导小组副组长林谟谐等县领导在县分会场收听收看会议。

同日，省邮政管理局到石碌镇才地村组织召开定点扶贫工作现场会，积极引进京东、圆通、顺丰、百世等公司与昌江县签订多个合作协议及帮扶协议。省邮政管理局党组书记、局长丰圣少，县委副书记、县长林谟谐到场参加现场会。

同日，省打赢脱贫攻坚战指挥部在海口召开全省组织贫困劳动力务工专项行动启动电视电话会议。县委书记黄金城，县委副书记、政法委书记卢义等县领导在县分会场收听收看会议。

同日，县委副书记、县长林谟谐在县机关办公楼 6 楼会议室主持召开县重点项目调度会议，听取各重点项目进展情况汇报，对下一步工作再安排、再部署。县委常委、副县长王春天，副县长陈光华，县工管委主任吴增荣出席会议。

27—28日，省政协副主席吴岩峻率领调研组到昌江，通过召开座谈会和实地调研等方式，调研海南长臂猿保护与热带雨林国家公园建设。县委副书记、县长林谟谐，县政协主席陈家江等县领导出席座谈会。

28日，海南金昌金矿有限公司将1000株椰子苗捐赠给叉河镇老烈村80户农户，助力老烈村打造椰子庭院经济示范村。县检察院检察长陈雄，县工管委主任吴增荣参加捐赠仪式。

同日，海南自贸港优秀人才表彰大会在海口召开。县委书记、县委人才工作委员会主任黄金城，县委副书记、县长、县委人才工作委员会副主任林谟谐，县委人才工作委员会副主任卢义、郭祖梅在县分会场收听收看大会。

同日，县委在县机关办公楼9楼电视电话会议室召开县委常委会第175次（扩大）会议，传达学习中央、省委重要会议精神，安排部署“五一”期间全县疫情防控等工作。县委书记黄金城县委副书记、县长林谟谐，县委副书记、政法委书记卢义，县委常委林琳、林雄、王春天、王小荣、郭祖梅、文艳出席会议。县人大常委会主任何顺劲列席会议。

29日，副省长冯忠华率队到昌江，通过实地调研的方式，深入了解霸王岭国家森林公园建设、海南长臂猿保护以及旅游开发、林业及花卉产业等工作情况。县委书记黄金城，县委副书记、县长林谟谐陪同。

30日，霸王岭国家森林公园国家AAA级旅游景区揭牌仪式在霸王岭林业局后山栈道口举行。县委书记黄金城，省林业局党组成员、总工程师周亚东，县人大常委会主任何顺劲，县委副书记、县长林谟谐，县政协主席陈家江出席揭牌仪式。

同日，昌江县在王下乡浪论村召开2020年美丽乡村建设暨农村人居环境整治工作现场会。县委书记黄金城，省农业农村厅副厅长赵咏望，省影视家协会副主席兼秘书长林青，县人大常委会主任何顺劲，县委副书记、县长林谟，县政协主席陈家江出席会议。

5月

1日，昌江县在王下乡举行“中国第一黎乡”——王下乡·黎花里“五一”黄金周旅游推介活动。省旅文厅党组书记林光强，省民宗委主任邹其国，东方市委副书记、市长张长丰等领导在县委书记黄金城，省影视家协会副主席兼秘书长、“中国第一黎乡”——王下乡·黎花里项目总策划林青，县委副书记、县长林谟谐等领导的陪同下参观游览。

7日，县委书记、县委退役军人事务工作领导小组第一组长黄金城，在县机关办公楼9楼电视电话会议室主持召开县委退役军人事务工作领导小组第2次全体会议暨创建全国双拥模范县推进会。县委副书记、县长、县委退役军人事务工作领导小组组长林谟谐，县委退役军人事务工作领导小组副组长卢义、王春天、文艳、肖春奇出席会议。

同日，省工信厅厅长王静率队到红峰村，通过召开座谈会和实地调研的方式，了解红峰村扶贫工作存在的困难，帮助解决实际问题。县委副书记、县长林谟谐参加座谈会。

7—8日，省政协主席毛万春率队到昌江，实地走访了解“中国第一黎乡”——王下乡·黎花里建设情况，并围绕“完善上下联动机制、推动基层协商民主”、“河长制”工作落实、生态环境保护等主题开展调研。县委书记黄金城，省影视家协会副主席兼秘书长、“中国第一黎乡”——王下乡·黎花里项目总策划林青，县委副书记、县长林谟谐陪同。

8日，县人大常委会副主任、县总工会主席叶华杰带领工会干部职工先后走访重点项目工地、园林绿化站、医院等地，看望慰问奋战在一线的职工，为他们送去冰镇绿豆汤、降暑饮料、茶水等防暑降温饮品。

同日，县委书记黄金城在县机关办公楼9楼电视电话会议室主持召开县委“中国第一黎乡”——王下乡·黎花里旅游推介活动总结专题会议，研究部署下一步黎花里文旅项目的发展。省影视家协会副主席兼秘书长、“中国第一黎乡”——王下乡·黎花里项目总策划林青，县人大常委会主任何顺劲，县委副书记、县长林谟谐出席会议。

8—9 日，省委宣传部副部长吕鸿率队到昌江调研关于全国文明城市建设工作。县委书记黄金城，县委常委、宣传部部长文艳，县人大常委会副主任黎吉维陪同。

9 日，县委副书记、县长林谟谐在县机关办公楼 9 楼电视电话会议主持召开县生态环境保护工作会议，总结上年环境保护工作，分析当前生态环境面临的形势。王春天、黄胜卫、陈国斌、李路生等县领导参加会议。

同日，县委副书记、县长林谟谐在县机关办公楼 6 楼会议室主持召开十五届县政府第 62 次常务会议，传达学习中央、省委有关会议和通知精神，研究部署相关工作。王春天、陈玉、黄胜卫、陈国斌、吴艺芬、杨昌志、吴增荣等县领导参加会议。

11 日，省委书记刘赐贵主持召开省委常委会扩大电视电话会议，传达《海南省中央生态环境保护督察报告》和中央环保督察反馈会精神，研究海南贯彻意见，部署反馈问题整改工作。县委书记黄金城，县人大常委会主任何顺劲、县委副书记、县长林谟谐，县政协主席陈家江等县领导在县分会场收听收看会议。

同日，县委在县机关办公楼 9 楼电视电话会议召开十二届县委常委会第 177 次扩大会议，专题研究中央第三生态环境保护督察组反馈问题整改工作。县委书记黄金城，县委副书记、县长林谟谐，县委副书记、政法委书记卢义，县委常委林琳、林雄、王春天、王小荣、郭祖梅、文艳、肖春奇出席会议。县人大常委会主任何顺劲，县政协主席陈家江列席会议。

同日，由县农业农村局牵头，联合县应急管理局和海尾镇主办的昌江县 2020 年度山洪灾害及防汛抢险防御演练在海尾镇长山村委会举行。

12 日，县委书记黄金城在县机关办公楼 5 楼县委常委会议室，会见省金融发展促进会常务副会长莫壮才等一行人，研究洽谈农业及海洋渔业领域事项。

同日，全县“三无”船舶清理整治工作领导小组会议暨动员部署会在县机关办公大楼 6 楼会议室召开。县委副书记、县长、县“三无”船舶清理整治工作领导小组组长林谟谐，县委副书记、政法委书记、县“三无”船舶清理整治工作领导小组副组长卢义，副县长、县“三无”船舶清理整治工作领导小组副组长陈国斌参加会议。

同日，县委副书记、县长林谟谐在县机关办公楼 6 楼会议室会见上海核电办调研组一行，双方就相关合作方案进行沟通交流，希望进一步推进落实两地战略合作协议。

13 日，副省长苻彩香率队到昌江，在县机关办公楼 5 楼县委常委会议室召开会议就昌江在 2019 年度市县综合考核结果进行反馈。县委书记黄金城，县委副书记、县长林谟谐出席会议。

同日，县政府党组班子在县机关办公楼 6 楼会议室召开县政府党组班子扫黑除恶打伞“大警示、大研讨、大反思、大整治、大提升”专题民主生活会。林谟谐、王春天、黄胜卫、陈国斌、吴艺芬、吴增荣、陈卫能、钟家梁等县政府党组班子成员逐一开展对照检查，进行批评和自我批评。

14 日，县委副书记、县长林谟谐在县机关办公楼 6 楼会议室主持召开十五届县政府第 63 次常务会议。传达学习中央第三生态环境保护督察组向海南省反馈督察情况。县政府领导王春天、黄胜卫、陈光华、吴艺芬、吴增荣出席会议。

15 日，县委在县机关办公楼 5 楼县委常委会议室召开十二届县委常委会第 178 次会议，传达学习中央、省委近期重要会议精神，研究部署全县近期相关工作。县委书记黄金城，县委副书记、县长林谟谐，县委副书记、政法委书记卢义，县委常委林琳、林雄、王春天、王小荣、郭祖梅、文艳出席会议。县人大常委会主任何顺劲，县政协主席陈家江列席会。

同日，全省扫黑除恶清零攻坚战役指挥部调度电视电话会在海口召开。黄金城、林谟谐、卢义、林雄、熊大胜等县领导在县分会场收听收看会议。

同日，县总工会召开做好在档困难职工结对帮扶工作及迎接第三方评估推进会。县委常委、统战部部长王小荣参加会议。

16—17 日，省民宗委、海南日报报业集团、县委统战部民族事务局、县民族文化保护和传播促进会等单位联合举办省民族文化“七个一”暨昌江棋子湾采风活动，10 多名省内知名作家诗人深入棋子湾等地采风。县委常委、统战部部长王小荣参加活动。

17 日，省扶贫开发领导小组在海口召开继续“背水一战”高质量打赢脱贫攻坚收官战全面建成小康社会誓师大会。省委脱贫攻坚战第八督导组组长陈屿，县委书记黄金城，县人大常委会主任何顺劲，县政协主席陈家江，县委副书记、政法委书记卢义在县分会场收听收看会议。

18 日，全县创建全国文明城市第一次全面模拟测评报告分析会在县机关办公楼 2 楼多功能厅召开，会议听取全国“创文”专家、上海华夏社会发展研究院院长鲍宗豪作关于昌江创建全国文明城市第一次全面模拟测评分析报告。县委书记黄金城，县人大常委会主任何顺劲，县委副书记、县长林谟谐，县政协主席陈家江等县领导出席会议。

19 日，省卫健委副主任陈少仕率调研组到昌江，通过召开座谈会和实地调研的方式，详细了解昌江紧密型县域医共体建设存在的问题和难点，研究发展新思路。县委副书记、县长林谟谐参加座谈会。

20 日，县公安局“铁警”队授旗仪式在县公安局举行，县委常委、公安局局长林雄参加授旗仪式，并为“铁警”队授旗。

同日，县委副书记、县长林谟谐在县机关办公楼 6 楼会议室主持召开第二轮中央环保督察反馈意见整改工作专题会，部署推动整改工作。

同日，省人大常委会环资工委主任叶振兴率领调研组到昌江，在县委书记黄金城，县人大常委会主任何顺劲的陪同下，就农村生活污水处理设施建设运营等情况进行调研。

21 日，县委在县机关办公楼 5 楼县委常委会议室召开十二届县委常委会第 179 次会议，传达学习近期省委重要会议精神，研究部署相关工作。县委书记黄金城，县委副书记、县长林谟谐，县委副书记、政法委书记卢义，县委常委林琳、林雄、王春天、王小荣、郭祖梅、文艳、肖春奇出席会议。县政协主席陈家江列席会议。

同日，省人社厅在昌江组织召开西部地区推进贫困劳动力外出务工和就近就地就业现场会。省人社厅就业处处长秦旭，东方、白沙、昌江等 8 个市县人社局局长、分管副局长及业务经办人员等近 40 人参加现场会。

22 日，昌江金融机构助力民企复工复产政银企对接会在县城石碌召开。会议现场举行了融资意向签约仪式和授信仪式，并举办金融超市银企对接活动。县委常委、统战部部长王小荣参加会议。

同日，省政协副秘书长房方率调研组到昌江，通过实地考察、明察暗访相结合及座谈交流等方式，对昌江 2020 年上半年大气污染防治“六个严禁两个推进”和“水环境质量”工作开展民主监督性调研。县政协主席陈家江陪同。

同日，县委书记黄金城在县机关办公楼 5 楼县委常委会议室主持召开会议，听取海南盛翔国际文化旅游有限公司负责人汇报《七叉镇总体规划暨镇区及温泉旅游度假区控制性详细规划》，并就进一步优化项目设计方案，听取分管领导和各有关单位及相关乡镇负责人的意见和建议。

同日，县委书记黄金城在县机关办公楼 5 楼县委常委会议室召开会议，听取棋子湾大角公园设计方案汇报，研究讨论规划设计主题方向和定位，加快推进项目落地。

同日，省资规厅厅长丁式江率调研组到昌江，调研叉河镇三狮岭矿山恢复治理项目。县委书记黄金城陪同。

26 日，中央人民广播电台海南记者站站长辛如记、中央电视台海南记者站站长毛鑫一行在县委常委、宣传部部长文艳的陪同下，分别参观“创建国家生态文明示范县——‘绿色娘子军’奋斗足迹展”和王下乡·黎花里。

27 日，省人大常委会副主任关进平率省人大常委会执法检查组到昌江，通过召开座谈会和实地调研的方式，对昌江贯彻落实就业促进法情况进行调研。县委书记黄金城，县人大常委会主任何顺劲出席会议。

28 日，昌江县在县机关办公楼 9 楼电视电话会议室召开 2020 年六大专项“两违”整治工作电视电话会议，并以视频的形式开到各乡镇，总结回顾全县 2019 年度“两违”整治工作情况，研究部署 2020 年工作任务。县委书记黄金城，县委副书记、县长林谟谐出席会议。

同日，县政府在县机关办公楼 9 楼电视电话会议室举行第一批退役军人就业创业示范基地授牌仪式，为 10 家示范基地授牌。

29 日，县委在县机关办公楼 5 楼县委常委会议室召开十二届县委常委会第 180 次会议，传达学习习近平总书记在参加内蒙古代表团审议时的重要讲话精神，研究部署县近期重要工作。县委书记黄金城，县委副书记、县长林谟谐，县委副书记、政法委书记卢义，县委常委林琳、林雄、王春天、王小荣、郭祖梅、文艳、肖春奇出席会议。县人大常委会主任何顺劲，县政协主席陈家江列席会议。

6 月

1 日，省双拥办副主任、省退役军人事务厅副厅长王开俭率领省双拥办考评组到昌江，通过实地走访、查看资料及召开反馈会的方式，考评昌江创建第十一届全国双拥模范城（县）工作。县委书记黄金城，县委副书记、县长林谟谐参加反馈会。

2 日，县委在县机关办公楼 9 楼电视电话会议室召开十二届县委常委会第 181 次（扩大）会议，传达学习习近平总书记关于海南省自由贸易港建设的重要指示精神以及省委常委会（扩大）会议精神，全面学习《海南自由贸易港建设总体方案》。县委书记黄金城，县委副书记、县长林谟谐，县委副书记、政法委书记卢义，县委常委林琳、林雄、王春天、王小荣、郭祖梅、文艳出席会议。县人大常委会主任何顺劲，县政协主席陈家江列席会议。

同日，县委在县机关办公楼 9 楼电视电话会议室召开县 2020 年重点项目协调推进工作领导小组会议暨 6 月重点项目调度会。县委书记黄金城主持会议，县人大常委会主任何顺劲，县政协主席陈家江等县领导出席会议。

同日，昌江县在县机关办公楼 2 楼电视电话多功能厅召开全县公共工程和土地出让项目跟踪监督工作动员部署大会暨领导干部集体廉政谈话会议。县委书记黄金城，县人大常委会主任何顺劲，县委副书记、县长林谟谐，县政协主席陈家江等县领导出席会议。

同日，团县委在县机关办公楼 9 楼会议室举行“同舟共济·青春偕进”——海南希望工程抗疫助贫助学金发放仪式，为全县 37 名贫困学生发放助学金 11.6 万元。县委常委、统战部部长王小荣参加发放仪式。

5 日，昌江县在县机关办公楼 2 楼多功能厅召开创建全国文明城市“百日大会战”动员大会，对创文工作进行再动员、再部署、再鼓劲。县委书记黄金城，县人大常委会主任何顺劲，县委副书记、县长林谟谐，县政协主席陈家江等县领导出席会议。

6 日，由县委宣传部、县旅文局、县文联以及县融媒体中心主办，以“诗意六月·浪论品诗”为主题的“中国第一黎乡·黎花里诗歌朗诵之夜”活动在王下乡启动。海南省作家协会副主席江非和县人大常委会主任何顺劲出席活动。

8 日，昌江县在县机关办公楼 9 楼电视电话会议室举办“七五”普法总结验收动员部署会暨普法骨干培训班。县委副书记、政法委书记、县普法依法治理领导小组组长卢义，县普法依法治理领导小组副组长黎吉维、李路生参加会议。

9 日，昌江县在县机关办公楼 2 楼多功能厅举办创建全国文明城市专题辅导讲座，邀请国家统计局海南调查总队二级巡视员郑路进行辅导。县委书记黄金城，县人大常委会主任何顺劲，县委副书记、县长林谟谐参加讲座。

同日，县委在县机关办公楼9楼电视电话会议室召开全县森林防火工作部署会议，研究部署下一阶段森林防火工作。县委书记黄金城，县人大常委会主任何顺劲，县委副书记、县长林谟谐等县四套班子领导参加会议。

12日，县委在县机关办公楼9楼电视电话会议室召开十二届县委常委会第182次（扩大）会议，迅速传达学习省委七届八次全会精神。县委书记黄金城，县委副书记、县长林谟谐，县委副书记、政法委书记卢义，县委常委林雄、王春天、王小荣、郭祖梅、文艳、肖春奇出席会议。县人大常委会主任何顺劲，县政协主席陈家江列席会议。

16日，县委书记黄金城在县机关办公楼5楼县委常委会议室会见华润水泥控股有限公司总裁纪友红，共同商讨昌江建筑垃圾消纳场建设项目的推进工作。

22日，昌江县在县机关办公楼9楼电视电话会议室召开“我为加快推进海南自由贸易港建设作贡献”活动推进会。县委副书记、政法委书记、县“我为加快推进海南自由贸易港建设作贡献”活动领导小组常务副组长卢义，县委常委、宣传部部长、县“我为加快推进海南自由贸易港建设作贡献”活动领导小组副组长文艳出席会议。

同日，省打赢脱贫攻坚战指挥部第5次电视电话会议在海口召开，研究部署迎接国务院扶贫开发领导小组第15督查组赴海南开展督查工作。县委书记黄金城，县委副书记、县长林谟谐等县领导在县分会场收听收看会议。

同日，省委政法委副书记、省检察院检察长、省扫黑除恶专项斗争领导小组副组长路志强率省扫黑除恶清零攻坚战役调研组到昌江调研。县委副书记、县长、县扫黑除恶专项斗争领导小组副组长林谟谐，县委副书记、政法委书记卢义出席调研会。

22—23日，省委常委、统战部部长肖杰率队到王下乡调研民族团结进步创建工作。县委书记黄金城陪同。

23日，县委在县机关办公楼9楼电视电话会议室召开县委常委会第183次（扩大）会议，学习《习近平谈治国理政》第三卷。县委书记黄金城，县委副书记、县长林谟谐，县委副书记、政法委书记卢义，县委常委林琳、林雄、王春天、王小荣、文艳、肖春奇出席会议。县人大常委会主任何顺劲，县政协主席陈家江列席会议。

24日，省人大常委会民宗工委主任邓泽永率队到王下乡三派村、浪论村等地，调研少数民族地区旅游发展及基层医疗卫生情况。县人大常委会主任何顺劲陪同。

28日，县委在县机关办公楼9楼电视电话会议室召开十二届县委常委会第184次（扩大）会议，深入贯彻中央、省委生态文明建设决策部署。县委书记黄金城，县委副书记、县长林谟谐，县委副书记、政法委书记卢义，县委常委林琳、林雄、王春天、王小荣、郭祖梅、文艳等领导出席会议。县人大常委会主任何顺劲，县政协主席陈家江列席会议。

28—29日，县委组织部、县委党校和县扶贫办联合在县机关办公楼2楼多功能厅举办脱贫攻坚专题培训班，县劳动就业局、县教育局、县医疗保障局等单位的业务骨干分别对照各自部门工作职责作了详细讲解。县政协副主席李路生到场指导培训。

29日，武汉大学人民医院向昌江医疗集团捐赠一批价值270多万元的医疗物资。武汉大学人民医院党委副书记王卫星，县委副书记、县长林谟谐出席捐赠仪式。

30日，王下乡农村集体产权制度改革工作总结暨颁证仪式在王下乡政府举行，标志着王下乡农村集体产权制度改革从此具有了法律意义上的“合法身份”。省农业农村厅农村合作经济指导处副处长戴诚参加颁证仪式。

7 月

1 日，由县纪委监委、县委宣传部主办的第四届“翰墨黎乡·廉洁昌江”廉政书画展启动仪式在县新时代文明实践中心举行。展出时间持续至 8 月 1 日。省纪委原副书记符致光，省纪委原巡视员朱东安，县委书记黄金城，县人大常委会主任何顺劲，县委副书记、县长林谟谐，县政协主席陈家江出席廉政书画展启动仪式。

同日，省教育厅副厅长李燕仪率高考考前“四必查”联合检查组到昌江，检查县高考考前各项准备工作情况并召座谈会。县委副书记、县长林谟谐，副县长吴艺芬出席座谈会。

2 日，县委书记、县委网络安全和信息化委员会主任黄金城在县机关办公楼 5 楼县委常委会议室，主持召开县委网络安全和信息化委员会领导小组第 2 次全体会议，研究部署网信重点任务。县委副书记、政法委书记卢义出席会议。

同日，县委副书记、县长林谟谐在县机关办公楼 6 楼会议室主持召开县招生委员会联席会议。副县长吴艺芬参加会议。

同日，2020 年全县未成年人思想道德建设工作会议在县机关办公楼 8 楼人大会议室召开。县委常委、宣传部部长文艳出席会议。

3 日，县委在县机关办公楼 5 楼县委常委会议室召开十二届县委常委会第 185 次会议，专题听取县 2020 年上半年意识形态工作汇报，研究部署下一步工作任务。县委书记黄金城， 县委副书记、县长林谟谐，县委副书记、政法委书记卢义，县委常委林琳、林雄、王春天、王小荣、郭祖梅、文艳、肖春奇出席会议。县人大常委会主任何顺劲列席会议。

同日，县委在县机关办公楼 5 楼县委常委会议室召开十二届县委常委会第 186 次会议，传达学习中央、省委重要指示精神，研究部署县相关工作。县委书记黄金城，县委副书记、县长林谟谐，县委副书记、政法委书记卢义，县委常委林琳、林雄、王春天、王小荣、郭祖梅、文艳、肖春奇出席会议。县人大常委会主任何顺劲列席会议。

同日，昌江县在县机关办公楼 538 会议室召开 2021 年海南黎族苗族传统节日“三月三”昌江主会场活动策划情况汇报会。县委书记、“三月三”昌江主会场组委会主任黄金城，省影视家协会副主席兼秘书长、“三月三”昌江主会场活动总导演（总策划）林青，县人大常委会主任何顺劲，县委副书记、县长林谟谐等出席会议。

5 日，昌江县在县机关办公楼 2 楼多功能厅召开中央生态环境保护督察整改工作动员会暨生态文明建设工作推进会议。县委书记黄金城，县人大常委会主任何顺劲，县委副书记、县长林谟谐，县政协主席陈家江等县领导出席会议。

6 日，省生态环境保护百日大督察第八督察组正式进驻昌江，对昌江的中央环保督察整改工作开展全面督察。

6—7 日，由省委组织部副部长、省委非公有制经济组织和社会组织工委书记吴慕君率领的省委组织部调研组在县委书记黄金城的陪同下，先后到叉河镇排岸村、石碌镇山竹沟村、十月田镇好清村等地进行调研。

7—10 日，2020 年普通高等学校招生全国统一考试举行开考。昌江县 1400 名考生参加考试。县委副书记、县长林谟谐，县政协主席陈家江，省派驻昌江督考官黄元华，县人大常委会副主任林炽明，副县长吴艺芬到昌江中学考点进行考场巡视。

8 日，县委在县机关办公楼 5 楼县委常委会议室召开全县土地综合整治项目推进会，专题研究解决项目实施过程中存在的问题。县委书记黄金城，县委副书记、县长林谟谐等县领导出席会议。

同日，昌江县在县机关办公楼 9 楼电视电话会议室召开 2020 年上半年昌江县党外代表人士情况通报会，向党外人士通报县统筹推进疫情防控和经济社会发展情况，以及党风廉政建设和反腐败工作情况。县委常委、县纪委书记、县监委主任林琳，县委常委、统战部部长王小荣，县人大常委会副主任林炽明，副县长黄胜卫，县政协副主席李路生参加会议。

9 日，县委副书记、县长林谟谐在县机关办公楼 6 楼会议室主持召开十五届县政府第 66 次常务会议，对全县防汛救灾、公职人员政务处分，以及落实中央生态环境保护督察整改工作作出安排部署。县领导王春天、黄胜卫、吴增荣出席会议。

13 日，昌江县在昌江南繁产业科技示范园项目现场，与全省同步举行海南自由贸易港建设项目（第二批）集中开工仪式，昌江县集中开工项目 4 个，总投资 4.2 亿元。县委书记黄金城，省对外经济发展促进会会长莫壮才，县人大常委会主任何顺劲，县委副书记、县长林谟谐，县政协主席陈家江出席开工仪式。

同日，县委书记黄金城在县机关办公楼 2 楼多功能厅主持召开昌江创建全国文明城市推进会，听取上海华夏社会发展研究院对昌江县创建全国文明城市开展的第 2 次全面模拟测评结果，部署县在创建全国文明城市冲刺决胜阶段的工作。县人大常委会主任何顺劲，县委副书记、县长林谟谐，县政协主席陈家江等县领导参加会议。

14 日，县委书记黄金城在县机关办公楼 5 楼县委常委会议室会见中国城乡控股集团有限公司代表一行。双方就相关合作事项进行洽谈。副县长陈国斌参加会议。

同日，县检察院海洋保护中心揭牌仪式在县农业农村局农业执法大队海尾渔政渔监中队举行。县检察院检察长陈雄参加揭牌仪式。

15 日，海南省第三代（智能化）残疾人证首发仪式在昌江举行。省残联二级巡视员林梅，县委常委、统战部部长王小荣参加颁证仪式。

16 日，县委在县机关办公楼 5 楼县委常委会议室召开十二届县委常委会第 187 次会议，传达学习中央、省委重要讲话指示批示精神，研究部署县相关工作。县委书记黄金城，县委副书记、县长林谟谐，县委常委林琳、王春天、王小荣、郭祖梅、肖春奇出席会议。县人大常委会主任何顺劲，县政协主席陈家江列席会议。

16—17 日，昌江县在石碌镇银湾美高梅酒店会议室召开第七次全国人口普查业务培训暨普查区划分与绘图会议。

18 日，2020 年海南美丽乡村绿色骑行活动·昌江站暨"'乡'约海南，精彩无限"2020 美丽海南乡村游活动·昌江站启动仪式在七叉镇大仍村举行，共吸引了来自全省各市县的 300 多名骑友、徒友及游客参加。

22 日，县委书记黄金城在县机关办公楼 5 楼县委常委会议室主持召开会议，研究部署清洁能源产业园等重点项目招商引资工作。县委副书记、县长林谟谐，海南核电有限公司党委书记、董事长魏国良参加会议。

同日，省社会保险服务中心主任何先英率慰问组到昌江走访慰问部分工亡人员遗属，向他们送去慰问金和慰问品。副县长黄胜卫陪同。

同日，由省人力资源和社会保障厅、省卫生健康委员会、省应急管理厅、省社会保险服务中心联合主办，主题为"加强工伤预防，促进安全生产"的海南省工伤预防宣传教育环岛行（一期）活动启动仪式在海口举行。在三亚、东方、昌江、洋浦、澄迈 5 个市县设置宣教站点，以现场集中培训和互动竞猜游艺的形式展开，重点对工伤预防、安全生产、职业健康、工伤保险等常识进行普及，以此帮助企业职工认识、了解工伤预防的重要性，增强工伤预防体系的社会关注度，为工伤预防工作全面开展奠定良好的群众基础。

22—23 日，省委宣传部统一组织安排中央驻琼媒体及《海南日报》、海南广播电视总台等省内主流媒体深入王下乡开展调研采访。县委常委、统战部部长王小荣，县委常委、宣传部部长文艳陪同。

23 日，县委副书记、县长林谟谐在县机关办公楼 6 楼会议室主持召开十五届县政府第 67 次常务会议，传达学习《海南自由贸易港建设总体方案》，部署脱贫攻坚相关工作。县领导王春天、黄胜卫、陈国斌、钟帅、吴增荣出席会议，林炽明、杨昌志列席会议。

同日，县委书记黄金城在县机关办公楼 5 楼县委常委会议室会见海南省海洋发展有限公司相关负责人，听取海南昌江海尾智慧渔业产业园总体策划方案汇报，并与参会人员详细探讨项目落地、推进等问题。

24 日，昌江县在县机关办公楼 2 楼多功能厅组织开展《海南自由贸易港建设总体方案》重点政策测试，省脱贫攻坚第八督查组部分成员及全县科级领导干部 500 多人参加测试。

同日，县委书记黄金城在县机关办公楼 5 楼会客室会见海南热带海洋学院党委书记王长仁一行，双方围绕应届毕业生就业创业工作及民族文化学科建设等展开交流。

同日，由省住建厅、省委组织部、省发改委、省水务厅有关工作人员组成的省生态环境保护百日大督察第八督察组，在县机关办公楼 9 楼电视电话会议室召开乡镇、重点企业专场调研座谈会，就进一步抓紧抓实抓细生态环境保护各项工作进行研究部署。

同日，由县委"我为加快推进海南自由贸易港建设作贡献"活动领导小组办公室和县委宣传部共同主办，县融媒体中心和团县委共同承办的"我为加快推进海南自由贸易港建设作贡献"主题演讲比赛初赛在县融媒体中心 1 楼演播厅举办，来自全县各单位党员干部、社会各界人士的 51 名选手参加初赛。

25 日，由省人民医院胸外科、甲状腺外科和昌江医疗集团县人民医院联合主办的"海南省胸外联盟院际 MDT（多学科会诊）交流·昌江站"在县人民医院举行。县人大常委会副主任林炽明参加交流会。

27—28 日，电视连续剧《琼崖风云》主创团队到昌江，通过召开座谈会和实地踩点选址等方式，深入研究探讨《琼崖风云》创作。中国著名导演宋业明，《琼崖风云》原著吴基林，编剧赵庆雅等主创团队人员，县政协主席陈家江，县人大常委会副主任林炽明出席研讨会。

28 日，县委副书记、县长林谟谐在县机关办公楼 623 会议室主持召开会议，专题听取县"十四五"规划编制情况，研究部署下一步工作。县领导王春天、黄胜卫、陈国斌、钟帅、吴艺芬等参加会议。

29 日，县政府 2020 年廉政工作会议在县机关办公楼 9 楼电视电话会议室召开。会议总结全县政府系统 2019 年廉政工作情况，部署 2020 年党风廉政建设工作。县委副书记、县长林谟谐，县委常委、副县长王春天出席会议。

同日，县委副书记、县长林谟谐在县机关办公楼 9 楼电视电话会议室主持召开县重点项目调度会议，查摆当前重点项目推进过程中存在的问题，安排部署下一阶段重点工作。王春天、黄胜卫、陈国斌、吴艺芬等参加会议。

同日，县委副书记、县长林谟谐在县机关办公楼 6 楼会议室主持召开建制镇污水处理设施建设工程（一期）项目推进会，研究解决乌烈镇、十月田镇等乡镇污水处理设施建设工程项目施工过程中遇到的问题和困难。副县长陈国斌参加会议。

同日，县委副书记、县长林谟谐在县机关办公楼 6 楼会议室主持召开县百日大督察反馈意见整改会议，进一步推进省级环保督察整改工作落到实处。副县长陈国斌、钟帅参加会议。

31 日，县退役军人事务局在县机关办公楼 3 楼海尾厅组织召开热烈庆祝中国人民解放军建军 93 周年暨"八一"部分退役军人座谈会。

同日，昌江县在乌烈镇峨沟村和昌化镇组织召开脱贫攻坚大比武迎检暨精准扶贫档案现场会。副县长陈国斌参加现场会。

同日，副省长沈丹阳率队到昌江，对县经济工作进行专项督导。县委书记黄金城，中核集团总经理助理，中国核电董事长、党委书记刘敬，海南核电有限公司党委书记、董事长魏国良等领导出席在核电召开的座谈会。

同日，省生态环境保护百日大督察反馈工作会议在县机关办公楼 6 楼会议室召开。省生态环境保护百日大督察第八督察组组长陈孝京，县委书记黄金城出席会议。

同日，县委在县机关办公楼 5 楼县委常委会议室召开十二届县委常委会第 189 次会议，传达学习近期中央、省委相关会议精神，研究部署县近期重点工作。县委书记黄金城，县委副书记、县长林漠谐，县委副书记、政法委书记卢义，县委常委林琳、林雄、王春天、王小荣、郭祖梅、文艳、肖春奇出席会议。县政协主席陈家江列席会议。

8月

2日，昌江县在县机关办公楼2楼多功能厅召开综合执法体制改革人员转隶大会。副县长钟帅出席会议。

3日，县生态环境保护委员会2020年第一次工作会议暨中央生态环境保护督察整改工作专题会议在县机关办公楼9楼电视电话会议室召开。县委书记黄金城，县委副书记、县长林漠谐等县领导参加会议。

同日，以“山海黎乡新气象 创业建功自贸港”为主题的昌江农村青年致富带头人协会第二次会员代表大会在县城石碌黎之韵展销馆召开。会议选举产生县农村青年致富带头人协会新一届会长、副会长。唐丽金当选第二届农村青年致富带头人协会会长。县委常委、统战部部长王小荣参加会议。

同日，省政协副主席马勇霞率队到昌江，深入霸王岭国家森林公园和王下乡等地，就关于完善海南热带雨林国家管理体制机制设置情况展开调研。县政协主席陈家江，副县长钟帅，县政协副主席李路生陪同。

4日，海南热带雨林国家公园建设工作推进领导小组在县机关办公楼2楼多功能厅组织召开《海南热带雨林国家公园体制试点方案》宣讲及工作推进会。省林业局党组成员、总工程师周亚东参加会议。县四套班子领导参加会议。

同日，全县2020年城乡居民基本养老保险征管工作会议在县税务局办税服务厅大楼会议室召开。

同日，县委在县机关办公楼9楼电视电话会议室召开县委常委会（扩大）会议，迅速传达学习省长沈晓明调研昌江时的讲话精神，研究部署贯彻落实工作。县委书记黄金城，县委副书记、县长林漠谐，县委副书记、政法委书记卢义，县委常委林琳、林雄、王春天、王小荣、郭祖梅、文艳出席会议。县人大常委会主任何顺劲，县政协主席陈家江列席会议。

5日，副省长苻彩香率省督查组第十六组到昌江，对昌江县东海河、保梅河、生活垃圾填埋场超库容填埋整改情况进行督查。县委副书记、县长林漠谐陪同。

同日，昌江县在县机关办公楼2楼多功能厅召开创建全国文明城市问卷调查操作培训会，培训会邀请上海华夏社会发展研究院副院长向昆进行授课。县委常委、宣传部部长文艳出席培训会。

6日，昌江县迎接2020年海南省推普脱贫攻坚送教下乡活动暨语言文字规范化工作评估验收动员会在县机关办公楼9楼电视电话会议室召开。副县长吴艺芬参加会议。

同日，广西壮族自治区玉林市政协副主席周豪率队到昌江，调研昌江县特色水果种植业发展情况。县政协副主席郭勇陪同。

10日，由省高院、省残联联合开展全省残疾人权益保障法治宣传巡回讲座在昌江县银湾美高梅酒店举行。讲座邀请省高院、县法院、县司法局相关负责人分别作专题讲座。县委常委、统战部部长王小荣参加讲座。

同日，县委十一轮第一巡察组巡察县委宣传部、县旅文局党组工作动员会议在县机关办公楼9楼电视电话会议室召开。县委常委、宣传部部长文艳参加会议。

11日，《昌江黎族自治县革命老区发展史》评审会在县机关办公楼6楼会议室召开。省老促会常务副会长梁振球等评审专家，副县长、县老促会会长陈国斌参加会议。

同日，江苏宜兴环保科技工业园区与昌江循环经济工业园区缔结友好园区签约仪式在县机关办公楼6楼会议室举行。县委副书记、县长林漠谐，委常委、副县长王春天，江苏省宜兴市委常委、环科园管委会主任朱旭峰出席签约仪式。

同日，省退役军人事务厅副厅长林存斌率队到昌江，详细了解全县部分退役士兵社会保险接续工作开展情况。

同日，省政协副主席侯茂丰率调研组到昌江，开展“完善上下联动机制 推进基层协商民主建设”督导检查工作。县政协主席陈家江陪同。

13日，海南自由贸易港重点项目集中签约活动在海南国际会展中心举行。昌江县参加签约活动，成功签约项目1个，项目一期工程总投资2.7亿元。县委书记黄金城，海南核电有限公司董事长魏国良，县委副书记、县长林谟谐，湖南行者环保科技有限公司董事长毛评生参加签约仪式。

14日，昌江县在县机关办公楼2楼多功能厅举办全县党员领导干部纪律教育专题班。县委书记黄金城以《全面夯实新时代“山海黎乡大花园”建设的政治保障　为海南自贸港营造清朗政治生态作贡献》为题为全县党员干部上党风廉政建设专题党课。

18日，县委书记、县双创双修工作领导小组组长黄金城在县机关办公楼9楼电视电话会议室，主持召开全县双创双修工作领导小组第5次会议。县人大常委会主任、县双创双修工作领导小组组长何顺劲，县政协主席、县双创双修工作领导小组组长陈家江，县委副书记、政法委书记、县双创双修工作领导小组副组长卢义参加会议。会议通报了昌江县被全国爱卫会正式命名为“国家卫生县城”、昌化镇被全国爱卫会正式命名为“国家卫生乡镇”的相关情况。

同日，省妇联副主席许振凌率领调研组到昌江县详细了解县妇联参与“三农”工作情况。

19日，由县委政法委举办的2020年昌江县政法系统干部政治轮训班（一期）在县机关办公楼2楼多功能厅开班。县委副书记、政法委书记卢义出席开班仪式，并以《顺应新形势下，强化新时代政法队伍建设，为加快推进海南自由贸易港建设贡献政法力量》为题授课。

同日，昌江医疗集团在县中西医结合医院举行2020年庆祝第三届“中国医师节”暨表彰大会，表彰一批先进医护人员。副县长黄胜卫参加表彰大会。

同日，全县基层教师和医护人员安居型商品房项目设计方案汇报会在县机关办公楼5楼县委常委会议室召开。县委书记黄金城，副县长钟帅出席会议。

同日，县委书记黄金城在县机关办公楼5楼县委常委会议室会见吉利科技集团一行人，听取吉利热带海洋田园时空港项目产业及空间规划方案汇报，探讨研究项目规划及落地具体事宜。县委副书记、县长林谟谐，吉利科技集团文旅产业总经理白华出席汇报会。

20日，为让老干部及时了解昌江县的经济社会发展情况，让老干部更好地凝心聚力，一如既往地支持县委县政府的工作，加快推进海南自贸港和新时代“山海黎乡大花园”建设，昌江县在县机关办公楼6楼会议室召开2020年上半年老干部情况通报会。会议通报2020年昌江县经济社会发展和组织工作情况。县委常委、组织部部长郭祖梅出席会议。

同日，昌江县在县机关办公楼9楼电视电话会议室召开全县棚户区（旧城）改造工作推进会，县委书记黄金城，县人大常委会主任何顺劲，县政协主席陈家江等在家的县四套班子领导成员参加会议。

21日，由县政府主办，以“科技抗疫 创新强国”为主题的第十六届科技活动月开幕式暨企业上云活动启动仪式在县城石碌银湾美高梅酒店举行。省科技厅政策法规规划处副处长覃业敏，副县长黄胜卫参加活动。

同日，全县领导干部自贸港建设暨省委七届八次全会精神专题培训班在县机关办公楼2楼多功能厅举办。培训班邀请省委党校常务副校长、教授王和平作题为《学习贯彻〈总体方案〉，高质量高标准建设海南自由贸易港》的专题培训。

同日，县委在县机关办公楼5楼县委常委会议室召开十二届县委常委会第191次会议，传达学习近期中央及省委有关会议精神，研究部署县近期重点工作。县委书记黄金城，县委副书记、政法委书记卢义，县委常委林琳、林雄、郭祖梅、文艳、肖春奇出席会议。县人大常委会主任何顺劲，县政协主席陈家江列席会议。

22 日，全县基层教师及医务人员安居型商品住房建设项目清表动工仪式在县城石碌内环路西侧举行。县政协主席陈家江，县人大常委会副主任黎吉维，副县长钟帅，县政协副主席郭勇参加动工仪式。

25 日，县委书记黄金城在县机关办公楼 5 楼县委常委会议室主持召开“海南热土·振兴共创”2020 年首届海南（昌江）乡村振兴产业峰会筹备情况汇报会。省影视家协会驻会副主席兼秘书长林青，县委副书记、县长林谟谐参加会议。

同日，昌江县在县机关办公楼 2 楼多功能厅召开创建全国文明城市专题培训会。培训会邀请上海华夏社会发展研究院特聘研究员王文亮作专题培训。

同日，昌江县在县机关办公楼 4 楼十月田厅召开 2020 年意识形态工作联席会议，安排部署相关工作。县委常委、宣传部部长文艳主持会议。

同日，县委书记黄金城在县机关办公楼 5 楼县委常委会议室主持召开会议，听取霸王岭至王下乡道路改造提升工程设计方案汇报。中设设计集团股份有限公司相关负责人汇报霸王岭至王下乡道路改造提升工程设计方案。

25—26 日，以山西省卫生健康委党组成员、副主任冯立忠为组长的国家卫生健康委调研组到昌江县调研紧密型县域医疗卫生共同体建设试点工作。县委副书记、县长林谟谐陪同。

26 日，县委书记黄金城在县机关办公楼县委常委会议室主持召开海尾智慧渔业产业园项目和退塘还林工作情况汇报会。会议听取海尾智慧渔业产业园项目建设情况汇报和退塘还林工作情况汇报。

28 日，县委书记黄金城在县机关办公楼 9 楼电视电话会议室主持召开全县重点项目建设暨招商引资工作会议。县人大常委会主任何顺劲，县委副书记、县长林谟谐，县政协主席陈家江，县委副书记、政法委书记卢义出席会议。

同日，县委在县机关办公楼 5 楼县委常委会议室召开十二届县委常委会第 192 次会议，传达学习中央、省委近期相关会议精神，安排部署全县重点工作。县委书记黄金城，县委副书记、县长林谟谐，县委常委林琳、林雄、王春天、王小荣、郭祖梅、文艳、肖春奇出席会议。县人大常委会主任何顺劲，县政协主席陈家江列席会议。

同日，海南热带雨林国家公园管理局霸王岭分局执法大队揭牌仪式举行。

同日，县委书记黄金城到石碌镇保梅村“习近平新时代中国特色社会主义思想讲堂”，为 80 多名党员干部群众上了一堂题为《不忘初心、牢记使命，全心全意带领群众创造更加幸福美好生活》的党课。

31 日，县林业协会第一次会员大会暨第一届理事会第 1 次会议在县机关办公楼 9 楼电视电话会议室召开。会议选举产生县林业协会第一届理事会理事、监事会监事、理事会常务理事、会长、副会长、秘书长。胡昌月当选县林业协会第一届会长。省林业局林业改革发展处处长李儒法，副县长钟帅参加会议。

同日，省人大常委会环资工委主任叶振兴率领省人大常委会执法检查组到昌江，开展《中华人民共和国土壤污染防治法》执法检查工作。县委书记黄金城，县人大常委会主任何顺劲陪同。

9月

1 日，县委书记黄金城在县机关办公楼 5 楼会客室会见省博士协会秘书长张晓桃一行人，双方就西部博士服务工作站筹建工作展开交流讨论，进一步推动西部博士服务工作站在昌江落地。县委常委、组织部部长郭祖梅，副县长陈国斌陪同会见。

同日，昌江县在县机关办公楼9楼电视电话会议室召开禁毒三年大会战（2020—2022年）第2次月调度例会，研究部署全县下一阶段禁毒工作。县委副书记、政法委书记、县禁毒三年大会战常务副总指挥卢义，县委常委、公安局局长、县禁毒三年大会战副总指挥林雄出席会议。

2日，昌江县在海南核电有限公司会议室召开海南（昌江）清洁能源产业园筹建工作领导小组会议，听取海南（昌江）清洁能源产业园筹建工作进展情况，研究下一步工作措施。县委副书记、县长林谟谐，县委常委、副县长王春天，海南核电有限公司党委书记、董事长魏国良出席会议。

同日，县委书记黄金城在县机关办公楼5楼县委常委会议室主持召开会议，听取海南昌化千年渔港生态国际产业项目策划方案汇报。各乡镇及有关部门负责人，就进一步优化策划方案及项目落地相关事宜进行深入探讨。

3日，海南自贸港建设海口海关政策巡回宣讲报告会在县机关办公大楼2楼多功能厅召开。此次巡回宣讲团由海口海关二级巡视员冯裕劲等专家型领导组成。

5日，县慈善总会在县城石碌举办“慈善昌江，捐资助学”主题宣传活动。副县长吴艺芬到场参加活动，并为县慈善总会揭牌。

6日，由县供销社、县扶贫办、县扶贫服务中心主办，县发改委、各乡镇政府协办的昌江县消费扶贫月“爱心扶贫大集市”进社区专场活动走进石碌镇矿建社区。

7日，县委生态环境保护问题整改专题会暨省百日大督察反馈问题整改推进会在县机关办公楼9楼电视电话会议室召开。省生态环境保护百日大督察第八督察组组长陈孝京，县委书记黄金城，县人大常委会主任何顺劲，县委副书记、县长林谟谐出席会议。

8日，由北京师范大学教授葛剑平率领的国家公园体制试点评估验收实地核查组到昌江，全面开展海南热带雨林国家公园体制试点评估验收实地核查工作。省林业局局长、海南热带雨林国家公园管理局局长刘艳玲，县委书记黄金城，县委副书记、县长林谟谐陪同。

8—10日，省委常委、宣传部部长肖莺子一行在县委书记黄金城，县委副书记、政法委书记卢义，县委常委、宣传部部长文艳，副县长吴艺芬的陪同下到县新时代文明实践中心等地进行调研。

9日，省教育厅厅长曹献坤率队到昌江，检查首都师范大学昌江木棉实验学校开学前准备工作。县委副书记、县长林谟谐，副县长吴艺芬陪同。

10日，昌江县在县机关办公楼2楼多功能厅召开防贫综合保险工作推进会暨业务培训会。会上，太平洋保险公司海南省分公司政保部相关负责人为与会人员讲解防贫综合保险政策及操作流程。

同日，首都师范大学昌江木棉实验学校、芒果幼儿园在学校操场上举办以“党团队旗飘起来，拥抱新时代”为主题的揭牌仪式。县委副书记、县长林谟谐，县人大常委会副主任林炽明，副县长吴艺芬，县政协副主席郭勇参加揭牌仪式暨开学典礼。

同日，副省长刘平治率队到昌江，通过实地查看、听取汇报和召开座谈会的方式，调研昌江高标准农田建设、农民务工、中央环保督察整改（海水养殖清退）、农业项目投资进度、建制镇污水处理厂和森林扑火站等工作情况。县委书记黄金城，县委副书记、县长林谟谐陪同。

同日，由国家发改委地区经济司副司长曹元猛率领的推进海南自由贸易港建设工作专班到昌江，深入昌江核电二期、棋子湾旅游度假区等地，实地调研县生态环境保护和海南自贸港建设相关工作。县委副书记、县长林谟谐陪同。

11日，县委在县机关办公楼5楼县委常委会议室召开十二届县委常委会第193次会议，传达学习《习近平谈治国理政》第三卷和省领导到昌江调研的重要讲话精神，研究部署县相关工作。县委书记黄金城，县委副书记、县长林谟谐，县委副书记、政法委书记卢义，县委常委林琳、王春天、王小荣、郭祖梅、文艳、肖春奇出席会议。县人大常委会主任何顺劲列席会议。

13日，海南自由贸易港建设项目（第三批）

集中开工仪式在海口举行。昌江县在动物营养生物饲料研产销基地建设项目现场设分会场，昌江开工项目7个，总投资20.9亿元。县委书记黄金城，县人大常委会主任何顺劲，县委副书记、县长林谟谐等出席开工仪式。

同日，县委书记黄金城在县机关办公楼5楼县委常委会议室会见海南核电有限公司党委书记、董事长魏国良，以及材谷金带（湖北）高新技术产业发展有限公司董事长郑继平一行。双方就意向项目落地事宜开展座谈交流。

14日，昌江县在县税务局会议室召开2020年城乡居民基本医疗保险费征缴工作暨业务培训会。县委常委、副县长王春天参加会议。

14—19日，由省旅文厅主办，县旅文局承办，县文化馆协办的扶贫定点市县黎族藤编技艺培训班在石碌镇银湾美高梅花园酒店开班。

15日，昌江县在县机关办公楼2楼多功能厅举办民法典宣讲报告会，邀请海南大学法学院教授董万程以“民法典的重点和难点问题”为题进行宣讲。

16日，省生态环境厅生态环境服务进园区、进企业系列活动第四站走进昌江，邀请生态环境领域职能部门的有关负责人和法务专家在海钢集团迎宾楼开展专题讲座。副县长黄华星到场参加活动。

同日，以省人大常委会副主任许俊为组长的海南省十三届全国人大代表调研组到昌江，围绕海南热带雨林国家公园体制试点情况进行专题调研。县委书记黄金城，县人大常委会主任何顺劲陪同。

16—17日，唐人神集团股份有限公司董事长陶一山，中国工程院院士麦康森一行到昌江县考察深海养殖产业，就建设世界级的深海抗风浪网箱养殖技术创新中心、生猪产业链项目等事宜进行战略合作洽谈，并成功签订两项合作协议。

17日，县委书记黄金城在县机关办公楼5楼会客室会见碧桂园集团副总裁、海南区域总裁叶剑清一行人，就企业到昌江投资发展进行深入交流，洽谈合作意向。

18日，省委“我为加快推进海南自由贸易港建设作贡献”活动领导小组办公室调研督查组到昌江，详细了解县开展“作贡献”活动情况，并提出意见和建议。县委常委、宣传部部长文艳，县人大常委会副主任、县总工会主席叶华杰陪同。

同日，副省长刘平治率队提到昌江县通过实地走访等形式，调研县农业产业发展情况。县委书记黄金城，县委副书记、县长林谟谐陪同。

19日，2020年首届海南（昌江）乡村振兴产业峰会暨“中国农民丰收节”庆祝活动在昌江棋子湾开元度假酒店举行。副省长刘平治，县委书记黄金城，省农业农村厅副厅长赵英杰等领导出席启动仪式。

21日，县委书记黄金城在县机关办公楼5楼县委常委会议室主持召开会议，听取“中国第一黎乡”王下乡·黎花里AAAAA级景区项目策划汇报。县委副书记、县长林谟谐，县政府顾问、省影视家协会副主席兼秘书长、“中国第一黎乡”王下乡·黎花里项目总策划林青出席会议。

同日，由省民政厅副厅长林道杰带领的省妇女儿童发展规划终期评估督导组到昌江，了解县妇女儿童发展规划实施情况并进行评估督导。副县长、县妇女儿工委主任张惠红参加会议。

23日，以“创业梦想，扬帆起航”为主题的昌江就业创业孵化基地开园仪式昌江就业创业孵化基地举行。副县长张惠红参加开园仪式，并为昌江就业创业孵化基地揭牌。

同日，省老促会到王下乡举办全省促进中央64号文件进一步贯彻落实培训班，各市县老促会相关负责人和工作人员现场观摩见学。省老促会常务副会长梁振球，副县长张惠红参加座谈会。

24日，海南清洁能源产业园暨核电科技创新发展高端咨询交流会在棋子湾开元度假酒店召开。中国工程院院士欧阳晓平，中国核工业集团有限公司党组成员、副总经理申彦锋，海南核电有限公司党委书记、董事长魏国良，县委书记黄金城，县委副书记、县长林谟谐出席交流会。

24—25日，省语言文字专家组到昌江考察评估县创建国家三类城市语言文字工作达标及普通话基本普及县域验收工作。副县长、县语委主任吴艺芬陪同检查。

25 日，县委在县机关办公楼 5 楼县委常委会议室召开十二届县委常委会第 194 次会议，传达学习省委巡视巡察、民营经济统战、生态环境百日大督察等有关会议精神，安排县落实工作。县委书记黄金城，县委副书记、县长林谟谐，县委副书记、政法委书记卢义，县委常委林琳、王春天、王小荣、文艳出席会议。县政协主席陈家江列席会议。

同日，由县科协主办，县委宣传部、县气象局、县应急管理局、县卫生健康委员会、县总工会、县农业农村局、县妇联、团县委等单位承办的 2020 年“决胜全面小康、践行科技为民”全国科普日主题活动，在县城石碌东风路段开展。

同日，省人大常委会副主任陆志远率省人大常委会执法检查组到昌江，对贯彻落实《中华人民共和国反不正当竞争法》情况进行执法检查。县委书记黄金城，县人大常委会副主任叶华杰、副县长黄胜卫陪同。

同日，昌江县在县机关办公楼 6 楼会议室分别召开省级森林城市建设实施方案编制汇报会和全县植树造林绿化工作专题会。副县长钟帅出席会议。

26 日，取材于昌江的教育移民扶贫题材电影《穿过雨林》剧本研讨会在海口召开。县委书记黄金城，省文联专职副主席王艳梅，县委副书记、县长林谟谐出席会议。

28 日，中国狮子联会海南代表处联合海南明德服务队、亲民服务队等爱心社会组织到昌江，在县城石碌举办 “情满中秋、喜迎国庆”拥军爱属慰问活动。副县长张惠红参加慰问活动。

同日，全县安全生产工作会议在县机关办公楼 8 楼会议室召开，传达全省安全生产专项整治三年行动暨化工园区综合治理推进会精神。县委常委、副县长王春天参加会议。

同日，县政府在县机关办公楼 8 楼会议室召开第七次全国人口普查再动员再部署会议。县第七次全国人口普查领导小组组长、县委常委、副县长王春天参加会议。

29 日，以“相约昌江·喜迎幸福生活”为主题的交友联谊会在海南银湾美高梅花园酒店举行。来自全县各单位的 130 多名青年男女，其中有 13 名建档立卡贫困户参加活动。县委常委、统战部部长王小荣，县人大常委会副主任、县总工会主席叶华杰出席联谊会。

30 日，昌江县在乌烈镇道隆烈士陵园纪念广场举行“烈士纪念日活动”。县委书记黄金城出席，县委副书记、县长林谟谐，县政协主席陈家江等县领导出席纪念活动。

10 月

4 日，县委副书记、县长林谟谐在县机关办公大楼 6 楼会议室主持召开县政府促消费专题会，研究部署下一步工作。县委常委、副县长王春天，副县长黄华星、黄胜卫参加会议。

同日，王下乡在黎花三里·酒里歌里·浪论村的广场上举办国庆中秋篝火晚会，村民们与游客欢聚一堂，载歌载舞。县委书记黄金城，县委常委、统战部部长王小荣到场观看篝火晚会。

7 日，县委副书记、县长林谟谐在县机关办公楼 6 楼会议室主持召开全县土地综合整治项目推进会，听取相关单位工作汇报，研究部署下一步工作。

9 日，昌江县在县工人文化宫举行援鄂医务人员疗休养活动欢送仪式，全县两批援鄂应急医疗队员启程前往琼海、三亚进行疗休养。县人大常委会副主任、县总工会主席叶华杰，县人大常委会副主任、县中西医结合医院院长林炽明参加欢送仪式。

10 日，海南（昌江）清洁能源产业园招商推介会在上海国际会议中心长江厅举行，主题为“打造清洁能源产业园　赋能海南自由贸易港”。推介会现场签约 6 个项目，总投资额 72.5 亿元。县委书记黄金城，海南核电有限公司党委书记、董事长魏国良等出席会议。

同日，县委书记黄金城带队到上海分别拜访复星国际董事长郭广昌及上海核电办相关负责人，就推进海南（昌江）清洁能源产业园建设等议题进行交流，共商合作发展大计。

11 日，县委书记黄金城带队到江苏省南通市考察学习，研究如何更好推进昌江县当前和今后工作。王春天、黄华星、吴增荣、陈卫能等县领导参加考察。

12 日，县委在县机关办公楼 9 楼电视电话会议室召开十二届县委常委会第 195 次（扩大）会议，传达学习习近平总书记在全国抗击新冠肺炎疫情表彰大会上的重要讲话精神，以及省委书记刘赐贵、省长沈晓明在有关会议上的重要讲话精神，安排贯彻落实中央和省委相关部署工作。县委书记黄金城，县委副书记、县长林谟谐，县委副书记、政法委书记卢义，县委常委林雄、王春天、王小荣、郭祖梅、文艳出席会议。县人大常委会主任何顺劲，县政协主席陈家江列席会议。

13 日，县职教中心 2020 届玉石专业 24 名优秀毕业生赴浙江青田深造欢送仪式在周金甫大师玉雕工作室举行。县委副书记、县长林谟谐出席欢送仪式。

15 日，县委副书记、县长林谟谐在县机关办公楼 6 楼会议室主持召开全县“十四五”规划编制工作专题会议，听取规划编制工作进展情况汇报，研究部署下一步工作。副县长黄华星、黄胜卫等领导参加会议。

16 日，县平安建设工作领导小组第一次全体会议在县机关办公楼 9 楼电视电话会议室召开，传达学习省平安建设工作有关会议及文件精神，研究部署县平安建设工作重点任务。县委书记、县平安建设领导小组组长黄金城，县委副书记、县长、县平安建设领导小组副组长林谟谐，县委副书记、政法委书记、县平安建设领导小组副组长卢义出席会议。

17 日，昌江县在县新时代文明实践中心广场举办 2020 年全国扶贫日“爱心扶贫大集市”专场活动暨“就业扶贫”专场招聘会。县委书记黄金城，县人大常委会主任何顺劲，县政协主席陈家江，县委副书记、政法委书记卢义，副县长陈国斌出席启动仪式。

20 日，省社会保险服务中心党组书记、主任何先英率队到昌江，就省社保中心原矿区管理处社保业务移交工作与县政府进行座谈，共同研究协商原矿管处社保业务移交相关工作。县委副书记、县长林谟谐出席座谈会。

同日，县委副书记、县长林谟谐在县机关办公楼 6 楼会议室主持召开 2020 年县重点项目调度会议，总结前一段时间工作开展情况，安排部署下一阶段重点工作。副县长陈国斌、钟帅、张惠红、吴艺芬参加会议。

同日，人民日报社海南分社社长赵鹏一行人到县新时代文明实践中心参观“创建国家生态文明示范县——‘绿色娘子军’奋斗足迹展”等多个精品展览。县委书记黄金城陪同。

21 日，省史志办副主任赖永生率队到昌江县调研县史志工作，并召开座谈会。县委副书记、政法委书记卢义参加座谈会。

22 日，省农村人居环境整治考核验收第四组组长、省生态环保厅总工程师周学双率队到昌江开展农村人居环境整治三年行动考核验收工作。县委副书记、县长林谟谐参加座谈会。

同日，儋州市人大常委会主任王克强率领考察团，在县人大常委会副主任林炽明的陪同下，先后到海南昌江核电厂、县新时代文明实践中心、棋子湾旅游度假区等地考察。

同日，昌江县在县人民医院 8 楼会议室召开深化医药卫生体制改革工作推进会，听取县域紧密型医共体建设和深化医药卫生体制改革工作情况汇报，研究部署下一阶段工作。县委书记黄金城，海口市人大常委会主任韩英伟，武汉大学人民医院党委副书记王卫星，省卫建委二级巡视员、医政医管局局长张巍，副县长黄胜卫，县人大常委会副主任、昌江医疗集团常务副院长林炽明等领导参加会议。

23 日，昌江县在县机关办公楼 2 楼多功能厅举办生态文明暨“绿水青山就是金山银山”专题报告会。报告会邀请省生态研究院院长张庆良以《不忘初心　牢记生态文明使命　践行“绿水青山就是金山银山”》为题作专题授课。

同日，县委在县机关办公楼9楼电视电话会议室召开十二届县委常委会第196次（扩大）会议，传达学习习近平总书记在深圳经济特区建立40周年庆祝大会上的重要讲话精神，研究部署县相关工作。县委书记黄金城，县委副书记、县长林谟谐，县委副书记、政法委书记卢义，县委常委王春天、王小荣、郭祖梅、文艳出席会议。县人大常委会主任何顺劲，县政协主席陈家江列席会议。

24日，昌江县在县机关办公楼6楼会议室召开海南（昌江）清洁能源产业园规划论证及先导性项目推进碰头会。县委副书记、县长林谟谐，海南核电有限公司党委书记、董事长魏国良，县政府党组成员、县循环经济工业园区管理委员会副主任陈卫能参加会议。

25日，以“苏学及海南昌江东坡文化研究”为主题的昌化江东坡峻灵王文化论坛在昌江棋子湾开元度假村举办。县委书记黄金城，中国苏轼研究学会副会长、中华文学史料学学会副会长、中国社会科学院文学研究所教授陈才智，海南省苏学研究会会长、海南师范大学文学院阮忠教授，省苏学研究会副会长、海南热带海洋学院教授李景新出席活动。

26日，副县长张惠红率队慰问县内抗美援朝老兵覃兴友、李启唐，为他们佩戴上“中国人民志愿军抗美援朝出国作战70周年”纪念章，送上党和政府的慰问与祝福。

27日，昌江县召开生态环境保护问题整改专题会暨省百日大督察反馈问题整改汇报会在县机关办公楼9楼电视电话会议室召开。省生态环境保护百日大督察第八督察组组长陈孝京，县委副书记、县长林谟谐参加会议。

同日，省工信厅党组书记王静在县委书记黄金城的陪同下，到七叉镇红峰村开展定点扶贫工作，并参加海洋石油富岛有限公司向红峰村捐赠化肥仪式。

同日，副省长王路率领的省政府调研组一行在县委书记黄金城，县委副书记、县长林谟谐的陪同下，到县人民医院就昌江县域紧密型医共体建设情况进行实地调研。

28日，省科技厅厅长谢京带队到昌江先后到海南昌江核电站、昌江循环经济工业园区，调研海南清洁能源产业园建设等情况。县委书记黄金城陪同。

同日，县委副书记、县长林谟谐在县机关办公楼6楼会议室主持召开全县“7+3”项目建设工作推进会，研究部署下一步工作。副县长黄胜卫、钟帅参加会议。

同日，县委副书记、县长林谟谐在县机关办公楼6楼会议室主持召开全县集中治理重复信访、化解信访积案三年攻坚专项工作动员部署会，安排部署下一步工作。黄华星、黄胜卫、陈国斌、钟帅、张惠红、钟振强、陈雄等县领导参加会议。

同日，省人大常委会机关党组书记、秘书长林泽锋率领的调研组在县人大常委会主任何顺劲的陪同下，分别到十月田镇和昌化镇，详细了解两个镇的人大代表之家、代表联络站建设等基本情况。

29日，县残联第七次主席团第二次全体委员会议在县机关办公楼9楼电视电话会议是召开。会议选举王小荣为县残联第七届主席团主席，庄恒川为副主席和执行理事会理事长。

同日，县委书记黄金城在县机关办公楼5楼县委常委会议室主持召开县委财经委员会第3次（扩大）会议暨“十四五”规划建议编制工作推进会。县委副书记、县长林谟谐出席会议。

同日，县教育局局长罗东携教育系统相关负责人做客《昌江党风政风行风》直播间。节目以“办好人民满意的教育”为主题，不少市民打进热线，咨询有关学生入学、游泳培训、驾驶电动车、农村学生转学等问题，罗东及相关负责人对问题作出解答。

同日，院地合作成果推广交流会在县机关办公楼6楼会议室召开，中科院、省科技厅、省农业农村厅、县政府及相关部门、单位负责人就水生植物绿狐尾藻污水处理技术等情况进行交流，洽谈合作发展意向。副县长陈国斌出席会议。

30 日，昌江县在县机关办公楼 6 楼会议室召开 2021 年海南黎族苗族传统节日“三月三”昌江主会场组委会指挥部第一次全体会议，研究部署相关工作。县人大常委会主任何顺劲，县委副书记、县长林谟谐，2021 年海南黎族苗族传统节日“三月三”昌江主会场总策划、总导演林青出席会议。

同日，以“科技兴教　扶智助学”为主题的陶行知教育基金会公益活动走进昌江，在县矿区学校举行捐赠仪式，向全县 25 所义务教育阶段学校共捐赠价值 102 万元的智慧教室等教育信息化软硬件设备。

同日，为期 3 天的昌江 2020 年首届盆景昌江玉展会在石碌镇片石老村的黎族文化村开幕。副县长钟帅，县政府党组成员李建辉参加开幕式。

同日，县委在县机关办公楼 9 楼电视电话会议室召开十二届县委常委会第 197 次（扩大）会议，传达学习中国共产党第十九届中央委员会第五次全体会议精神。县委书记黄金城，县委副书记、县长林谟谐，县委常委林雄、王春天、王小荣、郭祖梅、文艳出席会议。县人大常委会主任何顺劲，县政协主席陈家江列席会议。

31 日，县公安局联合淘宝网（阿里拍卖）在县新时代文明实践中心广场举办黄某发黑社会性质组织涉案车辆网络拍卖展览会，并通过淘宝网进行全程直播，有力推进涉案财产处置和执行工作，推动扫黑除恶专项斗争向纵深推进。

11 月

1 日，由省委宣传部主办的“书韵昌江　放飞梦想”2020 年第十二届海南书香节儿童朗读大会暨读绘本讲故事大赛（昌江站）在县城石碌王子悦读馆举行，全县各中小学以及幼儿园的 118 名学生参加比赛。

同日，昌江县启动第七次全国人口普查正式入户登记工作，近 670 名人口普查员统一佩戴政府普查机构颁发的证件，逐户在全县辖区内开展人口清查和普查登记。居民还可以通过微信小程序自主填报登记的方式参与人口普查。

3 日，县委书记黄金城在县机关办公楼 5 楼县委常委会议室主持召开会议，听取木棉花博览园景区总体策划汇报。海南龙泽东方旅游开发有限公司相关负责人详细汇报木棉花博览园景区总体策划方案。副县长钟帅参加会议。

同日，由省旅文厅主办，县旅文局承办，县文化馆协办的定点扶贫市县黎族黎锦技艺培训班在石碌镇银湾美高梅花园酒店开班。

同日，县法院一审公开开庭审理文某华等 10 人涉嫌敲诈勒索、高利转贷罪一案。县人大、县政协、县纪委监委、县公安局等部门，媒体记者，以及群众等 70 多人到场旁听庭审。

4 日，省人大常委会副主任关进平率调研组到昌江，通过召开座谈会、实地考察、征求意见及委托调研等方式，开展《海南省见义勇为人员奖励和保障规定（修订草案）》征求意见和“七五”普法工作情况调研。县委书记黄金城，县人大常委会主任何顺劲出席调研座谈会。

5 日，昌江循环经济工业园区第一次基层协商民主议事会在县工管委协商民主议事室召开，协商解决叉河组团供水管网建设问题。县政协副主席李世明到场指导。

同日，全省村（居）法律顾问工作现场推进培训会在昌江召开。省人大常委会副主任关进平，省司法厅厅长郑学海，县委书记黄金城，县人大常委会主任何顺劲到现场观摩。

6 日，省扶贫办主任孟励在县委书记黄金城的陪同下深入石碌镇山竹沟村以及欧兰德毛豆南繁产业园等地调研县扶贫工作。

同日，昌江县在县机关办公楼 4 楼十月田厅召开 2020 年由政府安排退役士兵安置选岗会，结合实际，做好退役士兵安置工作。

同日，海南省首部教育扶贫题材电影《穿过雨林》在七叉镇大仍村小学举行开机仪式。 县委书记黄金城，省扶贫办主任孟励，省民宗委副主任符秀容，省文联专职副主席王艳梅，县委副书记、县长林谟谐，县政府顾问、省影视家协会副主席兼秘书长、《穿过雨林》影片总导演林青及剧组主创人员出席开机仪式。

9 日，县委在县机关办公楼 9 楼电视电话会议室召开十二届县委常委会第 198 次会议，传达学习习近平总书记在第三届中国国际进口博览会开幕式上的主旨演讲。县委书记黄金城，县委副书记、县长林谟谐，县委副书记、政法委书记卢义，县委常委林雄、王春天、王小荣、文艳出席会议。县政协主席陈家江列席会议。

同日，县委在县机关办公楼 9 楼电视电话会议室召开十二届县委常委会第 199 次会议，听取 2019 年县委常委议军会落实情况汇报，审议相关事项。县委书记黄金城，县委副书记、县长林谟谐，县委副书记、政法委书记卢义，县委常委林雄、王春天、王小荣、文艳出席会议。县政协主席陈家江列席会议。

同日，县委在县机关办公楼 9 楼电视电话会议室召开县委理论学习中心组（扩大）十九届五中全会集体学习会。县委书记黄金城，县委副书记、县长林谟谐，县政协主席陈家江，县委副书记、政法委书记卢义，县委常委林雄、王春天、王小荣、文艳出席会议。

9—11 日，2020 年海南省社区戒毒社区康复专职工作人员（禁毒社工）业务技能培训班（第七期）在昌江县举办。

10 日，县委在县机关办公大楼 9 楼电视电话会议室召开 2020 年度民营企业家座谈会暨优化营商环境工作联席会议。县委书记黄金城，县委副书记、县长林谟谐，县委常委、副县长王春天，县委常委、统战部部长王小荣出席会议。

同日，县政府在县机关办公楼 6 楼会议室召开 2020 年根治拖欠农民工工资支付工作推进会。副县长、县根治拖欠农民工工资工作领导小组组长张惠红参加会议。

同日，县扫黑除恶专项斗争第四次推进会在县机关办公楼 8 楼人大常委会议室召开。会议总结前一段扫黑除恶专项斗争工作，部署下一阶段工作。县委副书记、政法委书记卢义，县委常委、公安局局长林雄，县法院党组书记钟振强，县检察院检察长陈雄出席会议。

11 日，昌江县第一届光彩事业促进会第一次会员大会在县机关办公大楼 8 楼人大常委会议室召开，会议选举产生光彩事业促进会第一届理事会成员，林云峰当选为县光彩事业促进会第一届理事会会长。县委常委、统战部部长王小荣出席会议。

同日，生态环境部综合司一级巡视员凌江率队到昌江对海南自由贸易港建设生态环境保护工作开展调研。县委书记黄金城陪同。

同日，由省工信厅副厅长陈万馨率领的省督查组到昌江督导检查县常态化疫情防控工作的开展情况。县委副书记、县长林谟谐出席座谈会。

12 日，县委在县机关办公楼 9 楼电视电话会议室召开十二届县委第十二轮巡察工作动员部署会。县委书记、县委巡察工作领导小组组长黄金城，县委常委、公安局局长林雄，县委常委、组织部部长郭祖梅参加会议。

12—13 日，全县 2020 年基层妇联干部培训班在县城石碌开班，培训班邀请省委党校教授王白娇作“塑造女性美好形象，提升女性人生价值”专题讲解。县委常委、统战部部长王小荣参加开班仪式。

13 日，2020 年全岛行新能源汽车下乡暨昌江车展活动在县新时代文明实践中心广场举办。副县长黄华星参加活动开幕式。

同日，县委在县机关办公楼 8 楼人大常委会议室召开加强民营经济统战工作督查专题汇报会。省委统战部二级巡视员、省第五督查组组长王昌龙，县委书记、县委统一战线工作领导小组组长黄金城，县委常委、统战部部长、县委统一战线工作领导小组副组长王小荣出席会议。

14 日，云南省丽江市人大常委会副主任、华坪县委书记余丽军率考察组到昌江，先后到王下乡、七叉镇以及棋子湾旅游度假区，就生态旅游产业发展及美丽乡村建设工作进行考察交流。县委书记黄金城陪同。

14—20 日，2020 博鳌国际文创论坛暨首届文创周主论坛在博鳌举行，论坛围绕“文旅”“乡创”“文创”等主题展开。在中国乡创地图单元的发布及颁奖仪式上，昌江县获评 2020 中国乡创地图乡村振兴产业创新实践县，王下乡·黎花里获评 2020 中国乡创地图产业创新特色小镇。

16 日，全省检察机关派驻公安机关执法办案管理中心检察室工作现场会在石碌镇召开。省检察院党组书记、检察长路志强，省委政法委副书记、秘书长刘诚，省公安厅党委委员、副厅长刘海志，县委书记黄金城出席会议。

同日，由县总工会主办、海南燕海职业培训学校承办的县总工会 2020 年海南点心制作（第一期）职业技能培训班在县总工会会议室开班。县人大常委会副主任、县总工会主席叶华杰参加开班仪式。

17 日，县社会保险服务中心和县医保保险服务中心正式揭牌成立。副县长黄胜卫参加揭牌仪式。

同日，省退役军人事务厅厅长罗时祥率队到昌江，调研县退役军人就业创业基地发展情况。副县长张惠红陪同。

18 日，全县 2021 年部门（单位）预算编制动员暨加强财政资金管理培训会议在县机关办公大楼 2 楼多功能厅召开。县委副书记、县长林谟谐，县委常委、副县长王春天出席会议。

同日，省住建厅副厅长倪吉信率队到昌江开展棚户区改造专题调研。县委副书记、县长林谟谐参加座谈会。

同日，全县重点乡镇打击非法采砂专项工作推进会在叉河镇政府召开。副县长钟帅主持会议。

19 日，县委在县机关办公楼 2 楼多功能厅举行党的十九届五中全会精神宣讲报告会。副省长苻彩香作学习贯彻中共十九届五中全会精神宣讲。

20 日，由县河长办和县农业农村局主办的昌江 2020 年“绿水行动”暨河湖专项整治行动启动仪式在海尾镇三联村三联河旁举行。副县长陈国斌参加启动仪式。

同日，昌江县工商联（总商会）青年企业家委员会召开成立大会。省工商联二级调研员兼青年企业家委员会秘书长吴华长，县委常委、统战部部长王小荣出席会议。 会议选举产生县工商联（总商会）青年企业家委员会主席、副主席、常务委员会委员、秘书长、副秘书长等。

21 日，昌江恒科“候鸟”人才工作站工作交流会在石碌召开。县委书记黄金城，中国工程院院士王双明，中国科学院院士肖文交以及“候鸟”型人才出席会议。

同日，国家卫生健康委基层司司长聂春雷率调研组到昌江，对县紧密型县域医疗卫生共同体建设试点工作进行调研。县委副书记、县长林谟谐陪同。

22 日，首届海南民族文化交流会暨昌江民族文化保护和传播促进会成立 2 周年会议在石碌召开。副县长张惠红参加会议。

同日，由县旅文局主办，县文化馆承办的“我为加快推进海南自由贸易港建设作贡献”百姓大舞台文艺晚会在县新时代文明实践中心广场上演。

23 日，县委在县机关办公楼 9 楼电视电话会议室召开十二届县委常委会第 200 次（扩大）会议，传达学习全国精神文明建设表彰大会精神及习近平总书记在中央全面依法治国工作会议上的重要讲话精神等。县委书记黄金城，县委副书记、县长林谟谐，县委副书记、政法委书记卢义，县委常委林雄、王春天、王小荣、郭祖梅出席会议。县人大常委会主任何顺劲列席会议。

23—25 日，省委组织部组织省委原书记汪啸风等省级老干部到昌江，就昌江核电清洁能源产业园、火龙果农业开发建设项目、棋子湾开发建设、脱贫攻坚及乡村振兴等工作进行参观考察。县委书记黄金城，县人大常委会主任何顺劲，县委副书记、县长林谟谐陪同。

24 日，县委在县机关办公楼 9 楼电视电话会议室召开全县禁毒三年大会战（2020—2022 年）第三次调度例会暨全国禁毒考评冲刺部署会。县委副书记、县长、县禁毒委主任林谟谐，县委副书记、政法委书记、县禁毒委常务副主任卢义出席会议。

同日，由海南省群众艺术馆、海南省合唱协会指导，县委宣传部、县旅文局主办的昌江县文化馆木棉红合唱团合唱专场音乐会在中科院幼儿园润和艺术培训中心剧场上演。县委副书记、县长林谟谐，副县长黄华星、陈国斌、吴艺芬到场观看演出。

同日，县委副书记、县长林谟谐在县机关办公楼6楼会议室主持召开县水产养殖整治工作专题会议，部署全县禁养区水产养殖整治清退工作。副县长黄华星、陈国斌参加会议。

同日，县政府在昌化镇开展全县重点乡镇打击非法采砂专项工作推进会。副县长钟帅出席会议。

同日，2020年全国劳动模范和先进工作者表彰大会在北京隆重举行，昌江县陶凤交荣获全国劳动模范荣誉称号。

25日，县委书记黄金城在县机关办公楼5楼县委常委会议室主持召开会议，听取海南昌化渔港—国际渔业生态产业项目推进情况汇报。海南海钢集团有限公司、海南河道综合整治工程有限公司，以及中交第二公路工程局有限公司海南分公司相关负责人就项目政策研究、产业布局、市场需求等方面汇报了海南昌化渔港——国际渔业生态产业项目推进情况。

26日，由省教育厅原副巡视员李德杰率领的省语言文字专家组到昌江，通过召开座谈会和实地检查等方式，对县开展推普脱贫攻坚“回头看”。副县长、县语委会主任吴艺芬参加座谈会。

同日，省工信厅厅长尹丽波到昌江督导重点企业安全生产，并深入七叉镇红峰村开展扶贫活动。县委书记黄金城，县委副书记、县长林谟谐陪同。

27日，县委副书记、县长林谟谐在县行政机关办公大楼6楼会议室主持召开粮食安全县长责任制考核工作专题会议，安排部署下一步工作。县委常委、副县长王春天，副县长黄胜卫、钟帅参加会议。

同日，省自然资源和规划厅联合海南省测绘地理信息局到昌江举办海南省“多规合一”信息综合管理平台培训会，对县资规局业务骨干、各乡镇规划国土所、乡村振兴工作队以及村“两委”干部等100多人进行培训。副县长钟帅参加培训会。

28—29日，中国林业产业联合会理事会会长、全国政协人口资源环境委员会主任、国家林业局原局长贾治邦到昌江，参观考察县生态环境保护建设、农业产业发展等情况。省人大常委会副主任关进平，县委书记黄金城，县人大常委会主任何顺劲陪同。

30日，英籍华人董淑贞到昌江开展扶贫助学捐赠活动，资助昌江县50名贫困家庭学子每人1000元。省台联党组书记陈卫东，县委常委、统战部部长王小荣，副县长吴艺芬出席捐赠仪式。

12月

2日，由县公安局交通管理大队主办的以“知危险会避险，安全文明出行”为主题的“12·2”全国交通安全日主题宣传活动在恒基广场启动。副县长黄胜卫参加启动仪式。

同日，国务院发展研究中心副主任隆国强一行在县委书记黄金城的陪同下，先后到棋子湾旅游度假区、昌江花溪谷花卉发展有限公司及海南昌江核电有限公司进行调研。

同日，县扶贫开发领导小组2020年第10次会议暨“迎国考”部署会议在县行政机关办公楼9楼电视电话会议室召开，安排部署下一步脱贫攻坚工作。县委副书记、县长、县扶贫开发领导小组组长林谟谐，县委副书记、政法委书记、县扶贫开发领导小组常务副组长卢义等县领导参加会议。

3日，省总工会副主席王裕明率队到昌江深入县总工会开展学习贯彻中共十九届五中全会精神和习近平总书记系列重要讲话精神宣讲活动。县人大常委会副主任、县总工会主席叶华杰参加宣讲报告会。

同日，昌江县“一枚印章管审批”启动仪式在县政府服务中心举行，标志着昌江行政审批局正式行使相对集中行政许可权，启用“昌江县行政审批局行政审批专用章”，实行“一枚印章管审批”。副县长张惠红参加启动仪式。

同日，乌烈镇矛盾纠纷多元化解联合调处中心正式揭牌成立。县检察院检察长陈雄参加揭牌仪式。

4 日，昌江县在县机关办公楼 2 楼多功能厅举办“12·4”国家宪法日宪法宣誓活动。县领导陈家江、卢义、郭祖梅、文艳、叶华杰、黎吉维、林炽明、黄华星、黄胜卫、钟帅、张惠红、吴艺芬、李建辉、钟振强、陈雄、郭勇、李世明、杨昌志、李路生、陈卫能参加活动。

同日，县社会保障卡一卡通中心在县就业和社会保障服务中心揭牌成立。副县长张惠红出席揭牌仪式并讲话。

5—6 日，中国外资协会会长、商务部原部长陈德铭在县委书记黄金城的陪同下，先后到海尾国家湿地公园（试点）、棋子湾旅游度假区和昌江花溪谷花卉发展有限公司等地调研县生态环境保护、旅游业态发展以及特色农业发展等情况。

8 日，县委书记黄金城，县委副书记、县长林谟谐在县机关办公楼 5 楼常委会议室与嘉凯城集团股份有限公司何海南西海岸乡村庄园俱乐部有限公司负责人进行座谈，就海尾湿地公园项目的相关合作事宜进行深入洽谈。

9 日，县政府顾问聘任仪式暨县“十四五”规划征求意见座谈会在县行政机关办公大楼 9 楼电视电话会议室举行。县委书记黄金城，县委副书记、县长林谟谐，县政府顾问、海南核电有限公司党委书记、董事长魏国良，县政府顾问、海南省文联办公室主任、海南省影视家协会副主席兼秘书长林青，县政府顾问、中国科学院古脊椎动物与人类研究所原研究员李超荣，县政府顾问、中国工艺美术大师、中国玉石雕刻大师周金甫出席会议。

10 日，最高人民检察院党组成员、副检察长陈国庆率队到昌江调研县扫黑除恶专项斗争工作。省检察院检察长路志强，县委书记黄金城，县委副书记、政法委书记卢义陪同。

同日，省人大常委会副主任胡光辉带队到昌江调研珠碧江昌江段“四乱”问题整改落实情况。县人大常委会主任何顺劲陪同。

10—12 日，2020 海南沙滩运动嘉年华——昌江棋子湾沙滩围棋大会在棋子湾举行。中国围棋协会主席林建超、中国围棋协会副主席常昊（世界围棋冠军），县委书记黄金城，县委副书记、县长林谟谐等领导嘉宾出席开幕式。山东省棋类运动协会代表队的尹航五段、亓向东五段摘得全国围棋协会双人联棋赛冠军；江铸久九段、芮乃伟九段夫妇荣获棋子湾仙侣沙滩围棋论剑冠军；来自广州摩星岭代表队的李华嵩四段、张帆三段夺得全国百城围棋精英双人联棋赛冠军。

11 日，省卫健委在县新时代文明实践中心广场举行核辐射突发事件卫生应急现场处置演练。省卫健委应急办主任贾军有，副县长黄胜卫到场观摩演练。

同日，石碌镇政府联合县综合执法局、资规局、住建局、卫健委、公安局、供电局、水业公司、河北派出所、社区“两委”干部等单位 110 人分成两组开展“铁锤行动”，对东海河红林居段和东海河万福路段征收到的房屋进行拆除，进一步加快推进“四河一渠”工程项目建设。副县长钟帅到场指导征拆工作。

同日，县委书记黄金城在县机关办公楼 5 楼常委会议室主持召开棋子湾旅游度假区控规汇报会，听取中规院（北京）规划设计公司规划的方案汇报。县委副书记、县长林谟谐出席会议。

同日，县委在县机关办公楼 5 楼县委常委会议室召开十二届县委常委会第 202 次会议，传达学习市县党政主要负责同志座谈会精神及有关文件精神，研究部署县贯彻落实意见。县委书记黄金城，县委副书记、县长林谟谐，县委副书记、政法委书记卢义，县委常委林雄、王春天、王小荣、郭祖梅、文艳出席会议。县人大常委会主任何顺劲，县政协主席陈家江列席会议。

12 日，省疫情防控指挥部综合组组长巴特尔率队到昌江督查发热门诊建设情况。县委副书记、县长林谟谐陪同。

12—14 日，省慈善总会永久荣誉会长蔡长松一行在县委书记黄金城，县政协主席陈家江的陪同下，先后到海南和丰世纪农业开发有限公司 、聚缘花卉基地、十月田镇南岭二队、昌江杨柳春生态农业开发有限公司火龙果基地等地进行调研。

14 日，昌江县在县新时代文明实践中心广场举办以“退役不退志 建功自贸港”为主题的退役军人及随军家属就业服务专场招聘会。县委常委、人武部部长肖春奇参加招聘会。

同日，县政协在县城石碌银湾美高梅酒店会议室举办推进基层协商民主建设工作专题培训班，培训班邀请省政协农业农村委主任、上下联动工作领导小组办公室常务副主任娄东风进行授课。县政协主席陈家江主持培训班。

同日，县政府在新时代文明实践中心广场举办新冠病毒核酸全员检测应急演练。县人大常委会副主任林炽明，副县长黄胜卫，以及省疾控中心办公室副主任金玉明、省疾控中心应急办主任贾鹏本等专家到场观摩演练。

15 日，昌江县在县机关办公楼 9 楼电视电话会议室召开社区矫正委员会第一次全体会议，回顾总结县 13 年来社区矫正工作，部署下一阶段任务。县委副书记、政法委书记、县社区矫正委员会主任卢义出席会议。县委常委、公安局局长、县社区矫正委员会副主任林雄主持会议。

同日，县委书记黄金城在县机关办公楼 5 楼常委会议室会见叉河水泥厂中标企业——安徽海螺集团相关负责人。双方就进一步加强交流合作、实现互利共赢发展进行了深入探讨。

16 日，昌江县在县市场监督管理局举行 2020 年侵权假冒商品销毁活动，共销毁 1.08 万件侵权假冒商品，总价值 3 万多元。副县长黄胜卫参加活动。

同日，县委副书记、县长林谟谐在县机关办公楼 6 楼会议室主持召开 2020 年县重点项目调度会议，安排部署下一阶段重点工作。

同日，省政协人口资源环境委员会专职副主任蔡琼雅率队到昌江，就昌江县“六个严禁两个推进”“水环境质量”民主监督工作展开调研。县政协主席陈家江，副县长陈国斌、县政协副主席李世明陪同。

17 日，全县精神文明建设指导委员会 2020 年第一次全体会议在县机关办公楼 5 楼会议室召开，讨论新一届文明村镇、文明单位、文明家庭、文明校园及 2020 年“感动昌江”十大人物候选名单，安排部署精神文明建设重点工作。县委常委、宣传部部长文艳主持会议。

同日，县委副书记、县长林谟谐在县机关办公楼 6 楼会议室主持召开县城乡规划委员会 2020 年第四次全体成员会议，听取并审议有关重点项目修建性详细规划及控制性规划的情况汇报，加快推进项目建设。副县长黄华星，县政府党组成员李建辉参加会议。

同日，县委副书记、县长林谟谐在县机关办公楼 6 楼会议室主持召开县政府教育工作专题会议，安排部署下一步工作。副县长吴艺芬参加会议。

同日，省卫健委主任周长强一行在县委书记黄金城的陪同下分别到县人民医院，深入眼科 5G 远程门诊、远程会诊中心、“120”总调度中心、重症医学科、血透中心等科室进行调研。

17—18 日，县委直属机关基层党组织书记和党务干部培训班在县机关办公楼 2 楼多功能厅开班。培训邀请省委党校讲师梁科、省委党校教授李斌、东方市委党校讲师陈少芳及海口市税务局二级调研员陈勇进行授课。

18 日，县委在县机关办公楼 5 楼会议室召开十二届县委常委会第 203 次会议，传达学习省委、省政府“解放思想、敢闯敢试、大胆创新”专题调研现场会精神。县委书记黄金城，县委副书记、县长林谟谐，县委副书记、政法委书记卢义，县委常委林雄、王小荣、郭祖梅、文艳、肖春奇出席会议。县人大常委会主任何顺劲、县政协主席陈家江列席会议。

同日，县委在县机关办公楼 9 楼电视电话会议室召开县委理论学习中心组（扩大）专题研讨会，学习贯彻中共十九届五中全会和省委七届九次全会精神，探讨党的谋划县“十四五”规划新蓝图。县委书记黄金城，县人大常委会主任何顺劲，县委副书记、县长林谟谐，县政协主席陈家江，县委副书记、政法委书记卢义，县委常委林雄、王小荣、郭祖梅、肖春奇出席会议。

21 日，昌江第一、第二轮中央生态环境保护督察整改暨省委百日大督察反馈问题整改推进会在县机关办公楼 9 楼电视电话会议室召开。县委书记黄金城，县委副书记、县长林谟谐等县领导出席会议。

同日，生态环境部党组成员、副部长、国家核安全局局长刘华率队到昌江深入海南昌江核电现场调研指导工作。省生态环境厅副厅长孙善芳，县委书记黄金城，以及中核集团党组成员、副总经理申彦锋，华能集团党组成员、副总经理王文宗陪同。

22 日，“情暖椰岛·爱满天涯”向老干部送文化、送健康、送温暖昌江专场启动仪式在县老干部活动中心举行。省委组织部老干部二处处长李光荣，县委常委、组织部部长郭祖梅出席活动。

同日，昌江县与安徽海螺水泥股份有限公司战略合作框架协议签约暨海南昌江海螺水泥有限公司揭牌仪式在海南昌江海螺有限公司举行，拍出 18.28 亿元“天价”的叉河水泥厂正式更名。县委书记黄金城，省工信厅副厅长师敬伟，县人大常委会主任何顺劲，县委副书记、县长林谟谐，安徽海螺集团副总经理、海螺水泥党组书记、副董事长王建超，安徽海螺集团党委委员、海螺水泥副书记、总经理吴斌，海螺水泥广东区域常务副主任、海南昌江海螺水泥有限公司董事长潘忠虹等领导嘉宾出席揭牌仪式。

同日，副省长冯忠华率队到昌江深入叉河镇老宏村、昌江核电站、棋子湾旅游度假区等地，实地调研河长制工作开展情况、海南（昌江）清洁能源产业园先导性项目建设、棋子湾规划建设等工作。县委书记黄金城，县委副书记、县长林谟谐陪同。

同日，国土资源部原副部长、中国珠宝玉石首饰行业协会会长徐德明一行到昌江就昌江玉产业发展情况进行考察。县人大常委会主任何顺劲陪同。

23 日，县委在县机关办公楼 9 楼电视电话会议室召开“十四五”规划编制老干部座谈会，就进一步编制好昌江“十四五”规划向昌江县部分离退休干部征求意见建议。县委书记黄金城，县委副书记、县长林谟谐，县委常委、组织部部长郭祖梅出席会议。

24 日，石碌镇政府联合县综合行政执法局、县卫健委、县公安局等 10 多家单位，对保梅河河道整治项目（华兴桥至银河宾馆）路段被征收房屋依法强制拆除。副县长钟帅到场指导征拆工作。

25 日，县委在县机关办公楼 9 楼电视电话会议室召开县委人大工作会议，回顾总结换届以来全县人大工作，研究部署新形势下人大工作。县委书记黄金城，县人大常委会主任何顺劲，县委副书记、县长林谟谐，县政协主席陈家江出席会议。

同日，县委在县机关办公楼 5 楼县委常委会议室召开十二届县委常委会第 204 次会议，专题听取县 2020 年意识形态工作汇报，研究部署下一步意识形态工作。县委书记黄金城，县委副书记、县长林谟谐，县委副书记、政法委书记卢义，县委常委林雄、王春天、王小荣、文艳、肖春奇出席会议。县人大常委会主任何顺劲，县政协主席陈家江列席会议。

同日，县委在县机关办公楼 5 楼县委常委会议室召开十二届县委常委会第 205 次会议，传达学习 2020 年中央经济工作会议精神和省村（社区）“两委”换届工作会议精神等，并审议有关事项。县委书记黄金城，县委副书记、县长林谟谐，县委副书记、政法委书记卢义，县委常委林雄、王春天、王小荣、文艳、肖春奇出席会议。县人大常委会主任何顺劲，县政协主席陈家江列席会议。

同日，县供销合作联社第一次代表大会在县机关办公楼 8 楼会议室召开。会议选举薛为书为第一届理事会主任，选举出理事会理事、常务理事会理事以及监事会主任。

27 日，由省作家协会、“中国好诗榜”组委会、县委宣传部、县文学艺术界联合会联合主办的昌江籍诗人李林青诗集《虚度》研讨会在棋子湾开元度假村召开。县人大常委会主任何顺劲出席会议。

28日，县综合行政执法局联合石碌镇、县资规局、县住建局、县卫健委等9家单位对红林车队棚改征收片区的违法建筑进行拆除。副县长、县棚改指挥部指挥长钟帅，县政协副主席、县棚改指挥部副指挥长郭勇到场指导征拆工作。

同日，县委在县机关办公楼9楼电视电话会议室召开“十四五”规划编制党外人士征求意见座谈会，征求党外人士对县“十四五”规划编制的意见和建议。县委常委、统战部部长王小荣出席会议。

同日，中国摄影家协会党组书记郑更生率队到昌江调研了解昌江摄影家协会组织架构建设以及“昌化江畔木棉红”全国摄影大赛举办等情况。县委常委、宣传部部长文艳陪同。

28—30日，昌江县在县红林医院、石碌镇卫生院、城北和城南两个社区卫生服务中心设置新冠疫苗接种点，实施重点人群新冠疫苗接种工作。副县长黄胜卫到接种点指导疫苗接种工作。

29日，中共昌江黎族自治县第十二届委员会第十二次全体会议在县机关办公楼2楼多功能厅召开。会议深入贯彻落实党的十九大和十九届五中全会精神，特别是习近平总书记“4·13”重要讲话和中央12号文件精神，以及省委七届九次全会精神，深刻总结“十三五”以来昌江经济社会发展成就，全面剖析“十四五”发展形势。县委书记黄金城，县委副书记、县长林谟谐，县委副书记、政法委书记卢义，县委常委林雄、王春天、王小荣、郭祖梅、文艳、肖春奇出席会议。

30日，七叉镇红峰村举办2020年打赢脱贫攻坚战汇报暨2021年元旦文艺演出，为村民们献上一台丰富多彩的文艺演出。副县长、七叉镇脱贫攻坚大队大队长张惠红到场观看演出。

31日，昌江县在县机关办公楼6楼会议室召开县新冠肺炎疫情防控工作指挥部会议，研究推进县抓好常态化疫情防控措施落地见效、防范疫情反弹等重点工作。县领导林谟谐、林雄、文艳、林炽明、黄华星、黄胜卫、陈国斌参加会议。

同日，县委在县机关办公楼5楼县委常委会议室召开十二届县委常委会第206次会议，传达学习中央农村工作会议和省委经济工作会议等会议精神，部署下一步工作。县委书记黄金城，县委副书记、县长林谟谐，县委副书记、政法委书记卢义，县委常委林雄、王春天、王小荣、郭祖梅、文艳、肖春奇出席会议。县人大常委会主任何顺劲，县政协主席陈家江列席会议。

（孙唐康）

昌江概况

历史沿革

【昌江由来】文献资料记载，昌江县唐虞为南交，夏、商、周三代为扬越之南裔，秦为象郡“外徼”之地，西汉元封元年（前110年）置至来县。隋大业三年（607年）改名昌化县。此后几经分合。至民国3年（1914年）5月，当时的广东省民政部部长朱开宪令各知事，遵照部令改定全国重复之县名。因昌化县与浙江省的昌化县同名，又因海南岛第二大河——昌化江从五指山发源后流经昌化县，故将昌化县改名为昌江县。

【政区沿革】昌江，是海南岛建置较早的郡县之一。西汉元封元年（前110年）置至来县，属儋耳郡辖。南朝梁大同年间（535—546年）废儋耳郡地，置崖州，该县境归属崖州辖。隋大业三年（607年）改崖州为珠崖郡，又析西南地置临振郡，同时以西汉至来县地析置义伦、昌化、吉安三县，昌化、吉安设在本县境内。唐武德元年（618年）置儋州，治义伦，领昌化，同时省吉安入昌化。贞观元年（627年）又析昌化县复置吉安县，辖于岭南道。天宝元年（742年）改儋州为昌化郡。乾元元年（758年）废吉安县置洛场县。五代属儋州。北宋熙宁六年（1073年），改儋州为昌化军，废昌化并入藤桥镇。元丰三年（1080年）复置昌化县。南宋端平二年（1235年），改昌化军为南宁军，昌化县划归南宁军辖。明洪武元年（1368年），废军复州，昌化县仍属儋州。民国3年（1914年）昌化县易名为昌江县，隶属广东省辖。1949年12月，昌江县与感恩县合并为昌感县。1958年12月，昌感、白沙、东方三县合并为东方县（时称大县），隶属海南黎族苗族自治州管辖。1961年6月，三县又分设，新置昌江县。1987年12月20日，撤销海南黎族苗族自治州建制，昌江县改名为昌江黎族自治县，1988年4月13日海南建省，省直辖。

【行政区划】2020年末，辖石碌镇、叉河镇、十月田镇、乌烈镇、昌化镇、海尾镇、七叉镇、王下乡7个镇和1个乡。共有17个社区居民委员会，74个村民委员会；下设20个社区居民小组，534个村民小组；自然村190个，其中少数民族自然村114个。

昌江黎族自治县行政区划简表

表1

县辖行政区单位	乡镇辖村名称	乡镇辖社区名称
石碌镇 （12个村，10个社区）	保梅、鸡心、鸡实、牙营、水头、孔车、片石、尖岭、保突、香岭、山竹沟、水富	石碌社区、城北社区、第一社区、第二社区、人民南路社区、东风路社区、红林居、河北社区、矿山社区、矿建社区
十月田镇 （11个村，1个社区）	沙田、万善、好清、南岭、王炸、才地、保平、塘坊、姜园、青山、五丰	红田居社区

续表 1

县辖行政区单位	乡镇辖村名称	乡镇辖社区名称
叉河镇 （7 个村，1 个社区）	老宏、叉河、排岸、坎头、唐村、老羊地、红阳	叉河社区
乌烈镇 （7 个村）	乌烈、峨港、道隆、白石、峨沟、长塘、纳凤	
昌化镇 （12 个村，2 个社区）	昌农、咸田、昌城、杨柳、新城、浪炳、旧县、大风、光田、黄姜、耐村、先田	昌化社区、昌田社区
海尾镇 （12 个村，3 个社区）	海农、沙地、白沙、打显、进董、五大、三联、五联、南罗、长山、大安、高石塘	海尾社区、沙鱼塘社区、新港社区
七叉镇 （9 个村）	七叉、乙劳、乙在、重合、红峰、大仍、大章、乙洞、尼下	
王下乡 （4 个村）	三派、钱铁、大炎、洪水	

2016—2020 年昌江县国民经济指标完成统计资料情况表

表 2

指标名称	单位	2016 年	2017 年	2018 年	2019 年	2020 年
一、户籍人口	人	255003	254525	255938	257218	256570
男　性	人	134148	133680	134473	135102	134858
女　性	人	120855	120845	121465	122116	121712
乡村人口	人	153859	152442	148196	147609	145902
城镇人口	人	101144	102083	107742	109609	110668
二、地区生产总值	万元	1038767	1148578	1210141	1263176	1235165
第一产业	万元	308023	297481	300838	323138	338171
第二产业	万元	422828	506315	499629	526198	478392
第三产业	万元	307916	344782	409674	413840	418602
三、农林牧渔业总产值	万元	427352	453389	469677	508200	537598
四、农业生产						
1. 农业产值	万元	233563	242748	252768	284728	309575
2. 主要农产品						
粮　食	吨	40976	36428	27418	26884	25693

续表2

指标名称	单位	2016年	2017年	2018年	2019年	2020年
糖　蔗	吨	414466	302965	240810	191868	264405
花　生	吨	1472	1560	1233	1136	988
蔬　菜	吨	297849	334638	371668	397397	364399
水　果	吨	224909	250573	267367	278797	303921
芒　果	吨	18547	19247	20259	20284	20428
菠　萝	吨	13575	15475	17613	17669	18693
香　蕉	吨	185809	206019	218643	222632	240442
椰　子	万个	10.57	10.57	11.31	11.36	12.64
橡　胶（干胶）	吨	10883	11886	12936	11669	8162
肉　类	吨	18221	18798	21323	13977	10024
水产品	吨	71944	83553	85670	82042	79489
五、工业生产						
1. 规模以上工业总产值	万元	769039	879266	1013098	1153007	1111014
2. 主要工业产品						
机制糖	吨	32566	29928	33418	36469	30143
水　泥	吨	4577435	4791591	7748554	6815532	6217152
铁矿石成品矿量	吨	2905824	4002914	2194025	2567468	3118712
六、固定资产投资总额	万元	837630	556776	509775	480851	486183
七、社会消费品零售总额	万元	220313	246830	267555	281998	260544
城　镇	万元	183697	187513	202591	218420	179139
农　村	万元	36616	59317	64964	63578	81405
八、交　通						
1. 公路货物周转量	万吨公里	15657	14893	12138	8001	3959
2. 公路旅客周转量	万人公里	16230	17745	16969	18473	15863
九、财　政						
地方财政收入	万元	121314	142650	138156	147266	170714
地方财政支出	万元	410769	370592	437229	436665	449238
十、金　融						
存款年末余额	万元	1017755	1042437	1174028	1075786	1244419
贷款年末余额	万元	401439	461232	489394	499143	872463
十一、职工工资						
在岗职工工资总额	千元	1411320	1423260	1601879	1818730	1904740

续表 2

指标名称	单位	2016 年	2017 年	2018 年	2019 年	2020 年
在岗职工年平均工资	元	66365	70556	75173	88177	93291
十二、农民人均纯收入	元	11532	12650	13707	14817	15921
十三、教 育						
在校学生	人	41220	41933	42672	42919	43333
中等专业学校	人	830	982	1053	1228	1395
中 学	人	12671	13088	13607	13659	13696
小 学	人	19358	19192	19479	19938	19846
十四、卫 生						
卫生机构病床数	张	840	889	879	875	861
卫生技术人员数	人	1772	1806	1862	1904	1979

地 理

【区域位置】昌江黎族自治县位于海南岛西北偏西部，地跨北纬18° 53′—19° 30′、东经108° 38′—109° 17′。东与白沙黎族自治县毗邻，南与乐东黎族自治县接壤，西南与东方市以昌化江为界对峙相望，西北濒临北部湾，东北部隔珠碧江同儋州市相连。版图狭长，南北长 75 公里，东西宽平均 21.5 公里，辖区总面积 1621 平方公里。

【地势地貌】昌江黎族自治县属海南岛地层区西北分区，地层多样，出露地层分下古生界、上古生界、中生界、新生界四大类。地势复杂，分为海岸、陆地、岩溶、水面四种地貌。地势东高西低，自西北海面、海拔 30 米向东南逐级上升达 1654 米，形成西北平原、中部台地、东南山地的背山面海的地理环境。猕猴岭位于县南端与乐东县交界处，为全县最高峰。海拔 300 米以上山峰 57 座，其中海拔 1000 米以上的山峰有雅加大岭、金牛岭、狗岭、毫肉岭、霸王岭、戈枕岭、峨理岭、旧林岭、燕窝岭等 24 座。

【河流】昌江黎族自治县背山面海，河流遍布全县。除昌化江和珠碧江两大河流分别从本县南北边界流入北部湾外，境内主要河流有南尧河、七叉河、郎代界河、乙劳河、石碌河、青山河、纳风河、沙地河、卡叉河、靛村河、南罗河、保突河、昌化江、珠碧江，共 14 条。河流总长 244.35 公里，河内积水面积在 100 平方公里的河流有 4 条。

昌化江发源于五指山北麓的琼中黎族苗族自治县空示岭，干流流经琼中、乐东、昌江、东方等市县而注入昌江南部边界，于咸田港和英潮港入海，全长 232 公里，其中县境流程 62 公里，流域集雨面积 5150 平方公里，总落差 1614 米，平均坡降 0.41%—1.21%，多年平均径流量 41.7 亿立方米。

珠碧江发源于白沙黎族自治县的南高岭，河长 84 公里，其中在本县与儋州市交界的河长为 11.5 公里，平均坡降 0.002%，总落差 598 米。支流共 7 条，其中县境 2 条，为南罗河、保突河。流域集雨面积境内为 231.2 平方公里。

石碌河属于昌化江支流，全长 60 公里，集水面积 546 平方公里，从本县中部流过，在叉河汇入昌化江。石碌河的中游建设有一座石碌水库，蓄水量达 1.42 亿立方米，灌溉农田面积 8 万亩，还担负着海南矿业公司工业用水、海南核电公司发电及饮用水、石碌镇县城居民的生活饮水。

气　候

【概况】昌江黎族自治县地处热带北缘，属热带季风气候，但又紧接东亚大陆南缘，受大陆性气候的影响，具有明显的大陆性岛屿气候特点。冬季盛行东北季风，夏季盛行东南季风。干湿季节明显，每年5—11月为雨季，12月至翌年4月为旱季。年平均降水量1395毫米，年降水量902—1805.4毫米，大部分地区年降水量1200—1700毫米，东南部山区降水多，西部沿海地区降水少。5—11月为台风及热带风暴季节，8—9月为台风及热带风暴盛期。受台风及热带风暴影响比较重的地区是西北部沿海地区的海尾、昌化、乌烈一带。昌江全年日照时数为2000—2600小时，年平均气温为24.1℃—25.1℃。最冷月1月，平均气温17.5℃—19.7℃。最热月7月，平均气温28.1℃—29.5℃。历年来出现的极端最低气温为1.5℃—4.2℃，极端最高气温为37.5℃—41.5℃。温差最大的地区是七叉镇和十月田镇。

【气候特征】2020年，昌江县年平均气温偏高，年日照时数正常，年降水量偏少；雨季开始于7月中旬，属偏晚年份，结束于10月中旬，属偏早年份；受4个热带气旋影响，属偏少年份，影响程度一般；全年仅出现2天暴雨天气；年内出现4次不同程度干旱天气过程，对农作物生长不利。

气温　全年平均气温26.6℃，比历年平均值偏高1.7℃。极端最高气温为39.8℃，出现在4月21日；极端最低气温为11.7℃，出现在2月8日。全年气温变化与历年同期比较均有不同程度的偏高，其中8月和9月平均气温偏高0.7℃，其余月份月平均气温偏高1.1℃—3.8℃。

降水　年降水日数118天，全年降水量1056.4毫米，与历年相比偏少37.6%。降水时空分布不均，汛期（7—10月）降水量809.8毫米，占全年的76.8%；全年各月降水量与历年同期相比较：5月和12月降水异常偏少，3月和6月降水明显偏少，4月、7月和8月降水偏少，11月降水偏多，1月和2月降水异常偏多，9月和10月降水正常；日最大降水量出现在8月20日，日降水量为64.8毫米。

日照时数　全年日照时数2014.5小时，比历年平均值偏少7%。各月日照时数的变化特点：5月日照偏多，10月日照明显偏少，4月、8月、11月和12月日照偏少，其余月份正常。

【重大气候事件】2020年，昌江境内雨季开始异常偏晚，结束偏早，7月中旬开始，10月中旬结束。初台正常，终台异常偏晚，热带气旋影响一般。冬春干旱，对生产和生活不利。2020年，出现4次不同程度的干旱天气过程。

资　源

【土地】昌江黎族自治县土地资源丰富，发展生产潜力大。截至2020年年底，全县土地面积162050.58公顷，耕地37277.23公顷，占土地面积的23.00%。其中，水田13380.19公顷，旱地23897.04公顷。园地面积共18945.60公顷，占土地面积的11.69%，其中果园4061.69公顷、其他园地面积14883.91公顷。林地面积84748.64公顷，占土地面积的52.30%。牧草地面积2465.03公顷，占土地面积的1.52%。其他农用地3844.89公顷，占土地面积的2.37%。建设用地8072.09公顷，占土地面积的4.98%。未利用土地7036.99公顷，占土地面积的4.34%，其中，其他草地面积339.89公顷、河流水面面积3341.58公顷、沿海滩涂面积1939.88公顷、内陆滩涂面积1247.39公顷、沙地44.84公顷、裸地123.41公顷。

土壤类型多样，有10个土类、19个亚类、46个土属、122个土种。土类主要有山地黄壤、砖红壤性红壤（亦红壤）、砖红壤、沉积燥红土、滨海沙土、水稻土、盐渍土等。山地黄壤划为山地黄壤和灰化黄壤2个亚类，分布在王下及七叉内的山地，海拔750—1200米地带，面积1.44万公顷。砖红壤性红壤（亦红壤）2个亚类，主要分布在石碌、七叉、王下境内，海拔400—800米的山地，面积2.47万公顷。砖红壤分为砖红壤和褐色砖红壤2个亚类，分布在保梅岭以西三架岭以东的石碌、十月田、叉河等镇内的低丘地带，面积5.23万公顷。燥红土主要分布在沿海地区的海尾、昌化等镇，海拔20—50米的地带，面积2.03万公顷。滨海沙土分布在海尾、昌化等镇的海滨平原及沙滩地带，海拔高度在20米以下，面积0.98万公顷。水稻土属于耕作熟化土壤，全县各乡镇均有。潮沙泥土分布在昌化江和珠碧江下游出海口处，面积0.41万公顷。

【作物】境内作物资源种类繁多。热带作物资源较为丰富，全县有300多种。橡胶、椰子、胡椒、香茅、腰果、剑麻、槟榔等热带作物是昌江的主要作物。橡胶园遍布全县7个乡镇、2个农场社区。经济作物主要有甘蔗、油料和水果。其中，水果种类有芒果、香蕉、珍珠石榴、菠萝蜜、香水菠萝、菠萝、台湾木瓜、火龙果、荔枝、龙眼、阳桃、毛叶枣等。

2020年，全县粮食作物播种面积5096.13公顷，其中水稻播种面积4200公顷。橡胶树年末种植面积14867公顷，水果年末种植面积12437.6公顷，其中芒果种植面积2522.93公顷、香蕉种植面积6592.8公顷。

【矿产】境内矿产资源较为丰富，主要矿藏有铁、铜、钴、金、石灰岩、石英砂、花岗岩等。

2020年末，矿产资源已开采利用的有铁矿、铜矿、金矿、石灰岩、钴、石英砂、花岗岩等。资源开采业成为昌江循环工业经济发展的一个重要产业，全县工业实现增加值37.24亿元，同比下降1.6%。全县规模以上工业完成产值111.10亿元。

【水源】境内水资源充足，大小河流14条，河流长244.35公里，集雨面积1675.75平方公里。海南第二大河——昌化江经本县入海，过境流水量39亿立方米。地表水因境内地形地貌复杂多样，各地降水时空分布上存在着明显差异，时间分配上年际变化，季降水分布极不均，冬春少、夏秋多，东南部山区降水强度大于西北沿海地区。年平均降雨量1395毫米，年降水量22.37亿立方米，年平均径流深582毫米，径流量9.2亿立方米。境内地下水资源，在昌化江出海口附近的杨柳、咸田两村周围比较丰富，其余地方贫乏，孔隙潜水天然降水渗入量一般每天15.3万立方米、每年5600万立方米，可采资源均匀分布井水量每天4.34万立方米、每年1584万立方米；基岩裂隙水天然资源地下径流量每天21.64万立方米、每年7899万立方米。地下水的水质良好，符合国家规定的卫生标准，山区、沿海地区地下水均可开采、打井提水，供人畜使用。

水利基础设施建设经过多年改善，可为农业生产发展提供稳定的水源保障。截至2020年年底，全县有大小水利工程334宗。其中辖区外引水灌溉工程大广坝戈枕昌江干渠1宗，辖区内蓄水工程143宗。其中，大（2）型水库1宗（石碌水库），小（1）型水库10宗，小（2）型及以下蓄水工程132宗。引水工程169宗，提水工程21宗，各宗水库已完成除险加固。全县灌溉工程共有干渠471条，总长648.47公里；支渠（分干）308条，长424.94公里；斗渠1948条，长537.47公里（不含昌江干渠）；农渠1747条，长705.12公里。全县海堤工程有新港防潮堤、昌城防潮堤、杨咸防潮堤、海尾防潮堤、珠碧江下游段左岸防潮堤工程。防洪工程有石碌河工程、南罗河堤防工程。

【植物】境内植物资源种类繁多、资源丰富，是海南省最大天然林区之一，森林覆盖率54%。霸王岭是国家级自然保护区，拥有 29980 公顷的热带原始森林，奇树异木，触目皆是。原始木材种类 1400 多种，经济价值较高的有 76 个科属 460 多种，一类至三类木材有 120 多种，属热带雨林区独有 A 类品材有坡垒、子京、母生、花梨、荔枝。一类至三类木材的活木蓄积量占林区原始林总面积总蓄量的 50%以上。被列为国家级重点保护的珍贵树种有见血封喉、陆均松、红锥、马桐、油丹、竹叶松、绿楠、桢楠、红罗等 27 种。二类木材有南亚松、毛丹、油楠等 30 多种。三类木材有黄杞、鸡毛松、白格、黑格、稠木、乌榄、酸枣、黄檀、黄牛木、无患子等 50 多种。经济树种有芒果、木棉、橡胶、腰果、椰子、石榴、人心果、荔枝、柑橘、油甘等。引进树种有木麻黄、小叶桉、大叶相思、杉树、马占相思、非洲楝、马尾松、油木、刚果桉 12 号、樟树、南洋杉等。此外，还有蕨类、竹类、果类、草类、藤类、花卉、药用植物等。

【南药】境内药材品种有杜仲、灵芝、巴戟、槟榔、良姜、益智、砂仁、沉香、油甘木皮、木棉花、天冬、花梨、穿心莲等 170 余种，主要分布在东南山地，野生居多，也有农家栽种。

【水产】境内淡水、海水面积辽阔，有利于发展鱼类养殖业。全县海岸线长 52 千米，12 海里范围内的海域面积 366.74 平方千米，海域总面积 1189 平方千米，浅海总面积 4893 公顷，滩涂可养殖水面 113.1 公顷。有昌化、海尾、沙鱼塘、新港 4 个天然渔港，鱼类资源丰富。淡水总面积 30526.9 公顷，可养水面积 926.7 公顷。天然湖 3 个，面积 43.3 公顷。海洋水产有鲳鱼、马鲛鱼、鲨鱼、石斑鱼、带鱼、红鱼、铁甲鱼、菜刀鱼、西刀鱼、小公鱼、池泽鱼、青甘鱼、白卜鱼、鲍鱼、海鳗、红三鱼、红线鱼、赤鱼、鲤鱼、鱿鱼、大虾、螃蟹等 30 多种。淡水水产有鲮鱼、斑鱼、花鳗、鲤鱼、泥鳅、鲈鱼、鲩鱼、虾、福寿鱼、淡水鲳、淡水麻鱼等。2020 年，全县水产品总量 7.9 万吨，比上年下降 3.7%。其中，海洋水产品 7.0 万吨，比上年下降 2.8%；内陆水域水产品 0.9 万吨，比上年下降 10%。

全县适宜养殖鲍鱼、鱼、虾、蟹等水产，条件优越。马尾藻分布广、藏量大，常年可打捞。

【海盐】境内海盐资源有开发潜力，盐场主要位于新港珠碧江入海口，面积约 4.67 公顷。

【动物】昌江黎族自治县地域辽阔，境内生长的野生动物有 1000 多种。稀有野生动物有黑冠长臂猿、云豹、坡鹿、水鹿、黑熊、山马、穿山甲、猕猴、果子狸、野猪、狐狸、鹦鹉、鹧鸪、白鹇、飞狐等 24 种。两栖爬行类动物有黑眶蟾蜍、虎纹龟、沼蛙、花细狭口蛙、大绿蛙等 20 多个品种。爬行纲蜥蜴目动物有巨蜥、裸耳飞蜥、斑飞蜥、细鳞树蜥、变色树蜥、壁虎、石龙子等。爬行纲蛇亚目动物有福建丽纹蛇、繁花林蛇、白唇竹叶青蛇、巨型烙铁头蛇、金环蛇、银环蛇、眼镜蛇、翠青蛇、眼镜王蛇等 10 多个品种。珍贵鸟类有孔雀雉、白鹇、山椒鸟、金尾啄木鸟、猫头鹰、海南原鸡、鹦鹉等 50 多个品种。2004 年，国家已在昌江县保梅岭林区建立海南坡鹿保护区，面积 133.3 公顷。至 2020 年，霸王岭自然保护区有稀有野生保护物种海南长臂猿 33 只。

【能源】境内有海南昌江核电站 1 座。全县水力资源理论储量 38545 千瓦，可供开发的水能资源 2900 千瓦。海滨风力资源开发风力发电潜力很大，总面积 9 平方公里，可装机规模在 10 万千瓦—15 万千瓦。2020 年底，昌江境内有 220 千伏变电站 2 座、110 千伏变电站 3 座、35 千伏变电站 5 座，均归属儋州供电局管理。其中，110 千伏变电站 3 座，均为双电源供电，总容量 20.3 万千伏安，容载比 1.9；35 千伏变站 5 座（2 座为双电源供电，3 座为单电源供电），总容量 6.12 万千伏安，容载比 2.2；35 千伏线路 8 条总长 150.78 公里，归属儋州供电局管理；10 千伏公用线路 57 条，10 千伏公用线路 1571.63 公里。10 千伏变压器 1829 台，容量

99.73万千伏安。其中，公变695台，容量17.10万千伏安；专变1134台，容量82.63万千伏安。低压配网线路为1664公里，绝缘率100%。昌江供电局的用电户数65896户，其中重要用户3户，为220千伏棋子湾电站牵引站、海南高速铁路有限公司（棋子湾站）、海南省辐射环境监测站，均配备自动发电机。用电大户主要有华润水泥厂、海南选矿厂、核电生产用电、高铁站，占全县总电量的38.78%。

截至2020年末，全县发电量绝对数97.61亿千瓦时，比上年同期减少1.8%。

【旅游】 昌江黎族自治县天然旅游资源尤为丰富。山区风貌有皇帝洞、霸王岭热带雨林、七叉温泉、海南长臂猿自然保护区、雅加大岭瀑布、燕窝岭和石碌水库以及昌化江木棉红等。沿海胜景有昌化大岭、棋子湾、海尾湿地公园等。远古遗址有钱铁洞、信冲洞、燕窝岭等。截至2020年年底，有星级酒店有棋子湾开元度假村、海南希望·棋子湾家园度假酒店、霸王岭度假村、银湾美高梅酒店、昌江迎宾馆、松之光酒店等。棋子湾旅游度假区一批服务项目正在建设中，棋子湾旅游度假区跻身“海南十大最美海湾”。海南热带雨林国家公园（霸王岭）获批国家AAA级旅游景区，成功实现昌江县A级景区“零的突破”。

2020年，开展“中国第一黎乡”——王下乡·黎花里主题旅游活动。全县总接待游客85.57万人次，同比下降35.3%；实现旅游总收入6.25亿元，同比下降13.6%。其中，过夜游客65.63万人次，同比下降35.2%；过夜旅游收入4.10亿元，同比下降35.7%。

【自然灾害】 昌江黎族自治县属典型的干湿交替的热带季风气候。据历史记载，主要常见的自然灾害有干旱、热带气旋和暴雨、西南干热风、低温阴雨、雷击、清明风、寒露风、病虫害等灾害。

干旱灾害常年发生有冬春旱和秋旱，旱期为每年11月至次年4月。某些年份出现夏旱、秋旱连冬旱。从历史资料来看，冬春连旱年年有，小旱的年份占多数。西南干热风是春夏之交出现的干热西南风。西南干热风的出现，西南半部早于东北半部，沿海早于山区。西南干热风天气于2—6月均可出现，对早稻影响较为严重，境内每年都有大小不同的热带气旋及暴雨的影响，平均每年3.3次，7—10月的台风数最多。

低温阴雨天气是冬春期间受北方冷空气南下影响而出现的一种灾害性天气。标准：日平均气温≤13℃，持续≥3天；或日平均气温≤15℃，日照时数≤2小时，且持续≥4天或日极端最低气温≤8℃，持续≥3天，或日极端最低气温≤6℃，持续≥2天，达其中之一则算为一次达程。低温阴雨天气可导致农作物烂种死苗，有些耕牛、淡水鱼类也因阴冷致死。常年出现低温阴雨在历年12月至次年2月（个别年份为11月底至次年3月初）。

影响昌江县的清明风频率最高的是3月初，为34.6%。其次为3月底，频率为19.2%。80%保证率稳定通过清明风天气期是4月1—20日。影响昌江县的寒露风天气频率最大是11月中旬，为23.8%。其次为10月底，频率是11.9%。80%保证率稳定通过寒露风天气期是10月1—20日。病虫害每年均有发生，主要的病虫害有三化螟、纵卷叶虫、稻飞虱、东亚蝗虫等。

人口·民族·语言

【人口】 截至2020年年底，全县总户数67404户，户籍总人口256570人，其中，男性134858人，占52.56%；女性121712人，占47.44%。年末全县出生3698人，死亡1090人。

人口分布。西北部沿海较稠密，东南山区较稀少。石碌镇总人口92708人，3万人以上的有乌烈镇、海尾镇，2万人以下的有昌化镇、叉河镇、七叉镇、王下乡。全县人口平均密度为158.7人/平方公里。

【民族】 昌江聚居的民族主要有汉族、黎族等。其中，汉族148722人，占总人口的57.97%；黎族105398人，占总人口的41.08%；其他民族2450人，占总人口的0.95%。汉族主要分布在县城的石碌镇以及昌化、海尾、乌烈等镇。黎族主要分布在王下乡和七叉、叉河、十月田、石碌、乌烈等镇。

【语言】 昌江居民日常操用的语言主要有普通话、黎话、军话、村话、苗话、儋州话、海南话、临高话、广东话等。普通话推广较普遍，可通行。

黎话 主要分布在石碌镇的保梅、水头、牙营、保突、山竹沟、水富、片石、尖岭、香岭等村，叉河镇的叉河、老羊地、排岸、老宏、唐村等村，十月田镇的王炸、保平、塘坊、好清、沙田、才地、万善等村，乌烈镇的峨沟、峨港、白石等村，七叉镇的重合、七叉、尼下、乙洞、乙劳、乙在、大章、大仍、红峰等村，王下乡的三派、钱铁、大炎、洪水等村。全县使用黎语的人数约有7.21万人。

军话 主要分布在乌烈镇的乌烈、纳凤、长塘、道隆等村，海尾镇的沙地、打显等村，昌化镇的昌城、杨柳、新城、咸田等村，十月田镇的姜园村。全县约有3.13万人使用军话。

村话 主要分布在海尾镇的白沙、进董等村，叉河镇的红阳村，昌化镇的浪炳、光田、旧县、黄姜、耐村、大风等村。全县约有2.15万人使用村话。

苗话 分布在七叉镇的七叉村。全县有212人使用苗话。

儋州话 主要分布在石碌镇儋州街居民委员会，海尾镇的海尾社区、沙鱼塘社区、海农村、五大村、南罗村、新港村社区、长山村、大安村、三联村、五联村等。全县约有2.81万人使用儋州话。

海南话 主要分布在县城石碌镇以及昌化镇的昌化社区、昌城村、先田村等。全县约有5.2万人使用海南话。

临高话 主要分布在昌化镇的昌化社区，海尾镇的海尾社区、沙渔塘社区等。全县有8013人使用临高话。

广东话 主要分布在海尾镇的新港社区。全县有3723人使用广东话。

昌江黎族自治县领导机关

中国共产党昌江黎族自治县委员会

【经济工作会议】 1月9日，2020年县委经济工作会议召开，深入贯彻中央和省委经济工作会议精神，总结部署全县经济工作。会议提出，2020年经济工作会议总体要求是：以习近平新时代中国特色社会主义思想为指导，全面贯彻党的十九届四中全会、省委七届七次全会精神，紧扣全面建成小康社会的总目标，围绕海南自由贸易港建设的总任务，以中央、省委经济工作会议精神为引领，突出高质量发展，坚持稳中求进总基调，坚持新发展理念，坚持以供给侧结构性改革为主线，坚持以改革创新为动力，全力建设"五地两县"，壮大热带特色高效农业与全域旅游，做强清洁能源产业，培育发展特色文化产业和现代海洋渔业，全力打造一流营商环境，全力创建全国文明城市，加快实施乡村振兴，加快补齐民生短板，加快推进生态文明建设，全面巩固脱贫攻坚成果，奋力开创新时代"山海黎乡大花园"建设新局面，确保经济持续健康发展和社会大局稳定，确保全面建成小康社会和"十三五"规划圆满收官。2020年昌江县经济社会发展的主要目标是：全县地区生产总值增长6.5%，地方公共财政预算收入增长8%，固定资产投资增长10%，社会消费品零售总额增长10%，城乡居民人均可支配收入分别增长8%、8.5%。县委、县人大、县政府、县政协班子领导成员、县人民法院院长、县人民检察院检察长、昌江工管委主任；各乡镇党政主要负责人；县委各部门、县级国家机关各部门、各人民团体、企事业各单位，省驻县有关单位主要负责人；驻县军警部队主要负责人；部分企业主要负责人和海南省福建商会昌江理事会、昌江县赣商联合会、昌化镇商会负责人参加会议。

【新冠肺炎疫情防控部署会议】 1月23日，全县新型冠状病毒肺炎疫情防控部署会议召开。会议传达学习习近平总书记关于新型冠状病毒感染的肺炎疫情重要指示精神和李克强总理批示要求，研究部署昌江县相关防控工作。会议要求：一是高度重视，加强防范。全县上下要加强统一领导、统一协调、统一部署，全力以赴做好相关防控工作。要成立以林谟谐县长为指挥长的全县联防联控指挥部，并设立专家组，组织全县医疗专家队伍共同做好各项防控工作。二是做好预案，明确各部门职责任务。各部门要各司其职，按照预案切实履行防控职责，做到全覆盖、不遗漏，保证各项防控措施到位、责任到人。三是加强监测，妥善处理。相关部门要做好密切接触者医学观察和管理。四是要加强救治，做好充分准备。医疗机构要有疫情应急预案，一经发现疫情要立即采取隔离救治措施。要配足医疗救治队伍力量和药品、器械等物资，同时要做好医院防控工作，加强医护人员自身安全防护。五是做好疫情应对信息报送工作。要24小时值班，及时掌握情况，如有疫情要立即隔离救治并向县里及省里上报相关情况。六是加强舆论引导，及时转载省里发布的疫情信息，以及科学宣传健康防疫知识，提高公众自我保护意识，维护社会大局稳定，确保人民群众度过一个安稳的新春佳节。县直机关各部门、各乡镇主要负责人参加会议。

【全面建成小康社会誓师大会】6月5日，全县“背水一战”高质量决胜脱贫攻坚收官战暨全面建成小康社会誓师大会召开。会议深入学习贯彻中央和省委重要精神和决策部署，分析昌江县脱贫攻坚当前形势，研究部署下半年工作任务。会议指出，2020年无论对于全国、全省，还是对于昌江来说，都是具有里程碑意义的一年，脱贫攻坚战、全面建成小康走到了决战决胜的关键阶段，海南自由贸易港建设正式扬帆起航。全县上下要拿出“背水一战”的决心和决战决胜的劲头，坚决高质量打赢脱贫攻坚战，为加快推进海南自由贸易港建设做贡献。会议要求：一是胜利在望未全功，大家要绷紧弦背水一战，不获全胜决不收兵。要盯紧盯牢脱贫攻坚的每一个环节、对标对表每一项指标、压紧压实每一级责任，查漏补缺、担当作为，以坚决执行的政治自觉、坚决落实的鲜明态度、坚决完成的必胜信念，确保高质量打赢脱贫攻坚收官战，向中央、省委交出一份满意答卷。二是瞄准目标、聚焦重点，下足“绣花功夫”，一鼓作气攻克最后堡垒。要压紧压实全员责任，全力提高保障水平，确保群众增收稳定持续。三是严明号令、铁律督战，为决战决胜脱贫攻坚提供坚强保障。要优化工作作风，强化督导考核，加强资金项目监管，一旦发现任何腐败问题或不正之风，县委必将严惩不贷。县委各部门、县级国家机关各部门、各人民团体、县属企事业各单位、省驻县有关单位的主要负责人，各乡镇党委书记，扶贫企业负责人，县直机关、企业脱贫攻坚代表，县直机关脱贫攻坚先进个人和脱贫之星代表参加会议。

【创建全国文明城市动员大会】2月20日，全县精神文明建设表彰暨创建全国文明城市动员大会举行。会议全面总结昌江县精神文明建设特别是文明城市创建的成果与经验，对精神文明建设战线上涌现出来的62个先进集体和个人进行表彰，研究部署未来3年“创文巩卫”重点任务。会议指出，开展精神文明建设，特别是创建全国文明城市，既是构建和谐社会的重要推动力，更是全面优化营商环境、提高城市竞争力的重要举措，也是昌江县全方位融入海南自贸港建设、推动经济社会高质量发展的现实需要，是回应全县26万名群众对美好生活的殷切期待。会议强调，一是总结成绩，坚定创建全国文明城市的信心和决心。要充分发扬上一轮创建的良好经验和做法，瞄准短板发力，扎实推进全面创建、全民创建，不折不扣落实好各项创建工作任务，确保摘下全国文明城市桂冠。二是锚定目标，以更高标准开启新一轮“创文巩卫”行动。要全力激活创建主力军，确保群众参与率和满意度达90%以上；要全面提升精神文明建设水平，着力培育形成向上向善、健康文明的社会新风尚；要补齐补牢基础设施短板，全面提升城市形象品位；要推进城市管理精细化，增强共建共治的行动自觉。三是强化保障，以更高效率更实作风确保“创文巩卫”责任落实。要健全制度保障，强化作风保障，注重方式方法。

【县委农村工作会议】3月9日，县委农村工作电视电话会议室召开。会议总结昌江县2019年农业农村工作，全面部署2020年工作任务。会议强调：2020年党中央重农强农继续响鼓重槌，省委冲刺全面小康的号角已经吹响，全县要深刻认识做好2020年“三农”工作的特殊重要性，紧密团结在以习近平同志为核心的党中央周围，坚持省委领导，坚决贯彻落实中央、省委关于“三农”工作的决策部署，坚定信心、万众一心加油干，坚决打赢疫情防控阻击战和脱贫攻坚战，为决胜全面建成小康社会、实现第一个百年奋斗目标，为海南加快推进自由贸易港建设做出昌江应有贡献。会议要求：一是要进一步提高思想认识，切实增强做好“三农”工作的责任感和紧迫感。各乡镇、各部门要再次认真学习领会此次会议精神，自觉提高政治站位，切实把思想和行动统一到县委、县政府关于“三农”工作的决策部署上来。二是要落实落细“三农”领域的各项工作。各职能部门要严格按照会前印发的2020年“三农”工作要点及实施方案，抓好责任分解，层层落实责任，齐心协力推动“三农”各项工作落地见效，为如期实现全面建成小康社会目标，建设海南自由贸易港和新时代“山海黎乡大花园”贡献力量。会上，县委组织部、县林业局、十月田镇、海尾镇、海南生产队网络科技有限公司、昌江德红生态农业发展有限公司等单位、乡镇和企业代表作了发言，分别介绍了各自领域工作的做法和成果。县委农村工作领导小组成员，各乡镇党委书记参加会议。

【县委政法工作会议】4月30日，召开2020年县委政法工作暨全县组织宣传思想工作电视电话会议，进一步深入贯彻落实习近平新时代中国特色社会主义思想，特别是习近平总书记对政法、组织、宣传工作的重要指示和重要批示精神，全面落实中央、省委政法工作会议，全国、全省组织部部长会议和宣传部部长会议精神，回顾总结2019年昌江县政法、组织、宣传思想工作成绩，科学研判2020年工作形势并部署下一阶段工作。县委各部门，县级国家机关各部门、各人民团体，县属企事业单位，省驻县各有关单位主要负责人，各乡镇党委书记参加会议。

【第十二届委员会第十二次全体会议】12月29日，中共昌江黎族自治县第十二届委员会第十二次全体会议召开。全会听取第十二届常委会作《奋勇搏击海南自贸港建设新征程 高质量续写“山海黎乡大花园”时代新章》的工作报告，总结回顾“十三五”昌江整体工作情况；作《中共昌江黎族自治县委关于制定国民经济和社会发展第十四个五年规划和二〇三五年远景目标的建议（讨论稿）》起草说明，部署“十四五”工作任务。

全会认为，五年里，昌江真学笃行、激浊扬清，山清水秀的政治生态得到巩固发展；总揽全局、广汇群力，同心共进的强大力量凝聚释放；决战贫困、攻克堡垒，一个不少的庄严承诺如期兑现；起势布局、调优结构，高质高效的产业体系初显雏形；勇涉险滩、敢闯敢试，创新发展的动力活力持续迸发；守牢红线、逐绿前行，宜居宜业的优美环境魅力彰显；对标一流、健全机制，优质高效的发展环境逐步形成；普惠民生、增进福祉，广大群众的幸福指数节节攀升；铁拳重锤、创新治理，和谐稳定的平安高地牢牢筑起。五年里，昌江确立并不断发展新时代“山海黎乡大花园”总体目标与“五地两县”发展格局，谋划推动“春赏木棉红、夏品芒果香、秋游棋子湾、冬登霸王岭”“清洁能源产业园”“十大特色种养业”“四大国字号公园”等产业主攻方向，使昌江经济社会全面迈向高质量、高速度发展，地区生产总值突破100亿元大关，36个贫困村、23424名农村贫困人口实现脱贫出列；同时，一举铲除全省最大的黑恶团伙，拿下国家卫生县城、全国未成年人思想道德建设工作先进城市等荣誉称号，营商环境、政治生态实现大提升；基本公共服务提质升级，医疗集团改革等民生工程不断释放红利等。全会提出了2021年经济社会发展的主要预期目标。全会强调，在2021年的工作任务中要紧扣目标、接续奋斗：一是推进全面从严治党，营造更加清朗的政治生态。要全面提升政治领导力、思想引领力、组织战斗力和纪律执行力。二是加快创新转型步伐，建设更具竞争力的经济体系。要以改革创新为动力，增强转型发展后劲；以国际一流为标准，打造营商环境高地；以五地格局为目标，推动产业优化升级。三是促进社会全面进步，构建共建共治共享治理格局。要打造更高品质的基本公共服务均等化示范县；建设更高水平的“平安昌江”；创建更高水准的“文明昌江”。四是擦亮绿色发展底色，树立生态文明示范标杆。要强力治理生态环境突出问题；全面提升生态环境整体质量；健全生态文明建设长效机制。五是统筹城乡融合发展，持续增进广大群众福祉。要全面加快乡村振兴步伐；构建现代化基础设施体系；打造全民共享的“文化昌江”。现职县级领导干部，县级离退休老同志代表，昌江县出席省第七次党代会代表，县纪委常委，各乡镇党委书记、乡镇长，县委各部门、县级国家机关各部门、各人民团体、县属企事业各单位、省驻县有关单位和部分重点企业主要负责人，驻县军警部队负责同志，各民主党派负责人，部分县十二次党代会基层代表列席会议。

【“我为加快推进海南自贸港建设作贡献”活动】组织党员干部学习自贸港建设总体方案并集中测试，制定21条贯彻落实措施，围绕“自贸港建设暨省委七届八次全会”等专题培训领导干部 6097 人次，通过“送课下乡”深入基层解疑惑、鼓干劲，促使党员干部自觉担当、竞相作为，在全省社会文明大行动、“四好农村路”建设、纪检监察系统案件质量提升、扫黑除恶群众满意度、公共服务质量建设等工作中勇创多项第一。

【新冠肺炎疫情防控和“六稳”“六保”】迅速成立新冠肺炎疫情防控领导指挥机构，派出 3000 名党员干部组成的“先锋队”组织群众联防联控、阻击疫情，用 15 天实现全县无新增确诊病例。出台《支持中小企业共渡难关的十二条措施》等政策，启动“百亿大招商”“项目攻坚突破年”，为企业减免税费 1.4 亿元，派出百名企业联络员靠前服务，推动 22 个重大项目集中签约开工，建省以来投资额最大的核电二期等 82 个重大项目完成投资 51.2 亿元。抓好“一抗三保”，创新推出“蕉农贷”“瓜菜价格指数保险”等金融产品，投入 1100 万元帮助企业、农户运销农产品，发展 36 万亩热带水果瓜菜，建设智慧渔业产业园、万亩花卉基地及 2 个生猪规模养殖基地，切实稳产保供促增收，农林牧渔业增加值预计增长 3%。

【引领带动贫困群众冲刺全面小康】2020 年实现全部贫困户、贫困村脱贫出列，继续投入 1.38 亿元，助力脱贫攻坚跑赢“最后一公里”。围绕产业和就业两个关键，完善龙头企业帮带模式，实行差异化分红，16 家扶贫企业带动全部贫困户收获分红 1746 万元，推动 962 户贫困户自主发展产业，通过“点对点”劳务输出和开发 1180 个公益性岗位让 1.1 万名贫困户就业创业，保障稳定增收。筑牢防贫“保护网”，建立防返贫致贫帮扶机制，“一对一”联系和动态帮扶 12 户监测户、90 户边缘户，为全部贫困户、边缘户等购买防返贫保险，确保不因意外返贫致贫。

【打造高质量发展新引擎】聚力培育壮大清洁能源产业“新支柱”，将高标准建设清洁能源产业园作为头等大事，完善产业园区规划，大力引进上海核电海南服务基地等 2 家头部机构、8 个总投资 77 亿元的新能源新材料项目，推动核电产业累计实现产值 145 亿元。推动全域旅游形成“新优势”，打造四大“国”字号公园，创成霸王岭国家森林公园国家 AAA 级旅游景区、“全国围棋之乡”，建成王下“黎花里”文旅小镇，办好“黎花三里寻”“全国业余围棋公开赛”等活动，带动国庆黄金周全县游客同比增长 52.3%。

【全面践行“绿水青山就是金山银山”理念】完善生态环境保护机制，建立县生态环境保护委员会，出台 7 项工作制度，全面推行河长制、湖长制、林长制，问责 18 名落实环保责任不力的党员干部，压实生态保护责任。创新推行“远程执法 + 联合执法”模式，动态监测污染物排放，提升环境监管效能。抓好中央环保督察、国家海洋督察反馈问题整改，投入 3.3 亿元推进 13 个整改工程，修复 589 亩毁损矿山，强力治理内河污染问题，推动城镇内河水质达到 V 类。加强岸带整治管理，设立全省首个海洋保护中心，全部清退禁养区海水养殖户，实现海岸带违建“零增长”。全力提升生态环境质量，深化“六大专项整治”，持续推进城乡“绿化美化亮化净化彩化”，推进热带雨林国家公园体制试点，大力创建省级森林城市，新增造林 1.2 万亩，全县森林覆盖率达 64.02%。

【打造营商环境新高地】健全营商环境政策体系，出台创一流营商环境“五年行动计划”，持续落实优化营商环境“17 条”等政策，投入 2000 万元支持民营经济发展并表彰“十佳企业”，开展营商环境第三方评估，建立政企联席会、企业联络员和政商交往正负面清单制度，构建亲清政商关系。着力提升服务效能，启动“一枚印章管审批”，实行“综合窗口受理”“容缺受理”，在园区推行“极简审批”，将审批办结时限压缩 74.3% 获企业点赞，“尊商重商亲商爱商扶商”的环境加快形成，吸引吉利集团等大型企业相继进驻，在全省营商环境测评中排名第三。

【民生事业】 教育、医疗服务质量跃升，投入2.45亿元与首都师范大学合作建好木棉学校等优质学校，与武汉大学人民医院合作共建全省首个紧密型医共体，加快药品“五统一”综合改革，建成78个标准化基层医疗机构，创成3个省级健康村示范村。社会保障更有力度，开展“全民健康关爱行动”救助20名重疾患者，投入3100万元建成9家老年人日间照料中心、敬老院，投入4000多万元解决1.4万名困难群众住房、医疗、生活难题。

【社会文明大行动】 城市品位大幅提升，投入7800万元开展创文巩卫行动，组织全县干部常态化开展环境整治、交通劝导和网格联勤，大力实施137个创文项目，整治交通乱象等顽疾，打造木棉公园等城市公园，城市环境更加美丽宜居。全国新时代文明实践中心试点成效明显，全面建成县镇村三级新时代文明实践中心、所、站，打造7个社会主义核心价值观实践基地，打造道隆村、好清村等新时代文明实践示范基地。文明风尚全面树立，高标准建设“植树娘子军”纪念馆，广泛弘扬“植树娘子军”精神，选树“文明家庭”等典范，促使文明之花遍开，获得“全国未成年人思想道德建设工作先进城市”“省级文明城市”“全国文明单位”“全国文明村镇”等荣誉。

【平安昌江建设】 推进扫黑除恶清零攻坚，对建省以来最大的黄某发黑恶团伙196名成员进行审判，依法处置21.44亿元涉案资产。打掉4个涉黑涉恶团伙，实现转办线索、黑恶积案、在逃人员“三个清零”。强力打击各类违法犯罪，打好新一轮禁毒三年大会战、安全生产专项整治三年行动，推动安全事故发生率下降5.1%，禁毒“断梢”专项行动完成率全省第一，获评全国“扫黄打非”先进集体。全力提升治理能力水平，加快社管平台建设，建成公共安全视频联网监控项目，打造镇村综治中心、首支铁警队、军警民联防堡垒，推动镇村专职人民调解员、村居法律顾问全覆盖，全省村居法律顾问现场会在昌江县召开，获评“全国公共法律服务工作先进集体”。

【基层党组织建设】 以十星“两委”和“五星”机关党支部创建为抓手，持续推进基层党组织标准化规范化，打造83个七星以上村“两委”、2个“五星”机关党支部、2个机关党建示范点，转化提升27个软弱涣散党组织，将242名优秀干部、80名村务专员派向乡村振兴一线，投入750万元扶持壮大15个村集体经济，基层战斗堡垒进一步夯实。

【扫黑除恶打伞“五大”专题活动】 启动扫黑除恶打伞“大警示大研讨大反思大整治大提升”专题活动，召开6次全县警示教育大会，举办以案释法警示教育巡回展，组织1万多名干部群众参与警示教育、旁听涉黑涉恶腐败党员干部庭审，各级党组织召开专题民主生活会、组织生活会，对重点行业问题进行排查整治并建章立制，全方位扫清黑恶流毒、净化政治生态，促使发展环境不断优化。2020年，新增市场主体2393户、注册资本48.6亿元。

【腐败惩治】 严格履行党风廉政建设主体责任，研究党风廉政建设和反腐败工作17次，建立新提拔重用干部等到巡察工作中实践锻炼的机制，压紧各级主体责任。严惩58名涉黑涉恶腐败和充当“保护伞”的党员干部，对33个党组织开展政治巡察，将39家县管企业纳入派驻监督范围，对20个公共工程和土地出让项目开展专项巡察，党纪政务处分193名违法违纪党员干部，全面从严治党更加精准有力。

【干部队伍作风】 力戒形式主义、官僚主义，持续发力整治漠视侵害群众利益问题160个、处置322人。持之以恒落实中央八项规定精神，紧盯重要节点，查处违反中央八项规定精神问题144起、党纪政务处分149人。严肃整治“不会为不能为不想为不敢为不真为”问题104个、党纪政务处分106人。深化“三下沉三提升，争创五个一流”活动，推动党员干部转作风、优服务、提效能。

昌江黎族自治县人民代表大会

【概况】2020 年，是全面建成小康社会和“十三五”规划的收官之年，是保障“十四五”顺利起航的奠基之年，是加快推进海南自由贸易港建设的开局之年，也是新时代“山海黎乡大花园”取得重要进展的一年。县人大始终坚持以习近平新时代中国特色社会主义思想为指导，坚决贯彻党的十九大、党的十九届历次全会、习近平总书记“4·13”（习近平在庆祝海南建省办特区 30 周年纪念大会上的讲话）重要讲话和中央 12 号文件精神，习近平总书记在深圳经济特区建立 40 周年庆祝大会上的重要讲话精神，全国两会精神，以及省委第七届八次全会、县委第十二届十一次全会精神，紧紧围绕省委和县委决策部署，聚焦经济社会高质量发展目标，履职尽责、开拓进取，各项工作实现巩固提升，为建设新时代“山海黎乡大花园”做出了积极贡献。一年来，共召开全县人民代表大会 1 次、常委会会议 5 次、主任会议 5 次，听取和审议工作报告 11 个，组织开展专题调研、执法检查 2 项，任免地方国家机关工作人员 43 人次。

【县第十五届人大第六次会议】县第十五届人民代表大会第六次会议于 2020 年 4 月 25 日至 27 日召开，151 名代表出席。会议听取和审议县委副书记、县长林漠谐所作的政府工作报告、县人大常委会主任何顺劲所作的县人大常委会工作报告、县人民法院院长熊大胜所作的县人民法院工作报告、县人民检察院检察长黄杨所作的县人民检察院工作报告，会议表决通过了昌江黎族自治县第十五届人民代表大会第六次会议关于县政府工作报告、计划报告、预算报告、县人大常委会工作报告、县法院工作报告以及县检察院工作报告的决议；表决通过了《昌江黎族自治县棋子湾景观石保护条例》的决议。会议补选了县人民检察院检察长和县第十五届人大常委会委员，陈雄当选为昌江黎族自治县人民检察院检察长，麦惠、杨潇、汪启东、陈红梅、胡昌月、钟波、符成昌、梁启强、颜和德当选为昌江黎族自治县第十五届人大常委会委员。会议表决通过县第十五届人大社会建设委员会主任委员、副主任委员名单，黎吉维为县人大社会建设委员会主任委员，钟波为县人大社会建设委员会副主任委员。

【县第十五届人大常委会会议】2020 年，县第十五届人大常委会共召开会议 5 次。第二十二次会议于 4 月 17 日召开。会议通过《昌江黎族自治县棋子湾景观石保护条例（草案）》；听取和审议县政府关于 2019 年度法治政府建设情况的报告、县人大常委会执法检查组关于检查《中华人民共和国环境保护法》实施情况的报告；初步审查 2020 年度县本级预算草案初步方案；审议县政府关于 2018 年度县本级国有资产管理情况的综合报告、县政府关于 2018 年度县本级行政事业性国有资产管理情况的专项报告、《昌江黎族自治县人民代表大会常务委员会关于召开昌江黎族自治县第十五届人民代表大会第六次会议的决定（草案）》、《昌江黎族自治县人民代表大会常务委员会工作报告》、《昌江黎族自治县第十五届人民代表大会第六次会议列席人员范围（草案）》、《昌江黎族自治县第十五届人民代表大会第六次会议主席团和秘书长名单（草案）》、《昌江黎族自治县第十五届人民代表大会第六次会议计划和预算审查委员会组成人员名单（草案）》、《昌江黎族自治县第十五届人民代表大会第六次会议议案审查委员会组成人员名单（草案）》；审议通过关于个别代表的代表资格的报告，本次县人民代表大会个别代表的代表资格变动后，县第十五届人民代表大会实有代表 167 人；审议通过人事任免案。

第二十三次会议于 6 月 29 日召开。会议审议通过县人大常委会主任会议关于提请审议接受辞职人员辞职请求的议案以及人事任免事项；审议通过关于个别代表的代表资格的报告，本次县人民代表大会个别代表的代表资格变动后，县第十五届人民代表大会实有代表 161 人。

第二十四次会议于 9 月 11 日召开。会议审议通过关于公布施行《昌江黎族自治县棋子湾景观石保护条例》的议案以及人事任免事项。

第二十五次会议于10月19日召开。会议审查和批准2019年县本级财政决算以及《昌江黎族自治县2020年财政预算调整方案（草案）》的议案；听取和审议关于昌江黎族自治县2020年上半年国民经济和社会发展计划执行情况报告、关于2020年县本级财政预算调整情况的报告、关于昌江黎族自治县2019年县本级财政决算及2020年上半年预算执行情况的报告、关于昌江黎族自治县2019年度县本级预算执行和其他财政收支的审计工作报告、关于2018年度审计查出问题整改情况的报告；审议通过关于个别代表的代表资格的报告，本次县人民代表大会个别代表的代表资格变动后，县第十五届人民代表大会实有代表160人；审议通过人事任免案。

第二十六次会议于12月30日召开。会议听取和审议县政府《2019年度县本级国有企业资产管理情况的专项报告》《2019年度县本级国有资产管理情况的综合报告》；集中审议关于昌化林场改制情况；审议通过关于个别代表的代表资格的报告，本次县人民代表大会个别代表的代表资格变动后，县第十五届人民代表大会实有代表168人；审议通过人事任免案。

【立法工作】县人大着力发挥在立法工作中的主导作用，努力使立法工作更具有地方特色、更能解决实际问题，以良法促进发展、保障善治。一是对棋子湾景观石的保护方面。针对近年来棋子湾景观石分布范围缩小、数量减少，天然分布的景观石遭到人为破坏和管控执法难等问题，启动了棋子湾景观石保护立法工作，先后开展专题调研3次，认真听取条例（草案）起草工作介绍及其合法性、合理性意见建议，充分吸纳各方面意见建议，进行4次集中修改，形成了送审稿报县委审定，确保所立之法体现党的主张、符合宪法精神、得到人民拥护，最终制定完成《昌江黎族自治县棋子湾景观石保护管理条例》。该条例已于2020年9月11日经县第十五届人大常委会第二十四次会议批准公布施行，并于2020年10月1日正式颁布实施。通过制定景观石保护条例，从立法层面加强源头管控和规范管理，进一步明确了各方主体责任和法律责任，使棋子湾景观石保护管理执法工作更有底气，将对提升棋子湾度假区管理服务质量以及促进棋子湾旅游业可持续发展起到保障作用，是践行“绿水青山就是金山银山”理念的地区人大作为，为推进全县生态文明建设提供助力。二是积极参与省人大立法工作。为配合做好省人大内务司法委、法工委做好《海南省实施〈中华人民共和国野生动物保护法〉办法修正案（草案）》《海南省消防条例（修订草案）》《海南热带雨林国家公园条例（草案）》《海南省生态保护补偿条例（草案）》等15部法律法规征求修改意见工作，通过召开有关部门负责人座谈会、印发草案书面征求意见等形式，对征求到的意见、建议，及时向省人大常委会作反馈。此外，参加省人大立法工作座谈会4次；协助省人大在昌江县召开了法规征求意见和“七五”普法工作情况调研现场会。

【监督工作】2020年，县人大牢固树立服务发展的理念，坚持正确依法有效监督，寓支持于监督之中，增强监督刚性，提升监督实效。一是监督推动经济平稳运行。提前介入预算编制，将预算监督“关口”前移，提前介入2020年预算草案编制工作，详细了解预算草案的编制情况和政府活动的政策取向，召开专题座谈会、形势分析会和代表视察等活动，听取各方面对预算编制的意见和建议并综合反馈给财政部门及时修改和调整，最后提交县人代会审查通过，增强了预算草案的科学性、合理性；听取审议农经工委关于2018年度县本级国有资产管理情况的综合报告、关于2019年度县本级行政事业性国有资产管理情况的专项报告，听取和审议县政府关于2020年上半年国民经济和社会发展计划执行情况的报告、关于2020年县本级财政预算调整情况的报告、关于2019年县本级财政决算及2020年上半年预算执行情况的报告、关于2019年度县本级预算执行和其他财政收支的审计工作报告、关于2018年度审计查出问题整改情况的报告，并依法做出决议决定，有力支持促进经济社会健康有序发展。二是监督推动稳定就业工作。开展就业促进法执法检查，督促有关部门把贯彻落实就业促进法作为落实“六稳”“六保”工作的重要内容，全面贯彻落实就业促进法有关制度和规定，持续推动经济稳定增长、扩大就业，持续采取积极有效措施稳定就业，持续提升公共服务能力保障就业，不断增强人民群众的获得感、幸福感、安全感。三是监督推动生态文明建设。听取审议县人大常委会执法检查组关于检查《中华人民共和国环境保护法》实施情况的报告，推动全县深入贯彻落实环境保护法，守护好昌江的绿水青山；开展《野生动物保护法》执法检查，督促有关单位严格落实

表 3

2020 年昌江县任免情况表

任免会议名称	任免人员及职务
县第十五届人大常委会第二十二次会议（2020 年 4 月 17 日）	决定任命：吴艺芬为昌江黎族自治县人民政府副县长；钟家梁为昌江黎族自治县政府办公室主任；王斌为昌江黎族自治县发改委主任；罗东为昌江黎族自治县教育局局长；曾令康为昌江黎族自治县统计局局长；刘克胜为昌江黎族自治县行政审批服务局局长。 决定免去：陈业光、林书斌、東庆年的昌江黎族自治县人民政府副县长职务；吉承科的昌江黎族自治县发展和改革委员会主任职务；陈朝强的昌江黎族自治县教育局局长职务；王斌的昌江黎族自治县统计局局长职务。 任命：吴权亨为昌江黎族自治县人大常委会民族宗教与教科文卫工作委员会主任；梁启强为昌江黎族自治县人大常委会农经工作委员会主任；杨潇为昌江黎族自治县人大常委会选举任免联络工作室主任；陈雯文为昌江黎族自治县人大常委会选举任免联络工作室副主任；任命陶美艳、林冬竹为昌江黎族自治县人民法院审判员。 免去：吴权亨的昌江黎族自治县人大常委会选举任免联络工作室主任职务；梁启强的昌江黎族自治县人大常委会农经工作委员会副主任职务；杨潇的昌江黎族自治县人大常委会办公室副主任职务；钟波的昌江黎族自治县人大常委会民族宗教与教科文卫工作委员会副主任职务；麦惠的昌江黎族自治县人大常委会选举任免联络工作室副主任职务；叶仲女的昌江黎族自治县人民法院审判委员会委员、审判员职务；符家荣的昌江黎族自治县人民法院乌烈人民法庭庭长职务；张作骏的昌江黎族自治县人民法院民事审判庭副庭长职务。 决定接受：文海燕、龚定勋、符露敏辞去县人大常委会委员职务（接受以上 3 人辞职后，县十五届人大常委会实有组成人员 20 人）
县第十五届人大常委会第二十三次会议（2020 年 6 月 29 日）	决定任命：钟帅为昌江黎族自治县人民政府副县长。 任命：钟振强为昌江黎族自治县人民法院副院长、审判委员会委员、审判员；王海雄、李林青为昌江黎族自治县第十五届人民代表大会常务委员会民族宗教与教科文卫工委委员；符声聪、郭祖庆为昌江黎族自治县第十五届人民代表大会常务委员会农经工委委员；符浩为昌江黎族自治县人民检察院检察员。 免去：熊大胜的昌江黎族自治县人民法院审判委员会委员、审判员职务；吴权亨的昌江黎族自治县第十五届人民代表大会常务委员会民族宗教和教科文卫工作委员会主任职务；罗东的昌江黎族自治县第十五届人民代表大会常务委员会民族宗教和教科文卫工作委员会委员职务。 决定：钟振强为代理昌江黎族自治县人民法院院长。 接受：陈玉辞去昌江黎族自治县人大常委会副主任职务；熊大胜辞去昌江黎族自治县人民法院院长职务；陈玉、吴权亨、钟飞、张振球、袁芳世辞去昌江黎族自治县第十五届人民代表大会代表职务
县第十五届人大常委会第二十四次会议（2020 年 9 月 11 日）	决定任命：黄华星、张惠红为昌江黎族自治县人民政府副县长；李强为昌江黎族自治县综合行政执法局局长；钟梅姣为昌江黎族自治县第十五届人民代表大会常务委员会民族宗教与教科文卫工作委员会主任；漆振兴为昌江黎族自治县监察委员会专职委员；陈洋为昌江黎族自治县第十五届人民代表大会常务委员会农村经济工作委员会副主任。 免去：王秋玲的昌江黎族自治县人民政府副县长职务
县第十五届人大常委会第二十五次会议（2020 年 10 月 19日）	决定任命：罗浩捷为昌江黎族自治县应急管理局局长。 决定免去：符群全的昌江黎族自治县应急管理局局长职务
县第十五届人大常委会第二十六次会议（2020 年 12 月 30 日）	决定任命：李建辉为昌江黎族自治县人民政府副县长；王之海为昌江黎族自治县卫生健康委员会主任；吴相怡为昌江黎族自治县医疗保障局局长。 决定免去：郭振彪的昌江黎族自治县卫生健康委员会主任职务；王之海的昌江黎族自治县医疗保障局局长职务。 任命：孙志行为昌江黎族自治县人民检察院检察委员会委员

法律规定，加大法治宣传教育力度，依法保护野生动物，健全和完善公共卫生法治体系，引导全社会形成敬畏自然、尊重生命的观念，革除滥食野生动物陋习、养成科学健康文明生活方式，从源头上控制重大公共卫生风险；协助全国人大到昌江开展热带雨林国家公园体制试点情况进行专题调研，推动筑牢全县绿色生态屏障，齐心协力精心呵护好得天独厚的生态环境，为海南自贸港建设奠定坚实的生态基础；配合省人大跟踪检查环保巡视发现问题整改落实情况，开展农村污水处理设施建设运营情况调研，推动环境卫生整治提质增效，不断夯实生态文明建设基础；配合省人大开展土壤污染防治法执法检查，督促有关单位把各项法律制度和责任真正落实到位，推动土壤污染防治法在昌江县全面有效实施，为生态强县建设奠定深厚的社会基础。四是监督推动法治昌江建设。听取审议县政府关于2019年法治政府建设情况的报告，督促县政府进一步细化工作目标，对标对表补齐短板；紧扣群众关切，高质量推进平安昌江建设，大力支持扫黑除恶专项斗争，组织代表开展扫黑除恶视察活动，引导发动干部群众积极参与，以开展扫黑除恶打伞“五大”专题活动为重点，净化政治生态，提升群众安全感；把推进“最多跑一次”改革作为法治政府建设的重点工作，切实做到让信息多跑路、群众少跑腿，提升政府治理和服务水平，改善营商环境；开展反不正当竞争法执法检查，致力推动建立统一开放、竞争有序的市场体系、构建公平竞争的市场环境，促进法治化、市场化营商环境进一步趋优向好。

【人事任免】2020年，县人大自觉服从县委的领导，完善和落实请示报告制度，主动服务县委中心工作，确保常委会工作与县委决策同频共振、同向发力。坚持党管干部原则与人大依法任免相统一，确保县委推荐的干部人选通过法定程序成为昌江县国家机关领导人员，全年依法任免人大和“一府一委两院”工作人员 43人次，选举县人民检察院检察长1人，补选县人大常委会委员9名、县人大代表11名，全部实现组织意图。

【代表工作】2020年，县人大把尊重代表主体地位、充分发挥代表作用作为人大工作保持生机活力的重要基础，全力为代表履职提供服务保障。一是代表活动有序开展。组织省、县人大代表在闭会期间对昌江县创建习近平总书记“两山”理论实践创新基地、产业扶贫工作、民生事业发展等情况进行集中视察，开展常委会组成人员集中走访联系代表活动，深入各乡镇、驻县企业广泛征集对县政府2021年为民办实事项目安排的意见建议，为代表建言献策提供了良好平台；组织代表开展“建功自贸港，代表做表率”活动，拓展了代表闭会期间履职渠道，丰富了代表履职活动内容。二是建议督办有效加强。坚持从源头上把好代表建议质量关，指导和服务代表依法依规提交建议，提高建议提出质量。将代表在县十五届人大六次会议中提出的115件建议送交县政府研究办理，筛选确定12件涉及民生的代表建议进行重点督办，推动落实承办单位和500多万元办理专项资金，提升代表建议办理工作成效。加大对乡镇“代表之家”创建工作的指导力度，全县8个乡镇“代表之家”全部挂牌成立，并完善相关制度，启动运作，完成了村级代表联络站选点布局工作，代表的归属感、荣誉感有所增强，畅通了百姓反应诉求的渠道。三是服务保障有力提升。坚持年年为代表“充电”，组织县人大代表及干部65人赴浙江大学举办人大代表和干部履职能力提升培训班,以代表团为单位组织全县代表和人大干部分批赴王下乡和霸王岭开展履职能力提升培训班，进一步提高代表和干部依法履职的能力和水平。拓宽代表参与常委会工作渠道，全年共邀请代表26人次列席常委会会议、参加县“十四五”规划纲要意见征求座谈会等各类活动75人次，组织代表旁听法院公开庭审、参与“检察开放日”等活动，实现代表参与常委会活动常态化。为全县160多位代表征订、寄送《中国人大》《海南人大》等学习刊物，为代表履职服务提供有力保障。

【人大自身建设】2020年，县人大牢牢把握坚持党的领导这个重大政治原则，切实增强“四个意识”、坚定“四个自信”、做到“两个维护”，确保人大工作沿着正确政治方向不断前进。一是以高度的政治自觉学习贯彻新思想。深入学习贯彻习近平新时代中国特色社会主义思想，自觉用新思想武装头脑、指导实践、推动工作。认真学习宣传贯彻落实党的十九届五中全会精神，深刻认识我国国家制度和国家治理体系的显著优势，进一步明确坚持和完善人民代表大会制度的重点方向、主要任务、工作要求和重要举措，推动人大制度优势转化为治理效能。二是以强烈的责任担当落实县委决策部署。自觉服从县委的领导，完善和落实请示报告制度，主动服务县委中心工作，确保常委会工作与县委决策同频共振、同向发力。坚持党管干部原则与人大依法任免相统一，确保县委推荐的干部人选通过法定程序成为昌江县国家机关领导人员，全年依法任免人大和“一府一委两院”工作人员 43 人次，全部实现组织意图。持续用力做好脱贫攻坚和乡村振兴工作，认真开展包点镇村的脱贫攻坚工作，坚持扶贫与扶志扶智相结合，不断提升驻点镇村的脱贫攻坚和乡村振兴工作成效；参与创建全国文明城市、国家卫生城市等活动，组织机关干部开展入户宣传文明创建活动，按时参加县城交通劝导活动，为创建“全国文明城市”添砖加瓦；加大昌江玉品牌宣传工作，积极与中国玉雕艺术委员会等在京单位协调对接，扎实开展“百花争艳谱华章·昌江玉花卉玉雕主题创作”活动，举办首届“工会杯·昌江玉”雕刻技能大比武活动、2020 年首届盆景·昌江玉展会邀请展等活动，组织昌江玉赴省外举办昌江玉精品全国巡展昆明专场、苏州专场活动，拓展了昌江玉石文化产业发展的空间，为昌江玉石文化产业发展注入新活力，努力推动昌江玉走向产业化、市场化、企业化之路。三是以坚定的制度自信推动地方人大工作。认真落实中央和省、县委关于进一步加强新时代人大工作和建设的部署要求，主动接受省人大常委会的指导和监督，自觉担负起坚持和完善人民代表大会制度这一根本政治制度的重大使命。加强党的建设，层层压实管党治党责任，落实巡视整改要求，抓好培训工作，激励机关干部敢于担当、主动作为。加强组织建设，落实机构改革实施方案，加强社会建设专门委员会建设，明确职责分工，为工作开展打下良好基础。加强作风建设，坚持把调查研究贯穿于立法、监督、代表等工作之中，持续开展“三下沉，三提升，争创五个一流”活动，巩固“五不为”专项整治活动成果，人大工作更接地气、更贴民心。加强人大宣传工作，认真落实意识形态工作责任制，抓好阵地建设，加强组织策划，讲好人大故事，传递人大声音，增强全社会国家根本政治制度自信。指导基层人大工作，坚持乡镇人大列席人大常委会会议制度，上下联动开展监督活动，筑牢全县人大工作“一盘棋”格局。密切工作协同，积极配合上级人大、省内外各市县人大到昌江开展视察调研和考察交流工作，促进了整体工作水平的提高。

（何倩娴）

昌江黎族自治县人民政府

【概况】 2020 年，是昌江发展史上极不平凡的一年。面对新冠肺炎疫情等不利因素影响，县政府坚持以习近平新时代中国特色社会主义思想为指导，在省委省政府和县委的坚强领导下，积极应对“三个大考”、答好“三张答卷”，全力推进新时代“山海黎乡大花园”建设。全国未成年人思想道德建设工作先进城市等 6 个国字号荣誉加身；四好农村路等 33 项工作获得省级以上通报表扬；生态环境、政务服务等 13 项公共服务质量满意度综合测评指标位居全省第一。

【疫情防控】 坚决落实“四早”要求，群防群控、联防联控，仅用 15 天就控制住疫情。坚决贯彻“一抗三保”“扩种增养”等要求，出台超常规举措 32 条、支持中小企业共渡难关 12 条等措施，强力推进各行各业复苏，在全省较早实现复工复产和经济企稳回升。固定资产投资同比增长 1.1%，地方一般公共预算收入同比增长 12.4%，城乡居民人均可支配收入分别同比增长 3%和 7.5%；地区生产总值、社会消费品零售总额等指标逐季向好，呈“V”字形反转态势。77 个省县重点项目超额完成年度投资计划，20 个投资达 39.4 亿元的自贸港项目集中开工或签约，为“十四五”经济结构持续优化打下坚实基础。

【产业转型升级】积极探索资源枯竭型城市转型发展之路，立足昌江优势，着力培育重点产业。清洁能源高新技术产业发展势头良好，产业发展规划编制、产业联盟组建等工作顺利完成，上海核电海南服务基地等头部机构成功落户，预期产值达 300 多亿元的 8 个先导性项目成功签约，清洁能源高新技术产业被写进省委省政府“十四五”规划建议和纲要，并列入省政府 2021 年工作计划。全域旅游发展提质增效，率先在全省编制完成县域文旅融合发展总体策划及概念性空间规划，霸王岭国家森林公园创成全县首个国家 AAA 级旅游景区，“夏品芒果香·黎花三里游”一举打响“中国第一黎乡”品牌，全国围棋业余公开赛等旅文活动成功举办，全国围棋之乡、“中国西海岸·海南棋子湾”等美誉花落昌江。热带特色高效农业发展迅猛，国家级扶贫产业专家服务基地挂牌成立，2 个南繁产业项目开工建设，6 个省级现代农业产业园成功创建，6 个绿色无公害、2 个地理标志农产品成功注册。花卉产业、深海养殖、智慧渔业等发展思路得到省领导肯定。资源枯竭型城市转型发展经验被《人民日报》深度报道。

【生态建设】投入 3.6 亿元推进中央环保督察、国家海洋督察反馈问题整改，开工建设 7 个乡镇（园区）污水处理项目，全部清退 1205 亩禁养区养殖塘，实现内河水质稳定达标、海岸带违建“零增长”，全部办结两轮中央环保督察和国家海洋督察交办信访件，有序推进省委百日大督察整改。空气、地表水等环境质量保持总体优良，“两违”处置年度任务全面完成。禁塑、清洁能源汽车等标志性项目推进顺利，清洁能源汽车购置量超额完成年度任务。

【民生保障】全县 36 个贫困村及 2.3 万名贫困人口全部脱贫退出，脱贫攻坚取得决定性胜利。城镇登记失业率 1.84%，远低于省要求 4%目标。企业产业带动帮扶实现全覆盖，1.1 万名贫困劳动力外出务工、同比增长 114%，扶贫农产品销售近 1000 万元，贫困户年人均纯收入达 1.3 万元。180 户城镇困难职工解困。以昌江县教育移民为题材的电影《穿过雨林》完成拍摄。全省首届乡村振兴产业峰会成功举办，王下乡“蝶变”的发展经验为脱贫攻坚同乡村振兴有效衔接提供昌江样板。引进首都师范大学合作创办木棉学校、芒果幼儿园，学前教育“两个比例”走在全省前列。职业教育创新发展，赴浙江青田学习深造的 3 名学生获评浙江省玉石雕刻师称号，昌江玉多件作品荣获全国金奖。全省首家紧密型县域医共体改革稳步推进，81 所基层医疗卫生机构标准化建设全部完工，“7+3”能力建设项目顺利实施，“2020 年每万居民拥有 2 名全科医生”任务提前实现。发放弱势群体生活补贴近 2000 万元。发放物价联动补贴 455 万元，受益群众 9 万人次。

【社会治理】深入推进扫黑除恶清零攻坚战，成功打掉套路贷犯罪涉恶团伙 16 个，处置涉黑资产 21.4 亿元，全省扫黑除恶专项斗争群众感受调查多项指标位居全省前列。新一轮禁毒大会战获评全省先进。平安建设考核获评全省优秀，县“扫黄打非”办获评全国“扫黄打非”先进集体，县司法局荣获全国公共法律服务工作先进集体、全省村（居）法律顾问工作先进单位。

【营商环境优化】深入推进“放管服”改革，工程建设项目全部实现线上审批，市政服务事项实现一窗通办，1808 项政务服务事项实现统一规范，“一枚印章管审批”改革持续推进，便利化程度进一步提高。出台优化营商环境工作措施、规范政商交往正负面清单及企业联络员等制度，减免税费 1.4 亿元，安排促进民营经济和科技创新发展资金 2000 万元，表彰优秀民营企业。营商环境多项指标在省委财经委、省工商联开展的第三方评估中均位居前列，县工商联荣获全国“五好”县级工商联称号。海南核电、昌江城投作为海南省仅入围的2家单位，入选全国经济科技档案创新工作案例企业。

【自身建设】以开展“我为加快推进海南自由贸易港建设作贡献”活动为抓手，持续争创“五个一流”，政务信息、政务公开和政府网站等工作继续保持全省优秀。持续深化政府系统党风廉政建设，深入开展扫黑除恶打伞“五大”专题活动，组织县政府系统领导干部参加扫黑除恶巡回展等纪律教育活动，全力肃清黑恶瘤毒影响。邀请法律顾问列席县政府常务会，聘请专家担任政府顾问，不断提升决策规范化、科学化水平。

（谭琼星）

政协昌江黎族自治县委员会

【概况】2020年，在县委的正确领导下，在县人大和县政府大力支持下，县政协坚持以习近平新时代中国特色社会主义思想为指导，深入贯彻中央、省委和县委政协工作会议精神，牢牢把握团结和民主两大主题，团结引领各党派团体和政协委员，紧紧围绕中央、省委和县委决策部署，认真履行政治协商、民主监督、参政议政职能，深入推进基层协商民主创新实践，助推昌江统筹抓好新冠疫情防控和经济社会发展，为加快建设海南自由贸易港和昌江全面决胜建成小康社会做出了积极贡献。

【政协重要会议】政协昌江黎族自治县第十届委员会常务委员会第十二次会议。2020年4月1日，县政协召开第十届第十二次常委会会议，县政协主席陈家江主持会议，副主席郭勇、李世明、杨昌志、李路生等常委会组成人员共21人出席会议。会议主要议程有：传达学习习近平总书记在统筹推进新冠肺炎疫情防控和经济社会发展工作部署会议上重要讲话、习近平总书记在决战决胜脱贫攻坚座谈会上的重要讲话、省政协主席毛万春在省政协第七届第十二次常委（扩大）会议上关于“完善上下联动机制，推动基层协商民主”工作的讲话精神；传达学习省政协第七届第三次会议、县委第十二届第十一次全会、县委经济工作会议精神；学习省政协办公厅《关于印发〈海南省政协关于完善上下联动机制，更好发挥专门协商机构作用的办法（试行）〉》的通知；审议通过县政协第十届第五次会议常委会工作报告、提案工作报告等会议文件；研究有关人事事项。

政协昌江黎族自治县第十届委员会第五次会议。2020年4月23—25日，县政协召开第十届委员会第五次会议。县政协委员114人出席会议，县委书记黄金城，县人大常委会主任何顺劲，县委副书记、县长林谟谐等县领导应邀出席会议，县直机关、驻县各机关企事业单位负责人和老干部代表、城乡群众代表等150多人列席会议。会议议程有：听取和审议政协昌江黎族自治县委员会常务委员会工作报告；听取和审议政协昌江黎族自治县委员会常务委员会关于第十届第四次会议以来提案工作情况的报告；列席昌江黎族自治县第十五届人民代表大会第六次会议，听取和讨论政府工作报告及其他报告；审议通过政协昌江黎族自治县第十届委员会第五次会议关于常务委员会工作报告的决议；审议通过政协昌江黎族自治县第十届委员会第五次会议提案审查情况报告；审议通过政协昌江黎族自治县第十届委员会第五次会议政治决议。

昌江黎族自治县第十届委员会常务委员会第十三次会议。2020年8月13日，县政协召开第十届第十三次常委会会议，县政协主席陈家江主持会议，副主席郭勇、李世明、杨昌志、李路生等常委会组成人员共19人出席会议，副县长钟帅应邀出席会议。会议议程有：通报昌江黎族自治县2020年上半年经济运行和社会发展情况、县政协专题考察组赴海口等市县考察调研棚改、旧改情况、与省政协调研组赴河南考察学习秸秆综合利用情况、全县基层协商民主建设开展情况；传达学习习近平总书记对海南自由贸易港建设重要指示、毛万春主席在昌江调研时的重要讲话、8月3日马勇霞副主席在昌江调研时的重要讲话、8月4日沈晓明省长在昌江调研时的重要讲话、8月11日侯茂丰副主席在昌江督导检查的重要讲话精神；学习《海南自由贸易港建设总体方案》；传达学习全国两会、省委七届八次全会、省政协第七届第十三次常委会会议、7月19日省政协“完善上下联动机制，推进基层协商民主建设”专题工作会议精神。

【理论学习】坚持把加强党对政协的领导贯穿到政协工作全过程。自觉维护中央、省委和县委权威，始终把准政治方向，站稳政治立场，严守政治规矩，做到政治信仰不变、政治立场不移、政治方向不偏。不断增强“四个意识”，坚定“四个自信”，坚决做到“两个维护”，在思想上政治上行动上与以习近平同志为核心的党中央保持高度一致，使人民政协事业始终沿着正确的政治方向前进。在工作中，始终与县委决策要求同心、同向、同行，自觉服务全县改革发展稳定大局。坚持把加强思想政治建设和意识形态工作摆在首要位置。深入学习习近平新时代中国特色社会主义思想和党的十九届五中全会精神，把学习贯彻习近平总书记关于加强和改进人民政协工作的重要思想作为履职的根本遵循。贯彻落实中央政协工作会议、省委政协工作会议和省政协第七届第三次全会精神，真正做到学深悟透做实，推进政协工作落到实处。在河南省林州市红旗渠干部学院举办提升履职能力研修班，采取现场教学、情景体验和专题讲座等方式开展培训，向县政协委员讲述红旗渠精神的诞生及发展历程，阐明红旗渠精神的内涵及重要意义。激发委员学习发扬红旗渠“自力更生、艰苦创业、团结协作、无私奉献”精神，只争朝夕、不负韶华，在海南自由贸易港和新时代“山海黎乡大花园”建设中展现新作为、做出新贡献，为决胜全面建成小康社会而不懈奋斗的精神动力。

【调研协商】围绕县城石碌棚户区（旧城）改造这一群众关注的重点民生问题，组织县政协委员和县棚改指挥部、县住建局、县资规局、县房产管理中心等县政府相关部门负责人实地调研，并前往海口、琼海、澄迈、文昌等市县参观考察学习，借鉴先进经验，形成了《关于石碌城区棚户区（旧城）改造调研报告》。县委、县政府主要领导高度重视，县委黄金城书记作了重要批示，亲自组织召开全县棚户区（旧城）改造工作推进会，与委员面对面协商交流，共同研究推进棚户区（旧城）改造工作。充分发挥政协协调作用，坚持让利于民、棚改为民理念，协助县政府探索建立了较为健全的棚改工作机制，助推全县棚改工作“破冰”成功，进一步加快县城石碌城区建设步伐，不断优化城区规划布局，提升城区人居环境。围绕昌江县在创建全国文明城市工作中，城市内河整治滞后的短板问题，县政协组成专题调研组，深入石碌河、保梅河、东海河、南妙河以及石碌干渠现场实地调研，指出了我县“四河一渠”存在的突出问题，督促有关部门抓好相关问题整改，切实加快“四河一渠”整治工作。委员们与有关部门充分开展协商交流，就城区内河黑臭水体治理工作建言献策，形成了《关于县城石碌“四河一渠”环境综合整治工作的调研报告》。按照科学规划，综合整治，注重实效的原则，提出“对照中央环保督察反馈问题，坚持问题导向，统一推进；强化综合治理，狠抓薄弱环节和关键环节；突出整治重点，加大综合治理、设施建设和升级改造力度”等5条意见建议，供县委、县政府决策参考，为助推解决全县“四河一渠”治理难题，改善城区环境提供了政协方案。协助省政协到昌江开展民主监督工作，协调县政府有关部门对大气污染防治“六个严禁两个推进”和水环境质量治理工作进行联合监督，深入全县各乡镇和相关部门、企业，视察监督全县“六个严禁两个推进”和水环境质量治理工作落实情况，督促各乡镇、各部门转变作风、改进工作，切实抓好“六个严禁两个推进”和水环境质量治理各项工作任务落实。组织经济界委员和相关职能部门对全县各乡镇在推进燃气下乡“气代柴薪”和秸秆禁烧及综合利用工作情况开展视察监督，研究分析全县推进“气代柴薪”和秸秆禁烧及综合利用工作情况，对进一步加强全县“气代柴薪”和秸秆禁烧及综合利用工作提出意见建议，推动有关部门进一步完善工作制度，加快工作进度。

【提案办理】县政协第十届第五次会议召开后，及时整理移交会议提案，协调县政府督查室交办提案。县政协提案委联合县政府督查室开展重点提案督办工作，督促各有关部门认真办理十届五次会议提案 84 件、平时提案 2 件。努力提升提案办理工作质量，提案办复率连续 3 年达到 100%，提案办理工作时效性、实效性逐年提高。同时，将《加强基层医疗机构建设　提高农村卫生服务水平》等 17 件较高质量的提案送呈县委书记黄金城阅示。黄金城对上述提案提出的建议意见均给予高度肯定，对《全域整治 全面提升 推进全国文明城市创建》等 7 件提案作了重要批示，要求县政府分管领导及有关部门认真研究参考和办理落实。

【民主监督】引导广大委员深入基层调研、广泛听取民声民意，将群众期盼解决的“关于地摊经济的建议”等问题以社情民意专报的方式报送县委、县政府，得到县委、县政府主要领导的批示办理。选派委员旁听涉及公众利益、群众关注度高的涉黑涉恶、干部违法等重大案件审判，现场监督拆除违章建筑、法院强制执行等行政执法活动，进一步增强司法审判和行政执法的公开透明度。组织政协委员参加行业政风建设评议，客观评价各单位执法执纪、行业风气和党风廉政建设情况，促进行业风气改善。积极推荐非中共政协委员参加党委、政府部门的监督评议活动，为他们履职建言创造良好条件。

【文史工作】完成《昌江文史》（第二十三辑）编撰工作，共收集 30 篇 15 万余字文史资料，充分发挥《昌江文史》“存史、资、团结、育人”的社会功能。

【疫情防控】面对新冠肺炎疫情，充分发挥政协联系各方、凝心聚力作用，第一时间发出《合力攻坚共同战“疫”》倡议，鼓励医疗卫生界政协委员要挺身而出，坚守防控一线，实施科学防治，加强自身防护，传播防控知识，不负重托，不辱使命；引导经济界政协委员积极配合政府有关部门，增加医疗用品和生活必需品生产，确保产品质量，保障市场供应，维护物价稳定；号召广大委员动员群众、组织群众、凝聚群众，构筑联防联控、群防群治的严密防线，形成万众一心、众志成城、共抗疫情的强大合力。动员广大政协委员和县政协机关干部捐款捐物支持疫情防控工作，捐款共计 13 万余元，有力支援新冠病毒疫情防控工作。

【基层协商】先后在全县 8 个乡镇、28 个村、2 个居、15 个社区和 2 个产业园区开展基层协商民主建设试点工作，圆满完成省政协下达年度试点工作任务。建立 9 个委员工作组，分别由县政协领导班子成员带队到各乡镇、产业园区指导推进基层协商民主建设试点工作。组建 55 个委员履职工作小组，每个小组由 3—5 名委员组成，深入基层、下沉一线，广泛收集社情民意信息，积极参与试点乡镇、村居（社区）和产业园区协商议事活动，将政协工作向基层延伸。指导各试点乡镇、村居（社区）和产业园区探索搭建了协商民主议事平台，建立健全了协商民主议事制度机制，开展了一系列协商民主议事活动，成功解决一批基层关注群众关心的热点难点问题。

【组织建设】认真学习贯彻中共中央《关于加强新时代人民政协党的建设工作的若干意见》，着力加强意识形态、思想政治和精神文明等方面建设，坚持“内强素质、外树形象”，始终把加强和改进自身建设放在重要位置。积极学习贯彻落实党的理论政策和国家法律法规，着力提升党组成员的理论水平和履职能力。认真学习《中国共产党章程》《中国共产党纪律处分条例》《中国共产党廉洁自律准则》《中国共产党宣传工作条例》等党内法规和

《宪法》《民法典》等法律法规，提升党组成员纪律意识和法治意识。规范组织生活，按规定召开党员领导干部民主生活会和党组工作会议。凡属重大决策、重要人事任免、重大项目安排、大额资金使用等事项，均由党组会议集体研究讨论、民主商议决定。党组成员能够带头落实请示报告制度，模范遵守党风廉政建设和反腐败工作有关规定。坚持学做互进、知行合一。推进“不忘初心、牢记使命”主题教育常态化，推动“两学一做”制度化，进一步巩固主题教育活动成果。深入学习习近平总书记系列重要讲话精神和党章党规，促进作风转变、素质提高、效率提升。引导机关干部学习黄文秀、隋耀达等优秀共产党员坚定信仰、担当作为、服务群众、无私奉献的精神，着力培养政协机关“讲政治、有信念，讲规矩、有纪律，讲道德、有品行，讲奉献、有作为”的合格党员。筑牢廉洁从政的思想防线，努力打造忠诚、干净、担当的政协干部队伍。贯彻落实《全国政协关于强化政协委员责任担当的意见》，突出委员主体作用，强化委员责任担当。坚持从严要求，加强委员自我约束，在政治上、道德上、言行上严格自律，带头守纪律、讲规矩、重品行，模范遵守宪法法律和政协章程，努力做到懂政协、会协商、善议政。抓好委员学习培训，开展推进基层协商民主工作专题培训，进一步提升委员履职能力，举办委员提升履职能力研修班，引导委员发扬红旗渠精神，在海南自贸港和新时代“山海黎乡大花园”建设中再建新功。主动通报县委、县政府主要工作情况，拓宽委员知情明政渠道。利用短信、微信平台，教育引导委员践行社会主义核心价值观。

（吉　强　胡元琦）

纪检·监察

中共昌江黎族自治县纪律委员会

【概况】 2020年，在省纪委和县委的坚强领导下，全县各级纪检监察机关立足职责定位，强化监督执纪问责，推动全面从严治党向纵深发展，在推进全县纪检监察工作高质量发展过程中谱写出新的篇章。县纪委监委机关在2020年全省纪检监察系统绩效考核中，继2019年后再夺全省第一，成为唯一获得"两连冠"的县级纪委监委；被评为全省文明单位、全省档案系统优秀单位，赢得全省第四届人民满意公务员集体提名。34名纪检监察干部受到县级以上表彰。昌江故事、昌江经验被新华社、《中国纪检监察报》等主流媒体宣传报道103次。

【党风廉政建设和反腐败】 深入学习习近平新时代中国特色社会主义思想，"两个维护"有力落实。县纪委常委会把学懂弄通做实习近平新时代中国特色社会主义思想作为推进纪检监察工作高质量发展的根本，深入学习《习近平谈治国理政》第三卷、党的十九届历次全会精神、《海南自由贸易港建设总体方案》，一以贯之抓好习近平总书记关于疫情防控、脱贫攻坚、全面从严治党和海南自由贸易港建设等重要指示批示精神的贯彻落实，增强全县纪检监察干部观大势、谋全局、护大局的政治自觉。坚持把贯彻落实习近平总书记"4·13"重要讲话精神作为全县纪检监察机关最大的政治、最大的大局，对2019年专项检查发现的52个问题开展"回头看"，确保问题整改到位；对"进一步采取超常规举措确保完成全年经济目标的若干措施落实情况"开展专项检查，发现问题64个，推动立行立改14个，确保海南自由贸易港早期安排在昌江形成早期成效。紧盯党中央重大部署开展监督，建立五级"抗疫"监督体系，创新监督日志，严肃查处在疫情防控工作中失职失责问题28起，处理45人次，"抗疫"经验被省纪委《纪检监察信息》头条刊发推广；对乱占耕地建房、餐饮浪费、违建别墅等问题开展政治监督，严肃追责问责17人次。建立完善政治监督清单，实施党风廉政建设责任制考核，组织单位"一把手"向纪委全会述责述廉，开展干部作风"五不为"专项整治群众满意度测评，对"两个责任"履行不力问题问责20人，不断压实各级党组织管党治党责任，高度警觉"七个有之"问题，处分5名违反政治纪律的党员干部。

【群众身边腐败和不正之风整治】 定期召开扶贫领域工作月例会，编发扶贫领域腐败和作风问题专项治理情况月报，跟踪督办扶贫领域问题线索，深化扶贫物资采购等"四个专项整治"，加大"两不愁三保障"等政策落实情况的检查力度，严肃查处扶贫领域腐败和作风问题34起，处分65人，不断巩固"四个不摘"成果。紧盯黄某发黑社会性质组织等涉黑组织余毒，统筹全县纪检监察力量开启"全员打伞"模式，强化与政法机关协作配合，持续深挖彻查、清零攻坚。2020年，全县纪检监察机关共立案查处涉黑涉恶腐败和"保护伞"问题19件19人，处理17人。强化标本兼治，督促全县各单位深入开展扫黑除恶打伞"五大专题活动"，共召开专题民主生活会180余场；制发纪检监察建议书21份，推动发案单位召开以案促改专题会议14场，全县扫黑除恶打伞成效有新提升，获得省纪委监委主要领导批示肯定。在全省扫黑除恶专项斗争群众感受调查中，昌江多项指标位居前列。常态化整治漠视、侵害群众利益问题，查处教育医疗、食品药品安全等民生领域腐败和作风问题87件，处理131人，其中处分59人。畅通基层群众信访“绿色通道”，充分运用“信、访、电、网”信访举报渠道，积极开展大接访、大下访系列活动，“零距离”回应民生诉求。2020年，全县纪检监察机关共受理信访举报169件，同比上升47%，群众对“自己的事有人管”的感受更加真切。

【监督体系】主动向省纪委监委和县委请示报告有关机构改革、线索处置、处分决定等重大事项120次，会同组织部门提名考察派驻纪检监察组组长、副组长及乡镇纪委书记、副书记8人。完善乡镇纪检监察工作规程、履职监督考核等制度，实现乡镇纪委100%有自办案件，乡镇纪委立案数、结案数和处分人数同比分别增长10%、95.7%和136%。出台昌江县纪委监委派驻机构改革实施意见，推动派驻监督工作规范化法治化。对6个派驻组的监督范围作了调整，将全县39家县管企业纳入派驻监督范围，派的权威和驻的优势得到充分发挥。一年来，派驻机构开展监督280余次，发现问题231个，推动问题整改217个，立案审查调查59人。建立“纪巡一体化”、巡察反馈问题整改“三方联审”、重点领域问题线索直查快办和督查督办等一系列工作制度，推动“四项监督”从有形结合到深度融合，监督发现问题线索的比重不断提升。完善联合监督、跟踪监督、反腐败协调等工作机制，纪检监察机关与人大、组织、政法、审计、财会等监督主体之间互移问题线索80条，党内监督和党外监督有效贯通。

【日常监督】统筹运用纪检监察、巡察、审计等监督力量，整合行业监管部门和项目业主单位的防控力量，实现对192个公共工程和13个土地出让项目监督全覆盖。把监督嵌入工程项目全过程、各环节，全年累计开展警示教育57场1149人次，廉洁谈话322人次，廉洁风险排查118次，发现突出问题163个，落实整改78个。深入开展专项整治，严肃查处党员领导干部违规插手干预招投标行为。协助县委开展领导干部集体廉政谈话、纪律教育专题班等活动，充分运用日常监督手段，开展各类警示教育6800余人次，集体廉政谈话80人次，实施谈话提醒407人次、谈话函询12人次、回复党风廉政意见193人次，建立廉政档案1592份，把铁的纪律融入各级党员干部日常工作生活。2020年全县各级纪检监察机关共运用“四种形态”批评教育帮助和处理674人次，在“正歪树”上积极作为，在“治病树”上稳妥有力，在“拔烂树”上态度坚决，巩固反腐败压倒性态势有新发展。坚持失责必问，对贯彻落实党中央重大决策部署、履行管党治党责任等方面的失职失责行为，问责16起20人次。认真落实“三个区分开来”，对轻微违纪且在扫黑除恶专项斗争等工作中发挥积极作用的领导干部，经全面审查、准确定性后免予或减轻处分；积极教育帮助受处分人员纠错改过，20名同志因工作突出，处分期满后被组织提拔重用或晋升职级。

【巡察整改与成果运用】深化巡察整改与成果运用，巡察利剑锋芒彰显。突出巡察监督的政治定位，围绕扫黑除恶专项斗争、海南自由贸易港建设、生态文明建设等重大部署开展政治巡察，及时纠正政治偏差。开展县委第十、第十一、第十二轮巡察，完成对33个党组织的常规巡察、20个公共工程的专项巡察和脱贫攻坚“回头看”，提前完成一届任期内巡察全覆盖。县委巡察工作在全省2020年巡察工作绩效考核中获得第一名，连续3年被评为“优秀”。建立纪委、组织、巡察“三方联审”巡察整改机制，对县委“五人小组”点人点事17个具体问题以及150个巡察反馈问题、36条问题线索实施集中督办，压紧压实巡察整改主体责任。强化巡察成果运用，及时向有关部门和被巡单位分管县领导通报巡察情况，为有效落实职能监督和“一岗双责”提供靶向，推动违规选人用人等问题上升为全县性治理重点。创新出台《关于选派干部到巡察工作中实践锻炼的暂行办法》，从新提拔重用的领导干部等四类人员中选派50名干部参加县委巡察工作，发现问题533个、问题线索33件，立案查处54人。在推动县委巡察工作高质量全覆盖的同时，为县委培养了一批政治受过淬炼、作风经历锤炼、能力得到锻炼的优秀干部。

【“四风”纠治】 聚焦中央八项规定纠治“四风”，新风正气不断充盈。把查纠形式主义、官僚主义作为一项重要的政治任务，围绕疫情防控、海南自由贸易港建设等党中央重大决策部署贯彻落实情况开展监督检查，严肃整治“五不为”等形式主义、官僚主义问题102起，处理256人，其中处分105人，确保党中央重大决策部署在昌江落地见效。紧盯元旦、春节等重要节点，协调财政、审计、税务等部门对中央八项规定精神落实情况开展联合监督、交叉检查，督促国资、教育、卫健等职能部门加强对国有企业、学校、医疗机构开展专项检查，共查处享乐主义、奢靡之风问题42起，处理51人。协助县委出台最严“禁酒令”，建立“五不为”评议评价办法，督促财政、工会、人社、行政审批等部门建立作风建设正、负面清单，以制度建设引领作风提升。坚持重要节点早部署、早提醒、早警示，集中约谈公车管理、公务接待、公款报销主管部门主要负责人11人次，通报曝光“四风”问题典型案例12起17人。积极打造“监督+”正风肃纪新样板，制作播出作风监督栏目《聚焦》79期，一体推进曝光、质询、整改和问责，推动问题整改77个，立案13人，诫勉谈话28人次，通报批评51人次，约谈提醒35人次。

【反腐高压释放】 一体推进不敢腐、不能腐、不想腐，高压态势持续释放。全县纪检监察机关一严到底、一刻不停歇推进反腐败斗争。紧盯项目建设、招投标等重点领域，深挖政法领域腐败问题，立案审查调查227人，移送司法机关8人，挽回经济损失185万元。严肃查处一批单位“一把手”和政法系统领导干部，形成强烈震慑。聚焦村集体“三资”管理、征地拆迁、惠农惠民等多发领域，查处干部38人及农村、企业其他人员135人，群众获得感幸福感安全感持续增强。深化以案为鉴，在全县干部大会上通报党的十八大以来被查处的23名县级领导和单位“一把手”严重违法犯罪情况，综合运用旁听庭审、纪律教育专题班、警示教育巡回展等形式开展警示教育，覆盖全县党员干部和公职人员。依托县反腐倡廉警示教育基地、乡镇警示教育室、村级纪律教育栏，构建县、镇、村三级纪律教育平台，推动廉洁教育向基层延伸。2020年，廉政宣传教育工作在全省纪检监察系统中排名第一。针对监督检查和审查调查中发现的系统性、制度性问题，通过召开案件总结会等形式全面分析制度漏洞和问题根源，制发纪律检查建议书、监察建议书21份，推动各发案单位完善制度17项。

【生态文明建设领域纪律监督】 严肃监督执纪问责，助力全县生态文明建设取得新成效。把生态文明建设领域的纪律监督责任常抓在手。制定《昌江黎族自治县创建“全国文明城市”专项监督实施方案》，实施常态化的“创文”专项检查；出台《关于进一步加强生态环境领域监督执纪问责的工作方案》，协助县委建立环保督察反馈问题整改工作的追责问责机制，形成“主要领导亲坐镇，分管领导具体管，监督部门一线抓，党风政风监督室定期督”的工作常态，助推昌江县生态环境等13项指标勇夺全省公共服务质量满意度测评第一，成为唯一获评“非常满意”的市县。对生态文明建设领域的失职失责问题紧抓不放。共查处生态文明建设领域的违纪违法问题23起，处理26人；对在整治违建别墅、防范森林火灾等工作中的失职失责问题，督促有关部门严肃问责7家单位和16名责任人，确保昌江县顺利摘获“国家卫生县城”“国家卫生乡镇”“全国绿色村庄”等“国字号”荣誉。

【队伍建设】 2020年，全县纪检监察机关坚持高质量发展主题，锻造规范化法治化政治队伍。强化政治引领，组织开展政治理论学习34期；加强政治建设，在巡察组、专案组、检查组成立临时党支部22个；严肃政治生活，开展主题党日活动13次；坚持政治标准，提拔重用、晋升职级27人，评选“党员标兵”12名；严明政治要求，在县纪委监委机关开展两轮谈心谈话活动，主要领导带头谈，一级一级往下谈，统一了思想、提高了认识。县纪委监委机关党支部荣获“全县机关党建示范点”“机关五星党支部”。建立“凡进四必”干部培养机制，17名新进干部经历一线磨砺后，迅速成长为纪检监察一线攻坚能手。开展“能力素质提升年”活动，创新“每周一测、每月一课、每季一评”学习体系，先后组织县、镇、村三级监督力量1890人次参加监督相关业务培训和锻炼，累计选派纪检监察干部35人次参加上级监督检查、审查调查和省委巡视工作，选调乡镇纪检监察干部21人次到委机关跟班学习，干部能力素质明显提升。出台《昌江县纪委监委机关公务员平时考核实施方案》，健全内控管理和考核考评制度。邀请特约监察员列席县纪委全会、参加专题培训、开展专项监督，主动接受监督；主动发布监督检查、审查调查、巡察整改等重要情况，提升舆论监督的参与度。坚持“刀刃向内”，责令23名纪检监察干部作出深刻检查。在干部作风“五不为”专项整治群众满意度测评中，县纪委监委机关在全县21个党群与综合协调部门中位居第一。

（王　盛）

组织·人事

组织工作

【概况】 2020 年，在省委组织部的有力指导和县委的坚强领导下，全县组织工作认真贯彻新时代党的建设总要求和新时代党的组织路线，强基础、选干部、聚人才，各项工作取得新的成效。

【基层党建】 一是抓好思想建设。巩固深化“不忘初心、牢记使命”主题教育成果，依托 99 个“习近平新时代中国特色社会主义思想讲堂”，组织领导干部、专家学者深入基层开展宣讲 1132 场次。5 月，开展“课堂前移”培训，由县委党校邀请优秀师资深入全县 8 个乡镇对村“两委”干部进行现场授课。6 月，组织全部乡村振兴工作队员分批参加 2 期“抓党建促脱贫攻坚、乡村振兴”专题培训班。9 月，举办农村（社区）党支部专题培训班。10 月，举办 2020 年软弱涣散村（社区）“两委”干部培训班。拍摄 2 部事迹片和 1 部微视频，激励广大党员发挥先锋模范作用。积极开展“党建 + 信息化”融合探索，推动建设“昌江先锋”智慧党建管理平台。二是夯实基层党建责任。召开 2019 年度党（工）委书记述职评议会，倒逼 14 名党（工）委书记履行党建工作第一责任人工作职责。督促指导全县 8 个乡镇召开 2019 年度乡镇党代会年会，575 名乡镇党代表参加，78 名党员列席，收集 132 件提案。组织全县 67 家单位召开扫黑除恶打伞“大警示、大研讨、大反思、大整治、大提升”专题民主生活会。三是强化基层党组织建设水平。打造 2 个省级农村党建示范点，创建 3 个“九星级”农村（社区）党支部、6 个“五星级”机关支部。抓好软弱涣散基层党组织整顿工作。对 2019 年已整顿的 45 个软弱涣散基层党组织开展“回头看”，2020 年倒排出 30 个软弱涣散基层党组织，27 个整顿销号，3 个继续整顿。建立村级软弱涣散基层党组织“四个一”包点整顿机制。对 86 个农村基层党组织开展 2019 年度十星“两委”考核，获得星级共计 654 颗。四是抓好党建促脱贫攻坚、乡村振兴。在稳定全县 238 名乡村振兴工作队员和 54 名第一书记基础上，进一步增派 4 名工作队员。面向社会高校毕业生公开招聘 80 名村务专员。对全县农村（社区）“两委”干部、后备干部等 2863 名基层工作人员 37 项基本信息全面排查，建库管理。鼓励采取资产收益方式，与企业（合作社）合作发展可持续的产业。落实每年 15 个行政村 50 万元扶持资金。五是抓好党员教育管理。年初要求各党（工）委全面摸排，上报党员发展计划，全县发展党员 111 名。牵头联合公安、检察院、统战部等单位开展县级联审，对农村（社区）41 名拟发展党员开展“三代血亲”排查。下拨疫情防控专项党费共计 827188 元。向在防控一线工作的医务人员、基层干部等 701 人开展慰问活动，慰问总金额 467100 元。全县 9438 名党员勇当先锋，做好表率，踊跃捐款累计 956443 元。落实党费收缴工作，全年收缴党费 1616250.07 元。发放党支部学习记录本、党员学习笔记本、谈心谈话记录本等各类学习物资共计 1万余册。结合“七一”有利时机，要求各级党组织开展召开一次专题座谈会、开展一场红色影片观影等系列庆祝中国共产党成立 99 周年活动。六是落实基层减负。全面整治清理农村（社区）活动场所形式主义挂牌问题。按照每个村4000元的标准拨付规范村（社区）活动场所挂牌工作经费，清理规范91个村（社区、居）活动场所挂牌。

【干部队伍建设】一是抓好干部教育培训。2020年全县共举办培训班33期次，其中主体培训班17期次、培训人次6136人次（学习贯彻中央会议精神培训主体班次2次，培训人次1875人次；学习贯彻省委会议精神主体班次1次，培训人次479人次；业务培训主体班次14次，培训人次3782人次），其他职能部门举办相关业务培训班16期次，培训人次1651人次。参加省委组织部调训培训班43期次，参训人次127人次（省管干部19人次、其他干部108人次）。参加省委组织部海南自贸港“大讲堂”2场，参训人次1763人次。推荐4名优秀年轻干部到省旅文厅等省直单位挂职锻炼。开展“双学历双轮训”工作，部署乡镇进行调查摸底，完成大专学历班招生46人，中专学历班招生150人。二是抓好干部选拔任用和调动、退休、辞职等工作。2020年调整干部18批333人次，其中提拔重用126人，交流67人。提拔重用的126人中，大学本科以上学历干部101人，35岁以下年轻干部60人，少数民族干部37人，女干部25人，党外干部6人。办理干部调动55人、干部退休19人、公务员辞职1人。三是注重激励约束并举。给予208名干部晋升职级，381名年度考核“优秀”干部嘉奖、记功，稳妥推动8名受处分影响期满、敢于担当、攻坚克难的干部恢复使用。对不胜任岗位工作、不担当不作为的10名干部予以调整，举行2期任前党内法规知识考试，集中测试82名科级领导干部。深入开展出国（境）证件清理收缴工作，督促各单位收缴证照1052本。建立县管科级干部出国“三重审批”制度，从严把牢干部出国关口。做好2019年度科级领导班子和领导干部年度考核工作以及2019年度绩效考核工作，6月，县委对年度考核中31个“好”班子和绩效考核中17个“好”单位给予通报表彰。全面推行公务员平时考核，建立日常考核、分类考核、近距离考核的知事识人体系。

【老干部工作】制定《组织引导全县离退休人员参加“我为加快推进海南自由贸易港建设作贡献”活动方案》，组织老干部开展以“我为加快推进海南自由贸易港建设作贡献”的主题活动。制定《昌江黎族自治县老干部开展“双创”志愿服务活动的工作方案》，组建昌江县老干部志愿服务总队和23个分队，引导老干部投身疫情防控、文明城市创建、关心下一代等工作。组织老干部16人次列席县委全会、县两会等重要会议，举办老干部春节茶话会1场12人次。开展重大节日及因病住院等慰问活动，共慰问老干部89人次，送出慰问金、慰问品折合人民币8.6万元。协调有关单位解决老干部困难13人，其中解决医疗报销不及时3人，核实离退休金8人，住房困难2人。扎实做好离休干部的健康体检工作，共组织31名离休干部到县人民医院做健康体检。7月23日，组织县老干部最美广场舞代表队赴儋州市参加中共儋州市委组织部在儋州市文化广场举办的海南省西片老干部庆祝中国共产党成立99周年最美广场舞会演活动，参演舞蹈《阿西里西》荣获二等奖。10月19日，派出115人组成的代表团参加省老年人体育运动会，参赛的项目有太极拳（剑）、健身气功、乒乓球、健身球操、健身秧歌、持杖健步走、门球、气排球、钓鱼、象棋、地掷球共11个项目。其中健身球操代表队获得全省第一名，健身球操、健身气功、乒乓球获优胜奖，健身秧歌、持杖健步走、门球、气排球、钓鱼、象棋、地掷球、太极拳（剑）获得优秀奖。组织老干部参与全省老干部先进集体和个人评选活动，红林居机械厂老干部党支部被评为先进集体，林芝栋、杨先乙两位老干部被评为先进个人。

【人才队伍建设】一是精心抓好人才引进集聚。精心组织开展“面向全球招聘”“招硕引博”等引才工程，聘用271名人才，其中教育人才90人、医疗卫生人才117人、硕博人才5人。制定《昌江黎族自治县外聘专家担任顾问管理实施办法（试行）》，首批聘请海南核电有限公司党委书记魏国良、中国科学院古脊椎动物与古人类研究所研究员李超荣、中国工艺美术大师周金甫、海南省影视协会副主席兼秘书长林青等 4 人担任昌江县人民政府顾问。积极搭建“候鸟”人才供需平台，推荐昌江恒科“候鸟”人才工作站成功获得省级“候鸟”人才工作站称号。二是持续强化本地人才培养。抓好“南海系列”育才工作，指导昌江县 17 名人才代表申报海南省第二批“南海系列”培养对象，其中 2 人获选南海工匠，2 人获选南海乡土人才。积极搭建人才干事创业平台，成立昌江就业创业孵化基地，吸引 30 多家创业团队、运营公司入驻提供“一站式”创业服务。大力加强重点领域技能人才培养，依托周金甫玉雕大师工作室、刘文伟焊工大师工作室开展产业培育、技术攻关和人才培养，攻克昌江县主井振动放矿机改造等 6 项技术难题；举办焊工、黎族藤编、织锦技艺等培训班培育 299 名技能人才，选派 24 名优秀玉雕专业毕业生到浙江青田深造，举办“工会杯·昌江玉”雕刻技能大比武，激发玉雕从艺人员磨炼技艺、勇于创新的热情。选派 5 名农业科技人才到乡镇挂职科技副乡镇长，通过项目引领、科技示范，带领农户科技创业。三是积极创优人才发展环境。建立县领导联系服务企业制度，县级领导每人联系服务 1—2 家规模以上企业，开展 2019 年度昌江县“十佳民营企业”评选工作，给予 10 家获评企业 20 万元现金奖励。出台《昌江黎族自治县高层次人才服务联络员实施细则》，组建一支 16 人的高层次人才联络员队伍。划拨 95 亩土地用于基层教育卫生人才安居型商品住房建设，拨付基层医疗卫生人才工作补贴 414.84 万元、硕博人才专项津贴 26 万元。

（陈家鑫）

人事工作

【概况】2020 年，县人力资源和社会保障局坚持以习近平新时代中国特色社会主义思想为指导，深入贯彻党的十九大、十九届历次全会精神，习近平总书记“4·13”重要讲话，中央 12 号文件精神，以及省委七届历次全会、县委十二届历次全会精神，坚决贯彻落实县委、县政府工作部署，坚持稳中求进工作总基调，坚持新发展理念，坚持推动高质量发展，坚持民生为本、就业优先，全力确保就业局势稳定，规范人事薪酬制度，建强技能人才队伍，构建和谐劳动关系，以信息化为重点加强公共服务能力建设，扎实推进人社扶贫，坚持不懈从严治党，积极防范化解风险，为海南自由贸易港、新时代“山海黎乡大花园”建设贡献人社力量。

【机构改革及调整情况】2020 年，在执法机构改革工作中，县人力资源和社会保障局下属单位县劳动监察大队划转至县综合行政执法局下属单位县应急和劳动保障行政执法大队，职责及人员一并相应划转。2020 年 1 月，县委编委下发《中共昌江黎族自治县委机构编制委员会关于理顺社会保险经办机构和职责的通知》（昌编字〔2020〕1 号），调整县社会保险服务中心（县医疗保险服务中心）的隶属关系，其由隶属县人力资源和社会保障局调整为县政府直属副科级公益一类事业单位，省级社保、医保经办机构和县人力资源和社会保障局、县医疗保障局为县社会保险服务中心（县医疗保险服务中心）业务指导部门。2020 年 6 月，根据《海南省人民政府关于加快推进海南省社会保障卡“一卡通”服务管理工作的指导意见》（琼府〔2019〕23 号）精神，经县委编委 2020 年 5 月 19 日会议审议，并经十二届县委常委会第 182 次会议审定，设立昌江黎族自治县社会保障卡一卡通中心。昌江黎族自治县社会保障卡一卡通中心为隶属昌江黎族自治县人力资源和社会保障局管理的副科级公益一类事业单位，核定财政预算管理事业编制 5 名，设主任 1 名、副主任 1 名，各内设机构设正职 1 名。2020 年 9 月，为优化内设机构设置，提升行政效能，县委编委同意调整县人力资源和社会保障局内设机构，原内设的办公室、事业单位人事管理室、事业单位工资福利室、劳动保障监察室（农民工工作室）、社会保险室、社会保险基金监督室（审计室）、就业促进室（职业能力建设室）、劳动关系室（调解仲裁管理室）等 8 个内设机构整合为 4 个内设机构，即办公室(行政审批办公室)、事业单位人事管理和工资福利室、就业促进和社会保险室（社会保险基金监督室)、劳动关系室（劳动保障监察室)。2020年12月，根据《中共昌江黎族自治县委机构编制委员会关于县社保经办机构整合有关事项的通知》（昌编字〔2020〕60号)，撤销县农村社会养老保险服务中心，将其职责划入县社会保险服务中心。

【机构概况】经机构改革及调整后，县人力资源和社会保障局管理3个下属单位：县劳动就业服务中心、县劳动人事争议仲裁院、县社会保障卡一卡通中心。县人力资源和社会保障局设4个内设机构：办公室(行政审批办公室)、事业单位人事管理和工资福利室、就业促进和社会保险室（社会保险基金监督室)、劳动关系室（劳动保障监察室)。县人力资源和社会保障局行政编制12名。设局长1名，副局长3名。内设机构领导职数4名。

【人事人才及工资福利管理】规范管理人事人才工作成效明显，积极主动广招人才，有序开展2020年事业单位人才招聘。根据昌江县事业单位编制、岗位空缺情况，结合事业单位人才队伍建设需要，昌江县事业单位公开招聘工作由县人力资源和社会保障局牵头，2020年开展两轮事业单位公开招聘，招聘事业单位工作人员47人，其中第一轮公开招聘31名事业单位工作人员，第二轮公开招聘16名事业单位工作人员。做好事业单位绩效工资管理工作，按照国家部署落实事业单位高层次人才收入分配政策，推进公立医院薪酬制度改革，完善基层医疗机构绩效工资制度，保障义务教育教师待遇。落实事业单位艰苦边远地区津贴标准正常增长机制，调整艰苦边远地区津贴标准。贯彻落实《百万人才进海南行动计划（2018—2020年)》《昌江黎族自治县关于贯彻落实〈百万人才进海南行动计划（2018—2020年)〉的实施意见》，细化、实化各项工作任务。配合有关部门全面梳理出台的人才政策，加大宣传力度，大力推进政策落实落地。发挥“人才一站式”服务平台聚焦效应，落实人才住房补贴政策。2020年发放引进人才住房补贴109人次，发放住房补贴438750元，为引进人才、留住人才创造良好条件。

【就业】2020年。县人力资源和社会保障局努力克服新冠肺炎疫情影响，贯彻“以人为本、就业优先”工作主线，紧密联系全县就业工作实际，积极推动就业创业工作稳步开展。坚持把促进农民工外出务工与打赢脱贫攻坚战有机结合，多渠道促进农民工特别是贫困家庭劳动力外出务工。经过不懈努力，县人力资源和社会保障局较好地完成了年初预定的目标任务。截至2020年12月底，实现城镇新增就业人员3603人，完成全年目标任务的150.03%，失业人员再就业556人，就业困难人员实现就业52人，全县失业保险参保人数27936人，发放失业金和代缴医疗保险1601万元，发放失业补助金78万元，登记失业人员期末实有人数637人，城镇登记失业率控制在1.84%。全县农村贫困劳动力外出务工11747人，完成年度目标任务112.91%。一是完善高校毕业生就业服务，提高初次就业率。全面实施离校未就业高校毕业生实名制登记和跟踪服务，对登记求职的高校毕业生开展免费职业指导，发送就业岗位信息，帮助高校毕业生尽快就业。2020年，接收高校毕业生档案1200余份，应届毕业生网上报到116人，通过县劳动就业服务中心微信公众号及公告栏发布就业信息70条，应届高校毕业生初次就业率84.1%。二是设立就业见习基地，促进高校毕业生等青年群体充分就业。通过微信公众号、宣传栏以及乡镇LED显示屏发布就业信息，设立2家就业见习基地，吸纳就业见习毕业生等青年群体64名，有效提高昌江县高校毕业生等青年群体实践能力和就业竞争能力。2020年，发放就业见习补贴161人次20.08万元。三是充分发挥创业担保贷款效应，实现创业带动就业。利用微信公众号、宣传资料、入户宣讲等形式大力宣传创业担保贷款政策，鼓励返乡农民工、退役军人、高校毕业生、城镇登记失业人员等群体自主创业，发展实体经济，带动更多就业。2020年，发放创业担保贷款26笔262万元，涉及餐饮店、服装店、商行、海产养殖、果菜种植等多个创业项目，带动就业 62 人。四是创建就业创业孵化基地，改善创业就业环境。充分利用资金、资源、政策优势，创建首家就业创业孵化基地，孵化一批自主创业实体，以点带面推进昌江县“创业富民、创新强县”的新型战略，助力昌江县民营经济快速发展。2020年，县就业创业孵化基地正式挂牌，入驻自主创业团队 32 家。五是落实复工复产各项补贴发放，帮助企业抵御新冠肺炎疫情影响。（1）落实返琼务工人员隔离期间生活补助。2020 年，发放隔离生活补助企业 34 家，发放补助 59.5 万元，涉及人数 607 人，其中省重点项目重点企业 2 家，发放补助 22.68 万元，涉及 81 人；享受地方性政策发放隔离生活补贴企业 32 家，发放补贴 36.82 万元，涉及 526 人。（2）落实返琼务工农民工一次性交通补贴。2020 年，发放海南核电有限公司多家承建单位一次性交通补贴 10.48 万元，涉及 134 人。（3）落实省重点项目重点企业招工补贴。2020 年，发放海南核电有限公司招工补贴 7.2 万元，涉及 30 人。（4）落实失业保险金稳岗返还政策。深入县内 50 多家各类企业宣传稳岗返还政策，发放宣传册 1000 多份，指导帮助企业快速反应、快速申请。2020 年，发放 212 家企业稳岗返还补贴，涉及人数 6784 人，返还金额 262.25 万元。

【农民工工资支付保障】2020 年，县人力资源和社会保障局始终把保障农民工工资工作作为一项重要政治任务，严格按照党中央国务院和省委省政府保障农民工工资支付工作决策部署要求，切实加强组织领导，创新工作举措，完善工作制度，全力抓好保障农民工工资支付工作，有效解决拖欠农民工工资问题，保障农民工合法权益，维护全县和谐稳定大局。一是积极开展整治非法用工打击违法犯罪专项行动。根据省人力资源和社会保障厅部署要求，对全县各大中小微企业等用工场所，进行全面检查。检查各类用人单位 52 家，涉及劳动者 1796 人，依法下达《劳动保障监察调查检查询问通知书》8 份、《劳动保障监察限期责令改正决定书》4 份、劳动保障监察告知书 1 份、《劳动保障监察终止案件调查告知书》1 份、《农民工工资核定通知书》7 份。二是为加强劳动监察，规范用工管理。加大劳动保障法律法规宣传力度，积极开展“双随机、一公开”专项检查，从县内 38 家制造业、建筑业、酒店等行业中抽查 8 家企业并进行公示。三是组织开展根治欠薪冬季专项行动。联合住建、综合行政执法等职能部门，深入昌江新汽车客运总站、“多馆合一”建设工程等 44 个项目现场督查，重点督查五项制度落实情况，通过查阅台账、现场排查，发现问题及时督促企业整改，有效预防和化解拖欠农民工工资问题。

【劳动人事争议处理】2020 年，县人力资源和社会保障局不断加强调解仲裁工作，推进调解仲裁实体化、标准化、规范化、信息化建设。2020 年，县劳动人事争议仲裁院受理劳动人事争议案件 86 件，法定期限内结案率 100%，有效保障劳动者的合法权益，促进劳资双方劳动关系和谐发展。此外，县劳动人事争议仲裁院通过实施《重大集体劳动争议处理应急工作预案》，提前介入有重大劳动争议案件企业，进行案前法律指导及积极协调各方进行调解。2020 年，通过案前介入有重大劳动争议调解企业进行案外调解 48 件。

【贫困劳动力就业】为降低新冠肺炎疫情对脱贫攻坚成效影响，坚决打赢脱贫攻坚战，县人力资源和社会保障局主动作为，积极推进转移就业，助力脱贫攻坚。一是“点对点”专车输送，提高劳务输出组织化程度。加强与各乡镇、各职能部门横向沟通、纵向协调，建立上下联动机制，深入村镇对贫困劳动力外出务工需求进行摸排，广泛动员镇村干部和帮扶责任人入户宣传就业政策，鼓励贫困劳动力外出务工。充分发挥外出务工带头人的作用，通过“以老带新、非贫困户带动贫困户”方式，以点带面带动更多贫困劳动力外出务工。以广东务工服务站为平台，主动与深圳、中山、东莞、惠州等地用工企业联系对接，摸清企业复工时间、用工需求，做到统一包车、统一用餐、统一防护，以“点对点”专车送厂方式输送农村劳动力赴粤务工。2020 年，组织输出 9 批“点对点”赴粤务工农民

996人次，其中贫困劳动力207人次。二是举办“春风行动”网络招聘会和就业扶贫巡回招聘会，为务工人员搭建就业服务平台。多渠道广泛收集县内外企业、扶贫合作企业、扶贫车间等各类用工单位信息，通过各乡镇LED显示屏、扶贫工作微信群、微信公众号等方式，不定期发布企业用工公告，让贫困劳动力等群体实时了解岗位信息，自主选择岗位。同时举办“春风行动”网络招聘会和就业扶贫巡回招聘会，为务工人员搭建就业服务平台。2020年，举办11场招聘会，其中网络招聘会发布省内76家企业用工信息，提供2016个就业岗位，网上招聘意向投递人数1967人，成功就业147人；巡回专场招聘会入场企业42家，提供1147个就业岗位，累计达成就业意向378人，其中贫困户家庭劳动力92人。三是开展职业技能培训，促进农村劳动力就业技能稳步提升。为进一步提升农村劳动力职业技能水平，促进农村劳动力更充分、更高质量就业，以就业为导向，结合本地特色产业发展需要，根据农村劳动力的就业意愿和培训需求制定精准培训计划，分批次在各行政村开设实用型技能培训班和创业培训班，将一技之长“送进门、送到手”，切实增强培训效果。2020年，在8个乡镇举办362个职业技能培训班，培训农村劳动力31336人次，其中贫困劳动力15115人次，培训内容涉及挖掘机操作、建筑砌墙、电工、家务操持、电动车维修、创业培训等17个工种。同时，创新培训内容和方式，在县武装部民兵训练基地开展封闭式军事管理的扶志扶智培训，举办扶志扶智培训班8期，培训贫困劳动力410人。培训期间，组织深圳比亚迪公司等用工企业到培训基地开展送岗位信息和招聘活动7场次，贫困劳动力与企业达成就业意向64人。四是开发公益性岗位，解决就业困难贫困劳动力务工难题。结合疫情防控、脱贫攻坚、乡村振兴、人居环境整治等重点工作需要，开发防疫消杀、社区巡查、卡点值班等临时性公益岗位和村庄保洁公益性岗位，优先安置贫困家庭劳动力和边缘户上岗，着力解决就业困难贫困劳动力务工需求，实现零就业贫困家庭动态清零。2020年，开发疫情防控临时性公益岗位876个，安置贫困劳动力746人，占85.2%；开发村庄保洁公益性岗位304个，全部安置贫困劳动力上岗。五是落实就业扶贫各项补贴发放，激发贫困户增收致富内生动力。（1）落实贫困劳动力务工奖补政策。2020年，发放贫困劳动力外出务工奖补9695人次，补贴金额1738.3万元。发放疫情期间额外交通和生活费补助2387人，补贴金额96.44万元。（2）落实贫困劳动力务工一次性交通补贴。2020年，发放贫困劳动力务工一次性交通补贴3501人，补贴金额118.38万元。（3）落实贫困劳动力职业培训生活补助。2020年，发放贫困劳动力参加职业培训生活费补助9588人次，补助金额697.86万元。

（刘思捷）

机构编制工作

【概况】2020年，县委编办在县委、县政府、县委编委、县委组织部的领导和省委编办具体指导下，坚持以习近平新时代中国特色社会主义思想为引领，加强政治理论学习，增强自身建设，不断提高机构编制工作水平，推进各项改革工作。2019—2020年，连续2年荣获全省编办系统业务知识竞赛第一名。2019年荣获全省编办系统信息宣传工作第二名，并于2020年10月在海南省机构编制信息宣传工作培训会上作经验交流。2020年综合行政执法体制改革工作在省组织的专项督查中被列为整体推进工作进度较快的市县之一，被省委编办通报表扬。2020年在全省编办主任会议上作了年度工作经验交流。

【综合行政执法体制改革】2020年，按照省委办公厅、省政府办公厅工作部署，继续稳妥推进深化综合行政执法体制改革。一是组建执法机构。撤销县食品药品稽查大队、县生态环境保护监察大队等20支执法机构，按领域组建县综合行政执法局市场监督、生态环境保护、旅游文化市场等10支副科级执法队伍，划转下达事业编制245名。二是转隶人员。按照“编随事走、人随编走”“老人老办法、新人新办法”原则，将整合撤并的原执法机构177人全部划转，划转后县综合行政执法大队现有人员237人。三是整合职责，认真编制执法事项清单。全面整合执法职责，除涉及国家安全、限制人身自由的行政处罚权外，将各部门的行政执法事项划由县综合行政执法局承担，实行全县“一支队伍”管执法。

【乡镇审批服务执法力量整合】为适应乡镇工作特点及便民服务需要，按省的工作部署，积极推进乡镇审批服务执法力量整合。一是规范机构编制设置。按照“先立后破、不立不破”原则，在乡镇机构限额内，调整、设置、优化相关党政机构和事业单位。印发《关于乡镇机构设置等事项的通知》《关于设立乡镇综合行政执法中队的通知》《关于设立市场监督管理所的通知》等文件通知，明确乡镇机构编制设置事项；组建乡镇综合行政执法中队，将原工商行政管理所、食品药品监督管理所整合为市场监督管理所；将乡镇国土资源管理所、规划建设管理所整合为自然资源和规划所。二是做好人员转隶。按照“编随事走、人随编走”“老人老办法、新人新办法”原则，对整合撤并的在编在岗人员予以全部转隶。此次基层改革，转隶在编在岗人员45名，其中转隶到乡镇综合行政执法中队14名、转隶到自然资源和规划所31名。

【“一枚印章管审批”改革】围绕“一枚印章管审批”行政审批工作任务，与县行政审批服务局密切联系，积极推进“一枚印章管审批”改革。一是组建机构。根据《海南省委办公厅、海南省政府办公厅印发〈关于深入推进市县“一枚印章管审批”改革的实施意见〉的通知》精神，2020年9月28日以县委办、县政府办名义印发《昌江黎族自治县行政审批服务局职能配置、内设机构和人员编制规定的通知》，明确县行政审批服务局是负责行政许可事项审批、提供相关政务服务和便民服务的县人民政府工作部门。二是转隶人员。按照“编随事走、人随编走”的原则配齐配强人员，将县发展改革委员会、县市场监督管理局等7个部门负责行政审批工作的在编在岗人员8人转隶到县行政审批服务局。

【事业单位改革】2020年全县事业单位共有237家，其中新设立6家、整合组建27家、撤销52家。一是认真开展生产经营类事业单位改革。按照省关于从事生产经管活动事业单位改革精神，在中央规定的时间节点内撤销县电影公司和石碌影剧院事业单位建制，收回自筹事业编制11名，撤销县种子公司、县三架岭畜牧场事业单位建制，继续按企业法人运作，率先完成改革任务。二是规范事业单位机构设置。对一些职能相近，规模较小的事业单位进行规范整合。将县广播电视台与县委对外宣传中心整合，组建“昌江黎族自治县融媒体中心”；将县新型农村合作医疗服务中心、县农村社会养老保险服务中心整体并入县社会保险服务中心，理顺社保经办机构和职责。三是重新制定部分事业单位“六定”方案。2019年党政机构改革，昌江县将事业单位承担的行政职能划归行政机构。为理顺事业单位工作职责，2020年重新制定并印发县委党史研究中心、县地方志编纂中心等9个单位的“六定”方案。四是不断规范事业单位领导职数管理。根据省文件精神，对全县科级事业单位领导职数重新核定，印发《关于重新核定部分事业单位领导职数的通知》，调整县水务服务中心等5家事业单位领导职数。

【事业单位登记规范管理】同步部署开展事业单位法人年度报告公示和赋码登记工作，继续做好与机构改革和事业单位改革的衔接工作，不断优化日常登记管理服务。一是优化审批流程，缩短办理时限。实行“制度上墙”，明确事业单位法人登记基本办事流程、公开内部管理制度等；赋码登记工作采取“分类指导、容缺受理”的办法，在符合办理法人登记的条件下，先赋码登记后补交材料。2020年审核公示事业单位报送法人年度报告118份、受理事业单位设立登记4家、变更114家、注销登记1家、证书补领2家。二是找准抓手，强化监管力度。坚持日常检查与“双随机、一公开”随机抽查相结合。2020年对叉河镇卫生院、结核病防治所、计划生育服务中心等3家单位开展年度公示信息实地核查，采取听取汇报，查看办公场所，查阅档案及相关资料等方式，对事业单位法人登记事项、业务活动开展及单位章程等运行情况进行检查，深入了解运行现状，并将抽查情况和查处结果及时向社会公示。

【机构编制管理】进一步加强全县机关事业单位机构编制日常管理工作，不断提升机构编制工作水平。一是承办各单位机构编制事宜，筹备做好县委编委会议和文件制发工作。根据机构编制工作需要，按照法定程序向县委编委提交会议议题，及时研究解决有关重大问题。2020年召开编委会4次，围绕昌江县机构整合、职能调整、人员编制划转、重点领域改革等47个问题进行研究讨论，进一步优化机构职能设置，盘活编制资源，保障重点领域和民生工作发展。全年制发机构编制文件70余次，会议纪要4次。二是做好编制实名制管理工作。严格按照省委编办的安排部署，建立健全机构编制管理册台账，实现机构编制实名制系统信息和机构编制管理册信息对应，动态调整，为体制机制改革、严控机构编制、实现财政供养人员只减不增等工作决策提供科学数据。三是做好机构编制信息宣传工作。紧紧围绕机构编制工作重点、亮点，把反映机构编制发展、展现改革成效、展示编办各方面工作作为信息反馈的重要资料。2020年撰写信息宣传稿25篇，其中被中共海南机构编制网采用18篇，采用率达72%。信息报送率在全县各单位排名中比较靠前，取得较好成绩。

【党建工作】认真落实组织生活各项制度，补足党建工作短板，不断推进党支部标准化规范化建设。一是组建支委，加强班子建设。根据《中国共产党基层组织选举工作暂行条例》等有关规定，2020年5月结合支部换届选举，主动对接县委直属机关工委，及时组建支委并进行责任分工，完善支部领导班子建设。组建后，支委设委员3名，其中书记1名。二是规范党建日常管理工作。认真贯彻《中国共产党支部工作条例（试行）》，把“两学一做”学习教育与“三会一课”、党员组织生活会、主题党日活动融合在一起，统筹安排。2020年，召开支部会议19次，领导带头上党课4次，开展主题党日活动10次，做到以学促做、相得益彰。三是严格执行民主生活会、组织生活会、谈心谈话制度。对照《关于新形势下党内政治生活的若干准则》，进一步严肃党内政治生活，提高民主生活会和组织生活会质量，落实谈心谈话制度。2020年召开民主生活会3次，开展谈心谈话活动16人次，帮助解决党员干部思想问题。

【党风廉政】县委编办领导班子切实履行从严治党主体责任，坚持政治建办、从严治办，认真落实全面从严治党主体责任和监督责任。一是落实“一岗双责”。充分利用谈话提醒，抓早抓小，2020年开展谈话提醒2人次。结合4月召开的扫黑除恶打伞专题民主生活会和组织生活会，用身边的违法违纪案例，对全体党员干部存在问题进行检视剖析，不断提高全体党员干部廉政意识。领导班子成员严格遵守领导干部廉洁从政若干规定，坚持将领导干部个人重大事项纳入个人对照检查材料说明，主动接受组织监督。二是加强与纪检派驻组的工作联系。2020年1月，与县委县政府、县纪委签订《2020年党风廉政建设目标责任书》，将党风廉政建设责任目标量化考核工作纳入县党风廉政建设责任制领导小组统一领导，强化一盘棋思想。2020年6月，根据县纪委县监委关于印发《昌江黎族自治县纪委监委纪检派驻组工作规定》的通知，结合编办实际，建立《县委编办与纪检派驻组的工作联系制度》。平时通过邀请参加会议、电话汇报等方式就各时期机构编制工作重点与纪检派驻组及时互通情况，听取纪检派驻组意见和建议。三是建立长效机制。2020年召开党风廉政学习和专题会议8次，在学习《习近平关于党风廉政建设和反腐败斗争论述摘编》等政治理论知识的基础上，专题梳理研究县委编办廉政风险点及防控措施。研究制定《党风廉政建设制度》《党风廉政建设主体责任清单》。

（符丽虹）

宣传·统战

宣传工作

【概况】2020年，昌江县宣传思想战线始终坚持以习近平新时代中国特色社会主义思想为指导，紧扣决胜全面小康社会、决战脱贫攻坚和加快海南自由贸易港建设目标，坚定不移举旗帜、聚民心、育新人、兴文化、展形象，在大战大考中凝聚强大共识，在决战决胜中彰显思想伟力，全力助推昌江县荣获"第六届全国未成年人思想道德建设工作先进城市"，省级文明城市等荣誉称号，社会文明大行动、"扫黄打非"工作成绩名列全省前茅，为全县应对"三个大考"、答好"三张答卷"营造浓厚声势、汇聚强大正能量，在"两个一百年"奋斗目标的历史交汇点上谱写奋进乐章。

【思想理论建设】一是思想武装高位推动。县委充分发挥理论学习引领示范作用，2020年，围绕习近平新时代中国特色社会主义思想、党的十九届五中全会精神、省委七届九次全会等内容，县委常委会、县委理论学习中心组采取集中学习、研讨发言等多种形式开展学习48次，举办专题研讨会6次，形成近百篇有深度、有针对性的理论研讨文章，用以指导全县工作实际，为全县各级中心组理论学习作出表率。二是干部教育持续深化。组织全县党组织围绕习近平总书记"4·13"重要讲话、对海南自贸港建设的重要指示开展专题学习；邀请苻彩香、黄薇波、王和平、冯裕劲等领导及专家到昌江县开展专题宣讲；向全县4000多名农村党员赠订《海南日报》、《习近平谈治国理政》（第三卷），为全县党员干部征订各类理论学习书籍近两万册。广泛发动全县党员干部用好"学习强国"平台开展网上学习，通过学习积分兑换电影票、书籍等方式，在全县上下掀起"比学赶超"的学习热潮。三是理论宣讲入脑入心。积极探索富有地方特色的宣讲形式，在全县91个行政村打造"习近平新时代中国特色社会主义思想讲堂"，围绕党的十九届五中全会精神、省委七届九次全会精神、自贸港政策知识等内容，组建以县委书记为团长的县委宣讲团、"文艺宣讲轻骑兵""方言宣讲队"，扎实开展宣传宣讲活动1000余场次，听讲的党员干部群众近三万人次。其中，县委书记带头到各乡镇村庄"讲堂"面向基层干部、农村群众宣讲7场次，着力推动党的创新理论深入人心。

【新闻舆论宣传】一是抗疫宣传凝心聚力。面对突如其来的新冠肺炎疫情，第一时间在政府网、微信公众号开设《防控新冠肺炎》专题专栏，及时用"两微一端"、抖音号等新媒体及时发布防疫信息及科普知识共782条，点击阅读量达365万余次，发放宣传资料近10万份。结合昌江县多民族聚居特点，录制黎话、哥隆话、儋州话等方言广播，运用村委会广播站、流动宣传车走村进巷开展循环宣传，切实做到疫情防控宣传不留死角。对"道隆村已封村"等谣言迅速查清源头、阻断传播途径，并及时发布疫情权威信息。多渠道宣传企业复产扶持政策和复工信息，千方百计发动全县企业、群众复产复工，鼓励帮助农户抢抓农时，最大限度降低疫情带来的损失。组织开展"万众一心——抗击疫情"主题文艺创作活动，创作出一批以抗击新冠肺炎疫情为主题的作品，进一步鼓舞士气，凝聚力量。县新时代文明实践中心统筹志愿者，按照专业医护、便民服务、秩序维护、心理疏导等进行编队并投入

"战斗"。疫情防控宣传引导工作覆盖了全县各乡镇、社区和村庄。二是主题宣传出新出彩。围绕中心大局做好重大主题宣传，协调新华社、央视、海南日报社、南海网等主流媒体宣传报道昌江经济社会发展成就，突出宣传昌江县在疫情防控、脱贫攻坚、乡村振兴、生态文明、双创双修、扫黑除恶专项斗争等领域取得的显著成就，进一步凝聚人心促发展。联合县纪委监委打造舆论监督专栏《聚焦》20期，倒逼干部作风建设提能提效。组织策划"冬登春赏""王下乡·黎花里""昌化江东坡峻灵王文化论坛"和2020昌江棋子湾沙滩围棋大会等大型文化旅游活动，进一步推动文化和旅游融合发展。协助央视拍摄《亲历者说》《中国影像方志》及《纪录东方》昌江篇，教育扶贫电影《穿过雨林》在昌江县开机拍摄，全方位传递了昌江声音、提升了昌江影响力。选送《从"百年矿都"到山海黎乡昌江黎族自治县——一个资源枯竭型市县的绿色转型样本》和《三派村："两山理念"海南"范本"》分别荣获全面建成小康社会"百城千县万村"调研活动全国县级优秀调研报告和全省村级优秀调研报告，受到省内外主流媒体深入报道。三是"作贡献"宣传形式多样。成立县委"我为加快推进海南自由贸易港建设作贡献"活动领导小组统筹推进"作贡献"活动，制定下发《"我为加快推进海南自由贸易港建设作贡献"活动方案》，为作贡献明确方向措施；深入开展宣传标语口号有奖征集、"四爱"卫生健康大行动、"e海瑞评"网络评论大赛、文艺演出、演讲比赛、廉政书画展等形式多样的"作贡献"活动，切实在全县范围营造热烈活动氛围，采用道旗、海报、标语、开设专栏等多种形式广泛开展社会宣传，号召全县党员干部、群众积极投身海南自贸港建设的火热实践，凝聚强大合力"作贡献"，工作成效受到省委"作贡献"活动督查组的充分肯定。

【意识形态工作】一是责任意识不断加强。将《党委（党组）意识形态工作责任实施办法》《海南省党委（党组）意识形态工作责任制实施细则》等制度列入各级党委（党组）学习的重要内容，牢牢把握中央、省委关于意识形态工作的决策部署，把意识形态工作纳入年度绩效考核中，年初牵头对全县各乡镇各部门开展意识形态工作专项督查，进一步压紧压实工作责任。二是管网治网扎实推进。召开全县网络安全和信息化工作会议，组织人员开展网络安全专项检查，维护网络安全。突出抓好疫情防控期间的网络舆情研判处置，及时有效处置疫情期间关注度较高的网络舆情。认真贯彻落实省委网信办《关于组织申报国家数字乡村试点的通知》要求，推动昌江县成为全省通过国家评选的四个数字乡村试点地之一。三是阵地管理持续巩固。坚持党管媒体，优化整合县级媒体资源，挂牌成立县融媒体中心，形成"一台一网两微一端一抖音"为主体的融媒体矩阵。扎实推进"扫黄打非"工作，深入开展"护苗""净网""秋风"等五大专项行动，有效促进昌江县文化市场健康发展。2020年度昌江县"扫黄打非"工作考评得分排名全省前列，县"扫黄打非"办荣获"全国扫黄打非先进集体"称号。

【精神文明建设】 一是文明之风和畅城乡。将创建全国文明城市作为促进经济社会高质量发展的一号工程，坚持高位推进、全民动员，深入开展群众性精神文明创建活动，瞄准重点全力改善城乡面貌，全面提高群众生活幸福指数，全县城乡环境面貌、社会风气、文明程度显著提升，荣获省级文明城市称号。出台昌江贯彻落实《海南省文明行为促进条例》具体举措，用法治思维和手段来解决社会不文明、不诚信的问题。成立县志愿服务指导中心，打造创建69个志愿服务站点，广泛开展志愿服务活动。二是道德建设培根铸魂。县委高度重视未成年人思想道德建设工作，将德育作为未成年人教育的重要内容，充分发挥好青少年活动中心、乡村学校少年宫、爱国主义教育基地、社区家长学校作用，构建学校、社会和家庭"三结合"教育网络，深入开展"我的中国梦"、清明节祭奠英烈、向国旗献礼等培育和践行社会主义核心价值观的教育实践活动，不断加强未成年人思想道德建设，取得显著成效。2020年11月，昌江县荣获“第六届全国未成年人思想道德建设工作先进城市”荣誉称号，昌江中学何有念荣获2020年全国“新时代好少年”殊荣。三是精神引领激荡人心。举办“绿色娘子军奋斗足迹展”，建设“绿色娘子军”纪念馆，协调央视新闻频道、《海南日报》等省内外主流媒体深入宣传报道2020年全国劳动模范陶凤交，在全社会广泛弘扬“绿色娘子军”不畏艰难、勇于创新的精神。在近期国家林业和草原局公布的2020年践行习近平生态文明思想12个先进事迹中，陶凤交“绿色娘子军”海防林建设事迹榜上有名。深入开展文明村镇、文明单位、文明家庭、“2020感动昌江十大人物”和“新时代好少年暨第四届美德少年”评选活动，选树“抗疫英雄”“脱贫攻坚”“孝老爱亲”等7个方面的先进典型，带动广大市民向上向善、见贤思齐。

【文化惠民服务】一是文化惠民深入推进。组织文艺志愿者奔赴全县各乡村送春联6000多副，到乡村放映公益电影952场。以县新时代文明实践中心、乡村学校少年宫、青少年活动中心为阵地，举办书画、民族器乐、篆刻等培训班，开展“图书馆服务宣传周进校园”系列活动，组织“脱贫攻坚”文艺轻骑队开展“送欢乐下基层”慰问演出活动，受到广大群众的热烈欢迎。二是文明实践浸润心田。深入推进新时代文明实践中心（所、站）建设，打造石碌镇保梅村、乌烈镇道隆村、十月田镇好清村等示范站点，深入开展文明交通、环境治理、文化惠民等形式多样的新时代文明实践活动1400余场，不断满足人民日益增长的精神文化需求，切实提升人民文明素养和全社会文明程度。三是文艺展览丰富多彩。紧紧围绕文化“以人民为中心”的时代主旨，邀请省内外名家到昌江举办讲座，举办“中国当代书画名家作品展”、廉政书画展、摄影作品展、奇石展等各类文化展览活动，让昌江老百姓足不出户就能亲身感受文化和艺术的魅力，不断深化昌江“小县城办大文化”的美誉。

（符文倩）

统战工作

【概况】2020年，县委统战部（县民族事务局）坚持以习近平新时代中国特色社会主义思想为指导，全面贯彻党的十九大和十九届历次全会精神，深入学习贯彻落实习近平总书记在庆祝海南建省办特区30周年纪念大会上的重要讲话和中央12号文件和《海南自由贸易港建设总体方案》精神，严格落实中央、省委和县委的各项决策部署，扎实开展各领域统战工作，凝聚统一战线智慧力量助力海南自贸区（港）和新时代“山海黎乡大花园”建设。

【疫情防控】面对突如其来的新冠肺炎疫情，县委统战部（县民族事务局）坚决贯彻落实党中央、省委决策部署和县委工作要求，积极发挥统一战线优势，同心抗疫。一是迅速落实统战领域防控任务，研究部署统一战线各领域防控任务，筑牢抗击疫情的统战防线，顺利实现了统一战线系统零感染的目标任务。二是组建统一战线防控疫情志愿服务队，深入一线开展疫情防控工作，累计开展入户排查200余户，为30多户家庭代购物资，宣传覆盖500余人次，切实扛起疫情防控的统战担当。三是积极发动全县统一战线和海内外同胞为抗击新冠肺炎疫情累计捐款捐物折合人民币177.84万元，其中捐款79.05万元，捐赠酒精、口罩、手套、护目镜、体温枪等物资折合人民币98.79万元，为助力打赢疫情防控阻击战贡献了突出力量。

【统战工作】3月7日，全省统战部长电视电话会议在海口召开，昌江县设分会场并作经验交流发言。会后，县委常委会、县委统战部（县民族事务局）第一时间传达学习全国全省统战部部长会议精神，结合昌江实际认真抓好贯彻落实，继续打造统一战线工作亮点，打好统战工作“八张牌”，推动全县统战工作再上新台阶。4月2日，组织召开县委统一战线工作领导小组2020年第一次全体（扩大）会议，传达学习了习近平总书记关于加强和改进统一战线工作的重要思想，省委书记刘赐贵对全省统战工作的批示精神和全国、全省统战部部长会议精神，以及全省民族事务局局长会议精神。会议总结了县委统一战线工作领导小组2019年工作情况和昌江统一战线防控新冠肺炎疫情工作情况，研究部署了2020年统一战线工作任务。

【多党合作事业】疫情期间，各民主党派成员中18名医务工作者放弃休假，坚守工作岗位。农工党昌江县支部党员刘兴秀、苏德两名医务人员积极参加了援鄂医疗队，成为“最美逆行者”。8月9日，农工党昌江县支部前往昌江县沙地村开展“庆祝中国农工民主党成立90周年暨健康扶贫义诊下乡”活动，为300多名群众提供免费诊治并发放防治慢性病和健康饮食等科普宣传资料。引导各民主党派继续开展民主监督工作，按照《昌江黎族自治县联合监督规定（暂行）》的有关规定，围绕县委、县政府中心工作，扎实开展民主监督。

【民族工作】 一是成功迎接肖杰常委民族团结进步创建工作专题调研。6月，省委常委、统战部部长肖杰率队到昌江县王下乡调研民族团结进步创建工作，充分肯定了王下乡·黎花里项目建设成效，对开展民族团结进步创建工作提出了新的要求。县委常委会第一时间传达学习了肖杰调研时的讲话精神，落实有关要求，全力推进全县民族团结进步创建工作。二是深入开展民族团结进步创建活动。推动民族团结进步创建活动进机关、进企业、进社区、进乡镇、进学校、进军营、进宗教活动场所等，引导各族群众铸牢中华民族共同体意识。深入开展“民族团结进步宣传月”活动，在《海南日报》推出“三月三”特刊，用一个彩色整版宣传昌江民族团结进步创建活动成果，精心制作了XR实景城市名片，扩大了昌江的影响力。三是着力改善少数民族地区基础设施。投入1162万元少数民族发展资金，建设王下乡大炎浪论村安全饮水提升工程、石碌镇香岭村三重英路硬化工程等项目，着力改善少数民族地区基础设施，助力打赢脱贫攻坚战和全面建成小康社会。四是打造出民族团结进步新标杆。2020年，全县有3家单位荣获“全省民族团结进步模范集体”，5名个人荣获“全省民族团结进步模范个人”，昌江黎族自治县和王下乡分别荣获全省民族团结进步示范区，为创建全国民族团结进步示范县奠定了坚实基础。五是少数民族特色村寨建设成果丰硕。叉河镇排岸村荣获“中国少数民族特色村寨”称号，为昌江全域全季旅游格局注入了新的活力。

【宗教工作】一是圆满完成宗教工作督查“回头看”反馈问题整改工作。严格落实中央、省委宗教工作督查“回头看”整改要求，按照省委统一战线工作领导小组反馈意见，在规定时间内圆满完成了各项整改任务。二是持续加大普法宣传力度，提高宗教工作法治化水平。认真开展普法宣传月活动，在企业、社区、宗教活动场所等地悬挂国家安全宣传横幅，发放新修订的《宗教事务条例》，增强群众法律意识、国家安全意识，提升宗教工作法治化水平。三是深入开展宗教领域风险排查，维护宗教领域和谐稳定。全面开展基督教领域安全防范排查工作，重点加大基督教私设聚会点的整治力度，严肃查处非法宗教渗透活动，坚决抵御境外宗教渗透活动，维护昌江社会和谐稳定。四是做好乡村宗教事务管理工作。认真落实省委统战部印发的《海南省乡村宗教事务管理工作考核办法（试行）的通知》精神，完成对全县各乡镇宗教事务管理工作考核，进一步完善基层宗教工作治理体系。

【非公有制经济工作】深入贯彻落实习近平总书记关于发展民营经济的一系列重要讲话精神，持之以恒优化营商环境，不遗余力支持民营经济发展壮大。一是积极帮助民营企业应对疫情影响、复工达产。严格落实中央和省出台的各项支持企业政策，结合实际出台了十二条支持中小企业复工复产的政策举措。帮助华盛天涯水泥有限公司等民营企业解决4000只医用口罩，当好民营企业复产复工的坚强后盾。组织中国人民银行昌江支行和驻县各金融机构，为海南欧兰德现代农业开发有限公司等9家民营企业授信1.5亿元，帮助企业缓解资金周转问题，助力企业复工达产。二是坚持创一流营商环境。组织召开全县创一流营商环境动员大会，制定出台《昌江黎族自治县优化营商环境行动方案（2020—2025年）》，进一步完善营商环境建设顶层设计。三是着力构建亲清新型政商关系。调整县级领导联系服务重点企业对接表，出台企业联络员制度，引导党员领导干部帮助企业解决实际困难。出台最严“禁酒令”，禁止公务人员工作日饮酒，制定《规范政商交往正负面清单》，进一步规范政商交往，着力构建亲清新型政商关系。四是实现基层商会全覆盖。完成石碌镇商会等6个基层商会成立工作和昌化镇商会换届工作，实现了基层商会全覆盖。五是成立县光彩事业促进会。引导民营企业家积极投身光彩事业，自觉履行社会责任，弘扬光彩精神，为建设新时代“山海黎乡大花园”贡献光彩力量。

【党外代表人士工作】7月9日，组织召开党外人士情况通报会，向各民主党派、工商联（总商会）、无党派和新的社会阶层人士通报2020年全县统筹疫情防控和经济社会发展情况，以及党风廉政建设和反腐败工作情况，并听取党外代表人士意见建议，汇集发展昌江的党外智慧和力量。继续强化教育培训，着力提升党外代表人士综合素质，12月17—19日在三亚举办第四期党外代表人士综合素质提升培训班，培训各民主党派班子成员及骨干、无党派人士代表等40多人次，取得了良好的培训效果。12月28日，召开“十四五”规划编制党外人士征求意见座谈会。听取党外人士对昌江县“十四五”规划编制的意见建议，凝聚党外人士的智慧，科学做好昌江县“十四五”规划编制工作。

【海外统战工作】2020年，做好疫情期间境外侨胞及留学生关心关爱工作。摸清境外华人华侨及留学生底数，了解昌江县海外侨胞防控的需求和困难，帮助他们解决问题。积极维护侨胞合法权益。推进涉侨行政审批工作，优化更新华侨回国定居审批流程，办理中招、高考“三侨生”身份确认5人，受理退休归侨职工补助申请1人。

【对台统战工作】加强台资企业走访调研力度。帮助解决台资企业在生产经营过程中存在的问题，协调省中行和县中行，帮助台资企业海南冰果师生物科技有限公司申请到200万元贷款，助力企业复工复产、渡过难关；帮助台资企业海南海昌农业综合开发有限公司协调解决农民工工资纠纷问题。四是顺利完成昌江县两岸婚生子女普查工作和企事业单位台籍工作人员统计工作。指导台联小组完成60岁以上定居老台胞、一代台胞遗孀补助核发工作，维护在昌台胞的合法权益。五是推动“海南省海峡两岸交流基地”建设。争取省委统战部（省台办）等省直单位支持，在昌江县王下乡挂牌成立“海南省海峡两岸交流基地”，发挥王下乡自然风光和民族文化独特优势，推动两岸在民族文化、旅游、农业等方面的交流与合作，打造琼台交流合作的生动范例。

【脱贫攻坚】一是牵头做好王下乡脱贫攻坚工作。认真组织干部进村入户宣讲扶贫政策，做好贫困户信息动态调整，开展利益联结量化考核评分以及大比武工作等新政策讲解和酗酒劝诫、惰性思想改造等工作。二是积极引导贫困户外出务工。认真做好务工情况排查，开展外出务工就业引导，做好外出务工奖补工作，为4名外出务工贫困户申请9200元奖励，增强了贫困户外出务工的内生动力。三是加大对王下乡资金支持力度。截至年底累计投入629万元支持王下乡洪水村实施整村推进工程，建设王下乡大炎村委会浪论村饮水提升工程、道路硬化工程，以及洪水村委会桐才村排水沟盖板工程，着力改善王下乡基础设施，提升人居环境水平。

（张耀耀）

党建·党校·党史

机关党建

【概况】 2020年，县机关工委坚持以习近平新时代中国特色社会主义思想为指导，深入学习贯彻党的十九大、十九届历次全会精神，以推进机关党组织“标准化”为核心任务，扎实推进“不忘初心、牢记使命”学习教育常态化制度化，切实落实管党治党政治责任，狠抓机关党建各项工作落实，努力提升机关党建工作水平。

【思想政治建设】 抓好党员理论学习制度落实，指导各机关基层党组织通过举办或参加培训班、“学习强国”App、干部在线学习、集中学习、个人自学、座谈交流等多种形式，组织党员干部认真学习领会习近平总书记“4·13”(习近平在庆祝海南建省办特区30周年纪念大会上的讲话)重要讲话、中央12号文件、海南自由贸易港建设总体方案、《习近平谈治国理政》（第三卷）、习近平新时代中国特色社会主义思想学习纲要、习近平社会主义文明建设论述摘编、习近平关于“不忘初心、牢记使命”论述摘编等，深刻认识加强党的政治建设的重大意义，增强“四个意识”、坚定“四个自信”、做到“两个维护”。11月举办“县委直属机关工委、‘两新’组织以及医疗集团发展对象和新党员培训班”，参训人数计141人，通过集中授课、观看警示教育片、党的知识理论测试等多种方式相结合进行，使学员们更加深入地学习、掌握了党的基本知识和理论，同时深刻认识到新时期作为发展党员所应具备的历史责任，也进一步端正了入党动机，坚定了共产主义的理想信念，强化培训效果。扎实开展“不忘初心、牢记使命”主题教育。12月举办“基层党组织书记和党务干部培训班”，参训人数计223人，进一步增强党员干部的“四个意识”，坚定了理想信念，筑牢了信仰之魂。

【机关党组织建设】 一是扎实开展各项工作。机关工委管辖基层党组织171个，其中二级以下党委9个，党总支4个，党支部157个，党员2647人。2020年新成立机关党委1个，党支部1个，撤销党组织12个，更名党支部13个；为基层党组织选优配齐班子59个，班子成员315名。二是依据《中国共产党发展党员工作细则》，始终坚持党员标准，严把“入口”关，按照“坚持标准、保证质量、改善结构、慎重发展”的十六字方针，进一步提高发展党员质量，改善党员队伍结构，不断增强党员队伍的生机和活力，积极发挥党员先锋模范作用，为推进昌江经济社会又好又快发展提供坚强的组织保证。经讨论审批共备案入党积极分子73人，备案发展对象32人，审批预备党员8人，转正党员27人。三是严格依据《中国共产党党费收缴、使用和管理的规定》积极完成收缴党费工作任务。全年收缴党费718991.66元，全部上缴县委组织部。四是加强党员队伍建设。强化直属机关党员干部教育培训，全面提高党员队伍素质，激发广大党员干事创业、创先争优的热情，不断增强党的生机活力。五是做好全国党员管理信息系统的日常维护工作。加强基层党组织的信息化、规范化管理，及时办理、更新调整党员和党组织信息，促进党员信息管理服务迈向信息化、智能化、精准化、高效化，提高党建工作科学化水平，全年办理转接党员组织关系316人次。

【机关党建工作管理提升】2020 年，县机关工委按照“打牢基础，抓实规范，树立示范”的思路推动机关党组织“标准化”建设。一是持续开展机关“灯下黑”整治。开展机关“灯下黑”自查自纠活动和“四项排查”工作。二是全力推进机关党建规范化建设。开展机关党建调研，摸清昌江县机关党建现状和机关党组织的需求。三是开展 2020 年度软弱涣散基层党组织整顿工作。督导 8 个软弱涣散基层党组织，其中 7 个软弱涣散党组织已完成整改并通过验收。四是加强打造党组织示范点。印发《关于做好 2020 年“机关党建示范点”和“机关五星党支部”创建工作的通知》。力推昌江县税务局叉河税务分局、县政府办第一党支部党建示范点和五星党支部通过考核验收，机关党建工作创建水平得到明显提升。

【党员教育与活动开展】(1) 认真开展好党员干部带头上党课、重温入党誓词、扶贫走访、慰问生活困难党员、观看爱国教育电影、参观国防教育基地等活动。5 月，组织 50 余名党员开展文明交通劝导、健康教育、法律援助党员志愿服务活动。2020 年 7 月，组织 310 名党员干部在县总工会参加扫黑除恶警示大会。8 月，组织党员干部参观“以案释纪法 自警守廉洁”2020 年全省党员干部纪律教育巡回展。(2) 积极主动参加各种文明创建活动，如文明交通劝导、环境卫生整治等，大力弘扬文明新风，共建文明城市。(3) 尽心尽力尽情，助力精准脱贫。一是组织开展环境卫生大整治，支持孔车村委会春节亮化工程，购买三角梅共计 1 万元。二是参加消费扶贫活动，共计消费 2230 元。三是带领贫困户发展鸽子养殖产业，在扶贫的路上带领全村 65 户贫困户入股一起发展养鸽子托起致富梦。(4) 走访慰问生活困难党员、老党员等。春节期间共慰问 70 名困难党员、老党员，每位发放慰问金 600 元和价值 200 元的慰问品（花生油 1 桶、大米 1 袋）。慰问因公殉职党员、干部的家庭 7 户，每户发放 1.1 万元，计 7.7 万元，“七一”期间共慰问 40 名困难党员、老党员，每位发放慰问金 500 元和价值 200 元的慰问品（花生油 1 桶、大米 1 袋），计 2.8 万元；走访慰问县委直属机关工委党支部 10 名退休老党员，计 2000 元；通过送去党的关怀，使他们感受到党组织的温暖。(5) 党建引领带动，合力防控疫情。一是亲自带领工委干部到木棉苑小区进行排查，宣传疫情防控自我保护方法和防疫教育引导工作；二是组织慰问孔车村防疫卡点值班人员并送去方便面、迷彩服、鞋子等生活物资，共计 5300 元；三是号召广大党员为支持疫情防控工作自愿捐款，奉献爱心，共有 1773 名党员自愿捐款，总金额 122044 元。

（王芬香）

党校教育

【概况】2020 年，县委党校坚持以习近平新时代中国特色社会主义思想、习近平总书记“4·13”（习近平在庆祝海南建省办特区 30 周年纪念大会上的讲话）重要讲话等系列讲话精神为指导，认真贯彻落实《2018—2022 年全国干部教育培训规划》，紧紧围绕县委、县政府中心工作，不断提升教学水平，形成抓作风、提效能、促发展的良好态势。

【培训工作】 6 月和 11 月，与县委组织部共同印发了课堂前移工作方案，并在全县 8 个乡镇举办了培训班 2 期，培训内容包括农村（社区）“两委”干部学习党的十九届四中全会精神、“四议两公开”、村级换届选举工作条例，在每个乡镇举办半天共 8 天时间，培训全县各村“两委”干部，参训学员达 1172 人次。

6 月 19—23 日，联合县委组织部共同举办基层扶贫干部“抓党建促脱贫攻坚、乡村振兴”专题培训班（第 1 期），学制 5 天，培训对象为全县驻村第一书记、贫困村驻村工作队长、乡村振兴工作队队长，县农业农村局、县扶贫办相关人员共 70 人。6 月 28—30 日，举办基层扶贫干部“抓党建促脱贫攻坚、乡村振兴”专题培训班（第 2 期），学制 3 天，培训对象为全县驻村工作队队员、乡村振兴工作队队员，2020 年新上任的农村“两委”干部，共计 164 人。

5 月底至 6 月初，举办了昌江黎族自治县 2020 年农村（社区、居）“两委”干部学习党的十九届四中全会精神培训班，加深了“两委”干部对党的十九届四中全会精神的学习领悟。6 月 19—30 日，先后举办 2 期昌江黎族自治县基层扶贫干部“抓党建促脱贫攻坚、乡村振兴”专题培训班，推动基层脱贫干部学懂吃透理论，牢固树立大局意识，提升基层党建能力。10 月 28—30 日，举办了 2020 年昌江黎族自治县软弱涣散村（社区）“两委”干部培训会，推动昌江县各软弱涣散村（社区）“两委”干部用理论武装头脑，推动各项工作有序开展，早日摘下软弱涣散的帽子。

【教研工作】2020 年，县委党校加大调研工作力度，积极报送课题，委托相关机构联合开展课题研究，努力提高科研水平。依托省委党校等优势资源和省委办公厅的资源，加强对思想理论和经济社会发展热点问题，特别是要围绕县委中心工作和重点项目开展课题研究，注意科研成果的转化，发挥科研在教学中的基础作用。为提升培训工作的针对性和开展党性教育调查，4 月，通过手机微信群和发放纸质版调查问卷的形式，向受训学员发放培训需求调查问卷 200 多份，到叉河镇和乌烈镇开展座谈调研 2 场。此外，积极开展教研工作，开展了“加快推进乡村振兴，助力自贸区（港）建设——以昌江县五联村为例”课题研究，截至年底，该课题已通过省委党校立项。

【党校校区建设】2020 年，为保证党校校区建设稳步推进，与城投公司对接了解项目前期各项工作，对校区建设的初步方案设计提要求，并根据功能需要反复沟通修改完善初步方案。6 月 17 日，县发改委批复党校校区建设项目立项。初步设计方案已完成，可研报告已通过专家评审，并上报县发改委，待批复。征地已基本完成外业工作；资规局正在办理地块农转用。2020 年上报申请地债资金 5000 万元，以解决党校项目的建设资金问题。12 月 11 日，县委常务会学习《中国共产党党校（行政学院）工作条例》时，县委书记黄金城强调，要把党校校区建设项目列入 2021 年全县重点项目，安排资金，加快推进校区建设。

【主题教育】2020 年，县委党校认真贯彻落实党的十八届五中全会、十九大和十九届二中、三中、四中、五中全会精神，坚持以习近平新时代中国特色社会主义思想为指导，全面落实新时代党的建设总体要求，坚持“党校姓党”的根本原则，突出抓好主题教育，切实提升干部队伍整体素质。周密部署，迅速动员。制定“不忘初心、牢记使命”主题教育方案、学习计划、“三会一课”计划、党校主题党日活动计划等，确保学教活动有序开展，开出成效。突出抓好主题教育，共开展集中学习 8 次。注重形式，讲究方法。一是坚持每周月集中学习制度，坚持用习近平新时代思想武装干部头脑，注意做到“三个结合”，即集中学习与个人自学相结合，正面教育与警示教育相结合，学习教育与查摆整改相合，进一步提高了全体党员的思想认识，筑牢了思想政治基础。二是坚持开展研讨交流。三是注重开展调研。共形成班子调研报告 1 篇。边学边改，确保成效。对领导班子和党员干部的存在问题，坚持边学边改，建立问题台账、分析思想原因，提出整改措施，制定整改清单，共查摆班子问题 3 个、班子成员问题 5 个。

【党风廉政建设】一是加强领导，夯实责任。严格执行党风廉政建设责任制的有关规定，明确一把手为党风廉政建设第一责任人，负总责，做到重要工作亲自部署、重大问题亲自过问、重点环节亲自协调、重要问题亲自督办。比如：2020 年度的每一期培训班，常务副校长都开会进行部署，培训后进行总结；对扶贫工作、整治“五不为”等活动，亲自主持召开会议进行研究、部署；对于校区建设、招聘老师等工作，则亲自沟调协调；对于巡察工作需要提交的材料，亲自督办。分管领导履行“一岗双责”，层层分解年度党风廉政建设和反腐败工作任务，把党风廉政建设工作纳入全校工作统筹安排，形成了齐抓共管的工作机制，确保了党风廉政建设有人抓、有人管、有人落实。二是加强教育，增强意识。继续狠抓党员干部党风廉政建设教育，学习中央纪委、省纪委、县纪委全会精神，学习《中华人民共和国监察法》《中国共产党党员领导干部廉洁从政若干准则》《中国共产党党内监督条例》《中国共产党纪律处分条例》等规章制度，到县纪委警示教育基地观看警示图展、教育片，开展警示教育。三是组织开展整治“五不为”活动，不断增强干部职工拒腐防变的免疫力。及时开展谈话提醒 6 人次。公开校务，创新管理。健全财务管理、公车使用、公务接待、上下班考勤等方面制度。四是注重廉政风险点防范。针对培训经费的使用，创新审核机制，在实行了三级审核制的基础上，实行《培训期间学员食宿安排每日在党校微信工作群公开制度》。严格执行民主集中制，对微工程等“三重一大”事项，坚持过班子会，特别是培训经费，做到事前安排部署各项费用过会、事后结算支出过会。

【社会治安综合治理工作】构建齐抓共管工作机制。及时传达县政法工作会议精神，组织大家学习责任书的有关规定，制定综治工作方案，把综治工作纳入年度工作计划，对领导班子综治维稳工作的责任进行分解，主要领导为第一责任人，分管领导为具体责任人，班子其他成员承担所分管股室的综治维稳工作责任，形成齐抓共管机制。重点抓好几个方面：（1）配合抓好驻点村安全防范，确保稳定；（2）培训期间，确保没有交通、住宿、饮食安全事件发生；（3）抓内部安全防范，无邪教组织人员滋事事件和非法宗教活动，无“黄、赌、毒”等社会丑恶现象，邀请省防震减灾中心的教官为教职工普及安全知识，逢年过节强调安全意识，确保不发生社会治安的案件，无刑事案件和群体事件发生；（4）将防范火险列入“两委”干部培训班的内容，当好安全宣传员。

（林贵阳）

党史研究

【概况】2020 年，县委党史研究中心学习习近平总书记“4·13”重要讲话、中央 12 号文件以及党的十九届四中全会、五中全会精神，学习省委七届八次全会、九次全会、县委十二届十一次全会精神，以习近平新时代中国特色社会主义思想为指引，创新思路，锐意进取，牢牢把握“党有所需，史有所为”定位，认真履行“存史、资政、育人”的工作宗旨，努力加强自身建设，推动各项工作开展；党史业务工作稳步开展，全面完成县委、县政府安排的各项工作。转化党史研究成果，强化党史宣教工作，进一步提升了党史工作影响力。

【研究项目】（1）完成《中国共产党昌江历史》（第二卷）送审稿的编写工作。（2）贯彻落实中共海南省委组织部、中共海南省委党史研究室《关于认真做好〈中国共产党海南组织史料〉（2010.1—2019.12）编纂工作的通知》（琼组通〔2019〕13 号）文件要求，完成了《中国共产党昌江县组织史资料》（2010.1—2019.12）（处级）的编纂工作及《昌江县党员基本情况统计表（2010—2019）》的报送工作，保持了组织史资料的连续性和完整性。（3）落实中共海南省委党史研究室（海南省地方志办公室）《关于做好〈海南战疫——琼岛抗击新型冠状病毒感染肺炎纪实〉组稿工作的通知》要求，完成了昌江县抗击新型冠状病毒感染的肺炎疫情及复产复工纪实组稿工作。

【党史研究成果转化】（1）陪同省老促会组织海南师范大学专家深入海尾特别党支部旧址海尾中心学校调研，旨在发挥高校资源优势，弘扬和传承昌江红色文化，在海尾特别支部旧址现海尾中心学校建设一所红色校室，传播红色文化，传承红色基因。为革命老区乡村学校打造阅读学习交流平台，为培养红色传承人及乡村教师培训等提供帮助。（2）打起责任担当，加大抢救党史文物工作力度。继续跟踪指导乌烈镇政府、道隆村委会保护道隆村委会郭日明祖屋昌二区党支部成立旧址，配合县档案馆举办“走进昌江抗日战争时期历史图片展”，传承红色基因，配合全县开展“不忘初心、牢记使命”主题教育活动，做出党史人的贡献。（3）大力加强党史宣传力度。为了推动全县党员干部群众学习党史，增强党性观念，提高思想政治素质，中心向各乡镇、县直机关各单位、县四套班子领导、乡镇村委会农民书屋、图书馆、档案馆赠送《中国共产党昌江县历史》（第一卷）等书籍。与县档案馆合作建设昌江历史图片展，宣传社会主义核心价值观和县委、县政府正在开展的“双创双修”工作。

【加强队伍建设】2020年，县委党史研究中心（以下简称中心）在抓好“征、编、研、宣”各项工作的同时，切实加强机关自身建设，提高党史工作干部队伍整体素质。一是强化制度建设，规范内部管理。按编写的制度汇编要求，明确了中心工作人员今后的工作准则，确立了将中心建设成为“学习型、服务型、创新型、廉洁型”机关的目标，进一步加强了机关制度、建设、队伍建设和党风廉政建设，工作机制更加规范、透明、协调、高效，使中心各项工作走上规范化、制度化、科学化的轨道。二是建设学习型机关，提高队伍的业务水平。中心作为研究党的历史的专门机构，不仅要对党的历史做全面系统的把握，还要与时俱进不断丰富政治理论知识。为此，中心制定了详细的“三会一课”学习计划，坚持“两学一做”学习制度，强化干部政治业务学习，学习型机关建设使干部队伍在学习中不断提升业务水平，更好地完成今后的党史研究工作。三是科学整合资源，形成工作合力。一方面加强与党委、政府有关部门的沟通与合作，努力提高党史资料的完整性、权威性与可信度。另一方面密切同党校、老干局、老促会、档案、史志、融媒体中心、文博等部门的联系交流，建立党史研究宣传的合作平台与协作机制。积极发挥相关研究会、离退休老同志、专业工作者的重要作用，充分调动各方面参与党史工作的积极性，形成联系广泛的工作网络。

（陈方园）

行政审批·机关事务

行政审批

【概况】昌江黎族自治县行政审批服务局为机构改革后新组建成立的部门，于 2019 年 2 月正式成立，是负责行政许可事项审批、提供相关政务服务和便民服务的县人民政府工作部门，为正科级。下属事业单位为昌江黎族自治县政务服务中心。

【“一枚印章管审批”】2020 年 12 月 3 日，昌江县“一枚印章管审批”启动仪式在县政务服务中心举行，这标志着昌江正式实行“一枚印章管审批”全新模式。此次“一枚印章管审批”改革将涉及 20 个部门，共 272 项政务服务事项分批划转至县行政审批服务局实施。第一批划转政务服务事项共 10 个部门 86 项政务服务事项。实行“一枚印章管审批”，意味着企业和群众最快可以在 20 分钟之内完成全部审批流程，助力昌江打造法治化、国际化、便利化的一流营商环境。

【行政许可事项的取消和衔接】抓好国务院、省政府部署的行政许可事项取消下放工作。2020 年，昌江县共取消行政许可事项 3 项。主要将现有的行政许可事项进行认真对照，对取消的行政审批项目一律给予取消，不再按原有的工作流程进行办理，并要求相关单位不得擅自以备案、核准等名义进行变相审批。

【行政审批中介服务】组织县级各有关部门梳理本部门各类中介服务事项清单，坚决取消无法律法规依据的中介服务事项。同时对 11 个县级部门 67 项中介服务事项进行了梳理，明确审批部门、审批事项、设定依据等内容，形成昌江县中介服务事项清单目录，并在海南政务服务网上公布。制定《昌江黎族自治县工程建设项目中介服务管理办法》，规范引导项目业主、中介服务机构等通过海南政务服务网办理网上登记，在“中介超市”开展工程建设项目中介服务交易行为，提供“零门槛、零收费”服务，进一步优化昌江县营商环境。

（王业颖）

机关事务

【概况】1.主要职能：2001 年，县政府撤销县委、县政府机关事务管理科，设立昌江黎族自治县机关事务管理局，隶属县人民政府的正科级事业单位，2007 年 10 月由事业单位转为参照公务员法管理的事业单位。2019 年 5 月由昌江黎族自治县机关事务管理局更名为昌江黎族自治县机关事务服务中心，隶属于昌江黎族自治县人民政府办公室，为正科级财政预算管理公益一类事业单位。2.主要职责：（1）贯彻落实党中央和国家、省有关机关事务管理工作的方针政策、法律法规，执行省委省政府决策部署和中国（海南）自由贸易试验区、中国特色自由贸易港政策措施。（2）协助县政府办公室建立健全县本级党政机关办公用房集中统一管理制度，协助县机关事务管理局对县本级党政机关办公用房实行统一规划、统一权属、统一配置、统一建设、统一维修、统一处置。（3）协助县政府办公室对县本级党政机关和事业单位的公务用车管理工作，根据职责对工务用车实行统一编制、统一标准、统一购置经费、统一采购配备、统一处置管理。（4）协助县政府办公室推进、指导、协调、监督全县公共机构节能工作管理工作，负责协助开展公共机构节能宣传、教育和培训，普及节能科技知识。（5）协助县政府办公室对县四套班子领导办公室和周转房的调配、维修、管理以及物品的配备工作。（6）指导监督县机关大楼、市民广场和城市客厅的物业管理工作；负责做好机关大楼、市民广场和城市客厅的日常维护工作。（7）指导监督县机关食堂日常运行和服务工作，保障机关食堂正常运行。（8）完成县委、县政府和上级部门交办的其他任务。3.内设股室及人员编制情况：截至2020年12月31日，人员编制31名；其中：单位领导岗位3个（1正2副），其他管理人员岗位7个，工勤人员岗位21个；现有在编人员28人，其中：领导单位领导3人，其他管理人员5人，工勤人员20人。

【重大事项】 1.为贯彻省委、省政府关于加强生态文明建设的工作部署，切实推进全省党政机关、事业单位生活垃圾分类工作，根据省机关事务管理局印发的《关于党政机关事业单位生活垃圾分类工作安排的通知》（琼事管发〔2020〕20号）要求，2020年，昌江县选取县机关办公大楼建设为本县生活垃圾分类工作示范点。中心投入资金7万元，在办公楼内设置四分类不锈钢垃圾桶16组、市民广场和城市客厅各设置四分类不锈钢垃圾桶8组，机关办公大院内建设垃圾集中收集屋1个。2.保障工作人员工作用餐。2020年，中心为解决在县机关办公大楼区域工作编外人员的用餐问题，提高其工作效率，经县政府同意，采用用人单位按月向县机关食堂购买餐票方式，解决了约170名编外人员的用餐难问题。3.规范县机关办公大楼区域交通路线。为加强县机关办公大楼区域交通安全管理，维护正常的交通秩序，经与县交警大队商议，2020年9月17日中心下发通知将县机关办公大楼区域部分行车道改划线为单向车道，确保车辆行车有序、停放整齐。

【公共机构节能工作】 1.开展节能宣传活动。积极筹划组织开展以“地球一小时”“中国水周”和“绿色发展、节能先行”“生活垃圾分类”等节能主题宣传系列活动，并积极筹划2020年度节能宣传周相关准备工作。2020年，共悬挂节能宣传横幅30余幅，张贴宣传标语图片50多幅，更新机关办公大楼大院内10块节能宣传栏，在机关办公大楼大院内新增制作垃圾分类宣传栏3块，在公共区域、走廊张贴生活垃圾分类指引牌16块，张贴垃圾分类海报20份，发放垃圾分类折页560份，同时在公共区域、走廊、卫生间广泛张贴节能温馨提示等，大力进行公共机构节能低碳宣传，进一步提高干部职工及群众的节能环保责任意识。2.党政机关公共机构内部充电桩建设情况。中心积极开展充电桩建设工作，协助县工信局在县机关办公大楼等单位共12个场地安装慢充电桩78个。已通电使用充电桩共12个（其中县纪委7个充电桩全已通电使用，县机关大楼办公区、叉河镇政府、乌烈镇政府、王下乡政府、电视台各通电使用1个）。截至年底，充电桩建设任务完成78个（4个快充还没有落实），已超额完成任务。3.做好节能考核督查工作。2020年7月，开展2019年度公共机构节能和考核工作。通过考核，进一步提高节能管理力度。开展机关办公大楼用能情况督查工作，对不节能行为进行节能宣传讲解，并当场纠正不节能行为。4.积极落实节约型机关创建行动。县中西医结合医院作为第四批节约型公共机构示范单位创建，已通过验收上报相关材料到省机关事务局审核。县统战部、县政府办、县生态环境局、县司法局、县行政审批局、县财政局、县人社局等7家单位节约型机关创建工作也已完成目标任务。5.落实能耗定额管理试点单位。2020年，县人民医院被推选为昌江县能耗定额管理试点单位，通过能耗定额管理试点，不断发挥引领昌江县公共机构节能示范作用。

【公务用车管理】 一是新能源车推广应用。把关新增或更换车辆中新能源汽车比例，2020年全县公共机构新增或更换的公务用车，除特殊情况外，全部采用新能源汽车。7月已落实购买10辆新能源汽车（县纪委7辆、县统计局1辆、电视台1辆、公安局1辆），购置资金约200万元，完成年度购车任务。二是公务用车平台建设。按照公务车信息化、平台化的管理要求，投入14.97万元聘请专业公司对全县130辆公务车辆的北斗系统进行维护和管理，车辆位置信息、行驶数据均实现了数据互通。

【办公用房管理】 一是调剂办公用房，满足各单位需求。2020年，给予县发改委、县应急办、县教育局基金会、县农保局、县扶贫服务中心、县医疗保障局、县行政审批局等8个单位调剂安排办公用房，共调剂安排办公用房524.8平方米。二是盘活闲置办公用房。根据县委办印发《关于进一步采取超常规举措确保完成全年经济目标的若干措施》（昌办字〔2020〕27号）文件要求，在县机关事务局的指导下，依照党政机关办公用房管理办法，对机关单位之前收回的铺面，中心通过调剂方式、置换方式将办公用房调剂用于窗口服务工作，多余出来的出租铺面，由各权属单位结合市场行情继续出租，尽可能地盘活，实现财政收入。2020年，已盘活出租教育系统69间、县旅文局1间、县农技中心6间，县房管局有2间铺面正在装修准备出租。根据《昌江黎族自治县财政局、昌江黎族自治县机关事务管理局关于采取超常规举措盘活行政事业单位国有资产的通知》（昌财〔2020〕187号）文件精神要求，协助县财政局、县机关事务局督促各单位认真开展闲置办公用房的清理及盘活。

【机关后勤保障服务】 一是大力开展“光盘行动”，倡导节约。2020年11月4日中午，昌江电视台《聚焦》栏目记者跟随县纪委监委明察暗访组到县机关食堂，发现前来就餐的人虽已排成了长队，但仍秩序井然。在机关食堂的显眼位置张贴着节约粮食、杜绝浪费的各种宣传标语。之前机关食堂的浪费现象是比较严重的，现在已有了很大改观。中心加大光盘行动宣传发动、细化措施等，有效减少了食堂餐饮浪费现象。二是做好反恐安保管理。2020年6月，省反恐总队暗访组到昌江县机关办公大楼对安保情况进行暗访，并对暗访情况通报：暗访组人员无障碍进入县委县政府办公大楼各个办公区，大楼安保措施落后。中心立即大力开展整改：（1）对东、西出入口两个通道加装玻璃门，并在玻璃门上安装门禁系统、电磁锁，只允许该区域办公人员刷脸或验证指纹出入，其他无关人员禁止通过以上两个门进出办公区域，对于办事民众，引导从正门出入。（2）建设保安系统改造项目，建设一套具有分级授权功能的门禁/人行道闸管理系统，对办公大楼部分监控死角加装摄像头，以实现对所有进出办公大楼所有通道人员进行分类管理和监控，对办公大楼进行封闭式管理，2020年11月，保安系统改造项目经费下达，中心正在建设。（3）指导物业公司组织反恐演练培训，2020年，安保人员共开展反恐培训5期次。

【“双创”工作】 “城市客厅”因年久失修，木栈道已破损严重，一些地板砖也已损坏，给前来休闲锻炼的市民带来较大的安全隐患。中心对标全国文明城市测评体系，申请资金26.5万元，建设完成城市客厅损坏木栈道和地板砖的更新改造。同时，根据创建文明城市标准，在城市客厅、市民广场、办公大楼增添设置四分类不锈钢垃圾桶24组。

【扶贫帮扶】 新冠肺炎疫情防控期间，支助帮扶鸡心村口罩、方便面、矿泉水等防控物资，价值1000元。4月，帮扶鸡心村500株三角梅，种植于村庄道路两旁，绿化美化村庄。组织单位人员参加县消费扶贫和石碌镇消费扶贫活动，中心人员共消费金额4058元。

（陈　科）

民主党派

中国民建昌江县支部

【概况】2020年，民建昌江支部在组织发展、参政议政、社会活动等工作上进一步提升。组织建设方面突出以经济界为主的会员组织结构。2020年底，支部会员人数27人，会员中政协委员9人，其中政协常委4人。

【组织建设】2020年各委员均加强自我学习，提高政治素质，提高自身工作；敢于担当，勇于创新，创新思维、创新工作，推进工作实质性提升；注重形象，做好表率，做好政协提案工作，深入调研。为会员们提供更多更好的组织平台，增强组织凝聚力。发挥支部作用，强化工作机制，最大限度激发支部的活力，带动支部发展。

【支部学习】根据《民建海南省委会全面加强作风建设实施方案》，动员部署开展全面加强作风建设活动。结合实际，重点学习把握习近平总书记“4·13”重要讲话和中共中央12号文件精神。庆祝中国民主建国会成立75周年、民建海南省委会成立30周年，组织开展座谈研讨、主题征文等系列纪念活动。评选全省优秀会员和参政议政先进个人，展现民建风采。

【参政议政】在2020年4月召开的政协昌江县第十届委员会第五次会议上，共向大会提交5篇个人提案和2篇集体提案。其中向大会提交《全域整治全面提升 推进全国文明城市创建》及《加快推进县域“共享农庄”建设的建议》2篇集体提案，为创建全国文明城市、加快“共享农庄”建设等出言献策，充分利用政协舞台，忠实履行参政党职责。民建政协委员苏江山代表支部在大会发言受到了中共昌江县委领导的充分肯定，认为相关意见针对性和可操作性强，对中共昌江县委、县政府科学决策和推进工作具有重要参考意义。会员梁克茂、邱星竹、李瑞珍、苏江山、林俊华报送了5篇有一定质量的提案，其中4篇被列入大会书面发言材料，邱星竹撰写的《关于重视村官培养 助力乡村振兴》及李瑞珍撰写的《关于加强我县农村污水治理项目管理的建议》两篇提案被列入县政协重点督办提案。

【社会活动】走进社区、学校和乡村，为留守儿童、孤寡老人、贫困学生送温暖。2020年9月5日，民建昌江支部会员在“助力脱贫攻坚 慈善捐资助学”活动中，参与募得善款十余万元，帮助16名贫困大学生圆了学子梦。9月18日，民建昌江支部会员在昌江石碌镇山竹沟村开展“治酗酒”健康大讲堂专题大型义诊公益活动。11月18日，民建昌江支部会员参与省慈善总会“医疗扶贫下基层送医送药大型义诊活动”分别在石碌镇政府和乌烈镇峨港村委会举办。

（苏　妹）

中国农工民主党昌江县支部

【概况】2020年，农工党昌江县支部坚持以习近平新时代中国特色社会主义思想为指导，紧紧围绕中共海南省委和中共昌江县委中心工作，在建言献策和凝聚共识上双向发力，履行参政党职能，同心同德，开拓进取，扎实工作，在思想建设、参政议政、服务社会、组织建设等方面都取得了较好的成绩。

【思想政治建设】农工党昌江县支部把思想政治建设工作列为首要任务，深入学习贯彻习近平新时代中国特色社会主义思想，通过专题学习会、座谈会、培训班和网络云课堂等形式，引导支部党员持续深入读原著、学原文、悟原理，切实增强“四个意识”、坚定“四个自信”、做到“两个维护”，不断深入认识新时代对民主党派的要求，坚定不移同中共中央想在一起、站在一起、干在一起，坚定不移走中国特色社会主义发展道路的理想信念。支部全体党员认真学习中国农工民主党第十六届中央常务委员会历次会议精神以及《民主党派代表人士队伍建设规划（2018—2027）》《中共中央关于加强中国特色社会主义参政党建设的意见》《中共中央关于制定国民经济和社会发展第十四个五年规划和二〇三五年远景目标的建议》等文件精神。通过学习，全体党员深刻认识到新时代对参政党提出更高的要求，表示将坚持好发展好完善好新型政党制度这一推动多党合作事业发展的根本遵循，把思想和行动统一到中共中央的重大决策部署上来；主动适应新时代新时期对参政议政能力要求，树立大局意识发挥优势、主动担当、主动作为。

【参政议政】2020 年，支部全体党员紧紧围绕疫情防控、海南自贸港建设等工作，开展调查研究，建言献策，彰显了履职新作为。昌江县支部围绕农工党海南省委会和中共昌江县委、县政府中心工作，认真参加各种协商会、征求意见会等，在党外人士座谈会、政协大会等多种场合，支部或党员个人以建议、提案、调研报告等多种形式，提出许多事关民生热点的真知灼见，为自贸港建设建言献策。年内，昌江县支部或党员个人撰写 7 篇提案和 6 篇社情民意，得到农工党海南省委会、中共昌江县委、县政府、县政协的关注，意见和建议被政府有关部门采纳。麦贻思撰写的《关于建设县域医疗云服务平台助力昌江医疗集团大发展的建议》、杨祖弘撰写的《关于保障幼儿园儿童身心健康和防止虐待儿童事件发生的建议》和《关于完善保梅岭森林公园旅游设施的建议》等 3 篇提案被列为政协昌江县第十届五次会议的发言材料。

【社会服务】昌江县支部发挥自身优势，开展面向社会的服务，把社会服务作为参政议政工作的载体和延伸，把参政议政贯穿于社会服务的全过程，受到当地群众乡亲的好评。昌江县支部前往昌江县沙地村开展健康扶贫义诊活动。义诊服务的项目包括内科、外科、中医特色科、五官科、血压和血糖测试等内容。义诊现场，医生专家们根据自己专长，耐心询问，从发病时间、治疗状况、用药情况、饮食安排等全方位了解患者的病情，细心倾听、耐心解释，并给出合理的解决方案。参加义诊的医护工作人员共计 18 人，接受诊治的乡亲共计 300 余人次，发放科普宣传册 500 本。同时，向当地乡亲免费发放价值 1700 余元的药品。 农工党昌江县支部荣获 2020 年农工党中央“社会服务工作先进集体”荣誉称号。

【疫情防控】面对突如其来的新冠肺炎疫情，支部全体党员纷纷赶赴抗击疫情一线。陈光华主委和县人大常委会林炽明副主任作为抗击疫情领导小组成员，每天都是连轴转，不是在现场指挥防疫工作就是在会议室中协调工作；刘兴秀和苏德主动请缨前往武汉抗击疫情，他们俩在医治任务最重的院区，克服身体上的疲倦和心理上的焦虑，热心对待、细心医治每一位患者，获得医院领导和患者的一致好评，并且荣获“农工党中央抗击新冠肺炎疫情先进个人”荣誉称号；作为疫情防控组副组长的钟星云，默默地在疫情防控、救治及后勤保障方面调度人力和物资。农工党昌江县支部荣获“农工党中央抗击新冠肺炎疫情先进集体”荣誉称号。疫情期间，支部领导带头捐款，支部党员响应号召纷纷行动，通过多种方式、多种途径，向湖北、武汉抗疫一线提供援助，据不完全统计，支部全体党员为抗击疫情捐款 5000 余元；捐赠物资价值达 1000 余元，以实际行动诠释了大爱精神和家国情怀。

【脱贫攻坚】昌江支部共有9位党员直接参与扶贫工作，结对帮扶18户贫困户，帮扶干部落实“两不愁三保障”等扶贫工作要求，用真挚的感情和真诚的行动感召贫困乡亲，真正做到“志智双扶”。此外，支部全体党员响应扶贫消费号召，一年来参与扶贫购物消费，所购扶贫物品共计5000余元。同时，昌江县支部的扶贫种植基地招收当地贫困乡亲，一方面传授种植香蕉技术，另一方面保障工资按时足额发放。激发其生产生活动力，进一步提升其获得感和幸福感。

（杨祖弘）

中国九三学社昌江支社

【概况】2020年，昌江支社全体社员学习贯彻中共十九届历次全会精神、社中央十四届历次全会精神和中共海南省委七届历次全会精神，弘扬爱国、民主、科学优良传统，投身于海南全面深化改革开放、加快建设自由贸易港的进程。围绕九三学社海南省委和中共昌江县委、县政府中心工作建言献策、服务大局，在思想政治建设、组织发展、社会服务等方面取得了较好的成绩，为海南建设自由贸易港做出新的贡献。

【组织建设】在对现有社员加强组织纪律和思想政治教育的同时，积极发展、培养后备力量。及时向九三学社海南省委汇报，与中共昌江县委统战部分管领导沟通，增补符桂永为支社副主委，健全班子职数。9月7日，根据要求向中共昌江县委统战部报送2021年换届班子人选14人。2020年12月底，九三学社昌江支社在籍社员59人（党派交叉3人）。其中在职社员51人（包括海钢6人、海矿16人、县直单位25人、其他4人），退休和工作变动保留社籍8人，另有2人正在发展培养考察中。在职的51位社员中，大学本科以上学历40人(其中研究生学历2人)，占76.92%，高级、中级职称49人，占94.23%（其中高级职称23人、占44.23%，正高级职称1人）。社员中，有九三学社中央促进技术创新工作委员会1人，九三学社省委委员1人，九三学社省委专门工作委员会4人（其中2人担任副主任），县人大常委会委员1人、县政协委员12人、常委会委员2人、县法院人民陪审员1人、县公安局“政风肃纪监督员”1人、县监察委“特约监察员”1人。

【自身建设】传达贯彻落实关于加强中国特色社会主义参政党建设的三个文件精神，提高组织发展质量，加强支社班子和社员队伍建设。一是在九三学社海南省委的直接领导下，统一思想、凝聚合力，特别是组织骨干社员参加九三学社海南省委和中共昌江县委统战部组织的培训，线上学习习近平新时代中国特色社会主义思想和习近平总书记系列重要讲话。二是引导全体社员充分认识坚持中国共产党的领导，共同致力于国家富强、民族复兴、人民幸福，把握中国共产党领导的多党合作的初心所在；把握新时代参政党的新方位、新使命，提醒广大社员要提高政治站位；注重加强自身建设，为把九三学社建设成为“思想更加坚定、履职更加坚实、组织更加坚强”的中国特色社会主义参政党而共同努力。三是加强社员对社章、社史和“九三楷模”先进事迹的学习，提高社员的思想认识，使社员真正突破从组织上入社到思想上入社。四是举办纪念九三学社创建75周年暨抗战胜利75周年系列活动。9月3日，为庆祝九三学社75华诞，九三学社昌江支社召集全体社员，组织瞻仰了昌江县爱国主义教育基地——矗立于海南铁矿矿山公园内的“死难矿工纪念碑”、参观石碌火车站、召开座谈会等系列活动，接受爱国主义传统教育，珍惜现有美好新生活，共祝九三学社75岁生日快乐。五是根据社中央文件规定，按新标准收缴社费，全年53人缴纳社费12400元。

【培训学习】2020年，九三学社昌江支社全程参与九三学社海南省委和中共昌江县委统战部组织的各项活动。主要有：（1）2—3月，组织社员为抗击新型冠状病毒捐款。（2）6月18—20日，尹爱民主委以县监察委“特约监察员”身份参加由昌江县、白沙县和洋浦经济开发区在海南中改院联合举办的纪检监察干部关于“我为加快推进海南自由贸易港建设作贡献”专题培训班学习。7月15日，参加昌江县监察委员会第一届特约监察员座谈会。（3）7月10—12日，5位骨干社员参加九三学社海南省委在五指山市举办的培训班学习。（4）8月21—23日，4位骨干社员参加九三学社海南省委在琼海市举办的培训班学习。（5）10月11—17日，3人参加九三学社海南省委2020年湖南大学骨干社员研修班。（6）11月6—8日，4位骨干社员参加九三学社海南省委在五指山市举办的培训班学习。（7）12月17—19日，9人参加中共昌江县委统战部在中共三亚市委党校举办的民主党派代表人士综合素质提升班。（8）组织25人回答九三学社中央组织的基层组织调查问卷。（9）参与九三学社中央组织的征文活动3次，2人参与投稿4篇（张雪亮3篇、郭文莲1篇）。

【参政议政】在4月24日至26日召开的昌江县两会上，九三学社昌江支社13名县人大代表和政协委员共提交建议7件，其中有3件入选政协大会发言材料，分别是：符桂永撰写的《科学规划 稳步实施 打造绿色生态家居之城》、周学东撰写的《推广光电控水，为农业农村经济发展增光添彩》和郭文莲撰写的《关于在城市发展建设中留住铁矿文化的建议》。其中，符桂永撰写的《科学规划 稳步实施 打造绿色生态家居之城》口头发言广受好评，于5月14日得到中共昌江县委黄金城书记的亲笔批示：“请国斌同志结合中央环保督察反馈问题以及昌江县四河一渠项目建设情况认真研究所提建议。”会后，县政协组织政协委员到保亭、陵水和琼海3市县进行专题调研。（1）9月27日，九三学社中央促进技术创新工作委员会委员周学东撰写，提交到九三学社中央的建议——《关于利用创新光电控水技术加强农田水利工程建设的建议》，获全国政协副主席、九三学社中央常务副主席邵鸿亲笔批示。（2）10月26日，由郭文莲、周学东撰写的《关于利用创新光电控水技术提高农业用水效率的建议》，报送给中共海南省委统战部以内参的方式上报。（3）11月11—13日，符桂永、黄毅等人参加由县政协副主席杨昌志带队一行11人组成的“昌江县‘四河一渠’调研考察组”，前往保亭、陵水、琼海3市县调研考察河道、河岸整治工作情况，提高了九三学社党派的知名度和影响力。

【服务社会】2020年，九三学社昌江支社全力配合九三学社海南省委、七叉镇和重合村做好重合村帮扶工作。（1）1月3日，协助九三学社海南省委过建春主委、周耀柒副主委组织社内各扶贫单位一行24人到七叉镇重合村开展精准扶贫工作和春节前慰问扶贫对象。（2）7月16日、9月10日，分别随九三学社海南省委蒙萍主任一行12人到七叉镇重合村诺丽果种植基地现场调研、督促加快进程。（3）9月26日，协助九三学社海南省委过建春主委、黄元华副主委组织的医疗专家一行37人到七叉镇开展免费送药下乡义诊活动。（4）12月14日，协助九三学社海南省委周耀柒副主委、蒙萍主任一行5人到七叉镇重合村了解帮扶对象脱贫、诺丽果基地进展、扶贫康养器材场地落实等情况。

【交流与分享】加强与九三学社海南省内基层组织的交流学习，分享社务工作经验。7月24—26日，组织9位社员前往洋浦支社和万宁支社交流学习。8月14—16日，组织16位社员前往澄迈支社、定安支社交流学习，共同到母瑞山革命根据地红色纪念园接受红色教育，收到良好的效果。9月3日，组织骨干社员25人瞻仰矿山公园“死难矿工纪念碑”，参观石碌火车站，不忘历史，面向未来。11月14—15日，接待万宁支社、洋浦支社15位社员回访，交流彼此之间的社员管理、日常社务工作经验。

【关爱社员】九三学社昌江支社待社员亲如兄弟姐妹，在经费紧张的条件下长期坚持“3456”行动关爱社员（看望社员生孩子300元、社员本人和直系亲属生病住院慰问 400 元、结婚贺礼 500 元、孩子考入高等院校 600 元助学鼓励金)。2020 年，共发放关爱社员慰问金 4465 元。

【荣誉与成绩】集体荣誉：获 2020 年度九三学社全省基层组织考核第三名，被授予九三学社“优秀基层组织”荣誉称号。社员成绩：(1) 10 月 25—27 日，王远程参加 2020 年第七届“国际旅游岛杯”全国业余围棋公开赛，荣获“海南省本土棋手”第六名。(2) 11 月 10 日，由郭文莲撰写的《披荆斩棘、十年磨一剑，坚定“科技创新，服务三农”之路的企业家 ——“光电控水”技术创始人周学东》荣登九三学社中央委员会官方网站“星光灿烂”栏目。(3) 11 月 13—16 日，王远程代表海南省昌江县参加 2020 全国围棋之乡工作会议，并上台受领“全国围棋之乡”牌匾及“2020‘衢州有礼·运动柯城’中国围棋之乡联赛预赛‘优秀宣传奖’”。(4) 12 月 8—12 日，尹爱民主委作为基层组织代表，出席九三学社第十四届中央委员会第四次全体（扩大）会议。(5) 12 月 11 日，社员周学东的又一项发明专利成果转化产品——“和周”牌光电控水车试机成功。

在 4 月 24—26 日召开的昌江县两会上，符桂永代表九三学社昌江支社作《科学规划 稳步实施 打造绿色生态家居之城》的大会口头发言，引起广泛关注，得到中共昌江县委黄金城书记亲笔批示。9 月 27 日，九三学社中央促进技术创新工作委员会委员周学东撰写，提交到九三学社中央的建议——《关于利用创新光电控水技术加强农田水利工程建设的建议》，获全国政协副主席、九三学社中央常务副主席邵鸿亲笔批示。10 月 26 日，由郭文莲、周学东撰写的《关于利用创新光电控水技术，提高农业用水效率的建议》，由中共海南省委统战部以内参的方式上报。11 月 13—16 日，王远程代表海南省昌江县参加 2020 全国围棋之乡工作会议，并上台受领“全国围棋之乡”牌匾及“2020‘衢州有礼·运动柯城’中国围棋之乡联赛预赛‘优秀宣传奖’”。12 月 8—12 日，尹爱民主委作为基层组织代表，出席九三学社第十四届中央委员会第四次全体（扩大）会议。12 月 11 日，社员周学东的又一项发明专利成果转化产品——“和周”牌光电控水车试机成功。2020 年，九三学社昌江支社获九三学社海南省委基层组织年度考核第三名，被授予“优秀基层组织”荣誉称号。

（郭文莲　尹爱民）

群众团体

昌江黎族自治县总工会

【概况】 2020年，昌江黎族自治县总工会坚持以习近平新时代中国特色社会主义思想为指导，按照中国工会十七大、省工会七大和县工会九大确定的目标任务，坚持“以职工为中心”的工作导向，解放思想、敢闯敢试、大胆创新，扛起了建设海南自由贸易港和新时代“山海黎乡大花园”的工会担当。

【理论学习】 抓好习近平新时代中国特色社会主义思想的学习贯彻，特别是习近平总书记关于工人阶级和工会工作的重要论述、在全国劳模表彰大会上的重要讲话精神、关于海南工作的重要讲话和指示批示精神，通过召开党组会、党组理论中心组学习会、辅导报告会和组织培训等多种形式，加强学习阐释、教育引导和舆论宣传，增强“四个意识”，坚定“四个自信”，做到“两个维护”。

【推进自贸港建设】 开展中国道路主题演讲比赛、主题宣讲活动；开展中国道路之习近平总书记“4·13”（习近平在庆祝海南建省办特区30周年纪念大会上的讲话）重要讲话书法巡展活动。深化“中国梦·劳动美”主题教育，参加省总工会主办的“为劳动者喝彩”抖音大赛，荣获优秀奖。开展最美农民工评选和宣传活动。为厂矿、企业职工送电影，丰富了基层工会职工的精神文化生活。

【弘扬劳模精神】 坚持面向一线、面向基层，推荐评选全国劳动模范和先进工作者、省五一劳动奖章、工人先锋号、劳模、先进工作者和创新工作室。昌江县共有2个集体（海南昌江鑫龙海塑料制品有限公司为海南省五一劳动奖状获得者；周金甫大师玉石雕刻工作室为海南省工人先锋号）、2名个人（陶凤交为全国劳动模范；县纪委监委干部符升文为海南省五一劳动奖章）分别受到国家级和省级表彰。开展全国模范职工之家、全省工会系统先进集体和个人评选。创建4个劳模和工匠创新工作室，发挥示范引领作用。协助建设植树娘子军纪念馆，加大对劳模精神、劳动精神、工匠精神宣传力度。

【推进疫情防控】 多措并举促“六稳”助“六保”，出台多条措施助力新型冠状病毒感染肺炎疫情（以下简称疫情）防控，加强医疗互助保障，向援鄂及县内一线抗疫人员赠送专项保险；下拨疫情防控专项资金38.47万元；给援鄂医疗队员发放慰问金17.4万元，走访慰问疫情防控一线的工作人员和医务工作者，送上3.03万元慰问品。开展“春送岗位”活动，创建工会就业创业示范基地，发挥示范带动作用。为农民工发放春节返乡购票和返岗补贴；开展“振兴旅游 普惠职工”疗休养、健康游活动，邀请78名援鄂医疗队员和一线职工参加疗休养；组织150多名工会会员参加健康游活动。实施小微企业工会经费（筹备金）支持返还政策，减免承租县总工会大楼铺面租金14.97万元。

【职工技能竞赛】 广泛开展“我为加快海南自由贸易港建设作贡献”主题劳动竞赛，推动职工通过竞赛晋升技术等级。举办首届“工会杯·昌江玉”雕刻技能大比武活动，一批玉雕工匠脱颖而出，为昌江玉石文化产业发展培养了生力军。举办海南省首届“安康杯”知识竞赛昌江代表队选拔赛。组队参加省总工会主办的2020冬交会海南农产品烹饪创新大赛，获优秀组织奖。

【职工技能培训】实施“农民工求学圆梦行动”，帮助10名农民工提高学历与能力。加强岗位推介和技能培训，举办海南点心、菜肴制作技能培训班，培训109人，拓宽下岗职工、困难职工（农民工）增收和就业门路。

【职工维权服务】(1) 开展集体协商百日要约行动，推动207家国有集体及非公有制企业建立工资集体协商机制，全面推行厂务公开民主管理和开展“星级职代会”创建活动，全县实行职代会和厂务公开制度146家，推行率达95%。创建“三星级职代会”单位4家、“五星级职代会”单位1家。加大法律宣传力度，开展“尊法守法·携手筑梦”“法律大讲堂”等普法维权活动；联合人社部门开展根治欠薪行动，帮助283名农民工补发工资626.43万元；配合应急、卫健等部门开展安全生产和职业病防治专项检查，参与安全生产事故调查处理，维护职工安全健康权益。(2) 全力兑现服务职工群众“10件实事”；常态化开展送温暖活动，筹集资金166.15万元，走访企业40家，慰问一线职工、困难劳模、困难职工等857人次，提供各类帮扶救助764人次；开展“夏送清凉”活动，慰问一线高温作业职工800多人，发放价值5.8万元的慰问品；加强职工医疗互助保障，发放互助金38.1万元，受助人数达171人；举办联谊交友活动，关爱救助单亲困难女职工13人，发放慰问金0.78万元；组织劳模体检，优化职工健康体检项目，完成291名一线职工体检工作。开展“金秋助学”活动，筹集26万元资助困难职工和农民工子女85人次。(3) 推动县委制定进一步做好城市困难职工解困脱困工作实施方案；组织开展“一对一”结对帮扶活动，投入帮扶救助资金163.37万元，全面解决在档困难职工家庭“三保障”问题，确保207户在档困难职工（农民工）家庭全部实现解困脱困。在省级第三方评估工作中总体满意率达98.9%，得到省总工会第三方评估组的充分肯定。

【工会改革创新】(1) 开展工会组建，组织开展货车司机、快递物流等八大领域的工会组建工作。新建基层工会组织22家，发展会员1030人。抓好工会阵地建设，投入200多万元完成工人文化宫亮化改造和球场地板升级改造工程，启动昌江工会县级职工之家建设；叶华杰主席亲自率队对昌江县基层工会阵地建设情况进行调研，制定《昌江工会阵地建设五年规划（2021—2025年）和三年目标任务（2021—2023年）》；注重抓典型示范，分类指导，打造10个基层工会阵地示范点，以点带面，推动全县工会阵地建设高潮。全年全县共建成基层工会阵地198个，完成全县工会阵地建设三年目标任务的45.6%，实现良好开局。(2) 配合县委成立县推进产业工人队伍建设改革领导小组，审议通过产业工人队伍建设改革实施方案，有力有序推进产业工人队伍建设改革各项工作，为提高产业工人队伍素质，畅通发展通道提供制度支撑。(3) 推广“海南工会云”App，实名制采集录入工会组织335个、会员15982人。依托“海南工会云”App，开展“一元观影”等活动，为职工提供普惠服务。(4) 制度集成创新，在困难帮扶、财务资产、审查审计、合同管理等方面出台、修订28项制度措施，编印《昌江黎族自治县总工会工作制度汇编》，构建科学完备、务实管用、运行有效的工会工作制度体系。强化制度执行监督，持续推行“以上代下”财务核算模式，提升基层工会财务管理水平，聘请第三方审计公司开展工会经费审计，加强财务检查指导，提升基层工会经费收支管理和监督工作水平。2020年11月，县总工会被中华全国总工会评为2019年度县级工会财务先进单位。

【自身建设】(1) 组织党员干部参观县反腐倡廉警示教育基地，参观党员干部警示教育巡回展，主席叶华杰亲自为干部职工上党课，教育党员干部讲规矩、讲纪律，筑牢县总机关干部职工防腐拒变的思想道德防线。(2) 在节日期间组织开展基层工会经费收支情况检查，加大基层工会经费管理和审查审计监督力度，持之以恒纠正“四风”，确保工会系统风清气正。(3) 把解决巡察发现问题作为推动工作的抓手，采取有效措施完成全面整改任务。协调解决县总机关混编混岗的历史遗留问题，建立工人文化宫职工考勤和绩效考核制度，以制度管人，调动职工工作积极性。（4）严格落实干部提醒相关规定，开展谈话提醒 2 人次。召开党风廉政和反腐败工作专题会议，对党风廉政和反腐败工作周密部署，落实责任。（5）建立健全工会落实“不忘初心、牢记使命”制度，把“不忘初心、牢记使命”作为工会组织加强党的建设的永恒课题和工会系统党员干部的终身课题。巩固发展主题教育成果，规范党内政治生活，将全面从严治党融入日常，抓在经常，形成长效，锻造工会党员干部忠诚干净担当的政治品格。（6）组织举办全县基层工会业务骨干培训班，不断增强基层工会干部的政治素养和业务能力。密切县总领导同职工群众和基层工会的联系，县总班子成员全年下基层开展调研督查、“四送”活动、精准扶贫等 85 次。

（祝柳荫）

共青团昌江黎族自治县委员会

【概况】2020 年底，共青团昌江黎族自治县委员会辖 15 个基层团委、6 个基层团总支、421 个基层团支部，共有基层团干部 351 人、团员 9177 人、青年志愿者 15180 人。全县共有 72 所中小学，620 个中队、53 个大队，25846 名少先队员，673 名少先队辅导员。已注册各类志愿服务队 206 个，注册志愿者 44281 人，主要由学生、基层团干、青年文明号成员、社会义工等群体组成。

【组织建设】一是开展党建工作，规范支部组织生活，开好、开实、开好 2020 年度民主生活会，收集整理出班子原汁原味意见 11 条，班子成员意见 24 条。根据存在的问题制定了相应的整改措施，做到过程规范、材料完整、批评到位、整改积极。落实领导干部上党课的有关要求，每季度由支部书记主持，给全体党员干部上党课。二是按规定开展集中学习活动，组织学习党的十九大精神及历次全会精神、习近平总书记“4·13”重要讲话、中央 12 号文件、十九届中央纪委四次全会、省委七届九次全会、省纪委七届四次全会、县委十二届十一次、十二次全会和县纪委十二届五次全会精神等各项专题学习 17 次，学习《问责条例》《中国共产党党内监督条例》《中国共产党纪律处分条例》等条例准则共 3 次，开展学习党章党规和廉洁自律准则以及各类学习共 34 次。组织单位党员干部职工参观“以案释纪法 自警守廉洁”警示教育巡回展，通过开展形式多样的党风廉政教育活动，接受廉政警示教育，使党员干部树立底线思维，增强红线意识，真正筑牢拒腐防变的思想道德防线。三是抓好基层团干队伍建设。严肃选人用人，积极履行乡镇团委班子成员选拔协管职责，从巩固党的基层政权和执政地位的战略高度，选派人员参与拟任人员选拔考核流程，并结合工作实际开展考察谈话，争取让思想政治素质好、统筹协调能力强、热心共青团事业、青年认可度高、实绩突出的优秀人才得到选配，保证选拔任用过程的公平公正，务求建设出稳固、高效、创新、能干的乡镇团委班子。坚持把建设基层服务型团组织作为提高团的吸引力、凝聚力和工作有效覆盖面的重要工程来抓，重点推进服务阵地、服务内容、服务手段的建设。四是抓好智慧团建工作。（1）认真开展新团员发展工作，根据团省委印发的《关于做好 2020 年全省发展团员调控工作的通知》文件精神，2020 年昌江县共有新发展团员名额 700 个。团县委第一时间分解任务，根据年初各基层团委上报的计划发展团员的名额，综合考虑团学比、团青比等因素，制定 2020 年昌江黎族自治县新发展团员名额分配表，要求各级团组织严格入团程序和条件，按照从严治团的相关规定，择优发展团员并及时将新发展团员录入智慧团建系统。（2）持续“学社衔接”工作。全年，学社衔接率 91.8%，完成转接人数 1397 人。（3）扎实开展“对标定级”工作。全年，全县 172 个团组织全部完成“对标定级”，完成率 100%。五是抓好基层团组织规范化建设。根据共青团海南省委《关于 2020 年海南共青团团建工作的通知》（琼团办字〔2020〕24 号）文件要求，着力做好昌江县 2020

年团建工作，计划2020年在全县范围内新建社会领域团组织16家，建成18家，超额完成任务；在学校领域方面，全县中学及职业技术学校共有23家，已建22家，剩余一家于2020年刚正式招生开学，且只招小学一年级和九年级两个年级的学生，不符合建团要求。共青团县委接下来将持续关注该校的团建情况，达到团建要求第一时间建立团组织。2020年，新建县税务局青年之家和黎之韵文化传播有限公司青年之家，完成年度工作目标，其中将争取县税务局党委的支持，共同将县税务局青年之家作为示范点进行打造。六是扎实开展团干部培训工作。2020年，积极组织参加团省委组织的各类培训班，涉及组织、宣传、志愿服务以及青年创业就业等方面，共组织参与人员17人参加；全年昌江县组织全县团干部培训，共有80余名团干部参加。团县委认真落实“下基层、上讲台”工作，团县委书记陈何豫深入基层开展调研并进行授课，牵头建立昌江就业创业孵化基地，实际解决青年就业创业的基本难题。

【青少年思想引领工作】2020年，共青团县委以习近平总书记系列重要讲话精神为抓手，组织广大青年团员以主题团日、座谈会等多种形式，深入开展学习领会以习近平总书记“五四”寄语精神、党的十九届五中全会精神、社会主义核心价值观等为主题的党的教育活动系列180余场次，参与人数1万余人次；每季度开展专题研究会研究昌江县青年思想领域，更好带动青年思想引领。每周定时发动各乡镇、学校团委及各基层团组织青年团员进行“青年大学习主题团课”在线学习，学习人数累计达45万人次。其中，在第八季第5期的学习中，团昌江县委学习率达105%，名列榜首。

【开展各类主题活动】（1）在纪念五四运动101周年期间，组织各基层团组织积极开展深入学习习近平总书记“五四”寄语精神等系列重要讲话精神，各基层团委共开展学习会、座谈会等活动20场，参与人数2000余人。（2）疫情期间，选树两名优秀团干，分别是昌江县医疗集团人民医院团支部书记郑陶睿、昌化镇团委书记李科娜，弘扬两人在疫情防控中的先进事迹，发挥典型示范作用。（3）“6·26”国际禁毒日前后，开展“一誓一课一体验”“健康人生·绿色无毒”等系列主题禁毒宣传活动30余次，发布网络宣传原创文章16篇，让广大青少年认识毒品的危害，自觉远离毒品。（4）组织基层团组织开展科普、环保、普法、慰问等系列宣传活动40余次，筑牢共青团网宣阵地。（5）在全县范围内开展“青春勇担当 建功自贸港”宣讲活动，参与听讲的青年团员共计800余人。（6）承办“我为加快推进海南自由贸易港建设作贡献”演讲比赛、组织各基层团组织开展“青春志愿行 助力自贸港”等活动共计45场，参与人数累计约2000人。（7）开展2020年微电影（微视频）大赛获奖作品宣传观影活动，广泛动员全县各级团组织在线上线下积极开展微电影观影活动。线下发放7份微电影合集，线上制作观影海报及链接进行宣传，开展观影活动及座谈会50余场次，覆盖人数3000余人。

【新媒体宣教工作】搭建“团昌江县委”微信号和微博、抖音平台，建立健全平台内容发布、管理员职责、工作进度核查等工作机制，初步建成了覆盖全县广大团员青年的昌江共青团新媒体网络体系，全县团骨干网络宣传员30人，按照网络宣传工作要求积极转载指定的海南共青团官方微信微博相关内容，在完成团省委历次的网络宣传任务中积极发声、敢于发声，弘扬青春正能量，发挥了积极作用。建立《共青团昌江黎族自治县委员会新媒体工作管理办法》和《共青团昌江黎族自治县委员会新媒体三审发稿制度》，严格落实办法促进昌江县共青团新媒体健康有序发展，更好地发挥新媒体引领青年的作用，营造良好的网络舆论环境。在疫情期间通过团属宣传平台时时更新，及时准确地把党中央、国务院、省委省政府和团中央关于疫情防控的工作要求传递给各级团组织和基层广大团员青年。以微信、微博等新媒体平台为主阵地，创新宣传载体，通过制作微视频、通俗易懂的标语、海报等方式，及时面向青少年发布疫情动态、疫情防控常识、虚假消息辟谣及各级团组织积极投身疫情防控活动信息，充分调动各级团组织和广大团员青年积极参与疫情防控的积极主动性，发布《战“疫”故事系列》等疫情防控相关信息75篇，微博转发疫情防控相关信息50余篇，累计覆盖5万余人次，有力引导公众理性面对疫情，强化正面宣传教育；组织各级团组织积极发动本地区、本单位的网宣力量，发挥网络志愿队的作用，积极组织网宣员在团属工作群等信息化平台持续发布疫情防治信息170次，主动同造谣、传谣的行为做斗争，坚决遏制谣言扩散，主动传播健康卫生知识、疏导恐慌情绪、倡导健康文明生活方式，示范带动广大青年正确提升防疫能力。2020年，团县委共发布微信公众号文章455篇（原创文章264篇），转发团中央、团省委等权威媒体官微106篇。始终坚持加强中国特色社会主义理论教育，引导青少年积极培育和践行社会主义核心价值观，筑牢为实现中国梦而奋斗的共同思想基础。

【学少工作】一是强化中职中学共青团运行制度建设。加强各中职中学落实《关于加强中职中学共青·团工作的意见》的督导力度，及时更新完善团干部基础信息，指导帮助运行机制建立健全，鼓励参与共青团组织的各项团的活动，执行团的工作考评办法，仔细筛选优秀团干推优入党成员。同时，为每个学校配备2万元的工作经费并加大与学校、教育部门的沟通协调力度，确保各中职中学顺利开展团的工作。扎实开展中职中学共青团“强基固本”工程，抓好入团、戴团徽、举团旗、唱团歌等仪式教育，充分运用学习培训、团日活动、实践教育、同伴分享等方式，加强团员的经常性教育，将其融入团员发展、评议等各项工作中。科学制定年度学生团员发展计划，严格执行团员发展程序，有效杜绝全员入团和突击发展现象。二是初步完善少先队领导体制和运行机制。深入贯彻《中共昌江黎族自治县委关于进一步加强少年儿童和少先队工作的意见》，加强学校少先队标准化建设，联合县教育局出台《关于进一步加强少年儿童和少先队工作的意见》，从少先队活动、组织、经费、阵地等方面进一步规范了少先队基础工作和加强少先队品牌活动。三是完善少先队组织建设。推进全县中小学全面建队以及全面建立学校少工委，由党员校长或副校长担任学校少工委主任，并配齐少先队大队辅导员，至此昌江县少先队组织建设基本健全；联合县教育局向全县67所中小学（含九年义务小学）部署把每周1课时的“少先队活动”课程列入中小学课表工作。

【青少年权益维护】一是完善工作保障机制。成立预青工作领导小组，由团县委书记担任组长，下设办公室牵头负责组织实施，并制定完善了预青工作制度，做到了职责清晰、任务明确、分工具体，为预防青少年违法犯罪工作顺利实施提供坚强的组织保障。二是加强重点青少年群体服务管理和预防犯罪工作。以学校、村（社区）为主阵地，大力加强面向青少年的预防宣传教育。举办“青春自护 暑期防毒防艾防溺水”安全教育、青春期心理健康教育进校园活动共计20余场次；开展“12355”预防青少年违法犯罪宣传教育活动共60余场次。同时，积极推进青少年零犯罪零受害社区（村）创建工作，通过“团干＋青少年社工＋禁毒志愿者”及部门联动的日常工作开展模式，切切实实不断推进“双零”社区（村）创建工作。三是合力推动青少年法治教育建设。抓住“12·4”法制宣传日、“6·26”国际禁毒日等重要时间节点，联合各相关职能部门大力开展《中华人民共和国未成年人保护法》《中华人民共和国预防未成年人犯罪法》进校园宣传活动。常态化组织青年志愿者开展青少年维权和预防青少年违法犯罪、青春自护知识讲座、法律咨询、心理咨询辅导、案例展示观摩等志愿服务活动。一年来，共开展各大小活动120余场次，发放禁毒知识、宪法知识、卫生健康宣传教育资料1.2万余份，开展青少年维权咨询服务500余人次。四是推进禁毒宣传工作常态化。为全面推动全省共青团组织禁毒三年大会战工作，团县委精心策划，周密部署，认真组织开展了形式多样的毒品预防教育宣传活动，旗帜鲜明地向毒品宣战，营造学校、村（社区）及社会区域禁毒的良好氛围。（1）以学校为主要阵地，广泛开展青少年毒品预防教育。“6·26”国际禁毒日，在昌江中学、思源学校、民族中学、乌烈中学、职业中学等12所学校举办禁毒法治讲座暨“6·26”“健康人生 绿色无毒”禁毒主题活动。常态化开展“一誓一课一体验”禁毒活动。2020年，开展“一誓一课一体验”活动近80场次，发放禁毒宣传手册1万余册，受教育人数达3.6万余人，全县师生参与积极性极高。形式多样开展禁毒主题教育活动，不断提高青少年识毒防毒拒毒意识。如“禁毒流动课堂”“不让毒品进我家”“美丽青春 禁绝毒品”“美丽新昌江 绿色无毒”“青春助力禁毒大会战”“青春自护”“防毒防艾”等禁毒宣传进校园活动，共开展近200场次，覆盖学生2.8万余人，发放禁毒宣传册3万余本。（2）以村（社区）为基点，开展“走百家进万户”禁毒宣传教育活动。“6·26”国际禁毒日，组织各级团委开展“健康人生·绿色无毒——全民禁毒基层行”宣传教育活动、集中开展“手牵手参与禁毒·心贴心珍爱生命”“6·26”国际禁毒日宣传教育进校园活动，共发放禁毒宣传材料3000余份。8月3日，团县委联合海南职业技术学院禁毒防艾志愿队开展暑期“三下乡”禁毒帮扶行动；9月24日，开展“12355”青少年服务台毒品预防教育走进乌烈镇峨港村暨“重见阳光”禁毒帮扶活动，活动共惠及群众200人次，累计发放禁毒宣传册200余份。联合禁毒办开展“千名志愿者进万家”活动、开展“青春助力三年大会战”系列宣讲活动、开展“服务大局普法行”禁毒宣传活动。

【志愿服务】一是常态化开展交通劝导志愿服务活动。联合县双创双修指挥部办公室、县交警大队等单位，针对上下班期间车辆拥堵问题及市民出行不走斑马线、司机不礼让行人等不文明行为开展“文明交通劝导”活动。工作日期间在农信社、矿建、民贸、华田等7个车流人流量大的路口安排4—6名志愿者疏导交通，劝导行人文明出行。活动开展以来，车辆乱闯红灯、行人随意穿越马路现象有所减少，有效地疏导了因上下班期间车流量过大而造成的交通压力。全年，文明交通劝导志愿服务活动共组织8000余名志愿者参与，发放宣传手册5000份，服务市民达4万余人，疏导车辆出行5万余次，志愿服务时长累计3万小时。二是开展保障大型会议志愿服务活动。为实施乡村振兴战略，全面打赢昌江县脱贫攻坚收官之战助力，开展昌江县美丽乡村建设暨农村人居环境整治工作现场会志愿服务保障活动，组织160余名志愿者在王下“黎花里”形象门、三派村二队、三派村游客服务中心、三派村民居、浪论村等地点开展服务接待、路线引导、礼品发放、现场互动、秩序维护等保障活动，服务游客2万多人次。四是开展新冠疫情防控志愿服务活动。自疫情发生以来，委号召全县基层团组织和青年志愿者行动起来，迅速进入战斗状态，有序参与防控工作。广大青年志愿者纷纷响应，各基层青年志愿服务组织广泛动员、主动出击，为疫情防控工作的顺利开展做出了积极贡献。累计组织3000余人次志愿者开展了防疫防控宣传、应急物资输送、爱心“疫”剪、热血抗“疫”、“手拉手关爱守护”支援湖北医务人员家庭关爱守护行动、返岗复工、社区消杀、入户排查、体温测量、指导注册绑定健康码等防护宣传等不同类型的疫情防控志愿服务活动，累计服务时长达2.6万小时。五是开展形式多样的志愿服务活动。1月6日，组织120余名志愿者参加创建全国文明城市誓师大会并开展“践行志愿服务精神 助力建设文明城市”志愿服务一条街活动，开展义诊、无偿献血、税收政策、免费理发、免费电器修理、禁毒宣传、打假维权、科技普及、普法宣传、环保知识、妇女维权等志愿服务活动，积极营造良好社会氛围，助力昌江建设全国文明城市。3月12日，团县委联合双创双修指挥部组织全县青年志愿者参加春季植树活动，掀起植绿护绿热潮，为昌江创建全国文明城市助力。本次植树活动共种下7000株木棉，2.6万株三角梅和4.5万株黄花梨树。4月2日，团县委组织各基层团100余名志愿者通过入户宣传、发放宣传册、张贴横幅等方式开展“森林防火 文明祭祀”宣传活动，提高昌江县市民文明祭祀、安全用火意识。6月26日，团县委组织各基层团组织150余名志愿者开展“健康人生，绿色无毒”“阳光自护，无毒成长”“一誓一课一体验”“手牵手参与禁毒，心贴心珍爱生命”等禁毒活动，切实做好禁毒知识预防教育，激发全民参与禁毒斗争的积极性和责任感。7月7日，团县委联合县交通局、县妇联等单位组成的爱心助考志愿服务队位于高考考点开展爱心助考志愿服务，为考生免费提供水、口罩、考试用具等和爱心接送服务。

【青年发展】一是开展就业创业服务工作，提升青年就业创业能力。组织召开昌江县鼓励和扶持青年自主创业工作推进会。开展走访调研活动，采集创业青年信息，建立起昌江县青年就业创业信息档案，挖掘优秀创业项目，确定重点扶持对象。完成县农协换届，选举唐丽金等优秀创业青年担任新一届协会领导班子，并吸纳20余名有活力、有干劲的致富带头人入会。推动昌江县就业创业孵化基地建成落地，全年吸收30家创业项目入园孵化，帮助其解决在创业过程中遇到的场地、资金、经营、管理等难题，同时配备成立昌江县第一届创业导师团，强化创业服务和创业培训。顺利举办2020年昌江县第一届创业大赛，为获奖的优秀创业项目提供总计13万元奖金和后续的政策扶持，激发了创业青年的热情，营造良好的创业氛围。推动重点扶持项目参与各类评比，精心甄选5家优秀创业项目参与在2020年海南青年农产品品牌打造系列活动，其中海尾港湾辣椒酱获得精品品牌项目，昌化江边酸瓜皮获得优秀品牌项目。举办“领头雁”培训班，邀请省级创业导师为学员授课，围绕当前中小企业的经营管理和电商营销等领域的相关知识展开授课，通过讲解实例、提问互动，引导学员主动思考，帮助学员树立正确营销观念，扩宽多方面思考角度，创新推动自身产业稳步发展。二是丰富青年精神文化生活。举办“爱在昌江·核美黎乡”七夕青年联谊会，来自县直机关、基层乡镇、事业单位、学校和海南核电的50名单身青年欢聚一堂，搭建政企青年交流平台，鼓励青年勇于追求真爱。三是优化青少年成长成才环境。加强青少年预防犯罪工作。联合多部门大力开展《中华人民共和国未成年人保护法》《中华人民共和国预防未成年人犯罪法》进校园宣传活动，2020年，共开展各大小活动120余场次。常态化开展“一誓一课一体验”禁毒活动。在县青少年活动中心志愿服务站设立青少年维权咨询台，每日安排志愿者轮流值班。同时，投放了新修订的《中华人民共和国未成年人保护法》《中华人民共和国宪法》《妇女儿童维权100问知识》等相关法律法规，免费向广大青少年提供借阅等。在各学校成立了各具特色的法律学校，聘请昌江县政法系统的法律从业者担任学校法律顾问、法治副校长，定期到学校为学生举行法律知识讲座和法制报告，对个别问题学生进行分类别、个性化指导，取得了良好的法律教育成果。

（钟杰夫）

昌江黎族自治县妇女联合会

【概况】2020年，昌江黎族自治县妇女联合会（以下简称县妇联）以习近平新时代中国特色社会主义思想为指导，聚焦政治使命、强化政治担当，围绕县委、县政府工作中心，把握增强政治性、先进性、群众性要求，统筹开展各项服务大局、服务妇女、关爱儿童工作，坚持男女平等基本国策和儿童优先原则，着力在促进妇女发展、维护妇女儿童合法权益、深化妇联改革、推进家庭文明和精神文明建设方面下功夫，全力推进精准扶贫工作，加快推进海南自由贸易港建设作贡献，推动新时期妇联各项工作取得新进展新成效。

【党建工作】一是开展理论学习，强化党员思想教育。组织集体学，充分利用“三会一课”，按计划定期组织党员干部开展“两学一做”常态化学习，深入学习习近平新时代中国特色社会主义思想、党的十九届历次全会精神、习近平总书记“4·13”讲话精神、《海南自由贸易港建设总体方案》、省委七届历次全会精神和全国妇联十二届历次会议精神，进一步增强“四个意识”，坚定“四个自信”，做到“两个维护”。组织开展了28次集中学习。开展鼓励自主学，督促党员干部利用“学习强国”、海南干部在线学习、法宣在线等学习平台开展自学，用丰富的政治理论武装头脑，要求妇联每名干部原文抄写《海南自由贸易港建设总体方案》，提高思想认识，敢于担当，主动作为。二是加强党风廉政建设，履行全面从严治党责任。2020年，共开展“主题党日”活动12次，谈话提醒3人次，使党员干部特别是党员领导干部的思想进一步统一到中央、省委和县委部署上来。组织开展“以案释纪法 自警守廉洁”警示教育活动，运用反面典型，以案释德、以案释纪、以案释法，推动党员干部不断筑牢拒腐防变的思想道德堤坝。三是抓好干部队伍建设，激发党员干部干事创业的热情。（1）坚持实干担当的选人用人导向，2020年共推荐提拔党员领导干部2名、四级主任科员1名，配齐副主席2名，派驻乡村振兴工作队员1名。（2）选派党员干部参加省、县内外学习培训20人次，营造勇当先锋的干事创业氛围，充分激发党员干部干事创业的热情。四是举办基层妇联干部培训班，全县各级妇联干部共150人参加。

【抗击疫情巾帼行动】2020年，县妇联根据疫情防控工作实际，全力开展“抗击疫情，巾帼在行动”系列活动，为加快恢复生产生活秩序扛起巾帼担当。一是动员各级妇联组织全力投入抗击新型冠状病毒肺炎疫情，扛起巾帼担当。动员各级妇联组织深入乡镇、农村、社区及家庭大力开展新型冠状病毒肺炎疫情核查宣传发动工作。利用“乡镇妇联工作微信群”“棋子湾巾帼志愿者微信群”等微信工作平台积极转发官方疫情防控倡议书及防疫相关知识，引导民众勤洗手、戴口罩，养成良好的卫生习惯。二是开启服务热线，从2月5日起，联合心理援助志愿者在全县开展心理咨询热线和微信群心理咨询服务，为有需要的妇女提供专业的心理咨询服务。三是开展抗击疫情募捐活动。发动全县妇女为助力疫情防控工作捐款。共募捐款项30832元，其中，全县巾帼团队捐款20832元、女企业家捐款1万元。四是开展战“疫”学起来、动起来、读起来、写起来活动。开展“特殊时期 特别家教”网上活动，在特殊时期为家长提供特别的家庭教育指导。联合青少年宫开展“声”援武汉 以“读”攻毒线上朗诵比赛，活动以小朋友自己制作朗读视频在线上投稿，在线上评选方式进行。用好网络资源确保孩子们“停课不停学”，大大丰富了孩子们居家抗疫生活，同时也培养了他们的爱国情怀和坚定为振兴中华民族伟大复兴发奋读书的理想信念。五是慰问抗击疫情一线医护人员家属。为了把党和政府对援鄂医护人员的关心和牵挂及时送到他们亲人心里，2月20日，联合团县委慰问援鄂应急医疗队28户医护人员家属，给家属们送上了慰问品和慰问金，总价值 2 万多元。六是支持包点村做好疫情防控工作。帮助包点沙地村解决防控工作物资短缺的困难，激励村“两委”干部积极投入防控疫情各项工作，切实保护好农民群众的生命安全，2月12日，为村委会参加防控工作的“两委”干部送上价值约3000元的棉大衣、八宝粥、饼干、方便面、矿泉水等物资。七是开展昌江县女企业家和中小企业复工复产情况实地调研。为了深入了解县域内各中小企业，特别是女企业家建立的企业，复工复产后企业经营的情况。3月25日，县妇联组织一支调研组，到海尾镇、新港村等村镇的合作社及各中小企业进行实地调查研究。八是开展助力复工复产志愿服务活动。县妇联充分发挥职能作用，贯彻落实县委、县政府关于加强疫情科学防控，有序做好企业复工复产工作的决策部署，发动各基层妇联组织积极投入复工复产宣传工作当中，鼓励有能力、有技术、有需求的妇女加入外出务工的行列，为各家企业顺利复工复产提供了强大的人力保障。3月3日上午，联合团县委开展“助力复产复工 志愿者在行动”志愿服务活动，引导务工人员工作，搬运物资，并协助做好对务工人员测量体温、消毒登记上车的工作，积极开展助力全县复工复产相关活动，贡献巾帼力量。

【关爱妇女、儿童、老人工作】县妇联充分发挥职能作用，积极主动作为，整合社会各方资源，通过宣传教育、帮扶慰问、关爱工程、积极参与等行动，引领和激发贫困家庭妇女勤劳致富的内生动力。一是开展技能培训，助推全县妇女实现脱贫致富。为了助力昌江县顺利打赢脱贫攻坚战，增强广大农村妇女脱贫的信心，激发勤劳致富的内生动力，县妇联联合县科协、县关工委分别深入乌烈镇、七叉镇举办科普宣传和农村实用技术培训，帮助农村妇女掌握了1—2门种植技术。二是开展农村贫困妇女“两癌”救助，助力脱贫攻坚。扎实推进《昌江黎族自治县关爱农村贫困妇女宫颈癌和乳腺癌救助计划实施方案》各项相关工作。2020年，获得了54万元三省妇联“两癌”救助金，共救助了27名昌江县农村贫困“两癌”妇女，及时给农村低保户、农村特困户和建档立卡贫困户妇女患“两癌”及癌前病变的农村贫困“两癌”妇女发放救助金每人2万元。三是夯实“关爱活动”，为儿童的健康成长保驾护航。8月18日昌江县妇联携手县青少年活动中心，举办2020年暑期“守护童年·牵手共成长”儿童关爱活动，组织了20多名小朋友到石碌镇尖岭村看望慰问该村的留守儿童，为他们送上书籍、牛奶等礼物，并带领80多名小朋友坐车前往海尾镇核电站参观学习，让孩子们对核安全有更直观和深入的了解。四是开展关爱空巢老人和困境儿童等弱势群体的巾帼志愿者服务活动。4月29日县妇联到河北社区海钢敬老院和空巢老人家中，清扫敬老院院内卫生，给老人们送去了食用油、大米和牛奶，与老人聊家常，给老人包饺子，树立尊老、敬老、爱老、助老的风气。9月4日，县妇联联合县教育局、县新华书店、王子阅读馆在县新华书店宝瑞藏书馆开展“我的书屋·我的梦”农村少年儿童阅读实践活动，还走访慰问了48名建档立卡困境儿童，为她们送上书包、学习用具、牛奶等。10月25日，开展“关心、关爱、关怀老人”“九九”重阳节老年人座谈会，并入户慰问河北社区60岁以上贫困老人。

【温情母亲节活动】母亲节期间，昌江县妇联组织动员各级妇联积极行动，通过多种形式共度温情母亲节。例如，石碌镇妇联开展了“感恩母亲 慰问贫困母亲”活动，走访慰问了辖区内34名贫困母亲，给她们送去温暖和祝福，让她们感受到党和政府对她们的关心。矿山社区居委会妇联组织辖区女骨干代表、辖区计生特扶对象、居民代表、志愿者在居委会二楼便民服务大厅欢聚一起，共同庆祝母亲节。河北社区妇联围绕中老年人营养、运动与健康开展健康知识讲座，给居民们传达了正确的健康知识。

【“相约昌江·喜迎幸福生活”交友联谊会】9月，昌江县妇联联合县总工会在海南银湾美高梅花园酒店三楼举行“相约昌江·喜迎幸福生活”交友联谊会活动，吸引了130多名单身青年男女参加，为广大适龄未婚青年搭建一个拓宽交际、展示自我和结识朋友的平台。大家通过平台相互认识、相互交流、发展友谊、收获爱情，从而扎根昌江、安心工作、幸福生活，携手为建设文明昌江、幸福昌江贡献智慧和力量，为海南自由贸易港和新时代“山海黎乡大花园”建设多做贡献。

【“巾帼心向党 奋进新时代”“三八”系列活动】一是开展“三八”慰问活动。在第110个“三八”国际劳动妇女节来临之际，县妇联领导干部走访慰问郭江英等疫情防控一线工作人员、全国和省三八红旗手，给她们送上慰问品、慰问金，送去“娘家人”的问候和关爱，传递党委和政府的温暖关怀，并将她们的先进事迹制作成“美篇”，在全县各级妇联组织微信群中积极转发，倡扬她们不怕苦不怕累、牺牲小我、顾全大局的“抗疫”精神，宣传“榜样”的力量，动员全县广大妇女要学习她们自尊、自信、自立、自强的精神和扎实苦干的作风，在新时代展现巾帼风采。二是开展“我爱我家·干干净净庆‘三八’”家庭环境卫生大整治活动。为筑牢新冠肺炎疫情防控卫生屏障，有效遏制病毒的传播途径，早日战胜新型冠状病毒肺炎疫情，昌江县妇联组织发动广大妇女和家庭开展2020年昌江县“我爱我家·干干净净庆‘三八’家庭环境卫生整治活动”，共同打造庭院美、居室美、厨厕美、家风美的良好氛围，助力疫情防控，充分发挥妇女在抗击疫情战役中主力军作用。

【"健康家庭与爱同行"主题活动】一是为保障妇女健康，提高群众对家庭重要性的认识，促进家庭和谐幸福，县妇联联合县妇幼保健院在昌化镇咸田村开展2020年国际家庭日"健康家庭与爱同行"主题活动，对参加"两癌"筛查的妇女进行认真登记，为其建立个人档案，耐心向其解答有关"两癌"的防治知识，并发放宣传资料和宣传品，引导教育广大妇女群众重视健康教育，重视家庭保健，创建幸福家庭。二是县妇联联合县保健院分别在全县8个乡镇陆续开展"两癌"免费筛查工作，共完成1.3万例妇女常见病及"两癌"筛查，通过检查提高广大妇女的自我保健意识和健康水平，让更多家庭了解健康生活理念，进一步促进居民家庭的和睦、幸福和进步，为营造文明家庭、和谐社会的良好氛围奠定了基础。

【关爱未成年人健康成长系列活动】一是开展"六一"儿童节系列活动。县妇联联合团县委走进王下乡中心学校开展"童心共筑·携手未来"主题慰问活动，入户慰问残疾儿童，给173名贫困留守儿童送去慰问品和节日祝福。各级妇联组织开展"文明家风，点亮四爱"亲子教育讲座、"保护青少年远离传统烟草产品和电子烟"主题宣传活动、"扫黄打非"迎"六一"进校园护苗活动、禁毒普法宣传活动、图书沙龙亲子活动、慰问困难留守儿童家访关爱行动等11场丰富的活动，让孩子们度过一个难忘的有意义的"六一"儿童节。二是开展"共筑亲子阅读梦"品牌活动。6月6日，县妇联在王子悦读馆开展"共筑亲子阅读梦"暨"全国亲子阅读体验基地"揭牌仪式活动，生动展现了孩子们的阅读风采，让更多家庭了解亲子阅读的重要性，县妇联还给王子阅读馆捐赠一批精美的图书。同时"亲子阅读"品牌活动还走进了思源学校，让更多的孩子们和家长一起用散文、诗歌、寓言等美文，向大家传递阅读的收获、阅读的快乐。

【"家庭、家教、家风"建设】倡导文明新风尚。一是联合县红林学校、王子悦读馆在红林学校举办"传承好家风好家训"宣讲活动，传播科学的家庭教育理念、知识、方法，提高家长的家庭教育水平及进一步引导家长、青少年儿童培育和践行社会主义核心价值观，引导广大家庭加入昌江县创建全国文明城市的队伍中来。二是联合王子悦读馆、新时代文明实践点、昌化江书画院在恒基广场开展"好家风好家训"亲子书画比赛，吸引了65组家庭参加活动，各组家庭围绕"好家风好家训"主题大胆发挥，奇思妙想，描绘出文明家庭新风尚，展现新时代家庭和谐关系的美好画卷；同时在书法区，师生及家庭围绕"我心向家庭，我手写家训"主题，书写自己最爱的家风家训格言、警句，并赠送给现场的观众。三是走进县第一小学举办亲子故事会，通过15组家庭将家庭幸福生活、家庭和谐故事、家庭文明风采、家庭未来梦想与群众分享，让社会主义核心价值观在广大家庭中扎根，引导广大家长传承家庭美德，树立良好家风，以身作则、言传身教，为孩子健康成长营造良好家庭环境。

【"六五"环境日活动】倡导绿色环保生活理念。一是联合县教育局、县民政局、青少年活动中心走进思源学校开展"绿动自贸港，文明伴我行"环保主题活动，通过知识问答和游戏环节加深同学们对垃圾分类的认识，让孩子们从小树立环保意识，养成垃圾分类的好习惯。二是联合县生态保护局开展禁塑一条街宣传活动，为前来参加活动的群众发放了禁塑宣传折页、书册和环保购物袋，并为大家讲解"禁塑令"的意义，倡议广大群众从自我做起，减少污染，购物要使用环保袋，倡导绿色低碳环保的生活理念。三是与县生态保护局联合开展"关注海洋生物多样性"清洁海滩垃圾实践活动，呼吁广大群众保护海洋环境及资源，不向海洋及沙滩丢弃垃圾，防止污染损害，保护生态平衡。

【"环境卫生整治"活动】引导广大妇女加入创建全国文明城市队伍。发动各基层妇联组织在全县开展"我爱我家·清洁卫生我行动"活动，通过入户宣传，与每个家庭签订《家庭卫生文明承诺书》，引导妇女和家庭增强讲文明树新风、讲卫生爱环境的意识，激发参与家庭卫生健康行动的积极性，加强妇女思想引领，深化"文明家庭""最美家庭"建设工作，助力昌江县创建全国文明城市。

【综治维权】继续加强平安、禁毒、维权及法治宣传工作力度，持续开展“平安建设”“禁毒进家庭”等活动，充分利用“三八”维权周、“6·26”禁毒日、“12·4”宪法宣传日等重点节日，联合相关部门，组织巾帼志愿者、妈妈训教团成员开展形式多样的法律宣传和禁毒宣传活动，促进社会和谐稳定。（1）开展线上维权、禁毒和自贸港建设知识宣传活动。年初，受疫情影响，县妇联将法治宣传工作重心转到线上，开展网上法治宣传教育活动，通过网络广泛宣传男女平等基本国策、反家庭暴力法、禁毒防艾等法治教育知识，宣传家庭教育、乡村振兴、巾帼建新功等感人的巾帼典型案例，制作了昌江县妇联庆祝“三八”妇女节暨“我为加快推进海南自由贸易港建设作贡献”知识竞答、2020年“三八”维权周普法知识有奖竞答、全民禁毒总动员“健康人生·绿色无毒”禁毒知识有奖竞答三个微信小程序，吸引了700余人参与网上答题，运用互联网宣传方式，让自贸港建设、维权、禁毒知识进入昌江县各个家庭中，法治和禁毒宣传精神得到精准传递，为建设海南自由贸易港构建良好的治安环境扛起妇联的担当。（2）开展线下普法知识宣传活动。4月中旬起，组织巾帼志愿者、“妈妈训教团”成员分别深入海尾镇沙地村、东风居委会、昌化镇咸田村等村（居）委会挨家挨户宣传禁毒知识，开展禁毒宣传教育活动，发放折页、传单等禁毒宣传资料共8000余份，进一步扩大禁毒普法宣传的覆盖面。6月12日，县司法局、县法院、县检察院、县公安局、县妇联、县总工会、团县委等7个单位在文体中心联合开展社区矫正法专项法治宣传活动，通过悬挂横幅、设置宣传台、发放宣传材料、接受群众咨询等方式营造活动宣传氛围。活动共发放普法资料3000余份、社区矫正法宣传购物袋500个、社区矫正法宣传扇子500把，展出社区矫正法展板20余块，现场提供法律咨询服务10余人次，引导群众积极关注和监督身边的社区矫正对象，帮助他们自觉接受监督管理、教育矫正和就业帮扶，顺利回归社会。6月20日，联合叉河镇党委政府在叉河镇排岸村“我们的节日·粽情粽意”非遗传承体验暨消费扶贫集市上开展禁毒宣传活动，借助这一平台开展禁毒宣传活动，动员农村妇女和家庭积极行动起来，争做禁毒践行者和宣传者，共同抵制毒品，为建设平安昌江贡献巾帼力量。

【妇女工作调研】2020年，深入基层调研，切实做好服务妇女和保护妇女的合法权益，优化新时代妇女工作，彰显妇女新作为。（1）开展女性社会组织工作调研，促进妇联改革。为进一步解决妇联组织在社会组织中覆盖不到、覆盖不全的问题，根据《海南省妇联关于开展社会组织中建立妇女组织和女性社会组织工作的情况调研的通知》精神，县妇联调研组走访爱童幼儿园、品智幼儿园、保突制陶馆等多家女性创业企业，通过实地调研，深入了解这些企业受新冠肺炎疫情影响复工复产后的状况，形成《社会组织中建立妇女组织和女性社会组织工作情况调研报告》，报告针对如何破解在社会组织中建立妇女组织存在的困难提出了对策。（2）为切实做好服务妇女和保护妇女的合法权益，在加快海南自由贸易港建设中彰显妇联作为，根据省妇联《关于开展“三农”工作调研实施方案》要求，围绕在服务“三农”工作中的突出问题，通过走访、座谈及查阅相关资料等方式开展调查研究，深入全县8个乡镇及各中小企业开展妇女“三农”工作调研，并形成《关于“三农”工作专题调研报告》，就如何更好服务“三农”工作提出对策，同时发掘出十月田镇香水菠萝妇女创业基地、乌烈镇和丰有限公司育苗基地、昌化田园养鸽场、石碌镇保突村制陶馆等妇女创业就业典型。

（王宗莉）

昌江黎族自治县科学技术协会

【概况】2020年，昌江黎族自治县科学技术协会（以下简称县科协）围绕党的十九届四中、五中全会，习近平总书记“4·13”重要讲话精神，中央

12号文件精神，以及省委七届八次、九次全会精神，在省科协的正确指导和县委、县政府的领导下，结合工作实际，积极推进各项工作的开展。

【思想政治建设】组织党员干部掀起学习贯彻党的十九届四中、五中全会精神，习近平总书记“4·13”重要讲话，中央12号文件精神和省委七届七次、八次全会精神,以及《关于进一步加强习近平生态文明思想学习的通知》精神的热潮，制定《县科协党组（支部）理论中心组学习计划安排》，坚持用习近平新时代中国特色社会主义思想武装头脑、指导实践、推动工作。以常态化“两学一做”制度学习、党组（支部）理论中心组学习、新时代琼崖传习所、新时代文明实践志愿服务活动、科技志愿者服务等为载体，把党的创新理论与工作实践相结合，增进党员干部政治认同、思想认同和情感认同，增强“四个意识”、坚定“四个自信”、做到“两个维护”，促进党员干部真学、真信、真干，把学习成效转化为具体行动。2020年，共开展党员干部各类“三会一课”学习活动30场次、主题党日12次，组织党风廉政专题学习10次，党委书记亲自主讲了4场专题党课。组织扫黑除恶“大警示、大研讨、大反思、大整治、大提升”专题集中学习研讨3次，并组织召开了专题组织生活会。全体党员干部通过“学习强国”、“法宣在线”、干部在线学习等，不断增强干部政治敏锐性和政治鉴别力，干部参学率达到100%。制定《昌江县科协2020年党建工作要点》，明确党建工作目标和任务。落实《昌江黎族自治县2020党风廉政建设目标责任书》，确保全面从严治党主体责任、监督责任落实见效，加强干部党风廉政学习教育，组织党员干部认真学习《中国共产党章程》《中国共产党廉洁自律准则》《中国共产党纪律处分条例》《中国共产党党内监督条例》《中国共产党问责条例》等党纪党规。进一步修订完善了县科协工作制度，重点针对十二届县委第七巡察组巡察反馈的3个方面存在的共3类8条问题整改，制定整改措施认真履职，召开巡察整改专题民主生活会，进一步完善工作制度，把强化党内政治生活作为党内监督的有力武器，增强党员领导干部廉政意识。

【防疫应急科普】2020年，在抗击新型冠状病毒肺炎阻击战中，发挥科普主力军作用，把防疫科普宣传作为实施《全民科学素质行动计划纲要》的重点工作内容，利用科协深化改革工作中形成的科普组织网络，针对各类人群，通过电视科普一分钟、微信、广播、科普大篷车等各类科普宣传手段，及时把中央、省权威发布的新冠肺炎知识传播出去，让广大民众及时掌握防控知识，发挥网络传播速度快、覆盖面广的特点，用好微信公众号、网站、单位门口沿街电子屏、微信群等传播平台推送权威防控政策和知识，扩大防控知识普及率，实现疫情防控宣传全覆盖、无死角。根据指挥部的安排，进社区入户排查“五类人员”健康情况志愿服务26场104人次。为昌江县战胜疫情发挥了积极作用。深入农村、社区、学校、厂矿科普站点，调动科普站点履行科普职能，发放科普挂图119套595张，以科学普及防疫知识的方式，提高民众对新冠肺炎的理性认知，积极发挥了科普在推动复工复产工作中的作用。组织新时代文明就业技能培训服务队专家“战疫情、保春耕”志愿服务2场6人次，为及时恢复春耕生产，发挥科技志愿工作者的作用。

【系列主题科普宣传】开展科技活动月、全国科普日重要节点科普及日常科普宣传。8月18日至31日，开展第十六届科技活动月，举行科技活动月云上交流会展示昌江县主要创新发展成就、科技服务民生成果，开展防疫负压救护车展示、科普图书展览、科普大篷车展示、科技咨询、医疗专家义诊，以“科技战疫 创新强国”为主题，组织农业科技、新能源汽车、文化、法治、卫生健康下乡，核电科普、校园科普等系列科普活动，科技月期间参与科技活动群众5000多人次，发送科普资料1万多册。9月25—29日，以“决胜全面小康、践行科技为民”为主题，开展2020年“全国科普日”活动。在石碌镇、十月田镇、七叉镇、乌烈镇开展群众性科普活动，宣传社会主义核心价值观，科普大篷车播放视频防疫、核电、科学养生知识视频，开展科技咨询、医疗专家义诊、农业实用技术培训，宣传减灾防灾知识，参与群众2000多人次，发放科普资料3000多册。深入海尾镇大安村，王下乡钱铁村、浪论村、洪水村、三派村，利用科普大篷车的科普宣传平台开展科普视频和科普展板展示5场，向农民群众宣传社会主义核心价值观，为农民群众送去核电、健康饮食、减灾防灾科普知识。

【农村实用技术培训】“全国科普日”期间，在山竹沟村、保平村、大章村、乌烈村开展的百香果、芒果、火龙果种植4场农村实用技术培训，培训专业户、贫困户260多人。借科协深化改革的东风，给全县91个村居各拨付3000元的科普组织工作经费，共27.3万元，结合县委组织部要求制定《昌江县科协2020年关于农村党员干部和农民群众“双轮训”教育工程实施方案》，为宣传党的“三农”工作政策、举办农村实用技术培训提供资金项目支撑。

【青少年科技教育】2020年，在32届海南省科技创新大赛中，昌江县荣获青少年科技实践活动比赛项目一等奖1项，少年儿童科学幻想绘画比赛项目二等奖1项、三等奖4项，县青少年活动中心李雨婷荣获32届海南省青少年科技创新大赛优秀科技教师；在 “科普小先生”演讲比赛中，昌江中学荣获初中组二等奖、昌江县矿区中学荣获高中组三等奖；在海南省创意编程与智能设计大赛中，县青少年活动中心荣获小学组2个二等奖、3个三等奖、荣获初中组3个三等奖，矿区学校荣获小学组2个二等奖、2个三等奖，思源实验小学荣获小学组1个三等奖；昌江中学的林凤龙老师荣获优秀指导教师奖；县科协荣获“海南省青少年创意编程与智能设计大赛优秀组织奖”；在第六届奥秘万千·海南省青少年科普知识大赛中，昌江中学荣获团队赛季军，县科协荣获“优秀组织奖”和“活动传播优秀组织奖”。组织“童心战疫·科技筑梦”科技活动进校园，县一小、七叉中心校、霸王岭学校共有3000多名师生参与；“热带雨林科普报告会”进校园，昌江中学和县四小约有400名师生到场聆听；62名中小学科技辅导员参加“2020昌江黎族自治县中小学科技辅导员培训班”，提高了专业辅导水平；“中国流动科技馆”巡展昌江站，为昌江县2.6万多名中小学生和5000多名社会公众提供科技现场体验。

【“基层科普行动计划”项目科普项目】投入20万元实施2019年度海南省“基层科普行动计划”项目，建设昌江中学、昌江矿区中学、昌江第四小学3个科普示范学校；石碌镇山竹沟村委会1个科普示范村。通过项目实施，改善实施单位的科普硬件和提升服务科普受众的能力，为进一步提升全科学素质建立科普示范点，发挥科普资金的社会效益。

【实施全民科学素质工作】根据省全科办工作安排，配合委托专业调查机构对海尾镇、昌化镇、乌烈镇、十月田镇、叉河镇、七叉镇、石碌镇共20个村居400人开展科普调查，监测昌江县“十三五”公民科学素质发展状况，为进一步提升昌江县公民科学素质指数积累经验。12月29日，全科办组织召开昌江县2020年全民科学素质工作会议，全县25个成员单位分别派一名分管领导参加会议，会议总结《昌江黎族自治县全民科学素质行动计划纲要实施方案（2016—2020年）》工作情况，县委常委、统战部部长王小荣作重要讲话。审议通过《昌江黎族自治县2021年全民科学素质工作要点》。

【发挥农技协类社会团体作用】联系昌江县霸王岭山鸡养殖协会、昌江黎族自治县蜂业协会、昌江黎族自治县芒果协会、昌江县农产品产业协会、昌江黎族自治县地瓜协会、昌江县乌烈羊养殖协会6个农技协，建立农技协科普组织架构台账，组织40名专家，带动897人脱贫，激发农技协类社会团体科普活力，为下一步发挥基层科普组织作用奠定基础。

【科普助力县委县政府中心工作】围绕县委、县政府创文、脱贫攻坚、乡村振兴等中心工作积极发挥科协作用。以科协深化改革为契机，注册组建300名昌江科技志愿者队伍，开展卫生整治、交通劝导、扶贫帮困等志愿服务。开展科技下乡活动4

场、"安全、高效、'核'你成长"未成年科普进校园品牌活动2场、"科普教育基地——科普知识宣传社会主义核心价值观"活动3场、"科技馆开展核心价值观教育实践活动"1场，组织科技工作者深入山竹沟村委会、孔车村委会、水头村委会开展群众性科普活动3场，为创文工作助力。选派基层工作经验丰富的同志到海尾打显村担任驻村第一书记和乡村振兴工作队队长，助力海尾打显村乡村振兴。科技帮扶联系点海尾大安村，为海尾大安村农业产值过亿元提供技术支持、脱贫攻坚村级大比武镇级第一县级第三优异成绩提供服务保障。

（朱兴忠）

昌江黎族自治县归国华侨联合会

【概况】2020年，昌江黎族自治县归国华侨联合会（以下简称县侨联）以习近平新时代中国特色社会主义思想为指导，紧紧围绕全县发展大局，坚持"以侨为本、为侨服务"的宗旨，充分发挥侨联的特点和优势，团结和带领全县归侨侨眷，紧紧围绕县委、县政府的中心工作，积极服务昌江县经济发展，侨务和其他工作取得较好的成绩。

【新冠肺炎疫情防控】县侨联采取多种手段抗击新冠疫情。一是对红田居侨队传达县委、县政府会议精神，开展工作部署、明确人员责任、督导防控工作，确保侨队上下高度重视、密切配合、严格防控。二是以红田居为单位建立疫情防控检测卡点，联防联守，守好"疫情防控第一线"；积极响应参加昌江县抗击疫情志愿服务队，做出积极贡献。三是多方联系归侨侨眷、海外侨胞，引导海外侨胞投身抗疫工作，筹集了部分重要物资。2月底收到马来西亚海南会馆联合会捐赠5000只医用手套、美国海南商贸总会捐赠医用口罩1万只及新加坡海南会馆捐赠医用手套1万只、200公斤酒精，已全部交付县卫计委统一分配，为打赢新冠肺炎疫情阻击战做出了积极贡献。

【侨企复工复产】县侨联贯彻落实中央和省委关于抗疫期间有序复工复产的决策部署，对县内的侨企进行了走访、调研，加强对侨企复工复产的调研指导，联系各部门帮助协调推动解决侨企发展中存在的问题和困难。5月12日下午，省侨联主席黎才旺率队赴昌江县考察，县侨联班子积极开展协调工作，陪同黎才旺主席与林谟谐县长、王小荣常委赴华盛金光光伏田园，就综合体项目建设中存在的问题进行交流沟通，推动相关工作。

【中秋慰问送侨法进侨队活动】中秋节前，县侨联联合县侨务办、县司法局在红田居十四队及二十三队开展中秋慰问暨侨法宣传活动，重点讲解《中华人民共和国归侨侨眷权益保护法》《海南省归侨侨眷权益保护若干规定》等相关知识，加深侨界群众对侨务法规的了解，提高侨民对侨法的认知度和普及率。活动期间发放侨务政策法规宣传单400份、手册200份，发放宣传物品雨伞200把、扇子100把、环保袋200个，为60户困难归侨侨眷送去月饼。

【"侨爱心·光明行"眼健康项目】10月，县侨联按照海南省侨联的有关通知，联合县妇联和海南爱乐眼科医院在七叉镇七叉村和石碌镇红林居居民委员会开展"侨爱心·光明行"眼健康项目活动，活动现场共为63人检查眼睛，筛查出27例眼疾患者，其中白内障20例、胬肉6例、斜视1例，符合手术（白内障、胬肉）14例。海南爱乐眼科医院安排车辆、医护人员接患者到海口医院进行复检，实施免费手术，平均每人节约费用约6000元。

【世界华人学生作文大赛】"世界华人学生作文大赛"由中国侨联、全国台联、《人民日报》海外版、《快乐作文》杂志共同举办。大赛旨在弘扬中华文化，提高文学素养，每年都吸引众多学生参加，是促进友谊、增进团结、展示海内外华侨华人青少年风貌的良好载体。7月，县侨联发动矿区中学、昌江中学的高中学生积极投稿，参加第二十一届世界华人学生作文大赛，共收到初稿652份，筛选出50份质量较高的稿件参赛，其中有1人获得二等奖，4人获得三等奖，3名老师获得“优秀指导教师”称号。

【侨情调研】为及时全面掌握县域内侨情新特点新变化，全面掌握霸王岭分局侨情数据，11月，县侨联深入海南热带雨林国家公园管理局霸王岭分局开展侨情调研工作，通过与霸王岭分局的分管领导及干部的座谈中了解基本情况，在入户走访中切实掌握涉侨人员的真实动态，确保普查信息真实完整，为下阶段侨情数据的综合利用奠定基础。

（林方秀）

昌江黎族自治县工商业联合会

【概况】 2020年，昌江黎族自治县工商业联合会立足于全国“五好”县级工商联合会（以下简称县工商联总商会）创建标准为发展目标，以习近平新时代中国特色社会主义思想为指导，紧扣“两个健康”主线，开拓创新，充分发挥工商联职能优势，努力构建“亲”“清”政商关系，不断优化营商环境，进一步促进民营经济高质量发展，为建设新时代“山海黎乡大花园”做出了积极的贡献。营商环境多项指标在省委财经委、省工商联开展的第三方评估中均位居前列。截至年底，县工商联（总商会）第六届执委会成员43名，会员数量共495个，其中：企业会员252个、个体会员235个、团体会员8个，涉及农业、采矿业、制造业、建筑业、金融业、房地产业等多种行业。

【非公有制经济发展】截至2020年12月底，全县市场主体13219家，其中：民营企业2114家，占全县企业数90.49%，与上年同比增长32.53%；个体经营户10413户，占全县市场主体78.77%，同比增长14.16%，农民合作社470家，占全县市场主体3.55%，同比下降0.63%。全县市场主体注册资金332.64亿元，同比增长16.21%，其中民营企业注册资金187.67亿元，占全县市场主体注册资金56.42%，同比增长42.06%；个体工商户注册资金93.06亿元，占全县市场主体注册资金27.98%，同比增长9.53%。2020年新增市场主体2187户，同比增长10.45%；注册资本46亿元，同比增长43.75%。新增城镇就业4999人，同比增长19.39%；外出务工11000人，同比增长114%。2020年全县实现地区生产总值124.12亿元，其中：民营经济实现地区生产总值98.43亿元（估算），占全县79.30%，同比下降（按可比价计算）5.34%。2020年全县税收收入13.89亿元，同比下降5.18%。其中：民营企业税收收入9.08亿元，占税收收入总量的65.37%，与上年同比下降9.56%；国有企业（含国有企业、国有控股企业、集体所有制企业）税收收入2.5亿元，占税收收入总量单位18.04%，与上年同比增长2.04%；港、澳、台商投资企业及外商投资企业税收收入1.78亿元，占税收收入总量单位12.81%，与上年同比增长6.58%；个体经营税收收入0.53亿元，占税收收入总量单位3.82%，与上年同比增长8.16%。

【非公有制经济人士思想政治工作】县工商联通过召开工商联执委会、开展各类活动、举办民营经济人士综合素质能力提升培训班等方式，组织民营经济人士学习贯彻落实党的十九大历届全会及各种优惠政策，让非公有制经济人士及时了解社会形势，使他们增强“四个意识”、坚定“四个信念”、做到“两个维护”，勇当中国特色社会主义建设者。同时，强化典型事迹，弘扬企业家精神，重点宣传昌江县广大民营经济人士在疫情期间无私奉献精神。县工商联副主席朱维财、海南知行物业有限公司总经理陈科、昌江恒科房地产开发有限公司董事长单建国等民营企业家在疫情期间投身志愿服务，捐资捐物等典型事迹，获得社会褒扬。海南昌江鑫龙海塑料制品有限公司董事长朱剑飞被授予海南省“两新”组织新冠肺炎疫情防控优秀共产党员称号。疫情期间，县工商联发出关于捐资捐物支持打赢新冠肺炎疫情防控阻击战倡议书，号召各工商联执委、各商协会及广大民营企业全力支持抗击疫情。截至2020年5月底，县工商联已发动45家民营企业、商协会、社会组织现金捐款 97.574 万元，物资捐赠折合人民币 87.79 万元。

【参政议政】通过组织企业家参加县委经济工作会议、县委统一战线工作领导小组全体（扩大）会议、促进民营经济发展联席会议、创一流营商环境推进会、民营企业家座谈会等县级重要会议。2020 年，工商联界别委员在政协会议或大会提交 6 个提案，其中苏江山《关于营造宽松的营商环吸引更多的外来投资者的建议》、符升珍《关于促进我县民间投资健康发展的建议》、黄云江《关于让村集体资金保值增值的建议》、李前进《关于聚焦文明县城，构建文明社区的建议》4 个提案被采纳。

【打造民营企业党建示范点】加强民营企业党建工作，是优化营商环境的组织保障，县工商联以“企业强，党建强”为主要创建目标，营造企业党建工作氛围，不断强化党建服务功能，积极配合县组织部门、县“两新”工委，努力打造基层党组织示范企业。截至年底，已创建海南欧兰德现代农业科技有限公司、海南昌江鑫龙海塑料制品有限公司、英才学校 3 家民营企业党建示范点。

【做好“海南自贸港面向全球招聘人才活动”工作】根据组织部门的要求，县工商联起草《昌江县工商联关于进一步做好 2020 年首批面向全球招聘三万岗位人才相关工作的方案》，指导相关企业做好网上招聘事宜。自 2020 年 3 月以来，昌江县企业共计划招聘 30 人，岗位薪酬待遇均为 30 万元 / 年以下，通过海招网招聘和公开招聘，线上和线下相结合方式吸纳人才。据统计，截至 2020 年 10 月，昌江县面向全球招聘岗位人才工作吸引 304 名求职者投递简历，已签约录用 30 人，进一步助力昌江县人才引进，并有效解决就业难问题。

【民营经济发展软环境评价工作座谈会】2020 年 4 月，由省工商联法律维权处副处长孔德良担任组长的省民营经济发展软环境评价工作第 4 调研组，带领第三方评估机构到昌江县就 2019 年—2020 年第一季度民营经济发展软环境评价工作进行调研座谈。该次座谈会促进了省、县工商联对民营企业发展阻力问题的了解，对解决民营企业诉求提供有力帮助，从而进一步优化县内营商软环境。

【民企复工复产政银企对接会】2020 年 5 月，县工商联联合各金融机构举办助力民企复工复产政银企对接会。会议促成中国人民银行昌江支行、中国工商银行昌江支行、中国建设银行昌江支行等 9 家银行和昌江华盛天涯水泥有限公司、昌江迎宾馆有限公司、海南欧兰德现代农业开发有限公司等 9 家企业进行了集中签约，意向授信资金约 1.4845 亿元。

【县工商联六届四次执委会】2020 年 6 月，县工商联组织召开第六届执委会第四次会议。向企业家传达学习习近平总书记对《海南自由贸易港建设总体方案》的重要批示精神和韩正副总理在推进海南全面深化改革开放领导小组全体会议上的重要讲话精神，并邀请党校老师宣讲《习近平给郑州圆方集团全体职工的一封回信》精神。

【非公有制经济人士参与相关宣讲活动】2020 年 8 月，县工商联组织县 25 名民营企业家代表到儋州参加省工商联举办的“海南自由贸易港建设政策宣讲活动”，让非公有制经济人士及时了解海南自由贸易港建设相关政策。9 月，县工商联组织 23 名非公有制经济人士到儋州参加省工商联举办的“工商联系统法律服务工作培训班暨民法典宣讲活动走进企业”，让非公有制经济人士及时掌握法律，切实维护其合法权益。

【非公有制经济人士警示教育】2020 年 9 月，县工商联在昌江银湾美高梅酒店召开非公有制经济人士警示教育大会。会议针对原工商联主席陆某涛“两面派、两面人”涉黑问题进行了深刻剖析，对全县民营企业家提出了理想信念决不能动摇、法纪意识决不能松弛、诚实守信不能丢失等经验教训。

【民营企业家座谈会暨优化营商环境工作联席会议】2020 年 11 月，县委统战部、县工商联在县机关办公大楼9楼组织召开2020年度民营企业家座谈会暨优化营商环境工作联席会议。会议广泛听取企业家就关于昌江县优化营商环境、“十四五”规划蓝图提出的意见和建议，传达学习省委书记刘赐贵在海南自贸港创一流营商环境动员大会上的讲话精神和《昌江黎族自治县优化营商环境行动计划(2020—2025年)》，通报昌江县2020年前三季度经济社会发展情况。

【青年企业家委员会】2020年11月，县工商联在松之光酒店召开县工商联（总商会）青年企业家委员会成立大会。大会选举产生了青委会第一届主席、副主席、秘书长、副秘书长和常务委员，海南鸿图房地产投资有限公司总经理许军富当选主席。

【民营经济人士综合素质能力提升培训班】2020年12月，县工商联在棋子湾家园度假酒店组织70余名民营企业家举办民营经济人士综合素质能力提升培训班。培训班共安排《学习贯彻党的十九届五中全会精神，弘扬优秀企业家精神，在海南自贸港实践中贡献企业担当》《学习贯彻党的十九届五中全会精神——习近平总书记法治思想》《关于商会工作的几点思考》3个主讲课题，通过举办培训班进一步提升了民营企业家的综合素质，为夯实企业家的政治站位、乡镇商会建设提供坚实的保障。

【乡镇商会组建】县工商联根据《海南省工商联组织建设工作五年规划（2018—2022)》（琼联字〔2019〕14号）的有关要求，按时间节点积极开展做好镇级商会组建工作，成立了筹备领导小组，对全县各个乡镇进行调研了解，通过宣传动员、调查摸底、协商酝酿、全面了解各个乡镇市场主体情况，制定方案，报送县委、县政府审批。采取会议、走访、交心谈心等方式，掌握基础数据，造册登记，建立台账，做到情况明、家底清，明确目标，有计划、有步骤、有举措地推动乡镇商会建设工作。截至2020年11月底，已相继成立7个乡镇商会，实现全县成立乡镇商会覆盖率达到100%。提前完成组建乡镇商会任务。

【商会会员发展】通过组建基层商会、吸纳异地商户的方式增加会员，截至年前，工商联发展会员495个（含乡镇商会会员、异地商会会员)，同比增长41.8%，涉及农业、采矿业、建筑业、制造业、零售、教育等多种行业企业会员。同时，加强会员管理，积极配合省工商联做好工商联执、常委数据库信息和会员组织数据上报，逐步完善会员发展规划和会员动态管理工作。

【“十佳民营企业”评选】为表彰先进，激发干劲，催人奋进，进一步调动广大民营企业和民营企业家的积极性、主动性和创造性，营造激励企业家干事创业的浓厚氛围，县工商联按照县委县政府工作要求，积极开展2020年度“十佳民营企业”评选工作，评选出昌江恒科地产开发有限公司、海南海顺实业开发有限公司、海南生产队网络科技有限公司等10家民营企业为2020年度昌江黎族自治县“十佳民营企业”，给予每家获评企业20万元现金奖励。

【优化营商环境】2020年，县工商联积极服务助推县域经济发展。一是共接待省内外客商50多批次，成功引进唐人神集团、安徽西商集团等省外客商到昌江投资建设，助力县域经济发展。二是为贯彻海南自贸港创一流营商环境动员大会会议精神，按照县委、县政府的工作部署，采取走访调研、召开座谈会、征求意见建议等形式问政于企，制定了《优化营商环境行动方案（2020—2025年)》等改善营商环境的政策措施。三是建立健全沟通协调机制。建立涉企职能部门服务企业发展机制，制定《昌江黎族自治县企业联络员制度》《昌江黎族自治县促进民营经济发展联席会议制度》《昌江黎族自治县规范政商交往正负面清单（试行)》，完善《县级领导联系服务重点企业制度》，为进一步畅通政企沟通协商，解决企业诉求，推动建立“亲”“清”新型政商关系，促进民营经济健康发展提供了制度保障。四是履职尽责解决企业诉求。服务民营企业为工商联（总商会）的首要职责，一年来，积极走访企业，了解企业发展状况，倾听企业诉求，纾困解难，协调企业及相关职能部门关系，解决唐人神集团项目用地、海阳公司融资和桂创公司工商注册等问题。

（钟承辉）

昌江黎族自治县文学艺术界联合会

【概况】2020年，昌江黎族自治县文学艺术界联合会（以下简称县文联）团结全县广大文艺工作者，以习近平新时代中国特色社会主义思想为指引，团结引导全县文艺界和文艺工作者，深入学习宣传贯彻党的十九大精神和历次全会精神，按照省文联的工作部署和县委的工作要求，坚持以人民为中心的工作导向，围绕昌江县建设“山海黎乡大花园”的中心工作，服务自由贸易港建设的大局，着力培育和践行社会主义核心价值观，弘扬和传播中国精神，着力创作昌江文艺精品，讲好昌江故事，着力开展“深入生活、扎根人民”主题实践活动和文艺志愿服务，有序推进文联工作，更好地发挥文艺工作的职能，促进昌江文艺繁荣发展。

【文艺创作活动】围绕县委、县政府的中心工作，服务“山海黎乡大花园”建设大局，积极参与“春赏木棉红、夏品芒果香、秋游棋子湾、冬登霸王岭”全域全季旅游的工作，有步骤组织全县文艺工作者开展文艺创作活动。2020年1月，县舞协组织策划举办2020年昌江黎族自治县迎新年百姓大舞台；6月13日，在石碌镇黎之韵展销馆组织举办2020年昌江县“文化和自然遗产日”展示展演活动；组织琼剧演员在昌江县第四小学开展戏曲进校园活动；9月，组织举办舞动海南自贸港广场舞比赛；全年组织协调文化馆馆办团队、县歌舞团演员参加文化惠民下乡演出共39场。2月，昌江美协组织会员开展“万众一心抗击疫情”美术作品线上展（共2期）。昌江珠碧江诗词楹联协会响应县委县政府抗疫、复工复产的指示精神，通过网络平台，及时组织会员参与政府组织的各种群体活动和本协会各项文学创作活动，共有抗疫专题创作活动5次，对联创作活动38次，各种纪念、节令、人文专题活动32次，总计75次；出版创作诗词楹联网络美篇78篇、纸质会刊1集（《珠碧江集韵》2020年总第十七集），有效地开展了协会的工作。为庆祝新中国成立71周年，4月26日启动第四届“翰墨黎乡·廉洁昌江”廉政书画展，共收到书法作品190幅，美术作品93幅，共283幅。7月26—27日，昌江摄协配合《海南特区报》海南省摄影家协会举办2020海南自贸港旅游摄影大赛走进昌江采风活动。10月25日，县文联协助承办“昌化江东坡峻灵王文化论坛”在海南省昌江黎族自治县开讲；11月6日下午，协助承办海南省首部教育扶贫题材电影《穿过雨林》在海南省昌江黎族自治县七叉镇大仍村小学（旧学校）举行开机仪式。

【文艺扶贫和“文化下乡”】广泛开展文艺扶贫和“文化下乡”文艺志愿服务等公益性文化活动，推进公共文化服务均等化。开展“到人民中去”“向人民汇报”“送欢乐下基层”等文艺志愿服务。在2020年元旦和春节期间，歌舞文艺家组成的“脱贫攻坚”文艺轻骑队，赴扶贫点开展“送欢乐下基层”慰问演出活动，宣传好精准扶贫的好政策、传递好脱贫攻坚的正能量，引导群众自立自强、勤劳脱贫，满怀信心奔小康。在春节前，组织百名县书法家文艺志愿者，奔赴全县各乡村，开展春联赠农家活动，送春联6000多副，为老百姓送上新年的祝福。

【“深入生活、扎根人民”文艺创作工程】继续实施“深入生活、扎根人民”文艺创作工程，加强文艺创作力度，引导文艺家深入生活，贴近实际、贴近人民，努力创作精品；充分调动文艺家特别是昌江本土文艺家的积极性，提高文艺创作水平，组织参与学习培训，增强文艺创作能力，加大文艺精品创作生产力度，培育文艺活动品牌。从年初到年底连续举办书画、摄影、玉石展。响应海南省文联“到人民中去”的号召，多次组织文艺志愿者开展文艺志愿者新时代文明实践活动。协助指导办好昌化江讲堂、昌化江书画院教学点举办培训班。1月初，昌化江书画院在县文化公园四楼举办了2020年春联短训班，共有30名学员参加了培训，通过10天的学习，学员们都具备了独立的书写能力，均写出高质量的春联作品，并参与了春联下乡活动；第十六、十七、十八期书画培训在文化公园四楼如期举行，共招收400多名学员；5月至8月，昌化江书画院培训团队在全县8个乡镇10个乡村少年宫、文化室等开展了乡村书画培训活动，让乡村学生进一步了解和感受书法文化的魅力，继续推动书画进乡村活动向前发展。6月，县舞协组织举办文化馆2020年“百姓学堂”第一、第二期免费公益培训班；在王下乡组织举办黎族歌舞培训；举办2020年海南原创广场舞培训班。6月12日，县奇石协会组织各会员参加上海石协主办的“传统赏石鉴藏家研修班”。7月14日，县摄协主席邱瑞天到昌江黎族自治县融媒体中心讲授“新闻摄影”讲座。8月30日，昌江奇石协会参加澄迈第九个“全国赏石日”活动；9月18日，参加成都首届画面石“女娲奖”展。10月13—15日，昌江沉香协会廖华登副会长一行5人参加在厦门举办“第十五届中国厦门佛事用品（秋节）展览会”，昌江沉香得到举办方的一致认可。10月30日，县文联组织各协会举办2020年首届昌江玉、盆景展。10月28日，县书协组织县级以上会员21人，到临高县参加临高、万宁、琼海、昌江、乐东2020“海南省五市县书法联展——临高站”首展开幕式，共有30人入展，为历年人数最多，本协会也因此被中国文联、中国书协评为2020年元旦、春节期间“同心同书·祖国新春好”先进集体；书协主席赵日杰也被中国文联、中国书协评为2020年元旦、春节期间“同心同书·祖国新春好”先进个人。10月，县诗词楹联学会邀请中华诗词学会顾问晨崧、中华诗词文化研究所所长李保田到昌江县举办格律诗词创作专题讲座；邀请全国知名楹联家优秀书法家马长泰主持诗联知识讲座，使诗友拓宽了学习楹联的视野，丰富了楹联知识，提高了楹联创作水平。9月16日，县收藏协会组织县文联会员到昆明参加2020昆明国际石博会，并借助该平台举办了“玉满天下——昌江玉精品全国巡展昆明专场”活动；11月7日，组织会员到苏州参加第十届中国玉石雕刻“陆子冈杯”精品评展，借助该平台举办了“玉满天下——昌江玉精品全国巡展苏州专场”。

【文艺创作荣誉】 2020年1月，会员黄玉庭的摄影作品《春到田园》在国家税务局海南税务总局举的“迎新春 促融合”书画、摄影诗歌比赛中，荣获三等奖；县摄影协会主席邱瑞天的摄影作品《黎家盛设长桌宴》在“海南自贸港在等你”2020海南自贸港旅游摄影大赛评比中荣获优秀奖。6月5日，县音乐家协会会员符振华、符胜灵、林敏丽参加县举办环境日暨“巾帼禁塑”文艺演出；8月26日，董建忠参加第三届山西左权民歌汇晋级突围赛，演唱曲目：黎族民歌《秋歌啃》《请你留下来》《赞山兰》等；7月，符达亨、杜荣彦指导矿区中学学生歌唱比赛《欢迎你到黎寨来》荣获省中学生艺术（歌唱）一等奖；王云清指导县青少年活动中心民乐班荣获一等奖。

【昌化江大讲堂】 充分发挥“昌化江大讲堂”主阵地的作用，邀请省内外名家到昌江各文艺界举办讲座，积极组织开展引入省内外艺术名家在昌江县举办个人画展，组织各协会瞄准海南省举办各种大赛的机会开展各种文艺创作活动。2020年10月，邀请中华诗词学会晨崧、李保田在“昌化江大讲堂”给诗词楹联学会会员及全县诗词爱好者举办诗词创作讲座，邀请全国知名楹联家优秀书法家马长泰主持诗联知识讲座。

（文 冲）

昌江黎族自治县残疾人联合会

【概况】 2020年，昌江黎族自治县残疾人联合会（以下简称县残联）深入贯彻落实党的十九届五中全会、省委七届八次全会、县委十二届十一次全会精神，以围绕习近平总书记“4·13”重要讲话、中央12号文件、《海南自由贸易港建设总体方案》、习近平新时代中国特色社会主义思想为指导，保障残疾人各项权利，扎实推动残疾人事业高质量发展。

【县残联机构改革】 经过2020年3月25日及9月21日，分别两次征求了县组织部、财政局、各乡镇等18个部门意见，于11月9日，通过了政府常委会和县委常委会，同意印发县残联机构改革方案。

【审计整改及巡察整改】一是对2019年县委第九轮巡察组，巡察单位反馈移交的3个方面存在的共16个问题，会照单全收，成立问题整改领导小组，列出问题清单，逐项整改，2020年5月24日已完成全部问题的整改，并按巡察组的要求召开巡察反馈民主生活会。二是关于审计、扶贫巡察以及自查残疾人死亡还在领取生活补贴问题，涉及资金114920元，经单位组织工作人员入户催收，已全部追回超发的补贴，并上缴国库。

【康复工作】根据省通报文件《省残联办公室关于残疾人精准康复服务行动及残疾儿童康复救助实施工作情况的通报》，2020年昌江县残疾人基本康复服务率达到100%、残疾人辅具适配服务率100%，全省排名第一；组织完成2019年31名三类儿童抢救性康复验收工作。完成2020年三类儿童抢救性康复训练启动工作，为40名残疾儿童申请机构进行康复训练。为残疾人免费发放普通轮椅、高靠背轮椅等残疾人辅助器具220件；投入2778万元建设县残疾人康复中心大楼，其中，中央专项资金800万元，省专项资金1187万元，县财政配套资金791万元。截至2020年12月底全面完工。

【扶残助学】与县幼儿园、小学、中学对接，认真做好残疾人学生摸底工作，保障残疾人学生接受教育的权利，实施扶残助学项目，补助学前教育阶段残疾儿童21人，每人3000元；补助义务教育阶段残疾学生2人，每人750元；高中教育阶段残疾儿童1人，每人3000元，共6.75万元。

【培训就业】年内完成为150名农村残疾人开办种养殖实用技术培训班，确保每个接受农村培训的贫困残疾人掌握1—2项农村实用技术技能，提高自我发展和增收能力；为了帮助残疾人掌握一技之长，提高残疾人自主就业创业能力，完成为50名农村残疾人开办残疾人职业技能培训；完成奖补1家企业，在2020年按比例安排残疾人就业，安排残疾人就业人数超过比例要求。

【贫困残疾人发展生产扶持】扶持30名贫困残疾人发展生产，每人5000元，共15万元，帮助摆脱贫困面貌，提高农村贫困残疾人的发展生产和增收能力。

【残疾人社会保障】根据2020年“阳光家园计划智力、精神和重度肢体残疾人居家托养服务”工作方案，为891名16—59岁贫困残疾人发放阳光家园居家托养护理补助，全年共发放103.126万元，其中建档立卡残疾人334人，低保残疾人562人。为4182名三、四级残疾人发放护理补贴，全年共发放441.045万元。将一至四级残疾人医疗、养老保险全部纳入政府买单范围，其中：医疗保险280元/人，养老保险250元/人，实现残疾人医疗、养老保险不用掏钱，保障残疾人医疗和保险。

【残疾人家庭无障碍改造】根据《海南省人民政府办公厅关于印发海南省无障碍环境建设“十三五”实施方案的通知》（琼府办〔2017〕139号）和《省残联关于印发〈2020年度海南省残疾人家庭无障碍改造项目实施方案〉的通知》（琼残维〔2019〕15号）要求，完成273户残疾人家庭实施无障碍改造，发放资金为202万元，其中223户为贫困户，完成任务超过省残联下达210户指标，完成率130%。

【残联其他工作开展】1. 贯彻落实省残联《省残联办公室关于组织开展第三十个全国助残日走访慰问残疾人单亲妈妈活动的通知》，5月9日上午，县残联走访慰问了6户困难残疾人家庭单亲妈妈。2. 6月1日国际儿童节到来之际，在县文化公园举办2020年度“关爱未成年残疾人共享同一片蓝天 让温暖的阳光照亮残障儿童的心灵”为主题的轮椅免费发放和慰问未成年残障儿童家庭活动，为昌江县6名未成年残障儿童免费发放了轮椅并慰问16

名未成年残障儿童。3. 组织 2 名残疾人参加“海南省第四届残疾人文艺会演”。4. 召开“2020 年残联系统民法典宣讲报告会暨综合业务培训班”。为了增加昌江县残联系统的综合业务能力，提高业务水平及服务能力，结合民法典的全面实施，聘请了海南法学院教授专程到昌江县，为全县残联系统工作人员宣讲民法典。

（吴李刚）

昌江黎族自治县红十字会

【概况】昌江黎族自治县红十字会于 1995 年 9 月独立建制，为正科级参公管理事业单位，归县委、县政府管理。核定编制 5 名。2020 年，县红十字会履行《中华人民共和国红十字会法》所赋予的职责，贯彻实施《中国红十字会章程》和国务院《关于促进红十字事业发展的意见》，采取发邀请函和上门邀请等方式，发展党政机关、企事业单位、群众团体、学校及村委会加入红十字会基层组织 10 个，会员总数 8000 余人，其中青少年会员达到 6520 人，注册志愿者 47 人。

【红十字会党建】2020 年，昌江县红十字会党支部认真贯彻执行党章，切实履行党建责任，领导班子深刻领悟“不忘初心、牢记使命”精神实质，深入学习党的十九届四中、五中全会报告和党章党规，系统学习《习近平新时代中国特色社会主义思想学习纲要》，深入学习习近平“4·13”讲话和中央 12 号文件精神；对标“不忘初心、牢记使命”主题教育，联系自贸区（港）建设实际，学习省委七届八次、九次全会精神，深入学习《海南自由贸易区总体方案》，做到学而信、学而用、学而行。同时结合海南自贸区（港）建设、脱贫攻坚战、乡村振兴等中心工作，以党支部为单位，依托“三会一课”等专题进行集中研讨。结合学习研讨，深入开展革命传统教育、先进典型教育和警示教育，引导党员干部守初心，增强爱国心、进取心和敬畏心，不断提高单位干部的政治理论水平。全面贯彻落实《中华人民共和国红十字会法》及《海南省红十字会条例》，坚持依法建会，依法治会，依法兴会方针，大力弘扬人道、博爱、奉献的红十字精神，以“动员人道的力量，改善最易受损伤群体的境况”为工作的出发点和落脚点，以推进改革与发展为己任，狠抓党的政治、思想、组织、作风建设，坚持党要管党和从严治党的方针，充分发挥党的思想政治优势、组织优势和密切联系群众的优势，为全面推进红十字会党的建设事业的发展，特别是造就一支政治强、素质高的党员干部队伍，发挥了重要的作用，做出了大量卓有成效的工作。

【抗击新冠肺炎疫情】抗灾救护是红十字会的重要职责。自 1 月下旬以来，县红十字会积极履行突发公共卫生事件应急预案赋予红十字会的相应职责，秉承“一方有难、八方支援”的优良传统，配合县里做好各项疫情防控工作。一是强化组织领导。成立由单位主要负责人任组长、分管负责人任副组长的县红十字会防控工作小组。二是发挥抗灾的职能优势。根据防灾实际需要，在防疫物资紧缺的情况下，积极组织单位干部及时把疫情发生前存放在仓库的所有急救包（里面有体温计和口罩等），发放给乌烈、海尾、昌化等镇 53 个村各卡口，以便各卡口人员检查应急使用，适当减轻疫情突发前防疫物资的缺乏。三是积极开展社会募捐。县红十字会每日通过“昌江发布”公众号和昌江电视台等渠道公开受赠和使用明细，主动接受县纪委、县审计和县民政局等部门及社会各界的监督，做到公开、透明、规范使用受赠物资及善款。截至 12 月，共接收社会捐款 1752827.66 元、物资折合 1142784.6 元。四是及时规范，做好物资发放。县红十字会为解决接收物资量大、时间紧、人手短缺的问题，单位领导亲自组织所有工作人员加班加点，有序规范统计捐赠款物。对捐赠的每批物资，县红十字会都与县指挥部沟通，除一部分存放到防控指挥部的仓库里等待分配外，其余的一部分物资及时发放到疫情防控一线。昌江县红十字会所有工作人员经常每天多次跑到县人民医院、县中西医结合医院、县疾控中心、公安局，以及有关卡点发放物资，有时一天往返几次，做好搬运、分发、登记、签收等交接工作，为一线防疫工作人员和值守人员送上了防护服、消毒液、酒精、水果、牛奶、方便面等物资。五是围绕人道求助，提高服务质量。（1）昌江县红十字会第一时间与中国人寿保险昌江分公司签订了人身保险，保证因新型冠状病毒感染导致死亡和因抗击、防疫等相关工作发生过劳死亡或猝死事故的每一位工作人员获得50万元的赔付。昌江也成为海南省第一个为抗疫人员签订人身保险的市县。（2）提供帐篷支持。昌江县第一例确诊病例发生后，昌江紧急封锁福源小区，为支持县指挥部的工作，昌江县红十字会第一时间在小区门口搭建了两顶救灾帐篷，供医务人员和干警使用。同时及时给省红十字会包点的乌烈道隆村送去两顶救灾帐篷让村委会使用。并根据实际情况给昌江水泥厂、海尾五大村卡点各搭建了一顶救灾帐篷。（3）搭建好企业与政府的桥梁。自接收捐赠后，生产销售酒精消毒液的供应商企业直接上门奉献爱心，昌江县红十字会直接和各有关单位协调，让单位干部带上企业到山竹沟卡点和县城几个市场多个出口指导协助一线人员喷洒消毒液；为助推复工复学，昌江县红十字会根据指挥部要求购买了价值44.88万元的13台热成像系统，用于县城各学校和十月田学校学生体温测试，为昌江学校有序开学打好基础。2020年12月，昌江县红十字会荣获中国红十字会总会颁发的“中国红十字会抗击新冠肺炎疫情先进集体”荣誉称号。

【卫生救护培训】6月4日，昌江县红十字会应县应急局和县少年活动中心的邀请，分别走进位于昌化镇的海南河道公司指挥部和县少年活动中心，开展应急救护知识讲座。开展了以心肺复苏、人工呼吸、止血、包扎、固定、搬运等为内容的应急救护培训和讲座，提高昌江县公民的自救、互救能力。根据《昌江县红十字会“我为加快推进海南自由贸易港建设作贡献”活动方案》要求和贯彻落实海南省红十字会《关于转发中国红十字总会开展2020年“世界急救日”活动的通知》（琼红字〔2020〕9号）文件精神，县红十字会围绕“疫情下的急救”开展第21个“世界急救日”知识培训活动，聚焦主责主业，积极打造“红十字救在身边”品牌，在履行人道使命中彰显新作为。9月12—13日，昌江县红十字会联合县林业局，有针对性地组织工作一线的全县护林员，开展应急救护知识培训，全面提升他们的应急救护能力，不断加强昌江县防控疫情常态化下应急救援能力建设，进一步传播救护知识与理念，推动红十字救护工作的开展。

【应急救援演练】在世界急救日活动中，昌江县红十字会邀请各市县红十字会、应急办负责人观摩昌江县红十字救援队的演练活动，不断检验昌江县红十字救援队的应对灾害能力。通过观摩学习，锻炼了队伍，积累了经验。

【人道救助】2020年，昌江县红十字会以弱势群体为主要工作对象，通过募集资金和物资、申请基金会资金等方式，开展了一系列大病救助、扶贫帮困等经常性的人道救助工作，取得了良好的社会效果，扩大了红十字会的社会影响力。一是开展春节期间博爱送万家活动。及时将省红十字会下拨的博爱物资温暖箱200箱价值6万元，分发给乌烈镇50箱、十月田镇60箱、叉河镇59箱、昌化镇23箱和县重度地贫及造干、遗体捐赠家庭8箱，受益人口近800人。二是出资3000元购买慰问物资，购买食用油、大米等物资慰问发放给单位联系点昌化镇新城村建档立卡贫困户。三是慰问受疫情影响的家庭。为减轻疫情对群众的影响，发挥人道救助，5月8日，县红十字会、昌化镇和昌城村领导专门到昌城村慰问疫情期间受影响的群众，并给两户困难群众发放慰问金1000元，让他们感受到了党和政府的关心。

【无偿献血和造血干细胞捐献】2020年新冠肺炎疫情发生后，血库频频告急，为有效缓解临床用血，保障急需患者的血源供给，积极响应省新型冠状病毒肺炎疫情防控工作应急指挥部《关于加强疫情防控期间采供血工作的通知》要求，切实缓解昌江县医疗机构用血需求压力，弘扬“人道、博爱、奉献”的红十字会精神，提高昌江县人民群众的文明素质，昌江县红十字会联合儋州市血液中心于7月7—10日在全县范围内，包括县行政办公大楼、石碌镇政府、海南矿业股份有限公司及霸王岭林业局等地开展2020年度主题为“建功海南自贸港 抗‘疫’献血献爱心”的“公民无偿献血、加入中华骨髓库”公益活动。此次献血活动，共有260人次参与献血，献血量8.71万毫升，27人加入中华骨髓库。2020年，共动员722人次参与无偿献血，献血量24.99万毫升。

【红十字青少年活动】2020年，县红十字会与教育部门密切合作，积极开展红十字基层组织建设，把红十字会的工作与德育教育融为一体，在昌江县昌江中学、民族中学、第一小学等中小学成立基层组织6个，发展红十字青少年会员6220人。在全县中、小学开展自救、互救知识讲座、预防艾滋病宣传等活动，受益师生达2000多人，传播了“人道、博爱、奉献”的红十字精神，使青少年从小养成良好的道德品质。

【红十字会知识宣传】2020年，开展《中华人民共和国红十字会法》的宣传教育活动，采取悬挂横幅、图片展、发放宣传资料等方式，走乡村进社区开展红十字运动知识宣传活动，让更多的居民群众了解红十字会的工作职责和服务的方向。在十月田镇举行“助力疫情防控·红十字救在身边”主题活动，向过往群众发放了应急救护、无偿献血、捐献造血干细胞、器官捐献等资料，并结合昌江县当前抗疫形势，加强科学防控知识普及宣传，提高公众自我防护意识和能力。在更大范围内凝聚爱心、传递爱心，动员广大群众共同参与红十字人道救助行动。本次活动共发放各类宣传资料500余份，雨伞环保袋等礼品200份。

（王秋慧）

法 治

政法委及综治

【概况】2020年，昌江政法工作始终以习近平新时代中国特色社会主义思想为引领，以维护全县社会稳定为中心，扎实推进“平安昌江、法治昌江、和谐昌江”建设，为昌江县经济社会发展保驾护航。扫黑除恶专项斗争战果丰硕，群众感受多项指标位居全省前列。新一轮禁毒三年大会战成效显著，总体戒断、戒断满1年、满2年的戒断率均排名全省第一。执法司法效能不断提高，县法院案件结案率排名全省基层法院第四名；实际执结率、执行到位率、执行完毕率三项指标位居全省基层法院第一名；县检察院推进“案－件比”优化为1.23，位居全省前列。社会治安状况持续向好，刑事、治安案件实现双下降。县司法局荣获“2020年全省村（居）法律顾问工作先进单位”。信访积案三年攻坚战成绩突出，中央信访联席办交办的重复信访积案在全省率先清零，经验全省推广。

【贯彻落实《中国共产党政法工作条例》】深入学习贯彻习近平新时代中国特色社会主义思想，坚持每季度组织政法系统党委（党组）集中学习，组织开展政法系统干部政治轮训，实现全员覆盖，进一步增强政法干警的政治判断力、政治领悟力、政治执行力，不断增强“四个意识”，坚定“四个自信”，做到“两个维护”，牢牢把握政法队伍沿着正确的方向前进。认真贯彻《中国共产党政法工作条例》。县委高度重视政法工作，县委常委会、县政府常务会多次听取政法工作情况汇报，研究解决政法工作重大事项。落实重大事项请示报告、向县委全面述职制度，落实政法各部门向党委政法委报告等制度。县委政法委严格执行“三个规定”，加强执法监督工作，切实加强党对政法工作的领导。

【抗击新冠肺炎疫情】新冠肺炎疫情期间，全县政法系统在县委、县政府的领导下，贯彻落实中央、省委、县委关于疫情防控的工作部署，政法单位领导干部、乡镇政法委员始终奋战在抗疫一线，广大政法干警、基层综治干部和网格员等积极开展社会面管理、人员核查登记、疏导救助工作，严格落实“四早”要求，做好“外防输入、内防扩散”各项工作，在加强自身防范的同时，严格执法司法，坚持关口前移，迅速在全县的6个交通要道设立疫情检查点，依法打击妨碍疫情防控各类违法犯罪行为17起，加强网络涉疫舆情管理，查处在微信群、微博传播疫情谣言行为，有力维护了全县社会秩序安定有序，确保各项抗疫措施有效实施。

【防范化解各类风险】积极推进社管平台建设，加强各部门联勤联动实战演练，平台实战能力进一步增强。推进“三无”船舶清理整治，加强对“三无”船舶动态管控，摸排复查“三无”船舶491艘，查处新增“三无”船舶44艘。加强反走私工作，积极推进反走私综合执法点建设，加强海上巡逻巡查，共查处船舶违规案件78起、处罚83人。强化矛盾纠纷排查化解工作，共排查矛盾纠纷418宗，调处成功406宗，成功率达97.1%。加强人民调解工作，实现全县镇（乡）村（居）专职人民调解员全覆盖，初步建立人民调解、行政调解、行业性专业性调解、司法调解联动机制。持续开展政法系统领导干部蹲点督导活动，督促指导协助各乡镇做好保安全护稳定、扫黑除恶专项斗争、矛盾纠纷排查化解等工作，第一时间现场解决矛盾纠纷，维护群众合法权益，取得良好效果。房地产风险得到有效化解稳控，“美丽春天”项目纠纷已基本解决，印刷厂“一房多卖”和福源小区问题稳定可控。推进信访积案三年攻坚战，中央信访联席办交办的 22 件重复信访事项全部化解，在全省率先清零，经验全省推广。

【扫黑除恶专项斗争】扫黑除恶专项斗争圆满收官，相继打掉以颜某标为首的涉黑犯罪组织、以文某华为首和以洪某命为首的涉恶团伙 2 个，根据省公安厅指定管辖，打掉儋州市以陈某镇为首的涉“套路贷”涉黑团伙，抓获犯罪嫌疑人 87 名，破获刑事案件 38 起。强力推进清零攻坚，实现了重点线索、涉黑涉恶逃犯、涉黑涉恶积案“三个清零”，结案涉黑涉恶腐败和“保护伞”84 人，其中给予党纪政务处分 83 人，移送司法机关 28 人，全县政治生态持续好转；倒排整顿软弱涣散村（社区）党组织 23 个，清理不符合任职条件的村“两委”干部 12 人，基层党组织战斗力不断提升。黑财处置工作成效显著，完成黑财处置 21.54 亿元，溢价率达 89.68%，翻倍完成省扫黑办下达昌江县的目标任务。组织开展专项督查，营商环境显著改善，扎实推进扫黑除恶“行业清源”工作，推进农产品生产流通行业专项整治“百日行动”，持续巩固和深化扫黑除恶专项斗争成果。新一轮禁毒三年大会战开局良好。完成全年省级毒品目标案件破案任务的 100%、刑拘任务的 107.7%、强戒任务的 107.7%。全县禁毒专干与现有吸毒人员的比例达到 1∶7，现有吸毒人员占比降至 0.98‰，总体戒断、戒断满 1 年、满 2 年的戒断率均排名全省第一。全县累计 12 所学校被省禁毒办评为毒品预防教育示范学校。社会治安形势稳定向好，刑事、治安案件双下降，命案全破，人民群众安全感显著提升。

【平安昌江建设】成立以县委书记为组长的县平安建设领导小组，高位推进平安昌江建设。探索建立县委主导、县政府负责，县委政法委统筹协调，各单位、各部门抓落实的平安建设协调机制，初步建立问题联治、工作联动、平安联创的工作格局。稳妥推进综治中心、社管平台、网格化服务管理、矛盾纠纷多元化解“四位一体”建设。全面推进网格化服务管理，新招聘 80 名村级网格长（村务专员），夯实基层综治力量。抓好特殊人群帮扶管理服务工作，做好社区矫正对象的衔接工作，加大对严重精神障碍患者的“以奖代补”工作，为全县在册精神障碍患者购买严重精神障碍患者监护责任保险。县委政法委牵头，组织公安、综合执法、工商、水务等多部门联合执法，开展“利剑 2020”打击非法采砂专项行动，非法采砂行为得到有效遏制。加强公共法律服务，落实村居法律顾问，实现村居法律顾问全覆盖。加强司法援助，共办理了 435 件法律援助案件，解答来访、来点咨询 1513 人次，均超额完成了省下达指标任务；为受援人追回 1087.4 万元经济损失，其中为农民工追回工钱 726.6 万元。

【政法领域改革】统筹推进政法领域全面深化改革和制度创新工作有新成效。县法院深入推进司法责任制改革和综合配套改革，修订完善 13 项制度，提高审判质效；创新办案方式，拓展线上诉讼活动，让当事人足不出户即可参与诉讼。县检察院深耕内设机构改革，整合内部资源，建立健全多元化防治矛盾纠纷机制，推进派驻县公安局检察室改革工作，2020 年 11 月，全省检察机关派驻公安机关执法办案管理中心检察室工作现场会在昌江县召开。县公安局主动适应新时代公安工作新要求、新任务、新挑战的客观需要，创建昌江首支铁警队，进一步提升社会面的巡逻防控能力和服务救助群众的能力；着力推动视频融合平台和“数字警务”全警应用，实现扁平化、可视化的指挥调度；优化外国人入境管理模式，推广“外管通”App 的运用，助力海南自贸港建设。县司法局推进综合行政执法体制改革。推进行政复议体制机制改革，深化公共法律服务，开展企业复工复产公益法律服务活动，积极护航良好营商环境。县司法局荣获“全国公共法律服务工作先进集体”“2020 年全省村（居）法律顾问工作先进单位”。

【队伍建设】组织开展“大警示、大研讨、大反思、大整治、大提升”专题活动，针对黄某发黑社会性质组织系列“保护伞”反面典型案例开展“大反思”，提出整改措施，进一步推动队伍建设、综合治理成效“大提升”。组织全县政法干部参加“10·26”案件宣判大会，开展扫黑除恶警示教育活动，筑牢反腐拒变防线。严肃处理科级公安民警13名，辞退辅警1名，严明纪律，及时清除害群之马。深入开展“三下沉三提升，争创五个一流”活动，全县政法队伍的纪律作风、执法能力等得到全面加强。

（张 青）

公 安

【概况】2020年，昌江县公安局坚持以习近平新时代中国特色社会主义思想为指导，深入学习贯彻党的十九大及十九届二中、三中、四中、五中全会精神，习近平总书记在全国公安工作会议上的重要讲话精神和训词精神，省委七届九次全会精神，全国公安工作会议和全省公安局局长会议精神，以服务保障海南自由贸易港建设和昌江“山海黎乡大花园”建设为主线，以创建全省最安全地区之一为目标，坚持“抓落实”为第一要务，以“打造标杆”“打造样本”为动力，积极谋划新时期公安工作，强化公安“打防管控”职能，确保了全县政治安全和社会治安大局稳定。

【机构人员】2020年，县公安局内设机构36个，其中中心2个（指挥中心、情报中心），管理机构4个（政工室、警务督察大队、审计室、警务保障室），监所3个（看守所、拘留所、戒毒所），一线执勤机构13个，派出所14个。

【班子建设】贯彻民主集中制，坚持党委集体领导和个人分工负责相结合的制度。修订《中共昌江黎族自治县公安局委员会议事规则》，进一步明确“三重一大”事项；制订党委理论中心组学习计划，落实好以上率下学习。在县委的支持下，配齐配强所队班子，向县委组织部推荐并经县委组织部考察任用科级领导干部8名、交流6名，提拔任用股级干部10名。县公安局被评为2020年度海南省公安机关执法质量考评优秀单位。县公安局荣立集体三等功单位4个、集体嘉奖单位1个，个人二等功1人、三等功13人、嘉奖76人。

【基层党建】组织开展党员过“政治生日”活动，通过“六个一”的方式，各党支部每季度为在同一季度入党的党员过一次“政治生日”，让党员重温入党初心，牢记政治使命；常态化开展“升国旗+缴党费”仪式，结合“三会一课”“党员活动日”，不断加强党的十九届五中全会精神、习近平总书记系列重要讲话精神以及党章党规等政治理论学习，推动党员教育经常化、组织生活正常化；常态化开展“季度之星”“十佳辅警”评选活动，激励队伍创新争优。共发展党员10名；改选补选支部委员70名。

【队伍作风建设】研究制定《昌江县公安机关“坚持政治建警全面从严治警”教育整顿实施方案》，进一步压实政治建警、从严治警第一责任人的职责，成立教育整顿工作领导小组。召开警示会，把干部处分决定的执行与廉政警示教育紧密结合；组织民警、辅警参加县人民法院一审公开开庭审理县公安局看守所原职工刘某某案件，接受零距离的警示教育；局各党支部分别就2018年开展扫黑除恶专项斗争以来队伍发生的违纪违法问题召开了警示教育会和“以案明纪”专题组织生活会；局教育整顿督导检查组充分发挥“利剑”作用，以“不打招呼、不发信息”的方式，对部分部门开展的教育整顿工作情况进行了一次“全面体检”，切实压紧压实各部门全面从严管党治警的政治责任，为全县公安机关教育整顿向纵深推进发挥强有力的监督“利剑”作用，努力锻造一支纪律严明的昌江公安队伍。

【教育培训】先后举办公安部电信诈骗案件侦办平台培训、公安“大情报”平台系统业务培训、“我为加快推进海南自由贸易区港做贡献”暨全警实战大练兵培训、保密工作教育培训，举办“坚持政治建警全面从严治警”警务技能大课堂培训班、身心健康知识讲座，开展《海南自由贸易港建设总体方案》重点政策测试，召开“坚持政治建警全面从严治警”教育整顿政治轮训暨海南自由贸易港政策集中宣讲会等。制定《昌江黎族自治县公安局“坚持政治建警全面从严治警”警务技能培训方案》，通过大课堂和集中轮训相结合的方式，组织全警进行封闭式集中轮训。

【从优待警】坚持从优待警与从严治警相结合，利用重要节日，积极走访慰问民警，共慰问 74 人；共申报警衔 117 人，兑现警衔工资增资 26 人；申报职级晋升 62 人，兑现职级晋升工资增资 199 人；为退休民警举办光荣退休纪念仪式，做好关爱民警“最后一公里”工作。落实健康体检、年休假制度，开展夏季送清凉活动，将暖警惠警工作落实在日常。

【警营文化建设】丰富警营文化活动，组织召开老干部迎春座谈会，庆“七一”活动，“强身健体迎七一，牢记使命庆党建”登山比赛等活动；“七一”当天，举行升国旗仪式后并组织开展重温入党誓词活动；7 月 1 日，县委常委林雄以《潮起海之南“二十三年红旗不倒”的红色记忆》为题为全局党员上了一堂专题党课。

【网络安全管理】按照重点阵地掌控、重点目标侦控围绕全国两会、党的十九届五中全会安保等主线，建立落实网上每日常态巡查、重点时期全天候值班巡查制度，不断提升网上维稳能力，促进社会稳定。

【矛盾纠纷排解】发扬新时代“枫桥经验”，以“一村一警”警务机制和“百万警进千万家”警务活动为契机，紧紧围绕因企业改制、重点项目建设、征地补偿、案件事故等利益诉求群体和群众反映强烈的重点问题，联合当地党委政府深入开展矛盾纠纷排查调处工作，强化矛盾纠纷排查调处警务模式，做到矛盾纠纷调处关口前移，防止各类矛盾纠纷扩大转型。全年共排查各类矛盾纠纷 63 起，调解 63 起，调解成功率 100%。

【信访工作】认真落实“局长接访日”制度，坚持把“群众利益无小事”作为刚性要求，建立由党委领导，信访部门组织实施，各职能部门共同参与的信访督办工作机制，狠抓源头治理，着力化解群众的信访突出问题。2020 年，共接待信访群众 55 批 88 人次，其中受理信访案件 32 件，办结 31 件，不予受理 1 件，办结率 100%；其中国家信访局督办件 5 件，办结 5 件，办结率 100%。主要领导批阅群众来信 9 件，已办结 9 件，办结率 100%。

【应急处突演练】2020 年春节前夕，县公安局组织多警种在全县范围内开展统一拉练行动，不断提高昌江县反恐应急的防范和处置能力，有效震慑犯罪活动，确保全县社会治安持续稳定。

【“三非”人员管理】2020 年，根据省厅出入境管理局的工作部署，昌江县成立了外国人服务管理工作领导小组、59 国免签外国人离岛管控领导小组、集中打击妨害国（边）境管理犯罪专项斗争等领导小组，统筹全局各警种开展专项行动，合力打击境外人员违法犯罪。2020 年，在领导小组的指挥安排下，积极联合相关部门开展防“三非”、反偷渡专项摸排、外籍工作人员摸排、妨害国（边）境管理犯罪专项斗争等专项行动。

【打击刑事犯罪】2020 年，全县共立案刑事案件 443 起，同比下降 7.32%；破获刑事案件 340 起，破案率同比上升 19.3%；抓获犯罪嫌疑人 258 人；破获 1 起，破案率 100%，命案发案率同比下降 75%，命案连续 8 年全破。

【打击黑恶势力犯罪】2020年，根据省扫黑办、省公安厅扫黑办下发的线索指向，县公安局成立专案组，打掉涉黑团伙1个、涉恶团伙2个，抓获犯罪嫌疑人39名，破获刑事案件18起，扣押涉案财物折合人民币近3亿元，顺利完成省扫黑办组织开展的涉黑涉恶清零攻坚任务。共发送公安办案提示函15份，处置黄某发涉黑团伙涉案财物，变现24.57亿元。

【打击“两抢一盗”】扎实开展打击“盗抢骗”等多发性侵财犯罪专项行动，共案立盗窃案件29起，破获58起（含带破），抓获犯罪嫌疑人32名，团伙8个，追回被盗车辆19辆，向受害群众退回赃款2万余元；立案普通诈骗刑事案件12起，破45起（含带破）。

【禁毒三年大会战】2020年，圆满完成全年省级毒品目标案件破案任务数，超额完成全年刑事拘留、强制隔离戒毒破案任务指标，实有吸毒人员占比0.98‰，下降0.42‰，提前两年实现“全省2022年底现有吸毒人员占比下降到1.8‰以内”的总目标。

【打击经济犯罪和网上追逃】2020年，共受理经济类案件13起，立案9起，不予立案3起，破案9起，抓获涉案违法犯罪人11名，移送起诉11人，追赃挽损200万余元；全力开展金融风险防范化解工作，累计摸排各类金融机构10余家。录入打假案件2起、有效信息27条，有效履行了全省商贸、知识产权领域犯罪打击、防范工作，全省第一。2020年，共抓获网上在逃人员78名，全力打击在逃犯罪分子，净化社会环境。

【治安案件查处】2020年，共受理查处治安案件1255起，同比下降4.9%，抓获违法人员756人，有效实现“发案下降、社会稳定、群众满意”的目标。

【打击涉赌违法犯罪和涉枪涉爆整治】保持禁赌工作的高压态势，悬挂禁赌横幅55条，张贴标语3800余份，印发通告2万份，开展“禁赌”宣传讲座7场次，开展集中清查整治行动48次，清查场所967次。共查破涉赌案件66起，抓获涉赌人员171人，有效震慑涉赌违法犯罪行为。以“缉枪治爆”专项整治为抓手，全力整治社会治安突出问题，查破涉枪涉爆案件8起，抓获违法犯罪人员6人，收缴各类枪支30支。

【护校安园活动】以“筑牢安全屏障，打造平安校园”为目标，共开展校园周边治安检查35次，检查场所372处、流动人口5600余人次；上法治课52次、开展法治座谈会19次，展出宣传板画139块，播放视频教育专题片15次。

【集中专项整治】检查重点单位、重点部位、企事业单位78家次，发现隐患问题9起，下发限期整改通知书5份；对全县6家民爆物品使用单位开展安全检查29次，排查隐患5处，当场整改3起，下发责令限期整改通知书2份；检查酒店、宾馆103家，下发责令整改通知书7份，责令停业整顿旅馆1家；检查足浴按摩、KTV、酒吧等娱乐场所42家，发现问题8起，当场整改5起，下发限期责令整改通知书2份，责令停业整顿1家；检查寄递物流企业53家，开箱检查寄件物品128件；对全县3家银行金融守押公务用枪单位的枪支保管、使用等情况进行检查，共检查10次，发现问题1处，下发责令限期整改通知书1份，办理持枪证13张。

【重大活动时期安保】实现“六个坚决防止、三个确保”工作目标，做到重大安保“零失误”。高标准、高质量完成了春节、全国两会、国庆中秋、党的十九届五中全会以及“中国第一黎乡”——王下乡·黎花里“五一”黄金周旅游推介活动等重大安保任务78场次。

【便民服务】完善“海南警民通”便民服务平台应用，出台更多便民利企服务新举措，实现公安审批服务“马上办、网上办、一次办、就近办”全覆盖，推进邮政网点代办补换领机动车牌证等交管服务。建设完善公共安全视频综合应用平台，大力推行智慧警务便民服务站，设立便民服务点，实行免费照相，设立自助照相设备、自助签注机，缩短办证时间、业务办理时间，解决堵点（办事难）问题。根据省厅指导，联合民政、卫生等部门完善婚姻、出生、参保等在线核查功能，解决群众办事提交材料多的问题。2020 年，警务便民服务站办件量 12947 件。

【户籍与出入境管理】 审核签发异地居民身份证 454 人次，受理异地居民身份证 442 人次；共办理出入境证件总数 371 人次，疫情防控期间为 10 名复工复产人员办理护照。积极配合县委组织部、纪检委等部门核查国家工作人员证件及出入境记录共计 5000 余人次，录入法定不准出境人员共计 285 人，严格把关，强化“两库”报备工作。

【道路交通管理】 紧紧围绕“降事故、保安全、保畅通”主线，坚持安全与畅通并重，以“秩序好，拥堵少，服务好”为目标，依托“路长制”新警务机制，抓牢重点部位管理，坚持推进违法“清零”行动。强化农村道路排查监管，及时消除道路交通安全隐患；完善城市基础设施，深入开展“治超”“夜查”、文明交通劝导行动等专项工作，扎实开展道路交通整治。2020 年，共查处各类交通违法行为 48933 起。

【监所安全管理】 完善监所基础设施，加强信息化应用，设立“五岗”制等健全监所安全管理制度，强化执法管理专项检查，全面查摆整改安全问题，持续推进监所“确保安全、服务大局、深化改革、强化建设”工作向纵深发展，全力确保监所安全无事故。2020 年，县看守所深挖各类犯罪线索 7 条，协助破获案件 2 起，抓获犯罪分子2 名，成功收缴枪支 3 支。

【执法规范化建设】 狠抓“四位一体”执法办案管理中心建设，开展执法监督“利剑行动”，在执法办案场所进行安全大检查，对办案区进行升级改造，推进智慧法治建设和执法管理智能化平台应用，促进执法质量自查自纠，积极配合省公安厅开展的“利剑一号”和“利剑二号”行动，力争做到严格、规范、公正、文明执法。认真审核案件，全年共审核各类案件 1038 起，做到案件事实清楚、证据充分、使用法律准确，切实提升执法公信力。按照“谁执法、谁普法”的原则，将法治宣传进单位、进学校、进社区、进农村，让普法工作走进千家万户。在每年的“6·26”“12·4”“3·15”等节日进行法治宣传，做好“七五”普法工作。县公安局在全省 2020 年执法质量考评中被评为优秀。

【公安信息化建设】 以持续推进可视化、扁平化指挥调度系统建设为主线，推动视频图像“视图库”建设和智能化应用。完成昌江县海岛型立体化治安防控体系视频监控系统集成项目（一期）建设，增加建设人脸抓拍摄像机，通过人脸识别系统和视频结构化建设增强视频应用功能，强化图像资源结构化解析，实现县公安“智慧警务”创新，推动“情指行勤舆督一体化”机制建设。

【公安基础建设】 完成基层民警休息用房及“五小工程”建设，城区派出所民警达到两人一间房，辅警达到值班备勤 2—4 人一间房的标准；乡镇派出所民警达到一人一房一床，辅警 2—4 人一房的标准。“五小”工程建设已全部完成，设施设备配备率达 100%。

【警民关系和谐化建设】 结合全省开展的精准扶贫、乡村振兴工作，通过帮扶拉近警民关系。157 名民警积极投入七叉镇尼下村 314 户贫困户脱贫攻坚工作中，4 人获得县脱贫攻坚先进个人。推进“放管服”改革，推行审批服务“马上办、网上办、就近办、一次办”，实行办理护照等出入境证件“只跑一次”制度，打造 24 小时自助服务圈和“就近办”的办证服务，打通公安服务群众“最后一公里”。

【打击违法犯罪】2020年，在打击整治电信网络新型违法犯罪工作中，县公安局成功打掉诈骗团伙5个，端掉窝点17个，抓获涉嫌电诈犯罪嫌疑人29名，破获电诈刑事案件41起，扣押涉案手机27部、笔记本电脑4台、银行卡55张，核查破案线索33条，电信网络新型违法犯罪打击率接近100%，始终保持全省第一，受到省公安厅的通报表扬，副省长闫希军予以肯定性批示："昌江打击电诈工作很有成效，应予表扬。"

【打击涉黑涉恶犯罪团伙案件】2020年7月10日，县公安局成立专案组对儋州市陈吉镇犯罪团伙进行收网，共抓获犯罪嫌疑人27名，查封金行、典当公司等铺面4间，房产54处，土地17宗，查扣汽车15辆、金银首饰一批、现金20多万元。5月20日，县公安局成功打掉以文某华为首的涉恶犯罪团伙，共抓获犯罪嫌疑人10名，破获刑事案件6起。8月20日，县公安局联合霸王岭林区森林公安局成功打掉以洪某命为首的恶势力犯罪团伙，进一步维护了昌江县七叉镇南弄水库一带周边村庄的治安稳定。

【文某伟诈骗案】犯罪嫌疑人文某伟打着亲戚是房屋管理部门领导的幌子向社会群众收取"指标费"办理经济适用房指标。在侦查员深挖彻查和坚持不懈的行动下，收集多名受害人证言，破获诈骗案件36起，涉案金额近百万元。

【吴某新、曾某功盗窃案】2020年6月8日，在昌江县发生一起入室盗窃案，群众损失金额近14万元。为迅速回应群众关切，县公安局组织多名精干警力对该案开展侦查工作，结合案发现场勘查情况，不断分析犯罪嫌疑人犯罪心理和动机，不放过任何痕迹物证。通过缜密的分析研判，最终锁定涉嫌盗窃的犯罪嫌疑人吴某新、曾某功。历时10天，6月18日凌晨在儋州市将涉案嫌疑人吴某新、曾某功抓获归案。

（陈 磊）

检 察

【概况】2020年，县检察院坚持以习近平新时代中国特色社会主义思想为指导，全面贯彻习近平法治思想，紧紧围绕服务保障海南自贸港建设，认真践行"强监督、抓重点、补短板、创一流"全年检察工作主题，聚焦主责主业，依法积极履职，主动服务全县经济社会发展大局，各项检察工作稳进、落实、提升。荣获"2020年度全国检察宣传先进单位"、全省检察机关"我为加快推进海南自由贸易港建设作贡献"暨"四比"活动表现突出集体等各级集体荣誉2个，荣获"2019年度全国检察宣传先进个人"等各级个人荣誉5个；检察工作得到县委及县人大主要领导肯定批示7次。

【抗击疫情】结合实际提出四方面工作意见，使疫情防控和检察工作同安排、同部署、同落实，并形成常态性和长期性工作机制。开展全县涉野生动物刑事案件专项监督，办理相关案件4件。运用远程提审系统等信息化手段，保证审讯和出庭工作正常进行，监管场所监督不失位，疫情防控期间办案工作力度不减。发挥派驻乡镇检察室机动优势，深入全县8个乡镇防控卡点、农贸市场开展疫情防控排查，联合工管委对复工复产的16家企业开展风险预警服务，开出4大类21个小项风险点清单，保障企业经营的安全。以发放依法防控宣传资料、举办防疫主题网络法治微课堂等方式开展检察防疫宣传，覆盖2万多人。

【服务营商环境】2020年，坚持"重大项目建设在哪里，检察服务保障就跟进到哪里"，新设立派驻红棉才郡项目、昌江南繁产业科技示范园区项目和热带雨林国家公园3个检察工作站。以重大项目检察工作站为平台，实现对昌江重点产业园区检察服务全覆盖，形成"三常态一机制"检察服务模式。重点围绕核电项目，联系县疫情防控指挥部，调拨医用口罩等防疫物资，缓解项目建设防护物资紧缺困难；深入项目及周边村委会开展法治服务和宣传35次，积极化解矛盾，为项目建设营造良好的社会治安环境；办理项目周边违规养殖和违法排放、建筑垃圾和生活垃圾违规倾倒等公益诉讼案件2件，保持项目周边良好生态。保障企业健康发展。持续落实省院保护民营经济和服务国有企业相关措施，树立“主动沟通、自觉服务”理念，开通24小时检察官服务电话，以派驻循环经济工业园区、工商联检察工作站为牵引，深入20家民营企业提供法律咨询服务，调研4次，开展矛盾纠纷化解30次。深入9家扶贫企业开展法律服务，针对海南三度生态农业科技有限公司火龙果及生产设备被盗窃毁坏，督促公安派出所迅速破案。到国有企业开展调研4次，帮助解决涉法疑难问题和实现法治教育常态化。切实落实“可捕可不捕的不捕，可诉可不诉的不诉”办案理念，利用好涉企案件办理专门窗口和绿色通道，对9名涉案企业人员依法不捕、不诉，同比增加8人；严惩危害企业发展的犯罪，立案监督1件，批捕2人，起诉14人。通过检察办案，全力营造稳定、安全、透明的法治化营商环境，让企业负责人专心创业、放心投资、安心经营。

【脱贫攻坚】全院干警投身脱贫攻坚工作，全力落实帮扶措施，1个包点村和71个帮扶户全部实现脱贫并持续巩固。对破坏脱贫攻坚工作的刑事犯罪案件从严从快打击，起诉7人，并以案释法，扩大法治教育效果。对刑事案件被害贫困户给予司法救助3件3人，发放救助金8万元。排查化解脱贫攻坚工作中的涉法矛盾纠纷7件；发现1名潜逃犯罪嫌疑人，协助侦破一桩三十年前的广东命案。

【刑事检察】坚持严打不放松，整合和优化办案力量，始终保持对刑事犯罪分子的司法打击威慑力。办理各类刑事案件438件617人，件数同比上升9.2%。受理提请批准逮捕案件153件220人，件数同比下降17.3%；批捕189人，同比下降30.3%。受理移送审查起诉案件285件397人，件数同比上升31.94%；起诉267人，同比上升4.7 %。紧盯与人民群众利益相关的人身和财产安全，依法严厉打击故意伤害、强奸、抢劫、盗窃、诈骗等刑事犯罪，起诉79人，同比上升6.75%。全力推进扫黑除恶清零攻坚战，集中优势兵力，实行院领导带头办案和专案专办，保证了颜某标涉黑犯罪集团、文某华涉恶犯罪团伙等黑恶犯罪案件被顺利批捕和起诉，共办理涉黑恶案件4件75人，人数同比上升13.63%。同时，把“破网打伞”“打财断血”作为专项斗争的主攻方向，积极参与黑财收缴处置，推动社会综合治理和移送“保护伞”线索。依法从严从快惩治毒品犯罪，批捕10人，起诉23人，分别同比下降76.2%和34.3%，毒品犯罪高发势头得到遏制。主动融入反腐败工作大局，加强与监察机关沟通协调，起诉职务犯罪案件5件5人，同比上升25%。对社区矫正监督实现突破，发现法院未及时交付造成8名社矫人员漏管问题，向法院发出纠正违法通知书；发现9名社矫人员脱管问题，向县司法局发出3份纠正违法通知书，保证了《中华人民共和国社区矫正法》在昌江依法执行，避免脱管漏管，消除社会隐患，促使社矫人员在社会帮教中改过自新。拓宽监管场所监督新方式，首次办理指定居所监视居住执行不当案件并监督纠正；积极办理新业务，开展重大案件侦查终结前开展讯问合法性审查案件2件；办理提请暂予监外执行、收监裁定审查等常态性刑事执行监督工作有效开展。同时，持续跟进昌江扫黑除恶专项斗争案件中财产刑罚的执行。

【民事和行政检察】认真学习贯彻民法典，坚持监督与支持并重，办理民事监督案件7件，其中办理审判人员违法监督案件2件，实现该类案件零的突破；办理民事执行监督4件，同比上升100%；对民事生效裁判监督1件，提请海南省人民检察院第二分院抗诉。同时，向县法院发出检察建议6件，同比上升500%。办理行政检察监督案件3件，同比持平，其中办理审判活动违法监督案件1件，分别向县法院和行政执法机关发出检察建议；办理行政非诉执行监督案件2件，向县法院发出检察建议2件。在对县法院审理何某、符某某分别诉昌江县国土资源局土地行政登记等案的审判活动监督中，通过调阅卷宗查找监督点、围绕监督点查找法律依据、沟通县法院夯实监督基础，精准研判，向县法院提出检察建议并获采纳。

【公益诉讼检察】切实扛起公益诉讼检察担当，坚定践行“三多一精”理念，通过办理公益诉讼案件引领全社会形成公益保护意识。共摸排和收集公益诉讼案件线索50余件，立案39件，同比上升11.4%；发出诉前检察建议30件，实现了国有资产保护、国有土地使用权出让、“等外”领域案件零的突破。注重服务保新冠肺炎疫情防控工作，首次利用诉前磋商程序，成功处置一起违法销售“三无”口罩案件。关注民生工程，针对县城多家居民小区、机关事业单位、经营性活动场所二次供水存在的安全隐患问题进行立案，监督县卫生健康委员会履行职责，保障群众饮水安全。注重典型案例的示范和宣传效应，县检察院办理的2件公益诉讼案件入选全省检察机关典型案例，其中《海南省昌江黎族自治县香蕉地农用薄膜废弃物处理侵害环境公益诉讼案》的经验做法，被省院在全省检察系统推广，促使各级院迅速办理一批相关案件，助力“禁塑令”落地落实。

【未成年人检察】从为自贸港建设培养一代守法新人的高度出发，持续落实“一号检察建议”，未成年人司法保护更加到位。对涉嫌轻微犯罪并有悔罪表现的未成年人，给予人文关怀和司法保护，不捕6人，不诉9人，不诉人数同比上升80%。观护帮教9人，社会调查11人。对未成年人严重刑事犯罪依法严惩，批捕4人，起诉12人。院领导班子全部受聘为法治副校长，开展法治进校园活动13次。举办“同舟共济，检护明天”主题检察开放日活动，邀请部分县人大代表、政协委员和学校师生走进检察院，零距离感受未成年人检察工作。深入研究分析本县未成年人犯罪案件，撰写《关于昌江县2015—2019年未成年人犯罪分析的报告》呈报县委，获县委主要领导批示肯定。

【诉讼监督】切实落实“少捕慎诉”理念，不批捕30人，同比下降33.3%；不起诉43人，同比上升230.8%，让人权保护体现在检察办案中，使更多的人在司法关怀中弃恶从善，更多的家庭从诉累中解脱出来重建美好家园。监督撤案6件，同比增长50%，监督撤案率100%，优于全国平均水平10.8个百分点；向公安机关发出纠正违法通知书8份、检察建议3件，侦查活动违法监督采纳率100%；追诉漏罪漏犯9件12人，纠正漏捕漏诉率高于全国平均水平，促使刑事案件侦查水平稳步提升。提出抗诉5件10人，同比上升150%，抗诉率高于全国平均水平1.41个百分点；上级院支持抗诉4件9人，抗诉改判2件7人，同比上升50%。注重量刑建议质量，提出量刑建议274人，提出确定刑量刑建议160人，法院采纳率分别为96.35%和97.5%。

【社会综合治理】贯彻落实“民有所呼、我有所应——群众信访件件有回复”工作要求，程序性答复32件次、实体性答复13件次，直接答复36件次，信访回复答复率100%。以公开促公正，开展检察长接访活动24次，接待来访群众7件8人。开展公开听证，对确有困难的10名当事人给予司法救助，同比增长100%，发放救助金13.5万元，司法救助率超过全国平均水平和全省平均水平。同时，协调相关部门落实救助措施，实现救急和救长并重。按照“公开是原则、不公开是例外”的原则，导出程序性案件信息528条，公开法律文书239份，文书公开率为111.06%。检务公开搭起了便民之桥，让检民之心连得更紧、便民服务之举做得更实。

【检察司法改革】认真落实“案—件比”质效评价标准，针对人民群众反映强烈的诉讼程序空转、案件久办不结等问题，不断完善重大案件提前介入、引导侦查，案件延退监督等工作机制，加大释法说理力度，努力让每一起案件进入检察程序后一次性优质办理，以最少的诉讼环节和最短的办案时间办结案件。促进“案—件比”优化为1.23，位居全省前列，同比减少办理61%的程序性“案件”；推动适用速裁程序办理案件 35 件，同比上升 75%；推进认罪认罚从宽制度落实，适用认罪认罚从宽 227 件 280 人，适用率 90.61%，同比上升 57.5 个百分点，大幅提升办案质效，促进了犯罪嫌疑人认罪服判，既节约司法资源又促进矛盾化解。

【检察工作创新】 探索建立多元化解矛盾纠纷机制。积极探索检察机关参与多元化解矛盾纠纷的途径，不断完善相关工作机制，联合乌烈镇政府成立乌烈镇矛盾纠纷多元化解调处中心，推行矛盾纠纷“前端介入”，打通矛盾纠纷处置“最后一公里”，坚持参与“不越位”的角色定位，协调基层调解力量，发挥释法说理优势，助力就地化解矛盾纠纷。调处中心自 2020 年 12 月成立以来，1 个月内有效排解“陈年旧账”矛盾积怨、解决农民工岁末“薪酬问题”等纠纷 3 件，涉及金额近 10 万元。加强海洋检察创新工作。强化“协作力”，率先成立检察海洋保护中心，联合涉海职能部门会签出台《关于加强涉海执法协作配合的意见（试行）》等制度，促进职能部门密切配合，形成合力。强化“打击力”，建立海洋公益联络员队伍，创新“人 + 机”立体化巡查模式，加强线索摸排。在海尾、昌化开展海岸线排查 28 次，巡查海岸线 63 公里，发现涉海公益诉讼案件线索 7 件， 立案 5 件，发出诉前检察建议5 件。强化“传播力”，普法进渔港，送法到船头，开展涉海法治宣传 34 次，网络平台发布相关信息100 余条。强化“化解力”，与沿海乡镇政府等部门建立重大涉海矛盾纠纷联合调处机制，加大“渔霸”摸底排查力度，开展海洋渔业实地调研、涉海矛盾纠纷化解近 20 次。扎实推进派驻公安机关执法办案管理中心检察室工作。会签《昌江黎族自治县关于适用速裁程序办理刑事案件的实施细则（试行 ）》，着力构建共赢、高效的一站式办案平台，推进司法办案高效化。强化“两项监督”，推进法律监督实效化，提前介入重大疑难案件 11 件，同比增长 120%。监督立案 32 件，同比增长 14.29%，监督立案率 83.87%，优于全国平均水平 12.7 个百分点；建立常态化派驻、案件信息共享、检警联席会议机制，推进检警协作长效化。第一时间掌握案件受理情况、第一时间发现立案线索，第一时间提前介入、第一时间繁简分流，推进关口前移实质化。最高检党组成员、副检察长陈国庆到昌江开展专题调研，肯定昌江县院扫黑除恶专次斗争和派驻公安机关执法办案管理中心检察室工作成效。全省检察机关派驻公安机关执法办案管理中心检察室工作现场会在昌江召开，县检察院作工作经验交流。

【检察队伍建设】 2020 年，县检察院把党的政治建设摆在首位，深刻学习领悟习近平法治思想，坚持党对检察工作的绝对领导，主动向省院党组、县委、县人大、县委政法委报告重大事项 56 次。以学习贯彻党的十九届历次全会特别是五中全会精神为主线，把学习教育、调查研究、检视问题、整改落实贯穿“不忘初心、牢记使命”主题教育、扫黑除恶打伞“大警示、大研讨、大反思、大整治、大提升”专题活动、“我为加快推进海南自由贸易港建设作贡献”活动全过程。狠抓理想信念教育，开展党组中心组理论学习 12 次，院党组班子成员讲党课 10 次，组织召开扫黑除恶打伞“五大专题”和“以案促改”专题民主生活会 2 次。督促在职党员“学习强国”覆盖率达到 100% 。召开 2 次意识形态工作联席会议，引导干警立足岗位讲政治，恪尽职守表忠诚。加强作风建设。严格落实“两个责任”，认真践行“四种形态”，开展提醒谈话 12 次，召开党风廉政建设联席会议 4 次，组织开展填报重大事项 12 次；组织“三个规定”季度填报 4 次，制定印发《昌江黎族自治县人民检察院司法办案廉政风险防控工作实施意见》，明确工作清单。全力抓好省院巡视整改工作，对细化的 69 项整改任务，立行立改 40 项，长期推进和坚持 29 项，整改落实率 100%。坚持“刀刃向内”，在开展扫黑除恶打伞“五大专题活动”中，以原检察长黄某为反面典型，深刻反思和警示，不断强化守纪律守规矩意识。加强能力建设。深入开展“六爱”主题检察文化建设和我为自贸港建设作贡献“四比”活动，组织干警参加专项业务、岗位技能等各类教育培训 200 余人次。认真学习民法典等新法新规，领会其中政治要求和政策安排。加强办案总结，撰写案例 12 件，一案件入选最高检“醉酒驾驶”不起诉典型案例；向全省检察理论研讨会报送论文 11 篇，2 项课题入围海南省人民检察院 2020 年度研究课题。《检察风云》杂志刊发检察工作经验、调研文章 10 篇；1 篇调研文章获得全省检察机关党建理论研讨一等奖。坚持“主副岗”培养人才模式，抓好“传帮带”和岗位练兵，大力提升队伍业务能力。

【人民监督】主动接受人大监督、政协民主监督及社会各界的监督。坚持走访人大代表，征求人大代表对检察工作的意见建议。两会期间充分听取各代表团对检察工作提出的意见建议，抓好整改落实。组织开展 4 次检察开放日活动，邀请 100 余名代表、委员及社会各界人士参加，进一步增进人大代表及社会各界对检察工作的了解和支持。构建亲清律检关系，依法保障律师合法权益，安排律师阅卷 78 次，认真听取律师辩护意见 28 次。持续深化检务公开，开展公开答复 4 次；落实人民监督员监督制度，开展公开听证 1 次。

（李琦惠、文继敏）

法 院

【概况】 2020 年，全年办理各类案件 4200 件，同比增长 42.28%，结案 4048 件，结案率 96.38%。全年上网裁判文书 1085 篇，互联网庭审直播 1261 场次，庭审直播和裁判文书上网浏览量 228.3 万人次。全年共执结案件 1541 件，执行到位金额 1.16 亿元，实际执结率、执行到位率、执行完毕率三项指标位居全省基层法院第一名。

【审判执行工作】 一是刑事审判工作。全年共受理刑事案件 226 件，判处罪犯 287 人，在严惩犯罪的同时执行宽严相济刑事政策，对犯罪情节轻微的罪犯，依法适用缓刑 103 件 111 人，适用认罪认罚从宽制度审结案件 181 件 200 人。深入开展扫黑除恶清零攻坚战，严惩了以文某华为首的“非法高利放贷、暴力讨债”10 人恶势力犯罪团伙，判处文某华有期徒刑 13 年。协助省一中院公开宣判“10·26”涉黑团伙骨干成员并对黄某发执行死刑，协助县公安局依法拍卖处置黑财 24.6 亿元。依法审结毒品犯罪案件 12 件 27 人。始终保持反腐败高压态势，严惩了县印刷厂原厂长符某光等职务犯罪案件 4 件 4 人。二是民事审判工作。全年共受理民商事案件 2245 件，同比提高 39.79%，其中因疫情引发的合同纠纷案件 549 件，涉农纠纷案件 45 件，审结婚姻家庭、抚养赡养等案件 200 件，巡回审理案件 1200 件次。全年调撤民商事案件 1043 件，调撤率 49.4%，取得了“案结、事了、人和”的良好效果。三是行政审判工作。全年受理行政案件 65 件，同比下降 24.42%。其中，对事实不清、适用法律错误、违反法律程序和存在重大瑕疵的行政行为，判决撤销、变更行政决定或确认行政行为违法 11 件，依法驳回行政相对人起诉和诉讼请求 38 件，审查准予强制执行行政非诉案件 11 件，行政相对人主动撤诉及协调和解 4 件，促进“官民和谐”。四是执行工作。全年共受理执行案件 1614 件，执行到位金额 1.16 亿元，分别同比提高 59.17% 和 28.96%。协助县依法治县委员会制定出台了《关于加强综合治理从源头切实解决执行难问题的实施意见》，建立健全执行联动机制，联合公安、车管、房产等部门查找被执行人 1216 人次，查找车辆、房屋等财产 183 件次。加大司法网拍力度，网拍 36 件，溢价率 7.7%。严惩抗拒执行、规避执行行为，开展“夏季风暴”等专项行动，全年共发布失信被执行人名单 503 人，限制高消费 458 人次，拘传拘留 195 人次。慑于压力，350 名被执行人主动履行债务 3000 余万元。在执行法官的努力下，执结了昌江某生态农业有限公司清退 18 户农民 91.36 亩土地等一批陈年执行难案和骨头案。五是分调裁审工作。持续推进“分调裁审”机制改革，在诉讼服务中心配置 6 个速裁团队。全年适用简易程序审理民商事案件 1781 件，平均结案周期 44 天，比 3 个月的法定结案周期缩短了 46 天。

【服务自贸港建设】一是保障疫情防控常态化。疫情防控期间，充分利用移动微法院、诉讼服务网络平台，开展网上立案 11 件、网上缴费 1697 件、跨域立案 22 件，接收邮寄立案材料 216 件，线上开庭、调解案件 523 件，电子送达 1125 次，网络查控财产线索 1.58 万次，确保诉讼服务在疫情期间不停歇。协助县委政法委出台了《关于依法惩治妨害新型冠状病毒感染肺炎疫情防控的刑事犯罪审判工作机制》。通过诉讼服务绿色通道、减免诉讼费、灵活保全查封等善意执行措施，为企业减免诉讼费、执行费共 27 万元，协调申请人放弃债务利息 88.5 万元。二是优化法治化营商环境。认真落实《海南法院关于为促进民营经济健康发展提供司法服务和保障的意见》，审结涉企民商事案件 1013 件、各类合同纠纷案件 859 件、金融纠纷案件 244 件，有效维护金融秩序，防范金融风险。三是防范化解重大社会风险。依法妥善审理和执行了“人数众多、矛盾复杂、稳定问题突出”的“福源·美丽春天”房地产纠纷案件 509 件，执行到位金额 3080 万元，依法审慎审理涉“10·26”团伙成员的民商事案件 40 件，涉案金额 1.5 亿元。四是助力打赢脱贫攻坚战。坚决贯彻落实中央、省委和县委关于打赢脱贫攻坚收官战的工作部署，认真履行帮扶单位职责，扎实推进“一对一”结对帮扶王下乡、乌烈镇 104 名贫困户和低保户，对口包点钱铁村脱贫和乡村振兴工作，组织帮扶责任人下乡开展法治扶贫、宣讲政策、走访慰问、普法宣传以及消费扶贫等 2100 余人次，资助购买山兰苗、槟榔苗，资助贫困大学生、参与消费扶贫等共计 6.5 万元，发放民法典、禁毒和扫黑除恶专项斗争普法材料 2600 余份。

【司法为民】一是深化“两个一站式”建设，让司法服务更加便捷。打造“一站式”诉讼服务中心建设。以“全方位、零距离、无障碍”为标准，优化网上立案、网上保全、跨域立案、视频开庭、“12368”热线等诉讼信息化服务，增设诉讼风险评估告知、诉状辅助生成、诉讼服务多功能终端、智能云柜等便民利民设备，形成了一站通办、一网通办、一号通办的现代化诉讼服务体系。认真贯彻落实《海南省多元解纷条例》，加大与人民调解、行业调解、律师调解、特邀调解员等多元诉调对接，打造“一站式”多元解纷机制建设，诉前调解民事案件 820 件，高效便捷化解纠纷。二是加强民生权益保护，让司法保障更有温度。始终把民生权益保护作为践行以人民为中心思想的着力点。妥善审理房屋买卖、土地承包、劳动争议、婚姻家庭等涉民生案件 973 件，帮助农民工追讨欠薪 68.8 万元，发出人身安全保护令 2 份，涉民生案件执行到位金额 693 万元。加大司法救助力度，为当事人减缓免诉讼费 44.7 万元，为 49 名当事人发放司法救助金 110.48 万元，帮助涉诉困难当事人摆脱困境，让司法有力量、有是非、有温度。三是大力开展普法宣传，让法治走进群众心里。严格落实“谁执法、谁普法”工作责任制，结合“6·26”国际禁毒日、“12·4”国家宪法日等重大法治节日宣传主题，精选典型案例，以法律课堂、公开宣判等形式，开展“法律六进”普法宣传活动 25 次，累计发放各类法律读物和宣传资料 1.1 万余册，受教育群众达 5200 余人。法治副校长通过开学普法第一课暨民法典法治宣传进校园、模拟法庭、邀请旁听庭审等方式，对 2000 多名在校学生进行普法教育，营造尊法、学法、守法、用法的法治氛围。邀请县人大代表、政协委员及公职人员等 710 余人，参与旁听了符某光贪污受贿案、刘某勇帮助犯罪分子逃避处罚案、暴力袭警妨害公务案和文某华 10 人涉恶势力等案件庭审，扩大“以案释法”的普法效果。

【党建工作】一是坚持开展政治教育。始终把党的政治建设摆在首位，坚持以习近平新时代中国特色社会主义思想特别是习近平法治思想指导司法实践，不断提高干警政治判断力、领悟力和执行力。通过党组理论学习中心组、政治轮训、专题辅导、“三会一课”、“学习强国”学习平台、干部在线学习等多种方式，抓牢全院干警持续深入学习习近平新时代中国特色社会主义思想，不断强化班子和全体干警增强“四个意识”、坚定“四个自信”、做到“两个维护”。全年共有2个部门、14名个人获得省级表彰。二是增强队伍综合素能。围绕“思想淬炼、政治历练、实践锻炼、专业训练”等方面，有针对性地对员额法官、司法辅助人员和司法行政人员开展培训，分级分类组织民法典、国际化审判团队、技能竞赛考核等素能培训1362人次。深入开展“观摩庭”“示范庭”等实战演练活动。三是强化党风廉政建设。2020年共召开8次党组会专题研究部署党风廉政建设和反腐败工作，对部门落实情况抽查3批次，共诫勉谈话1人，谈话提醒13人，通报批评14人，辞退1人。四是主动接受监督。树牢“监督就是支持，监督就是保护”的理念。主动接受县人大及其常委会和政协的监督，主动向人大、政协报告重要工作，邀请人大代表、政协委员旁听案件庭审等活动37人次。积极配合检察机关法律监督，邀请检察长列席审判委员会会议3次，办理检察建议9件。通过法院开放日活动，邀请学生、群众和新闻媒体等走进法院、了解法院、监督法院。

（麦兆堂、卢瑞曼）

表4

2020年度昌江黎族自治县人民法院受奖励情况表

序号	奖项名称	获奖集体/个人	授奖单位	获奖时间
1	全省“基本解决执行难”先进个人并记个人三等功	符家荣	海南省高级人民法院	2020年2月26日
2	2018—2019年度辖区两级法院“优秀法官”	黄经纬	海南省第二中级人民法院	2020年3月
3	2018—2019年度辖区两级法院“调研宣传先进个人”	林小映	海南省第二中级人民法院	2020年3月
4	2018—2019年度辖区两级法院“办案标兵”	张作骏	海南省第二中级人民法院	2020年3月
5	2018—2019年度辖区两级法院“优秀法官助理”	莫　丽	海南省第二中级人民法院	2020年3月
6	2018—2019年度辖区两级法院“优秀书记员”	梁　杰	海南省第二中级人民法院	2020年3月
7	2018—2019年度辖区两级法院“先进个人”	麦兆堂	海南省第二中级人民法院	2020年3月
8	2018—2019年度辖区两级法院“优秀司法警察”	田　洪	海南省第二中级人民法院	2020年3月
9	2019年度党风廉政建设责任制先进集体	昌江法院	海南省第二中级人民法院	2020年3月13日
10	2019年平安建设（综治工作）优秀等级单位	昌江法院	中共昌江黎族自治县委政法委	2020年3月25日
11	2019年度全县贫困户帮扶责任人考核评定优秀	吴镇潭 徐金波 吴毓谋	中共昌江黎族自治县扶贫办	2020年4月13日
12	2019年度“优秀共青团干部”	梁　杰	共青团昌江县委	2020年4月
13	2019年度“海南省五四红旗团支部”	昌江法院	共青团海南共青团	2020年4月
14	2017—2019年度《特区法坛》优秀集体	昌江法院	海南省高级人民法院	2020年4月26日
15	海南省打赢脱贫攻坚先进个人	吴毓谋	海南省扶贫开发领导小组办公室	2020年5月11日
16	2019年度海南省打赢脱贫攻坚战先进个人	吴毓谋	中共海南省委办公厅 海南省人民政府办公厅	2020年5月
17	全省禁毒三年大会战（2016—2019年）先进个人	卫　伟	中共海南省委办公厅 海南省人民政府办公厅	2020年7月2日
18	2019年度全省优秀裁判文书二等奖	龙　伟	海南省高级人民法院	2020年12月

司法行政

【概况】 2020年，县司法局坚持以党的十九大，十九届二中、三中、四中、五中全会精神，以及习近平总书记“4·13”重要讲话精神为指导，立足“一个统筹、四大职能”定位，统筹推进依法治县工作，深入推进法治政府建设，切实维护社会安全稳定，不断深化公共法律服务，深入推进普法与依法治理工作，不断推进司法行政治理体系和社会治理现代化水平，为新时代“山海黎乡大花园”和海南自贸区（港）建设担当了应尽之责，发挥了应有作用。县司法局荣获“2020年全省村（居）法律顾问工作先进单位”，在2020年年度司法行政业务考核中获得“2020年度全省公共法律服务工作第一名”。

【依法治县】 一是推进依法治县进程。组织召开县委全面依法治县委员会第三次会议，由县委书记、县委全面依法治县委员会主任黄金城主持。组织召开县委依法治县办（扩大）会议，研究部署2019年度市县法治政府第三方考核评估整改工作。制定《法治建设联络员工作办法》《信息报送工作规定》，完善依法治县工作制度。印发《中共昌江黎族自治县委全面依法治县委员会2020年工作要点》《中共昌江黎族自治县委全面依法治县委员会关于做好防控新型冠状病毒感染肺炎疫情法治保障工作的实施意见》。统筹协调做好防控新冠肺炎疫情法治保障工作，依法惩处非法猎捕、收购、运输、出售野生动物、妨害疫情防控违法犯罪行为，加强疫情期间矛盾纠纷化解，依法保障企业有序复工复产。二是深化法治政府建设。组织相关部门对省2019年度法治政府建设第三方评估结果指出的问题逐项进行整改。委托第三方评估机构对全县各部门及乡镇2020年度法治政府建设工作进行考核评估，整体平均得分95.56分。组织举办2020年法治政府建设专题培训班，各部门、各乡镇分管领导及业务骨干共200余人参加培训。加强行政执法监督，积极处理群众投诉举报1件。推进综合行政执法体制改革，梳理出划转至县综合行政执法局的行政处罚权及与之相关的行政强制、行政检查权共1429项；梳理出拟下放乡镇的行政处罚权及与之相关的行政强制、行政检查权共196项。制定《昌江黎族自治县行政复议体制机制改革实施方案》，设立案室、听证调解室、档案室，配备具有法律职业资格的专职行政复议人员。组织147名行政执法人员报名参加2020年行政执法资格考试（公共法部分），为89名通过考试的行政执法人员办理海南省行政执法证。全年列席县政府常务会18次，提出法律审核意见55件；为县政府行政规范性文件提供合法性审查意见2件，审查并备案县政府部门行政规范性文件4件；受理行政复议案8宗，办结7宗（其中撤销4宗、维持3宗），1宗正在审理中；受理行政应诉案件23件，办结22件，未结1件；执行案件3件，涉案金额223万余元。

【普法依法治理】 一是聚焦目标任务，打好“七五”普法收官战。扎实做好“七五”普法总结验收工作，下发了《关于开展“七五”普法总结验收工作的通知》，召开“七五”普法总结验收动员部署会暨普法骨干培训班，组织5个检查组对全县75家乡镇、单位、企业“七五”普法工作进行总结验收，全面掌握“七五”普法规划落实情况。2020年8月，省“七五”普法检查验收第六检查组通过发放调查问卷、查阅普法台账、召开座谈会等形式对昌江县“七五”普法工作检查验收，并对昌江县普法工作给予了充分肯定。二是突出重点对象，提升普法宣传受众面。征订民法典手册书籍赠发给全县1500名公务员；举办民法典专题讲座，邀请海南大学法学院教授董万程进行讲授，县四套领导班子、副科级以上干部500多人聆听讲座；深入昌江中学、民族中学等10所中学开展开学普法第一课暨民法典法治宣传教育进校园主题法治宣传活动，受教育学生2.1万人次。制作10部民法典动漫，发放给全县71所中小学校播放。深入海南矿业股份有限公司等12家公司开展法治宣传进企业活动，邀请县普法讲师团成员举办合同法讲座。深入红林学校、民族中学、职业学校举办“为了明天——海南省法治文艺进校园”专场演出3场。深入七叉镇4个村庄开展军事设施保护法治宣传进乡村活动，发放军事设施保护法、国家安全法等宣传资料3600多份。组织县委组织部、县税务局、县农业农村局等部门开展国家安全法法治宣传教育进机关活动。开展“12·4”国家宪法日暨宪法宣传周活动，组织620名国家机关工作人员参加省宪法知识讲座视频会；组织23家单位举办“12·4”国家宪法日法治宣传一条街活动，发放普法资料3000多份，解答法律咨询100多人次。举行全县副科级以上干部宪法宣誓活动。深入大风村、长塘村举办“宪法宣传周”哥隆歌军歌法治文艺下乡演出，以群众喜闻乐见的形式普及法律知识。组织村（居）法律顾问开展“宪法进村（居）宣传活动”。组织全县各单位开展系列活动42场。三是围绕中心工作，增强法治宣传渗透力。编印《疫情防控九个法律问题您须知》《疫情防控法律知识问答》《中华人民共和国传染病防治法》共1.1万册，发放到棋子湾动车站、各乡镇防疫点、各村（居）、县城各小区物业等重点场所。制作《坚守法律红线 依法科学防控疫情》法治动漫，在全县3块大型LED宣传显示屏和县电视台24小时滚动播放。出动流动广播宣传车深入全县各乡镇、县城城区特别是税务小区、福源小区、昌城村等重点地区巡回广播《疫情防控法律知识问答》。同时充分利用“法治昌江”微信公众号，每天定期发布疫情信息、政策方针、防控动态、“疫”案说法等相关内容，引导社会民众增强疫情防控意识、法治意识，遵守法律法规，自觉做好疫情防控工作。开展春季禁毒专项宣传。联合县公安局等部门在县汽车站开展2020年春季禁毒法治宣传活动。开展打击非法采砂专项宣传。联合县公安局在昌化镇旧县村举办“扫黑除恶打击非法采砂”哥隆歌法治文艺晚会。联合县妇联在东风社区采取悬挂横幅、设立咨询台、播放法律宣传广播等形式进行宣传，引导居民“不接触、不参与、早发现、早举报”私彩买卖行为。联合叉河镇、联通公司在叉河镇开展打击整治私彩违法犯罪暨打击电信网络新型违法犯罪法治宣传活动，共发放普法资料300多份，提高了群众防电信诈骗和打击私彩法律知识知晓率。四是坚持创新形式，提升法治宣传影响力。开设《每周普法》电视栏目和《每周普法之声》广播节目。开设“昌江黎族自治县普治办”抖音宣传号，将法律热点、社会热点、典型案例拍摄成时下流行的短视频进行上传发布，以群众喜闻乐见的形式开展普法宣传。截至年底，点击量已超过2.1万人次。

【人民调解】举办人民调解业务培训班，培训专职人民调解员、镇调委会和司法所人员40人。落实专职人民调解员工作补贴经费并列入年度预算，采取“出勤工作补贴+以案定补”的方式发放调解工作补贴，提高专职人民调解员的工作积极性。加强特色品牌人民调解室建设，建立王锐个人调解工作室、英姐个人调解工作室两个特色品牌调解室。坚持“预防为主，教育疏导，依法处理，防止激化”的原则，立足基层实际，组织镇村调委会及专职人民调解员主动、扎实地开展社会矛盾纠纷排查调处工作，争取就地解决矛盾。同时着力做好元旦、春节、疫情防控、两会等重要时间点的矛盾纠纷化解，努力把矛盾纠纷化解在内部、消除在萌芽、解决在基层。全年共排查矛盾纠纷418宗，调处418宗，调处率100%，调处成功406宗，成功率达97.1%；其中成功调处重大疑难矛盾纠纷12宗；受理医疗纠纷8件，调处成功7件，涉及金额3.36万元。

【社区矫正】开展新出台《中华人民共和国社区矫正法》宣传，举办社区矫正法讲座2场，邀请海南大学法学院刘政教授分别为社区矫正领导小组成员和全县政法干部进行授课，共培训人员400多人次；组织全县社区矫正对象学习社区矫正法；组织村（居）法律顾问深入聘任村庄举办社区矫正法讲座42场，发放《中华人民共和国社区矫正法》、《社区矫正法漫画宣传图册》、扇子等系列宣传资料

15500多份。加强疫情期间社区矫正人员监管，利用微信、互联网办理社区服刑人员报到、请销假等事项，教育社区矫正对象不参与伤害医务人员、扰乱医疗秩序、疫情期间制造或参与哄抬物价、制假售假等违法犯罪行为。严格划分宽管、普管、严管人员，并针对严管人员制定个性化方案进行监管。充分运用社区矫正管理系统、手机定位等信息化手段强化监督管理，每日进行定位轨迹跟踪、随机核查。举办“人生征途”的心理辅导讲座2场，聘请海南海羿教育机构对全县社区矫正对象开展心理辅导，参加讲座的社区矫正对象达210人次，有力地消除社区矫正对象对社区改造的负面心理因素。全年全县共衔接社区矫正人员157人，解除社区矫正人员132人，截至年底在册社区矫正人员135人，无一重新违法犯罪，无人感染新冠肺炎。

【安置帮教】组织开展刑满释放人员特别是“三无”人员的全面排查工作，及时建立刑满释放人员管理档案，避免脱管、漏管。严格落实刑释人员必接必送制度，做好与监所、家属三方沟通，派车从省内监狱接送刑满释放人员，做到无缝衔接。组织司法所人员通过电话联系、入户走访等方式，了解刑满释放人员目前的生活状况和思想动态，鼓励刑满释放人员自食其力。认真落实安置帮教政策，进一步拓宽刑满释放人员就业渠道，在乌烈镇建立和丰农业有限公司社区矫正与安置帮教就业基地。

【扫黑除恶专项斗争】深入昌农村等6个乡村（社区）开展扫黑除恶暨禁毒法治宣传进乡村（社区）活动。深入好清村、海尾社区、昌城村举办3场扫黑除恶琼剧专场演出。组织司法所工作人员通过走访、核查档案、致函辖区派出所查询等方式，掌握社区矫正人员和刑满释放人员是否有涉黑涉恶前科。严格落实扫黑除恶专项斗争“四个一”工作法，开展社区矫正人员签署承诺书、学习教育、谈心谈话、专项走访等工作。加强重点人群管控工作，将社区矫正对象和刑满释放人员作为重点对象，从严从紧落实各项监管措施，及时惩处违反规定的社区矫正人员，坚决杜绝脱管失控和重新犯罪现象发生。督促天赐律师事务所严格落实办理涉黑涉恶案件的接案审查和请示报告等四项制度，依法严查违法违规行为。加大对办理涉黑涉恶犯罪案件辩护代理工作的指导、监督和协调，规范律师代理行为。全年共收到律师报备代理涉黑涉恶案件11件。

【公共法律服务】一是加强村（居）法律顾问工作。制定《昌江黎族自治县村（居）法律顾问工作管理暂行规定》，实行村（居）法律顾问下村提供法律服务钉钉签到制度。建设“昌江黎族自治县智慧村（居）法律服务平台”，举行智慧村（居）法律顾问启动仪式暨培训会，打造智慧法律服务“微顾问”。组织、指导村（居）法律顾问在疫情期间采取微信群、电话等方式为村（居）民提供法律服务。组织91个村（居）法律顾问每月深入村（居）委会坐班。全年全县村（居）法律顾问共开展普法宣讲483场次，提供法律意见192条，帮助修改、审查合同39份，处理矛盾纠纷131件，现场解答法律咨询1290人次，发放宣传资料2.59万份。2020年11月，全省村（居）法律顾问工作（昌江）推进培训会在昌江县召开。二是深度服务保障改善民生。设置“12348”公共法律服务热线座席，每天安排律师接听热线，为群众提供法律咨询服务。成立公共法律服务宣讲团队，深入乡村、工地、学校开展“年终岁末情系农民工”“法援惠民生——助力农民工”“法援惠民生——关爱残疾人”“法律援助助力脱贫攻坚”“法律援助处敬老月送法进村”“绿岛法援 走进社区”等系列宣讲活动。积极办理法律援助案件，做到应援尽援，维护群众合法权益。全年共办理了435件法律援助案件，完成了省下达指标的131.8%；解答来访、来点咨询1513人次，完成了省下达指标的126.1%；为受援人追回约1087.4万元经济损失，其中为农民工追回工钱726.6万元；受援人数483人；为当事人书写25份代书；开展法律援助宣传活动24场次，发放法律援助宣传单单3.7万多份，举办法律援助知识讲座 7 场，受教育人数 8000 多人次。

【律师公证】 认真做好律师所、公证处、基层法律服务所的年检工作。组织律师深入昌江鑫龙海塑料制品有限公司、昌江泰恒木业有限公司等企业开展企业复工复产公益法律服务活动。全年公证处办理各类公证 835 件，其中国内公证 807 件，涉外公证 28 件。天赐律师事务所共办理诉讼案件 305 宗，其中民事案件 140 宗、刑事案件 124 宗、行政案件 41 宗；非诉案件 26 宗；代书 780 份；解答法律咨询 2 万人次。石碌法律服务所共办理诉讼案件 426 宗，其中民事案件 407 宗、行政案件 19 宗；非诉案件 16 宗；代书 284 份；解答法律咨询 1517 人次。乌烈法律事务所共办理诉讼案件 65 宗，其中民事案件 59 宗，行政案件 6 宗；非诉案件 12 宗；代书 57 份；解答法律咨询 615 人次。

【干部队伍建设】 一是切实抓好党建工作。县司法局始终把坚持党对司法行政工作的绝对领导作为第一责任，驰而不息落实班子成员履行一岗双责，抓党建带队伍，不断巩固“不忘初心、牢记使命”主题教育成果，筑牢意识形态阵地。严格落实党组理论中心组学习、“三会一课”等制度，深入学习贯彻习近平新时代中国特色社会主义思想，党的十九届四中、五中全会，习近平总书记在庆祝海南建省办特区 30 周年纪念大会上的重要讲话等精神，教育干部职工主动对标新时代、新担当、新征程的要求扎实开展工作，确保干部职工增强“四个意识”、坚定“四个自信”、做到“两个维护”。全年党组理论中心组学习 20 次，召开党组理论中心组或党组扩大会议学习 6 次。二是加强党风廉政建设。认真落实党组主体责任，做到主要领导亲自抓，班子成员合力抓。切实承担起巡察反馈意见整改的主体责任，根据巡察反馈的意见反馈的三个方面 15 个问题，细化工作措施，确定整改时限，对标对表认真抓好整改措施的落实，确保巡察发现的问题整改到位。强化案例警示教育，召开 3 次警示教育干部大会，组织干部观看《扫黑除恶“打七寸” 深挖摘除“保护伞”》等警示教育片，参观“以案释纪法，自警守廉洁——全省党员干部警示教育巡回展”。梳理排查廉政风险点 51 个，制定防控措施 54 条。严格落实中央八项规定等有关规定，建立健全各项规章制度，持之以恒纠正“四风”。进一步加强对机关干部的日常教育和监督管理，对干部苗头性、倾向性问题开展谈话提醒 4 人次，做到早打招呼、早敲警钟。三是加强政治业务学习。积极组织开展政治及专业知识培训，提高干部队伍综合素质。全年组织干部参加学习党的十九届五中全会、人民调解、社区矫正、行政执法等各类政治业务培训 323 人次。其中，参加视频培训 160 人次，参加省厅培训 23 人次，参加县级部门培训 9 人次，自行组织培训 131 人次。

（郭媛媛）

军 事

人民武装部

【概况】 2020年，昌江黎族自治县人民武装部（以下简称县人武部）在省军区党委、机关和县委的领导下，以习近平新时代中国特色社会主义思想为指导，学习贯彻习近平强军思想，持续巩固“不忘初心、牢记使命”主题教育成果，统筹抓好疫情防控和主责主业。以改革强军为牵引，围绕“六部”职能，坚持稳中求进工作总基调，注重思想建设，打牢思想根基；抓好党组织建设，增强党委班子凝聚力；狠抓中心工作落实，深入推进军事斗争准备；抓好国防动员和后备力量建设，提高国防动员能力和民兵队伍遂行多样化任务能力；狠抓管理工作落实，确保安全稳定；坚持沟通协调，当好军地桥梁纽带。在取得成绩荣誉基础上，不断铸牢军魂意识和思想防线，不断提高战备质量和训练水平，全年各项工作稳步推进，部队全面建设呈现良好发展态势，被海南省人民政府评为2019年度“征兵工作先进单位”。

【机关训练】 2020年，县人武部首长机关训练以军委国防动员部、省军区军事工作指示精神为指导，贯彻落实新大纲，依照“四个秩序”建设规范，围绕省军区赋予的军事训练任务，紧贴实战化要求，突出战斗力建设，突出基础技能培训和指挥技能训练，努力提升遂行使命任务的能力，参加省军区国防动员组织筹划、指挥演练，进一步增强人员国防动员指挥能力水平。全年训练时间60天达400小时（含军事理论集中学习时间）。年底，3名文职人员参加儋州军分区组织的年度军事训练考核，取得全优成绩。

【部队管理】 2020年，县人武部扎实开展“条令月”和“百日安全”活动，着力查找存在的问题，进行集中整改，干部职工的法规意识得到增强，机关“四个秩序”更加正规。先后对人武部营区、民兵武器装备仓库监控设备进行高清化改造升级，为办公楼一楼大门安装指纹密码锁，购置营区门口与仓库门口拒马，整体安全水平进一步提高。严格依据上级规章制度，制定集中文印室使用管理、车辆动用审批、职工管理等规定，规范值班员值班秩序和文电办理流程，在全军安全工作大检查、百日安全活动的牵引下，县人武部狠抓人车枪弹密等17个方面安全工作，突出民兵武器装备仓库和保密室等要害部位，严格落实安全管理制度，有效抓好安全稳定工作。

【民兵训练】 2020年，根据训练大纲，县人武部党委统筹谋划，扎实组织开展民兵教育训练，完成各民兵分队年度训练任务。5月，组织县应急民兵连冲锋舟训练；6月，组织对口保障分队联训；8月，组织近海训练，显著提高了海上民兵维权能力和战法运用能力，同时组织民兵教练员集训，主要完成单人军人队列动作、战术基础、“四会”教学等内容；9月—10月，组织基干民兵开展集训，完成防洪堤构筑、东风车轮胎更换、安全警戒、网络防护等科目训练。

【民兵整组】 2020年，昌江县深入贯彻落实《海南省贯彻落实国家和军队后备力量建设“十三五”规划措施》《民兵组织整顿工作实施方法》，按照军委国防动员部和省军区关于国防后备力量组织建设一系列指示要求，进一步调整优化民兵组织结构和力量布局。通过整组，切实解决了当前民兵、预备役和国防动员专业队伍组织建设存在的“任务重叠、组织交叉、一兵多职”等问题。4月底，采取临机拉动、现场检查等方式，对全县基层武装部民兵整组情况进行考核验收，各民兵应急分队人员“编得实、训得实”，达到预期整组效果。

【征兵工作】 2020年，昌江县兵役登记率达到100%，征集大学生比例达到100%，廉洁征兵零违规，完成上级赋予的征兵任务。1月，依据《中华人民共和国兵役法》和《征兵工作条例》等政策法规，制作征兵宣传手册，并在街道、社区等悬挂征兵宣传横幅，出动宣传车走村串巷发动适龄青年报名参军，协商应届男性毕业生兵役登记工作有关事项。2月，因疫情春季征兵合并秋季征兵。5—7月，协调县委宣传部、县交通局、县科工信局等部门，在县城户外LED大屏幕播放征兵宣传广告，在公交车、公交站点设立征兵宣传广告，协调运营商群发征兵宣传短信。举办国防教育宣讲会，邀请海南大学黄海宁教授授课，讲清国防安全形势、大学生参军入伍优惠政策规定，鼓励大学生应征报名。7月，严格执行规定，组织“一站式”体检。8月下旬，在县综合训练基地组织双合格青年进行役前训练，完成专题教育、军事训练、组织谈心、身体复查、廉洁倒查等内容，进一步端正青年入伍动机，打牢依法服兵役的思想基础；组织召开定兵会，严格按照定兵原则，对双合格青年情况进行全面分析，根据役前训练现实表现、思想、身体、管理、廉洁等方面做出服役的综合鉴定，最终确定兵员。9月，举办2020年度入伍新兵欢送仪式，增强广大新兵荣誉感和自豪感，圆满完成年度征兵任务。

【国防动员】 2020年，昌江县以习近平新时代中国特色社会主义思想为指导，着眼国防动员任务，深化国防动员问题研究，规范国动委工作运行机制，抓好工作制度落实，切实发挥国动委协调职能，推进国防动员建设“十三五”规划落实。4月，召开“昌江县2020年民兵组织整顿暨国防动员潜力调查任务部署会”，专题研究民兵组织整顿工作推进落实和国防动员潜力数据统计调查，进一步推进后备力量整体转型；根据国防动员潜力调查要求，县国动委综合办公室组织对全县国防动员潜力进行调查核实。9月底，参加国防动员演习，拟制国防动员总体方案以及相关配套支案，锤炼指挥员组织指挥打仗的能力，检验国防动员准备成果。结合驻地实际，及时修订完善反恐维稳、重大事故救援、森林灭火等季节性灾害应对相关应急预案。

【党管武装】 3月，组织召开全县党管武装述职暨总结表彰大会，表彰一批先进单位和先进个人，进一步激发民兵参训热情。按照《海南省征兵工作若干优惠政策》规定，将义务兵家庭优待金由原来的1.5万元提高至1.9万元。

【双拥共建】 2020年，县人武部积极发挥军地协调作用，加强双拥共建。根据县政府安排，县人武部扶贫帮扶对象为叉河镇红阳村5户贫困户22人。针对贫困户特点，精准制定脱贫措施，因户因人施策，对症下药，累计投入94200元支持贫困群众，帮助贫困户发展养羊、进行危房改造、清理卫生死角、改善居住条件，帮助解决子女上学难题，改善贫困群众生活，至年底已全部脱贫。为支持昌江县创建“全国文明城市”，累计出动150人次上街打扫卫生，安排56人次走街串巷、进村入户宣传，开展入户调查等工作，为昌江县“创文”做出贡献。面对突如其来的新冠肺炎疫情，县人武部在抓好本级防控的同时，积极组织民兵支援地方疫情防控工作，出动民兵支援地方抗疫一线，为20多个村（社区、居）人员进行全面排查，开展设点执勤、巡查摸排、消毒灭杀和服务保障等工作。组织本级人员慰问一线执勤民兵，提供防护物资1000余件以及慰问品等。

【基层建设】2020 年，县人武部坚持党委班子成员挂钩帮带乡镇武装部建设，定期开展实地调研和检查，指导基层武装部抓好习近平新时代中国特色社会主义思想和习近平强军思想的学习贯彻。按照《海南省基层人民武装部建设细则（试行）》，进一步规范乡镇武装部“三室一库”建设。通过县委常委议军会，将乡镇武装工作经费提高，帮助解决乡镇武装部建设实际困难，不断巩固基层武装工作阵地，促进国防动员和后备力量建设各项任务在末端落实。

【机关理论学习】2020 年，县人武部坚持高举习近平新时代中国特色社会主义思想伟大旗帜，不断推进学习贯彻习近平强军思想走深走实，加强理论武装，及时学习党的路线方针政策和部建设所必须具备的各方面知识。3 月，深入学习领会习近平主席关于“不忘初心、牢记使命”重要论述和党的十九届四中全会精神，全面提高部党的领导和建设水平；6 月，深入学习领会习近平主席国防和军队现代化发展战略设计和战略部署，高质量抓好国防动员“十三五”规划落实；9 月，深入学习领会习近平军事战略思想，聚焦强敌推动军事斗争国防动员准备走深走实；12 月，深入学习领会习近平主席关于国防动员重要论述，紧紧扭住“完善国防动员体系”这个时代课题，推动部建设转型升级、提质增效。

【党委班子建设】2020 年，县人武部坚持党委集中统一领导，贯彻党委民主集中制原则，既注重沟通协调、统一思想，又经常拉拉袖子、相互提醒，增强党委班子的凝聚力。深入学习贯彻《军队党的建设条例》，梳理党建工作规范要点，建立责任清单，抓好党建工作制度落实。扎实开展政治领域官僚主义清查纠治，党委班子成员对照“政治意识弱化”“责任担当缺失”“领导作风虚飘”三个方面自纠自查，彻底剔除官僚主义歪风积弊。严格落实党委主体责任；坚持每半年分析一次廉政建设状况，并形成专题报告；领导干部如实填写上报个人事项，接受各级监督。努力摒除干部职工身边“微腐败”问题，以各类事故案件通报为反面教材，切实让所属人员心存敬畏、行有戒惧、坚守底线。

【保障工作】2020 年，县人武部在进一步规范报销结算流程的基础上，按照军委国防动员部“四个监管新要求”，进一步规范油料、物资采购、日常保障、工程建设等财经活动。坚持将日常保障、车辆装备维修、广告制作、服装物资采购等全部纳入年度集中招标和定点协议范围，凭原始审批单、明细清单、图片资料结算报销。

（康中华）

农业农村

农业生产与管理

【概况】2020年，昌江县各级农业农村部门认真贯彻中央、省农村工作会议精神，按照县委、县政府关于“三农”的工作部署，以实施乡村振兴战略为总抓手，以深化农业供给侧结构性改革为主线，以促进农民增收、农业增效为目标，扎实推进农业产业结构调整优化，大力发展热带特色高效农业，有效地促进了农业增效、农民增收。2020年，全县农林牧渔业总产值51.30亿元，同比增长2.2%。其中，农业产值29.63亿元，同比增长8.6%；林业产值2.41亿元，同比下降11.8%；牧业产值4.78亿元，同比下降18.1%；渔业产值12.54亿元，同比下降1.5%；农林牧渔服务业1.94亿元，同比增长6.2%。

【农民增收】举办2020年首届海南（昌江）乡村振兴产业峰会暨“中国农民丰收节”昌江庆祝活动，召开了2020年县委农村工作会议，先后研究制定一系列促农增收的政策措施，出台了《昌江黎族自治县2020年为民增收瓜菜产业发展奖励实施方案》等文件，谋划促农增收重点项目，实施示范基地创建、生态循环农业、品牌创建等系列行动，推进促农增收工作的有序开展。2020年，全县农村常住居民人均可支配收入15921元，比上年增加1104元，同比增长7.5%。其中，家庭经营净收入8981元，同比增长4.3%；工资性收入5565元，同比增长8.6%；财产净收入341元，同比增长8.8%；转移净收入944元，同比增长37.2%。

【农民素质培训】实施新型职业农民培育和中专生培训计划，制定了《昌江黎族自治县农民教育培训项目实施方案》，举办新型职业农民培育培训班6期，培训农民300人；开展万名中专生培训计划1期，培训学生48人。

【惠农强农政策】制定了《2020年昌江黎族自治县耕地地力保护补贴实施方案》等措施，严格按要求落实好国家给予农民的各项惠农补贴，做到足额、准确、及时发放，让农民直接受益、享受实惠，增加政策性收入。2020年，全县发放耕地地力保护补贴资金1250.37万元，惠及农户27933户，补贴面积126987.68亩。印发了《昌江黎族自治县2020年蔬菜价格指数保险实施方案》，全县农业保险承保面积6911亩，共计保费389.96万元，其中：香蕉承保面积3407亩，保费256.94万元；大棚瓜菜承保面积159亩，保费12.6万元；制种水稻承保面积3345亩，保费120.42万元。

【观光休闲农业】以“农业+旅游”的融合发展理念，继续推动农旅相融合发展，依托热带果园、田园风光、特色村寨等丰富的乡村特色资源及优越的生态环境，大力推进农家乐、休闲观光农业等乡村旅游建设，宣传和推介昌江休闲农业发展，提升了全县休闲农业与乡村旅游的知名度和影响力。举办2020年昌江春赏木棉·美丽乡村生活节，在“芒果飘香昌江情”旅游主题活动中，开展欢乐采摘体验活动、“百年芒果树王”评选活动及百年芒果拍卖会、“芒果熟了·好运来了”自驾之旅等活动，拓宽果园销售渠道，提升游客体验。

【共享农庄】选择一批基础条件较好的农业基地，创建各具特色的共享农庄，为消费者提供土地租赁、托管代种、产品认养、自行耕种等多种形式的订制服务，培育农旅融合发展新业态，提升农业综合效益。雪古丽、江越等 8 家共享农庄获批为海南省共享农庄创建试点单位，其中入选海南共享农庄试点名录 7 家。

【农村土地经营权流转】 按照“依法、自愿、有偿”的原则，制定《昌江黎族自治县农村土地经营权流转登记及流转合同备案工作实施方案》，对完成签订的农村土地经营权流转合同进行全面登记和备案。2020 年，全县农村土地经营权流转登记完成 64 宗，涉及面积 1932.73 亩；流转合同备案完成 546 宗，涉及面积 91083.31 亩，开具备案证明 546 份。

【农村集体产权制度改革】 昌江县作为第四批农村集体产权制度改革国家级试点县，扎实推进农村集体产权制度改革工作，制定《关于建立县农村集体产权制度改革和农村集体经济发展联席会议制度的通知》《关于开展 2020 年昌江县农村集体产权制度改革工作材料归档检查督导的通知》等措施，清产核资工作基本完成并通过省级验收。2020 年，经营性资产 1152 万元，非经营性资产 18839.9 万元，资源性资产 99.23 万亩；成员身份界定确认户数 38563 户，集体成员 170561 人，完成率 100%；折股量化完成率 100%，完成结果确认集体经济组织 645 个；组建机构完成申请登记注册 645 个，打印登记证 1290 本，打证率 100%，股权证发放 4185 本。

【农民专业合作社】 制定《关于开展 2020 年省级农民专业合作社示范社申报工作的通知》等措施，鼓励和支持建立“龙头企业 + 合作社 + 农户”等利益联结机制，组织做好省级农民专业合作社示范社申报工作。2020 年，新增注册农民专业合作社 13 家，累计全县农民专业合作社达 469 家。

【家庭农场】 印发《昌江黎族自治县示范家庭农场认定标准（试行）的通知》，积极推进家庭农场建设，加大对家庭农场规范化建设扶持工作。2020 年，家庭农场在市场监督管理局新增注册 5 家，累计全县家庭农场达 18 家。在农业农村部家庭农场名录系统录入 529 家，占第三次农业普查规模经营户数量的 91.5%。

【田间废弃物回收利用】 按照“控制增量、消化存量”的要求，探索政府购买服务的模式，推进农业投入品田间废弃物回收工作。2020 年，全县农业投入品田间废弃物（农膜）年产生量约 3000 吨，回收 2550 吨，回收利用率 85%。

【秸秆综合利用工程】 开展“田园清洁”行动，制定了《昌江黎族自治县 2020 年农作物秸秆综合利用工作实施方案》，做好秸秆资源和利用摸底调查，加强秸秆综合利用的监督管理，重点推进秸秆综合利用，秸秆产生量 60 万吨，综合利用 54 万吨，秸秆综合利用率 90%。

【农业技术培训】 根据不同农时和季节，结合农作物栽培的实际情况，开展农业实用技术培训工作，围绕瓜菜栽培、畜禽养殖、水果栽培、水稻栽培、配方施肥、农作物病虫害防治等技术，2020 年全县举办各类农业实用技术培训班 53 期，培训农民 3311 人次。

【农产品质量安全】 严格执行农产品质量目标管理，认真落实《海南省农产品质量安全监管责任书》，全县主要农产品市场、农资经销网点、规模化生产基地、“菜篮子”产品 100%纳入监测范围，农产品质量安全专项整治“4 个 100%”目标全部实现，认真抓好农产品质量安全检测、动物疫病监测防控工作，全县全年瓜果菜、畜禽产品、水产品、农资产品抽检合格率分别达到 99.92%、100%、100%和 99.69%。

一是开展农资市场专项整治行动。开展“春雷”农资打假行动，出动执法人员 497 人次，巡查检查经营农资店 601 家次，发放宣传资料 1346 份，查处问题 8 起，责令整改 30 起。二是强化农产品质量安全检测。2020年，全县完成快速抽检瓜菜、水果样品86880个，检测合格率达99.92%，委托第三方开展定量监测300个，检测合格率100%；畜牧养殖快速抽检样1080个，检测合格率100%；水产品快速抽样120个，合格率100%，定量抽检样15个，检测合格率100%；开具检测报告单17308张。三是建立良好的农产品质量追溯平台。建立国家农产品质量安全追溯管理平台和海南重要农产品质量安全监管平台，截至年底，全县国家追溯平台注册企业355家，省级监管平台注册企业33家。

【撂荒地复耕】印发《昌江黎族自治县2020年撂荒地复耕补贴资金实施方案》，深入调查现撂荒地情况，摸清各乡镇撂荒原因，针对性制定复耕计划，做好撂荒地复耕工作。2020年，全县撂荒地复耕面积1897.92亩，完成任务目标的94.9%。

【农村人居环境整治】召开全县美丽乡村建设暨农村人居环境整治工作现场会，以“三清两改一建”为重点推进农村人居环境整治工作，推进厕所粪污资源化利用，委托第三方清掏公司开展10个农村厕所粪污处理与资源化利用整村推进示范村厕所粪污清掏。通过政府采购4台吸粪车配备到乌烈镇和七叉镇，建立由乡镇组织的农村厕所粪污清掏队伍示范镇，以点带面积极推动农村卫生厕所粪污无害化处理和资源化利用。深入整治农村畜禽粪污，全年畜禽粪污产生总量49万吨，畜禽粪污资源化利用量41.7万吨，畜禽粪污综合利用率85.3%。

【种植业】2020年，昌江县粮食作物总播种面积75925.20亩，同比下降5.5%；总产量25592.95吨，同比下降4.4%，其中稻谷种植面积63000亩，减少3948.53亩；总产量22238.35吨，减少1020.21吨；薯类种植面积11206.2亩，增加3903.9亩；总产量2965.8吨，增加973.8吨。瓜菜种植面积355830亩，同比下降1.85%；产量479473吨，同比增长2.9%，其中，蔬菜播种面积298867.86亩，减少28809.35亩，同比下降8.8%；总产量364399.4吨，减少32997.38吨，同比下降8.3%；瓜类播种面积56962亩，增加22025.92亩，同比增长63%；总产量115073.1吨，增加46469.63吨，

表5

2020年昌江县农业经济主要指标统计表

项　目	单　位	数　量	比上年增长（%）
农业总产值	亿元	51.38	2.2
农业增加值	亿元	33.82	1.8
农民人均可支配收入	元	15921	7.5
农业机械总动力	千瓦	181802	0.5
粮食	吨	25592.95	–4.4
甘蔗	吨	264405.24	32.4
油料	吨	988.25	–13
蔬菜	吨	364399.4	–8.3
水果	吨	303921	9.0
橡胶（干胶）	吨	8162	–30.1
肉类	吨	10319.82	–26.17
禽蛋	吨	1166.39	2.82
水产品	吨	79489	–3.12

同比增长 67.7%。经济作物播种面积 236299.6 亩，减少 7385.77 亩，同比下降 3%。种植业总产值 29.6 亿元，同比增长 8.6%。

【粮食作物生产】以种植水稻为主，兼种植玉米和地瓜。水稻重点推广了特优 458、海农红 1 号、海农红 2 号、特优 1617 等品种，全县稻谷种植面积 63000 亩，亩产 353 公斤，总产量 22238.35 吨；豆类种植面积 1719 亩，亩产 226.2 公斤，总产量 388.8 吨；番薯种植面积 11206.2 亩，亩产 264.7 公斤，总产量 2965.8 吨。

【瓜菜生产】出台《昌江黎族自治县 2020 年蔬菜价格指数保险实施方案》等方案，建立“菜篮子”工程示范基地，实行“菜篮子”工程县长负责制，全年蔬菜基地种植面积累计 20121 亩，全年基地产量 16047 吨。2020 年，全县蔬菜（含菜用瓜）种植面积 298867.86 亩，总产量 364399.4 吨，其中冬季瓜菜种植面积 15.53 万亩，总产量 23.28 万吨。

【病虫害防治】根据物候期和天气状况分析近期病虫害的发生、发展趋势，发布《病虫简报》10 期、《农业技术》6 期，到田间诊断病虫害，为农业安全生产提供技术支撑。开展草地贪夜蛾防控工作，安装高空测报灯 12 台和自动虫情测报灯 2 台，诱杀农业害虫并预测其发生动态。在全县范围内发放并推广草地贪夜蛾性诱捕器 6502 套，发放生物农药 12864 包用于替代化学农药，防控玉米面积 6502 亩，防治草地贪夜蛾面积 7218 亩次；在假高粱防控工作中，防治面积 567 亩次，发放防治物资草甘膦 155 升、草铵膦 60 升；开展定期监测红火蚁、蝗虫发生工作，确保昌江县粮食安全。

【热带作物】发挥昌江得天独厚的气候条件和资源优势，巩固橡胶等传统产业，大力发展热带特色水果产业。2020 年，全县橡胶种植面积 223005 亩，收获面积 137183 亩，产量 8162 吨；槟榔种植面积 751.6 亩，收获面积 127 亩，产量 25 吨；椰子种植面积 3616 亩，收获面积 277 亩，产量 26.3 吨；生剑麻（干纤维）种植面积 8827 亩，收获面积 8535 亩，产量 1734.2 吨；水果种植面积 186564 亩，收获面积 146518.4 亩，产量 303921 吨。

【热带水果】充分发挥得天独厚的气候条件和资源优势，大力发展芒果、火龙果、菠萝蜜等热带特色水果，努力打造特色水果品牌，重振“昌江芒果”品牌，建立省级热作标准化示范园 2 个，即：昌江昌化火龙果标准化生产基地、昌江十月田蜜柚标准化生产基地。2020 年，全县水果总面积 186564 亩，收获面积 146518.4 亩，产量 303921 吨。其中，菠萝收获面积 12327 亩，产量 18693 吨；芒果收获面积 37300.8 亩，产量 20427.7 吨；香蕉收获面积 78727 亩，产量 240441.9 吨；火龙果收获面积 7483 亩，产量 15670.2 吨。

昌江芒果 昌江黎族自治县素有“芒果之乡”之称，芒果种植历史悠久，县域内尚有数千株百年野生芒果树，成群散落在村庄或是田间地头。如：七叉镇大仍村共有 78 株百年芒果树，占地 50 亩，其中树龄最大的已经有 380 年之久，围径平均有 2.5 米至 3 米，最高的一株百年芒果树已超过 30 米。2018 年经专家评定为昌江百年芒果“树王”的百年芒果树已有 325 岁，它位于昌江县七叉镇乙

表 6

2020 年昌江县主要经济作物面积、产量表

主要经济作物	年末面积（亩）	当年收获面积（亩）	产量（吨）
橡胶	223005	137183	8162
椰子	3616	277	26.3
槟榔	751.6	127	25
生剑麻	8827	8535	1734.2

表 7

2020 年昌江县大宗热带水果面积、产量表

主要经济作物	年末面积（亩）	当年收获面积（亩）	产量（吨）
菠萝	16131	12327	18693
芒果	37844	37300.8	20427.7
香蕉	98892	78727	240441.9
火龙果	11779	7483	15670.2
菠萝蜜	8616	2061	841

劳村委会机构村，树高 15.1 米，树径周长 310 厘米，东西冠幅 15.2 米，南北冠幅 15.6 米。

【农产品加工运销】大力发展特色农产品加工业，扶持海南冰果师生物科技有限公司等规模等级以上的农产品精深加工，推进芒果、地瓜、圣女果、毛豆等加工厂建设，拉长农业产业链和价值链，提高农产品附加值。2020 年，全县全年实现第二产业增加值 49.44 亿元，同比下降 2.2%。

【农产品会展交易】开展多种形式的促销对接活动，组织参与“冬交会”等活动，大力推介昌江特色农产品，为龙头企业和农民专业合作社开拓农产品市场搭建平台。制定《昌江黎族自治县参加 2020 年中国（海南）国际热带农产品冬季交易会工作方案》等，组织企业和农民专业合作社等参展，加强农业项目招商工作力度，落实“冬交会”农业订单。2020 年，“冬交会”成功签约项目 2 个，金额 10 亿元。

【农产品产销信息】积极收集瓜果菜产销价格信息，撰写瓜果菜价格信息动态变化、价格走势浮动变化趋势等农业信息，发布《昌江农业信息（瓜菜价格信息）》39 期。

【品牌农业】建立健全“三品一标”产品认证监管和补贴奖励机制，开展“三品一标”产品认证监管，对获得“三品一标”产品认证的企业给予补贴奖励，出台了《昌江黎族自治县农业品牌奖励资金实施方案》，对获得“三品一标”产品认证的 6 家企业给予补贴奖励 45 万元。2020 年，昌江县获得“三品一标”产品认证及良好农业规范等 11 个。其中，获得“三品一标”产品认证 9 个，无公害农产品获得认证 8 个，有机农产品认证 1 个，获得省级农业标准化示范基地认证 2 个。2020 年，新增认证农产品普通商标 29 个，累计农产品普通商标达 250 个，新增无公害农产品 9 个，累计 16 个，新增农产品地理标志认证 1 个，累计 2 个。

【农业产业扶贫】紧紧围绕农业产业布局，积极探索“短、中、长”产业融合发展模式，引导贫困户依靠发展产业实现增收脱贫，走出了一条冬季瓜菜、热带水果、畜禽养殖、农旅相融等产业扶贫的新路子。2020 年，投入产业扶贫资金 3848.71 万元，占上级发展资金的 50.18%。建立产业扶贫基地 20 个，100%的贫困群众获得产业帮扶，组织化帮扶全覆盖。继续推进“五带动全覆盖”，投入 2300 万元，通过委托企业（合作社）种植（加工）年终固定获取收益的方式，帮扶 57 个村集体与扶贫企业建立利益联结。2020 年，共发放贫困户收益金 1424.96 万元，户均增收 2773.37 元。

【产业奖励机制】出台《昌江黎族自治县扶贫经营主体产业发展项目补贴实施方案》，及时做好种养业扶贫奖励补贴发放工作。2020 年，对带贫益贫的扶贫经营主体发放生产补贴 999.81 万元，激发扶贫经营主体持续带贫益贫积极性。

【天然橡胶价格保险】继续推行天然橡胶价格保险政策，2020 年，承保 1133 户贫困群众橡胶面积

16105.42 亩，落实保费 1739385.36 元；完成发放理赔金额 304637 元，受益贫困胶农 385 户，户均增收 791.26 元。

【昌江特色农产品】**昌江火龙果** 昌江县位于海南省西北偏西部，属热带季风气候，光照和水分充足，生态环境好，土地肥沃，水源充足，发展火龙果种植业具有得天独厚的条件。昌江火龙果色泽鲜艳，口感细腻多汁，香味浓郁，清甜爽口，深受消费者青睐，具有良好的市场发展前景。昌江火龙果种植通过“基地＋农户”种植模式，有效带动全县现代化农业发展，使昌江县农业产业结构得到了进一步优化。昌江火龙果种植农户因地制宜，积极尝试发展果园套种、套养经济，努力打造生态有机农业，保证昌江火龙果的品质。

姜园圣女果 姜园圣女果于20世纪90年代从台湾引进种植，主要种植品种“千禧”圣女果。姜园村由于气候、土壤条件好，亩产圣女果 2000—2500 公斤，栽种出来的圣女果果实大小形状均衡，色泽鲜美，口感甘甜清爽，深受消费者的喜欢。圣女果，又称小西红柿、珍珠小番茄、樱桃小番茄，既是蔬菜又是水果，也可以做成蜜饯。果实直径约1—3 厘米，鲜红碧透，外观玲珑可爱，含糖度很高，味清甜，无核，口感好，营养价值高且风味独特，食用与观赏两全其美，深受广大消费者青睐。姜园圣女果已被农业农村部确定为“一村一品”农业品牌。为把姜园圣女果这一农业品牌做强、规模做大、产品做精，昌江县以姜园村圣女果“一村一品”基地为中心，向有条件的村庄辐射，大力引导农户规范种植圣女果，使圣女果种植成为昌江县农户增收致富的特色产业。

好清菠萝 好清菠萝于20世纪末从台湾引进种植。昌江县位于海南省西北部，地属热带海洋季风气候，光照充足，降水充沛，独特的区位优势以及土壤、气候、水源等自然条件非常适合种植菠萝。特别是位于昌江西部的十月田镇好清村，交通区位便利，生态优良，区域内水源、土壤、空气优质无污染，自然土壤富含微量元素，种出的菠萝异常浓香、可口，深受广大客商青睐。好清菠萝产量高，果实呈金黄色，皮薄，果丁浅，肉质爽脆，香甜多汁，且菠萝纤维细嫩、入口化渣，食用只需削皮、无需泡盐水，优于传统品种。同时，它有三大特色：一是它能散发出一种像香水一样的独特香味；二是它的外形非常美观；三是不易腐烂。

昌江木棉 昌江木棉是昌江县传统经济林木，栽培历史悠久，资源丰富。据统计，全县共有 1.5 万亩（以株折亩），年产量达 50—100 吨。1986年，木棉被列为昌江县重点发展的经济林木。2014年，昌江县荣获“中国木棉之乡”美称。昌江木棉树树身高大、挺拔、苍劲，可直接插条繁殖，其棉絮柔软质轻、弹性强、浮力大、纤维长，用途较广。木棉花，为昌江县县花，因其花红如血，硕大如杯，被誉为英雄花。昌江木棉花朵硕大繁茂，特别红艳，极为美丽，可供欣赏。除了观赏价值外，它的花、皮、根均有药用价值。为充分发挥昌江木棉的规模效益，昌江县政府利用民间成熟技术培育木棉苗木，扶持苗木培育专业户，引导农民大面积种植木棉树，为发展林业第三产业打下良好基础。“十丈珊瑚是木棉，花开红比朝霞鲜”，昌江县政府充分挖掘木棉花资源及其背后的文化内涵，每年2—3 月举办“昌化江畔木棉红”主题旅游活动，吸引着数十万名游客前来赏花，将昌江木棉打造为昌江县最具吸引力的旅游品牌。

昌江毛豆 昌江毛豆是新鲜连荚的黄豆，新鲜时豆荚为嫩绿色，青翠可爱，晒干之后就称为大豆。毛豆喜温怕涝，昌江属典型的热带季风气候区，特别是昌江的十月田镇，四季如春，日照充足，生态环境好，土地肥沃，水源充足，非常适宜种植毛豆。昌江毛豆嫩绿皮薄、豆粒饱满、口感柔嫩清爽、微带清香，味甘鲜美，并含有丰富的植物蛋白、多种有益的矿物质、维生素及膳食纤维，深受市场青睐。昌江毛豆经过采收、筛选、清洗、冷藏、保鲜、包装等初级加工，远销北京、上海和杭州等地。昌江县气候适宜，昌江毛豆一年可种两造，大概 70 天后可收获，属于热带高效、绿色无公害农产品。

乌烈羊 乌烈羊主要产于昌江县乌烈镇一带，乌烈镇属典型的热带季风气候区，年平均气温

24.8℃，全年无冬，四季如春，日照充足，年平均降水量为1543毫米，生态环境好，土地肥沃，灌木丛生，天然饲料充足，适宜羊群放牧。由于适宜的自然环境，自然放牧的乌烈羊毛色光亮，肌肉丰富，肉质结实，与野羊一样，脂肪少，肉味鲜，味道美，特别滋补，被誉为山珍，在海南颇负盛名。

霸王岭山鸡 霸王岭山鸡也称山栏鸡或原鸡，原产于霸王岭深山老林里，是由野生红色原鸡经过长期的驯化选育而成，具有适应性和抗病力强、成活率高、采食量少等特点，大多采用常规圈养和野外散养两种方式饲养。省农业科学院畜牧兽医研究所有关专家对霸王鸡产品进行评定，霸王岭山鸡皮比较薄，皮下脂肪比较少，肉质结实、清香、风味独特，是昌江县特有的畜禽品种资源。霸王岭山鸡体型比较小，皮比较薄，皮下脂肪比较少，属真正的低脂肪、低胆固醇、低血糖、高蛋白“三低一高”的绿色健康食品，含有丰富的氨基酸、微量元素等有益于人体健康的营养成分，特别适合老人、儿童和体质弱者滋补身体，是一种很好的营养保健食品。母山鸡一般不超过1千克，公山鸡不超过1.5千克，肉质鲜美结实，很有嚼劲。当地的黎家风味餐馆把祖先传下来的椰汁霸王山鸡烹调方法加以改良，在鸡汤中加入马蹄、红枣、枸杞、冰糖等食材，让椰汁霸王山鸡走出山林，进入大众餐桌，成为当地特色美食之一。

海尾地瓜 海尾地瓜皮薄如纸、口感甘甜细腻。得益于海尾镇的地理环境优势，海尾镇独特的富硒沙壤土和优质无污染的气候条件适宜地瓜种植和生长，在广大农户和专业技术人员的辛勤培育之下，海尾地瓜的钙、硒等微量元素含量远超其他品类地瓜，属地瓜之精品。海尾地瓜营养丰富，口感细腻，深受江浙客户喜爱。

白石黑米 昌江县位于海南省西北偏西部，属热带季风气候，年平均气温24.3℃，气候温暖，四季常青；尤其是昌江乌烈镇的白石村，夏无酷暑，冬无严寒，雨水充沛，日照充足，非常适宜黑稻的种植，其黑米米质型有籼、粳两种，米质分糯性和非糯性两类。为了更多地保存营养，黑米往往不像白米那样精加工，而是多半在脱壳之后以“糙米”的形式直接食用，糙米呈黑色或黑褐色。黑米外表墨黑，营养丰富，有“贡米”“黑珍珠”等的美誉。黑米米汤色黑如墨，喝到口里有一股淡淡的药味，特别爽口合胃。煮稀饭时投入天麻、银耳、百合、冰糖之类，胜似琼浆玉液，头晕、目眩、贫血病人常食，症状明显减退。尤其适合腰膝酸软、四肢乏力的老人进行食疗，故黑米又有“药米”之称。

昌江山兰米 “一碗山兰饭，一杯山兰酒，黎家处处山兰香。”山兰米，是一种黎家独有的旱生山兰糯稻谷。王下乡是一个纯黎族的少数民族乡，地处霸王岭国家森林公园生态保护核心区，该地风光旖旎，空气清新，境内森林覆盖率达到97%，实属天然氧吧，昌江的山兰稻就生长于该生态核心区内，好生态孕育出了优质的山兰米，山兰米一直以来都是黎族群众用于款待宾客的佳品，因而也形成了黎族同胞独特的山兰文化。黎族人民在山上以刀耕火种的生产方式开发山兰园，种植山兰稻，一年一作，无须耕作翻土。山兰米质好，因产量较少、营养丰富，故珍贵无比。黎族人民煮饭的时候一般不洗米，因此原生态地保存了山兰米的大部分营养。饭熟之际，盛一碗晶莹的山兰米饭，光是视觉的享受已叫人迷醉，细嚼慢咽中更能觉出山兰米的细腻精良。

杨柳花生 杨柳村位于昌化江的下游，水源充足，肥沃的土壤和充足的水源为花生的生长提供了有力的保障。该村种植花生已有多年的历史，从开始的几十余亩发展到如今的几百亩。随着榨油厂的出现，花生带动副业的发展，形成产业链，已成为杨柳村的支柱产业。杨柳村花生不仅粒粒饱满颗颗壮实，而且外观和品质较佳，所产花生除满足该县市场外，还远销广州、重庆、湖北等地。

昌江蜜瓜 昌江蜜瓜的主要生产示范基地在海尾镇五大村。该地临海，主要为沙土土壤，阳光充足，适宜种植瓜果。蜜瓜瓜株开花后全都是采用蜜蜂授粉，既节约成本，也提高了蜜瓜的含糖度。昌江蜜瓜外观色泽翠绿、圆润饱满，风味口感明显比其他普通蜜瓜要好。昌江蜜瓜是近年来昌江大力发展的高效特色农业品牌，昌江自2010年试种蜜瓜以来，种瓜农民收入逐年增加，不少农民盖起了“蜜瓜楼”。昌江密瓜已名声在外，特别是该县海尾镇五大村出产的蜜瓜，已经成为省内各大知名商超的密瓜供应地。

昌江黑皮冬瓜 黑皮冬瓜，嫩瓜青绿色，成熟瓜为黑色，呈炮弹形。黑皮冬瓜喜温暖，不耐寒，需充足的水分。昌江属典型的热带季风气候区，全年无冬，四季如春，日照充足，生态环境好，水源充足。其气候、水源等自然条件非常适合种植黑皮冬瓜，昌江的地域优势造就了品质优、个头大、肉质厚、无空心的昌江黑皮冬瓜。深受江苏等地客商的青睐。黑皮冬瓜内含蛋白质和大量维生素与矿物质。

昌江山兰糯米酒 昌江的黎家甜糟，是用昌江地区特产的山兰糯米发酵制成。将山兰糯米饭，拌以黎山特有的植物做成的酵母，再装到竹篮里然后用新鲜干净的芭蕉叶盖好，让其自行发酵几天后再密封进坛里，经过半个月时间以后便成为甜糟。甜糟颜色乳白，口味甘甜，像饮料，后劲很大。黎族甜糟营养价值很高，用来煮鸡蛋则更香美。如果在坛里深埋地下，经三五年挖出，则甜糟已全部化为浆液而变成“昌江山兰糯米酒”。

昌江黄花梨 据《中国树木志》记载，野生海南黄花梨产于海南昌江、白沙、东方、乐东、三亚等地，而名贵的海南黄花梨则主要生长在黎族地区，其中尤以昌江王下地区的海南黄花梨最为珍贵。昌江黄花梨主要分布在霸王岭腹地、海尾镇的三架岭等。这里的黄花梨都是生长在岩石上或缺水干旱的土地上。昌江霸王岭地区除了是珍稀野生动植物保护区，也是矿产资源富集地区，有铁矿、石灰石、铜、钴、金、石英砂等20多种矿产资源，是亚洲最大的露天铁矿，同时也是“亚洲第一富铁矿”。在铁矿上生长的黄花梨坚硬如铁，密度超过印度小叶紫檀。黄花梨木为国家珍稀木材，尤其以昌江霸王岭山区的黄花梨为极品。1972年，昌江王下的花梨格被中国植物博物馆收藏。黄花梨木为国家珍稀树种，生长慢，材质结实，无病虫害，具有较高的药物价值，成材需几十年甚至百年以上，是艺术品雕刻、家具用品、豪华装饰的最好木材。

昌江玉 昌化江流域昌江段蕴藏着丰富的玉石矿藏，以黄蜡石为代表加工制作的玉石统称昌江玉，莫氏硬度为7，不含有害元素。按颜色的深浅可分为清白、粉白、浅红、褐黄、嫩黄、橙黄及绛红七大类型。黄色玉石品种是微晶镶嵌结构，颜色深浅适中，呈透光性，质量最优，绛红色、浅红色品质次之。昌江玉以黄色、红色最为常见。昌江民间收藏玉石较为活跃，县里成立“奇石协会”，还多次举办了奇石展，推介昌江玉石。

昌江黎陶 昌江黎族制陶术源远流长，石碌镇保突村至今依然传承“泥条盘筑法”制陶技艺，它犹如一部“活历史”，真实地再现了古时黎族特定的生产方式、生活方式和民族特征。黎族手工艺制陶工艺流程复杂且讲究：第一步，选取黏性泥土，放在阳光下晒干。第二步，将腾干后的泥土舂碎，用米筛筛5—7次成泥粉。第三步，用水调匀细泥粉拌成泥团，水与泥粉的比例约为1∶2。水多或少都不行，需恰到好处，这一步是制作陶器的关键。第四步，制陶皿。先捣泥直至完全均匀后，将泥团铺成薄饼状做器底，并移到一个倒扣的粗孔竹筛上，然后用螺壳和小木拍等工具，将陶坯做成各种生活用具，如碗、钵、锅、罐、盆、蒸酒器、水缸等。制作好的陶坯置晒6—8天完全晾晒干后，才择日烧陶。经过两个多小时的烧制，方可小心翼翼地从火堆里挑出烧好的陶器。为了增加陶器的坚硬度，黎族妇女用一种黎语叫“塞柴涯”的植物树皮捣烂后，取其汁液与一种叫“柴构仁”的植物放在一起浸泡，并用树叶淋在刚出火的陶器上，使之起到加固作用。经过淬火后的陶器马上变声，陶器即制作成功。2006年，黎族原始制陶技艺经国务院批准列入第一批国家级非物质文化遗产名录，申报和保护单位为昌江黎族自治县。传承人为羊拜亮。

昌江黎族牛皮凳 昌江黎族牛皮凳，主要以牛皮和藤制作而成。黎族的祖先以前狩猎后，有用黄猄皮和鹿皮等制作皮具的传统，后来禁止捕猎后，用牛皮做凳子，是物尽其用的一种表现，也是传统的延续。牛皮凳制作技艺主要流传于昌江县王下乡、石碌镇、七叉镇、叉河镇等黎族乡镇，以从王下乡搬迁至石碌镇的水富村为最。制作一张牛皮凳，除了牛皮(水牛的或黄牛的皆可)，粗细两种规格的藤条和一种黎语称作“赛胜”、成形性较强的乔木，也是必不可少的原材料。牛皮凳的规格，有高、矮两种，呈上窄下宽的圆柱形。其舒适实用、安全环保，造型简单美观。牛皮凳作为黎族传统工艺品之一，深受黎族同胞和游客的喜爱，随着黎族文化的发展及宣传力度的加大，牛皮凳不仅实用还具有收藏价值。

昌江黎锦 黎锦，是海南岛黎族民间织锦，具有悠久的历史。黎锦分为四大工艺：纺、染、织、绣。生活在该县操美孚方言的黎族妇女，掌握着一种叫作“絣”的古老纺染织绣技艺。唐宋时期，黎族地区上贡的“盘斑布”“棋盘布”“青盘皮单”等贡品便是絣染技艺的织物。

絣染技艺是一种先在经线上扎结图案并进行染色，然后用腰机再在有朦胧图案的经线上用单色或多种颜色的纬线进行织布的独特手工技艺。黎族絣染技艺是一种古老的纺染织绣技艺，早在春秋战国时期的史书上，即有记载。《资治通鉴音注》中记载的“缬，撮采以线结之，而后染色，既染则其结，凡结处皆原色，余幔入染矣，其色斑斓谓之缬”，说的便是黎族的絣染技艺。目前，这种古老的技艺只留存在海南岛昌江黎族自治县和东方市个别用美孚方言的黎族地区。独特的黎族絣染技艺主要分布在该县的石碌镇保梅、水头、水尾、牙营、鸡心、鸡实，七叉镇的大仍、保山、大章、红峰、机告等10多个自然村。

黎族絣染技艺在中国乃至世界上都是罕见的染色技艺，至今仍存在，具有特殊的意义。它是中国纺染织绣技艺的活化石，它的存在，对研究中国棉织史具有重要的意义。

昌江藤编 昌江藤编技艺，是将山藤晒干、修剪后进行加工的一种民间编织活动，也是黎族人民勤劳智慧的文化结晶。藤编一般经过打藤（削去藤上的节疤）、拣藤、洗藤、晒藤、拗藤、拉藤（刨藤）、削藤、漂白、打框架、编织等10多道工序制作而成。藤编的藤器主要有盛放衣物的藤箩、藤椅、腰篓、斗笠、菜篮等生活必需品，其技艺独特、成品精美，深受黎族人民喜爱。该技艺流传主要分布在昌江县七叉镇的大仍村、大章村以及石碌镇的保突村等黎族村庄。其代表性传承人为陈桂红、米眉脱。

（林明辉）

农业综合开发

【概况】昌江黎族自治县农业综合开发服务中心，是参照公务员法管理的副科级公益一类事业单位。机构改革后部分单位重新制定“六定”方案的要求，2020年11月27日，县委编办制发《中共昌江黎族自治县委机构编制委员会关于印发昌江黎族自治县农业综合开发服务中心机构编制方案的通知》。昌江黎族自治县农业综合开发服务中心隶属县农业农村局。主要工作职责：贯彻落实中央、省、县有关农业综合开发方针、政策和法律法规；协助行政主管部门拟订全县农业综合开发中、长期规划；负责全县农业综合开发项目立项踏勘、申报、实施和竣工验收。

【项目基本情况】2020年，开展高标准农田建设工作，以农田水利建设为重点，加强农田基础设施建设，改善农业基本生产条件，提高农业综合生产能力。同时，辅以必要的农业和田间道路措施，夯实农业发展基础，发展高产优质高效农业，提高农业生产的整体效益，增加农民收入，增强农业发展后劲。

【项目投资规模】2020年，昌江县高地田洋高标准农田建设项目建设地点为乌烈镇白石村委会、道隆村委会和峨港村委会，项目建设规模0.5万亩，计划总投资1250万元，其中中央财政892万元、省级财政配套 285 万元、县级财政配套 73 万元。

【项目建设内容】 在项目区内采取水利、田间道路等综合措施，建设高标准农田面积 5000 亩，使其达到排灌设施合理，道路贯通的高标准田洋。1. 灌溉工程。对项目区 5000 亩农田的灌排系统进行建设改造，主要建设内容为渠道硬化防渗 38 条，总长 10325 米，配套建筑物 518 座。2. 田间道路工程。新建田间道路 15 条，总长 10940 米，其中机耕路 6 条总长 6025 米，手扶机路 9 条总长 4915 米，配套建筑物 25 座。3.排水工程。排沟防崩硬化 6 条，总长 2745 米，配套建筑物 230 座。4.其他工程。建筑物标示牌 88 块，标志牌 1 座。

【项目实施效益】 项目区通过实施治理后，可建成高标准农田 5000 亩，改善灌溉面积 3200 亩，改善除涝面积 1800 亩，预计年新增粮食 100.4 万公斤，年新增瓜菜 393.6 万公斤，可增加农业总产值 839.60 万元，其中水利效益产值 251.88 万元，年人均可增收约 884 元。项目完成后，配套农田水利设施，实现渠道防渗硬化，排灌合理，道路连通，可促进农业耕作机械化，挖掘增产潜力，对周边的发展起到带动和辐射作用，增加了农民对农田水利等基础兴业的信心，社会效益显著。

（郭祖萱）

农业技术推广服务

【概况】 2020 年，县农业技术推广服务中心对标农技推广服务的硬任务，以推广农业优质安全、节本增效、绿色发展技术为导向，为保障粮食安全和农产品有效供给、推动农业转型提质增效提供强有力的科技支撑。

【化肥农药减施增效技术应用】 一是加强病虫监测预警，减少用药防治次数。强化病虫测报体系建设，准确掌握病虫草发生发展动态。2020 年，中心在昌化、海尾、乌烈、十月田和七叉等镇安装 12 台高空测报灯，对玉米、水稻、香蕉、芒果等作物开展病虫草害监测，及时发布瓜果菜、水稻病虫情报 14 期。并严格按照农药安全间隔期要求，坚持适期防治，做到精准识别、精准用药，避免盲目用药和重复用药，农药利用率达 40%以上。二是开展水稻病虫害调查及检疫工作，确保产地（调运）安全。昌江县水稻制种面积约 1800 亩。为扎实抓好水稻制种产地检疫，中心检疫员严格按照《农业植物产地检疫规程》实地检疫，有效地对水稻种子生产基地疫情进行监测与防控，阻截检疫性有害生物的传入和蔓延，确保了基地安全、水稻种子源头安全。三是推广绿色防控技术，降低化学农药使用。因地制宜开展病虫害绿色防控技术，采用生物、物理防治技术相结合的方式，大力推广灭虫灯、色诱虫板、生物农药，选用高效环保型农药品种组成最佳用药组合，减少化学农药的过量使用。2020 年，农作物推广绿色防控 22.6 万亩次。其中，应用色诱虫板 25.2 万张，推广太阳能灭虫灯 199 盏，安装草地贪夜蛾诱捕器 6502 套。在玉米主产区示范推广高效低毒 14436 亩次，在昌化、乌烈等镇建立草地贪夜蛾统防统治与绿色防控融合示范区 7218 亩。利用田间指导推荐农户使用海岛素等植物诱导免疫剂，提高植物抗病性，减少病虫害的发生，减少农药的使用。在防治香蕉枯萎病时，指导农户协同监控，及时砍除病株，挖坑消毒，使用生物菌，改善土壤环境及优势种群，防控病害蔓延。掌握最佳防治措施及时间，实施精准施药，提高农药利用率和防治效果等，减少盲目用药，降低农药使用量，保障农产品质量安全。

【耕地质量监测点建设】 2020 年，加大耕地地力保护及提升试验示范推广，进一步提升昌江县耕地质量。一是巩固测土配方施肥基础工作。在全县 8 个乡镇村主要农作物种植区，完成取土采样化验分析工作，样品数量 103 个，化验分析样品项目为全氮、有效磷、有效钾、有机质、pH 值等项目指标；选择有代表性的大田洋种植区组织开展田间肥效试验工作，具体在十月田镇保平田洋和乌烈镇峨港田洋布置完成水稻肥料利用率、肥料校正等 5 个田间肥效试验。提高肥料利用率，促进化肥减量节本增效，为昌江县主要作物配方科学施肥提供技术支撑。二是推广耕地保护与质量提升，促进化肥减量增效技术。在全县5个乡镇设立土壤酸化改良技术示范片及化肥减量增效技术示范片，共1.495万亩，补助物资1109吨，辐射带动推广应用面积3.5万亩。通过集成推广测土配方施肥和水肥一体化等技术，推广应用土壤酸化调理剂、生物菌剂、有机肥、氨基酸水溶性肥等新型高效肥料技术模式，优化施肥结构，促进化肥减施增效，进一步改善耕地生态环境，提高农产品质量。经实施示范技术模式核心区数据调查表明，作物种植病虫害总体得到相应控制，达80%以上，农药减量15%以上，化肥用量减少20%以上，土壤pH值提高0.42个单位，土壤有机质平均提升16%以上，达到节本、提质增效的作用，测土配方施肥技术覆盖率达95%以上。示范片土壤有机质总体得到相应提升，土壤酸化得到改善，耕地质量得到有效提升，化肥使用有效减量，改良土壤提升地力，提高作物健康生长和抗逆能力，为促进农产品提质增效提供技术支撑，保障农产品质量安全。三是推广水稻秸秆还田技术。通过宣传和现场观摩培训指导，昌江县水稻生产收获后秸秆基本还田肥料化利用。据调查统计结果，2020年昌江县早、晚两造水稻种植面积共66945亩，水稻秸秆肥料化还田面积为56903亩，秸秆还田率达85%。四是宣传培训及技术推广工作。通过开展田间试验，积极组织农民到试验田进行现场观摩培训，化肥减施增效技术推广面积达14万亩以上。同时做好田间技术指导及培训服务工作，主要指导及培训耕地质量提升促进化肥减施增效技术、秸秆还田技术、测土配方施肥技术、水肥一体化技术等内容，技术指导及培训共45期，累计培训1000多人次，派发技术明白纸3000多份、施肥技术手册1000多册，为促进农业可持续发展提供技术支撑。

【基层农技推广体系改革与建设补助项目实施】一是提高农技推广队伍素质能力。为进一步提高基层农技人员业务水平和服务能力，将基层农技推广队伍打造成“一懂两爱”、高效服务乡村振兴的骨干力量。中心于2020年上半年遴选出县乡两级65名技术人员，选派到海南大学继续教育学院参加省级集中知识更新培训5天；下半年组织12名县乡两级技术骨干赴深圳参加农业农村部管理干部学院承办为期5天的知识更新培训班。通过培训，加快基层农技推广人员知识更新，进一步提升技术指导员的专业技能和实操水平。二是围绕特色产业，培育科技示范主体，建设科技示范基地。结合昌江县产业发展和技术推广需要，遴选80名农业科技示范主体及3个农业科技示范基地。举办火龙果、莲雾等示范基地技术培训6场次，培训人数389人，发放技术资料400多份。同时，分派技术指导员指导3个农业科技示范基地和80个科技示范主体科学施肥用药技术，安装自动虫情测报灯2台、太阳能灭虫灯2台，悬挂诱虫板（黄蓝板）6000张，施用有机肥225吨、植物诱导免疫剂50%氨基寡糖素水剂（海岛素）72公斤。通过组织示范主体及农技员学习观摩农业科技示范基地展示的绿色防控技术、水肥一体化技术和有机肥替代化肥减量增效技术等手段，有效减少了化学农药和化肥的施用量，发挥了农业提质增效作用，提升了土壤肥力肥料利用率及辐射带动力。

【种子市场督测和引导】2020年，积极深入各乡镇种子销售门面店查看种子销售信息，及时掌握昌江县范围内的种业经销、种子代理、代销点信息情况。同时，积极调解种子纠纷事件，对于销售假种子行为，及时反映给农业执法大队，为昌江县的种业市场良性发展起到积极的作用，有效地维护广大农民消费者和种植业者的合法权益。及时准确完成种业信息统计工作，为省、县主管部门掌握一手资料提供参考依据。

【产业扶贫技术咨询】开展种植技术培训班，助力产业扶贫，为提高贫困户的种植技术，切实做好产业扶贫，县农技中心成立产业扶贫技术咨询领导小组，通过开设咨询热线及开办培训班等形式，开展技术指导工作。

【战疫情保春耕】 在抗疫情保春耕期间，昌江县遭遇强对流天气（冰雹）影响，中心第一时间深入田间地头，查看农田作物受灾情况，了解受灾程度，分级指导，采取有效措施，做到灾后作物能尽快恢复生产，有效控制各种病虫害的发生蔓延，并及时印发《农业技术》，很好地指导了灾后生产。在乌烈村和峨港村扶贫产业园，中心技术人员指导贫困户灾后恢复生产，并给乌烈村和峨港村扶贫产业园的贫困户发放价值5620元的防控病虫害物资。同时，中心还开展2020年全县肥料信息调查工作，通过走访供销商和对农户施肥量跟踪的形式，及时掌握全县销售肥料情况，并做好每周一报全县肥料销售信息，确保春耕、冬季瓜菜耕种期间全县肥料市场储备充足。

【创文工作】 一是积极组织干部职工每周六例行到责任卫生区打扫卫生，抓好卫生整治，动员邻近居民参与创文工作，树立“讲文明、讲卫生”理念，共同营造良好的居住环境。二是组织干部职工参与交通文明劝导活动，通过志愿者的宣传及引导，昌江县广大市民也进一步增强了安全文明出行意识。三是整治中心楼、宿舍区卫生，美化楼道墙面。清理废旧铁皮棚300多平方米，重刷旧墙体，清理楼道杂物，并在楼梯走道处张贴“文明健康、有你有我”、社会主义核心价值观、“讲文明、树新风”、关爱未成年人等公益广告。四是硬化宿舍区黄土裸露路面积165平方米。

（潘　东）

农业机械技术服务

【概况】 昌江县农业机械技术服务中心（以下简称中心）负责全县农业机械的农机安全监理、驾驶操作人员培训、农机技术推广以及实施农业机械购置补贴、农机深耕深松作业惠农政策等工作。有干部职工11人，其中专业技术人员4人。2020年，中心农机化工作坚持以习近平新时代中国特色社会主义思想为指导，深入贯彻落实党的十九大精神，按照“一抗三保”工作要求，坚持一手抓疫情防控、一手抓安全生产，做到疫情防控和安全生产“两不误”，规范落实农机购置补贴政策，积极推广农机化新技术，着力培育新型技能农民，扎实推进农村深化改革。

【新冠肺炎疫情防控】 面对突如其来的新冠肺炎疫情，中心进一步提高政治站位，坚决扛起责任担当，按照县委、县政府要求，及时成立疫情防控专项工作领导小组，暂停各项重点业务，将工作重心转移到全面防控疫情上来，重点抓好办公区域疫情防控，设置体温检测点，坚持每天为各股室人员检测体温，如实准确登记工作人员的体温检测情况。在办公区域配备消毒液、一次性口罩、专用垃圾桶，张贴宣传标语，安排干部职工轮流值守。通过“昌江县贫困户受疫情影响调查” 线上小程序，督促本单位的帮助责任人，利用手机、微信等现代通信手段，以“不见面”方式，及时了解帮扶贫困户疫情防控、家庭实际困难、生产生活、返岗就业务工情况，以及贫困户现有扶贫产品信息，详细填报信息清单，为决战决胜脱贫攻坚夯实基础。

【农机购置补贴政策】 认真贯彻落实《海南省2018—2020年农机购置补贴实施指导意见》精神，建立健全补贴机具核验内部控制流程，加强内部监督制约。利用信息公开专栏，将补贴政策、规章制度、工作动态等信息应公开尽公开，切实保障广大农机群众的知情权、监督权。严把选人用人关，选配责任心强、业务素质高、作风优良的干部从事农机购置补贴办理工作，充分发挥农机购置补贴政策效益，为昌江县热带特色高效农业发展提供有力支撑。2020年，昌江县农机购置补贴资金共有

245.266万元，其中2019年结余资金95.266万元（中央资金95.148元、省级资金0.118万元），2020年县下达资金150万元。截至2020年12月底，已发放农机补贴102.79万元，受益35户，补贴农机具45台。

【农机社会化服务体系建设】 落实海南省农机社会化服务体系各项政策，以发展农机合作社为抓手，以产业扶贫为基础，以建档立卡贫困户为工作对象，开展农机社会化服务体系建设。积极争取省财政厅、农业厅下拨项目资金30万元，扶持创建昌江凯利民农机服务专业合作社，用于购置全农机装备和零配件。截至年底，全县创建农机合作社达到5家，进一步提升了昌江县农机合作社社会化服务能力，全年全县农机合作社开展深耕深松作业面积达38050亩。制定《昌江黎族自治县农机新技术示范推广项目建设实施方案》，委托第三方机构中国热带农业科学院机械研究所进行验收，对昌江陆顺农业机械农民专业合作社作业面积1万亩给予补贴，每亩补贴50元，共补贴50万元，进一步调动了农机合作社的积极性和主动性。

【农机道路交通安全专项整治】 加强与县农业行政执法大队、县交警大队、县交通局、县应急管理局等部门联合执法检查，深入开展道路交通安全专项整治三年攻坚战工作，积极开展“春种”“夏收”时节，以及清明、国庆、两会等重大节日、重大活动期间的农机安全生产整治工作，在主要交通路段设立检查点，重点查处农机违法载人、无证驾驶、酒后驾驶、非法改装等违法违规行为。2020年，开展农机安全检查120次，出动执法人员366人次，发现安全隐患89项，已整改65项。开展警农道路安全联合执法88次，出动执法人员236人次，检查拖拉机802辆，查处拖拉机违章违法行为49起。

【农机安全生产宣传教育】 以提高广大群众和农机驾驶员安全生产意识作为农机安全生产监管的重要抓手，开展全方位、多形式的农机安全生产宣传教育，推进农机安全生产宣传教育常态化，不断增强广大农机驾驶员和农民群众的安全意识。开展“安全生产月”宣传活动，设立“安全生产月宣传咨询日会场”，现场宣讲农机安全生产知识。深入全县8个乡镇和5个农机专业合作社，开展农机安全宣传教育活动18场次，向群众和农机驾驶操作人员广泛宣传农机法律法规、农机安全驾驶操作等知识，接受教育群众3000多人。发放《农机驾驶员安全操作常识》《农机事故宣传资料》《农机手安全知识手册》《平安农机一封信》《农机安全倡议书》等宣传资料5500多份，悬挂宣传横幅50多条，签订《农机安全生产责任书》494份。通过微信、手机短信向全县农机驾驶员编发安全生产温馨提示11300多条，营造农机安全生产的良好氛围，促进农机安全生产形势平稳。

【“平安农机”创建】 制定《昌江黎族自治县“平安农机”示范县项目建设实施方案》，坚持“安全第一、预防为主、综合治理”的方针，围绕创建“平安农机”的总体要求，投入15万元开展“平安农机”示范县创建工作，创建工作覆盖全县8个乡镇，促进农机安全形势稳定好转。创建“平安农机”示范户300个，制作村口户外大型宣传栏、宣传牌7个，重新更换各镇、村大型宣传牌55个。严格牌证管理，扎实开展农机年度检验工作，及时排查农机安全隐患，提升拖拉机安全技术状态，严防拖拉机“带病”上路行驶，减少农机安全生产事故发生，全年共年检拖拉机542台，签订农机安全生产责任书542份，占应检拖拉机总数的54.04%。以保平农机站为阵地，抓好农机驾驶员技能培训工作，举办2期农机驾驶员技能培训班，免费培训农机驾驶员163人，考试合格率达100%，培育一批新型技能职业农民，为推进昌江农业机械化服务提供技术保证。

（李其星）

热作技术服务

【概况】2020年，昌江黎族自治县热作技术服务中心认真组织学习党的十九大和省第七次党代会的全会精神，以习近平新时代中国特色社会主义思想为指导，坚持科学发展观，认真贯彻落实党在农业农村的路线方针政策、中央一号文件和全省农村工作会议精神，深入学习贯彻习近平总书记在庆祝海南建省办经济特区30周年大会上的讲话和中央12号文件精神，扎实苦干，廉洁奉公，落实昌江县各项惠农政策，加大产业精准脱贫和强农惠农富农政策支持力度，提高部门服务“三农”水平，做好海南省农业农村厅及昌江县建设项目、热带经济作物和热带水果产业的生产发展项目的推进，开展热带作物生产技术培训、热带作物标准化生产示范园创建等工作。

【橡胶生产管理及病虫害监测防治】组织中心技术干部指导各乡镇的植胶农户做好橡胶抚育和病虫害防控工作，通过在海尾镇高石塘村和七叉镇大仍村建立的病虫害观测点来监测和防控热带作物病虫害的发生，坚持“公共植保、绿色植保、科学植保”的理念，按照“预防为主、综合防治、突出重点”的原则，整合资源，务实基础，完善热带作物病虫害监测网络，进一步提高病虫害监测预报能力和水平。

【热带特色产业】经县委、县政府研究，同意发展泰国红8号菠萝蜜种植项目、芒果产业脱贫项目、芒果品质提升项目、椰子产业脱贫项目4个高效产业脱贫项目。(1)泰国红8号菠萝蜜项目。全县申请种植泰国红8号菠萝蜜面积共计5840亩，涉及8个乡镇63个村委会，贫困户1340户。(2)芒果产业脱贫项目。全县申请种植芒果面积共计2005亩，覆盖7个乡镇37个村委会，贫困户416户。(3)椰子产业脱贫项目。全县申请种植椰子面积共计354亩，覆盖3个乡镇20个村委会，贫困户76户。(4)芒果品质提升脱贫项目。全县芒果品质提升脱贫项目面积共计2226亩，覆盖7个乡镇40个村委会，贫困户294户。中心按计划组织实施并完成4个扶贫项目，助力打赢脱贫攻坚和乡村振兴战略的实施。

【橡胶产业脱贫保险】为了贯彻落实党中央和省委、省政府关于打赢脱贫攻坚战精神，切实做好扶贫开发工作，创新金融扶贫方式，助力昌江县天然橡胶产业脱贫攻坚工作，确保决胜全县贫困户胶农顺利脱贫，根据县财政局和县扶贫工作办公室《关于印发〈昌江黎族自治县2020年天然橡胶产业脱贫工程保险实施方案〉的通知》的文件要求，按计划开展橡胶产业脱贫保险工作，涉及石碌、十月田、海尾、七叉、叉河和王下6个乡镇33个村委会，贫困户1133户，投保面积共16105.42亩。

【热带作物培训和技术指导工作】(1)培训工作。以民生和振兴乡村为工作着力点，突出抓好昌江县热带经济作物生产管理技术水平与病虫害防控能力，确保各项工作提升，加强以对农民栽培热带作物的培训为重点，做好昌江县热带作物生产和病虫害防控工作。中心有计划地组织全县农业技术员在石碌镇、七叉镇、十月田镇等8个乡镇举办泰国红8号菠萝蜜的栽培管理技术、芒果栽培管理与采摘技术、橡胶栽培管理与割胶技术、百香果高产栽培管理技术、凤梨高产栽培管理技术、椰子高产栽培管理技术等22场培训，培训人员达1385人。(2)产业指导和电话来访工作。2020年3月3日，中心产业指导组深入海尾镇沙地村仙人掌种植基地开展产业技术指导工作。3月18日，县热作技术服务中心到七叉镇开展芒果示范户检查指导工作，到重合村农户邢忠明、贫困户符怕夫芒果基地进行产业技术指导工作。2月26日，中心接到七叉镇七叉村驻村第一书记胡泊来电，反映该村农户的槟榔正在遭受病虫害危害。接到求助电话后，林日波主任带队赶到七叉镇七叉村农户的槟榔基地开展技术指导工作。2020年3月3日，中心接到海尾镇木曲村农户电话来访，反映其种植的哈密瓜存在病虫害，急需救治。该农户种植的哈密瓜共11亩，已种植64天，近期出现多种病虫害危害且长出来的哈密瓜也没多大变化。中心立马赶到该农户种植地开展技术指导工作。

【扶贫帮扶】2020年，贯彻落实中央和省、市、县系列脱贫重大决策部署，确保贫困人口到2020年如期脱贫。根据县扶贫指挥部要求，中心组织全体帮扶负责人，适当安排时间，每月至少4次入户走访帮扶建档立卡贫困户，了解贫困户的思想动态，让贫困户切实感受到中央、省、市、县集中力量打赢扶贫开发攻坚战，增强脱贫致富的信心和勇气，同时转变其“等、靠、要”的慵懒思想，变被动脱贫为主动脱贫；利用好上级帮扶政策和措施，指导贫困户通过发展种养业和务工，积极就业创业致富，早日脱贫。

【热带作物标准化生产示范园】根据海南省农业厅《海南农业农村厅办公室关于开展热作标准化生产示范园创建活动的通知》的要求，中心在现有热作标准化生产示范园的基础上，继续创建一批高水平、示范带动能力强的示范园。为确保按时完成创建工作，从3月起，继续做好宣传，组织申报国家级、省级热带作物标准化生产示范园工作，引导在昌江县境内的海南绿果香农业科技有限公司昌江分公司（蜜柚）、海南昌江杨柳春生态农业开发有限公司（火龙果）、海南乐中生态农业有限公司（火龙果）3家公司申报标准化生产示范园活动，带动周边乡镇农户共同发展，极大地推动昌江县热带水果生产的发展。

【直播带货活动】2020年，为让昌江热带水果品牌概念更加深入人心，借着全国上下掀起的直播带货风，通过网络线上线下活动，全力打造“山海黎乡纯美昌江”名片。中心委托乾鹏印象国际文化传媒（北京）有限公司拍摄组深入各乡镇取景拍摄，并在各热带水果园开展直播带货活动，助力昌江县热带水果的销售工作。

【2020年芒果飘香暨“五一”系列旅游文化活动】昌江素有“芒果之乡”的美称，在芒果成熟的季节，县委、县政府组织策划2020年芒果飘香暨“五一”系列旅游活动。通过开展芒果观光采摘品尝活动，整合挖掘昌江县旅游资源，促进芒果特色农业旅游产业化发展，增加农民收入，探索一条以旅助农、农旅相融的可持续发展道路。为了确保活动的顺利开展，根据昌江黎族自治县旅游和文化广电体育局《关于征求〈2020年芒果飘香暨“五一”系列旅游活动总体方案（征求意见稿）〉意见的函》和昌江黎族自治县热作技术服务中心《2020年芒果飘香暨“五一”系列旅游活动昌江果园欢乐采摘体验活动工作方案》文件精神，中心确立石碌镇环城西路鑫业芒果园、七叉镇海南华超实业有限公司芒果园、海尾镇棋子湾旅游专道公路边桂许金芒果园为“五一”系列旅游活动芒果采摘点，为2020年芒果飘香暨“五一”系列旅游文化活动的开展打下基础。

【“中国农民丰收节”成果展】2020年，首届海南（昌江）乡村振兴产业峰会暨“中国农民丰收节”昌江庆祝活动，是昌江县举办的一次规模较大、档次较高的活动。中心围绕工作任务精心谋划、及早安排，实地考察乡村产业发展项目，并在启动峰会开幕前引导专家、参会代表参观昌江“乡村振兴”成果展，实地参观考察昌江芒果、火龙果、花卉、菠萝蜜、香水菠萝、毛豆、深海网箱养殖等乡村产业发展情况。并结合“中国农民丰收节”昌江庆祝活动，设立昌江“乡村振兴”成果展示、昌江特色农产品展销会“两大展示区域”。

（钟尊富）

林 业

【概况】2020 年，昌江县林业局贯彻落实习近平总书记“4·13”重要讲话和中央 12 号文件精神，紧紧围绕海南自由贸易港和昌江新时代“山海黎乡大花园”建设目标，加强生态保护修复与合理开发利用，积极打造森林公园建设、生态旅游、生态循环林业等产业，促进昌江黎族自治县全面协调健康可持续发展。

【绿卫工作】2019 年自查发现全县涉林违法图斑 70 个，涉及林地面积 124.1858 公顷。2020 年，经核实合法的有 6 宗，其余 64 宗违法图斑均移交给六大专项整治办、综合执法局依法妥善处置。年内，结案 61 宗，已立案查处 3 宗，恢复造林 13 宗。

【林业生态修复、湿地修复与古树名木保护】2020 年，省绿化委员会和省林业局下达昌江县绿化宝岛造林任务 1.3 万亩。全县完成造林绿化植树 13481.0 亩，四边复绿造林 618.1 亩，完成老残林改造 800 亩，开展义务植树活动，累计种植各类苗木 20 万株；老残林更新目标为 800 亩，已完成 800 亩；“四边两区”复绿已完成 618.1 亩；县林业局承建的昌江县叉河镇三狮岭 V2 建筑用花岗岩石料矿矿山（第 1 生态修复治理区）生态修复项目已完成初步设计与概算、立项、评审、招投标等工作，进入项目施工阶段；实施退塘还林土地平整面积约 400 亩，已完成种植椰子树 250 亩；对昌江县 300 多棵古树名木进行外业挂铭牌工作，已完成 365 株古树名木挂牌，通过日常巡查发现 4 棵名木古树死亡。

【海南昌江海尾湿地公园与海南石碌铁矿国家矿山公园创建】（1）完成海尾湿地公园内为期一年的鸟类、鱼类、两栖、两爬、草本等生态监测工作，2019—2020 年度的监测报告已编制完成，其中对 3 月和 8 月的监测工作进行全程记录和采访，并在昌江县、海南省电视台以及中央电视台相关频道播出。发表美文 29 篇，阅读量超过 1.4 万人次，“学习强国”“昌江发布”“昌江融媒体中心”公众号分别发表了有关海尾湿地公园的美文，为生态文明建设和宣教工作奠定基础。拍摄上万张鸟类等动植物照片，为宣传湿地公园、展现湿地公园提供了翔实的影像资料。（2）2020 年 12 月 24 日，根据《国家林业和草原局关于同意内蒙古阿拉善右旗九棵树国家沙漠公园等 10 处国家级自然公园新建和范围调整的通知》要求，“海南石碌铁矿国家矿山公园”正式转为“海南石碌国家地质公园”，并获得建设资格。

【森林资源保护管理工作】一是高度重视林业有害生物防治工作，通过抓监测促减灾、抓检疫促防灾等措施，确保了昌江县森林资源安全。截至 12 月 30 日，完成了椰心叶甲、椰子织蛾等 19 个林业有害生物监测对象的监测任务，测报准确率 98.12%。完成松材线虫病春秋两季普查工作，经普查昌江县区域内未发现松材线虫病疫情。种苗产地检疫面积 7925.5 亩，种苗产地检疫 100%。挂药包防治椰心叶甲 20868 株次，释放寄生蜂 751 万头防治椰心叶甲虫害，无公害防治率 100%。二是加强森林防火工作，通过电视台、广播、防火宣传车、宣传牌、横幅等方式广泛宣传森林防灭火知识，全面强化全县干部群众的森林防火和安全扑救意识。三是对昌江县持两证的 12 家苗圃的苗木经营工作进行多项检查，严厉打击生产销售和使用假冒伪劣林木种苗行为。四是通过巡查、群众举报共发现涉林行政案件 26 宗，行政案件均已移交综合行政执法局查处。对全县 65.93 公里海岸线进行全面排查，涉及违法行为已移交相关部门进行查处。五是代拟了《昌江黎族自治县人民政府关于开展昌江县 2020 年森林督查暨森林资源管理“一张图”年度更新工作的实施方案》，组织技术人员完成疑似变化图斑的现地自查，并将数据更新和成果上报省林业部门审核。

【花卉产业发展】2020年，为全县花卉产业发展服务，落实花卉企业基础设施建设工程项目4个。四项工程总投资597.72万元，已实际支出500多万元，解决花卉企业水、电、路基础设施配套建设问题。已摸清全县花卉种植面积、基础设施建设需求的核查等方面的前期工作，落实15家花卉企业申请花卉奖励资金300多万元；新增3家花卉企业水、电、路等基础设施配套建设工程，总投资预算500万元。截至年底，昌江县花卉产业占地面积达到10488.14亩，从事花卉的企业和合作社共17家，其中规模较大企业6家，花卉生产经营面积6000亩。

【省级森林城市和昌化大岭省级森林公园创建工作】委托国家林业和草原局中南调查规划设计院编制《昌江黎族自治县省级森林城市建设实施方案（2019—2030年）》，并于2020年9月组织召开编制汇报会，现场征求相关单位意见和建议，报县政府审批印发实施。完成《昌化大岭省级森林公园总体规划》的编制工作，至年底正在进行评审前的准备工作。

【森林生态补偿和野生动物人工繁育场退出补偿工作】年内根据实际情况，制定《生态公益林基金管理制度》《县林业局生态公益林管护人员工作职责》《县林业局森林管护重大问题报告制度》等8个重点公益林制度，用制度开展管理工作，有效规范重点公益林的管护和补偿基金的管理使用。2020年全县符合发放户数2444户10785人，发放生态效益补偿资金7765200元。其中涉及生态贫困户689户3389人，发放资金2440080元。完成全县以禁食野生动物为目的的陆生野生动物人工繁育场退出工作。全县已全部退出33家野生动物人工繁育场（户），其中持证6家、无证27家，共计补偿资金832397.3元。

（冯　操）

海南热带雨林国家公园管理局霸王岭分局

【概况】2020年，霸王岭分局在海南省林业局的正确领导和地方政府的大力支持下，认真贯彻落实习近平总书记关于海南工作的系列重要讲话和重要指示批示精神、中央12号文件和《海南自贸港建设总体方案》文件精神，紧紧围绕热带雨林国家公园体制试点、森林资源保护、海南长臂猿保护研究等工作，强化生态建设，推进生态产业，弘扬生态文化，较好地完成全年各项工作任务。

【完成分局组建】加强国家公园体制试点建设，逐步理顺管理体制并完成分局组建。一是强力推进霸王岭分局组建工作。按照省林业局工作部署，认真组织制订《海南热带雨林国家公园管理局霸王岭分局组建方案》，至2020年12月底，有序完成了海南霸王岭国家级自然保护区、海南霸王岭国家森林公园、海南猴猕岭省级自然保护区（猴猕岭林场）、海南俄贤岭省级自然保护区等4个自然保护地及单位的整合。共接收林地47.4万亩、工作人员167名，划转39人及16.54万亩林地至鹦哥岭分局，完成辖区154.0万亩林地的指界和人员定岗定责等工作。二是建立社区联动机制。为加强霸王岭分局与社区之间的协调沟通，2020年8月成立海南热带雨林国家公园管理局霸王岭分局社区协调昌江、东方委员会，依照《海南热带雨林国家公园条例（试行）》《海南热带雨林国家公园特许经营管理办法》等有关规定，加强与地方政府、周边乡镇和社区的协同联动。三是积极理顺执法管理体系。按照国家公园建设管理的有关要求，召开公园分局、林区公安分局、执法大队联席会，进一步讨论并规范执法程序，明确国家公园内非涉林的行政案件由综合执法大队负责，涉林的林业案件由林区森林公安负责，并联合综合执法大队和森林公安的力量，提高执法水平。

【森林资源保护】霸王岭分局始终以森林资源保护作为工作重点，全面加强资源保护。全年联合森林公安局共开展清山打击行动76次，出动人员472人次，缴获猎枪10支，抓获不法人员1名，摧毁窝棚19处，没收捕猎绳套139条、铁夹50个，查处率100%，没有重大涉林和治安案件发生以及成片并构成危害的森林病虫害疫情发生。主要措施：一是强化管护责任落实。与直接管护人员签订森林管护合同及森林管护劳务承包合同，签订率均为100%。二是强化护林绩效考核。严格执行考核制度，组织3个考核小组，对各管护站点进行了4个季度的绩效考核，对出现森林管护问题的7个管护站分别进行通报批评，并对问题相对严重的6名人员扣发绩效工资。三是强化社区宣传和联防共管。组织8个管护站32个管护班组利用64个防火宣传小喇叭进村入户，并在主要路口进行森林防火知识宣传；高火险和清明节期间，落实省、县防火重点工作部署，充分利用现有瞭望塔，并在视野开阔地设临时瞭望点。与周边乡镇、村委会和森林公安等部门召开森林资源保护联席会议，形成分局、属地乡镇、村委会和村民齐抓共管的林长制工作机制。四是加大对破坏森林资源的犯罪行为的打击力度。整合各方力量，做到打击与防范相结合，继续对破坏森林资源的违法犯罪行为保持打击的高压态势。五是加大林业案件调查与调处工作。及时将2020年度发生的13宗林业案件调查报告函送森林公安局和所属市县综合行政执法局或林业局查处；积极与白沙县政府沟通协调在森林资源保护工作中存在的"一地两证"、林地确权、林业执法等问题。六是加强海南长臂猿野外监测工作。积极开展海南长臂猿野外监测工作，及时掌握了海南长臂猿的种群数量、生活习性、活动范围及栖息地环境的变化情况，对5个海南长臂猿家庭群及4只独猿进行每月5天以上的野外跟踪监测。一年来，共组织监测人员进行常规野外监测1252人次，联合海南公园研究院开展2020年海南长臂猿大调查工作。调查结果显示：海南长臂猿种群数量从2015年的4群25只，增加到2020年的5群33只，种群增长呈现良好的状况，总体呈现稳定增长态势。七是加强森林病虫害防疫检疫工作。按照规定完成了马尾松毛虫、松梢螟、松材线虫和薇甘菊等林业有害生物日常监测工作，并按要求每月上报监测结果；加强松木及其制品检疫检查监管，采取措施预防松材线虫病传入，并组织开展辖区内"松材线虫"普查工作，撰写普查报告并及时报送相关材料；投入资金进行白蚁防治消杀，并对39株椰子树进行了药物防治。八是狠抓"两违"图斑销号工作。2020年，共完成5期131宗"两违"疑似图斑的销号工作，对县生态资源整治联合指挥部下发到局的124宗未销号图斑，进行了重新信息核查和补正补录工作。

【园区基础设施建设】在省林业局和有关部门的大力支持下，稳步推进项目建设。全年共实施项目10个，投入资金4085.76万元。其中6个项目已经实施完成，共投资2377.26万元，分别为投资400万元的霸王岭东二科考防火巡护道路修复工程项目、投资450万元的东一野外科普教育基地栈道工程项目、投资350万元的海南长臂猿生态廊道试点项目、投资500万元的霸王岭林业局花梨溪整治工程项目、投资400万元的霸王岭海南长臂猿监测试点项目及投资277.26万元的天保基建维修工程项目；其余4个项目尚在按要求推进当中，共投资1708.5万元，分别为投资50万元的海南热带雨林国家公园霸王岭片区概念性规划编制项目、投资464万元的海南长臂猿栖息地修复项目、投资1000万元的东一防火储水池修复项目、投资194.5万元的科普宣传地图展示项目。

【园区产业】2020年，霸王岭分局严格执行公司经营方案，强化管理、严控成本等一系列举措，抓好公园景区、水电及林下经济等产业的经营管理，积极推进产业经营持续发展。积极配合昌江县政府有关部门，共同完成霸王岭国家森林公园创A工作申报，成功创建为国家AAA级旅游景区。2020年，产业经营收入590.69万元，完成年度预算的72%（年度预算822万元）。其中，森林公园办收入159.24万元（门票收入75.59万元、美食村经营收入83.65万元），物业经营收入66.48万元，子宰林场经营收入

130.19万元，水电经营收入81.67万元，公司本部收入153.11万元。通过加强产业管理，增加经济收入，连续5年提高职工工资待遇，人均月工资达4760元，职工满意度逐年提升。

【园区内务管理】一是加强制度建设。为理顺国有林场改革和国家公园体制试点建设的有关工作，对党建、人事、会议等管理制度及项目、财务、绩效考核等内控制度进行修编，并通过局党委会讨论，修编内容涉及2个大类32项，待职工代表大会表决通过后印发执行。二是强化干部队伍建设。完成了新提拔人员及新进人员试用期满转正考核工作，对18人工作岗位进行调整，并完成公司各部门、各单位推荐后备干部培养对象档案审查。三是精心制定《2020年基层党建和党风廉政建设工作要点》，着力从干部职工队伍的思想建设、作风建设、纪律建设等方面抓好基层党建工作，从而推进党建与业务工作的融合。四是加强警示教育并制定廉政风险防控措施。通过观看《贪欲之害》《伸手必被捉之三》等警示教育片，提高全局干部拒腐防变思想意识；重点从项目建设、物资采购和业务接待等方面查找廉政风险点，并制定相应风险防控措施。2020年全局干部职工没有出现违纪违法现象。五是抓好新冠肺炎疫情防控和综治安全生产工作。为有效应对新型冠状病毒感染的肺炎疫情，认真制定疫情防控工作方案，将辖区范围划分为13个责任区，设卡3处并安排人员时刻坚守，举全局之力，坚决打赢新冠肺炎防控攻坚战，确保疫情防控期间辖区居民健康安全；突出辖区森林防火、自然灾害、水电、危险易燃品、旅游、饮食等安全生产和周边社区和谐综合治理，认真抓好问题整改和工作的落实，积极维护辖区和谐稳定。2020年，分局辖区没有出现新冠肺炎疫情，也没有发生安全生产等事故及上访等事件。

【园区民生建设】一是加强群团自身建设。安排一名委员分管群团工作，并加强民兵武装等工作。二是落实责任分工。制定《精神文明创建工作责任分工》，不断加强精神文明建设工作。三是积极开展文体活动。“七一”期间与海南大学林学院开展联谊活动；与海南华盈投资控股有限公司、海南省旅游投资控股集团有限公司、海南省粮油产业有限公司3家省国资委所属企业举行联欢活动；根据上级要求，组织机关和基层80余人观看《金刚川》《秀美人生》等电影。四是开展岗位技能竞赛。举行“我参与我奉献”主题劳动技能竞赛。通过竞赛活动进一步提高了职工技能，培养一批技术骨干。五是积极做好帮扶户脱贫后的巩固及林区困难户的脱困工作。向保亭7户已经脱贫的贫困户资助化肥，并给予现金资助；积极开展以购代捐活动，2020年认购贫困户及合作社滞销的农产品，花费近9.5万元。针对辖区8个困难户积极开展帮助帮扶，2020年度全部完成脱困解困。

【园区党风廉政建设】一是明确党委班子成员责任分工。按照党委书记负总责、班子成员各负其责的要求，明确了成员分工和职责。签订《2020年党风廉政建设和反腐败工作责任书》共63份。二是严格执行民主集中制原则。2020年共召开14次党委会，集体研究决定“三重一大”问题，其中5次研究部署基层党建和党风廉政建设工作。三是严格落实班子联系点及谈心谈话提醒制度。班子成员带头参加双重组织生活；集体约谈3次共166人，提醒谈话3人次。四是加强基层党支部建设。持续开展支部标准化规范化建设，按时完成基层4个党支部换届，吸收预备党员1人，按时转正2人，收缴党费32435元。2020年，霸王岭分局机关党支部被省直机关工委命名为“标准化党支部示范点”。五是开展红色传承和爱国主义活动。2020年7月1—2日，组织党员干部到六连岭革命根据地纪念园等地重温入党誓词，缅怀革命先烈。

【解决历史遗留问题】一是积极厘清和解决历史遗留问题。针对存在的职工医院移交、物业费纠纷、海口房产纠纷、拆迁补偿安置、员工劳动关系及社保医疗、项目工程结算、橡胶承包、电站关停及分红、雨林老屋五层楼处置、债务问题、被侵占林地和职工子女就业等12项历史遗留问题，本着尊重历史、依法依规、妥善处置的原则，在解决职工医院移交、职工子女就业等问题的基础上，继续推动其余历史遗留问题的解决。二是配合做好医疗补交返还工作。协助昌江县社保局处理完成医疗补缴个账返还，返还人数462人，金额共计71.2万元。三是扎实推进巡视及环保督察反馈问题整改。根据七届省委第一巡视组反馈的问题，认真按照清单落实整改，完成了要求整改的栈道安全问题；继续做好环保督察整改，退出两座水电站后续补偿的协调和跟踪落实工作。四是积极做好国有企业退休人员社会化管理移交工作。完成678家企业退休人员社保档案材料移交，其中向省社保局移交630份，向昌江县社保局移交48份。

（孙湘来）

畜牧业

【概况】2020年，县畜牧兽医技术服务中心以习近平新时代中国特色社会主义思想为指导，深入贯彻落实习近平总书记“4·13”(习近平在庆祝海南建省办特区30周年纪念大会上的讲话)重要讲话和中央12号文件精神，采取超常规的举措，抓好生猪恢复生产工作，引进新希望六和、江越种猪有限公司及智源、锋俊、鸿盛5家新建养猪场。同时，出台生猪补贴政策，激励原有养猪企业对老旧栏舍改造升级，从省外引进仔猪复产。全县生猪年末存栏80478头，完成省下达目标任务的107.7%，出栏48576头，完成省下达目标任务的37.36%。全县畜禽存栏：牛2.1万头、羊5.8万只、家禽129.5万羽、其他（鸽子）14.8万羽。

【新冠肺炎疫情防控】2020年，县畜牧兽医技术服务中心成立中心防控工作领导小组，制定防控工作方案。面对突如其来的新冠肺炎疫情，中心班子领导和重点岗位干部职工提前结束春节休假，齐心协力，共同投身到抗击疫情的战斗中，从大年初二至年底每天安排人员对宠物市场和活禽交易市场开展排查监管工作；督促石碌肉联厂及全县21个农贸市场开展消毒工作；支援防控指挥部防护服261套，防控消毒药品79箱；开展全县重大动物疫病排查工作，每天向省县上报排查情况；深入石碌肉联厂及全县各养殖场宣传防控知识，制作并发放防控工作“告知书”；及时协调各乡镇为昌江县运输畜禽和饲料的车辆发放省内通行证，确保疫情期间畜牧业生产和销售渠道畅通；做好瓜菜过磅点的消毒工作。加强沟通机制，做好疫情防控工作，开展对全县活畜禽交易市场的监管，完善与卫生健康、市场监管、交通、林业等部门的沟通机制，共享信息资源，及时通报工作中发现的新问题，确保各项防控措施顺利开展。

【生猪复产保供】2020年，积极做好生猪复产保供工作。一是加强组织领导，成立推动恢复生猪生产工作领导小组，引导和服务恢复生猪生产。二是及时编制《昌江黎族自治县畜牧业发展规划》和《昌江黎族自治县畜牧业发展规划环境评价报告》，为生猪恢复生产工作提供依据。三是积极引进大企业，新建生猪养殖场，采取新型养殖模式，确保目标任务的完成。2020年，昌江县共引进海南昌江新六养殖有限公司，海南江越种猪养殖有限公司、智源养殖有限公司、昌江锋俊养殖有限公司、昌江鸿盛养殖专业合作社等5家养猪企业。四是出台生猪补贴政策，有效激励原有养殖企业对老旧栏舍改造升级，做好复产工作，对符合条件从省外引进仔猪的养殖企业按300元/头给予补贴。海南江越农业有限公司当年从甘肃、湖北等地引进种猪5478头。

【春秋两季动物免疫和动物疫情监测】为做好昌江县重大动物疫病防控工作，根据省农业农村厅要求，印发《昌江黎族自治县2020年动物疫病强制免疫计划实施方案》及制定《昌江县2020年非洲猪瘟防控环境风险监测方案》。2020年，完成秋防免疫工作：猪口蹄疫免疫3.1006万头、牛口蹄疫免疫2.0979万头、羊口蹄疫免疫7.1138万只、猪瘟免疫3.1006万头、犬狂犬病免疫0.4831万只。高致病性禽流感免疫鸡84.4237万羽、鸭13.2537万羽、鹅6.2799万羽、其他（鸽子）12.6218万羽。鸡新城疫免疫91.3196万羽、其他（鸽子）新城疫免疫11.4213羽。免疫密度达应免数的100%。开展口蹄疫、小反刍兽疫、高致病性猪蓝耳病等血清检测工作740次，群体抗体保护率均达标。

【非洲猪瘟防控】每天安排乡镇基层畜牧兽医开展生猪日排查工作，做好养殖场、屠宰场、农贸市场等清洗消毒工作，定期采样开展非洲猪瘟检测工作，为保障生猪复产工作创造有利条件。

【动物卫生监督及畜产品质量监管】猪产地检疫率、屠宰检疫率、出厂持证率、病害动物产品无害化处理率均达到100%，确保肉食品安全。养殖环节无害化处理病死猪256头，全部由村级畜牧兽医在野外进行无害化处理；屠宰环节无害化处理不明病因死亡肉猪120头，全部进行深埋无害化处理。

【兽药饲料专项治理】2020年，每月开展一次农资打假，共检查18家饲料店、3家兽药店。畜产品抽检12份：猪肉5份、鸡肉2份、牛肉2份、牛奶3份。饲料抽检12份：养殖场2份、经营店10份。对养殖环节和屠宰环节进行“瘦肉精”检测，其中养殖环节抽检尿液16头份，屠宰环节抽检450头份，经省级检验检测机构检测合格率100%。对全县养殖企业（户）、兽药饲料店开展蛋禽兽药残留和兽药饲料专项整治行动，出动执法人员27人次、车辆27辆次。

（黄明超）

水　利

【概况】2020年，昌江县水务服务中心认真学习贯彻落实习近平新时代中国特色社会主义思想、习近平总书记关于海南工作的重要指示批示精神和《海南自由贸易港建设总体方案》，深化“不忘初心、牢记使命”主题教育活动，履行从严治党主体责任和“一岗双责”，增强“四个意识”、坚定“四个自信”、做到“两个维护”，全力抓好各项水务工程建设。

【安全生产】2020年，全面落实安全生产责任制，强化安全生产基础工作，加大安全生产执法监察力度，扎实推进全县水务系统安全生产工作措施的落实，全年未出现安全生产事故。一是开展汛前汛中安全生产大检查。对水务在建项目、各宗水库、水电站、堤防及污水厂、县城供水厂进行检查，做到隐患排查详细、整改落实到位。在安全大检查中，对安全问题较多的农林水开发有限公司，已逐一要求进行整改完成。落实昌江县水库防汛“三个责任人”和水库防汛三个责任人的安全培训工作。二是防洪灾害应急演练。5月在海尾镇长山村进行洪涝灾害防御应急演练，通过演练进一步提高当地人民群众的思想认识。三是加强对管理人员业务水平的培训。6月21—22日，在县瑞达假日酒店举办安全生产培训班，邀请省水利协会水利专家到昌江县对监管单位管理人员进行安全生产培训，培训内容包括小型水库3个责任人职责讲解，水利在建、已建项目危险源辨识，以及管控、水利项目隐患排查与治理等。此次培训大大提高了各管理人员的业务知识水平，让管理人员在工作中能够清晰地知道该做什么、出现问题该怎样处理。

【中央生态环境保护督察问题整改】中央生态环境保护督察整改不到位问题两个：城镇内河水污染治理工作缓慢，污水处理设施建设滞后。（1）东海河、保梅河及三联村河整改。首先制定东海河、保梅河及三联村河水污染整治工作方案，同时推进县城投公司和海南核电公司分别加快每条河治理进度。其次加强对各类排水行为的监督管理，与综合执法、生态环境等部门联合严厉打击偷排直排、管网错接漏接、危胁城镇排水与污水处理设施安全等行为。保梅河征地工作已基本完成，保梅河（石碌河—环城东路）沿岸污水管网已接入污水处理厂石碌河主管网，25 个排污口已基本完成整改，县城污水处理厂“两低”问题已得到解决。已累计对有水事违法行为的 35 家企业或单位进行执法，责令其限期整改。海尾镇镇政府已每月对三联村河水质监测断面上下游段水生植物进行定期清理。自 2020 年 6 月以来，城镇内河东海河、保梅河及三联村河每月水质监测均达标。（2）推进城镇污水处理提质增效。5 个建制镇乌烈镇、海尾镇及王下乡污水处理设施均已开工建设，由县农林水利开发有限公司负责实施。同时组织相关单位及部门根据县城排水管网排查和监测工作情况开展相关工作。对县城建成区 31 条主次干道市政排水管网、排水口、检查井及雨污水管网错接混接等进行全面排查，落实建设资金 9284 万元，用于县城污水处理提质增效项目建设。实施县城排水管网混接错接点治理、破旧管网修复改造和雨污分流改造，2021 年内全部完成建设。实施乌烈镇、海尾镇、十月田镇、七叉镇、王下乡 5 个乡镇建制镇污水处理设施建设工程，已到位资金 10150 万元，王下乡项目已建成投入使用，乌烈镇和海尾镇污水处理设施已完工并进行调试。

【水库移民后期扶持】（1）实施十月田南岭二队基础设施配套（水库移民）项目工程，项目为大中型水库移民后期扶持项目，总投资 248.63 万元，建设内容：改造南蛇水库饮水渠 745 米、机耕路 480 米、两侧排水沟 960 米，新建太阳能路灯 69 盏，配套建设放水涵、分水闸，以及人行桥改造等附属构筑物工程。项目由昌江黎族自治县农林水利开发有限公司实施。项目完成后，已改善南岭村 356 户 1043 名移民的生活条件，移民幸福感及满意度较高。（2）发放水库移民后期扶持资金，发放人数 1132 人，发放标准 600 元 / 月·人，按季度发放水库移民后期扶持资金共 167.92 万元，并发放年度资金。

【水资源管理制度】根据水资源管理制度，遵循严格控制用水总量、用水效率、水功能区纳污限制

2020 年昌江县实行最严格水资源管理制度考核目标要求情况表

表 8

行政区	用水总量（亿立方米）	万元 GDP 用水量比 2015 年下降率（%）	万元工业增加值用水量比 2015 年下降率（%）	农田灌溉水有效利用系数	水功能区水质达标率（%）	地下水考核目标值（亿立方米）
昌江县	2.044	24.8	27.1	0.586	97.0	0.129

2020 年昌江县最严格水资源管理制度考核的水功能区情况表

表 9

序号	水功能区		河流、湖库	水质目标	监测断面名称
	一级	二级			
1	昌化江中游乐东—东方开发利用区	昌化江大广坝农业、娱乐用水区	昌化江	Ⅱ	宝桥
2	昌化江下游昌江开发利用区	昌化江昌江工业景观、娱乐用水区	昌化江	Ⅲ	大风
3	石碌河昌江开发利用区	石碌河昌江饮用、农业用水区	石碌河	Ⅱ—Ⅲ	石碌水库
4	石碌河昌江开发利用区	石碌河昌江工业用水区	石碌河	Ⅲ	老宏桥（叉河）

“三条红线”和用水总量控制制度、用水效率控制制度、水功能区限制纳污制度、水资源管理责任和考核制度“四项制度”，紧密围绕取用水监管、水资源保护、农村饮水监管、河湖管理等方面，强化制度建设和措施落实。

经调查、预测、监测、统计、分析和计算，确定：（1）2020年度昌江县年用水总量为2.012亿立方米。（2）2020年度昌江县万元国内生产总值用水量比2015年下降25.2%，万元工业增加值用水量比2015年下降27.5%，农田灌溉水有效利用系数0.5862。（3）2020年度重要江河湖泊水功能区水质达标率为100%。（4）地下水用水量。2020年度昌江县地下水用水量为0.098亿立方米，低于年度目标值0.129亿立方米。

2020年，在列入国家考核、省级考核的66个水功能区中，昌江县共有4个(一级、二级）水功能区列入其中，考核指标为高锰酸盐和氨氮指数，监测位置为宝桥、大风、石碌水库、叉河。经考核，4个水功能区均达标，达标率100%。

【水利发展资金项目】2020年，水利发展资金项目有昌江县山洪灾害防治非工程措施设施维修养护、昌江县水库移民后期扶持资金项目、昌江县小型水库防汛标准化建设、昌江县小型农田维修养护、昌江县农村饮水安全巩固提升工程、昌江县农村饮水工程维修维护、昌江县山洪灾害防治项目、昌江县农业水价综合改革、昌江县小型水库工程设施维修养护等。项目由县农林水利开发有限公司和县水务服务中心实施，总投资3034万元，完成资金3787.43万元，完成占比92%。

【农业水价改革】年内，将昌化镇棋子湾花卉产业园基地列为昌江县改革试点灌区，面积约7000亩。田间工程管护已落实人员和费用，管护得到有效保障。加大计量设施配套力度，已安装石碌水库主干渠斗口远程控制和计量闸门11套，配套监控控制室1座，正在实施巴歇尔槽式量水设施配套366宗。出台《昌江县关于农业水价综合改革农业用水价格有关事项的通知》等文件，明确农业水价分类收取标准及定价。出台农业用水定额考核标准及考核办法，按水权逐级分配。落实精准补贴和奖补资金10.7万元，出台精准补贴和奖补资金管理办法。通过实施农业水价综合改革，节水效果显著。

【河湖长制】2020年，全县有301个水体，河流265条，总长度为1033.044公里（其中江河类265条、沟渠类17个、湖泊类2个、水库类17座）。有省级河流4条，县级河流8条。流域面积50平方公里以上河流17条（省级河流4条、县级河流5条、镇级河流8条）。4条跨境河流、6条跨镇河流、2条重点整治河流和1座重点水库，共13个水体为县级管理水体。全县共设有县级河湖长9名、镇级河湖长72名、村级河湖长89名、河道管护员106名，落实各乡镇河长制工作经费288万元。省级河长开展巡河5次，县级河长44次，镇级801次，巡河员8781次。县水务服务中心在“绿水行动”河湖宣传活动中荣获三等奖。

年内完成昌江县县级、乡（镇）级河流及水库管理保护范围划定工作。（1）组织召开河湖长制河湖长专题会议，并印发河长制湖长制工作要点和昌江黎族自治县河湖管护员工作职责及考核办法。（2）开展“绿水行动”。有序开展“开展一次专项行动、讲好一个河流故事、打造一张河湖名片、挖掘一批河湖文化、评选一批最美河湖长、拍摄一部河湖专题片”“六个一”活动。（3）完成35条河流的划界技术成果和16座水库划界技术成果。（4）加快推进全县镇村级河流“一河一策”编制工作，完成技术工作。（5）开展县级河湖长巡河工作，县级河长共巡河34次。（6）加强河道采砂管理。共开展打击非法采砂、非法采矿行动1385次；出动4078人次；现场捣毁囤砂点26个；现场捣毁采砂点28个；暂扣车辆共177辆；没收河砂共2054立方米，罚款金额159万元；拘留人数25人；暂扣抽砂浮台34台，抽砂船1艘，四缸柴油机1台。（7）开展河湖“清四乱”工作，共整治8个“四乱”问题，切实把河湖保护好、管理好，建立问题整改台账，共发现22个问题，其中7个非“四乱”问题，已整治完成11个，其中珠碧江附近4个水产养殖点不属于禁养区。（8）开展污染水体治理。根据《海南省污染水体治理三年行动方案》，积极推进城镇内河东海河、保梅河和三联河水污染治理项目。年底，水质均达到V类以上标准。

【水务体制改革】持续深化水库和小型水利工程管护体制改革，重点水陂、提灌站、堤防及水库管护共落实管护资金296.26万元，落实管护人员53人，平均月工资达1500元以上；渠道、山塘、水陂、堤防、高效节水工程管护共落实经费1167.4万元，落实管护人员302人，月工资人均达2150元。以上两项经费均纳入年度预算，管护效果显著。农村饮水专业化管护方面也取得了一定的成绩，共落实管护资金1441.96万元，对全县125宗集中式供水工程进行全覆盖专业管护，供水保障率由原来的40%升至75%，水质得到了明显改善，群众满意度升高，投诉率降低。

【农村小水电站】1.小水电站发电情况。全县统计农村小水电站共20宗，装机容量19250千瓦，其中，报废及拆除电站有：县属2宗（七叉电站、白石电站），林业3宗（雅加二级电站、东六一级电站、东六二级电站）水电站。（1）全年发电量2259.89万千瓦时，厂用电量45.69万千瓦时，上国网电量1034.33万千瓦时，就近直接供电电量1179.87万千瓦时。由于气候干旱，降雨量少，发电量减少。发电总收入797.23万元，上缴税金18.79万元，固定资产11115.38万元。（2）南尧河四级电站发电量926万千瓦时，上网电量896万千瓦时。2.全面开展小水电站清理整改工作。为做好小水电站清理整改工作，针对全县21座小水电站编制“一站一策”，分类进行处理，其中整改类14座、退出类7座。整改类电站从2020年至2024年分批有序实施，退出类电站除白石电站及七叉电站于2020年12月底前完成退出外，其余退出电站于2025年12月底前完成退出工作，初步估算各电站的整改及退出费用共计1693.6万元。

【水资源管理及水利规费征收】加强水资源管理，依法办理取水许可、排水许可，开展水土保持方案的审批等水行政业务，加强水利规费的征收工作等。政务大厅依法办理办结情况：生产建设项目水土保持方案审批46件、城镇污水排入排水管网许可25件、取水许可15件、建设工程质量监督手续办理（水利项目）8件、城镇排水与污水处理设施竣工验收备案1件，非防洪建设项目洪水影响评价报告审批4件，共受理完成办结99件。水利规费征收工作情况：共征收水资源费35笔2337302.02元，比2019年增加2337026.02元；征收污水处理费2405笔共10238590.75元，比2019年增加10237763.75元；征收水土保持补偿费36笔共7977358.65万元，比2019年增加7973301.65元，水库承包资金10笔共79000元。

【村镇集中供水工程】项目总投资95600万元，该项目分两期建设，一期工程建设内容包括取水泵房工程、原水输水管道工程、村镇集中供水中心水厂工程及配水主管道工程；二期工程建设内容为村镇配水支管工程。建设内容：（1）一期工程：新建取水泵房1座，设计规模 2750万米^3/天，新建村镇集中供水中心水厂1座，新建配水主管道全长188.776公里；（2）二期工程：新建村镇配水支管全长183.605公里等基础设施。在石碌水库边上建设中心水厂，同时将处理后的水质通过供水管网敷设方式输送到石碌镇、十月田镇、叉河镇、乌烈镇、昌化镇、海尾镇6个乡镇。年底，该项目完成所有前期工作，并经县委、县政府同意以特许经营项目的模式推进，预计2021年上半年开工建设，项目完工后，将有效解决除七叉镇、王下乡外15万人的饮水安全问题。

【建制镇污水处理设施建设工程】实施乌烈镇、海尾镇、十月田镇、七叉镇、王下乡等5个乡镇污水处理设施建设工程，由县农林水利开发有限公司实施，主要建设内容和规模：近期设计总污水处理规模为 2400 米^3/天（其中：乌烈镇 1000 米^3/天、海尾镇 1000 米^3/天、十月田镇 200 米^3/天、七叉镇 200 米^3/天）。敷设 HDPE 污水收集管 100.77 公里、UPVC 收集管 89.19 公里等工程，项目概算总投资 21762 万元。采用 EPC+O 方式发包建设，2019 年 11 月完成项目 EPC+O 招投标工作，同年 12 月在乌烈镇和海尾镇开工建设，到位资金 10150 万元。王下乡项目建设已完成，其他 4 个乡镇均已开工。年度完成投资约 9000 万元，乌烈镇和海尾镇污水处理设施可进行调试并投入运行。

【扶贫攻坚农村安全饮水项目】实施 15 宗农村饮水安全工程项目和 1 宗水利渠道项目，共投入资金 2246 万元。项目涉及七叉镇、石碌镇、海尾镇、十月田镇、昌化镇、叉河镇、乌烈镇。解决了昌江县农村人口 7177 户 31905 人饮水安全及灌溉用水问题。另外，省水务厅下达 600 万元实施昌江县 2020 年农村饮水安全巩固提升工程，保障昌江县农村人口 1672 户 8021 人饮水安全问题。实现昌江县脱贫攻坚成效年底考核“三连胜”目标，群众满意度大幅提升。同时，投入 36 万元完成昌江县 115 宗饮水工程水井、水塔、水池清洗和消毒，投入 10 万元完成 18 个村庄的饮水工程消毒设备改造和更换，投入 20 万元对水塔爬梯进行更换及维修，投入 55 万元对水泵更换、管道破坏维修等零星工程进行更换及修复，投入 5 万元粘贴千人以上供水工程责任人标志牌 33 个、粘贴 55 张农村饮水安全工程明白卡，共计 126 万元。协调各乡镇政府发动管理员和群众进一步做好饮水工程水源点、水塔水井、设备间环境卫生、制度上墙等工作。为提高管理人员的管理水平，9 月 25 日成功举办全县农村饮水安全工程运行管理人员培训班，并为每位参加培训班的管理人员分发农村饮水小手册，提高管理员管理水平，确保群众喝上安全卫生的饮用水。

【乡村振兴扶贫包点工作】2020 年，争取资金投入，完善基础设施，共投入海尾镇海农村建设资金共 2844 万元，实施项目：（1）实施海农村水源工程，配套供水主管及建设蓄水池，投入资金 216 万元；（2）实施污水处理设施工程，解决海农及柯来村污水管网，投入资金 2600 万元；（3）海尾水厂维修养护，维护水厂进水主管及厂区管道，投入 2.5 万元；（4）帮扶村开展环境卫生整治，投入 3 万元；购买帮扶村办公设备彩色打印机 1 台，价值 1750 元。

【“十四五”规划谋划】积极开展“十四五”相关规划编制工作。完成《昌江黎族自治县“十四五”水资源利用与保护规划》编制工作，经初步谋划，“十四五”期间需建设的重大水利、城乡供排水及其他专项项目共四类 37 个，规划涉及建设资金约 52.38 亿元。规划重点确保“引大济石”及昌江水系连通、村镇集中供水及水厂改造、石碌水库及小型水库除险加固、县城污水管网改扩建等一批重点项目落地开工。

（韩宏光）

红林农场

【概况】2020 年，红林农场设有 8 个部门：党群工作部、综合管理部、财务部、经营管理部、人力资源部、农场社会事务部、项目管理部、土地管理部，下属 3 家子公司：昌江红林投资有限公司、昌江红林物业管理服务有限公司、昌江红林现代农业有限公司，1 个石碌机械厂。

【党建工作】（1）强化理论学习，提高政治站位。公司领导班子坚持把党的理论学习作为首要政治任务，作为党员干部教育的必修课，采取集中学习和开展自学相结合的方式，组织开展政治理论学习。共开展习近平总书记对海南自由贸易港建设作出的重要指示精神、《习近平谈治国理政》、《习近平关于“三农”论述摘编》、十九届中央纪委四次全会精神、省纪委七届四次全会精神、县委十二届十一次全会精神、县纪委十二届五次全会精神等各项学习会17场次，56个学习内容，召开扫黑除恶专题民主会1次，十二届县委第十轮第五巡察组巡察发现问题整改专题民主生活会1次。安排部署、督导公司4个党支部对应召开学习会。另外，安排全体管理人员按要求参加海南省干部在线学习，并按规定完成学时；全体在职在岗干部职工119人完成“学习强国”学习平台注册、激活学习使用，实现了全员覆盖。出版全国两会、海南自由贸易港建设、安全生产等宣传栏4版（块），电子显示屏滚动宣传资料20余次，营造浓厚学习氛围。通过理论学习，公司党员干部职工不断增强“四个意识”、坚定“四个自信”、做到“两个维护”，在公司产业发展、破解难题中始终紧跟党委的步伐。（2）落实党风廉政主体责任，建立良好政治生态。公司领导班子始终把反腐倡廉工作列入重要议事日程，深入开展扫黑除恶打伞“大警示、大研讨、大反思、大整治、大提升”专题活动，全面清除公司政治生态中的沉疴顽疾。和基层党支部签订《党建工作责任书》4份，和各部门、各单位签订《党风廉政建设目标责任书》16份；召开党风廉政建设专题会3场次；公司领导与分管部门（单位）召开党风廉政建设会8场次；组织公司党员干部到昌江反腐倡廉警示教育基地开展警示教育1次；参加全省扫黑除恶巡回展1次。从思想建设、制度建设、监督检查等方面，不断强化公司党风廉政建设工作，营造风清气正的政治生态。（3）全面加强队伍建设，提供强有力的组织保障。1月，对公司64名管理人员进行年度综合考核，强化制度落实。指导公司4个党支部开展“双创双修”主题党日活动共24场次、1500多人次参加。全年动员要求进步的8名青年干部职工向党组织提交了入党申请书，培养8名入党积极分子、8名发展对象，不断为党组织输入新鲜血液。（4）全力以赴配合县委巡察工作。4月7日至6月7日，十二届县委第十轮第五巡察组对公司党委开展为期2个月的巡察。在巡察期间，公司全体党员干部职工严格遵守巡察工作的有关规定和具体要求，诚恳接受、积极配合巡察组的各项工作，保证了巡察工作圆满完成。（5）压实整改责任，做好巡察“后半篇文章”。8月7日，巡察组反馈巡察发现的问题，公司领导班子高度重视，求真务实抓好巡察整改工作。在派驻组的指导和帮助下，切实抓好整改落实，实行“一个问题、一名领导、一抓到底”的包干负责整改工作机制，确保事事有人抓、件件有人管、事事有结果，坚决做到不落一项、不丢一条，保证整改工作落实到位。领导班子以这次巡察整改为契机，进一步提高思想认识，坚持问题导向，落实主体责任，强化组织领导，完善规章制度，着力构建长效机制，努力把巡察整改成功转化为推动公司创新发展的新动能，推动公司发展取得新成效。（6）做好庆祝中国共产党成立99周年系列活动。为了庆祝中国共产党成立99周年，公司领导班子结合实际，制定开展系列庆祝活动。指导4个党支部在“七一”前夕开展主题党日活动4次，组织党员开展理论学习4次，党组织书记为支部党员上专题党课4次，开展慰问困难党员3人次。

【经济发展】一是公司管理体制改革进一步深化。组建昌江红林农场集团有限公司，对原有部门进行整合，根据公司职能重新调整为8个部门，成立3家子公司；新修改和完善公司党务、党风廉政建设、财务、行政、各职能部门内部管理等20多个管理制度，加强对重点领域、重点岗位的监督管理，强化以制度管人、管财、管事，稳步推进公司向现代企业管理建设迈进。二是土地补换签合同工作已基本完成。分成9个工作组，划分片区、明确责任，分片下队和职工逐一补换签土地合同。经过全面清理，原来全公司土地合同面积6649亩，租金约90万元，现在合同总面积14633亩，租金约198万元，同比增长120%。三是全力推进旅游地产项目开发。翠峰林苑项目已建设完成312套商业住宅，其中住宅已销售150套，成交面积19311平方米，销售商铺1套，共收回资金1.0077亿元。鸿泰福居项目一期主体工程已封顶，总建筑面积4.1万平方米，累计投资1.328亿元，二期工程已开工建设，一期精装修和园林景观设计图纸进入预审阶段，已销售173套，成交面积21807平方米，成交均价8272元/平方米，收回资金6360万元。四是抓好棚户区改造项目前期筹备工作。红林车队片区棚户区改造项目，拟征地74亩，可出让土地48亩，有住户140户。红林区七队队部棚户区改造项目，拟征地52亩，可出让土地42亩，为存量建设用地，有住户119户。这两个棚改项目已被列为县棚改试点项目，县棚改办已经成立工作组，制定了征收办法，截至年底已完成入户调查工作，并进入测算安置方案阶段。

【优化公司营商环境】（1）开展双创双修工作，不断提升生活环境。2020年投入83.2万元，共27个项目，包含机械厂棚户区杂草清理、红林区11队道路绿化、红田区4队排污管疏通、红林区1队垃圾清理等，推进社区文明创建工作，进一步美化绿化场区环境，打造干净优美人居环境。（2）加大资金投入民生，增强职工幸福感。2020年投入97.8万元，共40个项目，包含红林区、红田区10多个单位解决安全饮水问题，对农业生产队相关农田进行整治、维修水渠，对机械厂A1栋墙体、地板进行维修，对公租房B1栋化粪池及排污沟进行维修等，不断改善职工生活条件、生产条件、居住环境，增强职工幸福感。（3）扎实抓好“两违”整治工作。成立公司“两违”指挥部，抽调精干人员组成“两违”攻坚队伍，补办手续、拆违、管控三个专项工作小组共同推进，细化打击违法建筑人员分工，把责任落实到组、到人，确保工作落到实处。2020年完成提请销号457宗（12.1万平方米），拆除29宗（1.4万平方米）。（4）全力打赢脱贫攻坚战。根据县委、县政府的工作安排部署，公司投入资金近五万元，从肥料、种苗等方面帮助石碌镇尖岭村委会25户贫困户发展生产，把帮扶工作做好、做细、做实。

（黄　悟）

工 业

工业和信息化

【概况】2020 年，县工信局坚持以习近平新时代中国特色社会主义思想为引领，认真贯彻习近平总书记“4·13”重要讲话和中央 12 号文件精神，深入落实党的十九届五中全会、省委七届历次全会精神，紧紧围绕县委、县政府的发展思路，持续巩固“不忘初心、牢记使命”主题教育活动成果，带领全局干部职工有效完成工业和信息化的各项工作任务。昌江县作为高新技术产业发展工作全省完成成效较好的 3 个市县之一，作经验交流；县政府门户网站在 2020 年省政务公开等评估中被评为“优秀等次”；县工信局被评为全省清理拖欠民营企业、中小企业账款工作先进单位；全省 5G 基站建成 96 个，完成年度任务的 128%；完成新能源汽车推广 192 辆，充电桩建设 39 个，各项经济指标完成良好。

【工业经济运行】2020 年，采取超常规举措有序推进企业复工复产，克服新冠肺炎疫情影响，实现规模以上工业企业复工复产率达 100%。全县地方生产总值 124.12 亿元。其中，全县规模以上工业产值 110.65 亿，同比减少 1.5%；规模以上工业增加值 36.28 亿元，同比减少 1.5%。

【项目投产运营】2020 年，配合园区组织相关单位共同编制完成了《昌江黎族自治县大宗固体废弃物综合利用产业专项规划》，并于 8 月 12 日通过县政府常务会会议审议；推进新达建材环保、金鑫环保建材等项目投入运营，总投资 8000 万元的金鑫环保建材项目于 5 月试投产运行；总投资 9000 万元的新达建材环保项目于 12 月建设完成，完成投资 9030 万元；总投资 1.39 亿元的尾矿综合利用项目，截至 12 月底完成投资 3024 万元。

【谋划海南（昌江）清洁能源产业园】一是健全管理机构。设立昌江清洁能源产业园管理委员会，与海南昌江循环经济工业园管委会合署办公，实行“一套班子、两块牌子”的运行机制。二是做好发展规划。推进《海南（昌江）清洁能源产业园发展规划（2020—2030）》的编制，明晰园区发展定位，确立“一轴两心四区”的规划布局。三是开展交流推广活动。9 月 24 日，举办清洁能源产业园暨核电科技创新发展高端咨询交流会。10 月 10 日，在上海举办清洁能源产业园招商推介会；11 月 11 日，利用省科技厅在深圳举办的海南自贸港高新技术产业专场招商推介会，宣传和推介海南（昌江）清洁能源产业园，推进超高纯电解铁、湖南行者环保碳酸铝电池等一批重大项目落户昌江。

【基础设施建设】一是继续加大推进网络和移动通信建设。自然村光纤宽带和 4G 实现全覆盖，石碌主城区 5G 网络基本实现连续覆盖。2020 年累计开通 5G 基站 96 个、4G 基站 31 个，强化贫困村、农垦连队光纤网络覆盖 21 个，实现千兆光纤到桌面，调处征址、阻工、资源开放、转供电价过高等光网建设难题 111 个，免费开放党政机关、学校、银行等公共资源 109 个；推进七叉镇等区域移动信号“寻盲补弱”工作，开通 4G 补盲基站 5 个，正在建设 6 个；推进城区“蜘蛛网线”整治工作，完成王下乡主干道光网、电网入地工作，拆除电缆配线箱及光缆交接箱 56 个，拆除废旧线路皮长约 24 公里，更换破损通信电力井盖 12 个，整理线路约 7 公里，美化光缆交接箱 221 个。二是提升电网供电保障和抗灾能力。加快农村电网智能化改造，部署自动化断路器161台，故障指示器65套，自动化环网柜5台，配电自动化覆盖率达68.42%，配电自动化终端接入率达84.3%；组织实施农村电网变压器扩容、防风加固等农网改造项目49个，累计支出农网改造资金5571万元；解决电力线路树障清理受阻问题10个，完成411260株电力线路树障清理；推动2019年电缆管沟项目建设，完成电缆沟建设13.98公里，完成投资4587万元，占年度计划投资的120.7%。三是优化通信、电力服务。将低压非居民、高压单电源客户平均接电时间分别控制在10天、50天内；组织实施“断卡”行动，严格规范电话卡、物联网卡开办流程，强化手机卡开卡源头管制力度，切实维护社会治安稳定和人民群众合法权益。四是建设充电基础设施和推广新能源汽车应用。制定《昌江黎族自治县清洁能源汽车推广2020年工作实施方案》《昌江县电动汽车充电基础设施专项规划（2019—2030）》等一系列工作方案，并组织实施；制定昌江县新能源汽车促消费临时性政策和落实新能源汽车推广应用补贴政策；推进充电桩进办公区、进企业、进小区的建设；2020年昌江县销售新能源汽车192辆，完成年度目标任务的256%，累计销售新能源汽车301辆；建设充电桩39个，完成年度目标的30%，累计完成充电桩建设139个桩。车桩比为2.17，车枪比为1.94，车桩比与车枪比均在3∶1以内。

【信息化建设】昌江县公共安全视频监控联网建设工程、海岛型立体化治安防控体系视频监控系统集成项目等5个项目完工，医疗集团医疗信息化项目、昌江县融媒体中心建设项目等5个项目立项实施，社会管理平台项目正在加快推进，电子政务视频会议系统全面铺开。二是加快5G、云计算等新技术应用，首次开通5G眼科专家远程诊疗服务，推进十月田5G智慧农业项目建设，谋划智慧核电、智慧矿山等项目。三是强化信息安全管理，开展全县党政机关信息安全培训1期、网络安全大检查2次，培训党政机关信息员80人次，发现及督促整改网络安全隐患8个。四是开展政务信息化项目跟踪监督工作，印发《2020年昌江县政务信息化项目跟踪监督工作方案》，通过材料审核、现场走访等方式，共计发现问题16个，已督促整改16个，整改率100%。五是加强政府网站管理，印发《昌江黎族自治县政府网站管理办法》，开展政务公开培训，指导各职能部门完善政府网站信息、数据更新工作，2020年累计发布政务信息3300多条。

【科技工作】一是健全产业支持政策体系。印发《昌江黎族自治县创新型企业培育行动计划》，制定《昌江黎族自治县关于加快高新技术企业发展的若干措施（试行）》，出台关于科技企业孵化器、众创空间、星创天地、农业科技“110”服务站等一系列项目平台的培育和认定管理办法。二是保障科技创新投入。以“科技副乡镇长”示范和“百村千户”创建工作为抓手，共实施37个科技项目，落实财政资金630万元，引进“高钙地瓜”“黄色火龙果”“哈密瓜与茄子轮种技术”“南美对虾自主选育新品种”等新品种、新技术，带动社会投入资金近2000万元。三是开展高新技术企业培育行动。开展“地毯式”“拉网式”筛查，选出一批科技小微企业确定为培育对象；将符合国家科技型中小企业评价条件或者自主申报高新技术企业未通过认定的企业列入昌江县高新技术企业培育库；举办高新技术企业认定、专利基础知识培训和科研经费投入统计等培训班。2020年，海南核电有限公司等6家企业顺利通过国家高新技术企业认定，海南欧兰德农业高科发展有限公司等3家企业通过科技型中小企业认定，超额完成省下达昌江县年度目标任务，实现高新技术企业“零的突破”，当年实现高新技术企业营业收入33.92亿元，税收0.88亿元。四是做好科学普及工作。2020年，科技活动通过宣传科技战疫先进典型，结合各行业开展专题科普活动、新能源汽车下乡、实地观摩科技成果转换等系列活动，共举办培训班、讲座共12次，培训指导1500人次，发放宣传资料1万册（本）。

【扶持中小微企业】组织实施《昌江县应对疫情支持中小企业共渡难关十二条措施》；做好国家中小企业生产经营运行监测分析平台报送工作；继续开展清理拖欠民营企业中小企业账款工作，按时完成拖欠民营企业中小企业账款清偿工作。2018年底至2019年共清理全县总拖欠款1065.402031万元，2020年6月初全部拖欠款已清零。

【落实安全生产责任】始终坚持“安全第一、预防为主、综合治理”的方针，依法对职能安全生产工作实施督促管理。制定《工信局2020年安全生产工作计划》，将安全生产管理责任分解量化，责任明确，各负其责，齐抓共管，使安全管理工作落实到位。2020年，共召开6次安全生产专题工作会议，安全生产排查检查26家企业，共排查一般隐患189处，督促企业严格落实整改186处，整改率98.4%。

【精准扶贫】一是通过科技引领，助力脱贫攻坚。完成2019年“百村千户”省级验收工作，其中，十月田镇才地村、塘坊村、王炸村3个示范村和刘海林、赵光日和王兰利3户示范户被省科技厅列为创建工作典型案例；启动2020年“百村千户”创建工作，落实财政资金89万元用于支持保平、好清、高石塘和老羊地4个示范村和30户示范户的创建；启动第十期科技副镇长项目，落实财政资金80万元，引进了“文椰四号”“鸡心黄皮果树”“东星斑工厂化养殖”“百香果垂帘式种植”等一批新品种、新技术，项目带动贫困户共22户，项目示范面积共135亩，培训农户近300人次，带动社会投入资金150万元。二是组织科技特派员开展科技服务工作。组织全县39名县级科技特派员通过电话、微信和实地走访等手段，及时向农户指导南瓜、辣椒、冬瓜、豆角、哈密瓜等种植技术，就近走访农户田间地头，帮助解决种植技术问题。共电话指导农户种植约350人次，实地走访约200次，谢朝强、唐允博、胡洎和韦君平4名科技特派员被评为全省优秀特派员。三是组织全局干部参与脱贫攻坚。2020年，累计协调对接提供106个扶贫工作岗位，实现外出务工人员64人，全局32户帮扶户均实现每户有一人以上就业，贫困户主要收入来源为工资性收入；利用产业奖补政策，组织11户领取芒果苗、菠萝蜜苗、山鸡苗等，推动其产业发展；参加县各类消费扶贫活动11次，动员华润、华盛、鸿启等公司参与消费扶贫活动。

（李　杰）

昌江循环经济工业园区

【概况】海南昌江循环经济工业园区总占地54.86平方公里，其中规划建设用地20.58平方公里。工业园区空间布局为“一区三园”，“一区”即昌江循环经济工业园区，“三园”即太坡园、叉河园和昌江核电产业园。工业园区开发边界总面积为15.27平方公里，开发边界内建设用地总面积9.25平方公里。截至2020年底，有一批重大项目先后落户园区，已形成清洁能源产业、铁矿石采掘加工产业、水泥熟料生产和水泥制品产业、生态环保建材产业及绿色农产品加工产业。园区先后共接待来访客商120余批次，咨询洽谈项目60余个，与16家企业签订入园投资合作框架协议，协议投资额约89.7亿元（其中7个项目是清洁能源产业园项目）。

【园区基础设施建设】园区基础设施建设投入不断加大，投资近5亿元，建设叉河组团、水尾组团、太坡组团的市政路网工程，道路总里程达到10.35公里，园区水、电、路、气、通信等基础设施建设不断完善。2020年，园区围绕“七通一平”建设目标，不断提升园区竞争优势，在完成太坡组团市政道路的基础上，重点推进太坡、叉河污水处理厂和供水工程。年底，太坡污水处理厂项目主体工程、设备安装工程完工，具备通水条件，叉河组团污水处理厂工程项目处于积极建设中。

【园区体制改革】 2020年，根据《海南昌江循环经济工业园区行政审批制度改革实施方案》要求，细化落实“极简审批”事项，承接园区建设用地规划许可、建设工程规划许可、施工许可证核发等审核事项。深化“放管服”改革，全面推行政务审批事项“不见面审批”。2020年，园区核发2个选址意见书、7个用地规划许可证，7个工程规划许可证以及7个施工许可证。从园区实施“极简审批”以来，园区行政效率大大提高，企业满意度、社会正面评价迅速提升。为进一步深化“放管服”改革，提高园区行政效率，更优质地服务企业，研究拟定了22项园区承接审批事项，并在征求县职能部门意见，计划年后报县政府批准实施。

【昌江大宗固体废弃物综合利用基地建设】 2020年，以尾矿、冶金渣和废钢等主要大宗固废资源综合利用为主的大宗固废综合利用基地申报成功，是海南唯一一家国家级大宗固废综合利用基地。大宗固废综合利用基地的建立，将助力昌江产业结构调整，促进昌江经济发展；将尾矿、冶金渣和废钢等主要大宗固废资源“变废为宝”，为保护昌江的绿水青山作出贡献。截至年底，《昌江县大宗固体废弃物综合利用产业专项规划》已编制完成，并通过专家评审和县政府常务会会议审议。奥生新型建材（昌江）有限公司废弃尾矿清洁高效综合利用项目等固废综合利用项目正在积极建设中。

【海南（昌江）清洁能源产业园筹建】 2020年，根据县委常委会会议（十二届第169号）精神，海南昌江循环经济工业园区管理委员会和海南（昌江）清洁能源产业园管理委员会合署办公，实行“一套人马、两块牌子”体制。《海南（昌江）清洁产业园发展规划（2020—2030）》已编制完成，并通过评审，明确将海南（昌江）清洁能源产业园建设成“海南省清洁能源核心供应基地、海南省清洁能源产业创新示范基地、国家核动力船舶战略保障基地、国际化核电产业自由贸易试验基地”。湖南行者环保科技有限公司碳酸锂储能材料生产项目作为清洁能源产业园首批入园项目已于2020年8月13日在海南自由贸易港重点项目集中签约活动中与昌江县正式签订投资合作框架协议，协议投资额2.7亿元。2020年10月10日，由中共昌江县委、昌江县人民政府主办，海南核电、国家核安保技术中心、上海市核电办共同协办的“海南（昌江）清洁能源产业园招商推介会”在上海举行，现场集中签约超高纯电解铁及产品精加工深加工基地项目（一期）、高端镀层钢板生产基地项目（一期）、年产1万吨非晶纳米晶软磁材料项目等6个项目，意向总投资72.5亿元。

（陈敏哲）

电力工业

【概况】 2020年，昌江供电局设置9个职能部门、3个二级单位和6个供电所。

昌江境内有220千伏变电站2座，110千伏变电站3座，35千伏变电站5座，均归属儋州供电局管理。其中110千伏变电站3座，均为双电源供电，总容量20.3万千伏安，容载比1.9：1。35千伏变站5座（2座为双电源供电，3座为单电源供电），总容量6.12万千伏安，容载比2.2：1。35千伏线路8条总长150.78公里，归属儋州供电局管理；10千伏公用线路57条，10千伏公用线路1571.63公里，其中电缆线路219.03公里，电缆化率为13.94%；架空线路1352.6公里，其中架空绝缘线979.41公里，架空裸导线373.19公里，架空绝缘化率72.40%。城区10千伏手拉手环网率100%，农村10千伏手拉手环网率68%，线路转供电率达到85.19%。10千伏变压器1829台，容量99.73万千伏安，其中公变695台、容量17.10万千伏安，专变1134台、容量82.63万千伏安；低压配网线路为1664公里，绝缘率100%。昌江供电局的用电户数65896户，其中重要用户3户，为220千伏棋子湾电站牵引站、海南高速铁路有限公司（棋子湾站）、海南省辐射环境监测站，均配备自动发电机。用电大户主要有华润水泥厂、海南选矿厂、核电生产用电、高铁站，占总电量的38.78%。

【电力工业主要指标】主营业务收入完成43665.12万元，完成年预算指标45792.51万元的95.35%，同比增长-3.33%，但比国内一流指标43200万元多465.12万元。可控供电单位成本完成72.77元/千千瓦时，比年预算指标71.47元/千千瓦时高出1.30元/千千瓦时，同比下降21.63%，比国内一流指标77.00元/千千瓦时，减少4.23元/千千瓦时。电费回收率完成100%，与2019年同比持平，比计划指标99.98%高0.02个百分点。实现连续14年当年无欠费目标，比国内一流指标99.99%高0.01个百分点。第三方客户满意度完成84分，同比提升2分，比年度指标81分高3分，达到国内一流指标84分水平。百万工时工伤意外率完成0，比国内一流指标3.0减少3.0。城市居民端电压合格率累计完成99.99%，比年度考核指标99.8%高0.19个百分点，同比99.984%提升0.006个百分点，比国内一流指标99.5%高出0.49个百分点。农村居民端综合电压合格率累计完成99.84%，比年度考核指标99.3%高出0.54个百分点，同比99.64%高出0.2个百分点，比国内一流指标99%高0.84个百分点。10千伏及以下有损线损率完成3.32%，同比2019年3.4%下降0.16个百分点，比年度指标3.38%降低0.06个百分点，比国内一流指标3.5%下降0.18个百分点。设备消缺率完成99.6%，比国内一流指标99.5%高0.1%。隐患整改完成率完成100%，比国内一流指标99.5%高0.5%。终端数据完整率完成99.93%，同比2019年99.95%下降0.02个百分点，但比国内一流指标97%高出2.93个百分点。信息化水平达87.95分，比国内一流指标80分高出7.95分。综合线损率完成3.50%，同比2019年3.17%下降0.33个百分点，比年度指标3.10%上升0.40个百分点，但比国内一流指标2.5%高出1个百分点。户均停电时间累计完成15.19小时，比年度考核指标8.07小时上升7.12小时，同比11.02小时上升37.84%，比国内一流指标12小时增加3.19小时。

【电力供应保障】支持乡村振兴战略，投资146.76万元建设3个产业扶贫配套电网项目工程，解决群众生产用电难题，帮助农民增收创造条件。统筹抓好疫情防控与生产经营工作，全力做好特殊时期全县15家医疗机构、1个防疫指挥中心的电力供应保障，共为4804家中小型企业复工复产节约用电成本694.31万元，昌江供电局被海南省科学技术协会授予“海南省新冠肺炎疫情防控应急科普工作先进集体”称号，这是海南电网系统内唯一一家供电局获得此荣誉。

【党风廉政建设】履行党委全面从严治党主体责任，持续推进挂点脱贫攻坚、党建工作挂点联系、身份“落户”基层、同会督办等工作机制高效运转，全年学习党中央、地方党委政府和网省公司相关讲话精神73份。以“两创两争”“六个一”为载体，构建“两评价两激励”工作机制，持续激发价值党建活力。深入推进精神文明建设，通过省政府组织复查、考评和审核工作，持续保持“海南省文明单位”荣誉称号。认真落实中央巡视反馈意见，整改率73.21%。强化疫情防控监督检查，疫情期间未发生失职失察失责等问题。督促落实“六稳”“六保”，保障“降电价”“保民生”等政策精准落地，助力企业复工复产。开展落实中央八项规定精神和“四风”问题监督检查及廉洁短信提示工作，全年未发生公车私用、私车公养、虚报冒领差旅费等事件。坚持责任追究基调从严，全年共问责不作为慢作为人员26人次。认真梳理各岗位人员廉洁风险点并修编成册、人手一本，落实廉洁创建督查发现问题36项，廉洁从业供电所创建通过率33.3%（全省通过率20%）。常态开展党廉警示教育，分类组织党廉知识培训与竞赛，进一步增强干部员工廉洁自律意识。

【电力安全生产】严格执行公司生产安全要求，强化现场作业风险管控，全面落实防范电网风险36项重点措施，对重要关键设备开展特巡特维，2020

使用无人机飞行664次，同比增长0.3%；飞行89小时，同比增长1.14%。巡视输配电线路1073.61公里，同比减少12.21%（因10月输电线路及集约化）。利用计量、调度自动化系统监测输配电线路、变压器负载情况，加强负荷三相不平衡管理，提高居民用电质量，同比综合电压合格率提升0.069个百分点。组织开展防山火、防风防汛、“两票两牌”、安全大检查等隐患排查，加大对线路走廊树障及输配电设备隐患消缺整改力度，排查隐患136起，消缺率100%。首次与县林业局、霸王岭林业局联建举办线廊树障清理培训。合理解决“线树”矛盾问题，树障清理率96.34%。积极抵御“浪卡”“沙德尔”等台风，将风灾造成的损失降至最低。

【电力创新发展】持续对标“国内一流”创建标准，2020年综合标杆一流评价105.22分，连续两年达到国内一流水平。深入推进星级班站所建设，共有7个班站所获得星级班站所，其中：准四星班站所3个（计量班、计划建设部配网业主项目部、十月田供电所低压配电班）、三星班站所4个（霸王岭供电所、海尾供电所低压配电班、叉河供电所营业服务班、乌烈供电所营业服务班）。深入开展职创项目攻坚，发电机应急升压装置和发电机应急电源快速接入装置荣获省公司职工技术创新三等奖，实现“零的突破”；智能测温、定位电缆中间头和电杆扶正器等2个项目分别荣获省公司大众创新金点子一、二等奖。“提升客户服务及时率”QC项目荣获省公司三等奖。《以一流价值党建引领一流企业创建》创新成果在第三届全国电力行业党建工作理论与实践创新成果征集活动中，入选《全国电力行业优秀党建成果专辑（2020年）》。

【电网建设】2020年，围绕建设智能电网示范省目标，扎实推进电网建设工作，完成“十四五”智能电网规划工作。2020年“十四五”滚动规划高中低压项目库512个，总投资约5.9543亿元。全年基建计划投资5512.23万元，118个基建配网项目，完成基建配网投资5677万元，同比增长24.03%，当年完成率103%。10千伏公用线路环网率、可转供率完成89%，城区、城镇电缆化率完成61%，配电自动化覆盖率完成100%，较三年前相比分别提升了45.6%、18.29%、56.37%，电网供电保障能力进一步增强。

【电力营商环境优化】持续优化办电流程，全面推广业扩报装远程受理，推行业扩报装资料“承诺补齐制”，全流程跟踪指导协助客户解决办电难题。低压居民和非居民平均接电时间分别为2.32天和2.77天，比2020年优化电力营商环境目标时间少3.68天和7.23天；高压单电平均接电时间累计31.29天，比2020年优化电力营商环境目标时间（50天）少18.71天，业扩报装及时率99.70%。加快推进住宅小区抄表到户工作，全年符合“改造范围”的存量小区13家，已完成13家小区的改造接收工作。持续保持客户零投诉，连续3年不发生“12398”热线和“95598”热线有责投诉，在第三方客户满意度调查测评中，以84分优异成绩与五指山、海口、三亚、定安4家供电局并列位居全省第一。

【电力队伍建设】加大干部员工培训力度，深入开展“十个规定动作”“保命技能”“客户服务”等业务培训，不断提升员工安全技能、服务技能水平。持续发挥“昌供业校”教育平台作用，为干部员工政治理论、业务技能及时“加油充电”。2020年获得专业技术职称中级及以上人员16人，获得高级及以上职业技能资格161人。人才转换率达11%，高于指标8%3个百分点，一线技能人员准入资格证持证率100%，通过技能类岗位胜任能力评价人员95人，持证率达100%，同比上升3.5%。技能类人员在南方电网公司2020年乡镇供电所安全生产技能竞赛中荣获团体三等奖。全面深化党员干部员工队伍建设，开展工作作风、考勤纪律等情况督查，通过红黑榜进行张贴曝光，警示教育干部员工自觉遵守规章制度，提升纪律规矩意识。

（黄谟刚）

海南矿业股份有限公司

【概况】 海南矿业股份有限公司（以下简称海南矿业）是一家以铁矿石采、选、销售为主业的上市公司，位于海南岛西部昌江黎族自治县石碌镇，距海口市 191 公里，石八铁路、西环高铁和环岛西线高速、西线国道在此交会，交通十分便利。海南矿业所属石碌矿山以富铁矿石储量大、品位高而著称，是中国著名的富铁矿生产基地，被誉为“亚洲第一富铁矿”，矿区还富存氧化铜矿、硫化钴矿等多种矿产资源。经过 60 年发展建设，公司已具有采矿、运输、破碎、筛分、选矿、尾矿回收、电力、机修、电修、汽修等机械化综合生产能力。主要产品有高炉块矿、铁精矿、粉矿等，销往国内多家钢铁企业。海南矿业的战略定位是以中国发展为动力，以整合全球资源为己任，以矿产资源开拓为核心，力争成为具有全球投融资能力大宗商品专业服务商。

【铁矿石及石油产销】 2020 年，面对突如其来的新冠肺炎疫情及原油价格暴跌、澳大利亚同质矿强力竞争等不利因素的影响，海南矿业坚持不停产的同时做到全员零感染，海南矿业通过不断优化生产组织，大幅提升铁矿石产能；改造完善生产流程，降本增效效果显著；持续优化销售模式，贸易商队伍规模不断扩大；有效整合业务机构，增强新业务发展良好势头；重视安全环保工作，实现重大安全零事故和环保达标。最终在报告期内，海南矿业实现原矿产量 612.98 万吨，同比增长 41.09%，创历史新高；成品矿产量 311.87 万吨，同比增长 21.47%；石油产量 302.13 万桶当量，同比增长 6%。实现铁矿石销量 309.31 万吨，同比增长 26.42%；石油销量 255.72 万桶当量，同比减少 1.88%。海南矿业全年共计实现营业收入 27.64 亿元。

【铁矿石生产】 一是地采方面。2020 年，2 月 6 日完成 2# 主溜井的修复并投入使用，充分发挥双主井生产优势，严格执行满井给矿制度，地采产能大幅提升，提前一个月完成全年 390 万吨地采出矿计划；5 月地采出矿量 40.7 万吨，实现地采投产以来首次达产；地采提升量 39.97 万吨，创双主井投用以来最高纪录。二是露采方面。9 月 16 日开始露采北挂帮停产近两个月，11 月恢复生产后，露采提升实现 36.55 万吨，为 2020 年来第二高的月份，平均日产达 1.22 万吨。三是选矿系统方面。选矿厂新系统处理量 50.86 万吨，首次突破 50 万吨大关。

【铁矿石销售】 海南矿业持续打造“铁矿石生态朋友圈”，扩大贸易商队伍，实施“铁三角”销售团队 PK 机制，恢复火车运输矿石出岛，拓宽了铁矿石运输通道。2020 年，与宝武集团旗下上海欧冶金源国际贸易有限公司签订订单量超 80 万吨；走访并促成 4 家钢厂用户恢复使用海南矿，同时开发 12 家新用户；积极与南钢、如皋开展内部 BD；积极推进与阳春新钢、宝武集团等大客户签订战略合作协议。海南矿业成品矿（不含外购矿）销量为 309.31 万吨，产销率为 99.18%，同比增加 3.88%。

【油气开采及销售】 2020 年洛克石油油气产量 301 万桶当量，同比增长 6%。油气销售。海南矿业所属子公司洛克石油通过稳定油田的产量和运营，对现在资产再梳理，重新复核资本开支，推迟和减少非必要性的资本支出来应对全球油价下跌的态势。一是持续通过技术手段增储，摊薄固定摊销成本，降低生产成本。二是根据计划转让其子公司欧洲洛克，获得处置收益部分对冲减值影响。海南矿业石油销量为 255.72 万桶当量，同比减少 1.88%。

【组织优化】 一是持续深入推进组织进化。落实 271 机制、竞合机制，不断优化人才队伍，提升人才体系建设和管理能力；完成动力厂建制并入机械工程部，撤销聚源电力公司；成立大宗供应链事业部，通过机构整合、人员由 40 人减至 28 人，减员 12 人；成立证券法务部，与董事会办公室合署办公；成立审计部，撤销风控部，原风控部法务条线职能及人员划归证券法务部（董事会办公室），审计条线职能及人员划归审计部；昌江欣达实业有限公司划归海南矿业股份有限公司直接管理；举办第三期卓越训练营，29 名学员完成了所有课程的学习及户外拓展训练，同时安排对标学习及挂职锻炼；开展海矿星战场 PK 赛，40 名年轻的中层干部、高潜青年组成 5 组战队参加 PK。二是强化业绩考核。完成“1+2+7”战略规划更新，围绕 FC2M 战略升级，强化 FC2M 自我闭环战略。以年度预算为目标，强化经济责任制、“4+1”业绩考评，“271+ 竞合机制”、制定 KPI、OKR、红黄绿灯管理等量化考核指标，并严格绩效考核。三是完善管理制度建设工作。结合公司授权体系建立、三体系贯标管理体系建立及管理流程优化，健全及完善制度修订，防范经营风险。

【精益管理】一是 2020 年 4 月 20 日 3 万吨原矿中间堆场投入使用，有效解决了采矿与选矿之间的相互制约，使用后不需要汽车转运 1# 主井矿石，全年节约成本 200 万元。二是充分利用 5000 立方米、3000 立方米水池作用降低水耗；优化生产运输方式，将汽车转运粉矿改为胶带运输，全年节约成本 132 万元。三是优化生产组织，合理控制原矿堆存量减少二次转运，节省劳务运输费用约 70 万元。四是 3 月 QEO（质量、环境、职业健康安全）三体系贯标进入试运行阶段，9 月取得 QEO 管理体系的 ISO 认证证书。五是 3 月启动精益管理项目，邀请专家作辅导及培训，打造 6S 样板区 6 个，非样板区 16 个，推进文明生产。六是优化财务管理，以财务为中心，从管理上实现降本增效。

【技术创新】2020 年 8 月 6 日正式成立院士工作站，聘请中国工程院院士蔡美峰院士担任公司顾问。科研专利项目：2020 年新申报 5 项发明专利、2 项实用新型专利获得授权，9 项发明专利已获受理；跳汰项目获得冶金矿山科学技术项目三等奖。选矿工艺试验：完成抛尾试验、浮选柱试验等工艺改造。数字化建设：成立数字化部，完成数字化团队的搭建工作。

【风控管理】海南矿业持续加强风控管理，持之以恒纠正“四风”，对徇私舞弊行为零容忍，全力保障公司合法权益不受侵害。2020 年海南矿业共计办理 6 宗违纪违规事件，追究责任人 39 人；移交司法机关 2 宗，逮捕 1 人；党纪处分 3 人，其中开除党籍 2 人，留党察看 1 人。

【资本管理】海南矿业按照《上海证券交易所股票上市规则》及《公司章程》等相关法律法规的规定，认真履行上市公司信息披露义务，保证公司信息披露“公平、公开、公正”，让投资者享有平等的信息知情权。公司指定《中国证券报》《上海证券报》《证券时报》《证券日报》和上海证券交易所网站为信息披露报刊及网站。海南矿业以洛克石油注入海矿为契机，改变目前单一铁矿石业务发展的局面，形成双轮驱动的业务发展模式，提升公司抵抗商品周期所带来的运营风险。同时，通过机构改革、优化人员等一系列举措，提升公司经营能力，提高公司盈利能力，为公司长期发展奠定了基础。

【重点工程】磁化焙烧项目。项目环境影响报告书通过了生态环境厅的批复，公司内部专门成立项目指挥部推进工作，初步设计方案于 10 月 16 日通过专家评审。–120 米开拓工程项目。6 月 15 日开工，截至 12 月底，累计完成 735 米，完成计划进度的 23%（序时进度 31%）。

【安全管理】2020 年，海南矿业实现安全生产责任死亡事故为零、重伤事故为零、重大设备事故为零、重大火灾事故为零，新增职业病为零和环境污染事故为零。实现综合排污合格率 100%。一是督促各子分公司内部建立由领导带队的专业安全检查小组，定期进行安全隐患排查和整改，扎实做好安全生产的闭环管理。全面开展环境、职业健康安全体系贯标及 EHS 管理体系建设工作，9 月顺利取得 QEO 三个标准管理体系的 ISO 认证总证书；选矿二厂的 EHS 体系建设经复星集团审计取得了 3.4 分的好成绩，为海南矿业历年最高分；露天矿山、选矿厂安全生产标准化也通过了专家复评。二是持之以恒开展“OPL”点滴教育、周安全例会、各级领导重心下移参加班组安全学习、安全主题月等活动，加强安全培训，不断提升员工安全意识。建立健全各项安全管理制度，通过制度的迭代进化，实现安全管理标准化水平的不断提升。三是抓好防洪防汛及应急演练工作，立足于“防大汛”。重点对采场边坡、井下防洪设施、尾矿库等进行了检查，编制露采、地采的防洪预案并持续开展演练活动。6 月 24 日举行了红旗尾矿库事故应急救援演练，7 月底地采新增 2 台潜水泵、2 台卧泵已全部安装到位，设防能力由 20 年提升为 50 年一遇；5 个沉降池、6 个水仓全面清理达标，新增 –120 米排水系统，为地采安全度汛提供坚强的保障。红旗尾矿坝加高扩容工程于 9 月 8 日完成验收；9 月 18 日上午，公司组织开展一次防汛大演练活动；11 月 3 日地采首次进行反向通风试验，取得成功。

【环境保护】一是全力推进 “昌江城市工业客厅”、绿色矿山的打造。海南矿业总裁与省环保厅、昌江县环保局签订了安全环保责任状，与公司各子分公司主要负责人签订安全责任状，要求逐级签订安全责任状；通过“风险共担、利益共享”，主要领导主抓，不断提升公司全员的安全意识，确保实现安全生产、环保达标排放，共同维护公司财产和生命安全。二是努力改善矿山生态环境，总共投入约 300 万元进行矿山生态修复、地质环境治理和矿区矿场降尘抑尘；完成废水回收、废气治理、固危废处置的专项整治工作；实行“一证化”管理，完成排污口规范化建设，新安装的废水外排口水质通过验收，取得新排污许可证。三是严格遵循逐年开采、逐年复垦植被的原则对资源开采活动所损毁的土地进行复垦及恢复治理。2020 年积极有序开展矿山复垦及生态修复工作，复垦场地平整及覆土工作按计划完成 10 万平方米，完成复垦植树约 34 万株，投入约 191.6 万元。同时，公司完成矿山地质灾害治理实际面积约 7100 平方米（折合 25.65 亩），投入约 120 万元，创建良好的矿山生态环境，促进矿山可持续性发展。

【党建工作】海南矿业坚持党政共管、党政同责、一岗双责、失职追责，严格落实安全生产责任制，完善安全监管体制，强化依法治理，不断提高企业安全环保管理水平。实行公司领导下班组学习制度和月份、季度的安全检查制度；推行党建赋能考核。

【职工关怀】海南矿业始终秉持致力创造价值，共享发展成果的理念，坚持企业发展惠及员工，企业关怀温暖员工，努力让每一位员工能够深切感受到公司的人文关怀。海南矿业推行员工工资增长机制，2020 年在岗员工工资涨幅 8%，居家退养员工工资涨幅 5%；同时在重大节日期间向员工发放节日慰问福利费。开展关爱行动：一是建立困难员工档案，协助海南省总工会开展“金秋助学”和医疗救助活动，省总工会发放资助、救助金人民币 4.52 万元；公司拨出济困金人民币 169.39 万元，以现金发放和礼品赠送的形式，慰问、救助特困户、贫困户、就医困难户、就学困难户、先进模范户、老干部、困难党员、孤寡老人。二是建立员工大病救助机制，救助患大病员工 24 人次，救助金 30.54 万元，给 26 名患大病员工补贴医药费人民币 11.42 万元。三是开展员工安康互助、医疗互助活动，拨助 20450 元，为 40 名女员工办理海南省总工会 2020—2023 年职工安康互助；拨助 44.5 万元，为 2968 名员工家属办理海南省总工会第三期职工医疗互助；组织 433 名女员工及其家属参加海南省总工会的“两癌”筛查。

【回馈社会】（1）依法纳税方面。海南矿业依法经营，依法纳税，履行税务应缴尽缴义务，2020 年内上缴税费 1.62 亿元；年内未受到重大行政处罚。（2）精准扶贫方面。2020 年海南矿业经营班子成员先后 13 次前往兴诗村（扶贫攻坚责任点）进行调研指导及慰问，同时组织公司党员 700 余人次进行消费扶贫 19.18 万元。海南矿业全年投入资金 50.81 万元，自 2014 年以来累计投入 226 万元，最终帮助该村全部的 77 户困难户、320 名贫困村民整体脱贫出列。（3）抗击疫情方面。海南矿业捐赠价值 80 万元的抗疫所需的医疗物资，得到海南省政府肯定与表彰。

【2020 年荣誉】（1）公司被海南省评为“海南省民族团结进步模范集体”。（2）在全国第七届冶金矿山“十佳厂矿”评选活动中，公司荣获“十佳厂矿”荣誉称号，公司总裁郭风芳入选“十佳厂矿长”。（3）跳汰项目获得冶金矿山科学技术项目三等奖。

（林尤豪）

海南海钢集团有限公司

【概况】海南海钢集团有限公司（以下简称海钢集团）是海南省属重点国有企业之一，前身为石碌铁矿、海南铁矿、海南钢铁公司。自 1957 年复产以来，公司累计生产铁矿石近两亿吨，为海南乃至国家的社会经济发展做出了历史性贡献。朱德、叶剑英、朱镕基等党和国家领导人均到公司考察过，为公司留下了宝贵的精神财富。2020 年底，海钢集团旗下有全资子公司 8 家，控股公司 3 家，参股公司 13 家。其中，1 家子公司通过高新技术企业认定，2 家子公司共获批专利 24 项。

【生产经营管理】2020 年，公司坚持疫情防控与复工复产“两手抓、两手硬”，生产经营继续保持了良好发展势头。实现营业收入 35873 万元，同比增长 13.26%；利润总额 22725 万元，同比增长 90.81%；实现投资收益 18778 万元，同比增长 50.78%。一是通过实施技术改造，提高河道疏浚能力，完成昌化江河道疏浚生产 253 万吨，比上年增长 27%，较好保障了自贸港重点项目建设用砂需求。二是继续稳步推进贫矿、尾矿渣石的回收利用，理顺与海矿和其他市场主体的合作关系，完成贫矿回收 50 万吨，尾矿渣石回收 156 万吨。三是产业结构进一步优化，竞买屯昌水泥等 3 家公司全部股权，回购河道公司 49%股权，收购国检海南公司 20%股权，划转博鳌国宾馆。四是积极盘活土地资源，实现土地房产租金收入 3105 万元，非经营性资金回笼 26647 万元。五是稳步推进“处僵治困”，关闭注销海南钢铁公司工程地质基础公司、海南海钢进出口公司。六是扎实有效开展各项安全工作，安全生产工作形势平稳，全年未发生生产安全事故，实现生产事故“四个为零”的工作目标。七是加快完善议事程序，出台公司党委会、总经理办公会议事清单（第一批），进一步规范议事程序和提高议事效率。八是稳步推进制度的“立改废”，新制定制度 14 项，修订制度 7 项，废止和宣布失效制度 9 项，制度系统性和实效性得到进一步提升。

【重点项目建设】2020 年，在做好疫情防控的前提下，公司有序加快推动重点项目落地，全年完成投资 38256 万元，超额完成省国资委下达年度投资任务。（1）昌化江下游综合整治工程项目：按照省委、省政府的决策部署，公司积极推进昌化江下游河道综合整治，2020 年度项目累计完成生产量 253.51 万吨（V1 标段 36.52 万吨、V2 一标段 46.37 万吨、V2 二标段 170.61 万吨），累计销售 251.40 万吨（其中天然河砂 197.59 万吨，机制砂 38.91 万吨、鹅卵石 0.20 万吨、鹅卵石毛料 14.70 万吨）。截至 12 月末，砂石销售已覆盖全省 18 个市县，集团旗下河道公司成为以优质天然河砂为核心业务的海南省内同类产品领先企业。（2）昌江棚户区改造海钢安置区（一期）建设项目：开展“百日攻坚战”，克服疫情影响赶工期，全年累计完成投资约 13392.95 万元，截至年末实现 9 栋住宅楼全部封顶，基本完成建筑土建和安装工程以及部分室外配套工程，积极推进营销中心装修前期工作。（3）尾矿渣石综合利用项目：按照国家及昌江县大宗固体废弃物综合利用基地建设的政策规划，公司完成尾矿渣石综合利用项目合规申报，完成项目环评审批，积极启动《昌江大宗固体废弃物综合利用产业专项规划》

编制审批和2#堆场富矿砂料回收利用项目等工作，拟成立项目公司，建设省内最大建筑砂石基地。

【新冠肺炎疫情防控】公司全力以赴做好疫情防控工作，多方筹措防疫物资，严抓疫情防控，全年无确诊病例、疑似病例和密切接触者。一是公司第一时间成立了疫情防控工作领导小组，召开会议研究相关工作12次，公司领导到下属单位专项督导检查工作28次，制订《海南海钢集团有限公司关于防控新型冠状病毒肺炎疫情的工作方案》，落实落细各项防控措施。二是自2月3日开始，公司采用轮流值班+网上办公形式复工，为确保复工复产科学安全，公司储备口罩近两万只、酒精近100公斤，消毒液、体温枪、便携式酒精、护目镜等防疫物资若干。三是公司践行国企担当，在做好自身防控措施的同时，积极配合政府和社会实施隔离防控，分别通过昌江县红十字会、屯昌县红十字会定向捐赠共计20余万元价值的医用口罩、医用免手洗凝胶等防疫物资。四是大力支持昌江县疫情防控安排，要求海矿迎宾馆克服各种困难，认真做好昌江县抵琼的鄂籍和密切接触者的隔离任务，先后有100多名隔离人员入住海矿迎宾馆。五是配合昌江县精准有序地做好2020年春季学期开学工作，公司领导包点联系矿区学校，选派教育专员，组织党员到矿区学校开展义务消杀等党日活动，协调解决复学和疫情防控工作的重大问题。

【企业文化建设】坚持打造包容开放的企业文化，推行“实、新、简”的作风。一是公司自重组改制以来首次荣获海南省五一劳动奖状、海南省第六届“文明单位”等称号。二是深化民主管理工作，于4月顺利召开改制以来的第一次职代会，推动公司加快改革发展。三是活跃职工文化生活，建立和完善“党员活动室”“职工之家”“爱心妈咪小屋”，举办主题演讲比赛、讲家庭故事、乒乓球、气排球、篮球比赛和联欢晚会等寓教于乐文体活动，开展主题劳动竞赛和“安康杯”竞赛，发动干部职工报送“e海瑞评”网络评论152篇，组织38名20—64周岁女工及职工家属免费做“两癌”筛查，选送2家“最美家庭”报海南省妇联进行评选，1名员工家庭荣获海南省妇联“最美家庭”荣誉称号。四是持续强化公司基础管理，每月开展“6S”检查，整治办公区域内的脏乱问题，促进公司及员工安全、生产质量、文明素质的全面提升。五是宣传工作质和量双提升，在公司官网、OA协同、微信公众号等平台全年发布新闻信息130篇。六是强化员工公文写作水平，每周完成1期公司内部公文错误辨析，全年印发42期，持续纠正常见公文错误，员工的公文写作水平显著提升。

【党建工作与统战工作】公司党委以习近平新时代中国特色社会主义思想、习近平总书记“4·13”重要讲话精神为指导，着力加强政治思想建设、党风廉政建设、组织建设、干部队伍建设，全面从严治党取得新成效。一是通报“不担当、不作为、慢作为、乱作为”和形式主义、官僚主义典型案例6期，释放了“有权必有责，有责要担当，失责必追责”的强烈信号。二是继续巩固深化整治庸懒散奢贪、“四风”问题工作成果，紧盯违规公款吃喝、公款送礼、公款旅游、“吃拿卡要拖”和“不干事不担事”等老问题，每月按时填报违反中央八项规定精神、反对“四风”整治庸懒散贪情况，编印《2020年元旦、春节期间组织开展明察暗访活动方案》《“五一”、端午期间严明纪律开展明察暗访活动的通知》《关于严明清明节期间有关纪律要求的通知》，对廉洁过节提出明确要求，同时节日期间组织开展明察暗访工作，开展明察暗访18次。三是开展“党支部组织里全面提升年”活动，落实党支部工作督导机制，规范创新开展主题党日，在公司建立党建工作示范点3个，开展全体党员培训1期、支部书记培训1期、信息员培训1期。四是加强党外干部的政治理论学习。公司各单位、各部门利用每周一上午的周例会学习平台，开展政治理论学习，不断提升政治理论水平。五是主动参与脱贫攻坚工作，选派5名优秀干部支持脱贫攻坚与乡村振兴工作，投入和消费近50万元开展产业扶贫和消费扶贫，全年圆满完成定点扶贫村帮扶任务，年度定点扶贫成效考核等次为“好”，积极对接海南爱心扶贫网，参与消费扶贫“春风大行动”“消费扶贫月”“消费扶贫日”活动，到公司定点扶贫村、昌江县石碌镇保梅村参与现场认购活动和志愿服务，通过“以购代捐”“以买代帮”等方式开展帮扶。六是积极参与社会文明大行动，每周到“双创双修”责任区参加环境卫生整治，利用周末时间参与“礼让斑马线”“地球卫生”志愿服务活动。七是深入开展民族团结进步宣传月活动，利用多种形式进行宣传，张贴宣传海报16份，悬挂横幅4条，利用电子屏滚动展示，营造了浓厚氛围；发放《海南省实施〈中华人民共和国民族区域自治法〉若干规定》《海南省少数民族文化保护与开发条例》学习读本60多册，向职工宣传普及党和国家的民族政策、法律法规；利用公司考试平台，开展以“民族团结进步”为主题的有奖知识测试，检验学习宣传效果，公司干部职工200多人参与。

【人才引进和培养】公司秉持“灵活、多元、创新”的人才发展理念，不断树立鲜明的选人用人导向。通过推行职务与职级并行制度、建立多通道晋升机制，健全双通道薪酬体系，提高薪酬分配灵活性。一是完善岗位绩效工资制，试行协议工资制。二是完善职务职级管理办法，试行“内退”制度，提拔重用实绩突出、敢担当、敢作为的优秀年轻干部，建立完善员工多通道晋升和退出机制。三是实施轮岗、挂职、跟班学习等办法，运用多岗位锻炼培养人才。四是针对公司员工开展内训和外训，包括政治理论、业务基础知识、专业知识培训等内训81期，参训4560人次；干部网络教育、业务知识技能培训等外训116期，参训309人次。

【信访化解和职工慰问】一是深入开展信访化解工作。制定《开展让群众“最多访一次”工作实施方案》并印发2020年信访矛盾化解攻坚战实施方案，按照方案落实工作，全年接访19批40人次，处理网上信访案件10件。二是持续开展“冬送温暖，夏送清凉”帮扶慰问活动。继续做好工会会员节日、生日慰问品发放工作。

（夏 凡）

城乡建设

综 述

【市政基础设施建设维护】 2020年，市政基础设施项目15个，完成昌垦一横路等道路项目9个，总投资8121万元，新增里程4.25公里。推进核电人才房配套道路等工程项目6个，涉及资金约5.79亿元。城市公共照明维护管理方面，主城区主干道保持路灯设施完好率99%以上，亮灯率达98%以上。

【城镇燃气和燃气下乡“气代柴薪”】 2020年底，石碌镇主城区等区域的天然气管道铺设总里程累计58.6公里，覆盖用户14281户，县城主城区燃气管网覆盖率达50%。其中2020年共新增铺设燃气管道10.6公里，新增用户1625户，与2019年同期相比覆盖率提高10%，用户开通户数提高5%。乌烈镇完成6个行政村的农村燃气管网建设，覆盖用户数3519户，已安装挂表户数2340户，开通点火户数82户；海尾镇已开工建设7个行政村的农村燃气管网，覆盖用户数达1701户，已安装挂表户数达1334户，开通点火户数284户；昌化镇已开工建设5个行政村的农村燃气管网建设，覆盖用户数达584户，已安装挂表户数353户。

【城乡人居环境综合整治】 一是城乡生活垃圾收运体系高效运营。2020年，城乡生活垃圾收集处理量约为210吨/日，城区生活垃圾无害化处理率保持100%，农村生活垃圾无害化处理率约为100%。二是主城区环卫作业市场化管理成效显著。在原有主城区已推向市场化管理的基础上，每年投入876万元，推进海钢海矿社区环卫作业市场化管理，实现城市道路清扫保洁全覆盖和常态化。三是加快推进垃圾处理工程项目。渗滤液扩容改建工程已完成初步设计及概算批复，项目投资估算为1514.52万元；推进陈腐垃圾筛分处理工程，截至年底已对2100吨陈腐垃圾进行筛分处理。四是启动渗滤液应急处理项目。以政府购买服务形式，专业公司采用应急移动式渗滤液处理设备，共委托应急处理渗滤液16118吨。五是制定工作实施方案。制定《昌江黎族自治县生活垃圾分类工作实施方案》和《昌江黎族自治县2020年农村生活垃圾分类和资源化利用实施方案》，报请县政府审议同意后印发。

【城市园林绿化】 投入862万元对公园广场、交通干线等场所进行绿化提升，补植三角梅、木棉等134633株，摆放花盆1994盆。投入2921万元建设木棉公园，面积28.5公顷并配套完善水系、慢行系统、景观绿化等设施。截至年底，县城建成绿地面积433.4公顷，绿化覆盖率36.89%，绿地率35.42%，人均公共绿地9.44平方米，公园绿地服务半径覆盖率45.17%。

【房地产市场】 严格执行“限售”“限价”政策，加强购房资格审查，规范住房交易行为，发放新增商品房预售许可证12份625套13.61万平方米，销售商品房707套2.89万平方米。办理二手房交易285宗2.85万平方米，实现网签管理，保障了房屋产权人的房屋交易权益。受理房产抵押登记83宗9323.88平方米，贷款抵押金额4700.9万元。县住建局多次联合消防、应急管理等单位，深入23家物业企业、43个实行物业管理的小区开展安全隐患大排查。打造优质房产服务窗口接待群众

2000 人，出具缴税证明 285 份、房产信息证明 834 份，协助扶贫办等单位比对房产信息 3886 人次。

【农村危房改造】2020 年，昌江县危改计划完成 190 户（含省任务 15 户），其中 4 类重点对象 95 户（建档立卡 59 户），其他困难户 95 户；实际完成 203 户，其中 4 类重点对象 99 户（建档立卡 61 户）、其他困难户 104 户，投入建房补助资金 1024.584 万元，超额完成计划任务。

【农村“厕所革命”】昌江县农村“厕所革命”半年攻坚战任务数 5200 户。年底，全县开工任务数为 5411 户，完成省任务数的 104.1%；竣工户数 5411 户，竣工率 104.1%。省下达昌江县 2020 年农村户用厕所化粪池防渗漏改造任务数 2800 户，年底已开工 2477 户，完成省任务数的 88.5%；竣工户数 2252 户，竣工率 80.4%。

【保障性住房安居工程】一是完成公共租赁住房租赁补贴核查工作，共检查 152 户低保家庭 334 人，发放租赁补贴 187200 元。二是做好“和盛家园”限价商品住房的报名工作，审核 1800 多户申购户的购房资格，完成 111 户“美丽春天”项目申购户的资格审核、公示、缴纳首付款等。三是加快推进海钢棚户区改造安置区（一期）683 套安置房建设，同时启动两条配套道路的建设工作，累计完成总投资 24502.78 万元，占比 75.93%。四是基本完成红林车队、大修厂棚户区改造项目征收范围入户调查及预评估工作。五是启动朝阳片区、第三市场片区、儋州片区棚户区改造入户调查摸底及评估工作。六是加快推进安居型商品住房建设，已进场开展清表工作。七是完成和悦家园二次供水系统升级改造工作，确保小区内供水正常。

【建设工程质量安全监管】2020 年，加强工程质量监管，全县 43 个房屋建筑及市政工程项目，总建筑面积 72.8 万平方米，报建受监率达 100%。加大工程质量安全监督巡查，全年下发整改告知书 45 份，检查出各类隐患 365 项，整改完成 340 项。

【建筑市场监管】2020 年，办理建筑施工许可证项目 53 项，面积 30.28 万平方米，建安费 93898.2451 万元。加大建筑市场监管力度，强化建筑队伍资质管理，完善工程建设不良行为记录制度，将造成不良后果的企业列入“黑名单”。

【人防工程】2020 年，共审批 24 个人防工程建设项目。其中，办理易地建设项目 19 个，应建人防地下室项目 5 个。人防规划审批 4 个，人防地下室竣工验收 1 个，竣工面积 3195.83 平方米。

（符寿强）

综合行政执法

【概况】2020 年，昌江黎族自治县综合行政执法局下设市场监督行政执法大队、生态环境保护行政执法大队、旅游文化市场行政执法大队、交通运输行政执法大队、农业行政执法大队、海洋与渔业行政执法大队、自然资源和规划行政执法大队、城市管理行政执法大队、应急和劳动保障行政执法大队、国家公园执法大队。

【综合行政执法体制改革】2020 年 8 月 2 日，昌江县召开综合执法体制改革人员转隶大会，原业务主管部门的行政执法事项和执法人员划转至县综合行政执法局。8 月 25 日，县委编委设立县综合行政执法局国家公园执法大队作为县综合行政执法局派驻海南热带雨林国家公园管理局霸王岭管理机构的副科级机构，由县人民政府授权海南热带雨林国家公园管理局霸王岭管理机构指挥，负责海南热带雨林国家公园区域涉及昌江县行政区域范围内的综合行政执法工作。

【新冠肺炎疫情防控】支援县新冠肺炎防控指挥部开展工作，配合县防治新型冠状病毒指挥部、疾控中心、防疫站等相关部门开展疫情防控工作 50 次，出动 50 余人次。加强宣传，每天至少 8 个班次在各小区、农贸市场主次干道等地播放宣传防控病毒广播，共计宣传 448 次。

【“两违”整治】2018 年至 2020 年 12 月底，共对 5 期 12495 宗“两违”图斑完成了销号工作。其中，直接处置销号 7238 宗，挂账监管销号 4999 宗，列入“四定双签”销号 249 宗。“两违”总体处置完成率达 100%。在直接处置销号的 7238 宗当中，整体拆除 1053 宗、局部拆除 1 宗、补办手续 3029 宗、没收处置 3 宗、以其他方式处置 3152 宗。依法依规查处违章建筑。共拆除街道两旁违章棚亭 106 处，拆除面积 3315.85 平方米；对未办理建筑工程施工许可擅自施工建设的项目立案查处 10 宗，处罚金额共计 960681.31 元。立案查处违规招标 1 宗，处罚金额 4 万元。立案查处倾倒、堆放建筑垃圾 1 宗，处罚金额 2 万元。

【市容市貌整治】一是常态化管理“门前三包”、乱贴乱挂、马路市场乱摆乱放等不文明现象。全年规范沿街店铺门前“三包”问题 4997 次，对脏乱差的不文明行为下达限期整改通知书 64 份，下达行政处罚决定书 1131 份，处罚 8750 元；规范马路市场占道经营现象 5048 次，暂扣物品 423 件，处罚金额 6950 元；清理破旧、不规范横幅、小广告 2612 次，处罚金额 3450 元。二是整治乱停乱放。全年开展 270 次乱停乱放专项整治行动，规范乱停乱放车辆 5676 辆，暂扣 2104 辆，处罚金额 203850 元。三是开展户外广告专项整治行动。全年拆除 395 处不规范户外广告，面积 3913.88 平方米。

【非法采砂打击】2020 年，共组织参与 1541 次打击非法采砂行动，出动 4516 人次，现场捣毁囤砂点 26 个、采砂点 29 个，没收抽砂船 1 艘、浮台 35 台、四缸柴油机 1 台，暂扣运砂车辆 180 辆，没收非法开采的河砂 2054 立方米，移送公安机关 25 人，罚款金额 165 万元。

【“双随机、一公开”检查】开展打击散乱污、运输、施工扬尘整治等专项行动和“双随机、一公开”抽查检查工作，共出动执法人员 603 人次，检查个人经营、企业施工工地 78 家，下达责令整改通知书 45 份，处理信访投诉 2 宗，“双随机”检查累计抽查检查企业 52 家次，出动人员 156 人次。全年立案 33 宗，罚款 132.3548 万元。2020 年，县综合行政执法局被评为全省生态环境保护执法大练兵表现突出集体，生态环境保护行政执法大队队员张顺福被评为全省生态环境保护执法大练兵表现突出个人。

【食品药品执法】一是开展食品抽样检测工作。全年抽检样品 1189 批次，合格样品数量为 1155 批次，34 批次不合格，合格率为 97.2%。二是开展食品快速检测工作。全年快速检测 1365 批次，合格率为 100%。

【旅游文化市场执法】2020 年，县综合行政执法局共出动检查人员 2069 人次，开展执法检查 411 次。检查经营场所 3581 家次，责令改正 17 家次；没收擅自安装使用的卫星电视接收设备 656 套；取缔无证经营娱乐场所 2 家，没收点播设备 4 套；取缔无证出版物经营点 3 个，收缴非法出版物 603 册；查办案件 5 起，罚没款 22367.5 元。

【交通运输执法】一是开展水运专项整治行动。对昌江县现有的 12 艘船舶严格排查，重点检查“三无”船舶，建立台账建档保管，对违章经营船舶责令停业整改，打击违章经营行为，消除水上运输安全隐患，规范经营行为。共出动执法人员 27 人次，查扣“三无”船舶 12 艘，下达责令停业整改通知书 12 份。二是打击黑车非法运营。开展专项整治活动 12 次，共出动执法人员 156 人次，检查车辆 40 辆次，纠正教育车辆 21 辆次，有效打击“黑车”在人群流动密集区域停靠公然抢客、招客、揽客的嚣张气焰，维护合法者的正当权益，促进运输市场的稳定发展。

【海洋渔业执法】一是开展全县海域巡航，加强海岸线、海岛巡察，执法检查37次，出动执法人员183人次，出动船艇20艘次、车辆40车次，航时108小时，执法里程3000公里；检查海洋工程项目32个次，典型海洋生态系统区域6个次，排污口2个次；立案2宗，结案1宗，执收罚款1万元。二是开展中国渔政"亮剑2020"专项执法行动和伏季休渔监管。出动执法快艇100艘次、人员300人次，海上巡航里程1300海里，内陆巡查600公里，检查渔船500艘次、市场10个次、养殖场50个次、港口和自然港湾45个次，查处违规渔船21艘，已立案21宗，结案19宗，罚款21.6万元。三是开展水产品养殖专项检查工作。对昌江县水产品养殖进行随机或不定期抽查，检查水产品养殖三项记录及违规用药情况，确保水产品质量安全。

【应急和劳动保障执法】一是开展非煤矿山、危化企业、烟花爆竹、工贸民爆等行业安全执法检查。共检查142个单位，排查隐患249项，下达整改文书19份，完成整改245项，整改率达98%，取缔经营非法烟花爆竹零售经营网点8家，查扣非法烟花爆竹176件，销毁烟花爆竹176件。二是开展清理整顿人力资源市场秩序、农民工工资夏冬季等专项检查。2020年检查4次，检查用人单位共87家，涉及劳动者3676人，督促用人单位与劳动者补签劳动合同共123份。三是处理劳动纠纷案件。全年查处纠纷61宗，涉及人数378人，涉及金额751.08万元。立案案件15宗，涉及人数83人，涉及金额103.08万元；协调处理案件46宗，涉及人数295人，涉及金额648万元；以涉嫌拒不支付劳动报酬犯罪向公安部门移送案件4宗，刑拘1人，判刑1人。四是开展职业病防治工作。对涉及职业病的39家单位开展相关检查，截至年底已完成39家单位的检查，下达《监督意见书》39份。

【养殖屠宰环节专项整治】县综合行政执法局对养殖环节和屠宰环节进行"瘦肉精"监测，其中养殖环节抽检尿液30头份，屠宰环节"瘦肉精"抽检1080头份，均为阴性。对个体经营户、畜禽养殖场抽样饲料送检6份，畜产品抽样送检40份，经省级检验检测机构检测合格率100%。

（王　健）

住房公积金管理

【概况】2020年，累计新开户单位54家，新开户人数916人，年末公积金实缴人数22372人；全年累计归集公积金35331.3万元，完成年度计划任务的103.54%；全年累计发放公积金贷款185笔共7771.1万元，完成年度计划任务的112.95%。全年完成办理公积金各类提取29441笔，总额25674.5万元。

【公积金归集扩面】加强归集扩面，召开缴存银行归集工作协调会，督促银行利用自身客户资源优势开展联合催缴。积极推进托收业务，方便缴存，全年完成53家单位签约。做好商贷约提工作，全年完成办理人数296人。落实好住建部、省局妥善应对新冠肺炎疫情实施住房公积金阶段性支持相关政策，完成恒盛元棋子湾开元度假村、昌江中视影城等5家企业缓缴住房公积金申请审批，受益人数216人，缓缴金额25万多元，按要求督促缓缴企业从7月1日起逐步补缴缓缴住房公积金，保障企业和缴存职工的合法权益。加大核查力度，防范使用伪造、变造虚假证明资料骗提住房公积金违规行为。按照海南省住房公积金局部署，成立小组，组织专人完成系统上线以来294笔保障性住房与拆迁房和129笔商品房提取业务真实性核查工作。全年共查处骗提住房公积金职工109人，按规定列入黑名单处理。

【公积金贷款管理】明确并公开个人贷款条件、办理要件、办理时限和办理手续，接受社会监督，确保按规操作。深化"放管服"改革，联合工商银行昌江支行前往海口市为海南省九三四地质大队保障房项目购房职工办理住房公积金贷款。受新冠肺炎疫情影响，贷款逾期情况上升明显，为了确保昌江住房公积金的安全运营，加大贷后管理力度，积极组织各受委托银行，采取电话、短信、上门、动用社会关系、划扣保证金等多种方法，一同进行逾期贷款催收，努力降低逾期率，力争控制在省下达指标内。

【公积金办事大厅建设】 落实好综合柜员制、公开服务承诺、首问负责、一次性告知、限时办结制度，克服人手偏少的困难，确保办事大厅人工受理业务，积极引导职工利用网厅和手机 App 办理业务，推进不见面审批办理，方便广大干部职工，提高办事效率。全年共完成办理网厅和手机 App 提取业务 1525 笔 5997.61 万元。同时，执行贷款和提取新政策和简化受理材料要求，进一步规范和优化住房公积金提取和贷款的流程，充分发挥住房公积金制度的民生保障作用，满足干部职工的住房消费需要。

（郭志美）

昌江城市建设投资有限公司

【概况】 2020 年，昌江城市建设投资有限公司下设一室五部，即办公室、财务部、项目管理部、投资经营部、审计核算部、房地产开发部。公司致力于开发昌江黎族自治县市政基础设施、房地产开发经营等产业，为推动昌江黎族自治县城乡建设快速发展服务。

【竣工项目】 截至 2020 年 12 月底，已竣工或基本完成的项目：（1）昌江县黎族自治县保梅岭林区防火巡护专用通道工程，概算总投资 5629.44 万元，施工合同价 4283.8176 万元；（2）昌江大道景观绿化改造工程，概算总投资 1949.48 万元，施工合同价 1556.203516 万元；（3）昌江太坡立交美化亮化工程，概算总投资 1275.31 万元，施工合同价 898.596416 万元；（4）昌江黎族自治县昌化镇渔业风情小镇（一期）江海路改造工程，概算总投资 931.89 万元，施工合同价 675.743211 万元；（5）昌江县昌化镇渔业风情小镇（一期）昌盛路改造工程，概算总投资 838.63 万元，施工合同价 575.7481 万元；（6）昌江县昌化镇渔业风情小镇（一期）立面改造及景观工程，概算总投资 985.71 万元，施工合同价 793.8257 万元；（7）昌化镇渔业风情小镇海丰街与昌海路立面改造工程，概算总投资 685.67 万元，施工合同价 528.8529 万元；（8）昌江县昌化渔业风情小镇昌盛路延长段改扩建工程，概算总投资 998.85 万元，施工合同价 768.2417 万元；（9）棋子湾通站道路及站前广场工程，概算总投资 11154.49 万元，施工合同价 6338.907668 万元；（10）西环高铁棋子湾生态停车场，概算总投资 854.63 万元，施工合同价 701.167529 万元；（11）昌江黎族自治县保梅片区路网工程项目，概算总投资 8579.7 万元，施工合同价 6767.65 万元；（12）昌江县太坡园区污水管网工程项目，概算总投资 1600.27 万元，施工合同价 1250.5 万元；（13）昌江黎族自治县七叉镇尼下村兴边富民项目，概算总投资 2522.85 万元，施工合同价 2083.08 万元；（14）昌江宝瑞森林公园入口综合服务景观区工程，概算总投资 2998.68 万元，施工合同价 2376.1111 万元；（15）昌江县建设西路改扩建工程，概算总投资 8858.85 万元，施工合同价 6973.947693 万元；（16）昌江县环城东路改扩建工程项目，概算总投资 16859.06 万元，施工合同价 11288.94 万元，已完工；（17）昌江县敬民路工程，概算总投资 682.86 万元，施工合同价 436.894156 万元；（18）昌江县环城西二期改扩建工程，概算总投资 18458.57 万元，施工合同价 14495.47 万元；（19）环城西路二期给水电缆沟基础配套工程，概算总投资 996.55 万元，施工合同价 820.000342 万元；（20）昌江黎族自治县“四河一渠”环境综合整治项目东海河（环城东路段—昌垦路段）综合治理工程项目，概算总投资 2998.67 万元，施工合同价 1817.744765 万元；（21）昌江县青少年活动中心工程项目，概算总投资 2987.03

万元，施工合同价 2380.96 万元；（22）昌江县七叉镇大章黎族特色风情村，概算总投资 1552.53 万元，施工合同价 1251.818989 万元；（23）昌江县“截流并网、提高负荷”减排项目，概算总投资 650.06 万元，施工合同价 483.949113 万元；（24）昌江县石碌镇北辰路工程，概算总投资 1557.84 万元，施工合同价 1817.744765 万元；（25）昌江县内环路南延段，概算总投资 758.97 万元，施工合同价 622.344215 万元；（26）昌江县昌垦一横路道路工程，概算总投资 2167.52 万元，施工合同价 1285.040159 万元；（27）昌江黎族自治县“四河一渠”环境综合整治项目东海河（昌垦路—石碌干渠段）综合治理工程项目，概算总投资 2998.33 万元，施工合同价 1244.660517 万元；（28）昌江县民族中学图书馆大楼项目，概算总投资 1458.32 万元，施工合同价 1005.92 万元；（29）昌江县人民北路立面改造工程，概算总投资 9700.85 万元，施工合同价 7715.195764 万元（一标段施工合同价 1976.13525 万元，二标段施工合同价 1973.422641 万元，三标段施工合同价 1837.758835 万元，四标段施工合同价 1927.879038 万元）；（30）昌江和悦家园小区安防综合服务系统工程，概算总投资 585.44 万元，施工合同价 476.735933 万元；（31）海尾湿地渔家小镇道路改造工程项目，概算总投资 2953.6 万元，施工合同价 2416.92 万元；（32）昌江县昌垦路道路工程，概算总投资 12709.97 万元，施工合同价 7335.04 万元，已完工；（33）昌江县木棉苑配套绿化工程，概算总投资 399.8 万元，施工合同价 334.70484 万元。

【在建项目】2020 年底在建项目：（1）环城西路、环城西一路、环城西二路道路改造工程，概算总投资 17889.93 万元，施工合同价 11769.404242 万元，已完成总工程量的 84%；（2）昌江棚户区改造海钢安置区（一期）配套道路建设项目，概算总投资 1274.74 万元，施工合同价 1068.404699 万元，已完成总工程量的 18%；（3）昌江县叉河至霸王岭旅游公路工程，概算总投资 25028.33 万元，施工合同价 12601.949568 万元，已完成总工程量的 98%；（4）昌江海尾一级渔港配套项目围填海工程，概算总投资 8039 万元，施工合同价 6045.560786 万元，已完成总工程量的 42%；（5）昌江黎族自治县“四河一渠”环境综合整治项目东海河（石碌河—环城东路段）综合治理工程项目，概算总投资 6715.97 万元，施工合同价 3567.697086 万元，已完成总工程量的 50%；（6）昌江黎族自治县“四河一渠”环境综合整治项目保梅河（石碌河—环城东路段）综合治理工程项目，概算总投资 13543.5 万元，施工合同价 8727.774235 万元，已完成总工程量的 95%；（7）昌江县昌西路路桥工程，概算总投资 5890.39 万元，施工合同价 3590.946033 万元，已完成总工程量的 11%；（8）文化馆、博物馆、图书馆、体育馆、展览馆等多馆合一建设工程（一期主体部分），概算总投资 22352.92 万元，施工合同价 17746.37 万元，已完成总工程量的 45%；（9）昌江县青少年活动中心装饰工程，施工合同价 1672.26488 万元，已完成总工程量的 68%；（10）昌江宝瑞森林公园木栈道及附属设施工程，概算总投资 3518.1 万元，施工合同价 2769.084997 万元，已完成总工程量的 83%；（11）昌江黎族自治县体育中心工程，概算总投资 1538.52 万元，施工合同价 1207.723749 万元，已完成总工程量的 75%。

【待建项目】2020 年底准备前期工作的项目：（1）中共昌江黎族自治县委党校建设工程，总投资 11874.43 万元；（2）文化馆、博物馆、图书馆、体育馆、展览馆等多馆合一建设工程（二期室外配套），总投资 16747.27 万元，其中建安费 13903.72 万元、其他费 1603.01 万元、预备费 1240.54 万元。

（吴　彬）

交通运输

综述

【概况】 2020年，昌江县被交通运输部、财政部确定为全国深化农村公路管理养护体制改革试点地区；昌江县连续两年获评全省“四好农村路”督导考评第一；十月田镇至海尾镇五联村公路、七叉镇机保村至尼下村公路入选海南省首批“美丽农村路”示范路，每条路获省级奖励50万元，共100万元；县交通运输局在创文工作中获评全县文明单位和全省文明单位荣誉称号。

【道路客运班线停运与复工】 面对突如其来的新冠肺炎疫情，县交通运输局于2020年1月27日暂停全县所有道路客运班线车、专线车、公交车、出租车、渡船、游船等客运工具营运，并深入客运企业做好防疫工作。2月20日，县交通运输局评估领导小组联合县防控指挥部对各客运企业开展复产评估和指导工作，并做出了评估报告，各企业的防控预案防控措施比较完善，基本满足疫情期间运营防控要求。经请示，县防控指挥部同意各客运企业恢复营运，并发布通告于2月22日恢复了石碌至棋子湾高铁站公交专线，部分城区公交、农村班线客运、巡游出租车的运营。随着交通领域抗击新冠疫情取得阶段性胜利，县防控工作指挥部于3月7日发布通告，从当日14时起，恢复昌江县内道路客运。在2020年春运防疫期间，县交通运输局职工坚守岗位，共排查棋子湾高铁站班次478趟次，检查旅客13527人。

【环保问题整改】 海南省生态环境保护百日大督察第八组反馈第一批生态环境保护问题与县交通运输局相关的有两个：(1) 叉河镇矿石原材料运输车辆日均500车次，遗撒情况时有发生，道路清扫洒水作业密度不够，造成道路扬尘大量产生。(2) 叉河镇区附近道路施工作业管控不力，车辆经过时产生的扬尘无法看清路面。对此，县交通运输局采取以下措施：一是建立叉河镇区工程项目抑尘专项整治小组，完成整治方案制定并按抑尘整改措施实施；二是协调县交警大队、工信局等各治超成员单位到华盛、华润、鸿启水泥厂等企业，开展源头企业治超监督工作；三是强化检查力度，督促项目施工单位增加工地洒水等抑尘整改措施实施；四是每天安排人员和洒水车在叉河交通枢纽工业大道进行清洁。

【交通领域创文】 县交通运输局到客运企业开展督导检查和培训教育，督导出租车企业首次在出租车上安装视频监控系统，采用企业红黑榜机制对出租车司机服务用语和服务行为进行监督。在汽车站、高铁站及公交车、出租车等场所投放文明公益宣传广告，进一步完善母婴室、雷锋志愿服务岗点设置。

【道路绿化】 按照省委书记刘赐贵提出的“五路”建设精神，县交通运输局联合县林业局、海尾镇人民政府组建了一支“党员带头、群众参与”的植树队伍，于2020年1月15日在十南线共出动186人，种植三角梅8000株（县林业局供苗），进一步将十南线打造成“路景合一、生态文明”示范道路。3月12日，县交通运输局在七叉镇叉霸线公路沿线共种下三角梅3000余株，提升了道路绿化环境。4月18日，在保营村公路两旁共种下三角梅1000株。

【“路长制”建设】县交通运输局指导和协助各乡镇开展“路长制”建设。七叉镇在2020年4—10月连续7个月的乡村公路养护管理检查评比活动中，均获评第1名。七叉镇机保村至尼下村公路获选海南省2020年度“美丽农村路”。县交通运输局投入约20万元资金，开展七叉镇七叉村巷道硬化工程，共硬化道路4条，总长180米，提升七叉村人居交通环境。

【交通运输执法改革】2020年8月2日，县政府召开综合执法体制改革人员转隶大会，县交通运输局下属单位县交通管理总站及县港航管理所的人员正式转隶县综合行政执法局。面对改革变化，县交通运输局安排人员做好县交通管理总站和县港航管理所的行政服务事项承接工作，对接县综合行政执法局，推进交通执法的延续和指导工作。8月27日，完成机构改革后的政务服务事项目录清单录入，并在网上公布，进一步提升便民服务水平。9月，昌江黎族自治县交通运输服务中心正式成立，提升了对交通运输业的服务管理，进一步优化营商环境。

【交通扶贫六大工程】2020年，县交通运输局负责交通扶贫六大工程经历了疫期停工、返岗率低、原材料供应不足等困难。为了加快推进项目进度，县交通运输局以超常规手段推进交通扶贫六大工程。截至年底，自然村通硬化路工程累计完成里程94.3公里，占计划里程的100%，已全部完工；窄路面拓宽工程累计完成里程240.3公里，占计划里程的100%，已全部完工；县道改造工程累计完成里程1.47公里，占计划里程的32%；生命安全防护工程累计完成里程70.31公里，占计划里程的100%，全部完工；农村公路桥梁建设及危桥改造工程累计完成项目12座661延米，占计划座数（16座）的75%；旅游资源路工程累计完成里程9.996公里，占计划里程的31%。同时，县交通运输局积极推进石碌河第三大桥，建设西路、华盛路等重点项目建设，做好“十四五”规划，为优化昌江县路网结构夯实基础。

【昌江县城乡客运一体化建设】截至2020年底，昌江县已实现建制村全部通车并在各村庄候车点设立通车班次牌，便捷群众出行。同时，争取县政府给予王下微公交4.2万元亏损补贴，巩固边远地区通车成果。9月，县交通运输局联合工信局、公安局、商务局、市场监督管理局、县委网信办等部门联合印发《昌江黎族自治县网络预约出租汽车经营服务管理规定》，首创昌江“网约＋巡游”的模式，力求创造就业机会、促进经济发展。

（赵训斌）

公路管理

【概况】昌江公路分局是具体负责国道、省道、县道公路养护管理工作及公路建设、养护指导的具有行政管理职能的事业单位。管养全县国道、省道里程151.894公里，其中国道30.376公里、省道121.518公里。

【路面养护管理】全年养护巡查8897次，共修整路肩草、水沟草、平台草1368公里，清理水沟1630余公里，保洁路面2.74万公里。修补水泥、沥青路面5746平方米，处治裂缝3677延米，道班自行修补路肩2612平方米，节省投入资金17.6万元，保障良好的路况水平。国省道优良路率95.52%，国省道公路技术状况指数（MQI）为90.23，其中国道MQI为91.83、省道MQI为89.87。制定工程项目管理巡查机制、疫情排查登记制度、《2020年全面治理拖欠农民工工资工作实施方案》。完成上年度乌烈一桥、石王线中修、叉河大桥4个续建工程项目和2020年6个工程项目建设，公路分局管养的漫水桥梁全部改造完成。

【“五化”公路建设】加强“五化”（净化、绿化、美化、亮化、彩化）公路建设。争取县委、县政府支持，申请调拨的三角梅和木棉树，打造昌江“山海黎乡大花园”的地方特色公路景观，全面修整公路平台近6.48万平方米，挖填土方2万余立方米，种植木棉树2108棵、三角梅1万株（市值约67万元）。

【桥涵养护】 对21座桥梁开展定期检查，及时排除隐患；投入25万余元按照交通运输部新规将国道海榆西线6座桥梁的栏杆式护栏改造成混凝土防撞护栏，提高桥梁安全运行能力，公路分局管养普通国省道一、二类桥梁比例达到95%，没有四类桥梁。

【路政管理】 一是加强执法队伍管理，稳定执法人员思想，加强学习培训，练兵体训，保持队伍执法效率。二是强化路政巡查，靠前执法，关口前移，发现涉路违法行为及时制止。三是采取多部门联动，依法开展路面、驻点和源头相结合治超行动，开展源头科技治超，在重点源头企业安装视频监控设备（无人值守智能系统及升级改造磅秤计量），做到精准治超，严格管控，遏制超限超载行为出厂（站）。四是注重实效，依法维权。查出违法路口21处，拆除非公路标志牌30块，配合平整海榆西线公路平台20余公里和道隆、里仁、叉河大桥等桥梁改造管缆线迁移工作，追踪办理交通事故损坏路产案件7宗，办理行政许可4宗，共收缴赔偿款25万元。

【安全生产】 1. 完善各项制度。建立完善公路安全生产责任制度，公路分局制定《公路突发性事件应急预案》《公路台风汛期抢险应急预案》《公路桥梁突发性事件应急预案》等预案。2. 开展安全隐患专项整治活动，吸取泉州市欣佳酒店“3·7”坍塌事故教训，成立危房调查工作小组，对公路分局的房屋进行排查；深入管养道路桥梁涵洞、高边坡路段及在建工程项目开展“体检式”安全隐患排查，切实消除安全隐患。全年完善路面标线53764米，路面标志牌142块，修复安装交通安全防撞护栏5620米，砍伐清理枯死公路林木2220余棵。3.开展应急演练活动。组织全体职工开展消防安全知识培训，邀请县消防大队教官现场讲解及演练，提高职工消防意识和自救能力；分局联合海南省公路管理局应急处置中心、儋州公路局、县交通局、县应急局等部门开展2020年国省干线公路水毁塌方应急处置综合演练，以练代训，加强信息沟通和组织协调能力，进一步提高省养公路应急处置水平。

【生态环境保护百日大督查】 根据《海南省生态环境保护百日大督察》文件精神以及工作要求，对照问题清单指出公路扬尘问题，分局根据问题导向，多措并举。一是加大道路清扫频次，在人工清扫的基础上，增配洒水车、清扫车共同作业，改善路面污染状况。二是严格把关沿线路口的审批，审批后要按照规范要求设置，要硬化、设置排水沟和标志牌。三是要求沿线企业单位安装轮胎喷洒设备，避免运输车辆携带泥土上路污染路面。四是分局协商叉河K220+500至K221路段的商户实行路面硬化和落实“门前三包”制度。以上措施一定程度上有效缓解了公路路面污染严重的问题。

【疫情防控】 按照新冠肺炎疫情防控部署，积极联合县公安、交通等相关部门和医务人员、民兵等开展联防联控抗击新冠肺炎疫情工作。分局以路政人员为基础组成一支31人的抗击新冠肺炎疫情工作队，共出动人员200人次、车辆184车次，检查人数7.3万人次，劝返1万人次；体温测量7.3万人次，检查车辆3.2万车次，劝返车辆0.4万车次。

（王秀珍）

邮政·通信

邮　政

【概况】2020年，中国邮政集团昌江县分公司设置有综合办公室、市场营销部，其中金融业务中心、渠道平台中心、寄递事业部挂靠市场营销部。后台支撑保障部门设有设备维护班、经警班、寄递营业部3个生产班组，城乡邮政分机构设有矿建邮政支局、东风邮政所、红林邮政所、华田邮政所、矿山邮政所、石碌邮政支局、霸王岭邮政支局、红田邮政支局、十月田邮政所、乌烈邮政所、海尾邮政所、昌化邮政所、新港邮政所、生态邮政所14个支局所，以及叉河、王下2个代办所，核电站1个代办点。邮政服务网点遍布城乡，邮运里程404公里。全县城乡邮路单程约404公里，投递总里程约2124.6公里，乡村通邮率达100%，普遍服务已延伸至昌江县各乡镇村庄。2020年，面对新冠疫情的严峻考验和艰巨繁重的改革发展任务，分公司统筹疫情防控和经营发展工作，切实提升服务海南自贸港建设水平。配合省分公司与县政府签订框架战略合作协议，与县政务中心签订不见面审批邮件寄递合同，为地方社会经济发展做贡献。共投入资金近27万元对海尾邮政所升级改造，促进网点用邮环境升级，提升服务形象。完成邮件处理中心扩容升级改造，满足旺季期间需要。

【邮件投递】2020年，未发生县级以上新闻媒体曝光的服务热点问题；总包邮件损失个数、给据邮件损失件数、邮件全程时限逾期率、机要文件失密损失件数、重大资金安全事件等考核指标均为零；邮件处理规格合格率和邮政服务用户综合满意度均达到省公司考核指标要求。

【邮政普遍服务】2020年，普服重点指标约投挂号及时妥投率城市达标，申诉处理满意率100%，村邮站建制村打卡率98%以上，平信实现零丢损率，全县各乡镇政府党报党刊持续保持当日见报率100%，机要通信工作继续保持零丢失，普遍服务各项运行指标全部达标。开通王下乡自办邮路，推动全省乡镇党报当日见报率达100%。叉河和王下邮政代办所申请改为自办所，实现全县乡镇邮政普遍服务自办网点全覆盖。采取有效措施整改，上半年测评普遍服务满意度较2019年度整体有所提升。

【邮政金融业务】2020年，金融业务收入完成预算的100.36%，同比增长7.18%。一是推进运营转型升级。完成指定网点系统化转型模型导入，达到目标进度。二是推进业务结构优化。组织开展追产、增产、补产等专项活动，提升中间业务占比。提高电子支付收入。三是加快推进资源优化。强化CRM（客户关系管理）零售系统应用，提升客户维护的精准性和有效性。

【寄递业务】寄递业务收入完成预算的100.82%，同比增长27.36%，收入增幅排名全省第三。全年寄递业务寄递量市场占有率22.7%，超过全省平均水平。全力推进降本增效。寄递经营实现利润完成年度利润预算的656.44%，同比增加额排名全省第八。四大环节单价有了明显的压降。服务质量持续改善，问题邮件一次及时解决率达标，智能跟单异常发生率达标，理赔及时率达标。

【电商分销发展】分销业务收入完成预算的116.34%，同比增长74.82%。一是以培促销，拉动分销业务发展。以十月田营业所、乌烈营业所为重点农资市场，通过技术下乡业务培训，现场营销化肥突破30吨。二是针对农资市场，走访农资药店老板及购销中间商，营销化肥突破100吨。着力推动基础性业务创新。创新营销模式，采取线上和线下相结合，应用“直播＋朋友圈”等营销方式，促进邮品销售量提升。优化产品结构，重点推荐火箭发射、海南自贸港明信片等本省题材产品，丰富产品供给。

【服务重大战略】一是严格落实各项防控措施。建立岗位责任制，制定应急预案，开展应急演练，做好防疫物资配备、生产能力储备，特别是疫情期间客户服务工作，彰显央企责任担当。二是始终确保邮政生产服务畅通。2020年3月底，复工率、网点复产率、生产运营能力均已恢复100%。三是助力复工复产。参与“全民战‘疫’爱心助农”倡议活动，帮助十月田镇滞销农户打开销路，通过线上销售哈密瓜500箱，线下销售冬瓜和南瓜11吨。

【绿色邮政建设】全县邮政网点废弃物回收装置布放实现全覆盖，单件包裹包装耗材平均用量明显减少，一次性不可降解的塑料包装产品使用得到初步控制。电子面单使用率100%。符合标准的包装材料应用比例、电商快件不再二次包装率等均达标。

（许治飞）

中国电信昌江分公司

【概况】2020年，中国电信昌江分公司下设综合部、党群部、客户销售部（市场部）、政企部、网络部、综合服务支撑中心、城南支局、城北支局、乌烈支局、海尾支局。管辖人民北路4G数码城、东风路主厅、县城及各农村网点网店等运营生产机构。2020年，完成了省公司下达的各项任务目标，实现了收入市场份额连续提升等一系列业绩。坚持变革创新，全力推进转型发展，全面提升管理效能，全面贯彻落实集团、省公司战略要求，全力融入地方经济发展大局，全方位把握市场规律，进一步增强企业综合竞争力，推动企业持续健康快速发展。2020年，中国电信昌江分公司被评为全省文明单位。

【业务保障】统筹推动业务发展工作。分公司加快5G基站建设等工作；紧盯重要项目的进展。在客户保障方面，重点落实政府重要部门的通信保障、会议保障，及时开通相关保障通信需求。督促各单位常态化开展复工复产。

【电信业务机制体制创新】一是继续推进划小承包工作。通过梳理权力清单，充分授权划小承包单元自主用人权、薪酬考核和分配权、资源支配权等，基本自由支配类资源占比达1.4%以上，同时由分资源向挣资源转变，根据收入完成和各类竞赛进行抢夺，完全市场化导向。以问题为导向，强化倒三角支撑，为划小单元保驾护航。成立综合服务支撑中心，提供综合事务支撑、装维管理支撑、服务质量支撑、工程资源支撑等四大方面的支撑保障。通过易信、易问、热线、工单等途径，承接一线支撑需求，制定收入和发展通报流程、资源配置流程、建设需求流程、服务质量管控流程、装维管理流程等14个倒三角支撑工作流程。强化逆向考评工作，通过综合服务支撑工单和倒三角支撑满意度测评两个维度，强化考评。二是建立新兴业务支撑体系。从人员到位、培训到位、业务支撑流程到位等方面建立新兴业务支撑体系。新兴业务有突破，通过政务云数据中心建设占先机，先后在立体防控、综治网格、“12345”热线、智慧旅游、信息化维护等方面取得突破，带动分公司业务收入增长。智慧城市为新兴业务奠定基础，通过智慧城市项目的推进，在智慧扶贫、智慧环保、智慧农业、智慧医疗、视联网等项目上取得先机。新兴业务带动基础业务发展，通过EPG（电子节目导航）、立体防控等新兴业务的实施，带动新增和策反基础业务，如EPG业务拉动发展I+C或全家福用户686套。三是建立宽带攻防体系。农村地区实施网格责任制，全县共设35个装维网格，营销网格和装维包区一一对应，明确目标，梳理存量派单场景，强化装维随销。城区实施以店包片，选定保梅岭社区作为试点，随后在城区全部推广，装维人员下沉社区店，配置存量补贴、达量补贴、专项补贴，构建门店、装维、网格的利益共同体。

（杨瑞雄）

中国移动昌江分公司

【概况】 2020年，中国移动通信集团海南有限公司昌江分公司（简称移动昌江分公司）设综合部、市场经营部、政企客户中心、网络支撑响应中心、石碌网格、昌海网格、乌霸网格等部门。

【移动业务发展】 2020年4月，移动昌江分公司正式开始网格化运营，将昌江县分为3个网格，6个责任田，网格部门主要负责分公司各项重要指标的业务发展，如放号、宽带、智家产品、高质量发展等，全年指标完成情况在全省排名第三（全省18个市县分公司内部排名）。在个人市场、家庭市场、新兴市场、政企市场全向发力，坚持以客户为中心，围绕客户需求，通过“书记项目”靠前推动解决，发挥引领带动作用，以问题为导向，通过“阳光行动”自纠自查解决客户实质问题，开展“总经理接待日”系列活动，切实提升客户服务感知和客户服务满意度，全年客户服务满意度KPI（关键业绩指标）考核得分20分，排名第1。深耕存量市场，组织网格经理、代理商及铁通全年共开展416场促销，办理1530笔宽带；攻坚困难区域宽带建设，重点攻坚七叉镇、昌化镇的重要区域宽带建设。

【通信建设】 2020年，移动昌江分公司在确保4G网络稳定情况下，提速5G网络建设。全年开通昌江宾馆、和盛家园等55个5G站点。同时做好属地化管理工作，狠抓降本增效、筑基行动、家宽大会战等专项工作，推进网络任务清单建设和扩容，落实“三超”管控等属地化管理工作。

【通信保障】 面对突如其来的新冠肺炎疫情，移动昌江分公司为疫情防控指挥调度和重点区域通信畅通提供坚强有力的保障。对昌江县政府、县卫健委、县人民医院等重点单位网络通信和重点业务进行重点保障，核对重点保护区域基站清单6个，确保相关站点网络通信正常运行。

（吴　慧）

中国联通昌江分公司

【概况】 2020年，中国联合网络通信有限公司昌江分公司根据省公司战略目标，在省公司及县委、县政府的领导下，各项发展工作都取得了一定的成绩。分公司下设政企客户营销中心、公众营销中心、综合部、网络部等部门，全县有昌江十月田宏达专营店、昌江乌烈至臻专营店、昌江海尾光华联通专营店、昌江石碌宏星手机专营店等11家渠道专营店。

【通信建设】 2020年，昌江网络部重点聚焦提升客户感知，落实降本增效工作，以市场发展为导向，对建设需求进行上会讨论后再进行报批建设，确保投资效益最大化。加快网络建设速度和建设效率，缩短基站开通时长，改善网络满意度。增强建设维护队伍能力并加快全业务服务响应速度，提升属地工程建设支撑水平；网络部定期召开工程建设维护周、月情况分析会，确保工程建设的进度、质量。

【业务发展】 大力发展5G迁转，通过新入网金融分期政策扩大移动用户发展规模；积极开展省公司下发的客户存量维系活动，提高新入网用户黏性，推进老用户价值提升，老用户4G迁转5G享受“5G

速率”上网、“1 元换购”5G 终端活动得到了用户好评，取得了很好的销售成绩。在集团业务方面，签约电子各视联网 11 个点位年收入 84 万元；签约残联信息系统平台项目合同金额 13.53 万元 / 年；签约武汉大学人民医院昌江医疗集团医联体项目合同金额 459 万元 / 年。聚焦重点行业与产品，实现信息化收入提升。

【客户服务】“匠心网络、优 + 服务”，以工匠精神建设高品质的 4G+ 和全光宽带网络，打造速度更快、覆盖更广、感知更好的用户体验；以“优 + 服务”实现更高品质、更加快捷、更加优质的服务。承诺“宽带 480，超时赔现金”“营业厅排队，超时赔现金”，以服务承诺为抓手，提供更高品质、更加快捷、更加优质的服务。每月开展以“服务面对面，关心 1+1”为主题的“总经理服务日”活动，让分公司总经理走进营业厅前台，以普通员工身份接待客户，处理服务难题，检查服务环境和服务规范执行情况，改进营业窗口服务质量，进一步提升公司的口碑和服务形象。

【安全生产管理】落实安全生产责任制和责任追究制，与领导班子签订安全生产责任书，自上而下，层层落实，责任到人，提升安全生产工作质量，保障生产运营安全进行。围绕“安全第一，预防为主”方针，召开安全生产专项会议，开展安全生产事故警示教育、安全消防知识培训，增强员工安全法治意识和自我防范意识。定期排查办公场所、营业厅、通信机房、基站等方面的安全问题和隐患。主动配合政府部门，深入打击侵犯企业安全的违法犯罪活动，切实维护和捍卫企业合法权益，扎实做好新形势下的企业维稳工作，保证分公司快速、健康、和谐发展。

（吴有萍）

商 业

粮 食

【概况】2020年，昌江县粮食和物资储备中心认真开展政策性粮食库存数量和质量大清查“回头看”工作，做好粮食应急保障和地方储备粮轮换、粮食和物资储备科技宣传等各项工作，为建设“山海黎乡大花园”提供粮食安全保障。昌江县粮食和物资储备中心属正科级事业单位，下属国有企业3家，分别是县十月田粮油收储所、县军粮供应站、县乌烈粮食储备库。县粮食和物资储备中心做好2019年度粮食安全市县长责任制考核工作，履行县粮食安全县长责任制考核工作领导小组办公室的职责，认真落实联席会议、联络沟通、工作督查、考核结果运用等机制，推进各乡镇各有关部门粮食安全责任的落实。2019年度，全省粮食安全市县长责任制考核结果78.55分，“良好”等级，位列全省第12名。

【粮食监管】开展政策性粮食库存数量和质量大清查发现问题整改“回头看”工作和全面开展问题整改“回头看”专项行动。成立专项督查工作领导小组，按照企业自查、县级专项检查相结合模式，开展问题整改“回头看”工作。强化政策性粮食出库、入库检查。成立专项检查组，按照“双随机、一公开”要求，对十月田粮油收储所政策性粮食出、入库开展专项检查，重点检查承储企业是否严格按照合同规定的品种、数量、质量及时组织政策性粮食出库等7个方面的内容。在两次专项检查中，均未发现违规行为或案件。粮食流通监督检查方面，在夏、秋粮收购中，主要对乌烈有兴大米加工厂收购点、粮食主产区和小型大米加工厂进行监督检查。开展联合执法，切实维护好昌江县粮食收购市场流通秩序，未发生矛盾纠纷和投诉事件。

【储备粮轮换】2020年，昌江县采取先销后购的方式进行轮换，全年计划轮换969.2吨县级储备粮。11月25日成功挂牌销售2018年晚籼稻642.218吨，成交价格为2770元/吨；12月4日，成功挂牌销售2019年早籼稻326.982吨，销售价格为2600元/吨。12月11日，成功竞拍采购2020年晚籼稻969.2吨，产地安徽，采购价格为3230元/吨，以上交易均在海南粮油批发市场有限公司（国家粮食海南交易中心）挂牌完成。在县级储备粮轮换工作中，加强县级储备粮轮入轮出工作监管。一是对已出库粮食做好跟踪监督。做好每批次粮食的出库登记备案工作，明确记录出库粮食的流向及品种、等级等相关指标情况，为粮食的质量追溯工作奠定基础。二是加强储备粮转入检查。重点检查采购资金落实情况、入库器材、清扫消毒、入库粮源的组织和落实，在收购工作中是否严格执行按质论价的收购政策等。

【粮食收购】一是组织落实粮食收购资金，加强政策性资金管理。多渠道协调农发行等金融部门落实粮食收储和轮换资金，以满足地方粮食储备的需要，并严格执行政策性资金管理要求，及时支付收购资金，有效化解风险贷款，未出现挤占挪用及群体性上访现象。二是严格执行国家粮食收购政策，确保不发生区域性“卖粮难”。严格实行国家粮食交易平台线上交易，督促企业落实国家粮食收购政策，全县没有发生区域性“卖粮难”情况。粮食收购期间，通过多种方式宣传国家粮食收购政策，积极引导各类市场主体合法收购，并派出执法人员深入村镇进行专项检查，落实收购价格公示制度，确保粮食收购经营企业严格执行国家相关政策规定，及时足额向售粮农民支付售粮款，全年全县收购粮食 1460 吨，没有出现“打白条”情况，粮食收购市场秩序稳定。

【粮食宏观调控】一是在新冠肺炎疫情常态化防控形势下，围绕“保粮食安全”做好“六防”工作，健全应急应对保障机制，强化支持调度，督促粮食企业及时复产增供，着力抓好粮源保障，全力保障疫情期间的市场供应，确保粮油供应不脱销、不断档。二是坚持做好保供稳价“五联防”工作，不断完善储备（库存）、供应、加工、运输、监测五个方面应急保障体系建设，及时更新粮食应急预案数据，加强应急联合演练，丰富应急手段，加大应急设施建设和维护力度，增强应急保障能力，确保应急时调得动、用着上。在 2020 年疫情防控期间，全县签约粮食应急供应网点 16 个、配送网点 5 个、加工网点 2 个、储运中心 1 个，实现应急供应网点科学布局、乡镇和街道全覆盖。开展应急预案演练和培训，12 月 17 日，县粮食和物资储备部门举办粮食应急预案演练和培训活动，进一步加强粮食应急供应能力。

【粮储信息化建设】加大对粮库智能化改造、信息化平台建设和“四合一”储粮新技术的投入，改善粮食仓储设施，创新监管方式。一是新建粮仓正式投入使用。2020 年 5 月，4571 吨晚籼稻轮换入库新建粮仓，标志着仓容 6000 吨的新建粮仓正式投入使用。二是推广应用“四合一”储粮新技术。投入 120 万元购置与新粮仓配套的鼓风机、鼓冷机、空调、除杂机以及粮情测控、虫害检测等生态储粮新工艺、新装备，启用机械通风、环流熏蒸、谷物冷却、粮情测控“四合一”储粮新技术，不断提高粮食仓储管理机械化、信息化科学管理水平，推动昌江县科技兴储粮迈上新台阶。三是对老旧储备粮仓进行升级改造。投入 40 万元维修储备粮仓和安装粮情测控系统，粮情测控覆盖率达 100%。

（陈　鹏）

供销合作联社

【概况】2020 年，县供销社全面贯彻落实党的十九大和十九届历次全会精神，以习近平新时代中国特色社会主义思想为指导，以服务“三农”为宗旨，全面深化供销合作社综合改革，着力构建为农服务体系、发展农产品流通、壮大社有企业、夯实基层基础，努力推动全县供销系统高质量发展，为更好服务乡村振兴发挥更大作用。

【“爱心消费扶贫”活动】根据海南省打赢脱贫攻坚战指挥部下发《关于印发〈“爱心扶贫大集市”百场百家活动方案〉的通知》精神，在县委、县政府的高度重视和大力支持下，昌江县打赢脱贫攻坚战指挥部消费扶贫工作组结合实际，积极开展爱心消费扶贫集市活动，汇聚全社会爱心，凝聚全社会力量，帮助贫困户实现增收，助力昌江县脱贫攻坚。2020 年举办“春风大行动”“消费扶贫月”等一系列活动共计 173 场，销售金额 179.82 万元，受益贫困户 3866 户次。一是精心办好城区“爱心扶贫大集市”活动。年内，先后在县文化公园、昌江中学、民族中学、矿建马路市场等地举办 6 场“爱心扶贫大集市”活动，销售额 63.70 万元，受益贫困户 1979 户次。二是联合举办乡镇“爱心扶贫赶集”活动。结合昌江县每周“扶贫工作日”，组织“爱心扶贫大集市”百场百家活动，与各乡镇联合举办 10 场，销售额 32.56 万元，受益贫困户 402 户次。三是加强督促指导各乡镇开展消费扶贫活动。积极督促指导各乡镇开展消费扶贫活动共 9 场，销售额 20.22 万元，受益贫困户 588 户次；全县各村开展消费扶贫活动 148 场，销售额 63.34 万元，受益贫困户897户次。四是依托资源推进“爱心扶贫大集市”百场百家活动。依托昌江县供销合作联社和县商务局的农贸市场资源，设立9个扶贫农产品销售摊位。在海尾供销合作社的海供超市内设立1个贫困户农产品销售专区，利用乌烈供销社现有的经营铺面，改造建设为贫困户农产品销售网点1个。通过“爱心扶贫大集市”百场百家活动，搭建最直接、最有效、最贴近贫困户的消费平台，有效推动贫困户实现增收，营造了“人人参与消费扶贫、人人支持消费扶贫、人人宣传消费扶贫”的良好社会氛围。

【供销合作社综合改革】县供销社坚持统筹兼顾，积极稳妥实施基层供销社农贸市场改造建设，推进基层供销社赋能工作。一是全力健全完善“三会”制度。2020年12月24—25日召开社员代表大会，选举产生第一届理事会、监事会成员，进一步健全完善理事会、监事会和社员代表大会制度，在建立理事会、监事会机构设置基础上，不断完善社企分开监督机制，构建起联合社机关主导的行业指导体系和社有企业支撑的经营服务体系，全面提升供销社属企业市场竞争力。二是实施供销农贸市场升级改造。根据县政府的要求，加强与白沙凯达实业有限公司协调沟通，在保持原合作利润的前提下，由白沙凯达实业有限公司出资300万元，实施乌烈农贸市场升级改造，改造已完成并投入经营。三是推进基层供销社赋能工作。根据省供销合作联社关于开展基层供销社赋能工作要求，将乌烈供销社作为基层供销社赋能试点单位，并结合贫困户农产品销售网点建设，投入14万多元在乌烈供销社建设一家为农服务中心。

【农产品销售】一是积极推动产销对接，发挥农民专业合作社作用。县供销社积极应对疫情影响，组织协调昌江三丰种养专业合作社和昌江十月田姜园红种养专业合作社，调运24车，共计227.87吨姜园“圣女果”，前往江苏无锡、福建福州、浙江嘉兴等城市。二是积极开展“全民战疫，爱心助农”活动。为解决海尾镇2000多亩哈密瓜滞销问题，县委县政府向全县各单位、各部门、社会各界爱心人士发出“全民战疫，爱心助农”倡议书后，做好产销对接工作，共接到2418人4836箱的订单，销售金额共169260元，基本解决海尾镇哈密瓜滞销问题。三是发挥网络平台作用，助销滞销农产品。主动对接省供销社，把各乡镇贫困户滞销的南瓜397.15吨、小尖椒18.9吨、豆角4.6吨、芒果1.55吨、鸡2380只、香蕉361.65吨、玉米18.5吨等农产品信息，发送到“全国农产品对接公益服务联盟滞销难卖产销对接信息平台”，消除疫情期间因信息不对称给农产品对接造成的不利影响。此外，推动产销对接，人民解放军某部队从十月田镇塘坊村购买冬季瓜菜1.62万元；海口海关从乌烈镇峨沟村购买芒果3.6万元；海南省工商银行从十月田镇王炸村购买农产品0.58万元等。在此基础上，认真贯彻落实县委、县政府《〈关于印发昌江黎族自治县应对新冠肺炎疫情支持中小企业共渡难关十二条措施〉的通知》和县国资委《〈昌江黎族自治县减免承租房屋租金的实施细则〉的通知》的文件精神，全县供销系统为110个承租户减免承租房屋租金共188640元。

（翁启敏）

烟草专卖

【概况】2020年，昌江黎族自治县烟草专卖局（营销部）积极适应新形势、新任务的要求，积极做好疫情防控，积极促进党建工作与中心工作深度融合，着力推进党的建设、经济运行、专卖打假、企业管理等重点工作，完成年度各项工作任务，确保了平稳的发展态势。

【卷烟销售】2020年，昌江黎族自治县烟草专卖局（营销部）累计销售卷烟同比增加2925万支，增幅5.75%；实现销售收入同比增加3697万元，增幅

11.38%；平均单箱销售额同比增加 0.17 万元，增幅 5.33%。(1) 不断增强地产卷烟品牌培育。切实强化品牌分析和文化推介，不断发挥客户经理的主观能动性，加强宣传引导，从市场研究、消费引导、信息共享等方面加大对地产卷烟的宣传力度。全年，昌江营销部累计销售地产品牌卷烟同比增加 189.5 箱，增长 37.26%。其中：宝岛（三沙）同比增长 16.74%，宝岛同比增长 37.55%；三沙（细支）同比增长 79.50%，三沙（椰王绿）同比增长 30.50%。(2) 持续优化销售结构。卷烟单箱批发销售收入同比增加 1700 元，增长 5.33%。一类烟销量同比增长 17.6%，比重 28.6%，同比上升 2.89 个百分点；二类烟销量同比增长 18.7%，比重 17.9%，同比上升 1.96 个百分点。(3) 加大诚信自律互助小组及现代卷烟零售终端建设力度。为进一步规范卷烟零售市场秩序，切实增强零售户守法经营意识和自律能力，有效稳定卷烟市场价格，规范和净化卷烟市场环境。按照《海南省卷烟零售户自律互助小组建设实施方案》《儋州市烟草专卖局（公司）卷烟零售户自律互助小组建设工作专项考核实施办法（试行）》等要求，县局（营销部）结合辖区实际，截至 2020 年年底，共计建立零售户自律互助小组 98 个，小组成员占辖区有效持证户的89.80%；已录取现代零售终端零售户共计 234 户，其中：雪茄终端 1 户，高级现代终端 9 户、中级现代终端 63 户、初级现代零售终端 160 户，合作终端 1 户。(4) 稳步推进文明吸烟环境建设。积极与县委宣传部、各大景区、动车站等单位沟通协调，多次实地走访开展选址工作。8 月底，顺利完成 70 个烟蒂收集器的安装工作，1 处文明吸烟区已和相关单位做好相关对接。

【卷烟打假】2020 年，昌江辖区查获涉烟案件 29 宗，其中真烟案件 11 宗，假烟案件 17 宗，走私烟案件 1 宗；查获各类违法卷烟 11.76 万支，真烟 7.76 万支，假烟 3.8 万支，走私烟 0.2 万支。查获总案值达 10.16 万元，真烟案值 6.07 万元，假烟案值 4.08 万元，走私烟案值 0.01 万元，收缴罚没款 2.3 万元。一是打假打私实现新突破。2020 年，坚持把打假破网作为专卖工作的首要任务，实现打假破网新突破。联合昌江县公安局共同侦破“9·23”非法经营案、“林某等人销售伪劣产品案”两宗 5 万元案件，抓获嫌疑人 8 名，查扣现金约 2.1 万元，扣押账册 11 册，涉案总金额约 36.1 万元，批捕 2 人，5 万元案件数量及涉案金额实现历史性突破。二是积极开展各类专项行动。贯彻落实省局（公司）、儋州市局（公司）关于开展卷烟打假的工作部署，制定专项行动方案，明确组织领导，落实各阶段具体任务。年内先后开展了“3·15”卷烟市场专项清理行动、“五一”卷烟市场专项清理行动、“中秋、国庆卷烟市场专项清理行动”、“整治中小学校周边商户向未成年人售烟行为专项行动”等市场集中整治行动，维护良好的卷烟市场经营秩序。各项联合整顿专项行动共出动 519 人次，检查辖区零售户 810 户次，发放宣传材料 400 余份。三是市场监管成效明显。加强联合执法机制，联合县公安、县市场监督管理局等部门，扎实开展辖区卷烟市场专项联合整治行动，与县市场监督管理局建立卷烟市场联合监管制度，实现联合监管常态化。全面清理整顿辖区卷烟市场，认真排查中小学校、幼儿园周边市场，张贴“禁止向未成年人出售卷烟”警示标语 400 余份。

【烟草法律法规宣传】2020 年，昌江黎族自治县烟草专卖局（营销部）始终把烟草专卖法律法规的宣传教育放在专卖工作的突出位置，加大法律、“12345”政府服务热线宣传力度，营造良好的法治环境。通过以“3·15”“五一”等专项行动为契机，广泛宣传烟草专卖法律法规、《涉烟违法案件举报协办奖励办法》、真假烟鉴别等相关知识，鼓励社会公众积极举报涉烟违法行为，提高群众的法治观念和维权意识，营造了良好的法治氛围。在国庆、中秋专项行动中，宣传《关于禁止向未成年人出售电子烟的通告》；在“整治中小学校周边商户”专项行动中，制作并发放新的“禁止向未成年人售烟”警示牌，强化中小学校周边零售户法律意识，营造良好的社会监督氛围。县局通过各项专项行动提高群众的法治观念和维权意识，也为开展卷烟打假工作奠定了坚实的基础。

【烟草专卖许可证管理】2020 年，昌江黎族自治县烟草专卖局（营销部）按照“放管服”改革和推进“互联网 + 政务服务”的工作要求，不断深入推进行政许可改革。积极推进网上办理和信息公示公开，将 20 个工作日新办审批时限缩短至 8 个工作日、品牌连锁便利店类审批时限缩短至 5 个工作日内。不断提升许可证网上办理水平，进一步推行全流程“不见面”审批模式的实施。截至年底，昌江县共有持证卷烟零售户 2161 户，持证率为99.35‰，其中城网 1009 户、农网 1152 户，分别占总持证户数的 46.69% 和 53.31%。昌江县有无证卷烟经营户 14 户，无证户占持证户比例为 0.65‰，其中城网 9 户、农网 5 户。

【烟草专卖局内部监督】2020 年，昌江黎族自治县烟草专卖局（营销部）进一步完善《昌江县内部专卖管理监督工作实施办法》，结合当前卷烟市场动态及社会库存实际，加强内部管理监督工作，严厉打击违法卷烟经营行为。通过完善卷烟大户档案并存档备查，对卷烟大户真实销售情况进行实地走访了解，核实销售能力，及时掌握卷烟落地销售情况，监管守法经营。强化内管预警系统功能应用，进一步筛选有效预警和异常订单，加强对卷烟零售户异常订单的分析，及时进行调查核实，采取有效措施，强化市场监管。县烟草专卖局根据《关于认真学习贯彻规范海南省烟草商业系统干部职工及其亲属卷烟零售活动暂行规定的通知》要求，每季度完成在岗干部职工、第三方外包物流配送人员的近亲属从事或参与私人营利性卷烟零售活动情况。

【安全管理】（1）安全管理有效执行。2020 年，昌江黎族自治县烟草专卖局（营销部）落实安全生产管理工作，实现安全生产零事故。一是层层签订安全责任状，认真落实安全责任制。与每名职工签订《安全生产责任书》，把安全目标层层细化、量化，落实到每一个人。二是强化教育培训，加大宣传力度，做到警钟长鸣。组织职工参加消防知识安全培训，开展“安全生产月”活动，通过教育强化全体职工安全意识。三是落实安全管理制度。制定《昌江黎族自治县烟草专卖局（营销部）安全生产专项整治三年行动实施方案》，对各类消防设备、车辆、地面改造工程施工等进行安全隐患排查，改造消防增压泵房，做到安全工作心中有数，实现昌江烟草安全生产全年无事故。（2）疫情防控慎终如始。要求全体干部职工在上班期间严格执行体温检测和登记工作，出入人员较为密集的地区需佩戴口罩，做好个人防护；对外来人员进出办公场所实行健康码查验及出入登记，加强重点地区的管控工作，持续抓实抓细疫情防控各项工作，确保生产经营平稳有序推进。疫情防控期间，大力推行“网上办理 + 电话预约”许可证办理模式，开通电话预约通道，进行分散排期、分散办理。通过新商盟网站、微信、自律互助小组等平台向零售户宣传疫情期间货源投放调整原因、品牌培育等信息及疫情防控知识。对送货线路通行情况进行摸底调查，及时调整送货方案，做好物流人员体温监测，采取“无接触”配送方式。

（陈世逸）

招商引资

【概况】2020 年，面对新冠肺炎疫情给各项工作带来的不利影响，全县上下紧紧围绕“五地两县”发展目标，始终将招商引资、项目建设摆在突出位置。县委、县政府高度重视招商引资工作，通过举办招商推介活动、建立县招商联席工作机制、利用各类活动为契机邀请企业“走进来”、积极对接服务企业“走出去”招商等举措，全县招商工作呈现量质双提升态势。2020 年，全县共推动签约项目 23 个，协议投资总额 112.9 亿元；其中“4·3”集中签约项目 4 个，协议投资额 6.06 亿元；“8·13”

海南省自由贸易港集中签约活动中签约项目 1 个，协议投资额 2.7 亿元；其他自行签约项目 18 个，协议投资额 104.14 亿元；截至年底签约项目中开工项目 5 个，竣工项目 1 个，到位投资额约 4.3 亿元。

【清洁能源招商推介活动】 2020 年 10 月 10 日，在国家核安保技术中心、上海核电办、中核集团的大力协助下，成功在上海举办清洁能源产业园招商推介活动。推荐会共邀请核相关联企业 86 家 148 人，成功签约年产 2 万吨超高纯电解铁及产品精深加工基地项目（5 亿元）、清洁能源制造产业园项目、清洁能源产业园（园中园）项目等 6 个清洁能源类项目，协议投资额共计 72.5 亿元。此次招商推介活动，不仅加快推进海南（昌江）清洁能源产业园向省级重点园区打造建设步伐，积极推动核电关联产业向昌江聚集发展，清洁能源产业园区建设得到了突破性的进展。

【招商联席工作机制】 为全面加强昌江县招商项目的谋划、招引、服务和活动组织，强化统筹协调和责任传导，提高招商工作绩效，确保项目高质量高标准落地推进、达产见效，县招商中心起草招商项目联审、招商项目准入条件等议事规则，《昌江黎族自治县招商工作联席会议制度》已正式印发执行，该制度的执行，有效提高了招商引资工作的主动性、针对性和实效性，把好项目关，提升招商引资的效果和质量。

【优化营商环境】 建立招商项目跟踪服务机制，推行“店小二”式项目服务。2020 年上半年，昌江县在全省组织的地方营商环境第三方测评中名列第三。2020 年，全县接待来电来访企业共计 150 余批次，陪同企业踩点考察 30 余次，开展座谈交流会 50 余次，咨询洽谈项目 67 个，推进在谈项目 34 个。

（梁梦诗）

金 融

中国人民银行昌江支行

【概况】2020年，昌江县金融机构认真贯彻落实稳健的货币政策，各项存款余额同比稳步增长，各项贷款余额快速增长，信贷资源配置不断优化，金融支持地方经济发展的力度不断加强，全县经济金融发展的协调性进一步增强，保持了平稳健康发展的良好态势。

【金融机构】2020年，昌江县辖内有金融管理机构2家，分别是中国人民银行昌江县支行、海南银保监局昌江监管组。各类金融机构20家，下辖营业网点47个。其中，政策性银行1家，即中国农业发展银行昌江县支行；商业性银行6家，即中国工商银行股份有限公司昌江支行、中国农业银行股份有限公司昌江县支行、中国建设银行股份有限公司昌江支行、中国银行股份有限公司昌江支行、中国邮政储蓄银行股份有限公司昌江县支行和海南银行股份有限公司昌江支行；地方性法人金融机构2家，即昌江县农村信用合作联社和海南昌江长江村镇银行；保险机构11家。

【存贷款业务】2020年，昌江县金融机构各项存款余额1244419万元，同比增加168633万元，增幅16%。各项贷款余额872463万元，同比增加373320万元，增幅75%。普惠小微贷款余额94894.99万元，同比增加23392.3万元，增幅32.71%。

【金融支持】一是强化金融引领，抓实工作统筹。疫情期间，制定《中国人民银行昌江黎族自治县支行关于全力以赴做好金融支持疫情防控和复工复产工作的通知》，引导辖区金融机构优化信贷产品结构，优先支持受新冠肺炎疫情影响严重行业的企业复工复产。在金融支持复工复产的基础上，支行结合辖区疫情形势和工作实际，制定《昌江县金融支持稳企业保就业工作方案》《关于昌江县金融支持稳企业保就业宣传活动方案的通知》，引导辖区银行业金融机构提高政治站位，强化责任担当，推动稳企业保就业政策在辖区精准落地。二是强化政策传导，狠抓贯彻落实。召开辖区金融工作座谈会，对昌江县经济金融形势进行判断，准确传送货币政策导向，引导金融机构加大金融支持辖区重点项目建设和小微企业发展力度。召集辖区金融机构参加总行召开的全国深化小微企业金融服务以及复工复产等电视电话会议，要求辖区金融机构加大货币政策支持力度，缓解小微企业融资难融资贵等问题，降低企业融资成本。6月18日，组织召开辖区落实稳企业保就业工作推进会，建立数据定期监测报送制度，坚决贯彻党中央、国务院关于全面落实“六保”任务的决策部署，抓好辖区稳企业保就业任务落实。7月21日，推动地方政府成立辖区金融保市场主体督导组，深入企业开展督导调研工作并召开金融系统稳企业保就业工作现场会，为经营困难企业量身定制金融纾困方案，帮助企业实现稳产达产增产目标，强化对稳企业的金融支持。

【金融管理】一是根据《中国人民银行昌江县支行小面额人民币服务暗访工作方案》，对辖区银行业部分网点小面额人民币服务开展暗访工作。二是做好新版5元人民币的发行工作，组织辖区金融机构现金人员进行培训，准确掌握新版人民币的鉴别方法，按要求做好现金机具的升级工作和舆情监测工作。三是做好辖区假币的收缴工作。2020 年，共缴获人民币假钞 1245 张，金额 92760 元。

【金融服务保障建设】 新冠肺炎疫情发生时成立疫情防控工作应急领导小组，全力保障支行各项业务工作正常开展；组织专业人员对支行办公大楼和支行大院开展消杀工作，实行“现场 + 远程”弹性办公模式。对支行计算机房进行腾挪改造，更新不间断电源，提升机房安全运行能力；改造升级支行监控系统并新购入一批灭火器放置于办公大楼及支行大院楼道，形成人防、技防相结合的管控和防控模式，夯实平安支行建设的硬件基础。

【征信体系建设】 做好征信个人查询信用报告工作，2020 年新投入使用一台征信查询机，进一步提升便民服务。2020 年，昌江县个人查询信用报告 6992 人次，企业信用报告查询 148 笔。

【反洗钱】 完成辖区 20 家反洗钱义务机构分类评级并做好反洗钱管理信息系统的录入维护工作，确保系统正常运行。做好辖区企业和个人非法向海外转移资产等违规违法行为摸底调查工作，并将调查摸底情况通报给昌江县公安局经侦大队。

（谢　健）

中国工商银行昌江支行

【概况】 2020 年，中国工商银行昌江支行坚持以习近平新时代中国特色社会主义思想和党的十九大精神为指导，贯彻落实省行年初工作会议精神，按照省行党委提出的“三个紧紧围绕”的总体要求，大力拓展优质市场，抢抓发展机遇，提高同业竞争优势，为打造“客户首选、总行放心、员工满意”的区域领军银行提供坚强保证。全年，实现净利润 3354 万元。各项存款余额 24.16 亿元，比年初增加 2.56 亿元。其中，储蓄存款增加 0.34 亿元，公司存款增加 1.79 亿元，机构存款增加 0.36 亿元。各项贷款余额 13.54 亿元，比年初增加 6.58 亿元。

【党建工作】 贯彻落实省行工作思路，履行党建工作主体责任，用党建引领全行经营管理工作。一是规范执行党支部“三会一课”制度，广泛开展学习教育活动，引导党员进一步强化党性观念，积极发挥先锋模范作用。二是坚持班子成员深入基层和党建工作联系点，先后为联系点解决了客户营销、考核机制和员工困难等实际问题，指导基层网点做好客户服务和业务拓展工作。三是坚持“三重一大”事项民主集中、规范决策、集体研究决定。四是加强基层党员发展培养工作，党员网点占比 100%，基层党组织战斗堡垒作用明显提升。五是加强定点帮扶村的脱贫攻坚工作，定点帮扶村沙田村的村容村貌大为改观，帮扶户全部实现脱贫摘帽。

【地方经济建设支持】 为重点项目提供结算服务、融资支持及其他配套金融服务，全年累计为重点项目发放贷款 6.58 亿元；积极协助地方政府处置涉黑资产，开立专案财产处置账户，树立了工行的良好社会服务形象；根据筛选确定的服务目标企业客户，安排客户经理负责上门走访营销，了解客户的生产经营情况和业务需求，并根据实际情况制定个性化的服务解决方案，努力满足客户在贷款融资、资金结算、信用消费、智能支付、存款保值增值等方面的需求，为客户的发展提供更优质高效的金融服务。向昌江地区的民营企业授信白名单客户，贷款品种有结算贷、商户贷、税务贷等。

【支行内部管理】 全面落实从严治党、从严治行的工作要求，加强队伍建设，不断推进内部管理工作上台阶。一是通过讲授党课、组织典型案例学习剖析、召开座谈会及微党课等形式，树立干部队伍担当作为意识，遵守廉洁自律和中央八项规定精神，进一步加强全行党风廉政建设工作，营造昌江支行风清气正的工作氛围。二是在全行范围内组织开展案件警示教育活动，组织学习《刑法（节选）读本》、《银行业金融机构警示教育案例汇编》、省行通报的典型案例等内容，引导员工牢固树立底线思维，严密防范各类案件事故的发生。三是落实省行服务工作目标和要求，改进提升服务水平，同时利用支行营业部被昌江县政府指定为“双创工作”金融示范点的契机，对网点服务环境进行微改造，塑造优质服务品牌。四是围绕全行中心工作，推进企业文化建设，营造爱行如家的良好氛围；开展送温暖活动，关爱员工，让员工感受到工行大家庭的温暖，增强员工凝聚力。积极取得政府支持，将工行本部宿舍区纳入昌江首批7个老旧小区改造名单。

（陈文辉）

中国建设银行昌江支行

【概况】 2020年，在建行省分行党委的正确领导下，昌江支行围绕主营业务，坚持以习近平新时代中国特色社会主义思想为指引，深入贯彻落实省分行2020年工作会议精神，深耕“三大战略”，党建引领发展，夯实业务基础，推进精细管理，坚持稳健经营，全力以赴抓客户拓展及服务，推动支行业务高质量发展。在省分行2020年“兴建旺行”首季综合金融服务活动中，支行荣获“综合贡献奖”“个人存款突出贡献奖”“零售中间业务突出贡献奖”“对公中间业务突出贡献奖”及总行级“优秀个人”、省行级“个人存款营销能手奖”；一般性存款日均新增当地排名四大行第一，储蓄存款日均新增当地排名四大行第二，个人存款日均新增完成率排名全省第四；荣获建设银行海南省分行2020年度服务质效“十佳网点”。

【稳存增存】 根据2020年综合经营计划及2020年“兴建旺行”首季综合金融服务活动方案，结合支行实际，制定了《昌江支行2020年“兴建旺行”首季综合金融服务活动方案》《存款立行三年一致性行动计划》，制定行外吸金营销工作方法，开展优质服务工作考核，加强以党建工作为引领，促进支行业务持续发展。坚持“存款立行、存款兴行”。支行积极发挥党支部战斗堡垒作用、党员先锋模范作用，高度重视提升“三大战略”推进的能力，提升新金融理念运用的能力。积极运用新一代精准营销系统，推动数字化经营打法，做好客户服务与拓展。

【业务开展】（1）拓宽渠道，强化服务，源头获客。支行积极与昌江行政审批局、政务中心联动，派人进驻政务中心，从源头上服务客户。（2）强化联动，平台获客。加强公私联动，拓展个人客户和存款来源。大力拓展农民工工资代发项目，全力营销搭建幼儿园缴费平台、安心养老平台。同时强化各类系统及平台的使用，并作详细的分析。（3）政银联动，共建优质营商环境，服务重点项目。根据收集到的昌江地区年度新开工29个重点项目情况，将目标客户分解到团队负责人，使户户有人管、户户有人营销。（4）全力拓展机构客户。积极推动搭建农村“三资”管理平台，全力推进农村集体经济组织账户的营销，成功开立26个农村集体经济组织账户，助力乡村振兴。（5）强力推进普惠金融业务。一是与汽车美容中心、蛋糕店等合作，以龙支付优惠活动联动营销商户POS机、信用卡、代发工资等业务。与税务机关的合作，结合支行“小微快贷”，进行精准营销。做好建行“裕农通”服务点提质增效，积极上门组织营销开卡活动及电话指导业主，为周边居民办理业务，服务贫困村贫困户。

【风险管理】 全面落实从严治行要求，进一步夯实党委主体责任。按时组织召开支行党风廉政建设工作会议，确保党风廉政建设工作任务清楚、目标明确、措施有力。一是定期组织员工学习党建党廉知识和合规知识，组织员工开展“知敬畏、守底线”

警示教育讲座，分析学习近年来银行从业人员严重违规典型案例，各部门晨会开展案件警示教育学习，不断强化员工的合规意识，筑牢全行廉洁自律思想防线。二是督促支行员工利用建设银行“三线网格化日督平台”，完成对各个警示教育模块的学习，学习“日禁”模块、“日警”模块中的各类违规典型案例，并严格要求支行员工做到完成率100%。三是开展重点领域风险专项排查、员工行为排查等，做到举一反三、自查自纠。四是开展员工家访，掌握员工思想状态、工作状态和生活状态，进一步了解员工家庭真实情况。五是严格落实信贷风险管理要求，定期开展风险例会、客户经理民主剖析会，对出现潜在风险的客户，一户一策，拿出风险化解方案，压降不良资产发生率。

【金融保障】2020年，面对突如其来的新冠肺炎疫情，支行认真贯彻省分行战略部署，切实提高政治站位、持续强化责任担当，统筹做好疫情防控、金融保障和经营管理。一方面做好营业网点、宿舍区的疫情防控工作，保障金融服务；另一方面，扎实做好“六稳”“六保”工作，为受疫情影响的贷款小微企业提供延期及修改账单等服务，同时支行信用快贷产品及抵押快贷产品贷款利率不同程度下调上浮的比例，切实为小微企业减小融资付息的压力。

（邱月善）

中国农业银行昌江支行

【概况】2020年，面对新冠肺炎疫情的影响，在县委县政府、监管部门的大力支持和省行党委的正确领导下，中国农业银行昌江支行（以下简称农行昌江支行）以习近平新时代中国特色社会主义思想为引领，以总行“六维方略”为指导，围绕“建设精品银行、平安银行、绿色银行、家园银行四位一体美丽海南农行”总目标，坚持党建统领，以“打基础上台阶”为总要求，打牢“三大基础”，使思想基础统一到干事创业上来，确定“抓党建、重管理、强营销”的工作方法，以“稳中求进出亮点”的经营理念为指导，在疫情期间发挥大行担当，全面提升支行可持续发展能力。

【金融服务保障】一是疫情期间紧抓物资保障工作。农行昌江支行购买防疫物资统筹分发，为支行机关、网点等单位配发体温枪，对进入人员逐人测体温，并要求戴口罩方能进入，同时做好办公场所消毒、紧抓人员排查工作。农行昌江支行有网点3个且全部都是县域网点，自助银行设备12台，疫情期间保证每天至少一个网点开门营业，同时要求ATM管理团队及时做好机具加钞工作，保证自助机具设备正常运转，方便居民生活。同时做好个人掌银自助注册工作宣传，通过电话、微信等方式指导有需求的客户自助注册使用。现金管理实行“收支两条线”，购买专门的消毒设备，每日对现金进行消毒。应省行要求，上报受疫情影响需调整宽限期、消除逾期征信记录农户贷款228户，涉贷金额1925万元。二是支持医疗行业抗疫工作。支行购买因疫情滞销的哈密瓜100箱，捐赠给昌江红十字会，分别送到昌江县人民医院、昌江县中西医结合医院和昌江县疾控中心，并为昌江县人民医院的436名医务人员购买保险10.46万元。

【服务“三农”发展】2020年农行昌江支行发放惠农e贷余额7293万元，完成年度计划的111%；加快农户整村建档工作进度，完成农户信息建档1307户，完成计划的100%，按时完成建档立卡贫困户42户扶贫贷款发放工作，完成全年计划的160%。在定点扶贫村推广“党建＋信用村”模式，指派支行风险管理部党支部为“一对一”结对子党支部。支部共建后，组织党员为农户办理掌银、贷款等业务，并开展金融知识下乡活动。

【金融支持小微企业发展】截至2020年年底，农行昌江支行小微企业贷款（不含小微企业主及个体户）余额2065万元，较年初新增1577万元，完成省行银保监口径计划任务的197%，户数较年初新增11户，其中首贷户数14户。与县市监局、税务局等政府单位沟通对接，及时与优质小微企业联系宣导支行“纳税e贷”“抵押e贷”等小微产品，扩大小微企业融资担保方式，在做好风险控制的前提下进一步降低小微企业融资门槛。积极推进“百行进万企”融资对接工作，支行与4户小微企业达成合作，授信金额225万元。落实小微企业服务优惠和减税让利政策，降低小微企业综合融资成本。2020年支行累计承担小微企业贷款押品评估费4.17万元，抵押登记费0.3万元，小微企业贷款利率按4%—4.45%执行，同时严格执行不对小微企业收取贷款承诺费、资金管理费、咨询费等，将国家对小微企业各项优惠政策落实到位。疫情期间助力小微企业发展。疫情期间各企业因防疫要求都停工停产，生产经营深受影响，支行积极联系拜访客户，充分利用“抵押e贷”“纳税e贷”两项小微企业信贷拳头产品，累计向20家小微企业发放贷款2896万元，帮助企业渡过难关。

【助力海南自贸港建设】2020年，昌江县政府69个重点项目中有12个自贸港项目，农行昌江支行已完成8个项目承建单位的开户工作，为20家企业开通FT账户，开立子账户129个，为企业开展自贸港经营活动做好准备。

【信用卡不良率压降】组织全面风险管理分析工作，压降信用卡不良率，降低信贷风险。2020年，农行昌江支行通过分组催收和贷款核销等方式压降不良率。截至12月末，信用卡不良贷款实现“双降”，不良余额比年初下降69万元，不良率下降1.32%，有效遏制了信用卡不良率的增长。

（蒋双东）

中国银行昌江支行

【概况】2020年，中国银行昌江支行围绕总行“建设新时代全球一流银行”的发展战略，坚持“责任引领、传承创新、从严治行、稳健经营”的工作主线。截至年末，人民币各项存款余额为9.45亿元，存款市场份额占当地四大国有商业银行（以下简称四大行）的19%，在四大行中排名第三；占全县9家金融机构的7.99%，在全县金融机构继续保持排名第五；各外币折美元各项存款余额为56万美元，各外币折美元各项存款市场份额占比在四大行和全县金融机构中继续保持排名第一，本外币资产总额10.37亿元。人民币各项贷款余额为26.15亿元，人民币各项贷款市场份额占四大行的55.57%，在四大行中排名第一；占全县金融机构的29.98%，在四大行中排名第一。

【业务经营】大力支持民营企业，围绕总行有关规定，在信贷投向上积极支持当地民营企业和普惠金融。截至2020年12月末，中行昌江支行民营企业贷款余额为6700多万元，较上年新增3500多万元，较上年增幅110.71%，民营企业贷款不良率为0。落实“六稳”“六保”，新冠肺炎疫情期间，为贯彻落实人民银行、银保监局等监管机构疫情期间强化金融支持的工作要求，加大信贷支持，对受疫情影响的企业提供差异化金融服务。针对疫情期间受影响较大的存量中小企业客户可以调整还款计划或者展期，但未有存量授信客户提交此类申请。

【贷款业务】支持民生，进一步发挥“个贷”优势，巩固“兴家贷”产品和发挥中国银行百年金字品牌效应。2020年，中国银行昌江支行持续发力对接房地产开发企业，全力支持县委县政府民生安居工程建设，在当地住房按揭市场中树立标杆，大力拓展商品楼盘的个人按揭贷款业务，跑赢了同业，成为唯一一家与当地所有商品楼盘保持合作的商业银行。年末中行昌江支行个人贷款余额6亿多元，在当地四大行及全县金融机构中市场份额分别为第一和第二。针对在疫情防控方面做出突出贡献的“最美白衣天使”，推出优惠利率的“优客分期”业务，为医护人员在购车、住房装修和消费方面提供专项分期，为医护人员在新冠肺炎疫情抗击一线“保驾护航”。

【风险管控】中行昌江支行根据发展形势和要求，确立了“发展为重，内控先行”的合规文化发展理念，要求全体员工要牢牢抓住“内控”这条生命线、基础线和保障线，采取措施，狠抓落实，在构建内控长效机制、强化员工合规意识、增强案件防范能力、改进工作方法等方面下功夫，强化业务质量、资产质量和基础管理。一是通过实行支行责任连带制和目标考核激励机制相结合的管理方法，建立健全各类规章制度、监督制度、操作流程、奖惩办法、考核办法等来完善内控制度体系，通过组织会议、晨训、主题活动等强化员工的自觉参与意识，全面推进合规文化建设。二是抓好业务管理，严把资产质量关。（1）加强公司授信业务贷前、贷中和贷后的管理，加强对公司贷款客户经理从业职业道德教育，将授信风险控制工作责任落实到人，通过加强贷款过程管理，公司贷款不良余额继续保持为零的良好发展态势。（2）加强对个人贷款资金流向的管理，监督贷款资金用途合规性，杜绝资金回流。（3）加强信用卡的准入管理，加强对信用卡进件材料的审核。指定专人紧盯M1—M4（逾期1—4月）变动情况，发现异常及时预警，将信用卡不良余额控制在省分行下达的管控目标之内。三是强管控，力促合规经营工作迈上新台阶。坚持中行昌江支行合规案防“三无”（无条件执行、无情面通融和无死角遗留）原则，树立“未发现问题是失职、问题未有效整改是渎职”的理念，坚决打好操作风险控制战，努力营造支行良好合规文化。

（符祥东）

中国邮政储蓄银行昌江支行

【概况】2020年，中国邮政储蓄银行昌江县支行以习近平新时代中国特色社会主义思想和党的十九大精神为指导，不忘初心、牢记使命，贯彻落实省分行年初工作会议部署，创新机制、加快转型，拓市场，优结构，把支行打造成为执行高效、能力突出、风险管理扎实有效、社会形象良好的零售商业银行。全年，累计实现金融业务收入2789.64万元，完成年度计划的92.68%。

【业务经营】（1）个金业务。一是增规模，调结构，提收益，拓市场，稳固个人存款，推动余额增长。根据昌江县特色农产品收获情况，组织人员上门维护香蕉、菠萝、火龙果、菠萝蜜种植户，并与农资店、农产品收购商加强联系，及时了解客户的收获情况，有效地维护了网点的存量VIP客户。（2）信贷业务。一是以信用村建设为抓手，推动小额贷款持续发展。通过持续推进信用村建设工作，在2019年建设昌城、乌烈、新港等7个信用村的基础上，新增昌化社区居委会挂牌信用村，不断加大小额贷款投放力度。截至12月末，全年累计发放信用村贷款240笔，金额3039万元。自信用村建设以来，累计发放信用村小额贷款1069笔，金额10698万元，有效推动小额贷款持续发展。二是以消费贷款产品为抓手，推动信贷结构优化调整。2020年，根据支行消费贷款产品的优化调整，支行结合居民消费需求，组织人员分片深入各企事业单位、医院、学校等地，推广“园丁贷”“天使贷”“优享贷”等消费信贷产品，不断推动消费贷款占比。截至12月末，全年累计发放消费贷款297笔金额3963万元，全年新增2808万元，有效促进支行信贷结构优化调整。三是通过不断加大扶贫贷款投放力度，助力贫困户发展生产、实现脱贫致富，为打赢疫情防控阻击战、夺取脱贫攻坚战的全面胜利积极贡献金融力量。截至12月末，累计发放扶贫贷款32笔，完成省行下达放款笔数任务的160%，金额90.4万元；再就业贷款15笔，金额147万元。四是坚决执行人民银行、银保监会及省行延期还本付息政策，对受疫情影响客户做到“应延尽延”，以实际行动帮助企业及个人客户渡过难关，助力小微企业和“三农”经济主体实现稳定经营。截至12月末，支行累计对小微企业贷款开展延期还款2笔，金额412万元；累计对个人客户开展延期还款117笔，金额超2253万元。（3）公司业务。一是动员全行深入开展夯基础、提能力、拓客户、增规模等重点工作，推动公司业务转型发展，日均余额、拓户增量、开放式缴款平台有效增量均完成省行下达序时进度目标。二是邮银协同，多管齐下，精耕县乡村机构客户资源，推进县及县域以下机构客户开发工作，县乡村区域的村民委员会、经济合作社、农民专业合作社、社会团体客户开发工作实现全面突破。截至12月，新增机构账户33户，完成年度计划的550%。三是分层对接，推进财政性资金营销工作，拓宽非税资金进账渠道，财政非税专户进账稳中有升并显现出多样化，实现机构存款稳步增长。

【内部管理】人力资源管理进一步优化。一是做好员工日常行为排查，全年共开展员工日常排查工作3次，集中排查2次，共167人次，排查率为100%。二是组织开展员工培训。三是开展支行干部人事档案专项审核。重点审核“三龄二历一身份”等重要信息，严格依据相关规定进行确认。会计运营管理进一步提升。一是加强现金及资金汇划管理。二是积极配合人民银行反假日、反假月的宣传活动及全县15个网点反假币知识宣传工作，截至12月，收缴假币432张，金额32220元。

【风险管控】一是案件风险排查力度进一步加大，确保资金安全。二是持续推进负向积分考核管理工作的同时，制作违规“警示牌”，曝光各类违规和责任追究情况，进一步放大违规行为的警示效用，切实提高全行员工案防责任意识，为全面提升支行综合经营效益保驾护航。三是进一步提高社会公众金融素质、增强公众消保意识和能力，加强支行品牌形象建设。截至12月，开展“个人金融信息宣传”“3·15”消费者权益保护日宣传、“4·15”国家安全教育日宣传、“金融支持稳企业保就业宣传”等宣传15次。法律合规工作的高效运行，确保了2020年未发生资金案件。

【风险合规】资产保全力度持续加大。加强不良贷款的管理，规范支行不良贷款资产保全工作。诉讼时效管理进一步提升。全面掌握不良贷款诉讼情况，加强诉讼过程控制，提高诉讼执行效率，促进不良贷款清收与处置。全年没有发生存款诉讼案件及相应的合同纠纷。协助司法查询提高办案效率。截至12月，共受理233宗协助通知，包括法院、检察院、公安等司法部门。

（谢秀云）

昌江县农村信用合作联社

【概况】2020年，面对全球经济复苏疲弱乏力和新冠肺炎疫情防控的严峻形势，昌江联社在省联社党委和县委、县政府的领导下，以经济效益为中心，以服务“三农”为宗旨，攻坚克难，抢抓机遇，不断提升管理水平，健全规章制度，规范经营操作，强化风险控制，降低不良占比，拓宽增收渠道，促进了农村信用社各项业务的健康发展。截至12月末，昌江联社各项存款余额395514.96万元，比年初增加26743.45万元，昌江联社各项贷款余额211891万元，较年初上升31324万元，昌江联社不良贷款余额9766.57万元，不良率4.61%，各项收入17452.11万元，各项业务支出16351.15万元，实现净利润1072.51万元。

【县域经济服务】2020 年，昌江联社强化服务意识，落实普惠金融政策，加大实体贷款支持力度，支持企业复工复产。面对经济下行压力，昌江联社信贷规模迈上新台阶。疫情期间，昌江联社共发放贷款 1414 笔，金额 23205.92 万元。其中，支持复工复产贷款（经营性贷款）17948.43 万元，支持企业复工复产各类借款主体 137 户 10073.66 万元；涉农贷款 789 户 10282.76 万元；扶贫益贫企业贷款 1 户 1000 万元；帮扶个体工商户贷款 94 户 2755.16 万元；扶贫小额信贷 50 户 125.64 万元；支农再贷款金额 45 户 2935 万元。

【贫困户贷款】2020 年，昌江联社发挥金融优势，助力打赢脱贫攻坚战。加强小微企业、产业链企业等重点领域金融服务。2020 年昌江联社存量建档立卡贫困户贷款户数 494 户，贷款余额 1053.21 万元。全年累计发放建档立卡贫困户 254 户，金额 610.57 万元。完成省联社下达 2020 年任务 97 户的 261.85%，完成县政府下达 2020 年任务 90 户的 282.22%。较 2019 年同期多累放 29 户，多累放金额 204.56 万元。

（吴勤智）

财政·税务

财　政

【概况】昌江黎族自治县财政局是主管全县财政的县政府工作部门，加挂昌江黎族自治县国有资产监督管理委员会牌子。内设办公室、综合规划室、预算室、国库室、行财室、经济建设室、农业农村室、社会保障室、旅游文化（企业）室、会计室、监督检查室、行政事业资产管理室、国有企业资产管理室等13个职能机构。在全县除王下乡以外的7个乡镇分设乡镇财政所。隶属管理的副科级参照公务员管理事业单位昌江黎族自治县财政国库支付中心，4个股级直属全额事业单位分别为政府集中采购中心、票据监管中心、建账监管中心和彩票管理中心。2020年，县财政局通过不断强化财政管理、加快推进财政改革，昌江县财政各项管理目标得到较好的落实，财政事业得到了较快的发展，财政部门在全省部门决算、总决算及预算月报等各项业务考核评比中，取得多项好成绩。经海南省精神文明建设指导委员会复查合格，继续保留“海南省文明单位”荣誉称号。

【公共财政收支】2020年，全县一般公共预算总收入511146万元（预算执行数，下同）。其中，全县地方一般公共预算收入158750万元，同比增收17461万元，增长12.4%，完成年度预算的104%；省转移支付收入222221万元，政府债券转贷收入46504万元，调入资金2052万元，调入预算稳定调节基金12000万元，上年结余结转69619万元。

全县一般公共预算总支出511146万元。其中，地方一般公共预算支出完成430831万元，同比增支107433万元，增长33.2%，完成年度预算的91.2%；政府债券还本支出17008万元、上解支出8116万元，年终结余结转55191万元。

全县政府性基金总收入23765万元。其中，全县地方政府性基金收入11964万元，同比增收5987万元，增长100.2%，完成预算的84.3%；省补助收入9405万元，上年结余结转2396万元。

全县政府性基金总支出23765万元。其中，全县地方政府性基金支出18400万元，同比增支7063万元，增长62.3%，完成预算的72.2%，调出资金1988万元，年终结余结转3377万元。

全县社会保险基金收入116535万元，同比增长34176万元，增长41.5%，完成年度预算的124.6%；支出141882万元，比上年增加53843万元，增长61.2%，完成年度预算的148.4%，滚存结余50902万元。

【财政保障】2020年，面对突如其来的新冠肺炎疫情，经济下行压力较大，财政收入增长乏力，各种政策性增支、重点项目支出增加，财政收支矛盾突出，为了确保各项政策性增长因素及重点项目支出的需要，财政部门围绕县委、县政府统筹抓好疫情防控和经济社会发展的决策部署，贯彻落实超常规举措确保完成全年经济目标的若干措施，促使各行各业强势复苏，地方一般公共预算收入超额完成年度预算收入目标。硬化预算执行约束，进一步压减一般性支出3207万元，压减“三公”经费47万元。清理回收结余结转的项目资金及预算单位实有账户存量资金121368万元，将财力集中投放于全县经济社会发展的重点领域和关键环节，提高财政资金使用效益。争取上级财政转移支付222221万元（其中直达资金及抗疫特别国债61985万元），争取地方政府债券资金30000万元，保障重点民生项目建设，带动社会资本投入，扩大有效投资，拉动经济增长。

【民生保障】全县民生支出354086万元，同比增长40.1%，占地方一般公共预算支出比重达82.2%。(1) 支持教育优先发展。教育支出63389万元，同比增支7113万元，增长12.6%。引进首都师范大学合作办学创办木棉学校、芒果幼儿园。落实城乡义务教育“两免一补”政策、学前教育和普通高中生均公用经费政策。(2) 提高社会保障水平。社会保障和就业支出46277万元，同比增支5350万元，增长13.1%。实施“双特”“健康关爱”等救助制度，筑牢就医“五道防线”。(3) 促进医疗卫生事业发展。卫生健康支出51783万元，同比增支9904万元，增长23.6%。稳步推进医共体改革，78家基层医疗卫生机构标准化建设和“7+3”能力建设项目顺利实施。累计下达疫情防控专项资金26944万元。建立防控物资政府采购“绿色通道”，实行疫情防控采购便利化，为打赢打好疫情防控阻击战提供了坚强财力保障。(4) 着力促进农民增收。农林水支出54811万元，同比增支8599万元，增长18.6%。落实以金融支持农业恢复生产和脱贫攻坚措施，为全县农村户籍人口投保防贫综合保险，惠及农户人口达13.4万人；新推出瓜果菜价格指数保险，投保1297亩，大力推广天然橡胶收入保险投保22502亩，安排冬季瓜果菜采购应急补贴资金1115万元，扶贫经营主体产业发展项目补贴资金756万元，助力昌江县脱贫攻坚和乡村振兴战略实施。

【三大攻坚战】一是为债务风险“筑防线”。完善政府债务风险监测及预警机制，置换存量债务，进一步降低利息成本支出。排查及防范政府隐性债务风险，严控债务增量，按时偿还债务本息，全年共偿还政府债务17071万元，支付政府债务利息10405万元，政府债务率为71%，严格控制在绿色安全区域。二是为脱贫攻坚“强弱项”。扶贫资金支出17930万元，同比增支663万元，增长了3.8%。着力解决“两不愁三保障”突出问题，提升脱贫质量。扎实做好国家“扶贫832平台”采购工作，鼓励动员预算单位等购买贫困地区农副产品，带动建档立卡贫困户增收。三是为污染防治“补短板”。全年污染防治支出16403万元，同比增支11306万元，增长221.8%。不断提高生态环境质量，推进大气污染防治专项治理；提升流域水质，建立流域上下游横向生态保护补偿机制；推进农村生态环境综合和矿山修复治理，实行城乡生活垃圾基本实现无害化处理。

【财政管理】一是深化预算管理。严格执行《中华人民共和国预算法》，强化预算编制的严肃性和预算执行约束力，从严从紧核定“三公”经费预算。实施全口径预算管理，将所有政府性收入和支出全部纳入预算。持续完善预决算公开长效机制，除纳入涉密清单的事项外，部门预决算、“三公”经费和政府采购等信息全部依法依规主动公开。二是深化国库管理。有序推进国库集中支付“电子化”管理，实现电子化支付、动态监控全覆盖。加速推进直达资金监控工作，建立支出通报制度，协调做好直达资金监控和预算执行工作。加快财政扶贫资金动态监控工作，对各级各类扶贫资金实时动态监控。规范网上商城采购，通过更加充分的竞争让价格更加合理。完善部门购买服务指导性目录，有效推进政府职能转变。

【财政监管】一是加强预算绩效管理。将全县所有预算单位全部纳入预算绩效目标管理范畴，“横向到边、纵向到底”的预算绩效管理体系初步建成。探索建立预算编制与绩效评价挂钩机制，将预算绩效评价结果运用到预算编制中。二是合力推进财政监督。开展惠民惠农“一卡通”专项治理，监督推动惠民惠农政策落实落地。突出监督检查与督促整改并重，整改收回超额发放惠民惠农补贴资金188万元，研究制定财政惠民“一卡通”发放管理暂行办法，督促职能部门落实监管责任。三是规范国有资产管理。织密扎紧制度“笼子”，梳理更新行政事业单位资产配置标准，修订《昌江黎族自治县行政事业单位国有资产管理暂行办法》，印发《昌江黎族自治县国有企业资产出租管理办法》，规范和加强资产管理，提高资产使用效益。采取超常规举措有效盘活行政事业单位 35 个资产项目，指导国有企业为中小企业和个体工商户减免租金 97 万元。

（李才刚）

税　务

【概况】2020 年，昌江县税务局贯彻落实国家税收政策，执行税收监管，实施应收尽收。全年昌江县税务局共组织税收收入 138965 万元，同比下降 5.2%，减收 7596 万元。其中，中央级税收收入 58547 万元，同比下降 8.5%，减收 5439 万元；省级税收收入 19479 万元，同比下降 7%，减收 1466 万元；县级税收收入 60939 万元，同比下降 1.1%，减收 691 万元。（1）从税种来看，由于新冠肺炎疫情的影响和各类减税降费政策的实施，两大税种收入同比下降，国内增值税收入 62577 万元，同比下降 5.2%，减收 3432 万元；企业所得税收入 36096 万元，同比下降 14.5%，减收 6109 万元。除了增值税和企业所得税，其他 13 类税种收入增减各半，资源税、城市维护建设税、印花税、土地增值税、车船税和车辆购置税 6 类税种同比增长，其中印花税同比增长幅度最大，同比增长 78.7%，增收 466 万元；另外 7 类税种均同比下降，其中城镇土地使用税下降幅度最大，同比下降 32.9%，减收 1272 万元。（2）从产业分布来看，第一产业税收收入 1153 万元，占全年税收收入总量的 0.83%，同比上升 65.4%，增收 456 万元；第二产业税收收入 116587 万元，占全年税收收入总量的 83.90%，同比下降 4.5%，减收 5557 万元；第三产业税收收入 21225 万元，占全年税收收入总量的 15.27%，同比下降 10.5%，减收 2495 万元。第二产业的制造业、采矿业、建筑业和电力热力燃气及水的生产供应行业的税收收入占比较高，分别占全年税收收入总量的 52.62%、15.5%、8.26%、7.51%。其中制造业的水泥制造业收入 68625 万元，占全年税收收入总量的 49.38%。受新冠肺炎疫情和房地产调控政策的影响，往年作为主体行业之一的房地产业 2020 年税收收入 8854 万元，占全年税收收入总量的 6.37%，同比下降 17.4%，减收 1871 万元。（3）从月份税收收入来看，2020 年 1—4 月受新冠肺炎疫情影响，税收同比下降趋势较快，1—4 月税收分别同比下降 22.7%、41.2%、48.8%、27.9%。5—12 月在企业复工复产及依法加强征管的共同作用下，税收收入实现增长，税收收入分别同比增长 6%、25.6%、7.2%、16.4%、24.3%、7.1%、20.8%、19.39%。

【社保非税收入】2020 年，昌江县税务局共组织社保、非税和其他收入 59073 万元，同比下降 5.9%，减收 3681 万元。其中，社会保险费收入 54683 万元，同比下降 6.2%，减收 3590 万元；非税收入 3736 万元，同比下降 0.7%，减收 26 万元；其他收入（即工会经费）719 万元，同比下降 9.0%，减收 65 万元。

【减税降费】2020 年，昌江县税务局通过积极落实减税降费政策助力抗击疫情，新出台减税降费政策，累计减免 13963.21 万元，其中税收减免4709.76 万元，包括落实海南省政府出台的关于抗击疫情支持中小企业和旅游企业共渡难关的政策措施，减免财产和行为税 3918.09 万元，支持个体工商户复工复业减免增值税 356.53 万元，提供公共交通运输服务、生活服务，以及为居民提供必需生活物资快递收派服务取得的收入免征增值税 252.13 万元。

【税款缴纳延期】2020 年，为积极应对新冠肺炎疫情，助力企业复工复产，昌江县税务局落实各项抗击疫情服务举措，对受疫情影响资金困难的企业按照文件规定为其办理延期缴纳税款。年内，共办理延期申报 15 户次 69 项次，办理延期缴纳税款 11

户次共957.9万元。昌江县税务局助力企业复工复产工作被国家税务总局和省级网络媒体报道。

【办税服务优化】昌江县税务局积极落实“便民办税春风行动”，多措并举优化纳税服务，提升纳税人、缴费人满意度。一是积极引导纳税人、缴费人通过电子税务局、手机App、自助办税终端、“海南e登记”等渠道办理税费业务。全年，昌江县税务局电子税务局办理业务量10240笔，自助办税终端业务量26899笔，邮寄代开发票227笔，邮寄发售发票110笔，通过“海南e登记”办理企业开业登记、税种认定业务280户次，电子税务局申报率保持在99.5%左右，使用占比排名在全省靠前。二是推行容缺办理机制。2020年，共容缺受理业务189笔，使得办税流程更加人性化。三是改进延时服务方式。由多名税务人员对延时业务进行分解办理，最大程度缩短延时时间。2020年提供延时业务283笔。四是开展单位业务融合。昌江县税务局与县房产、国土管理部门在县政务中心开展联合办公业务，对存量房产权转移业务采取“一窗式”办理，实现了“进一家门、办多家事”的模式。通过“一窗式”办理554笔房产过户业务。五是认真落实“最多跑一次”办税清单。实现230项柜台业务办理“最多跑一次”。

（封　宇）

经济管理与监督

计划管理

【概况】2020年，昌江县发改委在县委、县政府的领导下以超常规的举措和行动抓好控疫情、稳增长、促改革、调结构、惠民生、防风险、优生态各项工作。全县地区生产总值124.12亿元，同比下降0.9%，低于全年目标7.4个百分点。其中，第一产业增加值同比增长1.8%、第二产业增加值同比下降2.2%、第三产业增加值同比下降1.5%。全县固定资产投资完成48.62亿元，同比增长1.1%，低于全年目标8.9个百分点。社会消费品零售总额完成26.05亿元，同比下降7.6%，低于全年目标17.6个百分点。地方一般公共预算收入15.88亿元，同比增长12.4%，高于全年目标4.4个百分点。城镇居民人均可支配收入37741元，同比增长3.0%，低于全年目标5.0个百分点；农村居民人均可支配收入15921元，同比增长7.5%，低于全年目标1.0个百分点。节能降碳指标完成省下达的任务目标。

【项目建设管理】2020年，全县77个重点项目累计完成投资48.8亿元，占年度计划投资的109.1%，快于序时进度9.1个百分点。其中，2个省重点项目累计完成投资19.9亿元，占年度计划投资的134.7%，快于序时进度34.7个百分点；75个县重点项目累计完成投资28.9亿元，占年度计划投资的96.5%，慢于序时进度3.5个百分点。2020年举办集中开工项目4批，推动17个项目总投资32.6亿元实现落地集中开工建设，自2018年以来共开展了11批集中开工活动，2020年度前11批集中开工项目已完成投资36.5亿元，年度投资计划完成率115.7%，前7批各批次完成率分别为84%、65.5%、100%、52.1%、109.2%、106.5%、137.5%，11个批次集中开工活动的成功开展和38个项目顺利推进建设，为昌江的经济发展注入了强劲动能。积极协调争取上级资金，2020年有11个项目获得下达支持资金25152万元，2016—2019年4个年度项目的中央资金投资完成率均已达100%。

【行政审批改革】推动行政审批等重点事项改革。一是做好日常行政审批工作。全年办结审批项目共266宗，其中，项目建议书批复16宗、可行性研究报告批复22宗、初步设计及概算批复225宗、实施方案批复3宗；项目备案31宗；完成项目招标核准221宗。二是贯彻落实行政审批制度改革精神。做好行政许可、政府投资项目审批事项划转工作，积极配合县行政审批局做好衔接工作。进一步规范政府项目管理，2020年根据国家、省政府新印发的投资管理规定，着手开展昌江县政府投资项目管理规定的修订工作。三是继续推行和完善网上审批系统。全面实行“不见面审批”和“工程建设项目”改革事项，推行“无纸化”办公，所有审批办件均按要求通过网上审批系统受理，并按照规定不断简化审批程序，有效缩短审批时限70%以上。

【物价管理】加强市场价格监测工作，设立平价蔬菜销售专区5家，实行平价蔬菜品种价格目录管理，销售价格低于当地同类市场平均价格15%以上，发放物价联动补贴455万元、受益群众9万人次；统筹抓好“菜篮子”各项工作，2020年昌江县投入5330万元（同比增长2%），支持蔬菜基地基础设施建设，按要求完成“菜篮子”市县长考核各项工作。

【规划编制】推进“十四五”规划编制工作，坚持“开门编规划”理念，县发改委通过实地调研、专题座谈会、印发征求意见稿等方式，广泛听取多层次、多领域意见，“十四五”规划编制整体工作进展顺利，县发改委与规划编制课题组在充分吸收各方意见建议的基础上，编制完成《昌江黎族自治县国民经济和社会发展第十四个五年规划纲要基本思路（送审稿）》《昌江黎族自治县国民经济和社会发展第十四个五年规划纲要（送审稿）》。

【资源枯竭型城市转型发展】2020年，争取国家资源枯竭城市转移支付资金1.18亿元，用于昌江县社会民生、基础设施、生态环境治理和产业扶持等方面，有效推进城市转型升级。委托第三方完成《昌江黎族自治县2019年度资源枯竭城市转型绩效考核自我评估报告》的编制工作，并报省发改委组织专家和相关部门代表进行审查，形成审查意见上报国家发改委进行考核评价。组织开展资源枯竭城市可持续发展（2013—2020年）自评工作，全面评估昌江县可持续发展推进情况及存在问题，为“十四五”规划编制夯实基础。完成《昌江黎族自治县生态综合补偿实施方案》，通过国家发改委评估。

【节能减排】协调做好节能减排责任目标落实工作，印发实施《昌江黎族自治县2020年节能工作要点》，严格控制高耗能、高排放和产能过剩行业新上项目，配合工信部门加强对重点用能企业监管。牵头做好省政府对县政府2019年度能源“双控”目标责任考核迎接工作，完成2019年度重点用能单位能源“双控”目标考核。

【社会信用体系建设】加快推进社会信用体系建设，编制《昌江黎族自治县信用信息归集目录》，县发改委委托第三方研究开发“信用中国（昌江）”平台。推进“双公示”数据归集工作，2020年在海南自贸试验区信用信息共享平台共归集行政许可等信息3000余条。打造恒基广场“诚信示范街区”，对海钢公司等诚信企业、群体、人物进行宣传报道，举办2020年昌江县“6·14”信用记录关爱日教育宣传等活动，在全社会领域营造良好的信用氛围。

【消费促进】落实租金减免政策，为石碌第一、二、三市场和亚西亚商场共减免个体户、企业50多万元租金；在新冠肺炎疫情得到有效控制后，县发改委指导全县各农贸市场、超市、便利店、百货店等企业有序全面复工复产。举办春节年货大街展销、王下乡·黎花里旅游黎族特色商品展销、美食购物嘉年华、乐购昌江促消费等活动，进一步刺激拉动消费。加强“地摊经济”，在华田商业广场规划夜市餐饮区，在文化广场沿街划出夜摊销售区。组织引导县百花汇、广佰汇、凯达广场等重点商超加大促销宣传。研究制定拉动餐饮、促进购物消费的7条措施，刺激拉动市场消费。

【农贸市场管理】着力改善农贸市场经营环境，规范农贸市场管理，对所辖各市场加大整治力度，落实石碌第一、第二、第三、华田、城北便民及太坡农贸市场行业规范建设。新增开设石碌第三市场二楼瓜菜销售市场，建设西路临时市场，面积约3000平方米，解决了石碌周边自产自销农户、小商小贩没有地方摆摊经营的问题。

【电商发展】积极推动电商发展。昌江县获批为电子商务进农村示范建设试点，获得1000万元专项资金扶持，昌江县发改委研究制定昌江县电子商务进农村示范县建设方案和电商推进领导小组方案。指导十月田互联网特色小镇通过抖音带货直播等方式开展线上线下促销活动，全年实现销售额3600多万元。支持海南生产队网络科技有限公司电商服务点与当地贫困户、种植大户合作，打造促销产品品牌，全年实现线上销售额1026万元。

【外贸进出口】为做好外贸进出口贸易统计，县发改委主动与海关、进出口企业联系，了解企业经营发展情况。2020年，昌江县进出口贸易总额

331.49万美元，比上年（下同）增长3.38%。其中，出口220万美元，增长57.23%，出口商品为橡胶制品，明显增长的原因是印度橡胶制品重点供应商因疫情影响停产；进口135.55万美元，同比下降18.1%，进口商品主要是核电设备。

（陈进荣）

审　计

【概况】2020年，县审计局履行审计监督职能，稳步推进审计全覆盖和落实审计署“两统筹”。全年县审计局安排审计（调查）项目22个。其中，政策落实审计1个、财政审计2个、民生审计1个、资源环境审计1个、企业审计1个、公共投资审计11个、经责审计5个。全年共开展审计项目24个，共查出问题102个，涉及问题金额16.25亿元，移送县纪委监委问题线索4个，提出审计建议44条，被采纳审计建议44条，下达审计整改建议书29份，下发审计决定书5份，促进被审计单位建章立制13个。县审计局实施的《县畜牧兽医局局长任职期间经济责任履行情况审计项目》荣获2019年度全省审计机关县级优秀审计项目二等奖，李瑞珍被评为2020年度全省审计机关先进个人。

【政策落实审计】2020年，县审计局对县公共场所外语标识标牌建设项目资金的使用和相关政策落实情况进行专项审计调查。重点审计县公共场所外语标识标牌规范建设工作落实、财政资金使用等情况。主要涉及县发改委、县卫健委、县民政局等单位。审计结果表明，为加强对昌江县公共场所外语标识标牌规范建设工作的统筹协调和指导，研究推动规范设置外语标识标牌工作，县政府于5月21日成立昌江县公共场所外语标识标牌规范建设工作联席会议机制，并印发了《昌江县公共场所外语标识标牌规范建设工作的实施方案》，截至12月31日，县财政预拨公共场所外语标识标牌建设资金99.73万元。但审计调查发现存在部分责任单位重视程度不够，未按要求报送公共场所外语标识标牌设计方案、部分责任单位未能按时间节点完成外语标识标牌建设任务问题。

【县本级预算执行审计】 审计结果表明，2019年县本级政府预算执行情况总体良好，较好地完成年度政府收支预算，从财力上保障了全县各项社会事业的正常支出，但在预拨经费、转移支付指标、存量资金盘活等方面仍需加强管理。审计发现县本级预算存在部分单位实有资金账户未按要求清理到位，仍有存量资金结存未收回财政、预拨经费未按规定年终前转列支出或清理收回、未按规定严格预拨经费范围、项目库管理不规范，将单独批复概算的几个项目捆绑设立为一个项目、已完工项目长期挂在建工程未及时结转固定资产等5个方面的问题，涉及问题金额170770.93万元。

【部门预算执行审计】2020年，县审计局响应审计署、省审计厅关于审计全覆盖工作要求，对县民政局、住建局等24家单位2019年度部门预算编制、“三公”经费、国有资产管理、财务收支管理情况和工程项目管理等事项进行了审计。审计结果表明，此次审计涉及的大部分预算单位，基本能够按照预算管理规定，规范编制部门预算，贯彻落实“过紧日子”的要求，按预算支出开支“三公”经费等，财务管理较规范。但审计仍发现部分预算单位存在项目预算编制不合理，预算执行率低，预算指标分配不及时，应缴未缴利息收入，实有资金结余结转2年以上未盘活，少记“三公”经费，银行存款账户长期未使用，也未按规定销户和项目推进缓慢等方面的问题，涉及金额18892.94万元。本次审计充分运用了大数据审计分析模式，通过疑点分析、调查核实、取证确认等工作方式，有效提升审计工作效率。针对查出的部分预算单位年度利息收入未上缴国库的问题，县审计局下达了审计决定书，督促相关单位及时足额上缴利息收入，发挥审计机关防范财政资金流失风险的职能作用。同时，推动县财政局出台《昌江黎族自治县财政性资金存款利息收入管理暂行办法》，为各预算单位落实利息收入上缴国库工作提供制度保障。

【公共工程项目审计】2020 年，县审计局围绕公共工程和土地出让项目跟踪监督任务清单，依据项目行业类别，组建基础设施、教育、环保 3 个跟踪审计小组，对石碌河第三大桥工程、矿区中学图书馆综合楼等 14 个项目和项目涉及的县交通局等 8 个业主单位履行主体责任、项目规划立项、施工监理等环节情况进行跟踪监督。审计发现存在部分项目推进缓慢、项目施工现场存在安全隐患、部分项目前期立项决策不精准、多馆合一建设工程（一期主体部分）监理单位未严格按照规定履职、未按建设程序及时办理签证、变更手续等方面的问题。

【民生资金审计调查】县审计局通过加大对重点民生资金和项目审计力度，以项目和资金的绩效作为切入点，揭示问题、促进堵漏洞、补短板，提升民生资金的使用效益，保障民生政策落到实处。2020 年，分别开展了昌江县应对新冠肺炎疫情防控资金和捐赠款物专项审计和昌江县 14 家企业产业扶贫资金专项检查。

【昌江县应对新冠肺炎疫情防控资金和捐赠款物专项审计】2020 年，县审计局对昌江县疫情防控资金和捐赠款物开展了专项审计。审计结果表明，昌江县成立以县委书记黄金城担任组长的应对疫情工作领导小组、以县长林谟谐担任总指挥的防控工作指挥部，建立县级领导联系并下沉到战区（即乡镇）靠前指挥的工作机制，形成“三级书记齐抓防控”体系，严格落实“四早”标准要求，坚持前移疫情防控关口，制定了昌江县应急物资发放管理制度，统筹安排物资储备和发放，出台《支持中小企业共渡难关的十二条措施》等 8 项具体措施，从失业保险稳岗返还政策、缓缴社保费用、减轻和缓缴相关税费等方面给予企业政策支持。但审计仍发现存在疫情防控财政资金支出进度较低、财政资金滞留村委会未支出、采购物资存在“短斤缺两”、捐赠资金使用不及时等方面的问题，涉及金额 750.49 万元。

【产业扶贫资金专项检查】主要围绕 14 家扶贫企业 2017—2019 年托管的产业扶贫资金情况开展检查。检查内容主要包括扶贫委托协议落实情况、产业扶贫资金使用管理情况、扶贫企业资产负债损益情况、扶贫企业遵守财经制度情况和影响兑现固定分红收益、到期偿还扶贫资金情况等方面，检查发现存在扶贫资金固定分红未及时发放、部分扶贫企业挪用扶贫资金、1 家扶贫企业闲置扶贫资金、部分扶贫企业偿债能力较差等方面的问题，涉及金额 857.74 万元。

【经济责任审计】2020 年，县审计局贯彻落实审计署“两统筹”的工作要求，根据《党政主要领导干部和国有企事业单位主要领导人员经济责任审计规定》，有计划开展县管党政主要领导干部和国有企事业单位主要领导人员的经济责任审计。受县委组织部委托要求，全年县审计局共开展 5 名领导干部经济责任审计，分别是昌江中学、原县档案局、县发改委、县科协和县广播电视台 5 个单位的主要领导干部。主要从贯彻执行重大经济方针政策和决策部署、重大经济决策、财政财务管理、国有资产管理及运营、机构编制管理规定执行、履行党风廉政建设职责及个人廉洁从政和其他七个方面开展审计工作，重点关注领导干部在本部门重要职能工作中的履职、对涉及自身的重大经济事项执行等情况，加大对重要政策落实事项跟踪、中央八项规定精神执行、重大项目资金使用管理等方面的审计监督力度，揭示单位履职不到位、项目推进缓慢、违反廉洁自律规定等问题，促进领导干部担当作为、廉洁用权、干净做事。经审计，共发现问题 44 个，涉及问题金额 2366.18 万元，提出审计建议 14 条。

【审计整改工作模式创新】县审计局着力打造制订整改清单、政府跟踪督查、严格责任追究“三位一体”的审计整改新模式，创新推进审计整改工作，使此项工作呈现出新的亮点，取得了新的成效。一是建立健全党委政府定期研究审计整改工作机制。2020年，县主要领导就审计整改工作作出重要批示指示27次，县委审计委员会、县政府常务会专题研究审计整改工作2次。二是建立审计整改联动工作机制。2020年，定期向县政府督查室汇报审计整改工作落实情况7次。三是进一步规范审计整改工作方式方法。2020年7月22日，编制印发《昌江黎族自治县审计局审计整改工作规程》，成立审计整改工作小组，制定“月跟踪、季督办”审计整改工作机制，实行审计整改问题分人分类汇总管理模式，采取“审计组组长初核，审计整改领导小组会议复核”的审计整改认定工作方式，不断规范审计整改工作，切实提升审计整改工作效率。四是加强责任制。实行“一对一”走访对接机制，即一个项目审计组组长对应一个审计整改责任单位，对其审计整改情况进行动态管理，做到“三个确保”，即确保不出现屡审屡改屡犯问题、确保审计发现问题整改到位、确保堵塞漏洞措施精准。2020年，共集中发文督办全县各被审计单位整改情况3次，涉及单位26个，整改成效明显。2018年以来审计反映的295个问题，截至2020年年底完成整改276个，整改率93.56%，促进增收节支1.51亿元，其他整改金额13.56亿元，促进建章立制13个。

【审计干部队伍建设】一是充分发挥审计系统“传、帮、带”优势，通过“以审代训”等方式派出干部6人次分别配合省厅开展“2+N”项目审计、税收审计等工作，拓宽干部交流渠道，激活干部创新求变思维，推动基层传统单一审计思路向大数据审计、多维度联合审计转型，逐步提升基层审计质效。二是严格选人用人标准，正向激励干部争先创优。局内组织开展项目评优争先活动，推选县红林农场资产负债损益审计项目报省厅参加优秀项目评选；发挥党组选人用人正导向作用，职级晋升2人次，内部提拔2人次，8名干部轮岗交流。三是重视审计业务交流和成果应用，鼓励审计骨干将好的经验做法总结提炼，向省厅投稿，2020年共被《海南审计》采纳《“政府投资项目招投标审计”做法》等3篇稿件。四是开展廉政警示教育。2020年，组织参观“以案释纪法自警守廉洁”2020年全省党员干部警示教育巡回展1次，集中观看公职人员受贿案庭审直播1次，参观廉洁书画展1次，不断筑牢全局干部职工因敬畏而“不敢”腐、因制度而“不能”腐、因觉悟而“不想”腐的思想防线。

【审计法治建设】一是将依法行政摆在重要位置，县审计局把依法行政工作列为局党组会议、局务会议和干部职工会议的重要议题之一进行研究部署。二是组织开展宪法知识民法典等专题宣讲、召集全局党员干部观看庭审直播等专题法治宣传活动，切实加强审计干部对法治理论、宪法、审计法及相关法律知识的学习教育。三是完善以审计执法责任制为核心的审计审理工作制度、审计执法责任制和审计执法过错责任追究制度，梳理了行政权力清单、责任清单、流程图，推动机关规范化管理。四是贯彻实行行政执法“三项制度”，不断推动行政执法体制改革。五是建立健全与纪检监察、检察等执法执纪部门之间的案件移送、协助查办工作机制，充分发挥审计部门经济监督优势。六是严格执行审计人员持证上岗和资格管理制度，全面落实行政执法责任制，不断提升审计人员依法审计能力。在2020年度法治政府建设第三方评估考核工作中获得“优秀”等次。

（李　慧）

统　计

【概况】2020年，县统计局按照年初全省统计工作会议的部署，抓好任务目标落实，稳步推进统计方法制度改革，确保数据质量提高、全县经济数据能及时、准确、可靠地搜集、汇总和分析，为县委、县政府进行全县宏观经济调控提供科学依据。投资领域统计工作、生态能源统计工作、工业统计工作被省统计局评为优秀；办公室工作、统计设计管理工作、综合统计工作、农村经济工作、贸易统计工作、服务业统计工作、劳动工资统计工作、社会科技领域统计工作、普查中心工作被省局评为良好；财务工作、法治工作、核算统计工作、人口和就业统计工作、小康监测工作被省局评为合格。全年，县统计局加强部门协调，全力抓好农业产量、畜禽、重点服务业等抽样调查工作，按质按量完成了农业、工业、交通、能源、商贸、投资、建筑业、劳动工资、城乡居民可支配收入调查、贫困监测、全面小康监测等十余个专业报表的月报、季报和半年报等常规工作。

【第七次全国人口普查】2020 年，县统计局贯彻落实国务院第七次全国人口普查会议精神，组织开展一系列第七次全国人口普查工作。一是组建各级普查机构，成立了昌江县第七次全国人口普查领导小组，组建县级普查机构 1 个、乡镇级 8 个，村（居）委会（含霸王岭分局、华润水泥厂 2 个虚拟居委会）93 个。二是落实普查工作经费，落实到位的人口普查资金共 421.9 万元，其中下拨中央人口普查专项经费 9.9 万元，省统计局下拨省级人口普查专项经费 12 万元，县财政预算下达人口普查专项经费 100 万元，申请追加工作经费 300 万元。三是完成全县普查区域划分及建筑物标绘工作，全县共划分 93 个普查区、882 个普查小区，建筑物标绘 54331 个。四是完成普查“两员”选聘及业务培训，全县选聘普查指导员和普查员 670 人，举办人口普查综合业务培训 2 期。五是与县公安局协调对接工作，开展户籍人口数据信息比对，将户籍人口信息打印分发给各普查小区，并做好保密工作。六是及时采购和发放各类普查物资资料，全县配备普查电子设备（PAD）460 台，订制宣传衬衫 800 件，手提包、雨伞、手电筒、笔记本各 1500 份，展架 150 个，印制各类普查资料 10 余万份。七是大力开展人口普查宣传动员工作，发放宣传手册 3000 本、宣传海报 1000 张、告知书 1 万份、展示架 150 个，开设 LED 户外宣传显示屏 3 处，出动宣传车 2 辆，发送手机宣传短信 32.6 万条，制作 3 种宣传语音并利用环卫车进行播放，同时还开展人口普查宣传“一课堂”进校园活动。八是组织开展普查摸底工作，10 月 11—31 日，组织开展全县人口普查入户摸底工作；11 月 1 日，组织开展正式入户登记。

【统计服务】2020 年，县统计局在昌江县人民政府网发布了 2019 年度国民经济和社会发展统计公报 1 篇，编印《2019 年昌江统计年鉴》1 册，撰写《统计月度简析》21 篇、《统计季度分析》28 篇，提供统计政务信息 300 余条，向各界提供统计数据咨询 500 余人次。同时对发展中的热点难点问题进行统计监测分析，挖掘深层次原因，提出合理的对策建议，及时反馈给县委、县政府，为县领导和社会各界人士正确决策提供了科学依据。

【课题研究】根据省第四次全国经济普查领导小组要求，为做好昌江县“四经普”数据资料开发运用工作，县统计局开发“加快旅游产业发展 助力‘山海黎乡大花园’建设”“推进产业转型升级 破除资源枯竭困境”“新时代下昌江民营经济发展状况研究”“新常态下推动昌江经济高质量发展研究”4 个课题研究，编印《经济普查公报》200 本、课题 400 本、《2019 年昌江统计年鉴》250 本。

【小康社会统计监测】2020 年，县统计局组织各相关部门召开 2019 年度昌江县全面建成小康社会统计监测工作培训会。7 月 30 日，综合各相关部门报送的小康监测数据对小康监测指标目标值进行了测算，并将测算的结果报送省统计局。8 月 19 日，根据省统计局反馈数据不一致的问题认真开展现场核查；8 月 27 日，将核查情况报告报送省统计局。9 月 30 日，根据省统计局反馈的结果整理形成昌江县 2019 年全面建成小康社会统计监测报告报送省统计局，顺利完成省对昌江县的 2019 年度小康监测工作。

【市县综合考核】根据《2019年度海南省市县综合考核实施方案》和《2019年度海南省市县高质量发展综合考核评价方案》的要求，县统计局牵头组织有关部门召开考核协调部署工作会议进行责任分工，要求各有关部门积极对接上级部门掌握衔接好本部门考核数据情况进行核实与自评，并按照考核方案报送考核相关材料。在各有关部门的积极配合下，县统计局于2月13日整理好昌江县2019年度市县高质量发展综合考核正面加分表报送省统计局，顺利完成省对昌江县的2019年度发展综合考核工作。

（黄 悦）

市场监督管理

【企业登记注册】昌江县市场监督管理局推动落实"证照分离"改革全覆盖，加强政策解读和宣传引导。实行食品经营许可证登记权限下放到辖区所办理并落实推行承诺办证举措。全面落实压缩企业开办时间工作，将企业设立环节压缩至1个工作日，通过"海南e登记"平台实现商事登记网上自主申报、全省通办，为企业开辟登记"绿色通道"，试行容缺受理机制，落实首问首办负责制，服务承诺制。加强"注册官"业务培训，提高登记服务质量。2020年，新增市场主体2393户，同比下降2.79%；新增注册资本（金）485775.08万元，同比增长46.41%。2020年末，全县实有市场主体13290户，注册资本（金）2548783.49万元。

【食品药品监管】一是加快"阳光食安"建设。昌江县"海南阳光食安"App平台完成率位于全省前列，学校食堂58家已全部建成，完成率100%，排全省第一，中型及以上餐饮服务单位82家，安装"阳光直播"26家，入驻完成率31.71%，排全省第五，现有餐饮服务单位998家，"海南阳光餐饮"App入网815家，入驻完成率81.7%，排全省第三。二是推进3家食品安全规范化农贸市场建设。截至年末建成1家，建成食品快检室26个。三是开展校园及周边食品安全、生产加工小作坊、保健食品、农村食品等专项整治。2020年，食品违法案件立案38宗，已结案14宗，罚没款2.14万元。四是完成各类食品安全抽检工作总计1156批次。年内完成抽样1065批次，总体完成率92.13%，对抽检不合格的依法进行处置。五是加强疫情防控物资（药品、医疗器械等）监管工作以及药械化不良反应监测工作。

【特种设备监管】一是开展电梯、锅炉、油气管道、制冰行业和危化品安全整治，发现并排除安全隐患61个。二是推进"互联网+电梯监管"工作，录入系统电梯信息580台，开展线上维护的电梯249台，指导电梯使用单位按照平台要求逐步完善信息，规范平台作业流程，保障昌江县人民群众生命健康和财产安全。

【市场与价格监管】落实"菜篮子"保价稳供工作，防止哄抬物价、囤积居奇等违法经营行为的发生。督促供电部门落实电价政策，截至10月共优惠5%电费用户4804户，优惠5%电费金额694.31万元。查处哄抬价格、未明码标价销售口罩以及涉嫌无照销售无标签的口罩案件4宗，扣押口罩3600只，罚没款9.35422万元。

【质量与认证认可】一是开展2020年度合格率统计调查工作。完成8批次的抽检（全部合格），客观评价昌江县产品质量总体水平。二是开展儿童学生用品、农资、建材等产品质量监督抽查，全年抽查25批次，同时配合省局开展监督抽查34批次。三是开展各类产品质量检查。对食品相关产品、防爆电气、电动自行车等各类产品质量开展专项整治工作。四是开展水泥获证企业证后监管工作，全年完成4家水泥获证企业的检查，保障产品质量。

【公平竞争与消费者权益保护】一是优化统一开放的营商环境。推进市场监管领域扫黑除恶专项斗争各项措施落地，出台扫黑除恶专项斗争宣传教育制度等7项制度，明确重点行业、重点领域、工作目标和工作任务，建立健全市场监管领域扫黑除恶专项斗争工作机制。二是营造竞争有序的市场环境。组织县公平竞争审查联席会议成员单位开展妨碍统一市场和公平竞争政策措施清理工作，梳理以政府或部门名义制定印发且现行有效的124个规范性文件、106个其他政策措施，防止出台排除、限制竞争的政策措施。三是营造安全放心的消费环境。畅通投诉举报渠道，加强“12345”“12315”热线值班值守和应急处置工作。2020年受理投诉举报586件，办结率100%，为消费者挽回经济损失119.86万元。

【知识产权及“双打”工作】进一步推进知识产权强县建设工作，申请商标通过35个，申请专利91个，授权74个；督导检查各成员单位贯彻落实“双打”（打击侵犯知识产权和制售假冒伪劣商品执法）工作，信息报送107条，共查处假冒伪劣商品立案51宗，结案26宗，罚款12万元。

【标准化与计量】一是开展对标达标提升专项行动相关工作，引导企业运用先进标准提升产品质量。二是开展2020年度团体标准和企业标准随机检查工作。三是开展公共场所外语标识标牌规范建设工作。四是推进计量监督管理工作，完成强制检定计量器具备案审核共6449台（件），强制检定6040台（件），做好计量保障企业复工复产工作。五是开展能源计量检查、“计量服务中小企业行”、眼镜配制场所计量等计量监督检查工作。

【业务培训宣传】2020年，举办食品药品安全、特种设备安全等培训班59期，组织开展各种宣传活动，如食品安全周、药品宣传月、计量日、质量日等主题宣传活动132场，基本实现监管服务对象全覆盖，广泛宣传“制止餐饮浪费”“公筷行动”以及食品药品、特种设备安全等全面提高执法人员与监管服务对象服务专业水平。

（司衍乐）

应急管理

【概况】2020年，县应急管理局贯彻习近平总书记、李克强总理关于安全生产的重要指示、批示精神及省、县关于安全生产工作的决策部署，以预防减少一般事故、遏制较大事故，杜绝重特大事故为目标，努力提升监管能力水平，安全防范措施进一步落实，推动应急管理工作健康有序开展。县应急局承担县突发公共事件应急委员会、县安全生产委员会、县减灾委员会、县防汛防风防旱指挥部、县森林防火指挥部、县抗震救灾指挥部日常工作，着重加强与各成员单位、县级各专业指挥机构之间的工作联系和沟通协调，建立健全各项工作机制，充分发挥“指挥棒”的作用。

【企业复工复产管控】（1）县应急局抓企业复工复产管控，联合县工管委、县消防大队等部门对全县规模以上企业开展安全生产复工复产督查检查，共检查企业38家，发现隐患61条，已整改57项。（2）制定下发了《昌江黎族自治县安全生产专项整治三年行动方案》，明确了工作目标、内容、措施和要求，落实了工作职责和任务，制定了《安全生产专项整治三年行动发现的突出问题和重大隐患清单》《安全生产专项整治三年行动制度措施清单》《安全生产专项整治三年行动工作进展情况》《昌江县安全生产专项整治三年行动推进工作制度》。

【重点行业领域安全治理】（1）非煤矿山隐患排查治理。2020年上半年，为防范化解非煤矿山系统性安全风险，共组织检查非煤矿山企业33次，排查发现隐患117处，截至年末整改99处，整改率达85%。下达执法文书8份，责令限期整改77条隐患，已整改完成66项，整改率86%。（2）危化企业监督检查。一是在清明节前后、“五一”和“十一”等重点时段在全县范围组织开展危险化学品安全生产隐患大排查3次；组织联合执法检查共4次，检查危化企业21家。全年，共出动检查人员21人次，排查一般隐患49处，责令限期整改隐患49项，已整改49项，整改率达100%。二是根据《海南省危险化学品重大危险源企业专项检查督导工作实施方案》通知要求，制订《昌江黎族自治县危险化学品重大危险源企业专项检查督导工作实施方案》，成立专项检查督导工作小组，于5月19—21日，对昌江华盛天涯水泥有限公司氨水生产项目部（重大危险源）、烟花爆竹仓库、各加油站等24家危险化学品生产经营单位进行检查，查出安全隐患37处，对查出的安全隐患，要求生产经营单位落实隐患整改责任人、整改期限、整改措施。并对昌江华盛天涯水泥有限公司氨水生产项目部（重大危险源）和昌江黎族自治县土产日杂公司（烟花爆竹仓库）2家重点企业下发了责令限期整改通知书，责令其限期整改。三是7月13—20日，联合县公安局、昌江消防救援大队、县工信局等部门开展以非煤矿山、烟花爆竹、危险化学品、工贸等行业和领域为重点的针对汛期的安全专项执法检查。共出动执法人员及企业交叉检查人员48人次，对35家企业进行了检查。其中，矿山企业7家，危化企业21家，工贸企业7家。共排查隐患74项，对存在问题较多的华盛矿山和鸿启矿山2家非煤矿山企业、2家危险化学品企业、2家工贸企业下达了责令限期整改通知书。(3) 烟花爆竹打非治违。为维护全县烟花爆竹安全管理秩序，联合公安、综合执法局、市场管理局等部门在全县范围内开展烟花爆竹联合执法检查5次，出动人员40人次，检查零售经营网点和烟花爆竹批发企业98家，发现并整改问题10项，取缔经营非法零售经营网点8家，查扣非法烟花爆竹176件，销毁烟花爆竹176件。(4) 工贸民爆安全监管。对海南昌江鸿启实业有限公司叉河水泥分公司和涉氨制冷企业等15家工贸行业进行检查，共发现隐患23项，截至年底已整改23项，整改率达100%。(5) 开展铁路隐患排查治理工作。根据《海南省铁路沿线环境安全专项治理实施方案》，结合昌江县实际，下发《昌江黎族自治县铁路沿线环境安全专项治理实施方案》，成立县铁路沿线环境安全专项治理工作小组，对昌江县排查出来的铁路沿线存在的安全隐患进行整治。截至年底，昌江县排查出的各种铁路安全隐患共计33处，已整治27处，剩余6处（其中道口安全1处、跨线桥5处政府协商移交问题）。

【安全生产事故】2020年，全县共发生各类事故91起，事故起数同比增加5起；死亡33人（道路交通30人、工矿商贸3人），死亡人数同比减少3人。未发生较大事故。昌江县辖区内共发生88起一般程序处理道路交通事故，同比增加12起，上升15.78%；死亡人数30人，同比增加1人，上升3.33%；受伤人数120人，同比增加32人，上升36.36%；财产损失142.2万元，同比减少29.04万元，下降16.93%。其中经营性生产事故共7起，同比减少2起，下降30%；死亡人数持平；受伤人数4人，同比减少11人，下降73.33%；财产损失33.2万元，减少104.18万元，下降75.83%。发生工矿商贸事故3起，事故起数同比增加1起，上升50%，死亡3人，死亡人数同比增加1人，上升50%。农业机械发生0起，死亡0人。事故起数、死亡人数同比减少1起、减少1人，下降100%。

【森林火灾防控】2020年上半年，昌江县降雨量相较往年减少，加之天气炎热，森林火灾等级较高，并连续发生了多起较大森林火灾，其中影响比较大的火情有乌烈镇峨港村高地坡“6·3”火灾、昌化镇棋子湾海防林“6·5”火灾、海尾镇“6·7”火灾。为进一步压实责任，加大野外火灾管控，全力消除火灾隐患，县应急局一是强化野外火源管控。加强森林防火宣传教育，切实做到包山头、包地块、包林班、包人头，紧盯重点地区、重点部位、重点方向、重点人群，加强巡查管理，加大执法打击力度，发现一起查处一起。举一反三排查森林火灾隐患，特别是对海防林、桉树林等易燃树林进行排查治理，及时消除火灾隐患。二是强化应急处置。委托广东丰源资产资源科技有限公司编制《昌江黎族自治县森林火灾应急预案》。三是强化森林防火宣传力度。深入开展以案说法的教育力度，增强法律震慑力。截至年底共发放森林防灭火宣传材料 2 万份，张贴宣传标语 220余条，播放森林防火宣传视频及字幕125 次，开展应急森林灭火训练活动 3 次。四是加强防控责任。进一步划清各部门职责边界，理清权责清单，健全运行机制，提高统筹协调能力，不断增强森林防灭火工作的合力。

【防汛防风防旱】一是组织筹备及召开 2020 年全县“三防”工作会议。2020 年 7 月 15 日召开全县“三防”工作会议，县农业农村局等 32 个单位及 8 个乡镇参加会议。二是修订“三防”应急预案。委托海南君和勘测设计有限公司负责《昌江黎族自治县防汛防风防旱应急预案》修编工作和评审工作。三是做好“三防”应急物资清查及购置。从中央自然灾害资金中拨出 300 万元用于购买 2020 年防汛防台风抗旱应急物资，物资采购含无人机、卫星电话、橡皮船、便携式发电机、编织袋、救灾帐篷等，已全部清点入库。

【消防火灾风险防控】2020 年，全县共发生火灾 160 起，其中亡人火灾 1 起。包含社会救助和抢险救援在内，共接警出动 303 起次，出动车辆 405 辆次，出动警力 2291 人次，抢救被困人员 30 人，疏散被困人员 74 人，抢救财产价值 6527 万元。一是大力组织今冬明春火灾防控、春夏火灾防控工作、电气火灾专项整治、电动车整治、仓库火灾防控、商贸领域火灾专项整治、消防安全专项整治三年行动等专项工作。二是先后组织开展“零点夜查”“错时检查”及检查电动车、出租屋等专项行动 22 次。三是结合昌江县老城区火灾隐患较多的实际情况，提请县政府推广应用消防物防技防措施，安装独立式感烟探测报警器 2000 个，从源头上夯实火灾防控基础。截至 10 月 3 日，昌江消防大队共检查单位 304 家，督促整改火灾隐患和违法行为 263 处，下发责令整改通知书 137 份，临时查封 1 家，对 4 家单位进行行政处罚。

【防震减灾】一是协调有关部门开展工作。县应急局联合县住建局、县交通局、县农业农村局、县工信局等部门，对全县 2009 年以来建设的学校、医院和 2016 年至今的重点建设工程开展地震安全检查，全年检查 1 个重点建设工程、22 家学校和医院，查出问题 8 项。二是创建防震减灾科普示范学校和加强宣教培训，提升全民安全意识。为提升全民安全意识，充分利用“安全生产月”等活动载体，全方位、多渠道、多层次地开展安全宣传，发放各类宣传资料 5260 份、宣传手提袋 1280 个、宣传扇子 635 个、宣传围裙 572 个，展出展板 24 块，与群众互动 1000 余人次，为群众解答 102 人次。以“5·12”防灾减灾日等活动为载体，联合相关单位共进乡镇防灾减灾科普宣传 2 次，厂矿 1 次，社区 3 次；广场 1 次（“5·12”防震减灾宣传日科普宣传）。共发放宣传手册 2523 册，展出展板 30 块，发放宣传单、科普扇子、宣传笔、宣传围裙等一批宣传品，持续开展应急管理知识的宣传和安全生产知识“七进”活动。

（黄唯秀）

自然资源和规划

【概况】2020 年，县资规局紧紧围绕全年任务目标，贯彻上级工作要求，全面推进昌江县国土资源规划、管理利用、修复保护等重点工作和各项任务落实，促进全县经济社会发展。

【空间规划布局】一是完善规划体系建设。启动昌江县国土空间规划编制工作，已完成开标评标工作，完成海尾镇、乌烈镇、十月田镇、叉河镇、七叉镇、王下乡及循环工业园区、霸王岭风情小镇、海尾湿地公园、七叉温泉旅游度假区等片区的总体规划暨控制性详细规划报批工作，已批复实施。完成清洁能源产业园规划区的四至范围确定工作。二是完成文旅融合策划编制工作。该成果已经县政府批复实施。三是推动全县村庄规划编制工作。年末完成 10 个试点村庄规划阶段性成果。四是持续开展生态保护红线校核优化。多次对接技术支撑单位进行专题研究梳理形成意见，并反馈省自然资源和规划厅。

【用地保障】一是合理编制供应计划。合理编制2020年国有建设用地及经营性用地供地计划，保障重点项目建设用地需求。二是加大土地供应力度。截至10月底，完成农用地转用及土地征收审批手续的项目5宗，总面积13.1202公顷；供应各类建设用地22宗，面积1229.17亩（均不包含商品住宅用地）。其中，划拨方式供应土地16宗849.28亩，招拍挂方式出让土地6宗379.89亩，土地出让金为27115.38万元。保障了昌江县核电人才房一期项目、昌江县体育中心工程项目、昌江县多馆合一项目、昌江县特殊学校、昌江建筑垃圾消纳场建设项目等一批重点项目用地。

【违法违规使用土地和闲置土地处置】按照“全面清理，分级负责，分类处理，依法处置”的原则，对全县违法违规使用土地和闲置土地进行清理。全年，违法违规使用土地问题完成整改118.11亩，闲置土地完成整改96.87亩。

【第三次国土调查】2020年，完成全县1620.5平方千米的国土调查工作，形成昌江县第三次国土调查成果，已在通过国家检查的第三次国土调查初始成果的基础上，完成昌江县统一时点更新调查工作，并已根据国家反馈意见修改完善，经省级核查合格后，再次提交国家复核。

【土地收储工作】2020年，共收储土地11宗，面积约为803.93亩；完成储备地块解押6宗，面积1215.33亩。

【征地拆迁工作】组织开展叉河污水处理厂生态湿地项目、叉河镇2019-005号地块、海尾镇建制镇污水处理设施建设工程项目、七叉镇污水处理厂等11个重点项目的征地拆迁工作。累计征地面积440.65亩，落实发放征地各项补偿安置款1315.1716万元。

【自然资源统一确权登记】2020年末，完成实施方案联合印发、招标、技术方案编制、资料收集与处理、工作底图制作、登记单元预划、首次登记通告、自然资源地籍调查、登记成果审核、首次登记公告发布、初步登簿工作、成果编制和省级初步验收材料准备工作。

【不动产登记工作】一是强化不动产登记。已印发《昌江黎族自治县不动产统一登记工作有关问题的处理意见》，起草《昌江黎族自治县不动产统一登记工作有关问题处理意见的补充通知》呈报县政府审核，妥善解决昌江县不动产登记工作存在的遗留问题。二是全面开展不动产统一登记宗地数据修补测工作。全力推动已购公有住房、经济适用房等划拨土地的建设用房办理不动产登记。全年累计登记并颁发不动产权证书2455本、不动产登记证明1335本，外业权籍调查22宗，档案归档4113份，查封155宗，注销168宗。

【建设工程项目审批制度改革】2020年，学习借鉴海口市、万宁市等地建设工程项目制度审批改革经验做法，研究梳理各行政许可事项审批流程，精简审批材料，压缩审批时限，实现审批时限比原来平均缩短了30%以上。截至11月，办理建设工程规划许可证等业务事项共14项。

【耕地保护督察反馈整改与地质灾害防治】一是做好耕地保护督察反馈整改。本次耕地保护督察反馈问题共11类36个问题，年末完成整改24个，整改率66.67%。二是做好地质灾害防治，落实主体责任。在台风或恶劣天气期间均由局领导带队实行24小时应急值守。2020年，影响昌江县的热带气旋共计5个，发布地质灾害预警4个。

【海洋督察整改】2020年，加快推进昌江县国家海洋督察整改工作的进展。昌江县牵头事项应完成7项，年底完成5项（已按要求完成整改销号），完成率71.4%；责任事项应完成8项，已完成6项，完成率 75%；总完成率 73%，所有整改事项均达到时序整改进度。

【矿山修复工作】2020 年，对昌江县内 3 家石灰岩生产矿山及 14 个片区中的 25 家过期矿山下达了限期整改通知，督促矿山实施山体修复和地质环境恢复治理工作；启动太坡鹅毛岭建筑石料矿区生态修复治理项目；对昌江县境内 68 家矿山（包括 2000 年以来发证的 67 家矿山和 1 个历史遗留矿山）进行摸底调查，委托有资质单位梳理 2000 年以来的 68 家矿山。截至年底，编制完成《昌江县 68 个矿山调查评价报告》，基本理清昌江县 68 个矿山现状及提出生态修复措施建议，为下一步制定“一矿一策”打下基础。

【农村乱占耕地建房整治】2020 年，积极开展农村乱占耕地建房问题整治工作，下发昌江县摸排图斑共 1920 宗，实际核实图斑 2114 宗，已上传省厅图斑 2114 宗，完成率 100%。

（何先育）

环境保护

【概况】 2020 年，县生态环境局牢固树立绿水青山就是金山银山的理念，坚持以改善生态环境质量为核心，推动国家生态文明试验区以及污染防治攻坚战取得关键进展，生态环境质量继续保持改善势头，稳步推进各项工作，全县生态文明建设取得良好成效。2020 年县城区环境空气质量优良率为 98.6%，与 2019 年相比，环境空气质量综合指数基本持平，完成 2020 年度可吸入颗粒物（PM_{10}）、细颗粒物（$PM_{2.5}$）控制任务目标。全县主要河流湖库水质优良率为 100%，其中国家考核断面水质优良率为 100%；城市（镇）集中式饮用水水源地水质达标率为 100%；近岸海域水质优良率为100%，其中国家考核点位水质优良率为 100%；声环境质量良好；土壤环境持续保持稳定。

【国家生态文明试验区建设】 （1）系统有序实施“禁塑”。研究制定了实施方案，成立禁塑领导小组和禁塑办。对两大类 10 小类一次性不可降解塑料制品开展排查摸底，共排查单位 185 家，其中医疗机构 2 家、党政机关食堂 3 家、学校 112 家、国有企业单位 42 家、娱乐场所 18 家、大型商场 5 家、旅游景点 3 家。提高全民禁塑意识，以“禁塑”为主题举办“6·5”世界环境日活动，深入宣传禁塑工作，在各管辖区超市、餐饮食品店、集贸市场等场合累计粘贴宣传海报 436 份次，发放宣传册 1156 份、宣传布袋 800 个。加强全县禁塑工作整治力度，2020 年共检查各商场超市、餐饮服务单位、集贸市场摊位等市场主体约 250 家，出动执法人员 450 人次，与各商场超市签订禁塑承诺书 54 份。（2）积极推进生态文明示范县创建工作。围绕“三区一中心”的战略定位，深入践行“两山”理念，推进创建国家级生态文明示范县的工作。完成《昌江黎族自治县“绿水青山就是金山银山”实践创新基地建设实施方案》编制工作并印发实施，并被省厅向生态环境部推荐创建“绿水青山就是金山银山”实践创新基地的 3 个市县之一；遵循“五地两县”建设目标，积极推动王下乡“绿水青山就是金山银山”实践创新基地建设，完成《昌江黎族自治县王下乡“两山理论”实践创新基地实施方案》编制工作。（3）同步谋划生态环境“十四五”规划。统筹谋划编制水生态环境保护、海洋生态环境保护规划、农村生活污水治理规划、大气污染防治规划防治（含应对气候变化规划）、土壤污染防治规划等专项规划。

【中央环保督察整改】两轮中央环保督察交办信访案件共 192 件均已办结，第一轮制定的 90 条整改措施，2020 年末完成整改 86 条。第二轮制定的 46 条整改措施，其中立行立改、长期坚持措施 16 条，均已按要求落实各项整改工作，2021 年底及 2022 年底前完成的整改措施积极推进中。

【医疗废物处置】昌江县是全省最早开展医疗废物处置工作专项监督检查和全省唯一开展新冠肺炎医疗废物应急处置演练工作的市县。2020年，县生态环境局强化县人民医院、县中西医结合医院的医疗废物、医疗废水处理处置监管服务，协调危废中心、华润水泥窑做好医疗废物的应急处置工作。在疫情防控期间，协调处置转运医疗废物13432千克，全年累计处置转运100778千克。

【污染防治】2020年，坚决打赢蓝天保卫战，实现$PM_{2.5}$平均值从2015年的24微克每立方米下降到16微克每立方米，城区环境空气质量优良率从2015年的97.2%提高至98.5%；坚决打赢碧水保卫战，地表水质、近岸海域水质为优，城镇集中饮用水水源地达到2020年水污染防治工作考核目标，优良水质点位比例、城镇内河（湖）断面均达水环境质量考核目标，申请县级资金600万元启动饮用水水源保护区规范化建设项目，年末完成初步设计及概算等前期工作；坚决打好净土保卫战，共调查昌江县8个乡镇农用地土壤污染状况详查农产品点位共267个；开展“三库一厂”的调查，调查周边区域4800亩，土壤采样点位85个，地下水采样点位15个；完成重点行业企业用地基础信息调查，确定昌江土壤重点行业企业用地调查地块清单中共有21家，完成21家重点行业企业用地基础信息调查工作。建设49个行政村生活污水设施，农村生活污水治理覆盖率达66%。

【生态环境应急处置】联合县应急管理局、海南宝来工贸有限公司开展昌江县危险废物综合应急演练，演练模拟了强降雨天气下，省危险废物处置中心危险废物随雨水沟往外排时可能造成环境污染和环境安全隐患的处置过程。对海南核电有限公司、海南矿业股份有限公司等6家涉源单位开展规范化管理检查，累计出动15人次；强化核辐射安全监管，完成11家核技术利用单位例行辐射安全监督检查。开展“核电育才计划”“6·5”世界环境日、“核电媒体行”“核电宣传周”活动，举办全县核应急工作培训班等活动，提高公众的核科普知识；及时处理群众投诉事宜，解决群众关心的问题。2020年接收“12345”“12369”平台办理群众来信来访、处理投诉件共21件，人大代表建议、政协委员提案4件，群众满意率达100%，排除了各类维稳隐患，全年无重大群众集体上访事件发生。

【生态治理机制和治理能力现代化建设】（1）推动生态环境机构改革，成立生态环境保护委员会，制定出台《昌江黎族自治县生态环境保护工作委员会及其成员单位生态环境保护工作职责》等7个配套制度，进一步压实生态环境保护“党政同责，一岗双责”；实现固定源“一证式”监管，完成企业颁发排污许可证24家。（2）加强依法依规监管，开展了6个排污口的整治。承接应对气候变化职能，完成了2019年度温室气体自评估报告编制，为节能减排工作指明了方向，正在编制2019年度温室气体排放清单。积极参加国家、省里组织的生态环境保护执法大练兵，获得表现突出集体荣誉。（3）扎实推进基础能力建设，第二次全国污染源普查工作圆满完成，被省厅表彰为先进集体，曾德健等4人被生态环境部表彰为先进个人；落实生态环境管控，编制完成“三线一单”工作成果。

【生态环境保护宣传】（1）开展国际生物多样性日系列主题实践活动。组织开展“保护生物多样性”宣传活动走进霸王岭森林自然保护区、“保护生物多样性”知识走进课堂、“关注海洋生物十二届县委第十二轮第二巡察组巡察县生态环境局党组情况反馈会”等系列主题实践活动，提高广大市民对生物多样性的认识，唤起公众对地球大家庭的关爱。（2）开展形式多样的“6·5”世界环境日宣传活动。联合县市场监管局、县发改委、县妇联、海南核电公司等单位，以“美丽中国，我是行动者”为主题，围绕昌江县禁塑试点工作，举办了“6·5”世界环境日禁塑专题讲座，开展禁塑宣传“入商铺进超市”“走街头进民心”等系列宣传活动，营造禁塑工作“人人知晓、人人参与”的良好氛围。（3）积极开展新时代文明实践活动、志愿服务活动和“我为加快推进海南自由贸易港建设作贡献”活动。以生态环境保护为主题，开展清理垃圾、保护海滩生态环境等活动，全年共开展新时代文明实践志愿服务活动和“作贡献”活动 12 次。（4）开展法律宣传进企业。与省生态环境厅共同举办“海南省生态环境服务进园区、进企业活动”，组织全县 45 家生产企业和 5 家行政单位参加生态环境保护普法宣传，为企业答疑解惑，为行政部门指导规范。

（符玉梅）

气　象

【概况】 2020 年，县气象局科学谋划气象事业发展，深化气象改革，全面推进气象现代建设，积极融入地方经济社会文化发展。地面观测实现无人值守，地面监测业务质量得到稳步提高，各乡镇自动站运转正常，决策气象服务、公众气象服务工作取得了较好的效果，防雷监管稳中求进，各项工作得到有效推进。

【气象现代化建设】 地面气象观测自动化改革从 4 月 1 日起正式开始。取消每天的人工定时观测、人工连续观测天气现象、日常守班、重要天气报告的编发、地面观测记录簿的记录、值班日记的填写、人工数据质量控制（含质控疑误信息反馈）、降水现象平行对比观测、国家级地面站气象报表数据文件的制作与上报等工作任务。2020 年，县气象局各项观测数据传输情况良好，区域站业务可用性、运行稳定率总体呈上升趋势，国家站、区域自动站、土壤水分站、大气成分站等观测数据的传输及时率和数据可用率均达到质量目标要求。按自动站维护工作要求，县气象局自动站维护小组每月到各乡镇自动站进行自动站巡查，对发生故障的自动站及时进行维修，并填报维护单，不能解决的问题及时上报省局。维护过程做到全程留痕，规范维护流程。

【气象服务】 2020 年，县气象局继续强化重大气象灾害、极端气候事件的预报预测工作，提高灾害性天气预报预警的提前量和精准度，并加强对汛期、今冬明春天气气候趋势的滚动预测，提高对政府部门的决策服务影响力，做好节假日、春运、国际帆船比赛等重大活动的气象保障。2020 年昌江县天气气候形势总体正常，无重大气象灾害发生。（1）不断提高气象防灾减灾综合能力。为做好昌江县汛期、今冬明春火灾防控、重大天气过程等预报预警服务工作，县气象局严格执行预警信号的发布制度，完成了气象灾害预警信号发布“一整合两对接”平台的整合，做好各类气象服务保障工作。2020 年 1—11 月，局气象台共发布预警信号 144 次。其中，高温橙色预警信号 62 次，高温红色预警信号 4 次；雷电橙色预警信号 19 次；台风黄色预警信号 1 次，蓝色 13 次；雷雨大风黄色预警信号 35 次；冰雹橙色预警信号 1 次；大风蓝色预警信号 5 次；大雾黄色预警信号 1 次；寒冷黄色预警信号 3 次。2020 年 1—11 月，县气象台共发布冷空气、春节天气预报、“五一”天气预报、端午节天气预报、中秋国庆节天气预报、大帆船赛专项预报、强降水和台风快报共 69 期；春运气象服务、一周天气、中考天气、高考天气、趋势预测、森林火险预测、专题天气预报共 109 期、新冠肺炎疫情防控专报 196 期。由于积极准备、科学防范，确保全县 2020 年安全度汛，保障了全县人民群众的生命财产安全，取得了较好的经济效益和社会效益。（2）强化为农服务，助力乡村振兴。推广“农业气象”App。根据省气象局对现代化气象为农服务体系的工作要求，县气象局向全县 179 家农业企业、531 家农村合作社、50 家家庭农场等新型农业主体推广“农业气象”App。乡村大喇叭、电子显示屏上线率大幅提高。2020 年，县气象局加大大喇叭、电子显示屏巡察力度，并与公司签订维护合同，做到早发现、早维护，提高了大喇叭和电子显示屏的上线率，让农户能够及时收到预报预警服务信息。积极开展农村气象防灾减灾救灾科普宣传。以宣传活动为契机，结合本地气候特征，深入农村开展气象防灾减灾宣传，进一步提高公众对智慧气象的认知，并增强公众防御气象灾害、应对气候变化的意识和能力，继而提升气象部门的知名度和影响力，树立部门的行业新形象。(3) 运用微信公众号，推动公共气象服务。为不断深化公共气象服务，进一步发挥新媒体在防灾减灾、气象知识普及、公众突发事件中的积极作用。疫情期间，县气象局通过“昌江气象”微信公众号及时发布疫情及防控信息，树立正确的舆论导向。此外，结合本地旅游项目，联合省服务中心开发木棉花期预报模块，为公众提供木棉花期预报，加强微信公众号推广，继续挖掘与丰富内容，充分发挥“微气象”在气象服务中的积极作用。

【防雷减灾】 (1) 气象行政审批工作。行政审批窗口受理装置设计审批1件，防雷装置竣工验收2件，通过办事大厅网上办结率100%，服务满意率100%。并按照要求，办结案件1—7个工作日在海南政务服务网站上进行双公示。(2) 严格履行防雷安全监管职责，扎实开展防雷安全专项检查。不定期对辖区内防雷安全重点监管单位进行认真、细致的防雷安全监督检查，特别是针对加油站、液化气站、炸药库、烟花爆竹厂等易燃易爆场所开展防雷安全专项检查，全面排查防雷安全事故隐患，对存在防雷安全隐患的单位，责令限期整改，进一步压实安全生产主体责任，坚决遏制重特大安全生产事故发生，2020年共检查30个易燃易爆等重点场所，要求并完成整改单位2个。针对易燃易爆等重点场所防雷安全重点单位监管清单，录入全国防雷减灾综合管理服务平台，实现对易燃易爆等重点场所的防雷安全实时动态监控，进一步提升防雷安全监管效能，易燃易爆等重点场所监管清单已全部录入全国防雷减灾综合管理服务平台。完成雷电灾害防御重点单位安全监管公示牌悬挂工作。

【人工增雨】 2020年，昌江县降水偏少并出现持续的高温天气，局部气温达40℃以上。受高温少雨天气影响，昌江县气象干旱不断发展。对于昌江县连续出现的高温天气以及不断发展的旱情，县气象局严密监测天气形势变化，开展人工增雨作业。截至12月，昌江县共开展49次人工增雨作业，发射火箭弹67枚，燃烧暖云烟条45根。

【防灾减灾科普教育基地建设】 2020年末，县气象局台站基建项目已基本建设完工，综合业务一体化平台、国突会议室均已投入使用。在省气象局的大力支持下，县气象局与县地震局、县消防大队共同建设位于先气象局综合业务大楼一楼的昌江县防灾减灾科普教育基地，气象板块建设基本完成。

【气象科普宣传】 一是深入开展气象科普活动。积极开展“3·23”世界气象日、“5·12”防灾减灾日、全国科普日、安全生产月等宣传活动，联合省气候中心开展科技下乡服务活动，进一步增强公众防御气象灾害、应对气候变化的意识和能力，提升气象宣传工作的影响力。二是定期更换宣传栏。按照上级部门对气象、党风廉政、安全生产、双拥模范、卫生健康等宣传工作的要求，不断加强各宣传阵地建设，修缮局大院宣传栏，在卫生区、大门、围墙悬挂横幅、宣传板等，并结合工作实际，定期更换宣传栏。

【气候概况】 2020年，昌江县主要气候特点是：年平均气温偏高，年日照时数正常，年降水量偏少；雨季开始于7月中旬，属偏晚年份，结束于10月中旬，属偏早年份；受4个热带气旋影响，属偏少年份，影响程度一般；全年仅出现2天暴雨天气；年内出现4次不同程度干旱天气过程，对农作物生长不利。(1) 气温变化。全年平均气温26.6℃，比历年平均值偏高1.7℃。极端最高气温为39.8℃，出现在4月21日；极端最低气温为11.7℃，出现在2月8日。全年气温变化与历年同期比较均有不同程度的偏高，其中8月和9月平均气温偏高0.7℃，其余月份月平均气温偏高1.1℃—3.8℃。(2) 降水量变化。年降水日数118天，全年降水量1056.4毫米，与历年相比偏少37.6%。降水时空分布不均，汛期（7—10月）降水量809.8毫米，占全年76.8%；全年各月降水量与历年同期相比较：

5月和12月降水异常偏少，3月和6月降水明显偏少，4月、7月和8月降水偏少，11月降水偏多，1月和2月降水异常偏多，9月和10月降水正常；日最大降水量出现在8月20日，日雨量为64.8毫米。（3）日照时数。全年日照时数2014.5小时，比历年平均值偏少7%。各月日照时数的变化特点：5月日照偏多，10月日照明显偏少，4月、8月、11月和12月日照偏少，其余月份正常。

【主要气候事件】 1.雨季开始异常偏晚，结束偏早。2020年雨季于7月中旬，较常年偏晚七旬；雨季于10月中旬结束，较常年偏早一旬。雨季（7—10月）总降雨量809.8毫米，较常年雨季偏少46.7%；雨季7月和8月雨量较常年同期偏少，9月和10月雨量正常。2.初台正常，终台异常偏晚，热带气旋影响一般。2020年昌江县先后受4个热带气旋影响，属偏少年份，影响程度一般，未造成明显灾害。初台在6月中旬，属正常年份；终台于11月中旬结束，较常年偏晚五旬，为建站以来影响昌江县最晚的一年。全年影响昌江的4个热带气旋是“鹦鹉”“森拉克”“浪卡”“环高”。受2020年第2号台风“鹦鹉”外围环流影响，6月12日8时至14日15时，全县大部分地区出现中到大雨，局地暴雨，有2个乡镇过程雨量超过50毫米，最大为王下乡洪水村站77.2毫米；全县陆地普遍出现5—6级阵风，局地阵风7—8级，最大为叉河镇水文站8级（19.4米/秒）。受2020年第3号台风“森拉克”和南海季风云系共同影响，7月31日8时至8月2日20时，全县共有8个乡镇雨量超过50毫米，有1个乡镇雨量超过100毫米，最大为昌化镇昌化中心小学111.8毫米。受2020年第16号台风“浪卡”和冷空气共同影响，10月12日20时至14日20时，全县有大到暴雨，最大降雨量83.7毫米，出现在七叉镇霸王岭站；昌江县沿海陆地伴有6—7级阵风，局地8级，最大为海尾镇新港站8级（19.1米/秒）。受冷空气和2020年第22号台风“环高”外围环流影响，11月13日20时至15日20时，昌江县普降中到大雨，局地暴雨，过程最大雨量王下乡洪水村117.1毫米；沿海和陆地伴有6—7级阵风，局地8级，最大出现在石碌红林农场五队8级（17.4米/秒）。3.冬春干旱，对生产和生活不利。年内出现四次不同程度的干旱天气过程，分别为2019年11月8日至2020年2月12日出现97天秋冬春连旱天气过程、2020年2月20日至4月23日出现64天春旱、2020年5月1日至6月13日出现44天春夏连旱、2020年11月22日至12月31日出现40天秋冬连旱。干旱天气过程影响了昌江县工农业生产；为缓解旱情，4—9月在全县范围内用火箭流动车进行人工增雨作业并在霸王岭开展暖云烟炉增雨作业。

（黄　翔）

旅游文体·融媒体

旅游文体

【概况】 2020年，县旅文局紧紧围绕县委县政府工作部署，紧抓自贸港建设需求，着力完善基础设施，开展旅游文化推介，深度挖掘文化产品，举办丰富体育赛事，促进文化体育与旅游深度融合，助推全域旅游示范县创建。

【旅游管理】 一是基础设施进一步完善。完成昌化古城旅游厕所、昌化滨海小镇旅游厕所和海尾湿地公园旅游厕所等3座旅游厕所建设任务；完成“全国旅游厕所管理系统”中昌江县22座旅游厕所“百度地图”APP信息标注，标准率达100%；完成史前文化遗址皇帝洞后山保护工程项目、史前文化遗址钱铁洞保护设施工程项目和信冲洞遗址保护设施工程项目工程量85%以上；霸王岭旅游小镇旅游厕所已进场施工，王下乡皇帝洞旅游厕所王下乡政府正在开展征地；叉河镇方塘村文体活动室已封顶，11月底完成省下达的任务指标；完成2018—2019年新建的23间文体活动室配套设施及标识标牌建设和2018—2019年新建的文体活动室配套设施建设任务。叉河镇老羊地村委会、乌烈镇峨港村委会2个戏台基本建成。二是打造乡村旅游点。经省旅文厅复核公布，石碌镇山竹沟村为二椰级乡村旅游点，七叉镇宝山村和叉河镇排岸村为三椰级乡村旅游点。三是成功创建霸王岭国家森林公园AAA级旅游景区。霸王岭国家森林公园于4月23日获批为国家AAA级旅游景区，4月30日正式揭牌运营，打破昌江县无A级景区的历史。四是精心策划旅游文化系列活动，推介昌江旅游资源。与海南省公共频道、海南文旅频道等多家新闻媒体合作，通过创意景观路牌、海南自媒体热点推送、小程序等方式对旅游文化活动进行宣传报道。到甘肃参加“西出阳关遇故人 畅游琼西更海南”旅游推介会，推介昌江旅游；策划“夏品芒果香 黎花三里游”系列旅游文化活动和“秋游棋子湾·嗨玩西海岸”系列旅游文化活动，其间精心策划了“中国第一黎乡”王下乡——黎花里旅游推介、黎花一里·三派村·诗里画里旅游配套展示、王下乡黎花里国庆、2020“国际旅游岛杯”全国业余围棋公开赛等内容丰富的旅游活动。2020年，全县接待旅游过夜游客65.63万人次，同比下降35.2%，实现旅游收入6.25亿元，同比下降13.6%。

【文化、体育、旅游深度融合】 一是开展文化惠民活动。截至12月底，开展送戏下乡32场，农村公益电影放映952余场，均完成省旅文厅下达的任务指标。深入王下乡三派村和石碌镇孔车村举办黎族织锦技艺培训班，举办2020年“百姓学堂”免费公益培训班、“2020年昌江县公共数字文化工程暨基层文化管理员业务培训班”等培训班，开展庆祝中国共产党成立99周年“众志成城 抗击疫情”美丽海南——2020全省群众美术书法作品展、第三届昌江群众歌手大赛、木棉红合唱团合唱专场音乐会、“舞动自贸港·美好新海南”广场舞展演等文化惠民活动、“图书馆服务宣传周进校园”系列活动，活跃群众文化生活。推进“昌江玉百花创作”活动。向100名雕刻大师征集创作稿件，雕刻工作已完成45%。二是深挖文创产品，实现商品转换。通过“逐艺黎苗”非遗文创大赛征集作品236份，经竞赛专家评委们评选出36份优选作品，从中选出前 18 份作品打样，在“五一”的“夏品芒果香 黎花三里游”系列旅游文化活动中亮相，实现非遗文创产品落地并转化为旅游商品。三是推进“文物＋旅游”三年行动工程。完成史前文化皇帝洞新石器时代遗址保护设施建设工程验收工作，交付王下乡政府管理使用。四是举办体育赛事。举办 2020 全国业余围棋公开赛、2020 昌江县“全民健身杯”体育系列比赛、2020 年海南美丽乡村绿色骑行—昌江站暨“乡”约海南活动、2020 年昌江县芒果杯七人制足球赛等体育赛事，并将体育赛事融入到主题旅游活动中，促进体育旅游深度融合发展。

【行业管理】 截至 12 月 31 日，共出动检查人员 1958 人次，开展执法检查 388 次，检查经营场所 3501 家次，责令改正 17 家次，拆除擅自安装使用的卫星电视接收设备 656 套，取缔无证经营娱乐场所 2 家，没收点播设备 4 套，取缔无证出版物经营点 3 个，收缴非法出版物 603 册，查办案件 5 起，罚没款 22367.5 元。其中拆除卫星接收设备工作得到了省旅文厅的高度表扬，县旅文局在全省培训会议上作经验交流。

（林　杰）

棋子湾旅游度假区

【概况】 棋子湾旅游度假区位于昌江县西部海岸，度假区一期开发面积 25 平方公里，二期开发面积 46.2 平方公里，海岸线长 13.8 公里。2020 年，棋子湾管委会贯彻县委、县政府全域旅游发展战略，布局打造海南西海岸国际度假休闲旅游目的地，全面推进棋子湾旅游度假区建设，促进全县旅游事业发展。

【基础设施】 棋子湾旅游专用通道，总长 29.4 公里。棋子湾旅游度假区共有道路 12 条，总长度 25.75 千米，其中棋圣路长 1.7 千米、宽12 米；天元路长 2.44 千米、宽 12 米；北斗东路长 3 千米、宽 12 米；观海路长 0.6 千米、宽 7.5 米；广德路长 4.1 千米、宽 12 米；南辰西路长 4.1 千米、宽 8 米；昭德路长 1.35 千米、宽 12 米；南辰东路长 3.1 千米、宽 12 米；北斗西路 2.6 千米、宽 12 米；峻灵路长 0.95 千米、宽 12 米；千和路长 0.32 千米、宽 14 米；听海路长 1.49 千米（A 段长 0.81 千米、宽 18 米，B 段长 0.68 千米、宽 24 米）。以上 12 条道路权属均为昌江县棋子湾管委会。基础配套设施。有水厂 3 个（自来水厂、马荣港污水处理厂、镇区污水处理厂）；3 个旅游厕所（加油站旅游厕所、天元旅游厕所、大角厕所）；停车场 2 个（大角停车场、天元生态停车场）以及 10 万千伏安电力设施等路、水、电、气、光五网设施配套齐全。

【社会投资】 截至 2020 年末，已入驻湾区企业 10 家，建设项目主要为酒店项目及商业项目，累计完成 70.25 亿元。其中：（1）棋子湾新昌五星级酒店项目、新昌黎族风情酒店项目（计划总投资 15.5 亿元、面积 259.05 亩，计划建设年限 2014—2019 年，累计完成投资 4.7 亿元）。（2）棋子湾开元度假村项目（计划总投资 10 亿元，面积 186.6 亩，建设年限 2011—2015 年，累计完成投资 15 亿元，于 2016 年 5 月开始营业）。（3）棋子湾群升海滩大酒店项目（计划总投资 7.3 亿元，面积 136.2 亩；计划建设年限 2014—2019 年，累计完成投资 7.7 亿元）。（4）棋子湾海湾明珠项目、恒大 1 号酒店项目、恒大会议中心项目以及大角公园项目（计划总投资 20 亿元，总面积 630.9 亩，计划建设年限 2013—2022 年，累计完成投资 21.87 亿元）。（5）棋子湾中南林海间项目（计划总投资 12 亿元，面积 201.6 亩，建设年限 2014—2023 年，累计完成投资 6.5 亿元）。（6）棋子湾希望邻海度假酒店项目（计划总投资 12 亿元，面积 130.5 亩，计划建设年限 2014—2020 年，累计完成投资 6.57 亿元）。（7）棋子湾半岛阳光项目（计划总投资 2.3 亿元，面积 50 亩，计划建设年限 2017—2020 年，累计完成投资 1.64 亿元）。（8）棋子湾西海林苑项目、西海御府项目（计划总投资 7.3 亿元，面积 200.12 亩，计划建设年限 2018—2022 年，累计完成投资 3 亿元）。（9）棋子湾大观千舍项目（计划总投资 4 亿元，面积 73 亩，计划建设年限 2017—2022 年，累计完成投资 2.69 亿元）。（10）棋子湾海洋科普旅游综合体项目（计划总投资 40 亿元，海洋面积 63.6 公顷、陆域总体建筑面积约 10 万平方米，计划建设年限 2021—2025 年，累计完成投资 0.58 亿元）。已建成运营 7 家。未建成 3 家，分别是棋子湾海洋科普旅游综合体项目、武昌鱼集团半岛阳光项目，新昌（中国）棋子湾项目。

（陈　帅）

融媒体

【概况】2020 年，县融媒体中心抢抓县级融媒体中心建设的大好机遇，深耕本土、守正创新，为昌江的发展鼓与呼，强化网络安全和广电安全播出，解放思想、锐意进取，推动融媒体中心各项工作有序发展，始终坚持团结稳定鼓劲、正面宣传为主的方针，牢牢把握正确的政治方向和舆论导向，稳步推进融媒体中心建设，及时组织安排各类形式的新闻宣传报道，做到主题宣传报道有声有色、亮点纷呈，为海南自贸港和新时代“山海黎乡大花园”建设提供强有力的宣传舆论氛围。

【内宣工作】（1）把省两会新闻模式“搬”到刚成立的县融媒体中心。全盘复制省两会报道模式，通过图文、视频网络直播、嘉宾访谈等全新的方式，全方位、广角度、多平台及时、准确、全面传递 2020 年县两会声音。与县人大办、县政府办、县政协办提前沟通，安排全体记者拍摄报告中涉及的外景，制作各类短视频、图片和数据图表，在两会期间实时投放。让全县人民和省内外投资者通过两会清清楚楚知道昌江“已经做了什么”“有哪些工作亮点”“下一步还要做什么”。2020 年县两会的浏览量超 15 万人次，远超同期其他市县，省委常委、宣传部部长肖莺子到单位调研时予以充分肯定。（2）开设近 30 个创文专栏，全年刊播创文新闻 430 多篇。与县公安局交通管理大队合作推出专栏《红黑榜·交通篇》，多平台同步刊播，得到社会各界广泛关注，进一步打响“昌江融媒”的品牌，助力昌江创建全国文明城市。（3）充分发挥移动端优势，特别是依托新华社现场云直播平台，通过图文、短视频等形式对昌江县高考、承办的 2020 年昌江县“我为加快推进海南自由贸易港建设作贡献”主题演讲比赛、迎战台风“浪卡”、海南自由贸易港建设项目集中开工昌江分会场活动、首届海南（昌江）乡村振兴产业峰会暨“中国农民丰收节”昌江庆祝活动等重点工作、重大活动、本地亮点和有价值的新闻素材进行全新线上直播，获得社会各界一致好评。（4）借助“外脑”提升宣传效果，邀请今日头条 / 抖音高达 255 万粉丝量的优质视频创作者、知名旅游领域创作者“牛肉夫妇出逃记”到昌江拍摄。“海南旅行日落酒店”视频上线，累计播放量 300 万人次，点赞量 12 万，超过 5000 条点评，对棋子湾的宣传推广让粉丝留下了深刻印象；感受王下乡“海南香格里拉”的巨大变化，视频播放量 220 万人次，点赞量 12 万人次。（5）发挥中心“两微一端一抖”和今日头条及其抖音号强大“流量池”的优势，通过定制专属页面、开屏广告、今日头条微头条话题 + 原创文章等方式，对“中国第一黎乡”王下乡·黎花里旅游推介活动进行了全方位、多层次、广角度、多平台、高频率的宣传，取得良好成效。本次活动双话题曝光量总计 2538.9 万次，阅读量共计 188.4 万次。其中视频曝光量 2082 万次，总播放量 157.6 万次；头条话题总曝光量 456.9 万次，阅读量 30.8 万次。2020 年国庆期间，县融媒体中心联合新华社传播平台推送了《昌江自驾游攻略》《欢迎你到王下来》两个短视频，浏览量均达到了 100 万人次以上，借势宣传推广昌江全域全季旅游品牌，对昌江旅游发展起到良好的促进作用。（6）围绕平安昌江建设活动开展公益宣传，强化普法机制、平台和载体创新，助推普法工作取得实效。联合县司法局开设《每周普法之声》专栏，每周播出一期，及时向群众宣讲法律条文、法律知识问答、法治案例，使得法律条文和案例成为昌江百姓法治需求的“活辞海”，该节目累计播出 34 期。（7）邀请了中国作家协会原副主席黄亚洲，BCI 国际盆景大师、中国盆景艺术大师刘传刚，省影视家协会驻会副主席兼秘书长、“中国第一黎乡”——王下乡·黎花里项目总策划林青，中国国家博物馆艺术品鉴定中心原主任、研究员、著名文物艺术品鉴赏家、中国玉文化学者、中国收藏家协会副会长、享受国务院特殊津贴专家岳峰等省内外政治、经济、文化、社会等领域的精英翘楚坐而论道，虚心借助名家“外脑”，通过昌江经济社会发展进程中的焦点、热点、难点话题问答，助力新时代“山海黎乡大花园”建设。

【外宣工作】（1）组织稿件上传省广播电台，获 2020 年 4—6 月市、县广播电视台采用稿一等奖。选送的系列《脱贫之星》荣获 2019 年度海南省广播电视优秀节目电视新闻类三等奖；选送的《藤编非遗传承人陈桂红:让黎族藤编特色文化走出国门》荣获 2019 年海南省广播电视优秀节目评选广播新闻类三等奖；选送的《坚定初衷 恪守爱国信念 用无私厚爱诠释新时代“最美军人母亲”——记最美军人母亲洪玉均》分别荣获 2019 年度海南省广播电视优秀节目电视新闻类三等奖、第三十届海南新闻奖三等奖。（2）与中央电视台、新华社、人民网、《海南日报》、南海网等省内外主流媒体报道昌江县贯彻落实《海南自由贸易港总体方案》的具体举措和细化政策情况，编辑传送省级频道各栏目 380 多篇，播出 340 多篇。其中《海南新闻联播》播出 120 多篇，位居全省前列，其他栏目播出 220 多篇。CCTV-5 频道《体坛快讯》栏目播出新闻《全国业余围棋公开赛海南落幕》（昌江），中央电视台《新闻联播》播出《形式多样宣讲 推动全会精神深入基层》，其中有七叉镇大章村宣讲的报道。昌江县采写的一条防控新冠肺炎疫情的新闻也在中央电视台新闻联播进行播出。（3）协助县纪委监委拍摄参评中纪委网站关注少数民族脱贫故事视频栏目的黎陶扶贫产业专题片《烈火煅烧出的希望》，通过中纪委审核并在中纪委网站播出，全省一共只有两个县获此殊荣；与县水务部门合作拍摄的《大美川泽·纯美昌江》，荣获海南省“绿水行动”河湖治理高峰论坛视频征集奖三等奖（全省第四名）；协助县委组织部，拍摄录制县委巡察办主任庄诚主讲的专题党课《高擎巡察“利剑” 全力打通全面从严治党“最后一公里”》。

【疫情防控新闻宣传】2020 年，在疫情防控期间，按照上级的安排部署，县融媒体中心第一时间吹响了“战疫”宣传的号角，在疫情面前快速反应，中心的新闻采编人员放弃休假，坚守岗位，深入一线采访报道，充分利用传统媒体和新媒体平台权威发声、及时发声、联动发声，重点挖掘昌江县医护人员、各级党组织、党员干部、爱心企业和热心人士，宣传他们讲奉献、顾大局、担当作为、真情奉献的感人事迹，打响疫情防控宣传报道攻坚战，连续采编制作各类疫情防控新闻 200 条，复工复产新闻稿件 20 篇，后期及时制作播出疫情防控新闻，当天的新闻当天播出，并及时在各大平台发布疫情防控知识和相关通知，起到了良好的宣传效果和示范效应。

【融媒体建设】（1）加快融媒体中心建设。2020 年 4 月 2 日，昌江县融媒体中心正式挂牌，下设总编室（指挥调度中心）、办公室、新闻部、编辑部、新媒体部、技术部、运营部共 7 个职能机构，逐步配齐班子，明确部门职责分工，实现人员、机构、技术、平台的融合。投入 396 万元改造建成的指挥调度中心高效运行，具备集中指挥、采编调度、高效协调、信息沟通等功能，将广播、电视、网站、微博、微信、新闻客户端等平台置于统一的协同调度平台下，建立新闻生产策划、采访、编辑、发布业务流程的综合平台，基本实现了“一次采集、多种生成、多元发布”，并现场连线记者进行实时调度。同时，优化整合了县级媒体资源，形成“一台（昌江广播电视台）、一网（昌江黎族自治县人民政府网·今日昌江版块）、两微（昌江发布微信公众号、昌江融媒体中心微信公众号和昌江县融媒体中心官方微博）、一端（纯美昌江手机 App 移动客户端）、一抖音（昌江融媒抖音号）”为主体的融媒体矩阵，全媒体采编模式初步形成。（2）改造更换老旧设备。完成中心发射塔低压双回路、高压双回路、机房信号源监控系统、88.6 跳线排等的改造，对发射铁塔的油漆进行刷新、增加一台广播电视调频发射机、更换调频天线；完成中心办公楼变压器改造、防雷检测、信息网络系统等级测评等工作，更换一批老旧设备。

【新闻栏目】利用新闻和专题节目适时宣传报道昌江县党建工作、党风廉政建设和民生领域方面的工作，较好的发挥舆论引导和舆论监督的作用，为全县营造风清气正的政治环境。一是将《聚焦》从《昌江新闻》中剥离出来，成为单项栏目，2020 年播出的 22 期《聚焦》栏目，通过电视镜头聚焦当前昌江县部分党员干部存在的职能缺位“五不为”问题，向“为官不为”亮剑，倒逼干部作风建设提能提效，成为关注度极高的一档品牌栏目。二是对《昌江党风政风行风热线》栏目进行全新改版，升级改版为全媒体网络直播，并且一改过去每期只有一家单位上线为多家单位共同为群众答疑解惑。对上线单位报来的材料大幅删减成绩部分，所提问题不接地气或缺少针对性的问题都不通过，不予上线。例如：在脱贫攻坚专题节目中，相关单位报来的内容讲得更多的是取得的成绩和亮点，不足之处谈的较少；又如，在保障用水用电、提升服务水平专题节目中，相关单位在解决群众用水用电难等问题没有落到实际上，讲客套话，内容不接地气；教育专题对“校区学生游泳池建设”问题避重就轻等。对这些单位，访谈时都明确提出老百姓最为关心的问题，如“为什么脱贫攻坚工作开展了那么多年，石碌镇尖岭村仍存在‘漏评’贫困户”“为什么在子中路水管经常爆裂导致断水？将如何解决？”“学生溺水事件高发频发，校区游泳池建设和使用的具体情况是怎样的”。新改版的《热线》栏目播出 6 期以来，邀请 20 个单位“一把手”、共 31 名领导干部走进直播间，针对执政为民中存在的民生、交通出行、生态环境等各领域的问题，解决老百姓最关心的切身利益问题，实时与群众互动交流，共接到听众咨询和投诉 50 宗，咨询答复率 100%，办结率 100%。

【广电安全播出和网络安全防范】（1）加强广电安全播出和网络安全防范。通过强化责任意识，拧紧安全阀，多措并举有力保障广电安全播出和网络信息系统的安全。一是成立了工作领导小组。中心主任担任组长，分管副主任担任副组长，各部门主要负责人及技术骨干为成员。二是认真传达学习相关文件精神。先后传达学习《全省广播电视安全播出事故情况通报》《广播电视网络安全事件应急预案》等规范性文件，开展警示教育，提醒干部职工时刻绷紧安全播出这根弦。认真做好设备日常维保工作，及时排除故障和安全隐患，确保设备安全运行。三是严格值班值守制度。实行 24 小时值班制度，落实各种防范措施，坚持重保期领导带班，发射机房、播控机房实行双岗制度，做到“人不离岗、眼不离监视器”，对异常的信号（图像）立即处置。四是建立管理体系和完善应急预案。中心建设的安全管理制度体系涵盖了应急预案、机房安全管理制度、网络安全管理制度、主机安全管理制度。此外，县融媒体中心还进一步完善安全播出应急预案、重要环节故障应急预案、防暴恐应急预案、非法干预事件应急预案、自然灾害预案等应急处置预案和其他各项管理制度。五是加强网络信息系统安全建设。为制作和安全播出系统安装了网闸、防火墙、杀毒软件等各种防护措施，对涉及重要信息系统电脑的 U 盘口作了物理管控，使这两套系统通过内网相互连接，与外网进行安全隔离，有效地阻止黑客和病毒的入侵，确保网络安全。六是定期开展网络信息安全等级保护测评工作。多次邀请海南神州希望网络有限公司的工程师为中心技术部人员进行网络技术培训，举办组织全体干部职工参加网络安全应急演练，以提高干部职工的网络安全防范意识和网络信息安全防护能力。（2）严格执行“三审”制度。县融媒体中心建立有效的媒体管理新体制，转变工作作风，强化主流媒体意识，切实担负起意识形态工作的主体责任，严格执行节目三审制度，极力抓好电视、网站、微信、微博、抖音、手机 APP 等平台建设，提升新闻宣传工作效率和服务质量，提高新闻舆论的传播力、引导力、影响力、公信力。根据上级要求和中心的规定，从政治和质量角度严格排好节目单，审好电视剧、电影、动画片以及其他科技片，做到每片必审，重播重审。全年共播出电视剧 70 多部 6000 多集，电影 200 多部，动画片 20 多部。同时，安排播出《脱贫致富电视夜校》47 期、《健康早班车》24 期、全国党员教育电视栏目《共产党员》42 期，《每周普法》20 多期、《每周一歌》46 期、《地理中国》近 200 集，丰富县融媒体中心播出内容。安排录制播出《出彩青年》《春天列车》《坚强》《创新中国》《我们走在大路上》《龙抬头》《使命》《青春》《登珠峰纪录片》《战役之城》《万亩沙漠变绿洲》《中国影像·昌江篇》《劳模》《走进北部湾》《孩子路上小心》《美丽中国自然》等近 20 部专题片。安排播出公益性广告 334 条，公益性歌曲近 30 首。

【文化传媒】 2020 年，县融媒体中心运营部共发布广告 335 条，其中公益广告 334 条、商业广告 1 条。开设专栏 5 个，分别为《聚焦》《每周一歌》《天气预报》《每周普法》电视宣传专栏。其中《聚焦》隔周播 1 期，共播出 20 期；《每周一歌》每周 1 期，共播出 49 期；《天气预报》在每天的《昌江新闻》后播出，每天更新，共播出 348 期；《每周普法》电视宣传专栏为电视台与县司法局合作的栏目，每周 1 期，共播出 21 期。承接制作专题 1 部，为第六届北部湾经合组织联合采访活动七彩玉林行专题《州珮功夫出少林》，该专题获第六届北部湾经合组织联合采访活动评比三等奖。

【融媒体队伍建设】（1）不断提高融媒体队伍整体素质。重视业务学习，加强对采编播人员的业务培训，不断提高新闻工作者的新闻素养和业务能力。采取“走出去、请进来、跟班学”的办法，安排编辑、记者、播音员参加岗位培训、全国编辑记者资格证和播音员证考试，加大对媒体记者操作训练力度，多次邀请新华社专业技术人员进行授课。疫情期间，还通过腾讯视频会议方式组织编辑、记者、制作进行融媒体平台采编、选题、连线培训，提高专业技能水平。2020 年共组织干部职工参加省、县举办的各类培训 30 余次，参与培训人数 88 人次，基本实现全员覆盖。（2）开展“五不为”转作风活动。本着进一步提高干部队伍的整体素质，切实解决干部职工思想作风存在的突出问题。12 月 24 日，县融媒体中心领导班子统一部署，在全体干部职工中开展以“五不为”为主要内容的思想作风纪律教育整顿活动，并要求全体干部职工认真对照“五不为”方面中存在的问题进行自查整改，进一步把心思集中在“想干事”上，把胆识体现在“敢干事”上，把能力展现在“会干事”上，把目标落实在“干成事”上，不负重托，不辱使命，坚决杜绝“五不为”现象，做一个有想法、能创新、敢担当、争一流的融媒体工作者。（3）认真开展法定节假日期间廉政教育。节假日放假前组织召开干部职工廉政教育集体学习会，2020 年先后传达学习县纪委《关于严明纪律要求确保 2020 年“五一”、端午期间风情气正的通知》《昌江黎族自治县关于公务活动和工作日禁止饮酒的规定（试行）》《关于严格落实中央八项规定精神确保中秋国庆期间风清气正的通知》《关于严明元旦、春节期间作风纪律要求持之以恒纠正“四风”的通知》等相关文件，提醒广大干部职工严格执行廉政纪律，安排部署节假日值班等相关工作。（4）开展“廉政教育”主题党日活动，增强党性修养。6 月 1 日，组织党员干部参观反腐倡廉警示教育基地，提高党员干部的拒腐防变能力；7月1日，组织全体党员干部到昌江县“两学一做”学习教育基地卢忠民先进事迹展馆参观学习，用行动践行党员的初心和使命；8月12日，组织干部职工到县工人文化宫参观“以案释纪法 自警守廉洁”2020年全省党员干部警示教育巡回展，通过一个个触目惊心的案例，特别是涉及本地的违纪违法案例，让观展人员思想受到震撼、心灵受到共鸣，廉洁教育受到洗礼；12月7日，组织全体干部职工旁听最高人民法院在线庭审活动，让全体干部职工切身感受法律的威严，既深刻又生动，让警示教育更有针对性，起到“庭审一案、警示一片”的作用。通过强化培训和开展系列活动，县融媒体中心的干部职工进一步增强了“四个意识”，坚定“四个自信”，做到“两个维护”。特别是新闻记者不论刮风下雨、经常深入昌江县最偏远的乡村王下乡进行新闻报道，以实际行动践行着“四向四做”，做政治坚定、引领时代、业务精湛、作风优良、党和人民信赖的新闻工作者。

（胡祖凤）

档案·地方志

档　案

【概况】 2020年，县档案馆以习近平新时代中国特色社会主义思想为指导，贯彻落实党的十九大精神，切实履行“为党管档、为国守史、为民服务”的神圣职责，进一步深化服务大局、服务民生措施，坚持服务和创新并举，扎实做好档案公共服务工作。县档案馆隶属县政府办公室，编制7人，班子成员1正2副。

【党组织建设】 2020年，县档案馆认真贯彻新时代党的建设总要求，以党的建设统领档案事业发展，全面推进从严治党，深入开展政治理论学习，深刻把握新时代新使命。全馆党员干部以高度的政治自觉、严肃的政治态度、饱满的政治热情投身“不忘初心、牢记使命”主题教育，领导干部牢固树立“四个意识”，坚定“四个自信”，自觉践行“两个维护”，切实担负起为党管档、为国守史、为民服务的神圣职责。一是多渠道、多形式加强政治理论学习，积极参加“学习强国”APP、海南干部在线学习平台、法宣网等网络学习，强化巩固学习成果，确保每一位干部、每一位党员学习教育全覆盖。4月30日，召开扫黑除恶打伞专题组织生活会，全体党员参加并开展批评和自我批评。6月30日，全体党员集中观看海南经济电视台“七一”特别节目《永不褪色的红色记忆》和共产党员网的防疫特刊《战疫一线党旗红》。7月1日，县档案馆会同县气象局、澄迈县档案馆全体党员到红色教育基地——昌江铁矿公园死难矿工纪念碑前重温入党誓词，缅怀死难工人。二是推进党风廉政建设。坚决履行“一岗双责”，研究部署2020年度党风廉政设工作实施方案，签订廉政建设责任承诺书。开展正风肃纪督查工作，有效提升干事创业氛围。组织开展廉政风险点排查，完善内部监督机制。定期听取落实党风廉政建设责任制情况汇报，分析研判年度廉政风险点，梳理权力清单，识别防控重点，直面突出问题，采取有力措施，确保廉政建设工作落到实处。

【档案法治宣传】 6月9日，县档案馆赴十月田镇开展档案宣传，面向基层、面向公众宣传介绍档案知识和档案法律法规。县政府办副主任吴永能、县档案馆馆长姚振英、十月田镇政府镇长符盈波等出席活动并发放宣传资料。此次活动发放宣传资料1300份，接受群众咨询200余人次，给十月田镇各村贫困户发放档案宣传品购物袋1000个、文创宣传品扇子3500把。

【档案资源体系建设】 一是抓好机构改革档案处置工作。推动昌江县机构改革档案处置工作开展，到37个涉改单位指导、督促档案处置，并要求移交到期档案。档案业务指导组深入各涉改单位调研、指导，保证了档案处置工作顺利进行，确保档案资料完整安全。昌江县涉改部门和单位共整理文书档案2172盒、60723件，项目档案305卷、3875件，人事档案156卷、1670件，专业档案519卷、16967件（少数民族成分表）。二是指导建设项目档案规范化。实地指导华田梅岭小区、海南宝来公司、昌江木棉学校等10多项工程建设的档案归档工作，提高昌江县建设项目工程档案规范化管理。三是严格把控进馆档案质量，规范档案接收工作。

全年共接收县委办、县政府办、民族宗教事务局、县委统战部、老干局、县编办等6个全宗单位档案，归档文件1156盒、28910件。

【档案数字化】深入推进馆藏档案数字化，2020年纸质档案数字化加工累计完成18万页。

【档案安全管理】 坚持“一失万无”理念，加强内部管理，将档案馆库日常安全巡查与节假日重点检查相结合，扎实开展风险点排查并及时处理安全隐患。平时加强对安全设备的使用与维护，确保设施设备安全有效运行。2020年，全县未发生档案安全事故。

【档案开发利用】始终以“三个走向”（走向依法治理，走向开放，走向现代化）为根本遵循，做好档案信息利用服务，加强档案查阅利用服务窗口建设。一是加强业务骨干，充实查阅窗口人员队伍。二是更新服务设备，完善便民服务设施，为群众提供良好的查阅利用环境。三是梳理和完善档案查阅服务管理制度，缩减办事流程。在2020年疫情期间，开展电话查档、延时查档、委托查档等便民服务，群众满意度进一步提升。全年接待查阅群众203人次，档案利用卷数56卷，复印1585张。

【档案队伍建设】转发上级培训和会议文件，要求各单位档案员参加档案业务培训。县档案馆共派员8人次参加，全县共有30多人次参加了各类档案培训。

【疫情防控】认真学习贯彻习近平总书记在统筹推进新冠肺炎疫情防控和经济社会发展工作部署会议上的讲话精神，落实中央、省、县有关部署要求，及时研究制定疫情工作方案，迅速落实管控措施，切实增强底线意识，做到守土有责、担责、尽责。全力投入疫情防控工作。积极响应疫情防控一级响应要求，全面贯彻执行县肺炎防控工作指挥部工作部署，抽调党员干部到村参与疫情防控工作。疫情防控期间，填写《防控新型冠状病毒入户调查登记表》，认真做好来访登记工作，保证防控工作落到实处，真正扛起疫情防控工作的政治责任，为疫情防控提供坚强保障。

【精准扶贫工作】将脱贫攻坚工作作为中心工作，加强组织领导，严肃驻村纪律，落实责任到人，认真履行帮扶单位工作职责，因地制宜制定精准帮扶措施。每周扶贫日，要求全体帮扶责任人入户访问群众，调查了解群众的生活生产情况，做好登记，填写好扶贫手册，做到线上线下数据一致；及时填写、报送各类扶贫表格、资料，搞好贫困户2020年度收入登记，完善扶贫资料；组织干部职工参加消费扶贫，购买贫困户产品。同时，利用元旦、中秋、春节等节日慰问帮扶对象，赠送米油月饼慰问物品，提高群众的满意度。

【双创双修工作】按照“双创”工作要求，加强对卫生责任区、办公区域的整治力度。每个星期六上午，按时组织职工到责任区打扫卫生。投入6万多元，硬化了责任小区道路，建设宣传专栏等。投入5万多元，整治档案馆小区，靓化美化，完善各类宣传措施，切实做好创文迎检工作。组织志愿者开展志愿服务活动，每月上街在重要交通路口站岗，当文明交通劝导员，维护文明交通秩序。7—8月，组织人员到责任小区矿建居委会南岛区、椰林区入户开展创文宣传和调查问卷等工作。9月，开展创建全国文明城市社区联动，派员驻守石碌镇矿建居委会大修厂二区，开展创文宣传，督查小区卫生，参与卫生大整治大扫除。9月18—22日，为迎接创建全国文明城市测评组的检查，派员全天候驻守石碌镇矿建居委会大修厂二区，入户宣传创文工作，督促各家各户搞好卫生，完成了创文工作任务。

【巡察审计工作】按照县委的统一部署，4—6月，县委巡察组对县档案馆党支部进行巡察；7—9月，县委审计组对县档案馆进行常规审计。工作中，积极配合，为巡察组真实了解情况、高效开展工作提供各种资料，诚恳接受咨询，提交了《中共昌江黎族自治县档案局党组2014年以来主要工作情况汇报》等材料。安排办公室专职人员对接跟踪，及时了解审计工作进展情况，全力以赴配合做好审计组所需要的账、表、据的搜集整理和准备工作，提交了《2014—2019年姚振英任职审计汇报材料》，协助审计组解决审计过程中遇到的困难和问题，确保审计工作有序进行。对审计组提出有疑问的事项，及时、尽心向审计组做好解释，向审计组提供相关情况说明。审计组反馈的各类问题，深入分析原因，彻底堵塞管理中的漏洞，切实达到以审促管的作用。

（邓世东）

地方志

【概况】 2020年11月，县委编委会议审议并通过昌江黎族自治县地方志编纂中心（以下简称县志中心）机构编制方案，县志中心隶属昌江黎族自治县人民政府办公室，为正科级公益一类事业单位。

【年鉴编纂】（1）完成报送《海南年鉴（2020）》昌江分目。根据省史志办要求，县志中心及时落实专人开展撰稿工作。负责撰稿的同志严格按照《〈海南年鉴（2020）〉组稿方案》要求，积极到各相关单位收集各类数据资料，做到准确全面反映昌江县2019年度重大发展成果，6月初完成资料报送。（2）《昌江年鉴（2020）》编纂出版工作完成。3月，县政府办下发通知启动《昌江年鉴（2020）》稿件征集工作。在各单位撰稿人员的积极配合及县志中心督促指导下，9月底完成年鉴稿征集。10月，中心组织人员分工修改年鉴稿。11月初年鉴初稿送交南海出版公司，12月初取得出版书号，顺利完成《昌江年鉴(2020)》编纂出版工作。

【二轮修志印刷发行】 2020年初，方志出版社完成《昌江黎族自治县志（1991—2010)》三审并提出修改意见，县志中心参照修改意见对志稿进行了补充完善，经省史志办同意印刷后交印刷厂印刷。6月底，《昌江黎族自治县志（1991—2010)》印刷完成并交付。《昌江黎族自治县志（1991—2010)》共计23编、149万字，历时13年，全面、系统、客观地反映了昌江县从1991年到2010年间政治、经济、文化、社会发展的轨迹和基本情况，忠实记录了昌江县改革开放发展成果，是全面了解昌江县不可或缺的工具书。该书的出版发行是昌江县的一项重大文化工程，对推动昌江经济社会发展、文化事业繁荣具有重要意义。县志中心积极抓好志书发行工作，将志书发行到全县各机关单位、村（居）委会、学校、企业等，并通过送书上门、邮寄等方式将志书赠送给关心昌江事业发展的退休老同志和县外任职干部。同时，还与省内外地方志机构开展志书交流活动，进一步扩大《昌江黎族自治县志（1991—2010)》的知晓面及影响力。

【名镇志编修】 2020年1月，《昌化镇志》和《七叉镇志》相继完成出版发行。这是2015年海南省启动名镇志编修工作以来，昌江县出版完成的两部镇志，为下一步在全县铺开乡镇志编纂工作提供了宝贵的经验。

【地方志资料年报】 根据省史志办要求，县志中心落实专人按照细则要求，深入有关单位收集各类文字和图片资料，精心汇总整理，于12月初完成2019年度昌江县地方志资料年报上报。

【革命老区发展史编写】 2020年8月11日，在县机关办公楼六楼会议室召开《昌江黎族自治县革命老区发展史》评审会，省老促会常务副会长梁振球等评审专家，副县长、县老促会会长陈国斌参加会议。会议听取了《昌江黎族自治县革命老区发展史》编纂等相关内容的说明，与会专家畅所欲言，围绕史实核校、行文规范、文字表述、资料收集等方面，对《昌江黎族自治县革命老区发展史》初稿进行深入点评，提出了许多建设性的修改意见和建议，为下一步修改完善相关内容明确思路。会后县志中心按照专家所提修改意见进行补充完善，12月初送交海南出版社。

【疫情防控】2020年，县志中心认真贯彻县委疫情防控工作要求，强化措施，全力做好新冠肺炎疫情防控工作。一是高度重视疫情防控工作。县志中心主要领导严格落实“第一责任人”责任，密切关注疫情发展变化，研究部署落实防控措施，及时指导包点的白沙村开展防控相关工作，引导干部群众科学理性认识，依法依规有序管控。二是落实疫情防控措施。通过微信群发送疫情防控提示，开展健康教育，向干部群众宣传普及疫情防治知识和防控要求，引导干部群众居家或外出时做好防控。狠抓防控新冠肺炎疫情重点环节，不开展聚集性活动，切实落实传染病防控各项要求。三是加强部门协调联动。密切关注新冠肺炎疫情防控形势发展变化，及时掌握信息，获取专业指导，加强联防联控，配合卫生健康部门严格落实疫情防扩散措施，做好疫情防控。

【扶贫工作】2020年，按照县委、县政府扶贫工作总体部署，县志中心精准发力，认真做好海尾镇白沙村脱贫攻坚工作，积极献计献策，帮助白沙村因地制宜发展产业，推进全村经济社会全面发展，为巩固脱贫成果奠定了坚实基础。一是举办消费扶贫活动。9月，县志中心在白沙村开展“消费扶贫你我同行”消费扶贫月活动。积极发动贫困户将自家种养农产品带到活动现场售卖，贫困户销售产品有阉鸡、青菜、南瓜、地瓜酒等，受益贫困户11户，销售金额1991元。二是加大帮扶资金投入。12月，针对白沙村村内道路损坏、群众出行不便、影响村容村貌的实际，县志中心与白沙村“两委”干部、乡村振兴工作队积极协商，共同研究，制定具体措施，出资10600元帮助修整路面，彻底解决了村民出行不便问题，得到白沙村民普遍认可。

（杜朝栋）

教育

综述

【概况】2020年秋季，全县有各级各类学校114所（公办85所、民办29所）。其中，幼儿园43所（公办18所、民办25所），完全小学31所（公办），小学教学点17个（公办），初级中学7所（公办），九年制学校12所（公办9所、民办3所），完全中学2所（公办），十二年制学校1所（民办），职业技术学校1所（公办）。全县在校学生43333人（公办37252人、民办6081人），其中，小学阶段在校生19846人（公办18524人、民办1322人）；初中阶段在校生9249人（公办8873人、民办376人）；普通高中阶段在校生4447人（公办4022人、民办425人），职业高中阶段在校生1395人。在园幼儿8396人（公办4438人、民办3958人）。

全县中小学、幼儿园教职工2892人（专任教师2860人），其中在编人数2852人（小学1409人、初中825人、普通高中344人、职业高中82人、幼儿园192人），未入编特岗教师31人（幼儿园10名、小学8名、初中13名），政府购买服务人员9人。全县中小学教职工编制2448名，其中小学1324名，初中672名，高中354名，职业学校65名，教育局教研室25名，青少年活动中心8名。

【党建工作】(1) 党建工作纵深推进。县教育局党委持续推进教育系统基层党组织标准化建设，通过“三会一课”、民主评议等，推进组织生活经常化、规范化。持续整顿民办学校软弱涣散基层党组织，培育了县一小和民族中学等一批示范性标准化基层党组织，县一小党支部荣获“海南省自贸港基层党建示范点”。2020年，全县教育系统设党支部（党总支）66个，有党员1119名，占教职工总数的39.4%，实现了各级各类党组织全覆盖，基层党组织的凝聚力和战斗力进一步增强。教育系统广大党员在疫情防控当先锋、做表率，挺身而出、冲锋在前，共捐款113304元，以实际行动为党旗增辉添彩。(2) 党风廉政建设不断加强。深入学习贯彻落实《中国共产党廉洁自律准则》和《中国共产党纪律处分条例》，强化“党政同责”“一岗双责”，认真落实教育系统全面从严治党和党风廉政建设主体责任，与各基层党组织签订党风廉政建设目标责任书58份。深入开展“不忘初心、牢记使命”主题教育，加强政风行风建设，严查“四风”问题，深入开展纪委监委派驻领导干部讲一堂廉政课、局领导讲一堂“工作作风”党课、基层党组织开展一次警示教育活动的“三个一”活动，进一步提高党员自身素质，营造廉洁从教、为人师表的良好氛围，为昌江县教育事业的持续健康发展提供了强大的精神动力和制度保障。组织教育系统向张桂梅学习、观看战疫一线红旗飘、深圳经济特区建设40周年庆祝大会和抗美援朝教育片《金刚川》等系列活动，教育引导广大党员教师不忘教育初心、牢记立德树人使命。

【职业教育】职业教育特色专业、实训基地、“双师型”队伍等三项建设进一步落实，县职业教育中心新增9个专业，形成以自办专业为主，联办专业为辅，自办与联办相结合的专业结构。中职教育优质发展计划深入实施。27名职校毕业生以“对口单招班”“中接专助学班”方式，升读大专院校，圆了大学梦。职校师生参加全省技能大赛斩获1个一等奖、2个二等奖、7个三等奖。大力实施“琢玉兴县、以玉富民”，把打造昌江玉品牌作为带动昌江玉石文化产业成型成势的试金石，选送24名优秀毕业生到中国玉雕之乡浙江省青田县学习深造，3名学生荣获浙江省玉石雕刻师称号，昌江玉作品首秀“陆子冈杯”，斩获4金15银8铜。

【校外教育】县青少年活动中心立足本土，充分利用本地人文资源、地域特色，开展青少年课程培训、科技实践、兴趣社团及各类公益等形式多样的项目活动，有力推动青少年提升科学文化素质。2020年，被省政府授予“海南省民族团结进步模范集体”荣誉称号，先后被评为“海南家庭亲子阅读体验基地”，被中国科协评为“全国青少年人工智能活动特色单位”。

【控辍保学工作】建立控辍保学三级联控联保机制，明确县、乡镇和村委会控辍保学工作职责，层层签订控辍保学责任书。开展“万名教师进万家”活动，对适龄儿童少年入学、辍学、流动等情况进一步摸底排查，努力做好控辍保学工作，将建档立卡贫困家庭子女入学纳入重点工作。组织县特殊教育专家委员会对残疾儿童少年接受义务教育能力进行鉴定，根据“一人一案”对义务教育阶段残疾儿童少年进行教育安置。2020年，全县小学辍学率为0.40%，初中辍学率为0.30%，建档立卡贫困家庭子女入学率达100%。

【疫情防控工作】全县教育系统严格按照县委、县政府统一部署，严密开展疫情防控。一是线上教学工作有序开展。延迟开学期间，严格落实省教育厅“停课不停学”的要求，开展线上授课和线上学习等在线教学活动，将疫情影响降到最低。二是“两案十制”落地见效。各校按照“一校一案”，制定落实“两案十制”，报县教育局审核并实地督查验收合格后，组织实施开学工作，2020年春季学期验收中小学校、幼儿园100所，校外培训机构25家；秋季学期验收中小学校、幼儿园110所，校外培训机构2家。疫情形势基本稳定后，按照省县统一部署和要求，按学段、年级实施错峰错时开学，紧急动员来自全县47家机关单位共50名领导干部投入开学各项准备工作中，督查、协调、帮助学校做好各项开学工作；组织全县教职工进行校园疫情防控知识培训和应急处置演练，4万余名学生平安返校。三是疫情防控保障进一步强化。通过联系受赠、学校自购等方式配齐配足疫情防控物资储备，为全县各级各类学校、幼儿园配发口罩约9万只，配备红外线测温仪43台、体温枪884把，学校疫情实现常态化防控。

【校园安全】一是盯实责任，健全安全管理责任体系。与全县中小学（幼儿园）签订《安全生产工作目标责任书》《学校消防安全管理责任书》《社会管理综合治理目标管理责任书》《学校毒品预防教育工作责任书》，进一步明确校园安全学校主体责任和校长“第一责任人”责任。不断健全完善学校安全工作常态化管理责任体系和“校园安全一岗双责齐抓共管”工作机制，层层落实，明确职责任务，强化安全意识，抓好措施和责任落实，做到校园安全管理无缝隙对接。二是盯紧节点，周密部署校园安全工作。根据时间节点，定期、不定期召开校园安全专题会议，会议对校车安全、食品卫生安全、消防安全、学生防溺水工作、平安建设工作、师生安全教育等诸多方面及时进行部署，做到内容全面、重点突出、措施到位。三是盯细问题，督促学校落实各项措施。2020年全县学校开展防溺水、消防安全专题课、主题班会3500余场次，制作主题板报1500余期，悬挂安全宣传横幅500多条，下发“预防学生溺水致家长的一封信”3.5万余封，举办应急疏散演练100余次，发放消防安全知识、火灾自救常识宣传材料近3万份。各校利用开学典礼，上好开学第一课，将法治教育贯穿始终。配齐法治课专任教师，全县各中小学配备66名兼职法治副校长，并邀请法治副校长、公检法的专家到校开展法治宣传讲座。聘请专家为学校领导、广大师生开展“护童·防性侵”主题法治教育活动。同时对乡镇中学、中心校、县城学校和职教中心共 25 所学校开展“七五”普法终期工作进行检查验收，构建平安和谐校园。四是校园食品安全工作有效推进。指导各学校（园）认真开展学校食堂食品卫生安全隐患排查并及时整改，开展校（园）级相关知识培训活动，规范食堂卫生安全工作管理，确保广大师生饮食安全。会同县市场监督管理局、县公安局等部门印发《关于加强 2020 年春季开学学校食品安全监管工作的通知》，对学校开学初食堂食品卫生和校园周边环境进行专项督导大检查，下发监督意见书 20 份，进一步加强学校食堂食品卫生安全工作。参照《海南省学校食堂食品安全示范建设现场检查评定标准》，指导润和教育实验园有限公司幼儿园、乌烈镇新一代幼儿园 2 所民办幼儿园顺利通过创建海南省示范学校食堂项目，各获得 10 万元的建设扶持资金。

【教育管理水平】 制定《常规教育督导工作方案》《推门听课制度》，整合机关股室业务工作检查、督导工作职能，分多批次对全县各中小学包括校长（园长）、教师工作的教学常规管理、安全管理、财务管理等七方面的工作进行常态化督导。2020 年上半年分两批次对昌化中学、昌化中心校、大风小学 3 所学校进行教育教学工作督导检查。2020 年下半年对全县中小学、公立幼儿园进行教育教学工作督导检查。同时督查校长、教师工作纪律及坐班制度落实等情况，教学常规管理、食品卫生责任制、学校法治安全教育、安全隐患排查、信息化教育的开展及装备的使用管理、财务管理、校务公开等情况，进一步落实教育督导常态化，全面推进依法治校，强化对学校的有效监督和管理，促进各级各类学校健康发展。完善《昌江黎族自治县学校校长任期目标管理办法》《落实教育厅“四个常规”实施方案》等一系列规章制度，为加强教育教学和教师队伍管理提供了制度保障。在教育系统推行校长聘任制和任期目标责任制，将任期目标与年度目标责任考核相结合，建立竞争管理机制。实施县、局、校三级领导推门听课制度和“县级教研员联系一个乡镇，深入基层一个月，每月公开一节示范课，帮扶一所教育质量偏低的学校提高教学质量”为主要内容的“四个一”项目，采取定期召开质量总结会、分析会等方式，加强质量管理，提高昌江县教育教学质量。2020 年，在省教育厅对昌江县履行教育职责评价中，昌江县获得 873 分，在 19 个市县区中排名第 6。昌江县在 2020 年全省中考综合指数排名中提升了两个位次。

【普通话基本普及县域验收顺利通过】 昌江县根据《海南省语言文字工作委员会办公室关于做好国家三类城市语言文字评估和海南省普通话基本普及县域验收问题整改工作的通知》要求，落实具体整改工作，经省级语言文字专家组“回头看”，昌江县顺利通过普通话基本普及县域验收工作，为决战决胜脱贫攻坚、全面建成小康社会和推进海南自由贸易港建设营造了和谐文明的语言环境。

【教育脱贫】 持续推进实施“一阵地、一平台、一册、一图、一表、一卡”的“六个一”教育精准扶贫项目，符合条件的学生都能及时获得相应资助，保障家庭经济困难的学生不失学辍学。2020 年共发放建档立卡家庭学生特惠性教育补助资金 1175 万元，惠及建档立卡家庭学生 4946 人；发放农村低保及特困供养家庭学生特惠性教育补助 175 万元，惠及学生 800 人。按照“应贷尽贷”的原则，帮助解决昌江县家庭经济困难大学生的后顾之忧，维护了家庭经济困难学生的教育公平，2020 年共发放助学贷款 1729.1115 万元，惠及家庭经济困难大学生 2419 人。持续投入 1.1 亿元，深入实施教育移民工程，2020 年，王下乡、七叉镇大仍村等贫困地区有 39 名移民学生考取大学。实施 10 余年的教育移民，让 540 名移民学生实现了大学梦，其中，仅王下乡、七叉镇大仍村“教育移民”大学生就达 246 名。学生资助中心陈启贞因教育脱贫攻坚工作成效显著，被党中央、国务院授予“全国脱贫攻坚先进个人”称号。

【为民办实事】一是率先在全省顺利完成中考、高考教室空调安装工作，中考、高考期间空调正常使用，为5000多名考生提供舒适的考试环境。二是完成昌江中学、矿区学校、英才学校和职教中心4所学校安装AED自动除颤仪设备项目，并举办了AED项目应急救护培训，学校急救能力进一步提升。三是发放省下达昌江县用于支持普惠性民办园建设的478.6万元至36所幼儿园，进一步改善办园条件。

【合作办学项目】2019年起昌江县启动与首都师范大学合作办学项目，投入2.45亿元建设木棉实验学校、芒果幼儿园，设计为实行九年一贯制教育、学前教育的公办学校，先进的办学理念、丰富的办学经验、科学的管理方法和优质的教育资源辐射引领各校健康发展。新增72个教学班、2000个学位，有效解决大班额问题。2020年9月10日，木棉实验学校挂牌招生，首批招收入学学生468名，教育事业改革发展成果惠及群众。

【素质教育】(1) 社会文明大行动深入推进。构建学校、家庭、社会教育三位一体的社会文明教育体系，深入开展文明单位、文明校园创建活动，社会文明大行动扎实有效，县教育局获评省级文明单位，矿区中学、思源实验学校等4所学校获评省级文明校园，石碌镇水头小学、石碌镇中心幼儿园等10所校园获评2020年县级文明校园；矿区学校送选的《坚持“文化育人”，为建设海南自贸港培育接班人》荣获教育部首批推动各地“一校一案”落实《中小学德育工作指南》典型案例；昌江中学、县三小等26所学校举办“书香万家”家庭亲子阅读活动，参与人数达13680人，通过开展爱心捐书、结对关爱等方式，引导帮助儿童及监护人体验亲子阅读快乐，与孩子在书香中共同成长。2020年，昌江县获得“全国未成年人思想道德建设工作先进城市”荣誉称号。(2) 学生综合素养不断提升。一是积极开展县级竞赛。举办首届小学英语配音比赛及高中学生英语演讲比赛等活动，进一步激发学生学习英语的兴趣和积极性，提高学生的语言交际能力；开展“棋乐无穷”第五届中小学生棋类比赛，丰富昌江县学校学生的课余生活，给学生提供更多展示自我才华和提高自身素质的机会，此外还组织了“出彩昌江、爱我昌江”中学生作文评选活动等，进一步推动了昌江县素质教育全面健康发展。二是鼓励学生积极参与省级评选。昌江中学学生何有念获全国“新时代好少年”称号、民族中学学生羊珊获“海南省中小学校‘新时代好少年’”称号；昌江中学学生陈栎竹获海南省第五届学生“学宪法讲宪法”比赛高中组知识竞赛一等奖；县一小学生文烁获“看‘战疫’，写‘战疫’文章”全国小学生“漫画作文”公益征文大赛省级一等奖；县第四小学周静萱入选第十四届宋庆龄奖学金获得者名单。三是加强学校体育教育教学管理，开展阳光体育和大课间体育活动。选拔昌江中学青少年男子足球队代表昌江县参加2020年海南省中学生运动会足球赛暨高中男子校园足球联赛；选拔昌江中学青少年篮球队代表昌江县参加2020年海南省中学生运动会篮球赛暨体育传统项目学校篮球赛，学生参与体育热情进一步激发。昌江县机关幼儿园、石碌镇中心幼儿园入选2020年度全国足球特色幼儿园。

【师资队伍建设】(1) 教师补充机制进一步健全。积极实施“招硕引博”“双师型”教师招聘、合办学校教师招聘、乡村教师定向培养计划等项目，共补充新教师109名，其中，引进研究生学历高中教师3名，招聘“双师型”中职教师9名、城乡中小学和幼儿园教师97名，教师结构进一步优化。(2) 培训投入不断加大。2020年，县级教育系统培训经费130万元，全县所有学校教师培训经费均不低于学校年度公用经费预算总额的1.5%；教师五年一轮全员培训年度合格率为89%。扎实开展教师培养培训工作，举办中小学教研员能力提高培训、海南省乡村小学教师学力提升培训、昌江县幼儿园新任教师培训等项目，共培训教师3900余人次，教师专业化水平进一步提升。(3) 师德师风建设不断加强。县教育局党委与学校（园）党总支、党支部及机关各股室签订党风廉政建设目标责任书58份，将党风廉政建设任务完成情况纳入2020年度校（园）长绩效考核内容；强化廉政警示教育，组织各校（园）党员干部参观学习“以案释纪法 自警守廉洁”2020年全省党员干部警示教育巡回展。出台《昌江县教师队伍素质实施方案》，开展了一系列师德师风检查工作，建立违反师德负面清单，实行“一票否决”制度。2020年，教育系统立案调查17人、降低岗位等级处分1人、谈话提醒4人、通报批评47人。(4) 教师教学能力不断提升。相继开展了小学语文教师统编教材全员培训、全县初中教师优秀教案评选活动、小学数学课堂教学评比暨观摩研讨活动、初中英语青年教师课堂教学评比暨观摩研讨活动、中学体育课堂教学评比活动等，全县各级各类教师教学能力进一步提升。选送省级优秀课题2个，昌江县中小学英语、语文教师参加省级教学大赛获4个三等奖。

【学前教育】2020年，县教育局坚持将把好审批关、年检关、整治关、评估关、奖补关贯穿学前教育管理全过程，通过科学引导办学，规范审批程序，督促改善办园条件，规范办学秩序，严格普惠性幼儿园评定标准，制定支持学前教育发展专项资金分配管理方案等措施，逐步构建起以农村为重点、财政投入为支撑、覆盖城乡、布局合理的学前教育公共服务体系。编制出台《昌江黎族自治县学前教育发展布局规划（2020—2035年）》，对企事业单位集体办园和普惠性民办幼儿园给予重点扶持，扶持36所幼儿园普惠性民办园建设资金478.6万元，评估认定省一级幼儿园2所、县示范幼儿园1所、县一级幼儿园14所。2020年，学前三年毛入园率87.72%，普惠性幼儿园覆盖率92.35%，公办幼儿园幼儿在园率52.86%，超额完成省定的2020年“两个比例”（公办园就读幼儿比例、普惠性幼儿园覆盖率）提升至50%和80%的目标。

【义务教育】编制《昌江黎族自治县中小学发展布局规划（2020—2035年）》，巩固义务教育优质均衡发展成果，统筹各级各类资金，补齐学校发展短板，持续改善学校办学条件。“一县两校一园”引进工程深入实施，首都师范大学昌江木棉实验学校落地招生，优质教育资源供给水平不断提升。大力开展“省级规范化学校”创建工作，创建7所“省级规范化学校”，占比为10.3%。严格执行义务教育阶段免试就近入学、划片对口招生，优质高中“指标到校”等招生政策，中小学校均衡编班，均衡配备任课教师，严格控制班额，超大班额的问题基本化解。

【高中教育】投入3500万元建设昌江中学文体活动中心，为提高教学质量，促进学生个性发展奠定了基础。创建体育艺术特色学校取得显著成绩，篮球赛、足球赛、田径运动会比赛名列全省前茅，多名学生考入北京体育学院、北京舞蹈学院等体育艺术院校，体育艺术高考本科提前批录取率远超普通类高考。2020年，昌江中学组织学生参加海南省青少年创意编程与智能设计大赛，作品《摘荔枝机器人》荣获省级一等奖。组织学生参加海南省青少年禁毒知识竞赛，荣获高中组第2名，并代表海南省参加全国比赛。

（何冰翘）

卫生与健康

卫　生

【概况】 昌江县卫生健康委员会是主管全县卫生健康工作的县政府工作部门，为正科级单位，负责协调推进全县深化医药卫生体制改革、承担全县医疗健康产业和康养产业协调推进工作、深化医疗领域对外开放、制定并组织实施疾病预防控制规划、组织实施国家药物政策和国家基本药物制度、负责职责范围内的职业卫生、负责传染病防治监督、组织实施医疗机构、医疗服务行业管理办法、负责全县计划生育管理和服务工作等。

【队伍建设】 2020年，县卫健委提前完成“2020年每万居民拥有2名全科医生”的目标，已发放乡村医生生活补贴共1102400元。遴选20名青年重点人才，实施为期3年的人才培养计划。武汉大学的常驻专家举办各类专业授课和业务培训近百场，培训基层医务人员1.2万余人次。2020年，落实医疗单位用人自主权，招聘到27名应届毕业生。实行“县属乡用、乡属村用”政策，促进人才向基层流动。落实一类保障，二类管理制度。派出业务骨干对口帮扶乡镇卫生院，并选派人员挂职乡镇卫生院业务副院长，医疗专家轮流坐诊和驻点帮扶，实现县级优质医疗资源下沉流动和医疗服务同质化管理。

【医药卫生体制综合改革】 昌江县作为全省医疗改革先行试点，引进武汉大学人民医院合作组建全省首个跨区紧密型医联体——武汉大学人民医院昌江医疗集团已两周年，通过推行“六个一体”（行政、人力资源、财务、医疗质量、药械、信息）管理，重构医疗卫生服务体系，提升医疗卫生服务能力和质量。自实施县域综合医改以来，昌江医疗集团开展新技术新业务29项，开展胸腔镜手术30余台次，泌尿系腔镜手术110余台次，宫腔镜手术60余台次，腹腔镜手术140余台次。病床使用率增至81.75%以上，县域内就诊率80.74%。

【医疗项目及学科建设】 2020年底，昌江县基层医疗卫生机构标准化建设项目82个已全部竣工，项目估算总投资14523.23万元，共下达昌江县标准化建设项目指标9660万元，省级资金已完成支付9660万元，支出率100%。公共卫生防控能力“7+3”项目共7个。分别为：县医疗集团中西医结合医院核酸实验室改造项目、重症ICU可转换病房改造项目、污水处理设施及医疗废弃物处理设施项目、发热门诊新建项目、感染科大楼新建项目、县妇幼保健院标准建设项目、县皮肤性病和精神卫生防治中心业务用房建设项目，总投资3.1587亿元。9月，启动实施学科整合病房调整和装修改造，建设妇产儿童医学中心、医疗集团的血液透析中心，新建肾病内科病房，优化科室结构和资源配置；围绕重点帮扶专科建设，狠抓托管帮扶实效，集团增设新生儿科，选配优秀青年骨干担任科室管理工作，提高新生儿危急重症救治能力，加强医疗集团新生儿科能力建设。

【义诊活动】 11月16日，昌江医疗集团举行集团成立两周年大型义诊活动。昌江医疗集团组织武汉大学人民医院常驻专家团队携手两家县级医院近30名主任级专家在中西医结合医院院区，举行以“关爱百姓健康、共创健康昌江”为主题的大型义诊活动。免费为群众测量血压300余人次、测量血糖110余人次，免费发放药品共价值17659.74元，受到广大人民群众的热烈欢迎与广泛好评。9月29日上午，昌江医疗集团县中西医结合医院组织医疗义诊团队深入海尾镇新港村开展2020年“服务百姓健康行动”义诊活动。

【远程多学科会诊】11月17日，武汉大学人民医院为昌江一例高危孕产妇开展多学科远程会诊。通过5G远程门诊，实现了本地医师、患者、武汉大学人民医院专家教授三方的面对面沟通和交流，使患者在家门口就能获得国内知名医院专家教授的指导和治疗，使患者得到规范化、个体化、精细化治疗，并且通过现场疑难病例的分析和讨论，提高了本地医师的诊治水平、临床思维，增加了其阅历和经验。

【重要活动】6月29日，武汉大学人民医院捐赠物资总价值约270万元，包括：捐赠负压救护车2辆，价值60万元；捐赠急救医疗设备14台，价值81万元；捐赠药品335箱，总价值130余万元。此次捐赠活动，充分体现了武汉、昌江两地携手办医、共谱医疗协作新篇章的美好蓝图，为“健康中国”战略、海南自贸港建设、健康海南建设贡献昌江力量。6月29日，由海南省政协副主席陈马林带队，省政协调研组一行14人到昌江医疗集团调研指导，通过实地调研和召开座谈会等方式，调研县域医共体建设和公共卫生服务与卫生应急管理工作情况。县委书记黄金城、武汉大学人民医院党委副书记王卫星参加调研座谈会，县委副书记、县长林谟谐，县政协主席陈家江，县政府副县长黄胜卫，县政协副主席杨昌志，医疗集团党政班子成员陪同调研。陈马林表示，省政协将全方位支持昌江医改，并对昌江紧密型县域医共体建设工作给予充分肯定。7月28日，县委组织部在医疗集团中西医结合医院召开昌江医疗集团干部大会。会上，县委组织部副部长符成昌宣读了《中共昌江黎族自治县委关于李强等同志职务任免的通知》，县委决定：文国华任中共昌江黎族自治县医疗集团委员会委员。宣读了《昌江黎族自治县人民政府关于丁文茂等同志职务任免的通知》，县政府决定：丁文茂任县人民医院院长、县中西医结合医院院长；林炽明任县医疗集团常务副院长，麦贻思、陈福寿、孙树强、李慈荣4人任县医疗集团副院长。8月25—26日，以山西省卫生健康委党组成员、副主任冯立忠为组长的国家卫生健康委调研组到昌江，通过召开座谈会、查阅资料及实地调研等方式，对昌江县紧密型县域医疗卫生共同体建设试点工作进行调研，并提出指导性意见和建议。10月27日，海南省副省长王路率领省政府调研组到昌江医疗集团，就昌江县域紧密型医共体建设情况进行实地调研，全面了解医共体建设、分级诊疗制度、基层公共卫生服务等情况，对昌江县域紧密型医共体建设取得的成效给予充分肯定，认为昌江在医疗服务能力提升、信息技术在医疗领域方面的应用、公共医疗卫生资源城乡共享与一体化整合等方面卓有成效。12月9日，昌江县政府副县长黄胜卫到昌江医疗集团，在集团人民医院院区八楼会议室召开党的十九届五中全会精神宣讲进机关卫生系统专场活动。要求卫生系统抓好党的十九届五中全会精神的学习，确保党的十九届五中全会精神在全县卫健系统“落地生根”，严格按照“十四五”规划及二〇三五年远景目标的工作方向推进县域医改任务，为全面建成小康社会提供优质的医疗服务体系，提升县域医疗服务水平，为建设海南自由贸易港打造一张特色名片，为健康中国建设提供一份可复制可推广的昌江医改模式。12月18日，“海南西部地区心血管·冠脉介入研讨会”在昌江医疗集团中西医结合医院顺利举办。研讨会手术分会场在导管室进行，这也是昌江县域医疗机构完成的首例冠状动脉支架植入术，标志着昌江医疗集团为冠心病患者服务的能力跨上了一个新台阶，为昌江心血管疾病的治疗翻开了新的篇章。

【疾病预防和控制】（1）继续巩固国家慢性病综合防控示范区、全国健康促进县、全国基层中医药先进县单位成果。连续8年无疟疾本地病例和输入性病例报告；无甲类（鼠疫、霍乱）传染病报告；连续24年无脊灰病例报告。(2) 昌江县报告2起新冠肺炎疫情突发公共卫生事件，7例病例经住院隔离治疗，均已治愈出院，其中昌江县确诊第1例新冠肺炎病例于2020年1月30日确诊，第7例病例于2020年2月11日确诊，2月12日起无新增病例。按照"应检尽检"的原则，进行核酸检测6833份；17家发热门诊接诊发热患者16753人，111名医务人员常驻校园保障复学复课。在疫情防控工作期间因工作表现突出，火线入党1人，医疗集团县中西医结合医院荣获海南省抗击新冠肺炎疫情先进集体，林涌祥医生荣获海南省抗击新冠肺炎疫情先进个人，杨瑞锋医生荣获海南省和全国抗击新冠肺炎疫情先进个人称号，唐媛媛医生荣获抗击新冠肺炎疫情全国三八红旗手称号。(3) 加强组织领导。新冠肺炎疫情发生以来，为应对疫情防控的需要，县疫情防控指挥部共成立8个专项工作小组。县卫健委也第一时间成立应对疫情工作领导小组，依法制定应急预案，对疫情防控工作进行部署。迅速动员全县医疗卫生人员，选派政治素质过硬、业务能力强的医务人员组建昌江县专家救治队伍。派出相关业务负责人对医疗机构预检分诊和发热门诊管理、日报告和零报告信息报送、医务人员个人防护、应急物资准备、医务人员培训和工作信息的管控等6个方面工作进行指导。(4) 依规进行疫情监督检查。自疫情防控工作开展以来，对全县133家医疗卫生单位、46家公共场所进行了专项监督检查。6月排查进口冷链食品（含冷冻肉类、水产品等），共有25家批发及零售进口冷冻肉类、海鲜类。场所检测30家次，覆盖率100%。对外环境标本等采集检测新冠肺炎标本4812份（其中，重点地区、重点人员4219份，哨点监测373份，进口食品及外环境220份），检测结果均为阴性。2020年出动消杀队员869人次、车辆347辆次，累计消杀面积约10万平方米，消耗消杀药品84消毒液400瓶、过氧乙酸468瓶（A、B液）、漂白精片80瓶。

【选派28名医疗队员援鄂】2020年2月15日凌晨，昌江县派出县人民医院10名政治觉悟高、业务能力强、临床经验丰富、责任意识强的医护人员，与海南省其他九个市县的医疗队一起，共同组建海南省第五批援鄂医疗队驰援湖北抗疫前线，赴武汉参与新冠肺炎患者的医疗救治工作。医务人员在光谷会展中心方舱医院奋战30个日夜，实现了患者零回头、零病亡，医务人员零感染的目标。3月31日，昌江第一批10名援鄂医疗队员圆满完成任务使命，胜利平安归来。2月15日，昌江支援湖北应对新冠肺炎疫情第二批医疗队集结出征，18名援鄂医疗队员奔赴湖北荆州疫情防控一线。县委副书记、县长、县委应对新冠肺炎疫情工作领导小组副组长林谟谐为医疗队壮行。

【疫情防控指挥部工作会议】12月3日上午，副县长黄胜卫主持召开昌江县疫情防控指挥部工作会议，原则同意《昌江黎族自治县新冠病毒核酸全员检测应急演练方案》。12月23日上午，县政府副县长、县新冠肺炎疫情防控工作指挥部副总指挥黄胜卫在县机关办公楼721会议室主持召开疫情防控指挥部工作会议，传达省疫情防控指挥部有关文件精神，研究部署昌江县近期及2021年元旦、春节假期疫情防控工作。12月31日上午，县政府县长、县新冠肺炎疫情防控工作指挥部总指挥林谟谐主持召开疫情防控指挥部工作会议，传达国务院联防联控机制、国家卫生健康委、省卫生健康委有关疫情防控工作文件精神，研究部署昌江县近期及元旦、春节假期疫情防控工作。

【新冠病毒核酸全员检测应急演练】12月14日，在新时代文明实践中心广场举办新冠病毒核酸全员检测应急演练，进一步贯彻落实好"外防输入、内防反弹""人物同防"的疫情防控工作策略。在全员核酸检测环节，以发现石碌镇一名从事进口冷链食品交易工作者核酸检测结果为阳性为背景，从就诊与疫情报告、标本采集与运送、流行病学调查、实验室检测、病例转运、定点医院收治、密切接触者的追踪与管理、疫点处置、全员核酸检测等，进行全流程应急处置演练。县人大常委会副主任林炽明，副县长黄胜卫，以及省疾控中心办公室副主任金玉明、省疾控中心应急办主任贾鹏本等到场观摩演练。

【健康扶贫】 8月17日，召开2020年基本公共卫生服务项目暨健康扶贫工作推进会议。2020年健康扶贫对象1465人，对因病致贫户中的慢性病患者实行个性化签约，特别是四种慢性病患者，严格按照公卫规范化管理及服务，每季度提供一次签约服务；对患有30种大病贫困患者，做到“应治救治”；严格执行贫困户先诊疗后付费政策；践行国奶扶贫，资助建档立卡贫困户0—3岁婴幼儿5756罐奶粉，价值171.5万余元；为行动不便的患者送医送药上门，家庭医生签约服务率100%。

【人口和计划生育目标管理】 2020年，全县总人口249637人，共出生2392人，出生人口性别比118.29（以女性为100），政策符合率93.60%，人口出生率6.55‰，人口自然增长率2.32‰，持续保持良好发展态势。

【妇幼健康服务能力提升】 （1）推进妇女常见病及宫颈癌筛查工作，积极开展妇女常见病和“两癌”筛查。2020年4月，县卫健委、县民政局、县医保局三部门联合下发《昌江黎族自治县健康关爱救助工作实施方案》，成立健康关爱救助工作领导小组，进一步明确申请流程和各部门的工作职责，2020年对宫颈癌、乳腺癌、血友病等10类病种进行关爱救治，共救助23人，救助金额185556元。（2）下发《昌江黎族自治县加强新生儿科能力建设项目实施方案》，为医疗集团配备新生儿复苏教具和除颤仪等。学生眼疾病筛查任务数8000人，于9月提前圆满完成。（3）开展宣传活动。9月12日，各医院开展“同心抗疫，护佑新生”为主题的预防出生缺陷系列宣传活动，为育龄女性讲解婚检、孕前、孕期保健、产前筛查和诊断、新生儿疾病筛查的重要性。

【行政许可】 2020年，受理办结1720件行政许可和公共服务事项。为提升审批效率，优化审批服务，推行公共场所卫生许可告知承诺制度，共受理办结12件。审批通过昌江罗智光中医等4个诊所注册。

（周春华）

爱国卫生

【概况】 2020年，县爱卫会深入贯彻落实党的十九届五中全会、习近平总书记“4·13”重要讲话和中央12号文件精神，以及省委七届八次全会精神，紧紧围绕县委、县政府“四爱”“双创双修”“农村人居环境整治”等工作部署要求，以巩固国家卫生县城、创建全国文明城市为载体继续推进全域卫生（健康）创建为抓手，大力开展省级卫生村镇、卫生单位创建工作，组织实施以除“四害”为主的病媒生物防治工作，不断深入开展爱国卫生运动，全面推进昌江县爱国卫生工作。8月，全国爱国卫生运动委员会发布《关于命名2017—2019年周期国家卫生乡镇（县城）的决定》，昌江县城荣获“国家卫生县城”称号、昌化镇荣获“国家卫生乡镇”称号。

【省级卫生乡镇（村）创建】 2020年，重点推进叉河镇、海尾镇创建省级卫生乡镇和昌化镇先田村等10个行政村创建省级卫生村，并于10月底前完成考核评估；6月底前，县爱卫会按照《关于做好下放省卫生镇、省卫生村评审工作的指导意见（试行）》完成十月田镇南岭村等5个省卫生村复审。

【第32个爱国卫生月活动】 围绕每年爱国卫生宣传月活动，积极组织各成员单位，在昌江县开展了环境卫生集中整治、病媒生物防治及健康教育宣传等活动。通过现场活动、宣传专栏、悬挂条幅等形式，在全县进行爱国卫生宣传，倡导大家行动起来，共同维护生活环境，营造良好的社会氛围。爱国卫生月期间，共计发放爱国卫生月、农村改厕、病媒生物防治等各类宣传材料8000余份。

【无烟环境建设】一是举办“世界无烟日”宣传活动。6月2日，为推进昌江县卫生（健康）创建工作，落实公共场所控烟要求，以“世界无烟日”活动为契机，县爱卫会联合卫健委、疾控中心和教育局前往民族中学开展主题为“保护青少年远离传统烟草产品和电子烟”的第33个“世界无烟日”宣传活动。宣传活动期间共悬挂横幅3条，摆放控烟知识展板24块，发放宣传资料2000份，走进校园举办健康知识讲座2场（县民族中学和县昌江中学），参加讲座的学生300余人。二是积极开展控烟行动。县爱卫会制定印发《昌江黎族自治县2020年控烟行动实施方案》及《昌江黎族自治县2020年无烟党政机关创建工作实施方案》，明确创建目标、主要工作内容、工作职责和达标验收标准。9月28日，县爱卫会举办“2020年控烟行动培训班”，各创建单位、相关职能部门分管领导和工作人员共计50余人参加培训，重点对2020年控烟工作方案、无烟党政机关创建、戒烟门诊设立及戒烟干预方法等内容进行了详细的讲解培训。

【病媒生物防制工作】一是开展登革热防控消杀。县爱卫会印发《关于开展“清洁家园 防蚊灭蚊”夏秋季爱国卫生百日专项行动的通知》，组织动员各乡镇、单位及广大居民积极参与防控登革热工作。6月30日上午，县爱卫会在石碌镇保梅村委会举行2020年“清洁家园 防蚊灭蚊”夏秋季爱国卫生百日专项行动专题现场活动启动仪式。县爱卫会成员单位和保梅村“两委”干部及村民共计200余人参加，共摆放展板10块、悬挂横幅10条，发放宣传折页1000余份及油瓶300个、宣传袋120个、笔120支，现场还发放灭蚊药品杀虫毒饵3000包、灭蚊灵片1800小包、杀虫气雾剂168瓶、吡丙醚灭蚊蚴剂3000小包。二是狠抓专业保障，做好蚊媒监测评估和消杀工作。“以环境治理为主，药物消杀为辅”的综合防制原则，依托疾控中心和病媒生物防制公司做好蚊媒监测评估和消杀工作，确保防制效果。县疾控中心每10天定期对全县“布雷图”指数和成蚊密度进行监测，为灭蚊防病工作提供科学依据。爱卫会对“布雷图指数”（BI）大于10的点位加强蚊媒滋生地清理和预防性灭蚊工作，于6—9月对BI大于10的乡镇加强蚊媒滋生地消杀工作，特别是BI大于20的地区加大清除力度，并发动群众清理家园，将BI降至10以下，切实降低布雷图指数，有效防控登革热疫情的暴发。

【农村改厕工作】一是配合做好农村改厕验收工作。根据省改厕推进办《关于开展农村厕所“回头看”排查整改工作的通知》文件要求，全面做好昌江县农村“厕所革命”半年攻坚战排查工作。2020年9月8—17日，由县住建局牵头，联合县爱卫会、县农业农村局分别对十月田镇、昌化镇农村厕所情况进行排查，本次排查运用了省农村“厕所革命”信息系统移动录入端进行信息系统逐户排查核实，全面排查了十月田镇、昌化镇两个乡镇农村改厕真实情况，排查134户，对发现存在的问题反馈给乡镇，并对类似问题进行整改。二是做好农村厕所摸底统计情况。贯彻落实2020年度全省推进农村“厕所革命”工作第二次调度会议精神，进一步核实核准改厕底数。

（文常年）

计划生育

【概况】2020年，县计生协会按照省计生协会的总体工作部署，认真贯彻党的十九大、十九届五中全会精神，深入学习习近平总书记关于人口发展的重要论述和对计生协工作的重要指示精神。紧紧围绕全县人口计生工作的大局，大力开展“生育关怀行动”工作，做好计划生育宣传服务，狠抓基层群众自治示范村（居）创建和流动人口计生协工作。同时，加强脱贫攻坚工作，实现协会工作有新突破，使协会的整体服务工作水平得到较大提高。

【新冠肺炎疫情防控工作】疫情防控期间，县计生协会党员干部4人到包点村十月田镇才地村发放口罩100只、张贴宣传画50份。各乡镇计生协积极参与本级政府联防联控机制或疫情防控领导小组，其中县级23个、区级6个。参与社区联防联控工作，其中工作人员341人，会员/志愿者438人；参与物资发放等工作，其中工作人员164人，会员/志愿者312人；参与复工复产、春耕备耕工作人员152人，会员/志愿者120人；接受各级政府表彰的工作人员共5人；共504人参与村居值守；工作人员献血人数1人。

【脱贫攻坚工作】2020年自“四看四比四提升”活动开展以来，协会领导到联系点十月田镇才地村就扶贫专题共研究部署8次，领导入户调研共3次。组织传达省、县级脱贫攻坚相关文件会议2次，其中召开扶贫研讨会议2次。县计生协会联合县计划生育服务中心到十月田镇王炸村开展为群众服务义诊活动，并到各农户走访采集信息，到联系点走访调研。组织干部帮助整治人居环境2次，与省邮电总局驻点村干部、村委会干部以及驻点单位商讨产业扶贫项目方案2次，扶贫消费2次。

【示范点创建工作】2020年，根据省计生协会《关于印发〈海南省计划生育协会2020年工作要点〉的通知》文件要求，继续开展计生基层群众自治乡镇示范点和流动人口计生协示范点的创建工作。2020年，乌烈镇被授予海南省2020年度创建计生基层群众自治示范乡镇，石碌镇矿建社区被授予海南省2020年度流动人口计生协示范点。

【计生宣传】根据省计生协《关于印发〈海南省计划生育协会庆祝中国计生协成立40周年暨“5·29”会员活动日活动方案〉的通知》的要求，县计生协会精心部署，积极开展各项活动。(1)召开专题座谈会。5月22日，县计生协会组织各乡镇计生协、中国人寿昌江支公司、县卫健委、县计划生育服务中心及县妇幼保健院主要领导等10多人在中国人寿昌江支公司办公室召开专题座谈会。围绕“壮阔四十年 奋斗新时代”的主题，探讨新形势下，就如何发挥计划生育协会的桥梁纽带作用展开讨论。(2)开展宣传服务活动。5月28日，昌江县计生协会联合县计划生育服务中心、中国人寿昌江支公司、县妇幼保健院到乌烈镇白石村开展以“壮阔四十年 奋斗新时代”为主题的系列宣传活动。活动现场开展了政策宣传、孕前优生健康检查、义诊咨询、免费发放宣传折页、宣传品、避孕药具等。通过主题宣传、科普讲解等多种形式，营造关注、关爱育龄妇女身体健康的社会氛围。其中各乡镇计生协、居委会也相继开展活动。5月29日，石碌镇第二居委会开展“文明健康 有你有我”庆祝中国计生协会成立40周年暨“5·29”会员活动日的宣传服务活动。6月2日上午，昌化镇计生协同昌城卫生院到耐村村委会开展主题为“壮阔四十年，奋斗新时代”系列宣传活动。6月4日上午，县计生协联合县卫健委、县计划生育服务中心、县妇幼保健院到王下乡开展以“壮阔四十年 奋斗新时代”为主题的系列宣传活动。(3)开展关爱慰问活动。5月29日上午，县计生协会联合中国人寿昌江支公司到石碌镇河北社区慰问失独和伤残家庭，并为每户家庭送去500元慰问金。活动共悬挂宣传横幅26条，发放宣传T恤500余件、宣传袋600余个、优生优育等宣传折页5000余份、宣传书籍2000本、雨伞500把，为群众提供健康咨询服务约800人，关爱慰问活动共发放慰问金2500元。

【暖心行动】(1)加强心理健康服务。加强与相关部门合作，培训一支相对稳定的计划生育特殊家庭帮扶志愿者队伍，为计划生育特殊家庭成员提供心理辅导、情绪疏解、悲伤抚慰、家庭关系调适等心理健康服务。(2)开展交流联谊活动。组织开展“情暖计生特殊家庭”联谊交流活动。由县卫健委、县计生协会、计划生育特殊家庭成员、计划生育协会志愿者、社区、村计生干部等共同参与。组织计生特殊家庭成员参加健康讲座等集体活动，让遭遇相似的人群在活动中可互相慰藉、互相勉励，携手走出伤痛。(3) 建设暖心家园。在计划生育特殊家庭较多的社区，依托计划生育协会会员之家等场所，打造标识统一、管理规范的“暖心家园”，使其成为宣传服务计划生育特殊家庭的主阵地。内部设施包括心灵茶吧、图书室、民间手工制作等配套设施。

【优生优育宣传】2020 年，县计生协会联合县电影公司在全县范围内开“优生优育进万家”电影进村送知识计划生育宣传活动。通过到各乡镇行政村放映电影，宣传地中海贫血、出生缺陷、优生优育方面知识。共放映 80 场电影，提高了优生优育知识普及率和群众知晓率。

【生育关怀行动】2020 年，县计生协会联合县卫健委，以全面开展创建幸福家庭活动为载体，帮助困难计生家庭渡难关，谋发展。春节及中秋节期间，共慰问独生子女户 264 户，慰问金额 22.12 万元；计生特殊家庭数 81 户，金额 6.79 万元；纯女户 291 户，金额 24.39 万元；计生困难家庭 190 户，金额 15.92 万元。2020 年资助学生人数 4 人，资助金额 1.6 万元。同时，深化与中国人寿昌江公司的合作，不断完善保险工作机制，全面推行计生特殊家庭住院护理补贴保险。2020 年，昌江县共为农村纯女结扎户、农村独生子女户和计生特殊家庭成员购买计划生育意外伤害保险，保费共计 14 万元。

【流动人口工作】(1) 深入调查，建立健全全县留守儿童档案。2020 年 8 月，联合县卫健委对全县父母外出务工的农村留守儿童进行一次以村为单位的系统摸排，并分别予以登记造册，做到了家底清、情况明。为 452 名农村留守儿童建立档案，为切实开展留守儿童关爱活动奠定坚实的基础。其中 90% 儿童留在家里隔代看护，10% 寄托亲戚看护。(2) 多措并举，大力实施关爱活动。组织 5 个乡镇卫生院开展健康宣传活动，宣传卫生健康理念，普及传染病防控、急救以及儿童眼健康等知识，发放儿童眼健康、新冠肺炎疫情防控知识、合理饮食等健康宣传资料和宣传礼品（雨伞、手提袋）约 700 份。同时开展对农村留守儿童和困境儿童的探视、慰问活动，共慰问了 460 名农村留守儿童和困境儿童家庭，为每人送上一箱牛奶，价值约 13560 元。

（罗宏恩）

社保·就业·扶贫

社会保障

【概况】2020 年，县社保医保中心坚持以习近平新时代中国特色社会主义思想为指导，围绕落实社保医保经办机构改革、全民参保、经办业务、社保医保扶贫、行风建设、风险防控等重点工作目标，切实保障和改善民生，全力推进社会保险事业再上新台阶。

【实施全民参保扩面专项行动】全年参加养老保险 43628 人，比上年末增长 3.9%。其中，在职参加基本养老保险人数 29373 人，离退休人数 14255 人。参加基本医疗保险人数 36246 人，比上年末增长 2.2%。其中，在职 24362 人，退休 11884 人。参加城乡居民基本医疗保险人数 188034 人，比上年末增长 0.7%。参加工伤保险参保人数 23864 人，比上年末减少 0.3%，基本实现全覆盖。

【提高养老待遇水平】连续 5 年同步调整退休人员养老金，企业退休职工人均月增加 131 元，机关事业退休职工人均月增加 219.9 元。城乡居民养老保险待遇水平持续提高，人均基础养老金标准由 178 元提高至 188 元，惠及 1 万余名城乡老人。

【深入开展“放管服”改革】进一步优化经办流程，建立动态调整事项清单和办事指南机制，持续发力推进“一件事一次办”改革，“打包一件事”任务清单，实现多部门事项联动，提升数据利用效率和社保医保服务便利性。大力推进社保服务“快办行动”和“一件事一次办”改革，全县共铺设海南政务便民站 15 台，25 项社保医保业务可以自助办。108 个服务事项可以网上办，其中 15 个事项实现自动审批，网办率达 90%。大力推进经办服务便捷化改革，在养老保险领取、异地就医备案结算、扩大医保定点医院和智能化结算、扩大“就近办”“秒办”“一网通办”等领域进行大胆探索和改革创新，均取得明显成效，不断增强群众的便利感、获得感和幸福感。

【深化社保医保农保机构改革】根据《中共海南省委机构编制委员会关于理顺市县社会保险经办机构和职责的通知》精神，县编委参照省编委的模式，调整单位名称、隶属关系和管理体制。即昌江黎族自治县社会保险服务中心（昌江黎族自治县医疗保险服务中心），隶属县人民政府，为县级社保医保经办机构，副科级公益一类事业单位。加快整合社保、医保、新农合等经办资源，实现“三保合一”改革，全部社保医保业务归集到中心服务大厅经办，为实现社保医保业务“一网通办、全省通办”，构筑一道便民快捷智慧的社会保险亮丽风景线，贡献昌江力量。

【作风建设】深入开展“干部队伍作风建设”活动。一是加强学习教育，严抓工作纪律。不定期组织各股室工作人员深入学习业务经办服务规范、工作纪律要求和文明用语。加强工作人员思想作风、工作作风、生活作风建设，牢固树立全心全意为人民服务的宗旨。全年共开展业务知识和服务培训 15 次，为打造优质高效的服务窗口打下坚实基础。二是优化营商环境，助力海南自贸港建设。优化硬件配套设施设备，增加咨询导办服务台、业务经办自助服务区、群众休息区等便民设施，努力创建优雅、整洁的经办环境。优化办事流程，精简办事材料。大力推行社保医保网上申报经办业务、推行人性化的上门认证服务，做到事事有回音、件件有落实，群众满意度不断提升，助力优化营商环境工作。

【助力打赢打好社保医保脱贫攻坚战】积极落实为建档立卡贫困人口、低保对象、特困人员等“三类贫困人员”代缴城乡居民基本养老保险费和发放待遇政策，完成全县共23436名建档立卡贫困人口代缴2020年度城乡居民医保，并完成核定缴费标准识别2021年度个人缴费28元信息；其中建档立卡低保人员2534人已代缴个人缴费部分，建档立卡特困人员67人已代缴个人缴费部分。全县已有1.8万多名贫困老年人享受城乡居民养老金，“三类人员”基本养老保险的参保率、保费代缴率、待遇发放率实现“三个100%”目标，完成2万多名建档立卡贫困人员的城乡居民医疗保险参保登记，实现农村贫困人口参保率100%覆盖，将全县农村贫困人口全部纳入五道医保扶贫兜底防线，建档立卡贫困户住院2777人次，均享受贫困人口医疗保险政策，住院报销比例90%；建档立卡贫困户慢性病特殊门诊报销2448人次，报销比例均达到80%。实现农村贫困人口应保尽保，兑现“一个都不能少”的承诺。

（王运亨）

医疗保障

【概况】昌江黎族自治县医疗保障局是主管全县医疗保障工作的县政府工作部门，为正科级。主要职责是：贯彻落实党和国家以及省有关医疗保障工作的方针政策、法律法规，执行县委、县政府决策部署和海南自由贸易试验区（自由贸易港）政策措施；组织实施全县医疗保障工作政策规定、规章制度和发展战略，推进医疗保障改革；负责实施全县医疗保障基金监督管理，建立健全医疗保障基金安全防控机制，推进医疗保障基金支付方式改革；负责落实全县医疗保障筹资和待遇政策，完善动态调整和区域调剂平衡机制，落实城乡医疗保障待遇标准，建立健全与筹资水平相适应的待遇调整机制。落实长期护理保险制度改革工作。负责全县城乡医疗救助工作等。下设3个内设机构：办公室（政策法规和行政审批室）、待遇保障岗与监督室、医疗医药服务管理室。县医疗保障局行政编制6名。设局长1名，副局长2名。内设机构领导职数3名。

【贫困人口城乡医保个人自付部分代缴工作】根据县扶贫办提供的贫困人口名单，经城乡居民基本医疗保险系统信息比对，实行代缴参保23430人，按252元/人标准代缴贫困人口个人参合金590.44万元，其间动态调整新增代缴人员37人。通过政府代缴，确保建档立卡贫困人口全面参保，及时享受综合医疗保障政策。

【医疗救助及医疗回补工作】2020年，县医保局共受理医疗救助申请120人次，经审核确认符合发放104人次共711625.4元；医疗回补发放177人次共252858.85元，其中建档立卡、特困、孤儿等特殊人群回补169人次共226984.23元，个人散单回补8次共25874.62元。

【医保基金统收筹】根据省医保局工作要求，昌江县于2020年4月3日完成了医保基金归集，县职工医疗专户44106022.95元、城镇居民医疗专户82932712.21元、新农合专户34648415.01元上划到省专户，顺利完成省下达基金统筹的任务。

【打击欺诈骗保活动】4月22日，县医保局召开开展打击欺诈骗保宣传周活动工作安排会议，县域内19家定点医疗机构负责人参加，会上对打击欺诈骗保宣传周工作作了周密部署。要求各定点医疗机构每天滚动播放宣传视频、张贴海报、发放宣传折页等，在电视台连续播放10天宣传视频。活动共悬挂横幅120条，发放宣传折页2000多份、宣传册 1000 多册，张贴海报 50 多张。5 月 22 日，召集各定点医疗机构主要负责人召开加强医疗保障基金监管暨持续严厉打击欺诈骗保工作部署会，就打击欺诈骗保再次部署，保持工作高压态势。

【医保督查建立基金监管长效机制】一是联合县卫健委印发《开展定点医疗机构专项治理“回头看”工作方案》，成立领导小组。进一步加强对定点医疗机构的管理和监督职责，巩固定点医疗机构规范使用医保基金行为专项治理工作成果，切实堵塞医保基金监管漏洞，集中打击通过诱导住院、虚假住院等方式欺诈骗保行为，维护昌江县医保基金安全。二是联合县医保中心组成检查组。2020 年 9 月，组织局岗室和县医保中心的相关人员采取晚上突击检查的方式，对县人民医院、县中西医结合医院、昌江现代医院的住院、挂床等情况进行检查。同时，还加强对王下、七叉、叉河等 11 家乡镇卫生院，2 家社区卫生服务中心，2 家农林场医院的检查，对在检查中发现的问题，在全县范围内进行通报，要求各定点医疗机构举一反三，认真查找问题，进行限期整改，确保医保基金安全有效运行。

【按参保人头总额付费实施方案制定】为了规范医保基金管理，根据海南省医保局等四厅局《关于推进海南省紧密型县域医共体城乡居民基本医疗保险按人头总额预付方式改革扩大试点范围的指导意见》精神，结合昌江县工作实际，制定《昌江黎族自治县紧密型县域医疗卫生共同体城乡居民基本医疗保险按参保人头总额预付实施方案（试行）》，经两次报送省医保局审核通过后，于 2020 年 12 月 15 日正式印发。

【推行“村医通”工作】全县已领取“村医通”设备的乡镇卫生院和村卫生室有 81 家。由于个别乡医年龄偏大、文化水平偏低、不熟悉操作等原因，导致“村医通”设备使用率不高。为此，县医保局于 2020 年 11 月 23—24 日组织全县医疗机构医保结算经办人及定点村卫生室乡村医生共 90 人进行集中培训，让乡医能够熟悉掌握“村医通”设备的操作，实现群众在家门口就医就能享受医保报销。

【脱贫攻坚医保问题整改工作】（1）抓好住院合规医疗报销比例未达到 90%或 40 种慢性病报销比例未达 80%的问题整改工作。经从城乡居民基本医疗保险系统筛查，2020 年，发放医疗费回补 177 人次 252858.85 元，该问题已完成整改，有力减轻困难群体看病负担。（2）抓好医疗保障政策宣传力度不够，贫困户知晓率有待提高的问题整改工作。县医保局印发折页 1.3 万份、宣传册子 1.2 万本、政策解读 12100 本，加强医保政策宣传。同时，动员帮扶责任人利用每周六下乡时，进村入户进行医保政策宣传，提高医保政策知晓率。

【拖欠定点医疗机构医疗费用清欠工作】2020 年 5 月 13 日，县医保局参加省局召开的工作会议。次日，召集县社保服务中心主任及相关人员召开会议进行部署，明确负责核实各险种拖欠情况的责任人，并指定专人负责上报拖欠情况给省局。截至 5 月 21 日，经与各定点医疗机构核实后，共清欠 5050 万元。昌江县各险种均没有拖欠定点医疗机构医疗费用。

【“三医联动”改革】根据省医疗保障局等九厅局印发《关于印发〈海南省全面落实国家组织药品集中采购和使用试点扩围工作实施方案〉的通知》和《关于分配药品集中采购任务量的通知》的精神，召集各定点医疗机构进行充分研究，针对医疗机构担心的任务量、药品规格和分配规格不统一等问题，进行了一一解答，打消医疗机构的顾虑，合理下达任务量，确保试点工作顺利开展。协调县医保经办机构分别在 2020 年 1 月将第一批预付款 16.72 万元预付给 15 家定点医疗机构，4 月将第二批预付款 8.72 万元预付给 18 家定点医疗机构，保证中选药品采购费用，各项任务指标均顺利完成。对县内定点医疗机构已完成第三批中选药的带量采购培训，各定点医疗机构也根据实际需求自行上报了采购量。

（李　婷）

农　保

【概况】2020年，县农保服务中心贯彻落实中央、省、县城乡居民养老保险工作各项方针政策，切实将城乡居民基本养老保险工作的各项惠民政策落到实处。根据海南省人力资源和社会保障厅、海南省财政厅《关于建立海南省城乡居民基本养老保险待遇确定机制和正常调整机制的实施意见》文件精神，中心紧紧围绕全面建成覆盖城乡居民社会保障体系的目标，以防范和化解社保经办风险为主线，以社保扶贫为重点，全面提升业务经办服务水平，切实抓好城乡居保各项工作，更好地服务海南自由贸易港建设。

【城乡居民基本养老保险工作】一是进一步做好政策宣传。充分利用各种新兴媒体，广泛宣传城乡居保新政策，确保政策深入人心，吸引群众踊跃参保，积极缴费。二是进一步提高经办服务水平。加强平台建设，以提升乡镇经办人员的业务水平和服务质量为重点，规范经办业务操作流程，对特殊人群身份维护工作、领取人员资格认证程序、档案管理的要求等方面进行培训。征缴期间，县农保服务中心还根据各乡镇反映的实际情况进行不同形式的培训，如电话指导操作、亲临现场指导操作、远程指导操作等。三是进一步做好参保信息管理工作。整理好参保缴费信息、发放信息、死亡人员终止信息，重复领取待遇人员的信息等。信息系统管理工作逐步实现规范化、常态化。四是进一步认真做好重复领取养老待遇人员追缴工作。通过与社保待遇发放人员数据比对，针对核查出的重复领取养老保险待遇人员及时进行追回，确保不发生重大风险。五是进一步完善档案资料管理工作。严格遵守档案法的有关规定，做好档案收集、整理、立卷、归档、保管、借阅、移交和销毁等工作，确保档案保管安全完整。做好保密工作，不发生泄密事件。

【脱贫攻坚】2020年，全县16周岁以上符合条件的建档立卡贫困人口、低保对象、特困人员等群体应代缴人数为17932人，已代缴17932人，完成率100%；60岁以上符合领取城乡居民养老保险待遇发放人员共有4218人，已发放4218人，发放率100%，为脱贫攻坚圆满收官做出农保贡献。

【养老保险基金管理】2020年，县农保服务中心加强基金管理，做实个人账户工作。一是每个月末将养老保险基金收入户的保费及利息收入按时足额划转到财政专户。二是社保经办机构设立的支出户，仅用于财政专户拨付的养老保险待遇支付及该账户的利息收入。确保按时足额发放养老保险待遇，严禁自行设立统筹外项目支出。三是定期与金融机构、财政部门及参保人员对账，做到信息系统、银行和财政部门总账金额一致；妥善保存个人缴费、政府补贴、养老金支出等个人账户记录情况。四是加强与财政、银行、审计等部门的配合，做好社会保险基金的征收、支付、存储和监督工作，确保基金安全。截至2020年底，昌江县城乡居民养老保险参保12万人，实际缴费到账人员5.59万人，个人缴费收入为1629.13万元；实际领取待遇人数为18731人，养老金总支出为4549.35万元，发放率100%。

【被征地农民养老保险补贴】根据《海南省被征地农民参加社会养老保险办法》《海南省被征地农民参加社会养老保险业务操作规程（试行）》及《昌江黎族自治县被征地农民参加社会养老保险工作实施规程》相关规定，昌江县符合参保条件的被征地农民将纳入城乡居民养老保险和城镇从业人员基本养老保险制度管理，政府将为被征地农民提供一次性缴费补贴，切实维护被征地农民的合法权益。2020年，经乡镇政府、国土等部门的调查、审核、公示后，县农保服务中心全年共办理1宗地块，征收家庭农用地19.2145亩，10户51人享受被征地缴费补贴，享受缴费补贴60.28万元，已全部落实到个人账户。

（钟海婷）

劳动就业

【概况】 2020年，全县就业创业工作克服疫情影响，主动服务脱贫攻坚主战场，以就业扶贫工作为统揽，切实加强就业创业公共服务，全力推动贫困家庭增收，维护全县就业局势总体稳定，实现城镇新增就业人员3603人，完成全年目标任务的150%。失业人员再就业556人，就业困难人员实现就业52人，城镇登记失业率控制在1.84%，低于省4%的控制线。全县农村贫困劳动力外出务工11747人，达到年度目标的112.91%。2019年7月至2020年9月，共接收高校毕业生档案1200余份。

【就业管理】 2020年，组织输出9批点对点赴粤务工农民996人次，其中贫困劳动力207人次。昌江县出台《建档立卡贫困家庭劳动力公益性岗位安置实施方案》，开发疫情防控临时性公益岗位876个，安置贫困劳动力746人，约占85%；开发村庄保洁公益性岗位304个，全部安置贫困劳动力上岗。一是大力宣传农村就业创业工作相关政策法规。通过7个乡镇的劳动保障平台，以制作宣传栏、悬挂宣传横幅等方式，大力宣传国家扶持就业和涉农优惠的政策。利用微信公众号进行电子化宣传，并指定专人进行相关的操作学习、信息收集及管理，拓宽宣传渠道，提高工作效率。2020年，失业人员再就业556人，全县贫困劳动力实现就业11747人，达到年度目标的112.91%，城镇新增就业人员3603人。2020年，举办“春风行动”网络招聘会和就业扶贫巡回招聘会，为务工人员搭建就业服务平台。全年共举办11场招聘会，其中网络招聘会发布省内76家企业用工信息，提供2016个就业岗位，网上招聘意向投递人数1967人，成功就业147人；巡回专场招聘会入场企业42家，提供1147个就业岗位，累计达成就业意向378人，其中贫困户92人。二是不断推进完善农民工培训。2020年，昌江县在8个乡镇举办362个职业培训班，培训农村劳动力31336人次，其中贫困劳动力15115人次，培训内容涉及挖掘机操作、建筑砌墙、电工、家务操持、电动车维修、创业培训等17个工种。同时，创新培训内容和方式，在县武装部民兵训练基地开展封闭式管理的扶志扶智培训，至2020年底已举办培训班8期，培训贫困劳动力411人。培训期间，组织深圳比亚迪公司等用工企业到培训地开展送岗位信息和招聘活动7场次，贫困劳动力与企业达成就业意向64人。此外，截至2020年底，发放创业担保贷款26笔，贷款金额共计262万元，涉及餐饮店、服装店、商行、海产养殖、果菜种植等多个创业项目，带动就业62人。

【失业管理】 失业保险覆盖面进一步扩大，城镇登记失业率控制在稳定范围。截至2020年底，全县失业保险参保人数达27936人，发放失业金和代缴医疗保险共计1601万元，发放失业补助金78万元，登记失业人员期末实有637人，城镇登记失业率控制在1.84%，完成省局的指标，控制在4%以内。

【就业扶贫】 深入贯彻落实省就业扶贫政策，发放外出务工奖补，鼓励贫困劳动力外出务工和灵活就业，提高就业稳定性。2020年，发放贫困劳动力外出务工奖补9695人次，补贴金额1738.3万元。在全县范围内开展创业脱贫致富之星评选活动，树立一批贫困劳动力脱贫致富先进典型，宣传勤劳致富传统美德，激励和带动更多贫困劳动力就业创业。2020年共评选出10名创业脱贫致富之星，创业项目涵盖种植业、养殖业、运输业、零售业等多个行业，每名创业脱贫致富之星奖励5000元。

【复工复产各项补贴发放】 (1)落实返琼务工人员隔离期间生活补助。2020年，昌江县已发放隔离生活补助的企业34家，发放补助59.5万元，涉及人数607人。其中，省重点项目重点企业2家，发放补助22.68万元，涉及81人；享受地方性政策发放隔离生活补贴的企业32家，发放补贴36.82万元，涉及526人。(2)落实返琼务工农民工一次性交通补贴。2020年，发放海南核电有限公司多家承建单位一次性交通补贴10.48万元，涉及134人。(3) 落实省重点项目重点企业招工补贴。2020年，发放海南核电有限公司招工补贴7.2万元，涉及30人。(4) 落实失业保险金稳岗返还政策。先后深入县内各类企业50多家宣传稳岗返还政策，发放宣传册1000多份，并进行电话跟进，指导帮助企业快速反应、快速申请。2020年，昌江县发放212家企业稳岗返还费用，涉及人数6784人，金额262.25万元。

（文　慧）

扶贫开发

【概况】 2019年底，昌江县实现剩余建档立卡贫困人口全部脱贫退出，完成减贫目标任务。2020年无新增贫困人口，脱贫监测户12户48人，边缘户90户339人，全县贫困发生率为0。

【就业扶贫】 “点对点”运送198名贫困劳动力赴粤务工。举办专场网上招聘会，签约就业147人。举办156期挖掘机操作、建筑砌墙等职业技能培训班，培训贫困劳动力8678人次。开发长期、临时性扶贫公益性岗位1180个，并优先安置746个贫困家庭劳动力就近就业。2020年贫困劳动力外出务工11747人，为2019年外出务工人数的112.91%。为5371人次贫困劳动力发放外出务工奖补1051.61万元。

【消费扶贫】 通过举办消费扶贫市集33场、直播带货5场等方式，销售扶贫产品1110.28万元，受益贫困户约3866户（次）。同时积极申报扶贫产品认定，截至2020年底，16家带贫企业、合作社申报33种产品通过县扶贫办审核拟定，进入省级复核阶段。

【特种养殖有序转产】 通过菠萝蜜产业、橡胶保险、扶贫公益性岗位、临时救济金等帮扶措施，帮助481户涉及野生动物养殖贫困户转产以及外出就业，解决生活困难。

【两不愁三保障】 一是实现教育有保障。为2935名建档立卡贫困学生、低保学生发放特惠性义务教育补助756.3万元。针对37名无法随班就读的残疾学生及时实施送教上学。二是实现住房安全有保障。全覆盖鉴定危房存量户住房等级，实施4类对象危房改造99户（其中建档立卡61户），截至2020年底，已全部竣工并入住。三是实现医疗健康有保障。为5164户建档立卡贫困户续缴家庭人身意外保险，投保金额77.46万元；为建档立卡贫困人口23394人全额代缴2020年医疗保险，参合金584.85万元。四是实现饮水安全有保障。投入2246万元实施1宗水利渠道项目、15宗农村饮水安全工程，解决农村人口饮水安全及灌溉用水问题。投入550万元维修养护农村饮水安全设施设备，全面做好饮水工程水质保障。

【综合性兜底保障】 年内为5804名残疾对象发放残疾人补贴911.2万元；为2218户5813人农村低保对象发放低保金1700万元；为456名特困供养人员发放327.8万元特困供养金。将124户293人建档立卡对象纳入农村低保，确保两项制度衔接到位。为22062名16周岁以上建档立卡贫困人口、低保对象、特困人员等困难群体代缴农村养老保险，进一步兜牢困难群众生存底线。

【建立防返贫致贫帮扶机制】 全覆盖摸排贫困户、边缘户和易致贫农户，确定脱贫监测户12户48人、边缘户90户339人。为边缘户“量身打造”61个扶贫公益性岗位，纳入低保76户219人、特困2户2人，为78户306人发放临时救助金23.2万元，投入26.1008万元为建档立卡贫困人口和边缘人口购买防贫综合保险等一系列举措，托底保障“两类”人员。

【产业扶贫】 2020年，投入产业扶贫资金3848.7074万元，引进扩种泰国红心菠萝蜜、椰子、芒果等特色产业，提升芒果种植品质，确保产业持续健康发展。大力引导贫困群众通过投工投劳等形式参与产业发展，发放差异化产业分红1469.82万元，为2609户贫困群众发放“4000奖1000”产业补贴999.81万元，大大激发贫困户自主发展的积极性。

【金融扶贫】 昌江县4家金融机构发放扶贫小额贷款732.125万元，432户贫困户受益，同时为491户贫困户贴息65.47万元。金融机构、乡镇、驻村干部、帮扶责任人提前与贷款即将到期贫困户沟通，做好逾期处置工作，化解逾期风险。

【“六治”专项工作】 安排“六治”（治懒散、治酗酒、治私彩、治浪费、治不孝、治脏乱）转化指导员105人开展“治懒”入户转化指导。举办封闭式管理扶志扶智军训8期，受训贫困劳动力411人，53名军训学员通过企业现场招聘签约上岗；举办“治不孝”法治讲座，组织317名贫困群众参与《赡养老人法律知识手册》学习。

【遍访活动】 落实“五级书记抓扶贫”，县委书记、县长遍访36个贫困村，镇党委书记、村党组织书记遍访贫困对象，深入开展基层调研，现场督导解决贫困村贫困群众重点难点问题。

【扶贫干部管理】 一是关心关爱扶贫干部。牢固树立脱贫攻坚一线用人导向，提拔晋升在乡村振兴和脱贫攻坚一线表现优秀的干部36人，牢固树立重基层、重实绩的用人导向。二是加大扶贫干部教育培训。举办4期省级、县级基层扶贫干部专题培训班，提高抓乡村振兴、脱贫攻坚工作能力；举办脱贫攻坚专题培训班，培训全县帮扶责任人；通过“海南干部在线学习中心”平台设置1个“精准扶贫”必修专题，进一步提升扶贫干部攻坚理论水平。

（高立敏）

民政·退役军人事务

民　　政

【概况】2020年，县民政局认真落实县委、县政府的决策部署，加快改革创新，坚持全面从严治党，以党的十九大精神、习近平总书记“4·13”重要讲话精神和中央12号文件精神为引领，着力提高基本民生保障和民政服务管理水平。

【殡葬管理】殡葬改革稳步推进，印发《昌江黎族自治县推行绿色殡葬五年行动计划（2019—2023年)》，并做好安葬（放）设施摸排及录入全国殡葬管理信息系统工作，2020年10月录入信息完成。2020年清明节期间，投入资金20万元在全县范围内开展防火和殡葬改革宣传，并在县电视台播放相关通告，通过手机短信、宣传车等方式向广大市民宣传殡葬改革政策，悬挂殡葬宣传横幅100条，掀起新一轮殡葬改革宣传高潮。

【流浪乞讨人员救助管理】流浪乞讨人员救助管理站本着以人为本，为民解困，自愿求助，无偿救助的工作原则，积极开展对因自身无力解决食宿，无亲友投靠，又不享受城市最低生活保障或者五保供养，正在城市流浪乞讨度日人员的救助工作。2020年，昌江县共救助流浪乞讨人员9人，支出金额2300元；收治“三无”精神病患者15人，支出金额504814元；救助急危重“三无”人员3人，支出金额27730.58元。疫情防控期间，加大力度排查流浪乞讨人员，收容流浪乞讨人员94天，支出金额18800元，待疫情稳定安排其家人接回家，此外，与公安部门对12名“三无”人员进行血样采集DNA和人脸识别工作，并对12名“三无”人员进行落户。

【社会组织管理】年内，加强社会组织工作人才队伍建设，召开社会组织业务培训班。全县共有社会组织104家，其中社会团体56家、民办非企业48家，按时督促社会组织进行年检，严厉打击非法社会组织。根据《海南省深化行业协会商会与行政机关脱钩试点联合工作组办公室关于做好全面深化市县行业协会商会与行政机关脱钩改革工作的通知》要求，印发了《昌江黎族自治县全面深化行业协会商会与行政机关脱钩工作实施方案》，稳步推进昌江县行业协会商会与行政机关脱钩工作，昌江县4家行业协会商会脱钩后，有了更多自主权，服务经济社会发展的能力明显增强。

【基层政权与区划地名管理】一是扫黑除恶专项斗争持续推进。制定《昌江黎族自治县民政局开展扫黑除恶“大警示、大研讨、大反思、大整治、大提升”专题民主生活会实施方案》《昌江黎族自治县民政局落实扫黑除恶清零攻坚战役行动工作的实施方案》及《昌江黎族自治县民政局关于建立健全扫黑除恶长效工作机制的实施方案》，积极协助县委组织部对乌烈镇乌烈村所有村民小组长进行审查。经审查，村委会干部9人，村民小组67个小组（正、副组长）134人，均未发现涉黑涉恶人员插手村级组织事务及选举中违法违纪行为。在局大院设立两块宣传栏，在办证大厅放置两块宣传展板，在办公楼门口设举报箱，制作扫黑除恶宣传横幅100条，印制扫黑除恶禁毒宣传折页1万份，发放到全县91个村（居）委会，向广大村民群众深入开展宣传活动。二是落实疫情防控一线城乡社区工作者关心关爱措施。根据上级工作要求，县民政局组成两个慰问组，对全县8个乡镇16名社区工作者发放慰问品及慰问金共19200元；并与县委组织部、县财政局联合印发《昌江黎族自治县新冠肺炎疫情防控一线城乡社区工作者工作补助实施方案》，对全县参与疫情防控一线城乡社区工作者2201人，发放补助金额158.461万元。三是印发《昌江黎族自治县关于加强城乡和完善城乡治理的实施方案》，全面做好城乡社区建设和发展。四是印发《昌江黎族自治县关于进一步加强推进农垦居社会管理职能及村级组织公共服务责任清单工作制度实施方案》和《昌江黎族自治县关于农垦居工作人员薪酬待遇实施方案》，加强各部门之间的联动，厘清各村（居）和农垦“居”工作事项清单，形成有效衔接，对于农垦“居”存在的问题抓好整改落实。五是深入推进村规民约、居民公约修订完善工作，将脱贫攻坚、扫黑除恶专项斗争、社区禁毒、农村人居环境整治、乡村振兴战略等增加到村（居）规民公约中，并对“四议两公开”及相关工作进行摸排检查，联合县委组织部指导村（社区）开展村务协商工作，督促全县91个村（居）委会制定并完善了村规民约、居民公约工作；针对2021年村级组织换届选举进行摸排，排除出重难点村、社区20个，其中“两委”干部及后备人选年龄、学历不符合后备人选条件的14个；存在宗派、拉票贿选问题的6个，并将情况上报给省民政厅。六是做好“四议两公开”工作，印发《昌江黎族自治县民政局2020年基层政权建设和城乡社区治理领域工作指导检查方案》，并到各乡镇开展村务公开等9项重点工作的督查，建立工作台账；通过政府购买委托昌江乐民社会工作服务中心举办了“2020年昌江县社会组织及基层政权建设和社区治理两期业务培训班”，聘请高校教授解读“四议两公开”工作和解读“村民自治领域涉黑涉恶案例”，为各乡镇民政分管领导、民政助理，各村（居）委会主任、民政协管员分析了当前基层政权建设和社区治理改革面临的新形势新机遇，进一步提升乡村治理科学化水平。七是开展儿童之家建设工作。根据《昌江黎族自治县妇女发展规划（2011—2020年）》和《昌江黎族自治县儿童发展规划（2011—2020年）》文件精神，县民政局联合县妇联，投入资金79万元在8个乡镇建设73家“儿童之家”项目，有效促进了妇女儿童事业的发展，维护了社会和谐稳定。八是根据省民政厅工作要求，全力做好乡镇级联检工作，积极向县政府申请拨付联检工作经费20万元，更换了25个界桩点，完成乡镇级界线界桩联检工作。九是持续开展不规范地名整治工作，将全县门（楼）牌工作移交给县公安局，并组织乡镇民政助理学习《行政区划管理条例实施办法》和《海南省行政区域界线界桩管护办法》；积极向县政府申请资金20.6万元，用于开展昌江县2015—2019年新增地名信息采集更新项目，并按省民政厅要求完善“界管宝”App信息登记。

【社会福利事务管理】 一是做好留守儿童、困境儿童和孤儿的保障工作。对全县留守儿童进行核查并开展困境儿童救助关爱保护行动，为222名困境儿童发放生活补助金86.3万元，为11名孤儿发放孤儿福利金13.23万元。二是切实加强养老服务工作。加大农村留守老人摸排，据统计，2020年全县农村留守老人12名，为7.35万人次80岁以上老年人发放高龄补贴861.2万元。三是开展残疾人“两项补贴”发放。为2.09万人次发放困难残疾人补贴168.1万元；为4.9万人次发放重度残疾人护理补贴825.3万元。

【贫困户救助】 整合政策资源，重点保障不稳定户和边缘户。一是强化监测机制，每月与县扶贫办共享交流数据，通报工作进展，对存在的监测户和边缘户进行动态管理。二是加大保障力度，充分发挥最低生活保障制度和临时救助制度以及城乡低收入家庭等社会救助制度，其中监测户有9户36人纳入低保，12户49人予以临时救助6.45万元。边缘户有67户183人纳入农村低保；临时救助76户329人，救助金额19.25万元；2户2人纳入特困供养；20户85人纳入边缘户（其中重病重残单人纳保8人）。三是降低救助门槛，与县财政局联合印发出台《关于落实困难群众基本生活保障 提高社会救助服务能力的通知》，将低收入家庭中的重病重残（含精神智力三、四级）可参照“单人保”纳入低保范围；明确未成年特困人员范围，由原来的16周岁调整为18周岁，并且对年满18周岁后仍接受高等普通教育的，可继续予以保障。扩大无劳动能力特困人员范围，将智力精神三、四级，视力一、二级，肢体二级列入认定条件。组织乡镇开展认定工作，重点关注边缘户家庭。

【慈善事业】2020年，昌江黎族自治县慈善总会努力践行扶危济困、乐善好施，全力投身昌江慈善事业发展，组织多方面的活动，宣传慈善、弘扬慈善，以“山海黎乡、慈善昌江”为主题，在全县范围内开展善款筹募、抗击疫情、捐资助学、慈善宣传、医疗扶贫等26场次活动，筹募善款19.8万元，资助贫困学子15名，慰问敬老院6家，赠送50英寸电视机16台，为贫困群众送油品36箱，发放慈善法宣传材料500多份，取得了良好的社会效应。一是内引外联开办公益活动。昌江慈善总会探索引进福建吉福粮油食品有限公司，以石碌镇为中心，覆盖8个乡镇，举办“食用橄榄油”捐赠贫困家庭活动，把爱心慈善送到社区乡村的贫困人群手中，拓展培植慈善的社会影响力。先后开展了9场活动，受众人群达到2100多人，捐赠油品36箱计216瓶，价值1.08万多元，受到社会各界的一致好评。二是捐资助学置身教育扶贫发展战略。9月5日，昌江慈善总会借全国“慈善日”主题活动，开展“慈善昌江、捐资助学”活动，动员6家企业参与捐资，筹募善款10.3万元，资助14名贫困大学生实现“大学梦”。“9·9”公益日全国活动中，昌江慈善总会拿出6300元，派员参与省慈善总会的捐赠活动，赢得配捐2000多元，全部资助公益事业。三是慈善宣传共建爱心社会。9月5日国际慈善日，昌江慈善总会走上街头设点向广大市民群众宣传《中华人民共和国慈善法》，此次宣传活动共发出《中华人民共和国慈善法》手册500份、赠品300多个，参与工作人员30多人，受众达500多人。四是关爱老人传承民族敬老爱老精神。中秋节前夕，昌江慈善总会联合广州市凌翰电子科技有限公司，开展了“关爱老人、情暖中秋”的公益慈善活动。由慈善总会出资2万元，凌翰科技公司捐赠50英寸电视机16台，慰问全县6家敬老院和部分困难群众。五是医疗扶贫助力脱贫攻坚全民战役。11月18—19日，受省慈善总会的委托，在昌江县开展“医疗扶贫下基层送医送药”活动。省慈善总会邀请4家省级知名医院派专家，昌江慈善总会邀请昌江现代医院派员派设备，组建30多人的医疗团队，到石碌镇和乌烈镇峨港村，为贫困群众现场义诊。诊治病患300余人，筛查白内障患者200多人，赠送家庭常用急救包600多个。投资6万余元为昌江部分因病缠身贫困人群排忧解难。六是抗击疫情担当慈善大义。2020年新冠疫情防控期间，昌江慈善总会捐款2.6万元支持昌江中西医结合医院抗击疫情，彰显慈善担当，受到社会一致好评。

（符晶莹）

退役军人事务

【概况】2020年，昌江黎族自治县退役军人事务局（以下简称县退役军人事务局）紧紧围绕习近平总书记提出的“让军人成为全社会尊崇的职业”这一工作目标，在县委、县政府的正确领导下，坚持以服务退役军人为中心，扎实高效做好退役军人各项重点工作，推动退役军人工作全面发展。年内，全县有5个退役军人服务中心（站）获得“全国示范型退役军人服务中心（站）”，县退役军人事务局在党风廉政考核工作中获得了“优秀”等次；洪玉均、麦照香荣获全省“十佳最美拥军人物”称号。县退役军人事务局获得某部队赠送的题为“心系国防 情注官兵”的牌匾。

【服务保障】2020年，全县退役军人事务系统认真学习贯彻习近平总书记关于退役军人工作的重要论述，县委退役军人事务工作领导小组聚焦移交安置、社保接续、双拥优抚、就业创业等重点工作研究部署批示14次。严格贯彻执行省委退役军人事务工作领导小组的决策部署，建立健全退役军人组织管理体系。全县挂牌建立服务中心（站），设立退役军人便民服务点，落实落细专职退役军人工作人员工作补贴及工作任务，全县8个乡镇均有独立办公场所，做到制度上墙，基本建立完善“五有”的四级服务保障体系。印发《昌江黎族自治县退役军人事务局建立工作人员常态化联系退役军人制度工作方案》，依托四级服务保障体系，紧紧围绕沟通联系、感情联络、帮扶解困、心理疏导、思想引导等方面，积极落实常态化联系退役军人工作，为退役军人提供联系帮扶服务。全县各级服务站工作人员按照工作方案要求，组织召开会议传达有关文件，对辖区内退役军人实行普遍联系，实现联系服务全覆盖。

【疫情防控】2020年，全县退役军人事务系统认真的贯彻习近平总书坚决打赢新冠肺炎疫情防控阻击战的系列重要指示精神，在疫情防控中，通过工作群、小范围会议等形式传达新冠肺炎疫情防控工作有关会议精神，发送温馨提示短信，发放全县退役军人倡议书及疫情防控宣传资料。充分调动镇村级服务保障体系作用，发挥退役军人优势，积极参与外来人员摸排、测量体温、消毒、出入口卡点值班等工作，涌现出以模范退役军人班日宦为代表的退役军人，捐赠物资及现金合计20520元。石碌镇、十月田镇等乡镇的优秀退役军人，自发组织辖区退役军人筹备物资，捐赠20箱方便面、体温枪、口罩等防疫物资，用实际行动践行“若有战、召必回”的诺言。县退役军人事务局及时成立党员抗击疫情服务队，深入基层调研指导做好疫情知识宣传工作，为基层防控人员筹集150只口罩、3瓶消毒酒精、40箱矿泉水、1套广播设备等抗疫物资。

【退役军人带头作用】2020年，县退役军人事务局结合工作实际，制定退役军人“思想政治工作年”活动方案，成立以局长为组长，副局长、县退役军人服务中心负责人为副组长的领导小组，统筹指导开展“思想政治工作年”活动，协调解决开展“思想政治工作年”活动中的重要问题。大力弘扬革命军人甘于奉献、攻坚克难的奋斗精神，发动全县退役军人系统干部和广大退役军人积极投身退役军人就业创业、脱贫攻坚、创建全国文明城市、交通劝导志愿服务等活动共30余次。邀请优秀退役军人参加烈士纪念日活动1次。积极推荐优秀退役军人任村（社区、居）“两委”，参与到当地经济社会发展建设中。全县广大退役军人积极发挥排头兵作用，在自贸港建设中带头创业，创办特色退役军人企业，大力推进产业发展，吸收人员就业。积极为退役军人干事创业提供平台，激励他们投身到就业创业、脱贫攻坚、乡村振兴中，在海南自由贸易港和新时代“山海黎乡大花园”建设中大显身手。大力宣传荣誉激励制度，弘扬退役军人勇于担当、无私奉献、奋勇争先的优秀品质。深入挖掘昌江县模范退役军人、最美退役军人和最美拥军人物，宣传报道“最美退役军人”“最美拥军人物”事迹，特别是对昌江县荣获海南省最美拥军人物的洪玉均和麦照香进行重点报道宣传，引导广大干部群众向身边典范看齐，不断激发广大退役军人的自豪感、荣誉感、责任感，积极为新时代退役军人事业发展做贡献。

【移交安置和军休服务】2020年，昌江县由政府安排工作的退役士兵全部安排在县城机关事业单位。为自主择业干部办理相关手续，为文职转业干部办理落户手续，圆满完成安置任务。落实加快推进部分退役士兵社保接续办结进度，受理退役士兵社保接续申请，并报县社保中心办理。严格做好军休安置服务管理信息系统数据更新，落实发放军休人员各项待遇，逐步提高服务管理工作，提升军休干部满意度。

【就业创业】2020年，县退役军人事务局积极鼓励自主就业退役士兵参加网上“百日免费线上技能培训行动”自学技能，提高就业创业能力。通过“美篇”宣传退役军人读高校政策，发动退役军人报名就读高职院校；依托待君人才国际学院网络平台，动员退役士兵报名参加适应性培训；积极与6所教育培训学校沟通，发动退役军人参加新能源汽车充电桩安装维修职业技能培训；联合县就业服务中心，发动退役军人参加挖掘机操作培训。引导退役军人企业入驻“昌江县就业创业孵化基地”，充分发挥孵化、培训和示范引领作用，不断完善“公司+基地+退役军人”的发展模式，以龙头企业、优质品牌带动老兵创业行动。举办2场退役军人及随军家属就业专场招聘会，提供就业岗位；摸排退役老兵就业创业情况，建立退役军人创办企业信息档案；联合海南昌江长江村镇银行举办2期退役军人创业贷款对接会，为退役军人创业贷款授信。强化创业扶持，加大金融、税收政策支持力度，为退役军人发放贷款。协助省厅召开第二组退役军人农产品种养企业扩种增养座谈会，邀请昌江辖区内退役军人企业参加座谈会；动员推荐退役军人企业参加海南农产品展销会，促进海南“国际旅游消费年”活动。

【拥军优属】2020年，县退役军人事务局扎实做好第十一届全国双拥模范城（县）创建工作，组织各成员单位召开创建双拥模范县动员部署会，依据考评标准，做好任务分解，精心准备，形成一批迎检考评资料，联动军地部门积极参与，打造军民共建点，大力营造双拥创建氛围。联合退役军人服务站开展“双拥在基层”活动，加强军民共建工作。开展春节、“八一”拥军走访慰问工作，县四套班子走访慰问现役军人家庭和优抚对象。为随军未就业家属发放补助，协助随军子女入学入托，切实解决军人“三后”问题。做好军烈属、退役军人和其他优抚对象信息采集和光荣牌悬挂常态化工作。落实好重点优抚对象物价补贴发放，推动建立完善优抚对象抚恤补助标准动态增长机制。完成优抚对象定期抚恤及生活补助提标发放工作，同时在“全国优抚信息管理系统”中对已去世的优抚对象进行移除，确保优抚资金准确发放。依托城北社区卫生院、县红林医院，为优抚对象提供便捷绿色通道，方便优抚对象体检。

【纪念褒扬】2020年，县退役军人事务局组织全县各机关部门开展清明节网上祭扫活动，召开纪念海南解放70周年老兵座谈会。“9·30”烈士纪念日，牵头组织县四套班子领导、县直各单位和乡镇主要领导、烈属代表及学生代表开展爱国主义教育活动，弘扬爱国主义精神，到乌烈镇道隆村革命烈士陵园开展纪念活动，营造缅怀先烈、不忘历史的浓厚氛围。开展零散烈士墓排查，对全县8个乡镇区域内烈士零散墓进行登记采集，将1处烈士陵园和127处烈士零散墓图片信息、地理位置等信息，录入褒扬纪念管理系统，实行烈士纪念设施动态化信息管理。

【维护退役军人合法权益】建立完善信访接待场所，落实首办责任，领导带头接访包案化解疑难复杂信访问题，充分发挥退役军人法律援助站作用，有力维护退役军人的合法权益，受到省厅表扬。年内，退役军人经“12345”热线平台转办件12件，均按政策要求给予解决，办结率达100%，信访工作受到昌江县政府的表扬。发放“四联结”服务卡，建立服务保障微信群。

【自身建设】聚焦打造战斗堡垒，全面加强党的建设。组织召开专题研究部署党风党建工作会议2次、党组中心组理论学习12次、集中党员学习11次，组织观看警示教育巡回展1次，组织生活会1次、民主生活会1次，开展现场教育体验活动14次。组织召开支部党员大会，选举支部书记、组织委员、纪检委员，配齐配强支部班子，打造支部战斗堡垒。抓好党员干部培养，推荐1名年轻党员干部到副科级领导岗位，5 名领导干部到省外参加学习培训，全局 10 名干部参加省、县各类培训。讨论通过 1 名预备党员转正。充分发挥党员先锋模范作用和党支部的战斗堡垒作用，以党建为引领，不断推动全县双拥优抚褒扬、移交安置军休服务、就业创业培训等退役军人事务各项重点工作取得成效。

【退役军人服务中心（站）建设】2020 年，县退役军人事务局以“全国示范型退役军人服务中心（站）”创建为主要抓手，落实落细“基层基本建设年”活动，严格按照 75 项创建指标要求，对照标准先行打造 5 个“全国示范型退役军人服务中心（站）”，其他乡镇将继续深化开展创建示范性服务站工作，着力夯实基层服务站工作基础，充分发挥服务保障体系作用。

【退役军人权益保护】2020 年，县退役军人事务局充分发挥退役军人法律援助站作用，进一步加强法律宣传，切实解决退役军人遇到的法律问题。发放相关退役军人政策文件，向退役军人提供法律咨询，让广大退役军人知法、守法、依法，学会用法律手段正确维权。组织开展 2020 年宪法宣传周法治宣传活动，向广大群众宣传《中华人民共和国宪法》《中华人民共和国民法典》《中华人民共和国退役军人保障法》《中华人民共和国军事设施保护法》《海南自由贸易港建设总体方案》以及相关退役军人安置、就业等相关政策法规。

（何焕遥）

乡 镇

石碌镇

【概况】 石碌镇地处海南省西部，是昌江黎族自治县委县政府所在地，也是全县政治、经济、文化中心，海南西部工农业重镇。石碌镇作为城关镇，其地理位置较为优越、交通极其便利，北距省会海口210公里，国道海榆西线公路、西线高速公路和西环铁路贯穿其中。全镇行政区域面积216.5平方公里，辖区总人口1.27万余人，其中农村总人口约22860人，下辖12个村、10个社区、33个自然村、115个村民小组，全镇共有41个基层党组织，党员1260人。石碌镇政府下设1个财政所，5个派出所，1所中学，9所小学。完善的机构设置，有力地保证了全镇政治、经济、文化、交通的正常运转。石碌的土地和矿产资源丰富，开发潜力巨大，境内土地肥沃，宜农、宜林、宜果地占4/5以上，拥有储量丰富的铁矿、石灰岩、白云石等多种矿产。

【城镇建设】 石碌作为城关镇，一直是昌江县重点项目建设的主阵地，2020年石碌镇承担了多宗县重点项目征地任务，面对复杂的征地形势，全面抓好国土各项工作。一是征地。2020年，石碌镇国土所持续推进20个项目，共涉及面积约1788亩，主要有昌西路路桥工程、“四河一渠”——东海河“节点一”、“四河一渠”——保梅河、环城西路项目等。二是紧盯用电、购砂。2020年，共完成用电审批268宗，其中农业生产用电145宗、居住用电123宗；完成购砂审批125宗，累计审批购砂3745立方米。三是全力推进农房报建。2020年，完成57户农宅的报建审批，完成村庄报建巡察70余次。四是危房改造。2020年，完成危房改造35户，其中“四类”对象17户，非“四类”对象18户；完成2020年35户危房和2009年至2019年1028户危房信息材料录入系统，录入率达100%。五是加强惩治违法占地的打击力度。根据海南省生态环境六大专项整治联合指挥部下发的违法占地图斑，对“两违”1841宗图斑信息核查和补正，已完成1841宗。拆除“两违”违法建筑63宗，合计26.445亩。

【新农村建设】 水富村已完成美丽乡村建设目标。2020年，石碌镇的山竹沟、片石以及鸡实村美丽乡村项目建设正在抢抓工期，其投资总金额分别为402.75万元、264.42万元和423.36万元，山竹沟村率先完成美丽乡村建设，其余两个项目进度达80%。通过美丽乡村的建设，完善农村基础设施，改善人居环境，实现乡村道路全部硬化、绿化、亮化，给农民群众带来思想、生活方式上的转变，使城乡的距离逐步缩小，提高群众的安全感、幸福感、获得感。

【基层党组织建设】 加强基层党组织建设，综合素质再提升。一是2020年高标准发展16名预备党员，按期转正23名；选树2名基层支部书记和1名驻村第一书记标兵，培养12名有“双带”作用的农村党员，提拔5名四级主任科员，调整支部书记2人，补齐配强“两委”干部26人。二是实施党建“4321”工程，推动打造山竹沟村省级农村党建示范点、5个9星级农村（社区）党支部，筑牢基层战斗“堡垒”，形成山竹沟村党建创新工作模式，创新党员义务参与社会服务亮明身份登记制度、党员家庭户挂牌制度、普通党员同“两委”干部轮流值班坐班制度。三是落实乡村治理，全镇实现村居务协商会全覆盖，完全构建“一核两委一会”治理体系。四是创新载体。创新党员教育载体，通过石碌党建网、石碌镇抖音公众号发布信息300多条，实现镇对外宣传工作全方位、高频率、上档次的新局面。五是落实党支部工作联系点制度。党委书记和班子成员每人建立1—2个党支部工作联系点，每个月深入联系点指导工作1次，帮助基层党组织解决实际困难。六是镇党委紧紧围绕党建中心工作，通过深入基层党组织开展党建调研，召开党委专题会议，并综合运用“四种形态”，立案审查12件14人，结案8件10人，给予党纪处分10人，诫勉谈话17人，谈话提醒55人。同比立案数上升9%，诫勉谈话和谈话提醒等第一种形态处理人数上升89%；组织召开3次全镇警示教育大会。

【产业发展】石碌镇政府因地制宜探索产业发展新路子，稳定脱贫户收入，实现脱贫致富。石碌镇孔车村委会于2020年成立昌江富宝鸽子养殖专业合作社，由县政府投入资金200万元，兴办起占地面积30亩的规模较大的扶贫产业基地，建成养鸽厂，共有7大鸽棚1476平方米，其中有3个正式投入使用并引进价值26万元的鸽子2000对。通过“合作社+农户+贫困户”的模式，让孔车村的65户脱贫户都积极参与进来发展鸽子养殖产业。

【集体产权改革】石碌镇纳入农村集体产权制度改革对象涉及12个行政村、46个村民小组，共58个农村集体经济组织。截至2020年底，石碌镇组织准备、清产核资、成员界定、折股量化、组建机构五个工作环节均已完成，完成率100%。全镇农村集体资产清产核资共清查核实资产总额2733.85万元，其中经营性资产840万元，非经营性资产1893.85万元；农村集体土地总面积16.82万亩，其中未承包到户农用地面积2.91万亩。成员身份界定共摸底4441户20771人，最终成员身份界定共确认4525户21757人。已注册成立12个村级股份经济合作联合社和46个组级股份经济合作社，完成58个集体经济组织申请登记注册、刻章备案以及银行开户工作，共印制以及发放股权证4525本。

【土地确权】石碌镇农村土地承包经营权确权登记颁证工作涉及12个村委会，30个发包方，农村土地确权4653户、19493人，30493宗地块，面积共75816.61亩（其中水田25056.25亩、其他园地50760.36亩）。已完善签订家庭承包合同4548户，未签订家庭承包合同105户，全镇完成确权到户合同签订率按户数97.74%。未签合同的村委会及村小组如下：香岭村委会基隆村2户；孔车村委会孔车村1户；尖岭村委会东方村1户；水头村委会老村4户、新村20户、椰子村2户；片石村委会老村3户、新村7户、大村4户、芭蕉村1户；山竹沟村委会老村9户、新村2户、青坎南23户、青坎北26户。

【民政社保】2020年，石碌镇民政部门紧紧围绕镇党委、政府中心大局，坚持“以人为本，为民解困，为民服务”的理念，致力于进一步完善社会保障制度和社会救助体系，努力打造公开、公平、公正的社会救助平台，切实保障困难群众的基本生活权益，统筹城乡经济发展、建设和谐社会。全年累计完成1.46万余人参加城乡居民养老保险。新农合服务窗口完成2020年度参合人数1.9万余人，征缴资金540万余元。退役军人服务点为退役军人、转业军人、现役军人家属和烈士家属发放棉被20床以及慰问金。配合县民政局下村核查防疫期间困境儿童和失能特困人员的生活情况，完成镇有失能特困人员共28人和困境儿童70人的全面核查工作，做到应帮尽帮。2020年报送县级临时各项救助150户。按时、如数发放金额175500元，覆盖收益家庭119户。截至2020年底特困户91人，低保户1475户3712人；同时做好往年高龄、低保两项补贴冒领款的追缴工作，全年共追回冒领款234户、38.2万元。2020年石碌镇便民服务大厅共接待群众来访办理事务约6320人次。规范化和人性化的服务，使得群众的办事效率和满意度显著提升。

【脱贫攻坚】 石碌镇始终坚持“六个精准”和“五个一批”的要求，深入开展脱贫攻坚工作。一是扎实开展扶贫对象动态管理，确保做到应纳尽纳、应退则退、应扶尽扶。二是围绕促进贫困群众稳定增收和落实“两不愁三保障”的目标，落实产业帮扶、医疗保障扶贫、教育保障扶贫、住房安全保障和小额信贷等一列帮扶措施，全镇贫困户共1025户4712人，已在2019年底全部脱贫，提前完成脱贫目标任务，贫困村共10个，已在2018年底全部脱贫退出。三是截至2020年底，拟定边缘户32户124人。贫困发生率为0，脱贫攻坚战取得了全面胜利。为了进一步发挥党建在引领贫困户脱贫致富的积极作用，2020年县下拨石碌镇专项扶贫资金1478万余元，石碌镇党委全力抓好扶贫各项工作。一是加大扶贫产业扶持力度，拨付产业项目资金636万余元。二是落实住房安全保障，拨付危房改造资金174万余元。三是加大扶贫基础设施建设力度，拨付扶贫基础设施建设项目617万余元。四是加大贫困户培训学习力度，组织贫困户到企业培训学习，支出资金8.5万余元。五是人居环境治理项目支出40万余元。

【计划生育】 石碌镇始终把“坚持计划生育基本国策，提升人口素质，逐步完善政策，促进人口长期均衡发展”作为重要的指导思想严把计划生育关。2020年全镇出生人口946人，出生率9.74‰。其中男548人、女398人，出生人口性别比137.69%，较上年度有所下降；政策内出生883人，政策符合率为93.34%，政策外出生63人，政策外多孩率为6.03%。

【文化、教育、卫生事业】 石碌镇以保障和改善民生为根本出发点和落脚点，大力推动农村教育、卫生、文化、体育、计生等各项事业协调发展，改革发展成果不断惠及百姓。一是强化农村文化建设。利用村文化戏台等平台积极开展广场舞等活动40余次，配合开展“公益电影·乡村行”活动50多场次，同时搭建新时代文明实践站、村级宣传栏及制陶馆教育实践基地等平台，践行社会主义核心价值观。二是教育事业稳步发展。大力推进农村中小学教育水平，不断改善农村小学的教学环境，提高办学条件，不断提升教育督导责任意识，确实加强教育督导在学校和教师中发挥的重要作用，进一步提升农村中小学的教育水平。三是公共卫生和医疗水平进一步提升。不断强化公共卫生服务体系建设，扎实开展农村食品安全专项整治，加大村卫生室的投入，组织开展白内障、妇科病等义诊活动，受益人数达6000人次，解决农民看病难看病贵的问题。四是大力开展农村环境卫生整治。利用周六“双创双修日”开展常态化环境卫生整治工作，2020年，全镇集中开展环境卫生综合整治39次，发动群众1.96万人次，清理卫生死角642处，清理垃圾11463吨。五是加强农村生活污水治理。完成全镇12个行政村生活污水和黑臭水体排查录入工作，协助县生态环境局推进牙营村、山竹沟村委会老村、青坎村污水处理设施建设和鸡心村污水处理设施改造。六是持续推进农村厕所革命和防渗漏工作。2020年，全镇农村厕所改造完成改厕户数共1076户（含2019年危改配建252户）。已完成验收合格且整理一户一档材料共1076户。已拨付补助金额222.25万元，拨付率95.63%。2020年化粪池防渗漏改造下达任务数300户，已全部竣工，经镇级初验后已申报住建局待抽验211户，镇已验收合格280户并拨付防渗漏资金44.56万元，拨付率74.27%。七是推进省级卫生村创建。在山竹沟、水富、牙营3个省级卫生村的基础上，又成功创建了香岭、孔车2个省级卫生村，2020年鸡心村也申报了省级卫生村的创建。八是增加环卫、公共保洁设施的配备。新增3辆垃圾转运车辆，各村共增加公益性岗位保洁员20人，进一步强化卫生环境常态化管理。九是坚持绿色发展理念。积极开展绿化宝岛行动，种植木棉树、三角梅、花梨木等苗木1万余株。

【社会治安综合治理】2020年，石碌镇紧紧围绕建设平安、富裕、生态、文明石碌的总体目标，积极开展扫黑除恶专项斗争，大力开展社会矛盾纠纷排查化解，着力创新社会治安、完善社会服务，社会综合治理各项工作任务得到全面落实，综治工作取得明显成效。一是大力开展扫黑除恶专项斗争工作。严格查处治安案件，坚决与黄某发黑社会性质组织划清界限，1000多名党员干部及公职人员签订拒黑去恶承诺书，协助县委、县政府完成对黄某发在石碌镇的不法资产清查。二是健全矛盾纠纷排查调处机制，大力宣传法律法规。成功调处矛盾纠纷300多宗，有效维护石碌社会治安，营造良好的营商环境，荣获省信访局授予“人民满意窗口”先进单位荣誉称号。全镇悬挂法治标语81条，宣传栏内容更换15块，发放各种宣传资料5500册，举办法治宣传讲座17场次，普法培训6场次，设立法律咨询点9场次，受教育人数达1万人次。三是加强刑满释放人员安置帮教、社区矫正工作。全镇刑满释放人员在册327名，社区矫正累计接收332人，累计解除280人。四是健全禁毒管理工作机制。严格管理吸毒人员，有效遏制在册吸毒人员，不出现复吸。荣获省委办公厅、省政府办公厅授予全省禁毒三年大会战“先进集体”荣誉称号。五是加强安全生产宣传防护，禁止燃放烟火爆竹。全年发放禁放烟花爆竹宣传手册800余份，悬挂横幅22条，拉网式排查2次。六是做好森林防灭火工作。全年开展森林防灭火宣传教育，发放宣传手册2000余份，悬挂宣传横幅58条，宣传车广播2600余次，张贴禁烧标语110张。七是做好防灾减灾日工作。开展防灾减灾日活动，共发放防灾减灾科普手册5000份，悬挂宣传横幅56条。八是开展医疗纠纷调处工作。截至11月，海南省医疗纠纷调解委员会昌江工作站共受理医疗纠纷8件，为患者争取赔偿1.4万余元。此外，全年未发生一起重大恶性刑事治安案件，未发生一起重特大交通事故和火灾事故，未发生一起重大群体性事件，有效地维护了石碌地区的和谐稳定，为石碌经济社会稳定发展营造了良好的社会环境。

（邵海娇）

十月田镇

【概况】十月田镇是昌江黎族自治县一个少数民族乡镇，全镇土地面积228.95平方公里，耕地总面积137515.5亩。交通便捷，地理位置优越。下辖11个村、1个社区、32个自然村，全镇总户数7904户，总人口28504人，2020年人均收入15563元。十月田镇是发展高效热带农业的黄金区域，主要农作物为圣女果、香水菠萝、甘蔗、毛豆等，素有瓜果飘香十月田之称，是昌江县乃至全省重要的农业生产基地。2020年，在县委、县政府的正确领导下，坚持以习近平新时代中国特色社会主义思想为指导，紧紧围绕党的十九届四中、五中全会、习近平总书记“4·13”(习近平在庆祝海南建省办特区30周年纪念大会上的讲话)重要讲话、中央12号和《海南自由贸易港建设总体方案》文件精神，以及省委七届八次全会精神、县委决策部署，积极应对“三个大考”、答好“三张答卷”，全力推动十月田镇经济社会稳定发展。获全省打赢脱贫攻坚战先进集体、全省乡镇大比武成绩名列前茅、全县双创双修和社会文明大行动第一名，镇退役军人服务站荣获“全国示范型退役军人服务中心(站)”荣誉。

【基层党建】年内，召开4次基层党建工作专题会，先后组织开展督查指导6次，建立问题台账13份，约谈提醒党组织负责人6名，举办3期党务知识培训班。提前谋划村“两委”换届工作，积极物色高学历年轻干部，确保选出新班子、换出新气象。打造好清村省级农村党建示范点，以点带面探索打造才地、王炸、塘坊等党建示范点的建设，以“党建+基地”的模式，新建3个党员创业基地，使党支部成为促进脱贫攻坚与乡村产业振兴有效衔接的坚强堡垒，组建16支党员新冠肺炎疫情防控先锋队，党旗在疫情防控一线高高飘扬，响应县委、县政府的“聚四方之才、促乡村振兴”战略，招聘的11名村务专员，成为访农户、听民意、解民忧中坚力量。充分发挥习近平新时代中国特色社会主义思想讲堂作用，邀请该镇的全国劳模、最美退役军人、脱贫之星等授课 56 次，用通俗易懂的话语将党和国家的政策带到基层、进社区、入村头，设立“讲师榜”、评选“优秀学员”，以讲学促实干，凝聚广大党员群众力量，使讲堂逐渐成为党员群众党性洗礼、建言献策、凝心聚力的精神家园。

【经济社会】疫情防控期间，镇党委坚守初心、勇担使命，充分发挥“领头羊”和战斗堡垒的作用，设立防控关卡点 32 个，充分发挥党员率先垂范作用，全镇 500 余名党员干部积极参与，收集报送人员排查信息 1 万余条，排查出有省外县外旅居史人员 2180 人，保障了辖区广大人民群众的身体健康和生命安全。疫情期间，南瓜、冬瓜、泡椒等农产品在省邮政管理局等定点帮扶单位的帮助下累计销售约 5 万公斤。为减少疫情对群众增收的影响，通过生产队电商、社区团购等线上平台，将土鸡蛋、玉米、百香果、火龙果等优质农产品销往海口椰海新城、滨江新苑等 268 个住宅小区中，减少疫情带来的损失，通过线上平台销售农产品 10 万余公斤、蛋类产品 2 万余个，帮助 100 多户农民销售农产品，累计销售金额 80 万元。为了保障农产品运输通畅，积极对接做好海南冬季瓜果菜采购应急补贴及奖励的前期工作，帮助出具通行证，建立收购商微信服务群，安排人员 24 小时蹲守农产品检测站和姜园村冷库开具检测单，提高收购商到镇收购瓜果菜的积极性，累计帮助收购商开具 1000 多张检测单，补贴期间镇冬季瓜果菜出岛量达到 1275 车、22512 吨。

【脱贫成果】一是“两不愁三保障”基本解决。义务教育保障方面，全镇适龄学生义务教育教育补贴按时发放到位，送教上门 6 人；基本医疗保障方面，全镇 858 户 3883 人参保全覆盖；医疗报销 112 人，报销比例已达到至少 90%以上；住房安全保障方面，全镇 858 户贫困户住房鉴定均为安全等级；饮水安全保障方面，每个行政村配备至少 1 名饮用水管理员，经县水务中心对各村定期进行饮用水达标检测、设备维护和进行水塔清理，饮用水安全达标；兜底保障方面，建立临时救助备用金制度，对符合条件的家庭开展小额临时救助，已发放临时救助 55 户 193 人，155150 元（贫困户临时救助 22 户 78 人），其中县级临时救助 20 户 86 人，99500 元（贫困户 8 户 32 人 39500 元），镇级临时救助 35 户 107 人，55650 元（贫困户 14 户 46 人，22260 元）。二是积极开展消费扶贫。坚持“以购代买”“以买带帮”搭建贫困户消费平台，通过开展一系列镇、村级消费扶贫活动，帮助贫困户增收，全年开展镇级消费扶贫活动 3 场，村级 41 场，合计消费金额 24.318 万元。三是“产业 + 就业”，实现高质量脱贫。产业扶贫方面，扶贫小额贷款覆盖率达到 52.71%，超过全省平均水平。2019 年入股海南三度生态农业科技有限公司昌江分公司 706 户 3162 人，270.14 万元；村集体经济产业发展资金 300 万元，企业带贫覆盖率达 100%；就业扶贫方面，全镇贫困劳动力外出务工人数 2276 人，相比 2019 年同期增长 15.5%，实现“零就业”贫困家庭全面消除，发放务工奖补 526 人，金额 101.5 万元；安排公益岗位保洁员 89 人、护林员 5 人、水利管理员 88 人。创新开设脱贫攻坚惠农超市，将扶贫由简单“输血”向增强贫困群众“造血”的功能转变，实现精神与物质“双脱贫”。2020 年全镇贫困户人均收入达到 1.5 万元，走在全县前列。

【农业发展】打造香水菠萝万亩示范基地，建成新希望万头生猪养殖基地、千亩火龙果示范生态园区，基地采摘、共享农庄和花卉产业等第三产业蓬勃发展，好清村香水菠萝、保平村毛豆、姜园圣女果 3 个全国“一村一品”示范村带动作用逐步凸显，红肉菠萝蜜、红心火龙果、雪古丽牛奶酸奶在冬交会上备受消费者青睐，正在逐步形成一、二、三产业融合发展的新格局。在全县率先开展数字乡村试点建设工作，根据易推广、好复制、可借鉴的原则，建成 10 个数字乡村试点，覆盖了柚子、火龙果等特色产业，数字乡村农业服务平台开展应用在试点农业基地，引进了一批风速器、雨水采器、空气采集器、土壤测肥仪等现代化农业设施，精准采集农业基地的物候大数据，有效帮助农户通过数字信息手段管理基地种植，解决传统农业在生产和销售过程中的痛点，助力全镇农业发展不断向现代化、科学化、标准化迈进。十月田镇数字农业设备展示区受到海南卫视深度报道，提供数字技术赋能乡村振兴十月田示范样板。

【农村电商】依托十月田互联网农业小镇拓宽农产品销售渠道，全年举办 8 场直播带货活动，销售额 186 万元；举办线上促销活动 38 场，线下促销活动 8 场，交易额达 883 万元；以十月田互联网农业小镇为中心，服务网辐射到乌烈、昌化、海尾、叉河、石碌等 6 个乡镇农业基地 100 余个，有效帮扶农户和贫困户对象 500 余户，三红蜜柚、姜园圣女果、香水菠萝、盖咭果等全县各地优质特色农产品搭乘“网络快车”，销往北京、上海、广州等大城市，全年各类农产品销售额超过 8000 万元。开展 100 余场电商启蒙培训班，培训人数超过 1500 人次，发掘扶持 18 位年轻村民成为电商“新农人”。十月田互联网农业小镇运营商入选 2019 年全国电商精准扶贫典型案例 50 佳，海南省电视夜校第 196 期播出十月田互联网农业小镇助农增收专题片。

【农村人居环境】建立“户清扫、村收集、镇转运、县处理”农村垃圾治理清运机制，配备保洁员 201 名，设置农村垃圾收集点 137 个，12 个村（居）生活垃圾均达到“日产日清”，实现所有村庄卫生清扫保洁收运体系全覆盖。全面铺开污水排放管网建设，行政村污水排放管网覆盖率 72%。完成厕所改造 866 个，指标完成率 102%，防渗漏任务 200 个，厕所粪污基本得到处理，全镇卫生厕所普及率达到 99%以上，无害化卫生厕所普及率达到 95%以上。常态化开展文明户、卫生户、最美庭院评比，采取授牌、奖品、广播、红黑榜等方式激励广大群众参与人居环境整治，全镇 7000 余户农户“门前三包”“三要三不要”责任牌全部上墙，动员村民全程参与农村环境整治全过程，形成人人比文明、户户比清洁的乡风文明新风尚。打造好清村委会椰子村为垃圾分类示范村，将垃圾分类纳入村规民约，设立 4 个垃圾分类屋，给椰子村全部村民都配备了垃圾分类桶，发放 1000 余份垃圾分类宣传册，“垃圾分一分，环境美十分”的生活方式逐渐成为村民的一种习惯。王炸龙舟女队代表海南省参加全国少数民族运动会比赛，南岭村获省级民主法治示范村，波兰沟、椰子村、三拉村获县文明村庄，全省农村生活污水治理现场推进会在南岭村、青山村召开，南岭二组厕改和环境卫生成效荣登海南新闻联播的专题红榜，得到了全国人大调研组、省政协主席毛万春、省委副书记李军的点赞。

【民生基础设施】投入 80 万元，对 900 米石昌线人行道修复，为居民群众的出行提供了安全与方便，也让镇区面貌得到显著改观；分别完成沙田村、姜园村、南岭村排污管网建设，镇区和五丰、青山、才地、万善 5 个污水排放管网工程已进场施工；投入 78 万元在塘坊村新建水利沟桥 2 座、修缮分渠桥 1 座；投入 26 万元修缮万善村 900 米排水沟；投入 50 万元完成塘坊村饮水安全巩固提升工程，受益人口超过 1600 人，投入 76 万元，完成才地村供水管网改造工程，受益人口超过 800 人。

【监督管理】以政治建设为统领，始终把监督挺在前面，推动定位向监督聚焦，责任向监督压实，力量向监督倾斜，紧盯关键人关键处关键事关键时，努力当好全镇政治生态“护林员”，推动了全面从严治党向纵深发展，镇村党员干部政治站位明显提高，政治责任明显压实。全年受理各类信访举报 4 件，共对 18 件问题线索进行初步核实处置，初核了结 3 件，转立案 15 件，给予党纪政务处分 8 件 9 人，追缴相关违纪款 86915 元。通报疫情防控领域党员干部 2 起 9 人；开展扶贫领域、公共工程领域常态化监督 26 次，发现问题 37 个；开展谈话提醒 15 人次和诫勉谈话 5 人次，抓早抓小、动辄则咎的常态化管理态势初步建立。

【农村矛盾纠纷化解】加大对村民法律法规及典型案例的宣传力度，选择农业法、农村土地承包法等涉农法律开展专项宣传活动，提高普法针对性，将常见、典型的调解纠纷以“以案释法”进行宣传教育，做好相关解惑释疑工作，让群众熟悉有关的调解流程及调解制度，引导村民通过正确的调解方式解决矛盾纠纷，保障和促进了十月田镇经济和社会持续平稳健康发展。全年受理信访15宗，均受理并已办结，共排查19件，调解成功16件。全年各村（居）未排查出重大复杂矛盾纠纷，未发生重大民转刑案件命案、千人以上重大矛盾纠纷和因矛盾纠纷引发的重大群体性事件。印发法治政府建设宣传资料250多份；利用节假日，在镇人口集中地方举办法律咨询日活动4场；张贴法律宣传标语30多条；制作横幅30多条，正确引导舆论、凝聚社会共识，营造全社会关心、支持和参与法治政府建设的良好氛围。

【生态文明建设】深入推进生态环境六大专项整治行动，持续加大农村违法用地、违法建筑整治，生态保护红线内、交通道路及河道两旁违法用地、违法建筑整治，整体拆除“两违”建筑199宗，面积超过3万平方米。将镇域内49处江、河、沟、水库、水坝等水体落实到各级河长上，建立14位镇级河长至少一月一巡、10名村级河长一周一巡、19名河道管理员一日一巡工作制度；有针对性地对水域开展“清四乱”专项行动，全年对存在的乱占、乱采、乱堆、乱建等河湖管理保护突出问题进行清理整治共5次，绿水行动3次，打捞河道漂浮物，水葫芦等水生植物60余车，保护了水资源，基本实现“河畅、水清、岸绿、景美”的愿景；2020年累计开展4次打击非法采砂专项行动，其中5月31日联合县综合执法局在青山村抓获非法采砂人员2名，缴获4辆东风卡车、2部抽砂机，进一步打击了非法采砂的嚣张气焰。设立15个森林防火防控点，安排485人日常开展森林防火巡逻工作，森林防火风险隐患点及网格化排查小组人员共有425人对重点隐患点进行排查；采用多种形式进行防火宣传，主要利用2辆流动宣传车、2个手提音响沿公路及各个村进行不间断宣传，在各村重点林区、山地悬挂宣传条幅182条、发放森林防火知识宣传册4213份。

（文　新）

叉河镇

【概况】叉河镇处于昌江黎族自治县西南部，东接太坡与石碌镇，南以东方市交界，西抵昌化江，北与十月田镇相邻，与县城石碌相距12千米。全镇地域面积100平方公里，耕地面积2.1万亩。辖1个社区，7个行政村，14个自然村，32个村民小组。2020年有人口4252户、15890人，农村常住人口2650户、11250人，建档立卡贫困户433户1863人。叉河镇共设有党组织12个，其中基层党委1个，辖有8个村级组织党支部3个机关党支部，叉河镇共有党员509人，正式党员489人。镇内单位有叉河镇人民政府、司法所、检察院、派出所、财政所、工商所、南方电网（供电所）。镇内配套设施完善，卫生院、公交站、市场、学校、各类商铺40多家。全镇公路通达率达100%，畅通率达95%，海榆西线公路、环岛西线高速公路、粤海铁路贯穿全镇，交通十分便利。昌化江、石碌河、青山河蜿蜒流经全镇，具有丰富的花岗岩、石灰岩等矿产资源，自然条件优越。现有海螺、华润、华盛水泥等企业21家，其中规模以上企业8家，从业人员2000多人，工业较为发达，是昌江循环经济工业园区的所在地，更是昌江乃至海南西部的工业重镇。

【经济发展】狠抓各项工作的落实，通过全镇广大干部职工的共同努力，各项工作稳步推进，全镇经济保持了快速健康的发展势头，为“十四五”规划起好步、开好局打下良好基础。2020年，叉河镇以发展工业产业为主导，劳务输出为辅助，实现农业总产值约2457万元，务工人员达5400余人次，劳务输出收入人均3.5万元，全镇农民人均纯收入达到1.7万元以上。

【农业产业化】 2020年全力推进经济发展，产业转型实现新突破。提出发展椰子、红心菠萝蜜、南瓜、地瓜“两树两瓜”战略，打造叉河村、红阳村“两个一百亩”红心菠萝蜜基地和椰子基地，坎头村50亩椰子基地也基本建成，全镇椰子树、红心菠萝蜜、南瓜和地瓜种植面积分别达6510亩、500亩、8250亩、1000亩。昌江南方农业综合开发有限公司完成椰子种植150亩，建成老烈椰子产业庭院经济示范村。引导7个村将325万元集体产业扶持资金投入扶贫企业，享受年化率10%的产业分红，解决“空壳村”问题。

【脱贫攻坚】 面对突如其来的新冠肺炎疫情，叉河镇将疫情防控工作作为影响2020年脱贫攻坚收官质量的最大影响因素，尽最大努力帮助群众特别是贫困户克服疫情影响。开发公益性岗位，解决贫困户务工难题。联合县就业服务中心在2月、6月分别开发两批用工3个月的临时公益性岗位，帮助解决92名贫困户、10名边缘户和6名一般户每月增收1216元，缓解困难群众疫情期间收入降低造成的影响。同时，还与县就业服务中心联合开发了32个长期公益性岗位，帮助解决不便外出务工的贫困户就业问题。进一步压紧压实扶贫对象动态管理工作，对全镇433户1863名建档立卡贫困户、13户42人边缘户进行全面核查，新增以及恢复14户32人低保，做到应保尽保。在帮助全镇433户1863名贫困户和13户42名边缘户以及非建档立卡、低保、特困重度一二级残疾2983人购买防贫综合保险的基础上，发动全镇11250名常住人口购买防贫综合保险，提高全镇人民增强抵御因灾、因病等意外风险返贫致贫的能力。在打响小额信贷逾期率“清零”攻坚战，并圆满实现“清零”目标的同时，发动帮扶责任人进村入户开展金融扶贫宣传工作，带领189户有意愿且符合条件的贫困户进行小额信贷，解决农业生产遇到的困难。

【城乡环境综合整治】 狠抓落实，要求全镇干部在思想认识上务必高度重视，全力开展人居环境集中整治工作，形成驻村领导包干负责，驻村镇干部及村干部齐抓共管整治的良好局面。加强基础设施建设落实“两个早三统一”工作法，加速推进36栋危房改造，帮助群众全部实现高质量入住。持续推进厕所革命，完成改厕任务750个，推进厕所防渗漏改造150个，保证群众都能用上健康放心的卫生间。爱护环境宣传标语约1600多条，在各村村委会及要道口悬挂，对环境差的个别户，集中队伍突击整治并开展思想引导教育。制定网格化分片责任制，严格要求各村按责任区域对周边是否还存在垃圾围村或历史存量垃圾进行常态化巡查。各村完成通村道路、入户道路建设、公共照明设施基本覆盖。每个行政村（居）委会都配备垃圾桶；根据各村庄规模及人口数量，配置镇级保洁员68人，村庄保洁员（含公益性岗位保洁员）85人，共计153人；全镇共配置垃圾清运车2辆、清洁洒水车1辆、电动巡逻车2辆、电动高压清洗车2辆、电动环卫车40辆。

【美丽乡村】 2020年，继续推进排岸村美丽乡村建设，紧扣全域旅游发展理念，贯彻落实省委省政府“美丽海南百镇千村”建设要求，配合县委县政府高质量打造排岸村、红薯地村、范地村3个美丽乡村培植壮大排岸木棉旅游景观，成功协办全省少数民族特色村寨现场会和全省花卉产业和城市绿化工作现场会，排岸村“中国少数民族特色村寨”“森林乡村”“三椰级乡村旅游点”的招牌越擦越亮，成为昌江旅游必去的网红打卡点，在旅游旺季日均接待游客超3000人次。

【民生工程】 结合实际制定工作方案，认真审查研究落实措施，2020年叉河镇民生工程稳步推进，加快村社道路硬化建设，已完成通往各村社的主路硬化，不断改善交通条件方便群众生产生活。为解决农村饮水问题，在叉河镇老羊田村实施农村饮水安全工程项目建设，项目总投资115.32万元，新建叉河村委会至镇政府和老羊田村输水管道及附属构筑物。改善水尾村的基础设施建设，开始实施排水沟盖板工程项目建设，新建排水边沟盖板2062米、切割混凝土路面2062米，项目总投资48.91万元，彻底解决水尾村的污水排放问题。

【城镇建设】当好科学发展的决策者，高质量推进叉河镇各项工作取得新进展。高质量推进省县重点工程项目建设。协助县委县政府推进垃圾消纳场土地征迁工作，镇党政班子主动到项目建设一线帮助企业解决垃圾消纳场建设过程中遇到的各类突出问题，为加快建设垃圾消纳场奠定基础。推动美丽乡村建设项目，贯彻落实省委省政府“美丽海南百镇千村”建设要求，配合县委县政府高质量打造排岸村、红薯地村、范地村3个美丽乡村；依托排岸村火车木棉景观，引入昌江县第一家成规模旅游民宿、开设第一家昌江玉石展销馆、促成第一家农家超市开业。建成排岸村木棉爱情园和椰子产业基地，开发“晨观日出暮赏霞”“翻山越岭觅初心”等排岸村旅游新玩法，不断提升排岸村旅游体验，延长旅游产业链，助力排岸村荣获“中国少数民族特色村寨”“中国森林乡村”荣誉称号。

【党建工作】将党建工作纳入基层党组织，抓好党建述职评议工作重要考核内容。高质量落实“三会一课”制度，设立9个习近平新时代中国特色社会主义思想讲堂，开办了“不忘初心、牢记使命”主题教育、“潮起海之南，扬帆自贸港”等课程。预备党员及发展对象等专题培训班，率先开设乡镇党建、廉政微信公众号，使党员干部进一步树牢“四个意识”、坚定“四个自信”、做到“两个维护”，干事创业的士气更加激昂。带领50多名党员干部到红色教育基地、警示教育基地学习，鼓励各党支部带领党员到红色教育基地学习，组织班子参加1次庭审，在不断坚定党员理想信念的基础上，筑牢领导干部思想防线。

【干部建设】加强党员干部队伍建设，巩固“不忘初心、牢记使命”专题教育。持续开展“两学一做”常态化制度化，继续推进“勇当先锋、做好表率”专题活动。深入落实“三下沉、三提升，争创五个一流”要求，杜绝“五不为”。严格执行干部夜校制度，每周组织机关党员领导干部至少学习1次，辐射带动各村（社区）党支部结合工作每月至少集中学习一次，并以专题党课、走访调研、警示教育等形式，提升党员干部的党性觉悟。严格按照发展党员的5大环节25个步骤，规范发展党员工作，进一步优化党员队伍结构。

【综治工作】一是打击非法采砂工作。2020年，叉河镇党委政府将打击非法采砂工作列为工作重点之一。在重点路段增设6个太阳能摄像头，利用“天眼”让非法采砂的运输车队无所遁形；联合相关职能部门打击非法采砂30起，烧毁非法抽砂机37台，扣押非法采砂运输车24辆、摩托车4辆以及轿车、铲车、三轮车各1辆，捣毁洗砂点和抽砂点21个，拘留盗采河砂的犯罪嫌疑人11人，有力震慑了非法采砂团伙。此外，还与东方市大田派出所联合打击跨境非法采砂团伙3次，两地携手破除两地属地管理的制约，有效保护了昌化江两岸生态环境。二是禁毒工作。2020年，叉河镇禁毒工作在县禁毒委、县禁毒办的领导下，紧紧围绕新的一轮禁毒三年大会战的要求，全面加强禁毒戒治管理、毒品预防宣传教育等工作，努力营造和净化和谐稳定的社会环境，在全镇各部门的积极配合下，禁毒工作持续向好。2020年，开展禁毒宣传活动4次，张贴海报30张，悬挂横幅15条，摆放宣传禁毒展板5块，发放各种禁毒宣传资料2000余份，充分调动了全镇广大人民群众参与禁毒，遏制新吸毒人员滋生，落实毒品预防宣传教育、打击毒品违法犯罪，营造了良好的禁毒工作环境。

（陈　威）

乌烈镇

【概况】乌烈镇位于县城西北部，距县城 38 公里，东连十月田镇，西与昌化镇接壤，西北与海尾镇毗邻，南临昌化江与东方市相望。石昌公路和西环高铁穿镇而过，交通四通八达，区位优势突出，是周边几个乡镇的小商品及农产品交易集散地，也是昌江县第二大人流乡镇，被评为 2020 年省级卫生乡镇。乌烈镇辖区总面积 89 平方公里，人口密集，黎族与汉族杂居分布，下辖 7 个行政村、143 个村民小组，有 6700 多户，总人口 3.3 万多人。峨港村为中国最大的黎族村。2020 年，城镇居民人均可支配收入 35781 元，农民人均收入 17549 元。

【基层党建】一是以压实党建责任为根本，党建工作取得新成效。首先职责落实到位。镇委书记作为党建工作第一责任人，始终坚持把责任放在心上、抓在手上、落实在行动上，带头执行各项党建工作制度。主持召开 6 次党委会议部署党建工作，听取党建工作汇报 3 次，班子成员每人联系 1 个党支部。其次班子成员认真履行“一岗双责”，强化党风廉政教育，筑牢思想防线。组织镇（村）党员干部、村民小组长等分 12 批次，800 多人次参观了警示教育巡回展、警示教育基地、观看警示教育片。2020 年，开展了 35 次专项检查，其中疫情防控 9 次、复工复产 4 次、脱贫攻坚 7 次、“四议两公开”2 次、纠治“四风”5 次、乱占耕地建房 4 次。全年共立案审查 7 件 11 人，其中，给予开除党籍 2 人，给予党内严重警告 2 人，给予党内警告 7 人，追回涉案款 235593 元。2020 年，组织各支部党员召开扫黑除恶打伞“大警示、大研讨、大反思、大整治、大提升”专题组织生活会 10 次，上党课 25 人次，利用习近平新时代中国特色社会主义思想讲堂宣讲 29 场次，受众 761 人次，开展“两学一做”学习教育活动 126 次。二是以组织建设为己任，党建基础逐渐夯实。首先抓好年轻后备干部队伍建设，坚持“讲政治、守规矩、重品行、有本事、敢担当”的标准，从村“两委”成员、监委会成员、退伍军人、未就业大中专毕业生中选拔村级后备干部 52 名，提拔重用 4 名主任科员，完成全镇 73 名村“两委”干部的联审工作；按照“成熟一个发展一个”的原则，2020 年共发展 10 名预备党员，其中机关党员 5 名、农村党员 5 名，13 名预备党员顺利全部转正。三是以日常工作为着力点，党建工作逐步规范化常态化。首先深入推进“两学一做”学习教育常态化制度化，年初制定学习教育计划，每周三组织镇党员干部职工开展集中学习，全年共组织集中学习 32 次，自主学习 8 次；抓好党费收缴，2020 年收缴党费共计 37012 元，党费存款与开户银行核对，票据相符、账款相等。利用春节、“七一”慰问困难党员工作。共走访慰问困难党员 45 人，送上慰问金 2.45 万元、慰问品价值 9000 元，帮助他们解决实际困难和问题 7 条，听取党员群众的意见建议 9 条。

【经济发展】一是以产业结构调整为抓手，不断培育壮大特色种养产业。乌烈羊、白石黑米等品牌农业进一步打响。“黎乡花海”聚源三角梅花卉公园等 7 家大型花卉产业蓬勃发展。乌烈小黄牛养殖产业等养殖规模进一步扩大。峨港粮仓民宿项目迎来开张试业。峨沟村芒果产业遍地开花，家家户户都有自己的芒果园。以峨沟村为试点，结合“互联网 +”模式，“线上销售、线下展示”的方式进行推进电子商务进农村工作，实现电商点对点省内销售 6 批次 7740 公斤，省外依托邮政物流快递 40 件 400 公斤，销售额合计收入 7.6 万元。“一村一品”产业不断发展，如纳凤村种植火龙果面积不断扩大，种植面积将近 2500 亩，同比增长 20%，白石黑米、花生形成特色。二是以招商引资为突破，创造经济发展新动力。发挥乌烈田洋3.2 多万亩农业优势，吸引海南著名企业海南农垦公司等落户乌烈田洋，可实现日用工 200 人以上，让老百姓实现家门口打工。实现“棋子湾·山海泉”二期项目（乌烈镇综合农贸市场）落户。三是以打造良好营商环境为基础，经济发展更加坚强保障。2020 年，全镇张贴发放各类扫黑除恶公告宣传资料等 2.3 万份，悬挂条幅120条等，查处团伙，营商环境进一步良好。坚决抓好“禁毒三年攻坚”。坚持对禁毒工作常抓不懈、警钟长鸣，利用“宣传月”期间发放禁毒小知识画册685本，挂横幅16条，组织400余人收看禁毒宣讲课。

【社会治理】一是以生态文明建设为保障。深入推进生态环境六大专项整治行动取得良好成效。依法处置“两违”图斑897宗，面积达143394平方米，排在全县前列。配合执法部门打击非法囤砂3次，扣押河砂234立方米，有效遏制了非法囤砂行为。二是重点推进厕所革命。认真落实全省全县人居环境整治暨厕所革命会议精神，层层压实责任。2020年，完成厕改647户，各工作都在有序推进中。长塘、纳凤村已经完成农村生活污水项目改造并通过验收。乌烈镇区污水无害化处理项目顺利入场施工，已完成主管网铺设工作。三是以社会文明大行动为着力点，人居环境进一步改善。协调县综合执法局、县交警大队、县市场监督管理局等部门联合开展对镇区主街道乱停乱摆乱放“三乱”进行集中整治。利用每周六“双创双修日”，定期组织开展卫生大整治。全年共整治占道经营300余起，摊点200余处，乱堆乱放500余处，清理小广告1000余起。各村拆除巷道近60余条。积极开展村庄绿化行动，开展路边绿化、巷道绿化、庭院绿化等“三化”行动，进一步美化家园，完成绿化种植约1560亩。四是以改善民生为首要任务，人民群众幸福感增加。2020年，继续加大财政投入力度，加强对水利、交通等基础设施网络建设。投入1600多万元顺利实施了全镇11个基础设施项目。11个项目已完成竣工项目5个，正在施工3个，准备入场3个。全年接访48件，接访群众近200余人次，已答复48件。五是疫情防控和复工复产相结合。疫情前期通过疫情防控宣传、舆论引导，发动广大党员干部群众全面参与疫情防控。全镇共出动宣传车300余车次，拉挂横幅100余条，成立8支宣传巡逻队。疫情后期以镇农业服务中心等干部组成的农业指导队伍，深入各村田地里实地指导春耕，联合县就业服务中心，为农户提供更多的就业岗位及免费返城巴士，鼓励农民工外出务工，全镇接送外出务工的农民工一共有300多人，指导镇区50多家企业做好防控，及时恢复经营。

（李志武）

昌化镇

【概况】昌化镇位于昌江县的西南部，昌化江入海口的北岸，南隔昌化江与东方市相望，东与乌烈镇接壤，北与海尾镇相连，西南、西北濒临北部湾。总面积125.87平方公里，海岸线长14.216公里，水域面积290平方公里。下辖昌化、昌田2个社区，昌农、咸田、昌城、杨柳、旧县、新城、浪炳、黄姜、耐村、光田、大风、先田12个村，22个自然村。全镇总户数7284户，总人口29272人。

昌化镇为滨海沙地平原地带，地势东高西低，属典型的干湿交替的热带季风气候区，但又受大陆性气候的影响，因此具有明显的大陆性气候特点，冬季盛行东北季风，夏季盛行东南季风，阳光充足，热量丰富，干湿季节明显，年平均气温25摄氏度，年平均降水量为900—1200毫米，属严重干旱地区。全镇现有蓄水工程3宗，主要有先南水库、靛村水杯、光田水陂，设计灌溉面积8500多亩，全镇农业用水主要来源于大广坝道隆支渠、昌城支渠、乌烈支渠，昌化镇段总长17.36公里，基本能满足农业用水。

昌化镇资源丰富，耕地面积45990.52亩，水田面积19386.29亩，旱地面积26604.23亩；森林面积6.9万亩，其中海防林面积5.25万亩。海洋资源丰富，昌化渔港是昌化江出海口的自然避风港，是著名的南海北部湾昌化渔场主要渔港，渔业资源主要鱼类有鲳鱼、马鲛鱼、鲨鱼、石斑鱼、带鱼、红鱼等30多种，近海具有海白螺、螃蟹、沙虫等品牌资源，但因昌化渔港长时间未改造升级，加上海沙淤积，大船无法停靠，昌化渔港日渐萧条，昌化镇积极对接县级职能部门，加大人力物力投入，对昌化渔港进行升级改造。旅游资源丰富，开发潜力巨大，是昌江县发展旅游业重镇，也是昌江县“春赏木棉红、夏品芒果香、秋游棋子湾、冬登霸王岭”全季全域旅游的重要一环，依托“海南十大最美海湾之一”的棋子湾和昌化江入海口风景带、昌化岭、昌化峻灵皇庙、赵鼎衣冠墓、治平寺碑、古昌城遗址、新城旧址等，每逢节假日吸引众多游客。

昌化镇交通区位优势明显。陆上交通发达便捷，现已建成的棋子湾旅游公路、棋子湾路网、311 省道、701 县道等多条交通干道，地处正在建设的环岛旅游公路、昌化江沿江旅游公路交会点。水上交通潜力巨大，昌化沿江沿海，地处昌化江入海口，面朝北部湾，昌化江中下游正在开展河道疏浚项目，将力促大型船舶通过。此外，昌化镇正在与吉利集团谋划，携手推进飞行汽车项目，打造低空领域旅游和通勤交通新模式。

【党建工作】一是思想建设全面加强。始终高度重视加强理论武装，坚持定期召开党委理论中心组学习会，推进“两学一做”学习教育常态化制度化，抓实政治学习，重点深化对党的十九届五中全会精神的理解，强化对习近平总书记“4·13”重要讲话和中央 12 号文件精神的领悟。全年开展理论中心组集中学习 12 次，举办“两学一做”学习教育 39 期，运用习近平新时代中国特色社会主义思想大讲堂、新时代文明实践站在全镇开展系列学习宣讲活动，不断掀起理论学习的热潮，促使党员干部的理论素养和政治水平有新的提升，树牢“四个意识”、坚定“四个自信”、做到“两个维护”的政治自觉进一步增强。二是基层基础不断夯实。始终坚持以党建工作统领全局，不断夯实党建基础，努力推动基层党建工作再上新台阶。多措并举整顿转化旧县村、黄姜村、畜牧场 3 个软弱涣散基层党组织，完成转撤并粮供、邮卫、水产、昌城企事业 4 个存在弱化、虚化、边缘化问题的基层党组织，充分发挥基层党组织的战斗堡垒作用。积极推行“四议两公开”工作法，全镇运用“四议两公开”完成各类重要事项 57 次；严格落实“一核两委一会”乡村治理结构，建立健全 6 个村（居）务协商会，推动打造民事民议、民事民办、民事民管的多层次协商格局。三是党风廉政取得实效。坚持贯彻落实党风廉政建设责任制，以“钉钉子”精神抓作风建设。全年开展明察暗访和交叉检查 8 次，运用监督执纪“四种形态”处理 51 人次，其中立案查处 9 件 15 人。对私分退耕还林款、未认真履职导致惠农惠民补贴超发及新冠肺炎疫情防控期间违反组织纪律的 5 名党员干部给予党内严重警告处分，对因刑事犯罪被判处刑罚的 2 名党员给予开除党籍处分。坚持廉政教育全覆盖，组织廉政观影、体验教育等活动 3 次，召开村级警示教育大会 1 次，以案明纪，反躬自省，不断筑牢党员干部拒腐防变的思想防线。四是队伍建设坚强有力。不断加强党员干部队伍建设，全年发展党员 11 名；储备 4 名发展党员对象、53 名入党积极分子、90 名村级后备干部，完成一级科员至四级主任科员晋升 9 人、中层职务晋升 6 人。高质量做好村务专员招聘工作，从 100 多名高校毕业生中精心选出 14 名人才，通过精细化管理，充分发挥大学生在农村基层的作用。

【经济发展】一是农业规模有提升。始终坚持产业振兴推动乡村振兴的发展理念，集中精力抓住转方式调结构不放松，精准发力，推动产业发展提质增效。加大力度招商引资，推进土地流转，探索“企业 + 农户”的新型生产模式，打造昌江棋子湾万亩花卉产业园，已完成种植 1500 亩，杨柳春火龙果基地（800 亩）、西沙诺丽果种植基地（320 亩）、旧县村水稻、毛豆种植基地（1000 亩）等，带动农村发展，农民增收。大力扶持本地产业发展，扶贫企业大风田园养鸽合作社发展势头良好，在大风和石碌有 2 家养鸽场，养殖规模达 2.5 万对。开展扶贫工作以来，共吸纳 65 户贫困户入股，分红 112.0728 万元。大力推进番薯绿色高质高效项目，引导发动村民沿昌化江边种植番薯，已种植番薯 2500 多亩，一方面起到遏制非法采砂乱象和防沙固沙作用，另一方面促进村民增收。二是重点项目有突破。推进实施美丽乡村建设项目 3 个，边境资金项目3个，扶贫资金项目3个，县人大代表建议、政协委员提案办理经费项目2个，积极配合相关职能部门开展电缆下地项目和气代柴薪项目。联合河道公司、镇班子领导及沿昌化江边4个村党支部书记成立昌化江下游河口段综合整治工程项目联合临时党支部，全力服务好河道疏浚项目，推进沿昌化江边村庄建设。加速推进昌化卫生院项目前期征地工作，一个月内完成征地迁坟89座，再造“昌化速度”。

【城乡治理】一是落实生态建设。深入开展禁塑工作，联合市场监督管理所针对企业、店铺多次开展禁塑检查，全镇使用塑料购物袋、塑料餐具等大幅减少，禁塑工作成效显著。推动“渔船打捞垃圾”昌化渔港试点获得成功，打造“渔民—渔船—渔港—塑料回收利用”社会自愿治理体系；弘扬植树娘子军不畏艰难、勇于创新的精神，植树娘子军用长达三十年的坚守，种植588万株、3.38万亩海防林，在棋子湾海岸带构筑起了一道绿色屏障。在新时代昌化古城文化小镇建设中，不断发动更多党员干部群众向渔民钟强彬、植树娘子军陶凤交等先进典型学习，为昌化发展提供原动力。二是落实双创双修。不断改革创新农村人居生态环境整治管理机制，建立“五脏五乱”自查自纠制度、村（社区）挂图作战机制、“保洁员、河道管理员、水利管理员”联合巡查制度、“户清扫、村收集、镇转运、县处理”农村生活垃圾收运体系和垃圾分类机制，进一步完善管理机制，推进农村人居环境整治工作高效运行。其中“五脏五乱”创新制度被《海南日报》刊发报道。推动垃圾分类试点村庄建设，垃圾分类试点村庄有镇区、黄姜村、咸田村、小寨上村。持续加大垃圾分类相关知识宣传力度，提高群众垃圾分类的意识和知识，努力高质量高标准实现垃圾分类全镇化。2020年7月，昌化镇被评为“国家卫生乡镇”，在2020年度全县社会文明大行动和人居环境整治工作考评中获得第二名的成绩。三是落实专项整治。秉承“绿水青山就是金山银山”的生态理念，全力落实“六大专项整治”工作。加大人力投入，高标准执行县委重要工作部署，强力推进昌化镇水产养殖整治，共清退养殖塘62户958.55亩，推填平整禁养区池塘174.89亩，工作成效受到县委充分肯定。“两违”工作稳步推进，完成“两违”处置线上消斑697宗、整体拆除任务10宗。依法严厉打击非法采砂，联合县公安局和县综合执法局在旧县村口设立打击非法采砂执勤点，实行24小时执勤制度，加大巡查和打击力度，共打击非法采砂行为20起，抓获27人，扣留车辆42辆，非法采砂乱象得到有效遏制。

【脱贫攻坚】全镇建档立卡贫困户310户1481人，已实现全部脱贫退出；边缘易致贫户12户44人；无脱贫监测户。积极开展贫困劳动力零就业家庭清零专项行动，安置就业扶贫公益性岗位130人次。组织贫困户参与6期实用技术培训共306人次，激发贫困户自我发展的内生动力。实施杨柳村生产道路硬化项目等7个脱贫攻坚项目，项目资金577万元，已支出82.56%。组织开展消费扶贫“春风大行动”等12场消费扶贫活动，帮助扶贫合作社和63户贫困户销售农副产品共7.13万元。社会保障兜底扶贫情况。落实各项民政救助，帮扶镇级临时困难救助34户、县级临时困难救助62户、双特医疗救助31户，织密筑牢民生兜底保障安全网，群众获得感、满意度持续提升。

【民生事业】一是安全生产工作。举办“春节及全国两会期间安全生产大检查”“安全生产月”等活动，开展专项检查23次、联合检查16次、消防救援演练7次，设立安全警示牌80余块，悬挂警示横幅100余条，发放宣传手册600余册，全镇安全生产形势和谐稳定。二是民政及各项惠民政策工作。重点加强和推动民生事业发展，不打折扣落实民政救助及各项惠民政策。全镇优抚对象92人，低保户359户884人，长寿老人941人（其中80—89岁772人、90—99岁159人、百岁以上10人）。截至2020年底，医疗救助户数15户，镇级临时困难救助133户；县级临时困难救助64户，双特医疗救助36户。三是综治工作。实行节假日及周末无间歇值班制度，定期排查矛盾纠纷，共调处大小纠纷23起，成功调处20起。收到网访16件，督办16件，督办率100%，群众满意度达92.6%。四是禁毒、扫黑除恶专项斗争工作。在禁毒三年大会战、扫黑除恶专项斗争专项斗争中发挥宣传教育引领作用，开展宣传活动8次，发放宣传资料4200余份，悬挂横幅50余条，干部群众的参与意识明显增强，全社会共建共治共享的氛围逐步形成。五是危改、厕改工作。积极推进“厕所革命”和防渗漏改造工作，已完成县住建局下达的“厕所革命”和防渗漏改造任务数。共完成“厕所革命”建设任务数475户，拨付补助资金129.1万元，拨付率97.12%；完成防渗漏改造400户，拨付补助资金61.84万元，拨付率77.3%。

【疫情防控】 面对突如其来的新冠肺炎疫情，镇委迅速成立疫情防控工作领导小组，带领全镇人民统筹抓好疫情防控和经济社会持续发展。昌城村疫情发生后，第一时间成立由部分领导班子为组员的应急处置组进驻昌城，组建14个党员先锋队在重点路段和各村入口设卡执勤值守，将关口前移抓早抓小，实现确诊病例较早清零并保持零增长，受到县委的充分肯定。利用横幅、流动广播、海报、锣鼓乐队、网络媒体多措并举全方位无死角开展疫情防控宣传，国家、省级、县内多家媒体多次刊发镇疫情防控举措和成效。联合各单位部门检查宾馆、饭店、网吧和公共场所，查处赌博等违法行为，防止群众聚集，疫情防控期间社会治安持续稳定。

【旅游产业】 依托“海南十大最美海湾”之一棋子湾和峻灵王文化的优势，结合“春赏木棉花、夏品芒果香、秋游棋子湾、冬登霸王岭”全季全域旅游活动，创新举措，推进旅游业发展。协助县委宣传部、县旅文局开展好国际旅游消费年活动和“秋游棋子湾、嗨玩西海岸”旅游文化系列活动，打造棋子湾烂漫海角婚纱摄影基地，办好棋子湾全国业余围棋赛，擦亮昌江“全国围棋之乡”的名片。做强峻灵王文化品牌，弘扬峻灵王、过火山等节日文化，推进文化旅游发展。持续推进“腾笼换鸟”战略，利用7所闲置小学引进企业发展特色民宿产业。积极谋划推动旅游公厕、旅游景点标识牌和交通指示牌等旅游基础设施建设，全域旅游配套服务更加优化。

（吴继旺）

海尾镇

【概况】 海尾镇位于昌江县西北部，东与十月田镇接壤，南与乌烈镇、昌化镇相连，西临北部湾，北依珠碧江与儋州市海头镇隔江相望。西环高铁、石海公路、石新公路穿境而过，交通便利。全镇行政区域面积196.7平方公里，其中耕地面积55450亩、水旱田20620亩、坡地34830亩、海防林面积33500亩。拥有43公里之长的海岸线。下辖15个村（社区）、36个自然村，总人口6802户35234人。2020年全镇人均纯收入为13100元。本地区属于热带季风气候，年平均气温偏高。海尾镇有海尾、沙渔塘、新港3个天然渔港，鱼类繁多，主要有马鲛鱼、红鱼、鲤鱼、鲨鱼、石斑鱼等优质鱼类和麒麟菜、江滴菜、海菜等养殖产品，这些渔港地区和海尾湿地公园共同形成了区内丰富的旅游资源。民族以汉族为主，根据聚居分布特点，普通话、军话、村话、儋州话、临高话等多种语言在海尾使用。辖区有卫生院、信用社、派出所（包括海尾边防所、新港边防所、沙渔塘边防所及林场派出所4个所）、工商所、电管站、财政所等企事业单位；有“海南一号能源工程”之称的海南昌江核电厂。

【疫情防控】 一是部门联动，形成合力。疫情期间，镇委、镇政府高度重视，响应县委统一领导，迅速召开会议研究部署作出决策，全镇15个村（居）委会严把疫情输入关、加强源头管控，公安、卫生、市场、民政等部门双管齐下，实现了海尾“0”的战疫成绩。二是多措并举。因疫情影响，五大村哈密瓜、高石塘村百香果、大安村冬瓜等农产品出现滞销，镇委镇政府动员全镇党员干部职工，通过美篇、微信新媒体平台助销等形式，实行点对点订单式销售，解决了农副产品滞销问题。三是开展慰问活动，镇委镇政府购买贫困户农产品慰问防疫一线的公安干警、医务人员和各村党员干部群众。四是统筹抓好疫情防控和复工复产工作，做到“两手抓、两手硬”，确保了企业疫情防控平稳有序、复工复产有条不紊。

【脱贫攻坚】通过支部引领、党员先行、带动群众，实现“支部＋基地＋合作社＋农户”的发展模式，促进农业产业发展，全力打赢脱贫攻坚战。一是按照“户有牌、村有册、镇有簿、县有备案”台账式扶贫管理制度，为全镇226户贫困户建立“一户一档”基础信息簿，制定“两不愁三保障”的脱贫攻坚实施方案，落实机制，确保每户贫困户都能享受教育、医疗、住房、饮水安全及产业扶贫政策。二是在全镇范围开展“六治”工作，通过道德红黑榜、宣传脱贫典型等方式，激发贫困户内生动力，引导贫困户就业。三是政府开发的公益性岗位向贫困户倾斜，使有意愿务工的贫困户都能正常上岗，消除“零就业”家庭，保证贫困户收入稳定。四是通过产业补贴和产业指导员的帮扶模式，帮助贫困户发展农业产业种植，涌现出一批脱贫致富的先进典型。五是通过扶贫资金入股优势企业的方式，实现镇产业扶贫全覆盖同时积极安排贫困户到入股企业参观学习，激发起贫困户的内生动力。

【保障民生】严格实行低保审查工作，取消不符合条件的低保126人，新增低保25人；落实好大病救助、临时救助制度，及时发放救助金；大力宣传，完成新农合缴费和养老保险缴费工作；实施完成危房改造16户；大力推进农村集体产权改革；完成了农村土地经营权登记及流转合同备案。充分运用乡村振兴工作队力量，有效推动乡村振兴工作，积极推进“气代柴薪”“厕所革命”等工作；全部完成了“农村排污”APP注册监测系统。

【项目推进】深化“三下沉、三提升，争创五个一流”活动，党员干部有担当、作表率。一是通过创一流营商环境，有效推动产业项目落地，激发镇经济活力，全面落实中央环保督察、国家海洋督察反馈问题的整改。二是大力开展双创双修和开展社会文明大行动，创造了良好的社会文明氛围。三是做好项目服务保障工作，领导包干完成对国家级湿地公园建设用地；核电三、四期机组临建用地租地和沙渔塘滨海旅游公路交通驿站租地等阶段性工作，为后续工程建设的开展奠定坚实基础；强力推进新港社区美丽乡村和沙地村美丽乡村建设。

【产业发展】一是通过“公司＋合作社＋农户”的方式，引进龙头企业重点发展哈密瓜、火龙果、地瓜等产业，形成规模化的产业格局；已打造成4个万亩基地及4个亿元产业（冬瓜、火龙果、哈密瓜、地瓜），并持续引进新型热带高效产业猫山王榴莲、红龙眼、燕窝果等。二是成功举办了海南甘薯产业园GGAP种植示范基地开垦仪式现场会；在县2020年“扩种养、促务工、增收入”会议上作经验交流，扩种瓜菜总面积达1万多亩。三是大力发展海洋经济，元道公司深海网箱养殖增加投放100多万鱼苗；海尾智慧渔业产业园对标省委、省政府海水养殖的方向和要求，正在全力推进建设中。

【环境卫生整治】充分发挥党员干部先锋模范作用，全面深入开展人居环境卫生整治，贯彻落实“我为加快推进海南自由贸易港建设作贡献”活动，结合美丽乡村项目的推进开展人居环境整治工作。一是通过乡村“大喇叭”移动音箱等对道德“红黑榜”创评结果进行广播公布，倒逼居民改变陋习，大大提升了全镇居民爱卫生、讲文明、自觉遵守村规民约的意识。二是开展100期双创双修和社会文明大行动活动，每周三、周六发动全镇党员干部群众共同投入活动中，针对市场、薄弱村庄和卫生死角重拳出击。三是成立镇级卫生督查办公室，通过日巡周汇报月结季表彰这一套连环功夫，通过“罚单”和“奖单”促进保洁员提升工作积极性。四是党委班子研究制定“治乱”方案，成立由班子成员为组长街道整治组，常态化巡查整治，极大改善了镇容镇貌。五是完成镇区污水管网升级改造工程。同时，“两违”工作强力推进，对2020年镇1390宗“两违”图斑作分类处置，完成了年内下达的各项指标。

【综治维稳】 一是持续全面深入开展扫黑除恶专项斗争和“扫黄打非”工作，多次开展主题宣传活动，发放各种宣传资料。二是继续加大禁毒工作力度，开展吸毒人员管理工作，在学校等场所开展禁毒宣传活动4次。三是完成了“12345”案件处理，成功调解各种矛盾纠纷85起。四是做好重大活动、节假日和突发意外事件维稳工作。同时，做好“三无”船舶专项整治工作。海尾镇依托各村（居）委干部、网格化巡查队员以及“护港员”对全镇范围内水域进行了全面的排查，共排查出“三无”船舶339艘，并按相关政策逐步进行处置。

（吴日平）

七叉镇

【概况】 七叉镇位于昌江县东南部，与县城石碌相距24公里，北至县城石碌镇，东邻霸王岭，西抵昌化江，南与东方市东河镇接壤。全镇面积254平方公里，辖9个行政村、32个自然村，4060户，总人口17616人。共设有11个基层党支部，共有党员569名，其中农村党员504名、少数民族党员527名。自然条件优越，有芒果、蜂蜜、灵芝、花梨木、沉香等优质特产；旅游资源丰富，有昌化江畔木棉红景观、宝山梯田木棉景观、宝山木棉园、七叉温泉、革命洞、信冲洞等自然景观；交通便利，各类基础设施不断完善。2020年，在县委、县政府的正确领导和上级各业务部门的大力支持下，全镇上下以开展扶贫攻坚和创建全国文明城市活动为契机，扎实推进各项工作，经济社会继续保持健康发展。在全省唯一获批全国森林康养基地试点乡镇。

【基层党建】 一是推进“两学一做”学习教育常态化、制度化。年内，组织镇机关党员干部开展集中学习28场次，村级党支部利用“习近平思想讲堂”开展学习教育108场次，央视新闻联播对大章村党支部树头宣讲党的十九届五中全会活动进行报道。二是加强党员干部队伍建设。完成569名党员信息化管理，发展党员7名，培养54名村级后备干部，招聘9名村务专员，强化干部队伍建设。三是发挥组织层面示范带动作用和党员先锋模范作用。11个党支部共组织开展党员志愿者服务活动265场次，开展“加快推进海南自贸港建设”活动83场次。以十星“两委”创建为主要抓手，提升村级党支部服务群众工作水平。2020年，十星“两委”考评，红峰、重合、乙洞、七叉、大仍、大章6个村获得9星，乙劳、尼下、乙在3个村获得8星。

【脱贫攻坚】 一是高质量巩固脱贫成果。9个贫困村及7347名贫困人口全部脱贫退出，脱贫攻坚战取得决定性胜利。在2020年全省乡镇脱贫攻坚大比武中，七叉镇在全省第二组96个乡镇排名19名，全县排名第三名；在全县村级比武中，红峰村获得组内第一名。3个省级定点单位和3个县级定点单位被评为优秀等级。以教育扶贫为题材的电影《穿过雨林》在大仍村完成拍摄，陈君入选昌江十大人物候选人。二是全力抓好复工复产工作。安排公益性岗位268人，组织贫困家庭劳动力外出务工3670人，比2019年增长16%，发放务工奖补310万元。260户贫困户种植泰国8号菠萝蜜1046亩、椰子300亩，发放253户贫困户发展特色种养产业补贴54.96万元。符桂英等3人获得2020年创业脱贫之星；16人获得省级脱贫光荣户，21人获得县级脱贫光荣户。三是举办扶贫消费活动。举办“绿色骑行+扶贫消费”等主题扶贫消费活动11场次，扶贫产品消费金额达16万元。文进平等主要领导在省级新闻媒体推介七叉芒果、蜂蜜等本地特色特产。

【经济发展】一是传统农业效益逐步提升。甘蔗总产量 2.79 万吨，产值 1396 万元；开割橡胶 8600 亩，芒果挂果 5800 亩；养殖霸王岭山鸡 2 万余羽、五脚猪 1800 头；年产蜂蜜 1 万公斤，产值近 200 万元。二是农业产业调整初见成效。因地制宜种植香蕉、辣椒等反季节瓜菜 6000 亩，种植百香果、绿橙、黄皮共计 2600 亩及槟榔 2000 余亩。三是农村集体经济实现跨越发展。农村集体产权改革工作全面完成，9 个村委会投入 500 万元入股公司合作，壮大村集体经济。四是乡村旅游品牌不断壮大。发挥“木棉之乡”资源优势，完善旅游基础配套设施，创新开发“木棉之约”旅游小程序，申请注册 6 个“百年古树”商标。获评全国森林康养基地试点乡镇，乡村旅游产业发展后劲增强。

【人居环境】一是常态化开展人居环境整治，实现生活垃圾“日产日清”。全镇共有保洁员 198 人，其中公益性岗保洁员 99 人，垃圾收集车 3 辆，转运车 1 辆，洒水车 1 辆，拖拉机 1 辆。二是开展环境绿化美化行动。在重点路段种植木棉树 1200 株、三角梅 2 万株，村庄环境日益改善，尼下村至保由村路段被评为全省“美丽农村路”，获得奖励 50 万元。三是开展“双创双修”活动。利用“双创双修日”开展环境卫生集中整治，助力创建全国文明城市。全镇共有公路养护员 11 人，河长 11 人，河道管理员 20 人，水利道班人员 30 人，林长及副林长 94 人。四是开展“厕所革命”，成功举办“全省厕所革命现场会”，完成农村“厕所革命”攻坚建设任务 1247 户和厕所防渗漏 350 户。完成重合、乙在、苗村垃圾分类试点工作，人居环境荣获全县第三名。重合村荣获全省文明村，大章村荣获全国森林乡村，宝山村被评为全省三椰级旅游点。

【基础设施】不断完善基础设施。年内，以水、路、桥、房、厕为重点，提升农民的生产生活质量。一是路网建设。投入 139.23 万元，硬化七叉村、乙洞村道路 2 条 1.4 公里；投入 3352 万元，完成 9 座危桥改造工程。对镇区街道两旁进行彩砖修复，建成“幸福广场”。二是水网建设。投入 170.24 万元扶贫资金，建设乙劳村、乙在村的饮水工程。投入 65 万元完善乙洞村生产供水管网，解决 3000 亩基本农田的灌溉需求。三是危房改造。2020 年全镇共有 41 户危房改造指标，其中贫困户 30 户、低保户 1 户、一般户 10 户，危房改造任务全面完成。同时实行厕所改造，全年完成全部改造任务 41 户。

【民生建设】一是计生、农合等工作得到巩固。2020 年，七叉镇出生人口 149 人，符合法定生育率 96%；完成孕优任务 47 对，人口出生率 8.48‰、出生人口性别比 80%、符合法定生育率等指标均控制在县下达的指标内。农村医疗保险和农村养老保险覆盖面不断扩大，新农合参合人数 14866 人，参合率达 95.6%。二是优抚工作得到加强。2020 年，全镇共有五保户 55 人，孤儿 1 人，复员军人 2 人，烈属 1 人，低保户 308 户 726 人（2020 年新增低保 29 户 84 人），特困户 52 户 55 人，长寿老人 713 人（其中 80—89 岁 648 人，90—99 岁 63 人，百岁以上 2 人）。2020 年双特救助 1 户，救助金额 0.6 万元；危房改造低保户 1 户，共计 6 万元。临时救助 237 户，救助金额 40.766 万元。三是做好职业技能培训和再就业工作，不断拓宽群众就业门路，组织开展种养、维修、水电工、面点制作等培训 24 场，完成农村劳动力转移 3658人次，为群众致富增收创新渠道。四是加快文教事业发展。2020 年考取大学人数为 41 人，联系海南华盛天涯水泥公司、“阳光工程”教育基金、村委会等资助 6.3 万元共同帮助 41 名学子圆大学梦。

【社会管理】一是完成第七次全国人口普查工作任务，全镇共有居民 4060 户、17616 人。二是抓好“平安七叉”创建工作。调解民事纠纷 20 起，调解成功 18 起，2 起已引导走司法程序；接到信访问题 12 件，收到“12345”工单 58 份，全部处理办结完成，无群体性涉法涉诉越级上访事件发生。三是扎实开展安全生产隐患排查治理，严格落实安全生产“党政同责、一岗双责”责任制，全年镇未发生安全生产事故。四是抓好森林防火工作。通过广播、横幅标语和入户宣传的方式，提高群众防火意识，与霸王岭林业局、七叉派出所和管护站密切配合，全方位做好森林防火工作，全年未发生重大火情。

（张周誉）

王下乡

【概况】王下乡地处霸王岭腹地，是霸王岭国家森林公园生态保护的核心区，与东方市、白沙县、乐东县交界，距县城52公里，是全县最偏僻最贫困的山区乡，是省级贫困乡镇之一。全乡土地总面积345平方公里，占全县总面积的1/4，辖4个村、13个自然村，共820户、3358人。全乡耕地面积2062.58亩，其中水田面积148.5亩、旱地575.08亩。王下乡林地总面积20345亩。该乡农作物主要有水稻、玉米、山兰稻、木薯等；经济作物主要有橡胶。橡胶种植面积1.56万亩，人均约5亩，为全县人均橡胶亩数最多的乡镇，橡胶已成为王下乡的支柱产业，是农民经济收入的主要来源。王下乡享有“海南香格里拉”的美誉，风光旖旎，空气清新，境内森林覆盖率达到98%，实属天然氧吧。2020年5月1日“中国第一黎乡”王下乡·黎花里文旅项目正式推出。王下乡旅游资源丰富，如皇帝洞、南尧河、十里画廊、地下仙宫、仙女瀑布、6万年前古人类居住活动的钱铁洞及俗称“黎族村落活化石”的洪水黎族船形茅草屋。境内矿藏资源丰富，有金矿、石灰岩、黄蜡石等。石灰岩储量大，是制作特种水泥的原料；黄蜡石储量丰富，色泽圆润，质地坚硬，是制作各种工艺品的绝佳原料。境内动植物资源丰富。动物有濒危珍稀的海南黑冠长臂猿，国家一级保护动物海南孔雀雉，还有猕猴、野猪和果子狸等；植物有国家重点保护的珍贵树种见血封喉以及油丹、油楠、黑格等，还有花梨、白藤、沉香、益智、砂仁等土特产和南药。2020年9月，被评为全省民族团结进步示范区；2020年11月，被评为“第六届全国文明村镇”；2020年11月，王下乡·黎花里荣获中国乡创地图产业创新特色小镇、金选美好乡村奖。

【疫情防控】一是全面走访摸排，知底数、明对策。组织乡村干部、卫生院医护人员深入辖区内4个村开展外出返乡人员情况摸排并登记造册。共摸排外地返乡人员300余人，掌握了病源隔离、危急处置的主动权。二是全面清查劝导，阻传播、防聚集。联合王下乡派出所、市场监管所、安全生产办，劝导辖区内5处经营性场所暂停营业，劝停农村酒席、宴席、家族聚餐等群体性聚集活动32起，最大限度减少人群聚集，切断疫情传播和蔓延，切实保护人民群众生命安全。三是全面宣传引导，破谣传、筑群防。通过在全乡各交通要道悬挂宣传横幅13条，建立“村村响”广播宣传点4个，每天不间断播放疫情防控宣传知识、定期播报每日疫情权威速递、及时向群众通报有关疫情的不实传言。提高了广大群众对疫情的认识和重视程度，筑起了抗击疫情、群防群治的坚实堡垒。四是全面自我防护，保安全、抗疫情。组织保洁队伍4支，发放消毒药水、医用消毒酒精等消杀药品40公斤；设立疫情防控检测点5个，组织乡村干部、热心群众对往来车辆及人员进行基本信息采集和体温检测，防范病源入村入户。

【生态建设】王下乡始终坚持“绿水青山就是金山银山”的发展理念，大力推进环境保护和生态文明建设，持续优化人居环境。一是大力推进人居环境整治工作。采取人畜分离模式加强对畜禽的管理，全乡畜禽圈养率达到95%，畜禽粪便综合处理率不断提高，彻底改变了王下乡原来人畜共居的窘迫局面。全面推动农村“厕所革命”，按照无害化要求新建、改建住宅厕所98户。投入资金近839.4万元，在全乡范围内实施污水管网铺设工程，新建污水处理中心10个，污水处理覆盖率达到98%。加强环境卫生整治，不断完善增设各行政村垃圾收集点，创新环保运行长效机制，推行“户清扫、村收集、乡转运”的垃圾处理模式，实现垃圾治理常态化、科学化。集中开展环境卫生大整治行动，拆除破旧墙体、拆除残损建筑、断垣残壁、乱搭乱建20余处，整治乱放点8处，清理河道1公里，清理污水沟3公里，投入30万余元对村庄道路沿线进行绿化提升，“三清两改一建”整治行动工作取得明显成效。二是严格落实“河长制”工作。加强河道管理，在广泛宣传的基础上，及时制止侵占水域岸线、非法捕捞等违法行为，加强水源地保护，全面清理水源地保护区的垃圾和污染源。加强河道保洁，水域环境得到持续改善。三是认真开展森林保护工作。强化森林防火工作宣传、巡查和值班值守，加强野外火源管控、防火应急队伍建设和防火物资储备。高度重视森林资源保护和发展，及时制止了毁林开垦行为3起，鼓励村民种植林木百余亩。

【经济发展】一是激活王下乡橡胶产业，争取资金帮助农户购买橡胶保险，鼓励农户做强做好橡胶产业，2020年王下乡橡胶收割面积从8000亩扩大到1万亩，人均橡胶产值达到3000元以上。二是壮大农村集体经济，通过入股企业分红的方式发展农村集体经济，各村累计投入150万元入股昌江鑫龙海塑料制品有限公司，年底各村集体收益达15万元；整合大炎浪论集体闲散土地入股企业打造乡村民宿，2020年获得分红3万元。三是积极引导农户发展庭院经济，拓宽增收途径。结合当地的地理和气候优势，带动农户种植槟榔600多亩、黄花梨木200多万株、沉香930亩。四是大力培育生态旅游、文化旅游、乡村民宿等新产业，启动“黎花里”项目，采取“政府投入+社会资本”模式，打造“中国第一黎乡”，财政投入3000万元建设文旅小镇，完善旅游公共设施；引进2000万元社会资本发展民宿、餐饮等旅游配套产业，带动大量村民实现稳定就业。通过发展乡村生态旅游，拓宽村民增收渠道，鼓励村民开设农家乐5家、民宿6家。以文旅活动促经济增长，2020年5月1日，王下乡成功举办“中国第一黎乡”——王下乡·黎花里“五一”推介活动，重点推进旅游服务中心、旅游公厕、停车场、文化广场、村内道路、村庄绿化在内的配套设施建设六大工程项目。2020年王下乡黎花里庆国庆、迎中秋民俗传统文化等系列活动提高牛皮凳、黎锦、蜂蜜等本地特色手工艺品和农产品的销售量。自2020年5月以来，王下乡接待游客累计约7万人次，旅游经济收入突破600万元，全乡人均收入达到14600元的新高点。

【美丽乡村建设】一是整合美丽乡村、特色村寨、扶贫资金，集中打捆投入基础设施建设。修建占地20亩的游客集散平台1个，建设旅游公厕5座，停车场2个，新建浪论村村民活动中心1个，升级改造三派村文化广场，修缮洪水村船形茅草屋群落，完成镇区道路改造，彻底改变了“晴天一身灰，雨天两脚泥”的历史面貌。改造装饰美化村庄房舍、街道，对定位打造成休闲旅游型的浪论村进行旅游硬件设施优化。二是落实生态补偿机制，坚守绿水青山，每年拨付专项补偿资金280余万元，将2万余亩生态公益林纳入生态补偿范围，每人每年发放补偿金720元，惠及全乡3248人。加强自然生态空间管控，优化生活空间体系，规划逐步形成王下乡“一带、一心、三组团”的空间功能结构。增强红线区实行的管控力度，除政府已批复和审定的规划建设用地以外，禁止与生态保护无关的开发建设活动。组建森林巡逻联防队，实施生态管护制度，严禁乱砍滥乱伐，偷猎偷采等一切破坏生态的行为。三是大力推进植树造林、河道整治、农村厕所改造、农村生活污水处理等工程，积极修复受损生态，美化人居环境。种植木棉、三角梅等5万株；强化河道和村庄环境整治，率先实现农村生活污水治理设施全覆盖，建成污水处理中心10个，污水排放管道铺设覆盖到98%以上村民；积极开展“三清两改一建”整治行动；改建农村住宅厕所98户，实现全乡无害化卫生厕所建设覆盖率达到90%以上，升级改造村庄道路，道路硬化率为100%。年底，王下乡森林覆盖率从60%提高到98%，农村污水全部达标排放，真正实现了山清水秀、人居优美。

【民生保障】一是持续做好优抚工作。全面落实农村低保、五保及受灾户等的救助政策，加强社会福利体系建设，城乡医疗救助实现全覆盖。农村低保全乡累计保障 129 户 326 人，2020 年新纳入低保户 8 户 20 人，特困供养护 14 户 14 人；协助县民政部门和残联做好残疾人生活补贴残疾人护理补贴；健全主动发现、快速响应等救急难工作机制，对于急难型临时救助，进一步简化审核审批程序，2020 年临时救助 35 人次，救助金额 61500 元，保障了贫困家庭的基本生活。二是全力做好参保工作。宣传动员村民积极参与城乡医疗保险和新型农村养老保险，全乡城乡医疗保险购买率达 99%，新农合参合率达 80%以上，其中贫困户参保实现全覆盖。三是有序做好人口和计划生育工作。全面落实好二孩政策及人口与计划生育工作责任制。2020 年度王下乡新增人口 21 人，法定生育 21 人，法定生育率为 100%，死亡 6 人，人口自然增加率为 4.5‰。进一步完善优质服务工作，组织妇女“两癌”筛查人数 203 人，完成率 98%；动员孕前优生优育检查夫妇 10 对，完成率 92%；发放建档贫困户婴幼儿奶粉 260 人次、420 罐，发放率 100%；办理生育服务证 18 宗，关爱计生特殊家庭 25 户 30 人。加强流动人口的管理及计划生育工作队伍建设，提高执法水平和服务水平。

【脱贫攻坚】压实主责，对标对表，全力做好收官战准备工作。该乡共有建档立卡贫困户 262 户、1130 人，2019 年如期完成全脱贫任务。一是落实“三保障”，确保脱贫精准。王下乡积极争取县相关业务部门支持，有效落实“三保障”，对 117 户困难群众进行危房改造，全部贫困户的住房安全得到保障；为全乡贫困户购买合作医疗保险、商业家庭人身保险，建立大病、慢性病台账，及时跟踪了解因病致贫人口就医报销动态；对全乡辖区进行大排查，建立 6—16 周岁学龄儿童少年接受教育情况台账，摸清底数，全力做好控辍保学工作。二是实施产业扶贫，实现经济增长。5 年来共实施产业扶贫项目 37 个，其中农户产业扶贫项目 18 个、村集体经济产业项目 8 个。通过一系列的政策帮扶，全乡积极探索推行“企业 + 贫困户”“合作社 + 贫困户”的促脱贫模式，先后投入帮扶资金 845.29 万元入股 3 家企业，每年获得分红 100 多万元；4 个村委会分别投入 150 万元入股企业发展集体经济，实现村集体每年收入 18 万元；帮助购买橡胶保险鼓励贫困户发展壮大橡胶产业，引导贫困户种植槟榔 490 亩、花梨木 200 万余株，益智 200 亩，全乡人均纯收入从 2016 年的 5637 元提升到 2020 年的 14600 元。三是改善扶贫基础设施，提升“造血”功能。王下乡统筹各级扶贫资金 1700 多万元用于基础设施建设，其中投入 700 多万元，新建、改造饮水工程 10 个、水利渠道工程 8 个，铺设饮水管道 15.6 公里，维修、硬化水利渠道 28.4 公里，全面解决了全乡农户饮水问题和农业生产用水问题；提升“五网”基础设施建设水平，加大光缆建设，当前海南移动公司已经将光缆敷设到 13 个自然村，实现通信网络全覆盖，为黎族同胞的通信提供坚实的保障；实施乡村道路硬化工程 5 个，确保王下乡道路硬化覆盖率达到 100%。

（林桂娜）

人 物

全国劳动模范

陶凤交 女，汉族，群众，1959 年 6 月出生，小学文化，昌江黎族自治县昌化镇农民。2020 年 11 月，被授予全国劳动模范荣誉称号。

陶凤交是地地道道的昌化人，朴实而又坚强的她，二十几年来带领姐妹们不畏艰辛、锲而不舍地在海边流动沙丘上植树造林。从 1992 年开始，她几乎每天都带领几十个姐妹头顶烈日，肩挑 60 多公斤的木麻黄树幼苗，赤脚走在高达 60℃的沙地上种树，她们每天早出晚归，每人每天要挑 9—10 担，最多的时候一天得来回行走 50 多公里。陶凤交就这样带领着这支认真、执着、能吃苦耐劳的造林“绿色娘子军”，几十年如一日地在荒漠化的沙丘上种植了 1.8 万多亩防风林，为海南西海岸构筑了一道绿色屏障。她用辛劳的汗水和双手造福了昌化的人们，也感动着棋子湾这片神奇的土地，她也因此被评为全国十大绿化女状元、全国三八红旗手、全国“双学双比”女能手，并荣获全国绿色奖章、海南省杰出女性等称号。

昌江“南海系列”人才风采——“南海工匠”

刘文伟 海南矿业股份有限公司焊工主管技师、劳模创新工作室高级主管，“刘文伟技能大师工作室”负责人。刘文伟在生产一线从事电焊工作 36 年，主要涉及焊接技术改进、维修设备、焊接技术工人培训等方面。2010 年获评全国劳动模范，2014 年获评全国技术能手称号，2019 年被列为海南省“南海系列”育才计划第一批培养人选。

“匠人之心”成就精湛技艺

有人说，焊工就是熟练工种，用不着技术，只要拿得动焊枪，谁都能干。但深入其中才懂得电焊的不易，刘文伟回忆说：“刚开始学习电焊的时候，车间里火星四溅、高温烟熏、声音刺耳的工作环境难以忍受，工作后眼冒白光、恶心呕吐，许多次都想要放弃，但内心的声音告诉我，既然选了这条路，就要走到底，既然做了就要做好、做精、做细。”就是这样的精神激励着他，推进着他往前冲，不断地提升电焊技术，最终获得全国技术能手称号。

“好强之心”促进技术革新

在别人眼里，电焊是个“苦行当”，但刘文伟不这么认为，一直把电焊当作兴趣爱好。刘文伟有着一颗永攀高峰的心，有着高超技术的他觉得，技术只是基础，运用技术来提高设备效率，降低运行成本，减轻劳动强度才是一名匠人要穷其一生去做的事。因此他勤奋学习知识，钻研焊接新技术、新工艺，针对设备修理中存在的问题进行技术改革。近年来，他先后完成电铲主动轮改造、电铲斗牙床焊接工艺改进、电铲电机轴改造等技术革新项目 30 余个，解决了生产中的实际问题，降低生产成本。

为了减轻工人劳动强度，他带领团队攻坚克难，并参与“电铲伸缩杆牙条自动焊接装置研究制作”项目的研究与实施，设计制作自动焊道轨，有效提高了焊接效率和焊接质量，切实减轻了工人的劳动强度。

为了提高经济效益、生产率和节约成本，参与“PC-600 反铲铲斗修复工艺研究”“露采焊接反铲大架修复改造和反铲斗修复改造”“反铲回转座改造和反铲油缸轴修复改造”等修复改造工作，经过多次研究实验，使铲斗的使用寿命提高 1 倍以上，减少设备待机时间，每月增产 17280 吨，每年增加经济效益 120 万元左右，节约成本 270 万元。

“育人之心”带动技术传承

刘文伟说：“我的技能不能留给自己，传给社会才更有价值。”2017 年成立刘文伟劳模工作室，工作室既是传承焊工技术的培训站，也是解决生产难题的攻坚站。几年来，为电焊行业培育学员 2000 多人，其中电焊工高级技师 4 名、技师 16 名、高级技工 20 名，焊工队伍不断壮大。带领工作室共完成设备事故抢修 57885 台次、小修 2235 台次、临修 705 台次，节约成本 1000 多万元。在刘文伟的带领下，工作室先后获评海南省劳模创新工作室、海南省技能大师工作室。

在平凡的工作岗位上，做出不寻常的业绩。就这样平凡的工作，刘文伟一干就是 36 年，他始终对电焊要求做到事无巨细、精益求精，这就是刘文伟的工匠风范，他用一种执着、一份坚守、一份责任，诠释着他的“工匠精神”。

唐丽金 海南黎之韵文化传播有限公司总经理、党支部书记，海南黎之韵织锦专业合作社理事长。唐丽金在基层一线从事黎族文化传承工作 10 多年，通过开展非物质文化遗产宣传活动、举办黎族手工艺培训等形式，保护传承黎族特色文化，打造昌江特色旅游品牌，助力脱贫攻坚。2019 年获评昌江黎族藤竹编技艺县级代表性传承人，2020 年获评海南省第二批“南海系列”育才计划“南海工匠”称号。

拜师学艺，立志传承黎族文化

昌江县有着浓厚黎族文化底蕴，唐丽金自幼生活的十月田镇万善村，是人人称道的“黎村”，从小受黎族文化熏陶的唐丽金对黎族工艺制品有着特殊的情感。随着时间推移，黎族的许多传统文化正在逐渐淡出人们的视野，这让她这个土生土长的黎家妹子痛心不已，于是她暗下决心，一定要保护好老祖宗留下的智慧结晶。

说到做到，唐丽金开始向村庄里的“手艺人”拜师学艺，学习织锦、黎陶、藤编、纺线、双面绣、黎族乐器制作等具有黎族文化特色的手工技艺。2016 年，学有所成的唐丽金成立了海南黎之韵文化传播有限公司，设有黎族特色产品销售区、非物质文化遗产展示区、非物质文化遗产体验区三大区域，致力于保护、传承、发展黎族文化和传统手工艺。

宣传培训，立志推广传统技艺

唐丽金说：“要想传承好老祖宗留下的智慧结晶，就是要让更多的人学会传统手工艺。”摸着石头过河，她开始从本村开始入手，组织村中妇女学习藤编、织锦。受到了村民良好的反映后，这个黎家妹子更坚定信心，逐步扩大培训范围，从村到各个市县开办黎族传统手工技艺培训班，培训了 3000 多人，使黎族传统手工技艺得到了有效传承。但唐丽金认为这还不够，她要让更多的人了解到黎族文化的魅力。她一边培训，一边带着传统手工艺品在全国各地展会上展览，特别是在海南国际博览会、上海中国艺术节文创博览会、石家庄第二十四届中国北方旅游交易会等大型会展上展示了黎族独特的手工技艺，使黎族手工艺品得到了广泛的关注和认可。唐丽金的黎族手工技艺也受到了《中国影像方志》栏目的关注，被收录至第 490 集海南昌江篇中，为昌江城市名片添加一道亮丽风景线。2018 年 11 月，她独特的手工技艺在广州、西安城市形象推介会上大放异彩，为昌江树立风格独特、异域风情的城市形象。

引领农户，立志助力脱贫攻坚

在唐丽金的努力下，黎族文化得到了有效传承和推广，她的公司也越做越强。看到家乡仍有许多贫困户，唐丽金想为村民“做点事”。2017 年 3 月，她带领村民成立昌江黎之韵织锦专业合作社，合作社采取“合作社 + 农户”的发展模式，通过回收农户手工艺制品进行简单加工包装后进行销售。为了让产品质量得到保证，她经常亲自上门指导农户，解决制作过程中碰到的难题。为了打通销路，她带上产品参加各类展销活动寻求合作发展，扩宽销售渠道。三年来，她每日都在奔波。在她的带领下，合作社发展逐步壮大，为贫困户提供了 30 个固定就业岗位，发展织锦艺人 200 余名、藤编艺人

50名、黎陶艺人50名，回收农户手工艺制品2万余件，有效带动300多农户就业增收，成为当地具有代表性的合作社。

（袁 亮、钟灵通）

全国抗击新冠肺炎疫情先进个人

杨瑞锋 9月8日，全国抗击新冠肺炎疫情表彰大会在北京举行，昌江第二批援助湖北医疗队队长杨瑞锋被授予“全国抗击新冠肺炎疫情先进个人”。

对此，杨瑞锋表示，今后将继续以“救死扶伤、全心全意为人民服务”为宗旨，竭尽所能救治病患，为后辈树立榜样。

精湛医技造福一方

他让老年病患者家门口看大病

9月10日上午8时，杨瑞锋身穿白大褂，戴着听诊器和口罩，像往常一样到昌江中西医结合医院科室查房，和同事讨论病例。他每天的工作都从查房开始。

谈到“全国抗击新冠肺炎疫情先进个人”荣誉时，杨瑞锋非常谦虚：“这只是对我过往工作的肯定，我会加倍努力，不断提升自己，在今后的工作中做得更好，为更多患者送去福音。”

不久前，医院收治了一位年过七旬的老年人。除了糖尿病、高血压及脑梗等多种疾病外，老人还患有全身性的神经性皮炎，抓挠后皮肤粗糙、流血结痂。

“大爷您放心，我来给您治，会好的！”杨瑞锋一边安慰老人，一边根据病情制定治疗方案。经过系统有效的治疗，入院第三天，老人的瘙痒症状缓解了；一周后，老人身上结的痂也开始脱落。如今，老人已康复出院。

“本来我们都打算去海口治疗了，杨医生用他的精湛医技，让我们打消了顾虑。父亲在家门口把病治好，不仅节省了我们的开支，也避免了他老人家奔波的劳累。”老人家属动情地说。

作为昌江医疗集团县中西医结合医院老年病科主治中医师，医院收治的疑难杂症病人，杨瑞锋都会主动参与救治。在同事眼里，杨瑞锋不仅是医院治疗疑难杂症方面的专家，还有着一副热心肠，就像大哥哥一般。

无惧危险坚守岗位

率团队救治确诊患者130多例

“错过了第一次，不能再错过这一次。”在昌江第一批援助湖北医疗队出征后，遗憾未能前往的杨瑞锋时刻关注疫情的发展，并做足准备，随时响应政府的号召。很快，医院传来了昌江组建第二批援助湖北医疗队的消息，杨瑞锋第一时间报名，并凭借过硬的医疗技术及经验，被委以医疗队队长的重任，于2月19日带领昌江第二批援湖北医疗队奔赴第一线。“报名时没和家人商量，但他们在得知后，都特别支持我。”杨瑞锋说。

昌江第二批援湖北医疗队共计18人，其中13人为“90后”。刚到武汉时曾有多人不同程度地发生腹泻，但这支“童子军”没有辜负外界的期望。“很坚强，没娇气，不退缩，你们是好样的。”杨瑞锋的加油鼓劲，为队员们注入了强大的信心。

战果累累，但战斗的过程充满艰辛。在武汉抗疫的日子里，杨瑞锋与队员们都是按照6个小时一班进行排班的。上岗时，帽子、口罩、鞋套、防护服、手套、护目镜、面屏等防护用具全副武装。为了避免上厕所，对“装备”造成浪费，每次上岗前，除了不吃不喝，杨瑞锋还会穿上纸尿裤。“很煎熬，成人穿这个真不适应。”杨瑞锋说。

在39天的湖北抗疫中，杨瑞锋带领队员们共计护理患者180多人，参与救治确诊患者130多例，得到了当地医护人员及海南省支援湖北前方指挥部临时党委的充分肯定与表扬。

（梁振文、姚传伟）

附　录

组织机构与领导成员名单（2020 年）

中共昌江黎族自治县县委

县委机构

书　记：黄金城
副书记：林谟谐
　　　　卢　义
常　委：林　琳
　　　　林　雄
　　　　王春天
　　　　王小荣
　　　　郭祖梅
　　　　文　艳
　　　　肖春奇（2 月任职）

县纪委

书　记：林　琳
副书记：文开能
　　　　陈少坤
常　委：郭宏梅
　　　　符升文
　　　　文承彬
　　　　庄　诚

县监委

主　任：林　琳
副主任：文开能
　　　　陈少坤
委　员：郭宏梅
　　　　符升文
　　　　李家安
　　　　漆振兴（9 月任职）

县委办公室

主　任：梁成武
副主任：吴多智（任职至 12 月）
　　　　张小婷
　　　　岑选锋（任职至 7 月）
　　　　符恩铭（8 月任职）
　　　　王　丹（12 月任职）

县委保密委员会

主　任：卢　义
副主任：梁成武
　　　　钟家梁
专职副主任：吴多智（12 月任职）

县委保密和机要局

局　长：梁成武（任职至 4 月）
　　　　吴多智（4 月任职）

县外事办公室

主　任：岑选锋（任职至 7 月）
　　　　符恩铭（8 月任职）

县委政法委

书　　记：卢　义

常务副书记：吴传信
副 书 记：官献有
范冠婧
王和福（任职至12月，挂职）
王明杰（12月任职，挂职）

县委组织部

部 长：郭祖梅
常务副部长：罗浩世（任职至5月）
副 部 长：陆求忠
邱红光
符成昌
吴相怡（任职至12月）
符钦童（12月任职）
部务委员：许 敏
符钦童（任职至12月）
陈家鑫（12月任职）

县委宣传部

部 长：文 艳
常务副部长：陈有强
副 部 长：邱昌益
林朱辉（任职至2月）
黄兆雪（5月任职）

县委统战部

部 长：王小荣
常务副部长：林 琳（任职至9月）
符群全（9月任职）
副 部 长：吉 华
林云峰
符寿利

县民族事务局

副局长：刘恩吴（任职至7月）
柏月华
高长徽（7月任职）

县委机构编制委员会办公室

主 任：黄昌雄
副主任：杨昌霞
梁美机

县委直属机关工作委员会

书 记：吴成元
副书记：卢少玲

县委党校

校 长：郭祖梅
常务副校长：陈 青
副 校 长：李世磊

县委党史研究中心

主 任：谢来龙
副主任：钟 椿
吴建诚

县委接待服务中心

主 任：邱星竹

昌江黎族自治县人大常委会

县人大机构

主 任：何顺劲
副主任：叶华杰
陈 玉（任职至6月）
黎吉维
林炽明

县人大办公室

主 任：符德龙
副主任：陈红梅
杨 潇（任职至4月）

法制工作委员会
主　任：符育恒
副主任：汪启东

农经工作委员会
主　任：梁启强（4 月任职）
副主任：梁启强（任职至 4 月）
　　　　陈　洋（9 月任职）

民族宗教与教科文卫工作委员会
主　任：吴权亨（4 月至 6 月任职）
　　　　钟梅姣（9 月任职）
副主任：钟　波（任职至 4 月）

选举任免联络工作室
主　任：吴权亨（任职至 4 月）
　　　　杨　潇（4 月任职）
副主任：麦　惠（任职至 4 月）
　　　　陈雯文（4 月任职）

县人大社会建设委员会
主　任：黎吉维（4 月任职，兼职）
副主任：钟　波（4 月任职）

昌江黎族自治县人民政府

县政府机构
县　长：林谟谐
副县长：王春天
　　　　黄华星（9 月任职）
　　　　黄胜卫
　　　　陈光华（任职至 5 月）
　　　　陈国斌
　　　　钟　帅（6 月任职）
　　　　王秋玲（任职至 9 月）
　　　　张惠红（9 月任职）
　　　　陈业光（任职至 4 月，挂职）
　　　　林书斌（任职至 4 月，挂职）
　　　　束庆年（任职至 4 月，挂职）
　　　　吴艺芬（4 月任职，挂职）
　　　　李建辉（12 月任职，挂职）
工管委党工委书记：黄胜卫（兼）
工管委主任：吴增荣
工管委副主任：陈卫能（挂职）

县政府办公室
主　任：钟家梁（4 月任职）
副主任：钟家梁（任职至 4 月）
　　　　刘　青
　　　　魏仕群（任职至 10 月）
　　　　吴永能（任职至 10 月）
　　　　吴江田（任职至 1 月）
　　　　夏　晶（10 月任职）
　　　　陈王波（10 月任职）

县机关事务服务中心
主　任：梁海珊（1 月任职）
副主任：王明彦
　　　　符仕源（6 月任职）

县档案馆
馆　长：姚振英
副馆长：邓世东
　　　　陈　洁

县地方志编纂中心
主　任：谢志勇
副主任：孙唐康
　　　　杜朝栋（6 月任职）

县发展和改革委员会
主　任：吉承科（任职至 4 月）
　　　　王　斌（4 月任职）
副主任：杜荣盖
　　　　邢立峰（任职至 7 月）

文　季
吉　娜
文巨文（任职至1月）
麦明坚（任职至1月）

县粮食和物资储备中心

主　任：王贻信（1月任职）
副主任：文巨文（1月任职）
王秋玲（1月任职）

县招商引资服务中心

主　任：洪少明（7月任职）
副主任：陈求尧（任职至1月）
陈谢娟（1月任职）

县自然资源和规划局

局　长：李　锋
副局长：韩争伟
陈诗珍
潘在清
符旭光
钟教敏

县旅游和文化广电体育局

局　长：王吉强
副局长：李　兰
洪少明（任职至7月）
李卫谦（任职至10月）
吴永能（10月任职）
符喜妹

县生态环境局

局　长：陈学智
副局长：冯　彦
韦振宇

县农业农村局

局　长：吉承臣
副局长：许必晰
林永军（任职至1月）
林　良（任职至5月）
孙器山（任职至5月）
叶梦启（任职至6月）
苏成荣（任职至6月）
林惠珍（6月任职）
杨玉娟（5月任职）

县水务服务中心

主　任：钟　飞（5月任职）
副主任：林　良（5月至11月任职）
孙器山（5月任职）
沈艺超（12月任职）
刘凌云（1月任职，挂职）
孙　波（1月任职，挂职）

石碌水库管理中心

主　任：卢　平

县农业综合开发服务中心

主　任：王　海

县畜牧兽医技术服务中心

主　任：符明雄（任职至1月）
林永军（1月任职）
副主任：孙树秀

县农业技术推广服务中心

主　任：陈金雄（任职至10月）
郭宗校（10月任职）
副主任：蒲运锋（10月任职）

县农业机械技术服务中心

主　任：文甫强（任职至10月）
副主任：汤富俊（7月任职）
林海滨

县热作技术服务中心

主　任：林日波

县工业和信息化局

局　长：莫覃慧

副局长：韦汉明（任职至 12 月）

闵英冠（1 月任职）

符源辉（10 月任职）

邹　忠（12 月任职）

县财政局

局　长：柳南雄

副局长：吉承扬

邓永华

韦文涛

黄驹山

县财政国库支付中心

主　任：林书国（任职至 12 月）

邹　波（12 月任职）

县人力资源和社会保障局

局　长：邱红光

副局长：罗美琼

郭红星

冯家贵（6 月任职）

县社会保险服务中心

主　任：林　文

副主任：陈定雄

张海珊

郭周寒

县劳动就业服务中心

主　任：李腾空

副主任：关定梅

县农村社会养老保险服务中心

主　任：文　勇

县教育局

局　长：陈朝强（任职至 4 月）

罗　东（4 月任职）

副局长：林书辉（任职至 9 月）

郭　清（9 月任职）

刘芳婷（7 月任职）

邹　波（5 月至 12 月任职）

县卫生健康委员会

主　任：郭振彪（任职至 12 月）

王之海（12 月任职）

副主任：郭　宸

罗华玲

钟星云

庄恒川（任职至 1 月）

县爱国卫生服务中心

主　任：李　忠（12 月任职）

县民政局

局　长：王运海

副局长：郭琴敏

吴宜盛（10 月任职）

文　毅

县住房和城乡建设局

局　长：关　瑜

副局长：符声聪

钟　哲

钟星松（任职至 6 月）

郭宏伟（8 月任职）

县环境卫生清洁站

站　长：郭振宇

县园林环卫服务中心

副主任：云　川

符凤虎（7 月任职）

县房产服务中心
主　任：符　云（11 月任职）
副主任：林岗华
　　　　符英桂

县交通运输局
局　长：卢　维
副局长：邹　忠（任职至 12 月）
　　　　李　冲
　　　　符日勇（12 月任职）

县审计局
局　长：郭智成
副局长：李瑞珍
　　　　吴　亮（任职至 7 月）
　　　　杜　勇（7 月任职）
　　　　何　强（11 月任职）

县退役军人事务局
局　长：黄昌强
副局长：黄玉书
　　　　林亚玲

县退役军人服务中心
主　任：蔡辉光（5 月任职）

县应急管理局
局　长：符群全（任职至 10 月）
　　　　罗浩捷（10 月任职）
副局长：王树山
　　　　李　健
　　　　钟江来

县统计局
局　长：王　斌（任职至 4 月）
　　　　曾令康（4 月任职）
副局长：符升珍
　　　　史振华（3 月任职）

县市场监督管理局
局　长：林书科
副局长：梁其亮
　　　　陶　敏（任职至 9 月）
　　　　张长忠
　　　　陈朝华
　　　　邓云辉
　　　　钟国市
　　　　吴宜盛（任职至 10 月）

县医疗保障局
局　长：王之海（任职至 12 月）
　　　　吴相怡（12 月任职）
副局长：邱文相（1 月任职）
　　　　符发雄（7 月任职）

县扶贫工作办公室
主　任：陈学良
副主任：王远精（任职至 7 月）
　　　　林克爱
　　　　孙　静（5 月任职）
　　　　黎增山（7 月任职）

县扶贫服务中心
主　任：文海燕（1 月任职）
副主任：刘其文（6 月任职）
　　　　苏成荣（6 月任职）

县综合行政执法局
局　长：李　强（9 月任职）
副局长：周乃江（任职至 5 月）
　　　　符　佩（1 月任职）
　　　　刘成凤（9 月任职）
　　　　李路生（9 月任职）

县林业局
局　长：文继恋
副局长：黄永升
　　　　刘永国
　　　　钟星松（6 月任职）

县林业服务中心

副主任：叶梦启（6 月任职）

冯　操（7 月任职）

县行政审批服务局

局　长：刘克胜（4 月任职）

副局长：林　心

倪德高（任职至 1 月）

关业科（7 月任职）

县政务服务中心

主　任：倪德高（1 月任职）

副主任：古彦彬（6 月任职）

章德贞（6 月任职）

县供销合作联社

主　任：薛为书

副主任：汤富俊（任职至 7 月）

符长宏（9 月任职）

昌江循环经济工业园区管理委员会

书　记：黄胜卫

副书记、主任：吴增荣

副书记：王文卿

副主任：黄　彪

许　建

陈卫能

棋子湾旅游度假区工作委员会

书　记：黎吉维

副书记：郭宗积

主　任：郭宗积

副主任：符富才

孙良飞

县融媒体中心

主　任：林朱辉（2 月任职）

副主任：李德乾（2 月任职）

黄兆雪（2 月至 5 月任职）

陈家漠（4 月任职）

政协昌江黎族自治县委员会

县政协机构

主　席：陈家江

副主席：郭　勇

李世明

杨昌志

李路生

县政协办公室

主　任：曾令康（任职至 4 月）

李其本（4 月任职）

副主任：吉　强

梁海珊（任职至 4 月）

宋　旋（10 月任职）

科教文卫与学习委员会

主　任：周明豪

民族宗教与外事侨务委员会

主　任：符文武

提案与法制委员会

主　任：钟国俊

经济与环境资源委员会

主　任：李　政（4 月任职）

农业和农村委员会

主　任：龚定勋（4 月任职）

民主党派

民盟昌江黎族自治县委员会

主　委：梁海珊

民建昌江黎族自治县委员会

主　委：王文强
副主委：梁克茂
　　　　李瑞珍

农工党昌江黎族自治县支部委员会

主　委：陈光华（任职至5月）
副主委：黄云江
　　　　麦怡思

九三学社昌江黎族自治县支社

主　委：尹爱民
副主委：黄泽帅
　　　　符桂永

群众团体

县总工会

主　席：叶华杰
常务副主席：孙树华（任职至1月）
　　　　　　陈朝强（1月任职）
副主席：陈春仁
　　　　钟丽珍（任职至1月）
　　　　王　勤（1月任职）
经费审查委员会主任：祝柳荫

团县委

书　记：陈何豫
副书记：王一睿
　　　　林蕾妮（任职至10月）
　　　　李科娜（10月任职）

县妇联

主　席：符　燕
副主席：张金莲（任职至1月）
　　　　钟梅姣（任职至7月）
　　　　李芳菊（7月任职）
　　　　王宗莉（7月任职）

县科协

主　席：林长青（任职至1月）
　　　　钟丽珍（1月任职）
副主席：陈诗叶（5月任职）
　　　　李卫谦（10月任职）

县侨联

主　席：林美珍
副主席：林方秀

县工商联（总商会）

主　席（会长）：（空）
常务副主席：林云峰
专职副主席：钟贵弟
　　　　　　李发仁
副主席：邓春鹏（兼职）
　　　　朱维财（兼职）
　　　　林晓宏（兼职）
副会长：陈家成（兼职）
　　　　何爱红（兼职）
秘书长：钟承辉（任职至1月）
　　　　张玉珠（1月任职）
常　委：许国强（兼职）
　　　　班光旭（兼职）
　　　　张大卓（兼职）
　　　　张炳珠（兼职）

县文联

主　席：庞大海

县残联

理 事 长：文海燕（任职至 1 月）
庄恒川（1 月任职）
副理事长：刘辉文
符振阳

县红十字会

会　　长：陈光华（任职至 5 月）
黄胜卫（10 月任职）
常务副会长：李世光
副 会 长：符俊翔（任职至 12 月）
王梓林（12 月任职）

县计划生育协会

会　　长：林蕾妮（10 月任职）
常务副会长：马　嘶（任职至 10 月）
副 会 长：吴长林（任职至 9 月）
罗宏恩（9 月任职）

垂直、双管单位

昌江县税务局

局　长：周　舟
副局长：吴清强
柯国召

昌江县气象局

局　长：孙　佳
副局长：符　樑
钟华仟（6 月任职）

昌江县烟草专卖局

局　长：吴考量（任职至 3 月）
张　瑜（3 月任职）
副局长：谢盛辉
张　睿（4 月任职，挂职）

昌江县公路分局

局　长：吴喜武
副局长：钟仁海
郭许宁

昌江住房公积金管理局

局　长：庞昌雄
副局长：钟　昕
张　伟（任职至 9 月）

南方电网昌江供电局

书　　记：吴　霖
总 经 理：钟羽良
副总经理：张卫东
陈颖煌
纪委书记：陈孙腾

中国邮政集团有限公司昌江县分公司

总 经 理：陈文雄（任职至 7 月）
吴多河（7 月任职）
副总经理：符祖卿
李成才

人行昌江支行

行　长：吴钟苗
副行长：吴立群
吴海胜（任职至 5 月）

农行昌江支行

行　长：邱英赛
副行长：邓文东（任职至 6 月）
钟圣校（任职至 8 月）
冼光乐（8 月任职）

工行昌江支行

行　长：朱德勇（任职至 2 月）
许康芸（3 月任职）
副行长：陈继金

中行昌江支行

行　长：陈　标（11月任职）
副行长：吴佳泽
　　　　柯景滨
　　　　林　波

建行昌江支行

行　长：张建华
副行长：黄云江
　　　　邢　磊

邮政储蓄昌江支行

行　长：符史涛（10月任职）
副行长：吴　秀

昌江农村信用社

理事长：郑　伟
主　任：吴　瑞
监事长：莫　辉
副主任：陈　靖

中国联通昌江分公司

总 经 理：刘　伟
副总经理：林　亮

中国移动昌江分公司

总 经 理：杨武章
副总经理：符贝贝
　　　　　林先清

中国电信昌江分公司

总 经 理：周　标
副总经理：郑　捷
　　　　　黄定强
　　　　　曾毅鲁

政法

县公安局

局　长：林　雄
政　委：邝　斌（7月任职，挂职）
副局长：吴传忠
　　　　陈健统
　　　　成秉昊（3月任职，挂职）
副政委：谢　强

县人民检察院

检 察 长：陈　雄
副检察长：王　松
　　　　　文承豪
　　　　　曾　惠
专职委员：张　灵
　　　　　梁　起（8月任职）

县人民法院

院　长：熊大胜（任职至6月）
　　　　钟振强（6月任职）
副院长：陆海江
　　　　符英钦

县司法局

局　长：符志理
副局长：李路生（任职至9月）
　　　　刘　凌
　　　　陈华全

乡镇

石碌镇

书　　记：赵恒江
人大主席：陈国欣

副书记、镇长：苏林吉
副　书　记：钟秉壮
党委委员、副镇长：李　武
党委委员：王秋云
　　　　　韦晓东
　　　　　林　翔（任职至 10 月）
　　　　　陈太磊（10 月任职）
　　　　　林文光（任职至 5 月）
　　　　　黄　彬（5 月任职）
人大副主席：陈帮雄
副　镇　长：古彦彬（任职至 5 月）
　　　　　李芳菊（任职至 7 月）
　　　　　李　捷（5 月任职）
　　　　　赵炜玮（9 月任职）
纪委副书记：黄燕归（4 月任职）

昌化镇

书　　记：张周胜
人大主席：文进平（任职至 2 月）
　　　　　庞　盛（6 月任职）
副书记、镇长：郭玉斌（任职至 6 月）
　　　　　　　岑选锋（7 月任职）
副　书　记：钟曹毅
　　　　　郭宗积
党委委员、副镇长：王权辉
党委委员：王　龙（任职至 12 月）
　　　　　邢乙兰
　　　　　杨志刚
　　　　　关定斌
副　镇　长：钟香伟
纪委副书记：陈太磊（任职至 10 月）
　　　　　　陈国义（10 月任职）

海尾镇

书　　记：文　豪
人大主席：卢发华
副书记、镇长：钟　飞（任职至 4 月）
　　　　　　　罗浩世（5 月任职）
副　书　记：曾仕媚
党委委员、副镇长：叶胜军
党委委员：韩　超
　　　　　钟学彬
　　　　　周昌盛
　　　　　陈　城
副　镇　长：符桂枝
纪检副书记：符仕源（任职至 5 月）

乌烈镇

书　　记：罗浩捷（任职至 9 月）
　　　　　孙如洪（9 月任职）
人大主席：钟德启
副书记、镇长：孙如洪（任职至 9 月）
　　　　　　　谢　宽（9 月任职）
副　书　记：郭　清（任职至 8 月）
　　　　　郭　洧（10 月任职）
党委委员、副镇长：谢　宽（任职至 9 月）
党委委员：符乃发
　　　　　郭　洧（任职至 10 月）
　　　　　何　良
　　　　　李　敏（10 月任职）
　　　　　符圣国（4 月任职）
副　镇　长：张开童
纪委副书记：孙如壮

十月田镇

书　　记：张惠红（任职至 8 月）
　　　　　符盈波（9 月任职）
人大主席：黄丽珠
副书记、镇长：符盈波（任职至 9 月）
　　　　　　　李　壮（9 月任职）
副　书　记：陈　冬
党委委员、副镇长：吴海潮
党委委员：钱　江
　　　　　黄振强
　　　　　何　伟
　　　　　刘陆宇（5 月任职）
副　镇　长：邹晶飞
纪委副书记：陈家行

叉河镇

书　　记：钟　帅（任职至5月）
　　　　　郭玉斌（6月任职）
人大主席：符　云（任职至11月）
副书记、镇长：张金莲（1月任职）
副 书 记：庞　盛（任职至5月）
　　　　　洪　弘（5月任职）
党委委员、副镇长：洪　弘（任职至5月）
党委委员：刘海存
　　　　　林惠珍（任职至5月）
　　　　　陈　杰
　　　　　林　彬（5月任职）
　　　　　梁国帅（5月任职）
副镇长：李利尧
纪委副书记：邢孔王

七叉镇

书　　记：林英俊
人大主席：刘其文（任职至5月）
　　　　　王远精（7月任职）
副书记、镇长：刘克胜（任职至2月）
　　　　　　　文进平（2月任职）
副 书 记：李　壮（任职至9月）
　　　　　曾　文（10月任职）
党委委员、副镇长：曾　文（任职至9月）
党委委员：符晓波（任职至4月）
　　　　　曹传龙（4月任职）
　　　　　官发文（任职至10月）
　　　　　张周誉
　　　　　陈　君（任职至8月）
　　　　　王锡魁（8月任职）
副 镇 长：陈诗叶（任职至5月）
　　　　　王　芳（10月任职）
纪委副书记：吉圣成（任职至12月）

王下乡

书　　记：刘永辉
人大主席：邓永彪
副书记、乡长：杨荣辉
副 书 记：郭恒瑞
党委委员、副乡长：王　琦
党委委员：钟海波
　　　　　李学智
　　　　　关文程
　　　　　黎增山（任职至7月）
　　　　　钟传平（7月任职）
副 乡 长：章德贞（任职至5月）
　　　　　温春花（5月任职）
纪委副书记：郭祖海

中共昌江黎族自治县委 2020 年重要文件目录

1 月 9 日《关于表彰 2019 年度昌江黎族自治县“十佳民营企业”和“民营企业特别贡献奖”的决定》（昌发〔2020〕1 号）

1 月 9 日《2019—2023 年昌江黎族自治县干部教育培训规划的通知》（昌发〔2020〕2 号）

3 月 9 日《昌江黎族自治县抓好“三农”领域重点工作确保如期实现全面小康的实施方案的通知》（昌发〔2020〕7 号）

3 月 16 日《昌江黎族自治县人民武装部关于印发新时代加强党政军民合力强边固防的实施方案的通知》（昌发〔2020〕8 号）

3 月 24 日《关于表彰 2019 年度党管武装好书记和武装工作先进单位和个人的通报》（昌发〔2020〕9 号）

6 月 24 日《关于表彰 2019 年度及 2017—2019 连续三年考核优秀等次公务员的决定》（昌发〔2020〕12 号）

9 月 24 日《关于 2020 年全县基层党委（党组）理论学习中心组学习的意见》（昌发〔2020〕16 号）

12 月 31 日《关于制定国民经济和社会发展第十四个五年规划和二零三五年远景目标的建议》（昌发〔2020〕19 号）

1 月 5 日《关于加快发展学前教育及开展小区配套幼儿园专项治理工作情况的报告》（昌文〔2020〕1 号）

1 月 23 日《中共昌江黎族自治县委 2019 年工作总结及 2020 年工作计划》（昌文〔2020〕5 号）

4 月 2 日《关于 2019 年法治政府建设情况的报告》（昌文〔2020〕13 号）

5 月 27 日《关于中共昌江黎族自治县委常委班子扫黑除恶打伞“大警示、大研讨、大反思、大整治、大提升”专题民主生活会情况报告》（昌文〔2020〕20 号）

6 月 29 日《昌江黎族自治县深化改革加强食品安全重点工作任务分工方案的通知》（昌文〔2020〕27 号）

9 月 10 日《关于落实中央环保督察反馈问题整改情况的报告》（昌文〔2020〕41 号）

中共昌江黎族自治县委办公室 2020年重要文件目录

1月6日《昌江黎族自治县卫生健康委员会职能配置、内设机构和人员编制规定的通知》(昌办发〔2020〕1号)

1月14日《昌江黎族自治县2020年督查检查考核年度计划的通知》(昌办发〔2020〕2号)

1月14日《昌江黎族自治县生态环境机构监测监察执法垂直管理制度改革实施方案的通知》(昌办发〔2020〕3号)

1月19日《"我为加快推进海南自由贸易港建设作贡献"活动方案的通知》(昌办发〔2020〕5号)

1月23日《县委十二届十一次全体会议重点任务清单和责任分工的通知》(昌办发〔2020〕6号)

1月24日《昌江县禁毒三年大会战行动方案(2020—2022年)的通知》(昌办发〔2020〕7号)

2月19日《昌江黎族自治县归国华侨联合会职能配置、内设机构和人员编制规定的通知》(昌办发〔2020〕8号)

2月24日《关于撤销县电影公司、石碌影剧院两家单位工作实施方案的通知》(昌办发〔2020〕9号)

2月28日《昌江黎族自治县企业联络员制度的通知》(昌办发〔2020〕11号)

2月28日《昌江黎族自治县发展和改革委员会职能配置、内设机构和人员编制规定的通知》(昌办发〔2020〕12号)

3月5日《昌江黎族自治县进一步做好城市困难职工解困脱困工作实施方案的通知》(昌办发〔2020〕15号)

3月10日《昌江黎族自治县乡镇和县直机关绩效管理暂行办法的通知》(昌办发〔2020〕17号)

3月25日《昌江黎族自治县推进基层整合审批扶贫执法力量实施方案的通知》(昌办发〔2020〕20号)

4月14日《昌江黎族自治县开展"爱国、爱海南、爱家乡、爱家庭"卫生健康大行动工作方案的通知》(昌办发〔2020〕23号)

5月21日《县委常委班子扫黑除恶"大警示、大研讨、大反思、大整改、大提升"专题民主生活会落实整改方案的通知》(昌办发〔2020〕28号)

5月22日《关于深化工程建设领域腐败和作风问题专项治理开展公共工程和土地出让项目跟踪监督工作的实施方案的通知》(昌办发〔2020〕29号)

5月26日《昌江黎族自治县"三无"船舶清理整治专项工作方案的通知》(昌办发〔2020〕30号)

5月26日《昌江黎族自治县扶贫经营主体产业发展项目补贴实施方案的通知》(昌办发〔2020〕31号)

6月2日《昌江黎族自治县督查任务落实情况考评暂行办法的通知》(昌办发〔2020〕33号)

6月4日《关于表彰2019年度昌江黎族自治县打赢脱贫攻坚战先进集体、先进个人和"脱贫之星"的决定》(昌办发〔2020〕34号)

7月2日《昌江黎族自治县"一枚印章管审批"改革实施方案的通知》(昌办发〔2020〕37号)

7月5日《昌江黎族自治县贯彻落实中央第三生态环境保护督察组督察反馈问题整改工作实施方案的通知》(昌办发〔2020〕38号)

7月14日《关于深化昌江县纪委监委派驻机构改革的实施意见的通知》(昌办发〔2020〕39号)

8月3日《昌江黎族自治县综合行政执法局智

能配置、内设机构和人员编制规定的通知》（昌办发〔2020〕41号）

8月18日《昌江黎族自治县外聘专家担任顾问管理实施办法（试行）的通知》（昌办发〔2020〕42号）

8月25日《2020—2023年昌江黎族自治县党员教育培训工作规划的通知》（昌办发〔2020〕43号）

9月3日《昌江黎族自治县推行绿色殡葬五年行动计划（2019—2023年）的通知》（昌办发〔2020〕44号）

9月3日《关于进一步加强推行农垦居社会管理职能及村级的通知》（昌办发〔2020〕45号）

9月3日《昌江黎族自治县全面深化行业协会商会与行政机关脱钩工作实施方案的通知》（昌办发〔2020〕46号）

9月10日《干部作风“五不为”评议评价办法（试行）的通知》（昌办发〔2020〕47号）

9月17日《昌江黎族自治县关于禁止公务员活动和工作日饮酒的规定的通知》（昌办发〔2020〕49号）

9月29日《昌江黎族自治县优化营商环境行动方案（2020—2025年）的通知》（昌办发〔2020〕50号）

9月29日《昌江黎族自治县行政审批服务局职能配置、内设机构和人员编制规定的通知》（昌办发〔2020〕51号）

10月12日《昌江黎族自治县国有企业退休人员社会化管理工作实施方案的通知》（昌办发〔2020〕52号）

10月24日《中共昌江黎族自治县委军民融合发展委员会工作规则的通知》《中共昌江黎族自治县委军民融合发展委员会办公室工作规则的通知》（昌办发〔2020〕53号）

10月29日《昌江黎族自治县加强未成年人保护和预防犯罪工作实施方案的通知》（昌办发〔2020〕55号）

10月29日《昌江黎族自治县关于加强和完善城乡社区治理的实施方案的通知》（昌办发〔2020〕56号）

11月10日《昌江黎族自治县规范政商交往正负面清单（试行）的通知》（昌办发〔2020〕57号）

12月7日《中共昌江黎族自治县委全面从严治党主体责任清单的通知》（昌办发〔2020〕59号）

12月21日《昌江黎族自治县优化营商环境行动计划（2020—2021年）的通知》（昌办发〔2020〕61号）

12月24日《关于巩固深化“不忘初心、牢记使命”主题教育成果责任落实方案的通知》（昌办发〔2020〕62号）

12月29日《昌江黎族自治县全面推进林长制实施方案的通知》（昌办发〔2020〕63号）

1月2日《关于成立昌江黎族自治县创建省级森林城市领导小组的通如》（昌办字〔2020〕1号）

1月7日《昌江黎族自治县2019年度党组织书记抓党建述职评议考核工作实施方案的通知》（昌办字〔2020〕4号）

1月7日《关于成立昌江黎族自治县国土空间规划编制工作领导小组的通知》（昌办字〔2020〕5号）

1月9日《昌江黎族自治县2020年春节慰问活动方案的通知》（昌办字〔2020〕6号）

1月17日《2020年海南黎族苗族统节日“三月三”昌江主会场节庆活动方案的通知》（昌办字〔2020〕8号）

1月23日《关于成立新型冠状病毒感染的肺炎防治工作指挥部的通知》（昌办字〔2020〕9号）

3月9日《昌江黎族自治县2020年“三农”工作要点的通知》（昌办字〔2020〕14号）

3月11日《关于昌江黎族自治县2019年度乡镇、县直（工）委书记抓基层党建工作述职评议会议的通知》（昌办字〔2020〕15号）

3月20日《关于成立2020年重点项目协调推进工作领导小组的通知》（昌办字〔2020〕18号）

3月31日《关于调整昌江黎族自治县党委系统信息化工作领导小组成员的通知》（昌办字〔2020〕20号）

4月14日《关于成立昌江黎族自治县推进基层协商民主建设工作领导小组的通知》（昌办字〔2020〕21号）

4月16日《“夏品芒果香梨花三里游”系列旅游文化活动总体方案的通知》（昌办字〔2020〕23号）

4月20日《昌江黎族自治县创建全国双拥模范县工作实施方案的通知》（昌办字〔2020〕25号）

4月26日《关于做好疫情防控期间农民工到省重点项目、重点工程务工的十条措施的通知》（昌办字〔2020〕26号）

5月19日《关于进一步采取超常规举措确保完成全年经济目标的若干准则的通知》（昌办字〔2020〕27号）

5月19日《关于县委领导班子联系学校工作的通知》（昌办字〔2020〕28号）

6月18日《昌江黎族自治县庆祝中国共产党成立99周年活动方案的通知》（昌办字〔2020〕30号）

6月18日《2020年昌江黎族自治县创建全国文明城市工作实施方案的通知》（昌办字〔2020〕31号）

6月24日《关于做好2019年绩效重点工作考核的通知》《年度档案整理归档及移交工作的通知》（昌办字〔2020〕34号）

6月30日《关于调整县生态环境保护督察整改工作专项领导小组组成人员的通知》（昌办字〔2020〕35号）

7月2日《关于成立昌江黎族自治县生态环境保护委员会的通知》（昌办字〔2020〕36号）

7月7日《昌江黎族自治县2020年食品安全重点工作的通知》（昌办字〔2020〕37号）

7月16日《昌江黎族自治县镇级商会组建实施方案的通如》（昌办字〔2020〕38号）

7月21日《昌江黎族自治县2020年“八一”建军节慰问活动方案的通知》（昌办字〔2020〕39号）

8月3日《昌江黎族自治县促进民营经济发展联席会议制度的通知》（昌办字〔2020〕40号）

8月25日《中共昌江黎族自治县委关于贯彻落实〈省委2020年落实全面从严治党主体责任工作任务安排〉责任分工的通知》（昌办字〔2020〕43号）

8月26日《关于调整新一轮红林农场管理体制改革领导小组成员的通如》（昌办字〔2020〕44号）

9月2日《2020年首届海南（昌江）乡村振兴产业峰会暨“中国农民丰收节”昌江庆祝活动实施方案的通知》（昌办字〔2020〕46号）

9月3日《关于成立推进农垦居社会管理职能及村级组织公共服务责任清单工作制度领导小组的通知》（昌办字〔2020〕47号）

11月27日《昌江黎族自治县党的十九届五中全会精神宣讲工作实施方案的通知》（昌办字〔2020〕53号）

12月10日《关于成立昌江黎族自治县社区矫正委员会的通知》（昌办字〔2020〕56号）

12月13日《关于开展2020年度武装工作总结评比暨乡镇党委书记党管武装工作述职的通知》（昌办字〔2020〕57号）

12月24日《昌江黎族自治县2020年度党委（党组）书记抓基层党建述职评议考核工作实施方案的通知》（昌办字〔2020〕59号）

（梁　涛）

2020 年昌江黎族自治县国民经济和社会发展统计公报

2020 年，县委、县政府以习近平新时代中国特色社会主义思想为指导，坚持稳中求进的工作总基调，统筹新冠肺炎疫情防控和经济社会发展，及时采取超常规举措，努力克服不利影响，积极推动各行各业复苏，有力促进全县经济社会平稳健康发展。

一、综合

（一）地区生产总值（GDP）

全县实现地区生产总值 124.12 亿元，按不变价格计算，同比下降 0.9%。其中，第一产业增加值 33.82 亿元，同比增长 1.8%；第二产业增加值 49.44 亿元，同比下降 2.2%；第三产业增加值 40.86 亿元，同比下降 1.5%。三次产业结构比为 27.3：39.8：32.9。

（二）人均地区生产总值

按年平均常住人口计算，全县 2020 年人均地区生产总值 53019 元，同比下降 0.7%，按现行平均汇率计算为 8241 美元。

（三）人口

年末全县常住人口 23.21 万人，比上年减少 0.4 万人，其中城镇常住人口 14.10 万人，占总人口的比重（常住人口城镇化率）为 60.75%。全县人口出生率 10.65‰。

（四）财政

全县全口径一般公共预算收入 23.70 亿元，同比增长 4.3%。其中，地方一般公共预算收入 15.88 亿元，增长 12.4%。地方一般公共预算收入中，税收收入 6.03 亿元，下降 2.1%；非税收入9.84 亿元，增长 23.6%。

全县地方一般公共预算支出 43.08 亿元，同比增长 33.2%。其中，教育支出 6.34 亿元，增长 12.6%；社会保障和就业支出 4.63 亿元，增长 13.1%；卫生健康支出 5.18 亿元，增长 23.6%；节能环保支出 2.57 亿元，增长 125.0%；城乡社区支出 6.28 亿元，增长 178.1%；农林水支出 5.48 亿元，增长 18.6%；交通运输支出 3.01 亿元，增长 87.6%；住房保障支出 1.07 亿元，增长 15.2%。

（五）固定资产投资

全县固定资产投资完成 48.62 亿元，同比增长 1.1%。其中，房地产投资 8.52 亿元，增长 12.4%；其他投资 40.10 亿元，下降 1.0%。从投资构成上看，建安工程完成投资 28.34 亿元，增长 11.2%；设备工器具购置完成投资 10.86 亿元，增长 3.8%；其他费用完成投资 9.41 亿元，下降 22.4%。

二、人民生活和民生事业

（一）居民收支

全县城乡常住居民人均可支配收入 27396 元，同比增长 5.0%。其中，城镇常住居民人均可支配收入 37741 元，增长 3.0%；农村常住居民人均可支配收入 15921 元，增长 7.5%。城镇常住居民人均消费支出 23512 元，同比下降 6.2%；农村常住居民人均生活消费支出 12630 元，同比增长 6.5%。

（二）农业发展与农村建设

全县建设常年蔬菜基地 9 个，常年蔬菜种植面积 3827 亩。冬季瓜菜种植面积 15.3 万亩，产量 26.2 万吨，水果种植面积 18.66 万亩，收获面积 14.65 万亩，产量 30.39 万吨。农业保险承保 8399 亩，其中香蕉树风灾保险 3477 亩、蔬菜价格指数保险 1577 亩、制种水稻 3345 亩。发放耕地地力保护补贴资金 1250.37 万元，惠及农户 27933 户，补贴面积 126987.68 亩。发放渔船油补 620.75 万元，减船转产补助资金 206.25 万元。

全县创建无公害农产品生产基地（产地认定）

17个，“三品一标”农产品认证累计达到28个。新增注册农产品普通商标29个，累计达到249个，新增欧兰德毛豆和南繁产业园、南疆对虾育种现代产业园2家省级现代农业产业园。

（三）脱贫攻坚

全县投入财政扶贫资金13847万元，其中中央资金7046万元、省级资金1786万元、县级资金5015万元；建立健全防止返贫动态监测和帮扶机制，巩固脱贫攻坚成果，全年无新增和返贫人员，无新增监测对象。

（四）就业

全县城镇新增就业人员3603人，完成全年目标任务的150.03%，城镇登记失业率控制在1.84%，低于省4%的控制线。全县农村劳动力外出11747人，完成年度目标任务的112.91%。全县规模以上企业从业人员9278人，同比下降10.6%。

（五）社会保障

全县参加基本养老保险人数43628人，增长3.9%。其中在职人数29373人、离退休人数14255人。基本养老保险基金总收入64856万元（含上级补助33252万元），基本养老保险基金总支出71702万元（含上解13353万元）。参加基本医疗保险参保人数36246人。参加城乡居民医疗保险188034人，增长0.75%。城乡居民养老保险参保人员120143人。

（六）社会救助和福利

全县城乡低保对象3487户8560人，其中农村2220户5826人、城镇 1267户2734人，发放低保金3324.915万元。城乡特困供养对象459户470人，发放供养金360.318万元。临时救助1276户4510人，发放救助金277.333万元。双特医疗救助248人次，发放救助金458.85万元。发放孤儿福利金126人次13.23万元、困境儿童2540人次86.3万元、事实无人抚养儿童151人次13.23万元、80岁以上高龄老人长寿补助金6255人861.275万元、残疾人护理和生活补贴7.014万人次993.472万元。

（七）教育

2020年秋季，全县有各级各类学校114所。其中，幼儿园43所，完全小学31所，小学教学点17个，初级中学7所，九年制学校12所，完全中学2所，十二年制学校1所，职业技术学校1所。全县在校学生43333人。其中，幼儿园8396人，小学阶段在校生19846人，初中阶段在校生9249人，普通高中阶段在校生4447人，职业高中阶段在校生1395人。全县教育系统公办学校幼儿园教职工有2892人。其中，职业学校教职工90人，普通高中教职工344人，初中教职工838人，小学教职工1417人，幼儿园教职工203人。

发放享受学前教育国家助学金1733人222.69万元，发放义务教育阶段贫困寄宿生生活补助3065人410.28万元，发放非寄宿生生活补助4484人176.06万元，发放义务教育阶段建档立卡家庭经济困难学生生活补助3096人795.53万元，发放普通高中国家助学金1700人224.12万元，免除昌江籍普通高中学费和课本费4022人410.62万元，资助家庭经济困难大学生474人237万元，发放大学生生源地信用助学贷款2419人1729.11万元。

（八）科学技术

组织“童心战疫·科技筑梦”科技活动进校园、“热带雨林科普报告会”进校园，3400多名师生参与；投入14万元组织“中国流动科技馆”昌江站巡展，全县26000多名中小学生和5000多名社会公众参加科技现场体验。深化科协改革，为全县91个村（居）共配27.3万元的科普组织工作经费。2020年，荣获第32届海南省青少年科技创新大赛一等奖1项、二等奖1项、三等奖4项、优秀科技教师1名；海南省青少年创意编程与智能设计大赛，二等奖2个、三等奖9个、优秀组织奖1个；第六届奥秘万千·海南省青少年科普知识大赛团队赛季军。

（九）文化、体育

全县有宣传文化中心1个、图书馆1个、博物馆1个、电影院2个、艺术表演团体1个、乡镇综合文化站8间、村（社区）级综合文化服务中心87间。全年送戏下乡43场，公益电影放映1000场。举办百姓大舞台、迎新文艺晚会等文化活动，开展亲子阅读、全民“悦”读、全民艺术普及云课堂等多种形式的线上活动。

先后举办昌江县“全民健身杯”体育系列比赛、2020 年海南美丽乡村绿色骑行——昌江站暨“乡”约海南活动、2020 年昌江县芒果杯七人制足球赛、2020 全国业余围棋公开赛和 2020 年海南省沙滩嘉年华——2020 棋子湾沙滩围棋大会等。

（十） 医疗卫生

全县各类卫生机构 147 个，其中疾病预防控制中心 1 个、妇幼保健机构 1 个、专科疾病防治机构 2 个、社区卫生服务机构 2 个、乡镇卫生院 12 个。全县医疗机构共拥有病床位 861 张。医疗卫生机构卫生人员 1979 人，其中卫生技术人员 1521 人、卫生技术人员中执业（助理）医师 472 人、注册护士 739 人、药师（士）83 人、技师（士）81 人；取得正高聘任技术职务 5 人、副高 71 人、中级 223 人、助理 / 师级 418 人。

（十一） 危房和棚户区改造

省下达昌江县 4 类重点对象农村危房改造任务 15 户，实际完成 203 户，其中 4 类重点对象 99 户（建档立卡 61 户），其他困难户 104 户；投入建房补助资金 1023.884 万元，超额完成省下达任务。省下达昌江县老旧小区改造任务 103 户，全县投入资金 370 万元，完成交警大队宿舍和河南电信宿舍 2 个小区 103 户的改造；全年共建设限价商品房 310 套，开工建设安居型商品房 500 套；共向 64 户城镇住房困难家庭 138 人，发放住房租赁补贴 212160 元。

（十二） 生态环境保护

全县环境空气质量总体保持优良，监测有效天数 349 天，空气质量综合指数为 2.109，优良天数比例为 98.6%。主要污染物可吸入颗粒物（PM_{10}）、细颗粒物（$PM_{2.5}$）、二氧化硫（SO_2）、二氧化氮（NO_2）年平均浓度分别为 29、16、9、7 微克 / 立方米，臭氧（O_3）第 90 百分位数浓度为 114 微克 / 立方米，一氧化碳（CO）第 95 百分位数浓度为 0.8 毫克 / 立方米。

全县城市生活垃圾产生量 75448.08 吨，无害化处理率为 100%。全县城区（不含乡镇）建成区面积为 12.35 平方公里，绿化覆盖率为 36.89%，绿地率为 35.42%，人均公园绿地面积为 9.44 平方米，公园绿地服务半径覆盖率为 45.17%。全县造林绿化 13481 亩，完成省下达任务的 103.7%，林地保有量 115568.4277 公顷，森林蓄积量 1299226.2 立方米，森林覆盖率 64.02%。

（十三） 节能减排

全县四项主要污染物排放量分别为化学需氧量 3632.19 吨、氨氮 190.45 吨、二氧化硫 1128 吨、氮氧化物 6416 吨。全年全社会能源消费总量 218.88 万吨煤，同比下降 0.73%，可再生能源占能源消费总量比重 1.54%；单位 GDP 能耗 1.8981 吨标准煤，同比增长 0.22%。规模以上工业综合能源消费量 162.87 万吨标准煤，同比下降 2.08%。其中，原油消费量增长 21.2%，天然气消费量下降 13.8%，电力消费量增长 3.21%，煤炭消费量下降 3.92%。规模以上工业万元增加值能耗下降 0.61%。2016—2019 年度连续 4 年能源“双控”超额完成等级，“十三五”期间全县单位万元 GDP 能耗累计下降 10.15%，完成目标任务 101.5%。

推广新能源汽车 192 辆（其中公交车 9 辆、城乡和县际客运班车 8 辆），超额完成年度目标任务的 256%，累计推广新能源汽车 301 辆（其中公交车 85 辆、城乡和县际客运班车 8 辆）。发放新能源汽车地方购车补贴总额 194.36 万元，其中省级补贴资金 97.18 万元、县级补贴资金 97.18 万元。

（十四） 安全生产

全县没有发生一次性死亡 3 人及以上的较大事故。全县发生生产安全事故总数 12 起，其中工矿商贸事故 3 起、生产经营性道路交通事故 9 起；死亡 13 人，同比增加 4 人；受伤 4 人，同比减少 2 人；造成直接经济损失 567.3 万元，同比减少 17.6 万元，下降 3.0%。

三、国民经济各行业

（一） 农林牧渔业

全县农林牧渔业总产值 53.78 亿元，同比增长 2.2%；实现农林牧渔业增加值 34.87 亿元，同比增长 1.9%。从内部行业看，种植业产值 30.95 亿元，同比增长 8.6%；林业产值 2.64 亿元，同比下降

11.8%；牧业产值5.87亿元，同比下降18.1%；渔业产值12.38亿元，同比下降1.5%；农林牧渔业增加值1.05亿元，同比增长5.6%。农林牧渔业主要产品产量及其增长速度见表1。

（二）工业

全县工业实现增加值37.24亿元，同比下降1.6%。全县规模以上工业完成产值110.65亿元，同比下降1.5%。按轻重工业分，重工业产值108.84亿元，同比下降1.5%；轻工业产值1.81亿元，同比下降88.3%。按工业类型分，股份制工业企业实现产值91.78亿元，同比下降5.4%；外商及港澳台商投资工业企业产值18.86亿元，同比增长3.8%。按工业行业分，电力供应业产值33.27亿元，同比下降2.7%；黑色金属矿采选业产值15.66亿元，同比增长17.1%；橡胶和塑料制品业产值1.45亿元，同比下降12.5%；有色金属冶炼和压延加工业产值1.30亿元，同比增长9.9%；非金属矿物制品业产值53.60亿元，同比下降4.7%；农副食品加工业产值1.55亿元，同比下降13.7%。主要工业产品产量及其增长速度见表2。

（三）建筑业和房地产业

全县建筑业实现增加值12.37亿元，同比下降3.9%。房地产完成投资8.52亿元，同比增长12.4%；商品房销售面积3.10万平方米，同比下降13.1%；商品房销售额2.26亿元，同比下降17.2%。

（四）旅游业

开展“中国第一黎乡”——王下乡·黎花里主题旅游活动。全县总接待游客85.57万人次，同比下降35.3%；实现旅游总收入6.25亿元，同比下降13.6%。其中，过夜游客65.63万人次，同比下降35.2%；过夜旅游收入4.10亿元，同比下降35.7%。海南热带雨林国家公园（霸王岭）获批为国家AAA级旅游景区，成功实现昌江县A级景区“零的突破”。创建一批带动性椰级乡村旅游点，完成了石碌镇山竹沟村、石碌镇保突村、七叉镇尼下村、七叉镇大仍村二椰级乡村旅游点建设和七叉镇宝山村、叉河镇排岸村、王下乡浪论村三椰级乡村旅游点建设。推进“厕所革命”，建成旅游厕所3座，完成3座旅游厕所“百度地图”App信息标注。

表1：2020年农林牧渔业主要产品产量及其增长速度情况表

产品名称	单位	绝对数	比2019年增长（%）
粮食	吨	25593.0	–4.4
糖料	吨	257137.0	34.0
蔬菜	吨	364399.4	–8.3
水果	吨	303921.0	9.0
其中:香蕉	吨	240441.9	8.0
菠萝	吨	18693.0	5.8
芒果	吨	20427.7	0.7
荔枝	吨	86.3	–2.3
龙眼	吨	532.5	–3.6
橡胶（干胶）	吨	8162.0	–30.1
椰子	个	126400.0	11.2
胡椒	吨	0	0
肉类总产量	吨	10319.8	–26.2
其中：猪牛羊肉	吨	4015.8	–47.8
禽肉	吨	5605.3	9.4
禽蛋产量	吨	1166.4	2.8
水产品总产量	万吨	7.9	–3.7
其中：海水产品	万吨	7.0	–2.8
淡水产品	万吨	0.9	–10.0

表2：2020年主要工业产品产量及其增长速度情况表

产品名称	单　位	绝对数	比2019年增长（%）
铁矿石（原矿）	万吨	612.98	41.1
铁矿石成品矿	万吨	311.87	21.5
水泥	万吨	621.72	–8.8
水泥熟料	万吨	1350.37	–2.7
商品混凝土	万立方米	13.80	110.2
成品糖	万吨	3.01	–17.3
发电量	亿千瓦时	97.61	–1.8
黄金	千克	341.61	–13.3

（五）批发零售和住宿餐饮业

全县社会消费品零售总额实现 26.05 亿元，同比下降 7.6%。按销售单位所在地分，城镇地区实现 17.91 亿元，下降 13.5%；乡村地区实现 8.14 亿元，增长 8.8%。批发和零售业增加值 6.18 亿元，与上年同期持平；住宿和餐饮业增加值 3.22 亿元，同比下降 21.1%。

（六）交通运输邮政仓储业

全县交通运输仓储邮政业实现增加值 4.27 亿元，同比下降 9.5%。电信业务总量 22.16 亿元，同比增长 33.1%。邮政业务总量 0.26 亿元，同比增长 4.6%。固定电话用户 2.91 万户，同比下降3.3%。移动电话用户 23.2 万户，同比增长 0.7%；互联网用户 7.0 万户，同比增长 10.4%。各种运输方式完成货物和旅客周转量及其增长速度见表 3。

表 3：2020 年货物和旅客周转量及其增长速度情况表

指　标	单位	绝对数	比 2019 年增长（%）
一、货物周转量	万吨公里	43024.53	19.5
铁 路	万吨公里	—	—
公 路	万吨公里	3958.82	-50.5
水 运	万吨公里	39065.71	39.4
二、旅客周转量	万人公里	15863.11	-14.1
铁 路	万人公里	—	—
公 路	万人公里	15863.11	-14.1
水 运	万人公里	—	—

（七）银行信贷业

12 月末，全县金融机构本外币存款余额 124.50 亿元，同比增长 15.7%；金融机构本外币贷款余额 87.25 亿元，同比增长 74.8%。其中，住户贷款 29.70 亿元，增长 14.7%；非金融企业及机关团体贷款 57.54 亿元，增长 139.5%。

注释：

1. 本公报大部分数据为初步核算数，最终核实数以各部门或《昌江统计年鉴（2021）》公布的数据为准。

2. 地区生产总值和各产业增加值绝对数按现行价格计算，增长速度按可比价格计算。根据《国民经济行业分类》（GB/T 4754—2017）对三次产业进行划分。

3. 本公报中部分合计数或相对数由于单位取舍不同而产生计算误差，均未作机械调整。

资料来源：

本公报中财政数据来自县财政局，金融机构存贷款数据来自人行昌江支行，森林数据来自县林业局，货物、旅客运输及周转量数据来自县交通运输局，邮政业务数据来自昌江邮政局，通信数据来自县工信局，重点项目和节能数据来自县发改委，旅游、文化和体育数据来自县旅文局，保障性住房、城镇绿化和垃圾处理数据来自县住建局，教育数据来自县教育局，医疗卫生数据来自县卫健委，社会救助和社会福利数据来自县民政局，社会保障和就业数据来自县人社局，扶贫数据来自县扶贫办，科技数据来自县工信局和县科协，环境保护和减排数据来自县生态环境局，污水处理数据来自县农业农村局，安全生产数据来自县应急管理局，其他数据均来自县统计局。

昌江黎族自治县棋子湾景观石保护条例

（2020年4月26日昌江黎族自治县第十五届人民代表大会第六次会议通过，2020年7月31日海南省第六届人民代表大会常务委员会第二十一次会议批准）

第一条 为了加强对棋子湾海岸带景观石的保护，维持棋子湾国家级海洋公园的天然海岸地貌景观，促进自然岸线长效保护机制的落实，根据《中华人民共和国海洋环境保护法》《中华人民共和国矿产资源法》等法律法规的规定，结合本自治县实际，制定本条例。

第二条 对本自治县棋子湾景观石的保护管理以及其他相关活动，适用本条例。

本条例所称的景观石，是指天然分布在棋子湾海岸带范围内，由海蚀风化、海水搬运和分选、堆积形成，具有生态价值、景观价值和经济价值的岩石，包括砾石、卵石（民间约定俗成称棋子石、黄蜡石）、礁石。

第三条 景观石保护应当遵循保护优先、严格管理、科学整治、永续利用的原则。

第四条 自治县人民政府应当加强对景观石保护工作的统一领导、协调，完善景观石保护工作机制，将景观石保护纳入棋子湾海岸带保护治理与开发利用工作，严格管控改变景观石自然风貌的活动，并将景观石保护和管理经费纳入本级财政预算。

自治县人民政府发展与改革、自然资源和规划、生态环境、旅游文化、综合执法、公安等有关主管部门应当加强沟通，密切配合，按照各自职责分工，依法行使职权，协同做好景观石保护工作。

棋子湾旅游度假区管理委员会应当按照规定做好景观石保护工作。

第五条 景观石属于国家所有，任何公民、法人和其他组织都有保护景观石的义务，有权对涉及景观石保护管理的违法行为进行举报。

自治县人民政府、棋子湾旅游度假区管理委员会和有关主管部门应当完善举报处理工作机制，设立监督举报电话，并向社会公布。

自治县人民政府有关主管部门对举报情况进行调查处理后，应当向举报人反馈调查处理结果。举报经查证属实的，可以对举报人给予表彰、奖励，并依法保护其合法权益。

第六条 自治县人民政府应当加强对景观石保护进行宣传，普及自然岸线保护知识，在旅游景区、交通枢纽、商业中心以及旅游者集中场所设置相关警示标语，鼓励公民、法人和其他组织通过捐资、捐赠、提供志愿服务等方式积极参与景观石的保护。

鼓励广播、电视、报刊和网络等新闻媒体对景观石保护进行公益宣传和舆论监督。

第七条 鼓励和支持法律规定的机关和组织对破坏景观石的行为提起公益诉讼。

第八条 经依法批准从事海砂开采、工程设施建设等开发建设活动，应当采取严格的生态保护措施，避免对景观石造成破坏。县自然资源主管部门应当加强现场监管，发现开发建设活动致使景观石遭受破坏的，拟定抢救性方案，报自治县人民政府批准实施。

已列入省人民政府发布的严格保护岸段名录的区域，依照有关法律、法规的规定执行。

第九条 棋子湾海岸带范围内旅游项目的开发与建设，应当考虑可能对景观石造成的不良环境影响，严格维持景观石的自然风貌。

自治县人民政府有关主管部门应当按照景观石分布区域的环境容量和资源承载力，严格监督、检查景观石保护和旅游开发利用状况。

第十条 自治县人民政府应当按照景观石天然分布情况，结合自然岸线保护和旅游开发程度的要求，划定景观石的保护范围，并在显著位置设立标识，载明景观石的识别方法、保护范围、保护措施及举报方式等；也可以根据景观石保护的需要，划定禁止公众进入的禁止通行区域。

第十一条 棋子湾旅游度假区管理委员会在景观石保护范围内承担下列职责：

（一）依法对景观石及周边海滩进行养护、修复；

（二）设置、维护景观石保护的设施、标识、宣传牌和警示标志；

（三）制定和实施景观石保护的日常管理制度；

（四）组织人员进行管理、巡查；

（五）劝阻、制止破坏景观石的违法行为，并向有关主管部门报告；

（六）开展景观石保护的宣传教育活动；

（七）自治县人民政府及有关主管部门交办、委托的其他职责。

第十二条 旅游者在景观石保护范围内进行旅游活动时，应当保护景观石旅游资源，遵守景观石保护管理规定，遵守旅游文明行为规范，服从棋子湾旅游度假区管理委员会的管理。

第十三条 在景观石保护范围内禁止从事下列活动：

（一）采挖景观石；

（二）对景观石进行爆破、敲打、钻孔等任意损毁；

（三）捡拾景观石；

（四）擅自进入禁止通行区域；

（五）擅自移动、拆除、涂改、损毁景观石保护标识、宣传牌、警示标志；

（六）法律、法规、规章禁止的其他行为。

第十四条 自治县人民政府应当组织棋子湾旅游度假区管理委员会和有关主管部门建立景观石生态修复工作机制，按照海滩养护与修复的相关技术标准，对遭受破坏的景观石采取恢复自然风貌、维护生态功能、美化自然景观等生态修复措施。

第十五条 违反本条例第十二条的规定，旅游者严重扰乱旅游秩序的，依法纳入旅游不文明行为记录。

第十六条 违反本条例第十三条第一项、第二项的规定，采挖景观石或者对景观石进行任意损毁，造成景观石或者棋子湾的天然海岸地貌景观破坏的，由生态环境主管部门责令限期改正和采取补救措施，没收采挖的景观石和违法所得，并处一万元以上十万元以下的罚款。

违反本条例第十三条第三项的规定，捡拾景观石的，由棋子湾旅游度假区管理委员会责令改正，没收捡拾的景观石和违法所得，并处警告或者五百元以下罚款；情节严重的，并处五百元以上五千元以下的罚款。

违反本条例第十三条第四项、第五项的规定，擅自进入禁止通行区域，或者移动、拆除、涂改、损毁标志标识的，由棋子湾旅游度假区管理委员会责令改正，处警告或者二百元以下罚款；情节严重的，处五百元以下罚款。

第十七条 《中华人民共和国海洋环境保护法》《中华人民共和国矿产资源法》等有关法律法规对违反本条例规定的行为，有更严厉处罚规定的，从其规定。

第十八条 本条例规定的违法行为，根据有关相对集中行政处罚权的规定已经确定集中由自治县综合执法部门处理的，从其规定。

第十九条 本条例自 2020 年 10 月 1 日起施行。

索 引

说 明

一、本索引采用内容分析法编制，按索引款目首字的汉语拼音字母（同音字按声调）顺序排列，同音同调按第二字母的音序排列，依次类推。

二、索引款目后的数字表示内容所在的页码，数字后的 a、b 分别表示该页码的左、右栏。

三、分目作款目用黑体字表明，其余款目用宋体字表明。

四、同一主题的内容在文中多处出现的，在其款目后用不同的页码标明。

五、特载、特辑、大事记、人物、附录未做索引。

0—9

A

B

C

D

E

F

G

H

J

K

L

M

N

P

Q

R

S

T

W

X

Y

Z